NZZ Libro

Franziska Rogger · Madeleine Herren

Inszeniertes Leben

Die entzauberte Biografie des Selbstdarstellers Dr. Tomarkin

Verlag Neue Zürcher Zeitung

Für die freundliche Unterstützung danken Autorinnen und Verlage der Burgergemeinde Bern

Bibliografische Information der Deutschen Nationalbibliothek:

Die Deutsche Nationalbibliothek verzeichnet diese Publikation in der Deutschen Nationalbibliografie; detaillierte bibliografische Daten sind im Internet über http://dnb.d-nb.de abrufbar.

Originalausgabe:

http://www.boehlau-verlag.com

Umschlaggestaltung: Michael Haderer

Umschlagabbildung: Dr. Leandro W. Tomarkin präsentiert sich am Tisch sitzend vor bedeutungsvoll aufgestelltem Hintergrund, zusammen mit seinem in Öl gemalten Porträt und mit dem Maler János Kalmár. Der Fotograf F. Lesener von »Foto Blau« in Locarno fotografierte den zweifachen Tomarkin als Bild im Bild (NTI).

Gedruckt auf umweltfreundlichem, chlor- und säurefrei gebleichtem Papier.

Druck: Balto print, Vilnius

Lizenzausgabe für die Schweiz:
Verlag Neue Zürcher Zeitung, Zürich

ISBN 978-3-03823-789-1

www.nzz-libro.ch
NZZ Libro ist ein Imprint der Neuen Zürcher Zeitung

Inhalt

D
Leander Tomarkin und sein Publikum

Vorwort: Das Geschichtsleben eines Geschichts-Inszenierers im Fluss der Geschichte

Aus der Geschichte kann man genauso lernen, wie man zweimal in den gleichen Fluss steigen kann. Es kommt auf Distanz und Betrachtensart an: Oberflächlich gesehen ist es immer der gleiche Fluss, genauer betrachtet ist es immer ein anderer. Aus der Geschichte kann man höchstens in groben Zügen lernen, da nie die gleichen Voraussetzungen und Gegebenheiten herrschen. Geschichte existiert nicht aus sich heraus, sondern spiegelt stets das Interesse der Gegenwart an bestimmten Aspekten der Vergangenheit wider. Die magische Verwandlung verflossener Zeit in Geschichte ist nie identisch, aber dennoch nahe verwandt mit dem stets individuell erlebten Lebensfluss.

Etwa am Beispiel einer Biografie.

Die Hauptfigur dieses Buches ist immer die gleiche Persönlichkeit. Sie präsentiert sich – wie alle Menschen – in verschiedenen Facetten und Zeiten. Betrachten wir Historikerinnen diese Persönlichkeit, so haben wir es mit den üblichen Schwierigkeiten zu tun. Abgesehen davon, dass historische Wahrheiten nie gelebte oder miterlebte Wahrheiten sind, eine Geschichtserzählung nicht mit einem Geschichtsleben gleichgesetzt werden kann, hat ein Menschenleben vielfältige Spuren hinterlassen, die es auf ihre jeweilige Bedeutung zu überprüfen gilt: schriftliche Verzeichnisse aus einem Pfarrhaus, einer Amtsstube oder gar ein Zeitungsbericht gelten gelegentlich als weit seriöser als eine Oral History – eine mündliche Überlieferung –, obwohl nur das Mündliche zu zeigen fähig ist, was die Schrift verbirgt und was die atmosphärischen Wahrheiten eines empfundenen Lebens sind.[1] Ganz zu schweigen von optischen, audiovisuellen oder gegenständlichen Quellen, die zu finden und zu interpretieren in hohem Maße von den Bedingtheiten der Überlieferung abhängt. Immerhin suchen wir hier den Lebensfluss unserer Hauptfigur abschnittsweise aus verschiedensten Perspektiven und mit unterschiedlichsten Methoden zu untersuchen. Dabei sind wir uns auch der Suggestion bewusst, aus der Kenntnis von Flussquelle und -mündung den Lebensverlauf eindeutig interpretieren zu müssen. Doch der Geschichtsfluss ändert sich und mit ihm die Person, die im Flusse treibt oder aus den Fluten steigt.

Bei unserer Hauptfigur kam zur Darstellung ihres historischen Lebens noch etwas dazu, nämlich ihre eigene Geschichtenerfindung. Sie lebte nicht einfach nur ihr Leben, sondern erfand sich eine Lebensgeschichte und lebte eine Vorstellung, die mit der Realität gelegentlich schmerzhaft zusammenstieß.[2]

Weit fantasievoller als Menschen dies gewöhnlich tun, hat sich unsere Hauptfigur selbst inszeniert und in die Persönlichkeit seiner Träume gekleidet. Immer wieder hat er sich neu erfunden – oder erfinden müssen. Der Held unserer Geschichte hat für Zeitgenossenschaft und Nachgeborene ihm genehme Spuren gelegt, sein Bild aktiv präsentiert und der Betrachterin aufgezwungen. Dem Sog seines glitzernd präsentierten Lebensflusses ist damals wie heute nur schwer zu entkommen. Zwar besteht jeder Mensch aus Maske und Gesicht. Die beiden sind nie ganz einig. Bei unserer Hauptfigur aber ist die Diskrepanz ungewöhnlich groß, die Maske ausgeprägt, theatralisch in Szene gesetzt auf einer Bühne, die Europa, Amerika, Nordafrika erfasste. Die Verschiedenheit von Gesicht und Maske kann in diesem Fall besonders gut dargestellt werden. Eine solche Figur lässt für eine historische Interpretation weit mehr Möglichkeiten zu als üblich. Auch beim tiefen Blick unter ein scheinbar ruhig fließendes Leben war man nie sicher, ob es sich um den Lebensfluss oder bloß um eine illusionäre Spiegelung handelte.

Wir haben uns zum Ziel gesetzt, etlichen seiner Lebensfacetten samt blinden Flecken und Zerrbildern beizukommen, einige Wellen und Spritzer im Geschichtsfluss aufblitzen und ins Sonnenlicht treten zu lassen. Und immer wieder stellen wir uns dabei die Frage: Wie und wozu betrachten wir überhaupt die Geschichte dieser Persönlichkeit, die weder berühmt noch von öffentlichem Interesse war? Warum sollte die Welt daran interessiert sein, diesen Lebensfluss zum Gegenstand einer wissenschaftlichen Untersuchung zu machen? Um es vorwegzunehmen: weil sich die globalisierte Gesellschaft des 21. Jahrhunderts in besonderem Maße für einen weltweit vernetzten Kosmopoliten interessiert, der früh und mit Selbstverständlichkeit die damalige Globalisierung mit ihren technischen Möglichkeiten nutzte, um Geschäfte zu machen oder … sich der Verantwortung zu entziehen!

* * *

Das Leben unseres Helden fand vor einem halben Jahrhundert sein Ende. Der Tote, mit dem wir es in dieser Geschichte zu tun haben, liegt auf dem Priester-Friedhof des katholischen Salesianer-Ordens im amerikanischen Goshen begraben. Daraus zu folgern, dass es sich bei unserer Leiche um die eines Salesianer-Priesters oder doch wenigstens um einen Katholiken handelt, ist allerdings falsch. Der Mann wies sogar ausgesprochen viele Merkmale auf, die eine andere Grabstätte vermuten ließen. Er stammte aus einer jüdischen Familie und war eigentlich auch kein Amerikaner. Immerhin, die Lebensdaten und der Name scheinen zu stimmen, für Historiker und Historikerinnen, auch für quellenkritische, meist eine Selbstverständlichkeit. In dieser Geschichte ist allerdings nichts selbstverständlich. Weder Namen noch Geburts-, Ehe- oder Sterbedaten waren unanfechtbar. Nichts durfte einfach so übernommen und behauptet werden. In der familiären Umgebung unseres Toten und von ihm selbst wurden willent-

Foto 1: »Dr. Leandro W. Tomarkin, born 1895, died 1967«. Das Bild zeigt das Grab von Tomarkin, wie es heute auf dem Friedhof des katholischen Salesianer-Ordens in Goshen, USA, zu finden ist. Es diente jahrelang Online-Geisterforschern als okkulter, übersinnlicher Tummelplatz und war im virtuellen Netz anzuschauen (Foto: Ann Roche, Goshen Public Library & Historical Society).

lich und gelegentlich unwissentlich Daten und Namen neu erfunden. Auch der Doktortitel, ehern eingraviert im Grabstein, ist äußerst zweifelhafter Herkunft. Ob wenigstens das Skelett, das hier vergraben zu sein scheint, tatsächlich da ist? Wer weiß das? Welcher Historiker hat eigens nachgeschaut, wenn er ein Buch über einen Toten in Angriff nimmt? Vielleicht liegen hier auch zwei Tote, wie in einem andern Grab, dem wir auf unserer langen Reise in die Vergangenheit unseres »Helden« begegneten.

Der Friedhof des katholischen Salesianer-Ordens in Goshen ist heute aufgehoben. Noch ist er als verfallender Gottesacker zu erkennen. Gemäuer und Grabplatten dienen heute Online-Geisterforschern als okkulter Tummelplatz. Jahrelang konnten wir das Grab auf www.unquiettomb.com virtuell besuchen. Unruhige Schatten bewegten sich auf unsern Computerbildschirmen, als würde uns der Tote, den wir zum Mittelpunkt unserer historischen Forschung gemacht hatten, aus dem Jenseits zuwinken. Makaber, aber ach so passend für einen Mann, der zu seinen Lebzeiten seine Biografie so genial inszeniert hatte, dass er seiner Mitwelt und uns, seinen Nachforschenden, immer wieder entglitt. Wo wir einen

Fakt zu knebeln meinten, erwies er sich plötzlich als das pure Gegenteil oder bloß als die nebulöse Ahnung einer Möglichkeit, wie die historische Wirklichkeit ausgesehen haben könnte.

Dass das Grab noch da ist, dürfte kein Zufall sein. Es verweist im Gegenteil auf eine sorgfältige Auswahl seiner letzten Stätte, eine allerletzte Inszenierung unseres Forschungsobjektes in eigener irdischer Sache. Nicht der Vergessenheit anheimfallen! Bedeutende Leute verdienen es, ewig zu leben!

Die Grabinschrift weist ihn aus als »Dr. Leandro W. Tomarkin, born 1895, died 1967«.

Erzählen wir also die Geschichte des Dr. Leandro W. Tomarkin, wie sie gewesen ist oder gewesen sein könnte und vielleicht doch nicht so gewesen ist, wie sie gewesen zu sein scheint. Erzählen wir, wie es gewesen ist, dem, was gewesen ist oder gewesen sein könnte, auf die Spur zu kommen.

* * *

I Der Star
In einem ersten Teil (A) präsentieren wir die Person Leander Tomarkin, wie sie sich aus der Sicht der öffentlich zugänglichen Medien – Zeitungen, Fachpresse, Amtsdokumente, Lexika, Adressbücher – leicht darstellt. Und wir erkennen einen genialen Erfinder, einen begnadeter Organisator und engagierten Mäzen, kurz: einen weltberühmten Star.

II Der Schwindler
In einem zweiten Teil (B) blicken wir hinter die Medienkulisse. Nachdem wir Tomarkins private Korrespondenz gelesen, Nachfahrinnen befragt, zahlreiche Archive durchforstet und gezielte Forschungen aufgrund der neuen Erkenntnisse betrieben haben, sehen wir Erstaunliches: 1. Die Medienkulisse ist eine von Tomarkin selbst raffiniert aufgebaute Szenerie, in der er sich als genialer Erfinder, berühmter Manager und großzügiger Wohltäter in Szene setzt. 2. Hinter der schönen Inszenierung verbirgt sich ein raffinierter Betrüger, traumwandlerischer Hochstapler und blendender Bluffer.

III Das Familienkind
Nach dieser Entlarvung erweitern wir im dritten Teil (C) den Kreis und rücken Tomarkins familiäres Umfeld ins Zentrum unserer Betrachtung. Wir sehen uns Leanders eng vertrauten Bruder Percy an. Worin unterscheiden sich die Brüder und weshalb? Was ist beiden Brüdern gemeinsam? Dabei widerstehen wir *nicht* der Versuchung, die beiden Leben psychologisch auch einmal gleichzusetzen: ein nicht ganz sauberer, aber höchst anregender Vergleich.

Zudem tauchen wir nach den familiären Wurzeln der Brüder Tomarkin. Welche Rolle spielte die Familie vorder- und hintergründig? Gaben die Eltern Rollen und Ziele vor? Wie war Leander geprägt vom Milieu seiner Ahnen, vom Leben seines Vaters, von den Vorstellungen und Erwartungen seiner Familie? Wir sehen, dass Vater Tomarkins Leben tatsächlich eine gewisse Parallele zum Wirken des Sohnes Leander liefert. Dies sorgt auch für einen überraschenden Coup im Erzählfluss unseres Geschichtsbuches über das Geschichtsleben eines Geschichtsinszenierers.

IV Das Publikum
Im vierten Teil (D) wenden wir uns erst dem zeitgenössischen, dann dem heutigen Publikum zu. Wie reagierte die damalige Gesellschaft, wie die heutige Leserschaft auf die Tomarkin'schen Geschichten? Wie viel Handlungsspielraum ließ man damals dem Individuum, wie viel »Tomarkin« akzeptierten die Zeitgenossen und Zeitgenossinnen? Warum und unter welchen Umständen wird er einmal als genialer Forscher, einmal als Hochstapler erkannt? Welcher Bilder bediente er sich selbst, wenn er sich inszenierte, und wieso erachtete er sie als gesellschaftsfähig? Warum glaubte Tomarkin, dass ihn seine Mitbürger und -bürgerinnen als Wissenschaftler, als Erfinder, als Unternehmer bewundern sollten, und weshalb schienen ihm die von ihm auserwählten Schauplätze – Locarno, Rom, Paris, New York – dafür besonders geeignet? Wie war das Verhältnis zwischen ihm und den Gesellschaften dieser Orte?

A

Das offizielle, vordergründige und augenscheinliche Leben des Leander Tomarkin

A star was born

Leander Tomarkin, so ist den Lexika, medizinischen Schriften und Zeitungen in papierener oder digitaler Form leicht zu entnehmen, war der Begründer der wissenschaftlichen und philanthropischen Tomarkin-Foundation.[3] Der Schweizer Chemiker und Arzt mit russischen Wurzeln, der sich gelegentlich auch Leandro nannte, war der Entdecker nützlicher Heilmittel und Förderer der Biochemie. Als Organisator zahlreicher ebenso glanzvoller wie medizinisch wertvoller Fortbildungswochen und Kongresse verstand er es, stille Wissenschaft und mediale Öffentlichkeit zu versöhnen. Mit seinen revolutionären Ideen und seinem globalisierten Wirken war er seiner Zeit um Jahrzehnte voraus. Anerkennung und Bewunderung höchster Würdenträger waren ihm gewiss. Nach der durch den Zweiten Weltkrieg erzwungenen Zäsur gelang ihm in den USA erneut ein Aufstieg mit chemischen Erfindungen.

1 Shootingstar der Wissenschaft

Das Leben des Dr. med. Leander Tomarkin war gespickt mit glanzvollen Höhepunkten. Sein erstes Highlight erlebte der begnadete, junge Tüftler, als ihm Anfang der 1920er-Jahre in Rom ein sensationeller medizinischer Schlag gegen die damals noch tödlichen Lungenkrankheiten – wie Pneumonie/Lungenentzündung und Tuberkulose – gelang.

Das Sterben von Papst Benedikt XV. Ende Januar 1922 hatte den 27-jährigen Forscher Leander Tomarkin aufleben lassen. Er hatte nämlich in nächtelangen Versuchen eine Medizin hergestellt, von der er überzeugt sein konnte, dass sie bei Lungenkrankheiten, ja auch bei Malaria und anderen ernsthaften Gebrechen Leben retten würde. Als nun Papst Benedikt XV. mit einer Lungenentzündung todkrank daniederlag, wollte Tomarkin helfen. Er eilte in den Vatikan und bot sich an, den Papst mit seinem »Antimicrobum« zu retten. Die Leibärzte des Pontifex aber, soweit er ihrer überhaupt habhaft werden konnte, wollten seiner Heiligkeit das unbekannte Mittel eines unbekannten Schweizer Arztes nicht zumuten. Tomarkin, der in diesem päpstlichen Krankenfall *die* Chance sah, das Heilbringende seiner neuen Arznei zu beweisen und zu propagieren, ließ nicht locker. Er mobilisierte Ärzte aus der Entourage des Papstes, Prälaten, Dominikanermönche, den Oberst Alois Hirschbühl der Schweizergarde. Auch der Unterstaatssekretär und der Kardinal Staatssekretär wurden eingeschaltet. Tomarkin offerierte, die fünffache Dosis seines Heilmittels »Antimicrobum« zu schlucken, um zu beweisen, dass das Mittel zumindest ungiftig sei. Schließlich kam die angebotene Hilfe zu spät. Der 67-jährige Friedenspapst Benedikt XV. starb am 22. Januar 1922 an einer Lungenentzündung.

Hatte die zögerliche Haltung des Heiligen Stuhls die Rettung verhindert, so nahmen wenigstens die Journale Kenntnis von Tomarkins sensationeller Medizin. Bereits zwei Tage später brachte die römische Zeitung »Il Tempo« das erste Interview mit dem Schweizer Chemiker, der den Papst retten wollte – »chè voleva salvare il Papa«. Tomarkin erzählte von seinen vergeblichen Bemühungen, rechtzeitig ans Krankenlager des Papstes vorzudringen, um ihm sein »Antimicrobum« einzuflößen. Das Medikament, das wusste er mit Bestimmtheit, hätte den Heiligen Vater gerettet.

Über Korrespondenzberichte gelangte die Kunde von der Erfindung dieses neuen, hoffnungsvollen Heilmittels in die anderen europäischen Zeitungen. Am 3. Februar 1922 wartete auch die »Basler National-Zeitung« mit der sensationellen Neuigkeit auf. Unter dem Titel »Warum ist der Papst gestorben?« erklärte sie ihren Lesern und Leserinnen, dass der junge Schweizer Biochemiker Leander Tomarkin mit seinem Wundermittel »Antimicrobum« eine revolutionäre Entdeckung gemacht habe. Leider aber habe man ihn nicht zum Pontifex vorgelassen, dabei hätte Tomarkin, dieser uneigennützige Wohltäter der Menschheit, das Lebenselixier in der Hand gehabt. »Antimicrobum« sei ein erprobtes Mittel, das auch hoffnungslose, von den Ärzten bereits aufgegebene Kranke wieder habe gesunden lassen. Die Chance, sich am Krankenbett des Papstes zu bewähren, war zwar vertan, doch sein Engagement nicht fruchtlos.[4]

Der Einzige, der ihm und seinem Heilmittel am Bett des sterbenden Papstes eine Chance hatte geben wollte, war Italiens hochverehrter Medizinprofessor und Senator Ettore Marchiafava gewesen. Der berühmte 76-jährige Malaria-Spezialist gehörte zur medizinischen Entourage des Vatikans und verarztete als »medico della casa reale Savoia« auch König Vittorio Emanuele III. und seine Gemahlin Elena. Marchiafava verschaffte dem jungen, ungestümen Tomarkin den Zugang in die königlichen Labors und verhalf ihm schließlich zum wissenschaftlichen Durchbruch. Nachdem Tomarkin sein Lungenmittel im Fachblatt »Rivista Ospedaliera« vorgestellt hatte, gab nämlich Marchiafava am 12. November 1923 die Entdeckung des »Antimicrobum Tomarkin« und die wunderbare »scoperta scientifica« seines Schützlings öffentlich bekannt.[5]

Nach Professor Marchiafavas Pressekonferenz war kein Halten mehr im Blätterwald.[6] Die »große wissenschaftliche Eroberung« wurde mediengerecht aufbereitet, die Reporter haschten nach immer neuen Facetten des sensationellen Erfinders. Die italienische Zeitung »La Sera« huldigte dem »jungen Unbekannten von gestern, dem heute sehr bekannten und morgen sicherlich berühmten« Leander Tomarkin in einem ausführlichen Interview. Der müde und überwältigte Wissen-

POPULAR SCIENCE MONTHLY

Men of the Hour in Science

Foto 2: Leander Tomarkin erregte sogar in den USA mediale Aufmerksamkeit. »A star was born«, wurde getitelt und die Journale zeigten Ende 1923 Leander Tomarkin und Ettore Marchiafava im Doppelporträt. Die Monatszeitung »Popular Science« würdigte Tomarkin im Februar 1924 gar als »Men of the Hour in Science« (»Popular Science«, Februar 1924; Foto Manu Friederich, Bern).

schaftler habe keine Minute mehr Ruhe in seinem Kabinett im obersten Stock des Palazzo Ristori, via Luisa di Savoia 12, berichtete die Zeitung. Alle – Doktoren, Journalisten, Kranke – wollten ihn kennenlernen, ihn konsultieren, ihn anrufen. Marchiafava zitierend, beschrieb »La Sera« Tomarkins siegreiche Schlacht gegen den Tod als »einen gigantischen Schritt zugunsten der Menschheit!« Dank Tomarkins Erfindung sei die tödliche Lungenentzündung – und vielleicht bald auch die Tuberkulose – besiegt. Tomarkin selbst versicherte, seine Entdeckung sei »endgültig, sicher, mathematisch«. Er halte sich an Fakten, sei kein Conférencier und wolle auch keine Reklame. In der Öffentlichkeit präsentierte sich Leander selbst als erfolgreicher Erfinder, tiefgläubiger Mensch und Unternehmer mit Herz. Alle – klagte er – wollten aus seiner Entdeckung Profit schlagen. Tatsächlich versprach »Antimicrobum« ein lukratives Geschäft zu werden. Kaufangebote für sein Patent bekam er aus der ganzen Welt, und auch die Lebensversicherungen interessierten sich. Tomarkin aber wollte seine Wohltaten dem armen Volk spenden und hoffte, dass eine philanthropische Foundation ihn darin unterstützen werde.

A star was born – und die Story machte international die Runde. Die News waren augenblicklich nach Amerika übergeschwappt. Die einflussreiche »New Yorker Tribune« interviewte Tomarkin, die renommierte »New York Times« titelte ihren Artikel »Pneumonia Remedy Discovered by a Swiss«, und das »Time-Magazine« sprach von den »unglaublich guten« Resultaten des Tomarkin'schen Serums. Der »Popular Science« galt er als »Men of the Hour in Science«. Ohios Zeitungen zeigten Tomarkin und Marchiafava bildlich im Doppelporträt. Weitere europäische und amerikanische Blätter verbreiteten noch monatelang die frohe Kunde, und Leander, »the busiest man in Rome«, gab bereitwillig Interviews.

Leandro Tomarkins überraschende Heilerfolge stießen auch in der internationalen Medizinerwelt auf Interesse, und er trat später gar vor der »Academy of Medicine« auf.[7] »The Lancet« – »the world's leading general medical journal« – hatte bereits Mitte Dezember 1923 über den wissenschaftlichen Newcomer und sein erfolgreiches »Antimicrobum« berichtet. Weitere Artikel in der Fachpresse bestätigten in der Folge die Resultate des neuen und mächtigen Bakterizides, das die Todesrate der Lungenkranken um ein Vielfaches auf zwei bis vier Prozent hinunterdrücke.[8]

Ende 1923 erhielt Leandro Tomarkin eine neue Möglichkeit, den durchschlagenden Erfolg seines Präparates auf höchster Ebene zu beweisen. Der Cousin von König Vittorio Emanuele III., der in Turin residierende Emanuele Filiberto Graf von Aosta, war schwer erkrankt. Tomarkins »Antimicrobum« ließ ihn genesen. Beeindruckt von dieser Rettung, beförderte ihn das Königshaus zum Chefmediziner, zum »head of medical research for the Italian royal house«. Das bedeutete, dass Leander nun den Titel eines königlichen Leibarztes führte.[9]

Dass nun »Dr. Leander Tomarkin kgl. Leibarzt« war und im »Quirinal Rom, Palazzo Reale« residierte, konnte dank eines Eintrags in der »Freistudentischen Zeitschrift« 1924 auch in der Schweizer Heimat registriert werden. Sein Name wurde bekannt. Der Schweizer Gesandte in Rom, Georges Wagnière, ließ es sich nicht nehmen, »le jeune Dr. Tomarkin de Berne, dont on parle beaucoup à Rome depuis la guérison du duc d'Aosta«, am 1. Januar 1924 zu einem Neujahrsempfang in die »Palazzina« einzuladen. Wie die »Gazette de Lausanne« zu berichten wusste, war Tomarkin hier umringt von einem Schwarm junger Damen, mit denen er über die »broncho-pneumonia« konferierte.[10]

Am 26. Juni 1924 – sieben Monate nach dem »Time-Magazine« – brachte auch die »Schweizer Illustrierte Zeitung« ihr Lob für den »hervorragenden jungen Gelehrten«, den Biologen Tomarkin, und seine »sensationelle medizinische Entdeckung« an. Aus dem Artikel ging hervor, dass nun die »Herstellung des neuen Heilmittels im großen, dem Weltbedarf entsprechenden Maßstabe« vorbereitet werde. Und stolz ließ sich der wissenschaftliche Shootingstar in seinem Römer Laboratorium zwischen Mikroskop und allerhand gläserner Gerätschaft fotografieren, um den Bildhunger der Illustrierten und ihrer Leserschaft zu stillen.

Als der Artikel in der weit verbreiteten Schweizer Illustrierten erschien, war Tomarkin bereits in den USA. Auf dem ersten Höhepunkt seines Lebens stehend, schickte er sich an, den neuen Kontinent wissenschaftlich-medizinisch zu erobern und sein Heilmittel weltweit zu vertreiben.

Foto 3: Dieses private Foto, das den jungen Tomarkin in seinem Laboratorium zeigt, wurde am 26. Juni 1924 in der »Schweizer Illustrierten Zeitung« reproduziert, als die Zeitschrift den »hervorragenden jungen Gelehrten« vorstellte. (Foto Ausschnitt: NTI)

2 Die Eroberung Amerikas: die Tomarkin-Foundation in New York

Nachdem die amerikanischen Zeitungen mit ihren Sensationsmeldungen über »the young Swiss Dr. Leandro Tomarkin« den Boden bereitet hatten, erwarteten die USA den erfolgreichen »Wundermann« begierig. Leander sah seine Zeit gekommen, das gelobte Land der Moderne und der unbegrenzten Möglichkeiten zu begeistern. Am 28. Mai 1924 stach er von Genua aus mit dem modernen Ozeandampfer »Duilio« in See, um am 7. Juni 1924 in Long Island amerikanischen Boden zu betreten.

Da die »Statue of Liberty-Ellis Island Foundation« die Passagierlisten der ankommenden Schiffe freundlich und aufmerksam ins Netz gestellt hat, können wir die Angaben rund um Tomarkins Reise von Italien nach den USA bequem rekonstruieren.[11] Leandro W. Tomarkin gab »physician«, also Arzt als Beruf an. Er sprach Englisch, Italienisch und Deutsch, bezeichnete sich als Schweizer, und zwar, was »race or people« betraf, als »Swissgerman«. Er war gesund, zahlte die Schiffsreise selber, kam gerade aus Rom und wollte nach New York. Als nächsten Verwandten, der allenfalls zu benachrichtigen war, gab er seinen römischen Freund Dr. Adolfo Polazzi, Arzt im Kabinett des Palazzo Ristori an der via Luisa di Savoia, an.

Anlaufstelle war in New York kein Geringerer als der berühmte und einflussreiche Stahl- und Schiffsmagnat James Abercrombie Burden[12], der ihn im

Herrschaftshaus an der 7 East 91st Street erwartete. Tomarkin besaß also bereits hochherrschaftliche und Erfolg versprechende Kontakte, als er in New York eintraf. Einmal im gelobten Land, baute Tomarkin seine Beziehungen aus, feilte an seinen Geschäftsideen und am Networking. Schließlich lernte er in den New Yorker Herren Ira A. Campbell, Robert L. Hague, Robert F. Hand und in – nomen est omen – Stanley Dollar aus San Francisco vermögende und einflussreiche Schiffseigner und Ölmagnaten kennen. Diese waren geneigt, einiges Geld für eine wissenschaftlich-forschende und philanthropische Stiftung zu spenden. Wie in der »New York Times« zu lesen war, gelang es Tomarkin, im März 1927 an der 27 William Street sein eigenes Chemieforschungsunternehmen – die »Tomarkin-Foundation Chemistry Research« zu gründen.[13]

Wer waren Tomarkins Investoren und Mäzene?
Der distinguierte 51-jährige Ira Alexander Campbell[14], Partner in der renommierten Anwaltskanzlei »Kirlin, Campbell and Keatin«, war ein auf Schiffs- und Seerecht spezialisierter Anwalt. Er galt als »enterprising«, »public spirited« und als Autorität in juristischen Fragen der Schifffahrt. Campbell wirkte zeitlebens als juristischer Berater und Beistand u. a. der »American Steamship Owners Association«, der US-Marine, der US-Schiffsbehörden und der Generalstaatsanwaltschaft. Damit war er – wie die »Schweizer Ärztezeitung« hervorhob – »attaché au cabinet du président des Etats-Unis«. Campbells Frau, Zella Fay Campbell, hatte beste politische Verbindungen, leitete sie doch als Präsidentin den »Women's National Republican Club«.

Der 47-jährige verheiratete Stanley Dollar[15], Sohn des Schiffsmagnaten »Captain« Robert Dollar, stand in den Fußstapfen seines Vaters und lenkte die »Dollar Steamship Company«. Die »Dollar Line« war in der Zwischenkriegszeit die wichtigste US-Dampfschiffgesellschaft im pazifischen Raum, und Stanley galt als »enormously rich«. 1931 sollte seine Gesellschaft zwar in arge Turbulenzen und an den Rand des Bankrotts geraten. Durch ein staatliches Impulsprogramm zur Sicherung des Schiffsbedarfs für die US-Marine aber wurde sie später aufgefangen, und Dollar durfte Präsident der »United States Lines of Nevada« werden.

Der 43-jährige Robert F. Hand[16] hatte der »Standard Oil Company«, dem weltweit größten Erdölraffinerieunternehmen, von der Pike auf gedient und war in dem von den Rockefellers gegründeten Unternehmen auf dem Weg nach ganz oben. Er sollte schon bald als Generalmanager die Marinedivision der »Standard Oil Company« dirigieren und als Direktor des »American Merchant Marine Institute« an der Spitze des bedeutenden amerikanischen Reedereiverbandes mit Sitz in New York stehen. 1933 vertrat Robert F. Hand die amerikanische Handelskammer in Wien. Der Tempelritter und Weltumschiffer setzte sich auch für nautische Unfallverhütung und Sicherheit ein. Seine Frau, Mabel Clair, war begeisterte Pilotin und in der motorisierten Truppe des Roten Kreuzes engagiert.

Robert L. Hague[17] war Manager der »Standard Oil Company of New Jersey« – der heutigen »Exxon«. Er war als Leader der Tochtergesellschaft »Standart Shipping Company« Chef der Tankerflotte. Als feuriger Demokrat lobbyierte er während Franklin D. Roosevelts Präsidentschaftsjahren in Washington. Der Uhrensammler und Segler liebte auch das Theater. Für die Theaterleute hatte Hague stets ein »open house«, und er sollte sie später durch die düsteren 1930er-Jahre der »Großen Depression« tragen. Lebemann Hague war reich, lebenslustig und viermal verheiratet (siehe Teil D).

Tomarkins Investoren und Mäzene waren in vielerlei Geschäften engagiert. Sie hatten aber hauptsächlich mit Schiffen, Meeren und Öl zu tun, bevorzugt mit dampfbetriebenen Öltankern auf den Weltmeeren. Zwei waren indirekt, zwei direkt mit der »Standard Oil Company« verknüpft, und diese Gesellschaft verweist auf die Rockefellers[18], auf eine der weltweit reichsten und mächtigsten Familien. Noch lebte der legendäre John Davison Rockefeller sr., der als Mitbegründer einer Erdölraffinerie und mit Ölgeschäften enorm reich geworden war und mit seinem Bruder William und Freunden 1870 die »Standard Oil Company« begründet hatte. Zwar wurde die Gesellschaft 1911 im Anti-Trust-Gedanken durch US-Präsident Theodore Roosevelt zerschlagen. Durch geschicktes – und skrupelloses – Taktieren verdiente John D. Rockefeller sr. mit einigen Aktionären weiterhin kräftig, und er galt bald als reichster Mensch aller Zeiten. Aus PR-Gründen, vielleicht auch aus schlechtem Gewissen oder innerer Überzeugung, finanzierte er wohltätige Projekte. 1913 stiftete er die millionen- und heute milliardenschwere »Rockefeller Foundation«. Museen, Universitäten, Kirchen und auch ein Krebsforschungszentrum verdankten ihm und vor allem auch seinem Sohn John D. Rockefeller jr. ihr Dasein und ließen die Rockefellers wie die größten Philanthropen aller Zeiten aussehen. Während der Weltwirtschaftskrise unterstützte Rockefeller jr. den Bau des »Rockefeller Center«. Das »Center« entstand als einmaliges Ensemble von 21 verschiedenen, aber stilistisch einheitlichen und aufeinander bezogenen Hochhäusern im Art-Déco-Stil. Vom »Rockefeller Center« und von der »General Electric«, deren »Building« mit 259 Metern und 70 Stockwerken das höchste Gebäude dieses Centers war, wird hier noch die Rede sein (siehe Teil B und Teil D).

Es ist bemerkenswert, dass die von Leander Tomarkin präsidierte »Foundation« unorthodoxerweise seinen Namen trug – und nicht den der edlen Spender Campbell, Dollar, Hand, Hague oder gar Rockefeller. Er muss die gewichtige Mäzenaten- und Investorengruppe mit seinen wissenschaftlichen wie unternehmerischen Führungsqualitäten mächtig beeindruckt und nachhaltig überzeugt haben. Diese Tomarkin-Foundation war zweifellos das zweite große Highlight im Leben des nunmehr erst 32-Jährigen, der als anerkannter medizinisch-chemischer Forscher bereits zur Celebrity geworden war.

Seine Berühmtheit und seine Beziehungen verschafften ihm schon jetzt eine Narrenfreiheit, die ihm sogar bei ernsthaften Schwierigkeiten aus der Patsche half. Als er sich eines Freitagnachts Anfang 1927 unweit seines New Yorker Wohnsitzes an der 52 West Sixty-eight Street in eine brenzlige Situation hineinmanövrierte, bewahrte ihn sein Status gar vor dem Gefängnis. Ein temperamentvoller Leander hatte sich am Broadway so heftig mit einer »gut gekleideten jungen Frau« gestritten, dass ein Taxifahrer die Polizei rief. Als die Gesetzeshüter eine Pistole bei ihm entdeckten, wurde er »wegen illegalen Waffenbesitzes« angeklagt. Der »New York Times« war dies in ihrer Sonntagsausgabe vom 6. Februar 1927 eine Schlagzeile wert, die berichtete, dass Dr. Tomarkin wegen Pistolenbesitzes verhaftet worden sei: »Dr. Tomarkin held for having a pistol«.[19] Der Polizei – und indirekt der Presse – wurde bedeutet, dass Tomarkin eine bedeutende Persönlichkeit sei, deren weltweite Forschungen »all over the world« Aufmerksamkeit erregt hätten. Dr. Tomarkin – war in den Zeitungen zu lesen – sei vom königlichen Hause in Italien protegiert, er sei der verhinderte Retter von Papst Benedikt XV. und Erfinder eines hochwirksamen Mittels gegen Lungenentzündung. Vor drei Jahren zu Forschungszwecken nach den USA gekommen, habe er die Pistole benötigt, weil er oft bis spät in die Nacht in seinem Labor arbeite. Er wurde schließlich gegen 500 Dollar Kaution freigelassen und am 23. Februar 1927 vor Gericht gestellt. Seine Verteidigung übernahm der frühere Magistrat John J. Freschi, der vor Gericht weit ausholte, um mildernde Umstände für Leander herauszuholen. Vor Gericht pries er überschwänglich Tomarkins Humanität und gab zu bedenken, dass sein Klient noch nie einen Cent für seine Arbeit genommen und 40 000 Dollar von seinem eigenen Geld in seine humanitären Forschungen gesteckt habe. Ein Mann, der ein Antitoxin gegen Lungenentzündung und Tuberkulose gefunden habe, verdiene Nachsicht. Das Gericht zeigte sich beeindruckt von Leanders Berühmtheit und Wohltätigkeit und sprach ihn wegen seiner »Dienste an der Menschheit« frei. »Dr. Tomarkin freed«, titelte tags darauf die New York Times.

Die in die Sache involvierte junge Frau erwies sich übrigens als Leanders Verlobte, die 24-jährige Erminia Ligotti. Miss Ligotti war ein bekannter lyrischer Sopran, der erfolgreich in sechs Sprachen sang und in den großen Opernhäusern Amerikas und Europas Puccinis »Madame Butterfly«, Verdis »Traviata« und Rossinis »Desdemona« interpretierte. Als die Diva im Juni 1931 – zu Leander? – nach Europa reiste, wurde sie werbewirksam mit einem »Farewell Dinner« verabschiedet. Ihre Karriere lässt sich in den US-Medien über anderthalb Jahrzehnte verfolgen. Die Beziehung zwischen ihr und Leander brach irgendwann auseinander – ihre beiden intensiven Lebensgestaltungen waren wohl unvereinbar geworden.

3 Der transatlantische Brückenschlag: Tomarkin-Foundation in Locarno

Die philanthropisch-wissenschaftlich orientierte New Yorker »Tomarkin-Foundation Incorporated« am 27 Cleveland Place gedieh, und Leander Tomarkin erarbeitete nach einer Europareise für die 1928 geschäftsmäßig ausgerichtete Verteilorganisation »American Bio-Chemical Laboratories« medizinische Produkte.[20] Dabei ging er neue Wege. Es ging nicht darum, die Krankheitserreger und ihre Gifte möglichst effektiv zu treffen, sondern er suchte mit »Catalysan« und »Disulphamin«, den Nachfolgeprodukten des »Antimicrobum«, eine »sogenannte Umstimmungsbehandlung« einzuleiten. Wie später erklärt wurde, war es sein Prinzip, die »Zellen durch spezifische und unspezifische Reize umzustimmen«. Die ermutigenden, in verschiedenen Spitälern getesteten Resultate wurden in angesehenen Zeitschriften vorgestellt.[21] Für die Sicherstellung des europäischen Heilmittelvertriebes gründete Tomarkin im Juli 1930 in Locarno die Aktiengesellschaft »Laboratori Biochimici S. A.«, das transatlantische Pendant zu den »American Bio Chemical Laboratories«.[22]

Doch Tomarkin kümmerte sich nicht mehr nur um seine Medikamente, er behielt den medizinischen Fortschritt an sich, die wissenschaftliche und philanthropische Förderung der Forschung im Auge. Dafür hatte er in den USA seine Foundation gegründet, und dafür sollte sie nun auch einen europäischen Ableger bekommen.

Drei Jahre nach der Konstituierung der Muttergesellschaft in New York durfte Leander Tomarkin seinen transatlantischen Traum realisieren. Am 21. Juni 1930 konnte er in einer offiziellen Gründungsfeier im festlichen Palazzo der Società Elettrica an der Locarner Piazza Grande den von ihm präsidierten europäischen Zweig der Tomarkin-Foundation aus der Taufe heben.[23] Wie Tomarkin in der Einführungsrede skizzierte, suchte die Stiftung im Allgemeinen die internationale Forschung auf dem Gebiete der experimentellen Therapie und angewandten Medizin voranzubringen und hatte damit im Speziellen die Volksgeißel Tuberkulose im Visier.

Hat heute Aids unter den Krankheiten die größte Aufmerksamkeit, so war es damals die Tuberkulose. Die Todesrate war enorm hoch. Die Vorkehrungen gegen diese Volksgeißel suchte man auch offiziell zu bündeln, und sie wurde Thema der schweizerischen Bundespolitik. Das »Bundesgesetz vom 13. Juni 1928 betreffend Maßnahmen gegen die Tuberkulose« trat am 1. Januar 1929 in Kraft und beschrieb die Mittel von Bund, Kantonen und Gemeinden »zur Bekämpfung der Tuberkulose, unter Mitwirkung der privaten Vereins- und Fürsorgetätigkeit«.[24]

Dafür sollte dem wissenschaftlich-humanitären Zentrum ein eigentliches medizinisches »Institut für experimentelle Therapie« zur Seite gestellt werden. Das Projekt wurde von der amerikanischen Muttergesellschaft mit 100 000 Franken unterstützt. Zudem war geplant, wissenschaftliche Annalen mit den neuesten Forschungsergebnissen zu publizieren, Stipendien und Aufträge zu vergeben und wiederkehrende ärztliche Fortbildungskurse und Kongresse zu organisieren, wo bedeutendste Koryphäen vor einer internationalen Ärzteschaft über den neuesten Stand ihrer Wissenschaft referieren konnten. Ein aktives, korrespondierendes Komitee mit fachlichen Topleuten und ein begleitender Aufsichtsrat mit politischen Behördemitgliedern betteten die Locarner Foundation sowohl in die internationale Fachwelt wie in die lokalen Strukturen ein.

Der Erlanger Bakteriologe Professor Wolfgang Weichardt, der in seinem fachlichen Hauptreferat die experimentellen Grundlagen seiner und Tomarkins unspezifisch-therapeutischer »Umstimmungsbehandlung« für kranke Zellen umkreiste, pries an der Gründungsfeier die stets ideale, gegenseitig befruchtende Zusammenarbeit mit der Foundation.[25] Er betonte, dass nur eine so unabhängige, gründliche und alles »autistische Denken« ausschaltende Forschung zum kulturellen Fortschritt der Menschheit beitragen könne. Der Präsident der Tessiner Ärzteschaft, Alfredo Vella, sah sich an die »eroi della scienza« erinnert, an die Wissenschaftsheroen Leonardo da Vinci, an Galileo Galilei und an den erfolgreichen Tessiner Chefchirurgen Tommaso Rima, die im »luce della gloria« ruhten. Er wünschte der humanitären Tomarkin'schen Non-Profit-Organisation zum Wohle der leidenden Menschheit »una vita prospera e radiosa« – ein blühendes und strahlendes Leben. Kantonale und lokale Politiker freuten sich, dass ein solch »importante istituto di fama mondiale« in Locarno zu stehen käme. Und nachdem der abwesende Pionier und Initiator Ira A. Campbell und der »benemerito … egregio presidente« Tomarkin viele Komplimente und Gratulationen hatten entgegennehmen dürfen, begab sich die Festgemeinde zu dem von der US-Muttergesellschaft offerierten Bankett im »Hotel du Parc«.

Die schweizerische Presse und internationale Blätter wie etwa die »Münchner Medizinische Wochenschrift« zeigten sich beeindruckt von Tomarkins ambitionierten Plänen und kommunizierten bereitwillig die vielfältigen Bestrebungen des Tessiner »akademischen Zentrums«, das neueste Forschung und medizinische Erfolge garantierte. Auch die Medizinerwelt rühmte Tomarkins Tatendrang und unterstützte den Medikamentenhersteller und Wissenschaftsmanager. Noch als 90-Jähriger erinnerte sich etwa der mit der Familie befreundete Berner Bakteriologe Georg Sobernheim an Tomarkins gewaltiges Vorhaben: »Tomarkin war auf den an sich originellen und lobenswerten Gedanken gekommen, in der Schweiz und speziell in Locarno ein Zentrum internationaler medizinischer Forschungsarbeit zu schaffen. Er wusste große amerikanische Finanzkreise dafür zu interessieren und konnte seine Idee in die Tat umsetzen.«[26]

Das »Historisch-Biographische Lexikon der Schweiz« (HBLS) nahm ihn und seine Foundation bereits ein Jahr nach der Gründung 1931 in den Olymp der bedeutenden, unvergesslichen Schweizer auf. Der ehrenvolle Eintrag lautete: »Direktor des in New York von A. Campbell, Hague und Dollar gegründeten Instituts zur Förderung der Forschungen auf dem Gebiet der biologischen Chemie und der Experimentalheilkunde, dem er seinen Namen gab«.[27] Dem Artikel ist auch zu entnehmen, dass Leandro Tomarkin am 3. Dezember 1895 als Sohn des Dr. med. »Elie Tomarkin«, Assistent am Impfinstitut der Universität Bern, geboren worden war und russische wie preußische Wurzeln hatte. Mit diesem Eintrag ins HBLS errang Leander nicht nur schweizerischen Berühmtheitsstatus. Aufgrund dieser Quelle vergibt ihm das heutige, online geschaltete »World Biographical Information System« einen noch aktuell gültigen Bekanntheitsgrad. Die Nennung im System, die übrigens aus Vater »Elie« eine »Ellie, weiblich, Ärztin« macht, bezeichnet Leandro als Institutsdirektor im Bildungswesen.

Mit der nachhaltig wirksamen HBLS-Feststellung als eine bedeutende Person bewegte sich Leander fortan nicht nur in wissenschaftlichen Kreisen, sondern mit seiner schönen, jungen Frau Wanda gewandt und mehrsprachig in der elegant-mondänen Gesellschaft. Beinahe hätte es ihm sogar zur internationalen Topkrönung gereicht. Für seine Forschungen, die in der Krankheitsbekämpfung ganz neue Wege gingen, kam er nämlich für den Nobelpreis ins Gespräch, wie dies sein Sohn Jahre später der New Yorker Presse anvertrauen sollte.[28]

4 Förderer der Friedensstadt Locarno

Tomarkin hatte Locarno als europäischen Hauptsitz erwählt. Den Geschäftssitz wollte er in der »Villa Italia« einrichten, und dass er dieses Haus erwerben wollte, wurde in der nationalen Presse eifrig kolportiert.[29] Zudem beabsichtigte er, einen großen Neubau mit Bibliothek, Aula und Büros, mit einem neuzeitlich eingerichteten Labor und verschiedenen geräumigen Versammlungslokalen zu errichten, wo alljährlich mindestens zwei medizinische Fortbildungskurse organisiert werden konnten. Pläne, die aus einem Architekturwettbewerb hervorgingen, hatten bereits bei der Gründungsfeier vorgelegen.[30] Schließlich fand die Tomarkin-Foundation in der »Villa Cadeau« an der Piazza Pedrazzini mit dem schönen Brunnen ihren europäischen Sitz.

Mit der Lokalisierung im Tessin erwies sich Tomarkin nicht nur als gewiefter, vernetzt und international denkender Wissenschaftler. Er bewies auch unternehmerischen Weitblick, als er den Südkanton neu als Wirtschafts- und Bildungsraum erschaffen wollte. Die regionale Entwicklung und die touristischen Interessen im Auge, unterstützten die Tessiner Eliten gerne den agilen Tomarkin in seinen Vorhaben.

Locarnos und Tomarkins Träume waren kongenial.[31] Leander Tomarkin hatte Großes im Sinn mit der kleinen Stadt Locarno, und Locarno selbst war sich schon in den 1920er-Jahren sicher, »in wenigen Jahren zu einem der besten Aufenthaltsorte der Schweiz und von ganz Europa« zu werden. Er brauchte Locarno, die Stadt brauchte ihn. Die touristischen Vorzüge dienten auch seinen Zielen, und treffend bemerkte dazu ein Gast von Tomarkins Kursen: »Si l'on ajoute que ces cours, conférences, conversations, se déroulaient dans un des plus beaux pays du monde, à l'ombre des camélias et des mimosas en fleurs, au bord du riant Lac Majeur et au pied des montagnes couronnées de neige et que tout était animé par l'inlassable dévouement et l'inépuisable obligeance de M. Leandro Tomarkin et de la charmante Mme Tomarkin, on comprendra le souvenir reconnaissant et enchanté qu'en ont emporté tous ceux qui ont eu l'honneur d'y participer.« Und Locarno war glücklich, dass Tomarkin das Renommee – »la rinomanza di Locarno« – »nel mondo« vermehrte.

Locarno, damals »nur« 15 Stunden von Paris und 24 Stunden von Berlin entfernt, gab sich mondän und modern. Diese »Perle am Langensee« war stolz, gleichzeitig das Klettern in eisigen, schneegekrönten Berggipfeln und die Siesta am sonnigen Palmenstrand anbieten zu können. Das »Eldorado der Touristen« rühmte die subtropische Vegetation in ruhigster, staubfreier Lage und seine »klimato-biologische Heilwirkung«. Im Wetterbericht wurde wissenschaftlich-fortschrittlich Radioaktivität und Kohlesäuregehalt der Luft angezeigt. Ärzte und Zahnärzte warben trendig mit ultravioletten Strahlen und Röntgenkabinett, mit Hochfrequenz, Radium und Helium. Luxushotels und Kurhäuser lockten mit modernsten Zentralheizungen, Ventilations- und Lichtrufanlagen. Kulturelle und sportliche Leckerbissen waren mit dem Tennis-, Boule- und Lichtspiel garantiert, der Gast konnte golfen, baden, tanzen, kegeln. Auftretende Zerrungen linderte die im »New York Hospital« erprobte diplomierte Masseuse. Das Casino-Kursaal-Théatre, Varieté und Spielsalon, Dancing, Cinémas und Jazzband sowie Thés-dansants, Jardin- und Kurkonzerte verwöhnten den Locarner Gast. Für die Mobilität sorgten Dampfschiffe, Drahtseil- und etliche elektrische Bahnen. Empfohlene Automobiltouren führten zu einzigartigen Naturschönheiten und erlesenen Kunstwerken. Wer höher hinaus wollte, durfte vom Flugplatz Agno aus »ad Astra« – zu den Sternen – abheben. Und wer nach Ewigkeit strebte, konnte sich von Locarner Künstlern als Alabaster-Büste, Statue oder im Medaillon verewigen lassen.

Eine internationale Klientel war bereits vorhanden. Im Fremdenblatt »Locarno« pries sich dieses Paradies in italienischen, deutschen, französischen, eng-

Foto 4: Tagesblick auf die »Villa Cadeau« (rechts), wie sie sich heute präsentiert, und Nachtblick aus der »Villa Cadeau« um 1930 auf die Piazza Pedrazzini (Foto und Postkarte PA Franziska Rogger).

lischen und holländischen Berichten an, es verwies auf »new golf links« und »Ticino home«. Die hier publizierten Gästelisten ließen von Glamour, Geld und Macht träumen. Im Blatte sah man Italiens zukünftige Mai-Königin Marie José am Strand von Locarno lustwandeln, hier wurden die Ankunft einer Marlene Dietrich, eines Gerhard Hauptmann oder der Tessiner Villenkauf von Erich Maria Remarque und des preußischen Ministerpräsidenten angekündigt. Hermann Hesse gab es als Gedicht. In Locarno residierte verschiedentlich S. K. H. – Seine Königliche Hoheit, unter anderen Kaiser Wilhelms Sohn Oskar. Hier erholten sich Intellektuelle, hohe Politiker und Entertainer. Und hier fanden bereits bedeutende Kongresse statt, die Locarnos weltmännische Internationalität unterstrichen, seine Hotels füllten und seinen edlen Ruf in die Welt trugen.

Endgültig ins Scheinwerferlicht der Weltöffentlichkeit gerückt war Locarno, als am 16. Oktober 1925 im »Palazzo Pretorio« der Vertrag unterzeichnet wurde, der Europa den Frieden sichern und Deutschland wieder in die Völkergemeinschaft aufnehmen sollte. Fortan sah sich Locarno als »Friedensstadt«.

Wer heute durch Locarno flaniert, sieht immer noch deutlich, dass die Stadt einmal im Mittelpunkt des weltpolitischen Geschehens stand. Da ist die Stele mit den eingeätzten bedeutsamen Namen und dem Foto der damaligen vertragsstiftenden Politiker. Den Touristen zeigt man den welthistorischen Saal, gerade so, wie ihn Frankreichs Aristide Briand, Englands Austen Chamberlain, Deutschlands Gustav Stresemann und Italiens Benito Mussolini am Tage der Unterschrift des Paktes verlassen hatten. Dass Leanders Stiftung, die ihren Sitz in der »Villa Cadeau« an der Piazza Pedrazzini hatte, nur wenige Schritte vom »Palazzo Pretorio« entfernt war, kann man mit einigen Schritten körperlich ermessen. Der Streifzug am Tatort kann lehrreich sein: Hier erkennt man unschwer Leanders großartigen Gestus. Er liebt bei seinen Unternehmungen beziehungsreiche Anspielungen auf welthistorische Ereignisse und bringt sie – wie wir sehen werden – immer wieder ins Spiel. Tomarkin spielte geschickt mit dem Genius loci und vergaß nicht, darauf hinzuweisen, dass dieser hübsche Friedenshort den Weisen aller Länder, Sprachen und Traditionen eine gute Atmosphäre zur Weiterentwicklung der medizinischen Wissenschaften biete.

5 Internationale Kongresse mit Ehrenpräsident Einstein

Leander Tomarkin pendelte in den kommenden Jahren zwischen Locarno und New York hin und her, um all seinen wissenschaftlichen, geschäftlichen und philanthropischen Aufgaben gerecht werden zu können.[32] Mit seinen medizinischen Kenntnissen und seinem Bekanntheitsgrad konnte er die transkontinentalen Beziehungen nutzen, um der Wissenschaft zu dienen. Er tat es, wie angekündigt, mit der Organisation verschiedener internationaler Fortbildungswochen.[33] Die Reihe medizinischer Kongresse, die er von 1930 bis zum Zweiten Weltkrieg glänzend inszenierte, waren ebenso blinkende Highlights in seinem eigenen Leben wie ernsthafte Fortbildungsmöglichkeiten für die internationale Ärzteschaft.

Die Kurse mit den hochkarätigen Vorträgen dauerten jeweils zwei bis drei Wochen. Dabei war Tomarkin nicht nur auf wissenschaftliche Kostbarkeiten aus, er stilisierte seine Events auch zum kulturellen und gesellschaftlichen Höhepunkt. Die Sonntage waren für Ausflüge zu Naturschönheiten, Kunstgenüssen oder medizinischen Vorzeigeobjekten reserviert. Glanzvolle Empfänge, Bankette und musikalische Leckerbissen wurden geboten, meist im luxuriösen Ambiente der örtlichen Grandhotels oder im speziellen Saal einer lokal bedeutsamen Institution. Vielfach war ein Star aus Wissenschaft oder Politik geladen, der dem Event auch für das große Publikum ein Glanzlicht aufsetzte. Auch standen feierliche Gedenkstunden an verstorbene Wissenschaftsheroen auf Tomarkins Programm.

Tomarkin begann seine Kongresstätigkeit am europäischen Sitz seiner Foundation, in Locarno. In dieser Perle am Lago Maggiore veranstaltete er im Herbst 1930 sowie im April und Oktober 1931 drei Kurse, in denen Mediziner aus aller Welt die brandneuesten Entwicklungen ihres Faches vernehmen und Erfahrungen austauschen konnten.

Für seinen 1. internationalen Fortbildungskurs im Herbst 1930 in Locarno[34] war es ihm gelungen, achtzehn der »bedeutendsten ärztlichen Koryphäen« Europas zu verpflichten. Mit von der Partie waren Gelehrte aus dem renommierten Pariser Pasteur-Institut sowie der Römer Bartolomeo Gosio, der als Pionier der Antibiotika-Forschung den Locarnern einen öffentlichen Lichtbildervortrag über Malaria-Sanatorien bot. Vor allem aber interessierte der berühmte Ferdinand Sauerbruch. Es war ein gewiefter Schachzug Tomarkins, ihn nach Locarno zu holen, war doch der deutsche Chirurg in der Medizinwelt durch sein sensationelles Druckdifferenzverfahren, das Operationen im Brustraum ermöglichte, weltbekannt geworden. In Berlin tätig, stand Sauerbruch kurz vor seinem größten Coup, der Beseitigung einer Ausbuchtung der Herzwand nach einem Infarkt. Sauerbruch brachte der Herbstveranstaltung der Tomarkin-Foundation, die von rund 80 reputierten Medizinern verschiedenster Länder besucht war, den hellsten Glanz und sorgte für die erwünschte mediale Aufmerksamkeit. Ringiers Zeitschrift »Sie und Er« brachte ihn beschwingt ausschreitend ins Bild.

Der Kongress des »Mr. Tomarkin« war »a complete success«. Das musste auch das stolze »Journal of the American Medical Association JAMA« anerkennen, das vierzehn Tage zuvor noch moniert hatte, die Tomarkin-Foundation und Tomarkins Heilmittel »Disulphamin« seien pseudowissenschaftliche Machenschaften.[35] Der 2. internationale Fortbildungskurs, nur sechs Monate später im Frühling

Foto 5a: Inauguration des 2. Fortbildungskurses der Tomarkin-Foundation vom Frühling 1931 in Locarno, organisiert von Leander Tomarkin, der im Hintergrund steht. Der Star war Bundesrat Giuseppe Motta (sitzend in der Mitte). Für die Bindung zu Amerika stand der US-Botschafter in der Schweiz, Minister Hugh R. Wilson (3. v. r.). Einheimischen Kontakt und Tessiner Wertschätzung vermittelten die Vertreter des Kantons (Guglielmo Canevascini, Staatsratspräsident, 2. v. r.) und der Gemeinde (Paolo Pedrazzini, Stadtrat Locarno, 1. v. r.). Links sitzen der Vizekonsul von Italien, Conte L. G. Asinari Sigray di San Marzano (1. v. l.) und Prof. Constantin Levaditi vom Pariser Pasteur-Institut (2. v. l.). (»Acta 3ème«, S. 132; Postkarte Photohouse E. Steinemann, Locarno/NTI.)

1931 in Locarno[36] organisiert, war nicht nur größer, sondern auch prachtvoller als der erste. 28 wissenschaftliche Schwergewichte aus den bedeutendsten Wissenschaftszentren hielten instruktive Vorlesungen von »aktuellem Interesse« und »hoher praktischer Bedeutung«. »Der große Saal im Gebäude der Elektrizitäts-Gesellschaft an der Piazza Grande«, schrieb die »Neue Zürcher Zeitung« am 20. Mai 1931 beeindruckt, »bot vierzehn Tage hindurch das eigenartige Bild, auf den langen Stuhlreihen Gelehrte in Amt und Würden, Ärzte jeglichen Alters und Forscher der verschiedensten Wissenszweige, als eifrige Zuhörer Notizen machend wie einst im Kolleg, sitzen zu sehen.«

Fünf allgemein interessierende medizinische Vorträge wurden im Rundfunk übertragen.[37] Das war neu und modern, 1931 war das Schweizer Radio gerade erst seiner Pionierzeit entwachsen.

Foto 5b: Teilnehmer des 2. Fortbildungskurses der Tomarkin Foundation vom Frühling 1931 in Locarno mit Begleiterinnen:
Sitzend v. l. n. r.: Minister Hugh R. Wilson, US-Botschafter, Bern; Leanders Frau Signora Wanda Tomarkin-Milla, Locarno; der Schweizer Bundesrat Giuseppe Motta, Bern; Frau Margarete Tschirch, Bern; unbekannt.
1. Reihe stehend v. l. n. r.: Cesare Mazza, Staatsrat, Bellinzona; Prof. Lucien Marie Pautrier, Straßburg; Louis-Charles Flandin, Generalkonsul von Frankreich; Leander Tomarkin, Locarno; zwei Unbekannte; dann in der Dreiergruppe stehend Prof. Alexander Tschirch, Bern; Prof. Friedrich Silberstein, Wien; Prof. Michel Weinberg, Paris.
Ganz hinten in der Mitte stehen Leanders Vater Dr. Elie Tomarkin, Locarno, und der Bruder Dr. Percy Tomarkin, Kantonsarzt Bellinzona.
(»Acta 3ème«, S. 136; Postkarte Photohouse E. Steinemann, Locarno/NTI).

Die Landessender Sottens und Beromünster waren eben errichtet und der Sender Monte Ceneri erst in Sicht. Die Lokalstudios sendeten stundenweise, unkoordiniert und teilweise in direkter Konkurrenz. Feste Senderfrequenzen waren nicht bekannt. Die Hörer mussten ihren Sender über den ganzen Frequenzbereich suchen, die Radioprogramme publizierten die »Wellenordnung«. Das »Zeitzeichen des Observatoriums Neuchâtel« sorgte für eine genaue Zeitangabe. Schallplatten- und Grammophonkonzerte wechselten mit Konzertübertragungen ab. Eingestreut wurden Vorträge, vornehmlich auch wissenschaftliche von Universitätsdozenten. Zur Zeit der zweiten Tomarkin'schen Fortbildungswoche etwa wurde über die Bedeutung der Vitamine referiert, und im welschen Radio war eine Sendung über Lungen- und Knochentuberkulose zu hören. Alle Sendungen waren grundsätzlich live. Inhaltlich und technisch neue Sendeformen wurden erprobt. Am 28. Oktober 1931 stand beispielsweise eine »Versuchsübertragung« aus der BBC London auf dem Programm: das »British Broadcasting Corporation Orchestra« unter der Leitung von Dr. Richard Strauss soll zu hören gewesen sein.

Die »Schweizer Radio-Illustrierte« ließ es sich denn nicht nehmen, gebührend auf das internationale medizinische Ereignis hinzuweisen und rückte sechs Bilderseiten »zu den Übertragungen des Landessenders vom Ärztekongress der ›Tomarkin-Foundation‹ in Locarno« ein. Sie visualisierte 50 Jahre Tuberkel-Bazillus mit Robert Koch am Mikroskop, zeigte etliche Kranke und Sanatorien, Röntgeneinsichten und Apparate, die zur Behandlung der Tuberkulose benötigt wurden.

Als Stargast konnte diesmal ein Politiker gewonnen werden. Tomarkin hatte keinen Geringeren als den Tessiner Bundesrat Giuseppe Motta nach Locarno geholt, wo dieser in einer »hochbedeutsamen Rede« die festlich gestimmten Anwesenden begrüßte. Motta rühmte die Wissenschaftlichkeit und Internationalität der Tomarkin-Foundation, pries ihren Kampf gegen Tuberkulose und Krebs und betonte deren Philanthropie und Humanität. Für den Kanton Tessin erhoffte er sich dank Tomarkins verschiedensten Projekten nachhaltige Prosperität und neue Impulse, insbesondere eine Hochschule. Für die Bindung zu Amerika stand der US-Botschafter in der Schweiz, Hugh R. Wilson. Einheimischen Kontakt und Tessiner Wertschätzung vermittelten die Vertreter des Kantons, der Gemeinden und der Ärzteschaft. Doch die »Seele dieser Gemeinde von Gelehrten«, die Seele der illustren 163-köpfigen Gesellschaft aus neun Ländern war nach Ansicht des Vertreters des Pariser Pasteur-Institutes »Dr. Leandro Tomarkin«. Die bundesrätliche Eröffnungsrede, die Festreden und Medizinvorträge ließ Tomarkin in einem dreisprachigen Buch unter dem Titel »Acta 2ème Cours« nachdrucken.

Um alle Köstlichkeiten und Kostbarkeiten des nächsten Kongresses, des 3. internationalen Fortbildungskurses im Oktober 1931 in Locarno[38], wiederzugeben, bedruckte Tomarkin in seinen nun reich bebilderten und viersprachigen »Acta« ganze 130 Seiten. Fachvorträge mit anderssprachigen »Summaries« und Diskussionsbeiträge waren ebenso abgedruckt wie Radiokonferenzen und Ausflugsberichte. Auch Festreden und Zeitungsartikel und die nach einem Besuch im italienischen Kinderheim »Umberto di Savoia« verschickten Telegramme wurden hier verewigt. Letztere gingen an den schweizerischen Bundespräsidenten Heinrich Häberlin, an König Vittorio Emanuele III. von Italien und an Italiens Premierminister, »His Excellency Mussolini«.

Aus sechs Ländern waren 35 der berühmtesten Professoren zum 3. Kurs nach Locarno gekommen, um in 62 Vorträgen über Tuberkulose, Krebs und allgemein über »Wesentlichstes und Bedeutsamstes auf medizinisch-biologischem Gebiet« zu debattieren. Unter ihnen war mit Lydia Rabinowitsch-Kempner erstmals

Foto 6a: Die junge Tessiner Radiogesellschaft übertrug im Herbst 1931 fünf wissenschaftliche Vorträge des Tomarkin'schen Kongresses. Wie Tomarkin in ein Radiomikrofon zu sprechen, war ziemlich neu und aufregend, und dieses Bild wurde auch in der »Schweizer Radio-Illustrierten« vom 31. Oktober 1931 reproduziert (»Acta 3ème«, S. 83/NTI).

Foto 6b: Die drei New Yorker CEOs der Tomarkin-Foundation wurden in der »Acta 3ème« vorgestellt: Ira A. Campbell, Präsident der Tomarkin-Foundation, sowie Robert E. Hague und Robert F. Hand (»Acta 3ème«, S. 131).

auch eine Frau. Lydia Rabinowitsch war von Kaiser Wilhelm II. zur ersten preußischen Professorin ernannt worden und kämpfte unter anderem mit Albert Calmette für die BCG-Impfung gegen Tuberkulose (siehe Teil B). Die Erinnerungsfotos in der »Acta« zeigten nicht sie, aber die meisten anderen Gelehrten im Porträt. Etliche Gruppenbilder und 28 Porträts der berühmtesten Professoren bewiesen die eindrückliche Präsenz der Wissenschaftselite. Die freundlich in der »Acta« ins Bild gesetzten drei New Yorker CEOs der Tomarkin-Foundation – Ira A. Campbell, Robert E. Hague und Robert F. Hand – sowie einige Konsuln und der amerikanische Geschäftsträger betonten bildlich ebenso sehr die Internationalität der Veranstaltung wie dessen politische Bedeutung. Schnappschüsse von Leander Tomarkin am Mikrofon der »Radiodiffusione« und vom 16-jährigen Wunderkind Laura della Seta am Flügel verwiesen auf eine zeitgemäße Aufgeschlossenheit in Technik und Kultur. Mit der Präsentation der ehrenhalber eingeladenen Hedwig Ehrlich, der Witwe des Immunitätsforschers und Nobelpreisträgers Paul Ehrlich, feierte die Tomarkin-Foundation eine der ganz großen Wissenschaftsleistungen.

Keine Fotoseite aber verströmte so viel Glanz wie die Seite 130, auf der stolz die großen Buchstaben prangten: »HONORARY PRESIDENT – EHREN-PRAESIDENT – Prof. Dr. ALBERT EINSTEIN, Berlin«! Tomarkin durfte erleben, dass ihm der Nobelpreisträger und das Jahrhundertgenie Einstein die Anerkennung erwies, sein Kongresswerk ehrenhalber zu präsidieren. »Die Zustimmung von Professor Albert Einstein, der das Ehrenpräsidium der Stiftung übernommen hat, erfüllt uns mit Stolz«, verkündete denn Tomarkin gerührt in seiner Inaugurationsrede vom 11. Oktober 1931. Einstein konnte nicht selbst anwesend sein, immerhin nahm sein Freund und späterer Leibarzt, der Radiologe Gustav Bucky, am Kongress teil.

Die drei ersten Kongresse des »vielgeschäftigen und unermüdlichen«, »ungemein betriebstüchtigen Organisators« Leander Tomarkin waren große Erfolge.[39] Er verstand es, sein »Programma della Fondazione« breit – »diffusamente« – vorzutragen, und anstelle von medizinischem Fachchinesisch gebrauchte er lieber Worte wie »la voce di amore« und »parlare al cuore degli uomini di buona volontà«. Die Medien attestierten den international angesehenen Fortbildungskursen einen »hohen kulturellen Wert« und betrachteten sie als »bedeutsames wissenschaftliches Ereignis«. Fachleute priesen das außerordentlich hohe Niveau und die Vielfalt des gebotenen Stoffes. Nur wer konkret anwendbare Ergebnisse erwarte, »die er schwarz auf weiß besitzend mit nach Hause nehmen und gleich in die Praxis umsetzen« könne, sei vielleicht von Locarno nicht ganz befriedigt.

Die Gäste freuten sich, zwei nützliche Wochen »mélangé de plaisir de rare qualité« im herrlichen Tessin verbringen zu können. Der ungarische Internist,

Baron von Korányi, formulierte dies charmant: »Die Locarneser Kurse haben einen einzigen Fehler: die Natur schüttet ihre Schätze, Sonne und Blumen in einem solchen Masse aus, daß man ein starker Mann sein muß, um imstande zu sein, täglich Vor- und Nachmittag je 3 Vorträge mit zusammen ca. 8 Stunden im geschlossenen Raum zu Ende zu hören.« Unter Lächeln gestand Korányi ein, dass er nicht zu diesen starken Männern gezählt werden könne. Von den zwei Wochen habe er nur 6 Tage dort verbracht. »Beinahe des Guten zuviel« werde geboten, doch der große Pomp des Rahmenprogramms gefiel allgemein, wenn sich auch die NZZ darüber mokierte, dass »die illustre internationale Gesellschaft ... eine Reihe von Festlichkeiten zu absolvieren« habe.

Nicht selten wurde auf einen friedlichen Geist hingewiesen, der bei den Politikern noch vergeblich gesucht werde. Von Tomarkins Fortbildungskurs wurde gar eine Ansichtskarte verkauft, die zeigte, dass wissenschaftliche Vertreter der Entente und der Zentralmächte ihre Kriegsgegnerschaft aus dem Ersten Weltkrieg überwunden hätten. Zu sehen war Fred Neufeld vom Berliner Robert-Koch-Institut Arm in Arm mit Prof. Albert Calmette vom Pariser Pasteur-Institut. Auch ein Kongress-Erinnerungsbild in der »Acta« zeigte »L'esprit de Locarno« mit einem einträchtigen Zusammenstehen der beiden mit Ernesto Bertarelli, Pavia, und Leander W. Tomarkin.

Im Jahresrhythmus organisierte Leander Tomarkin fortan seine wirkungsvolle medizinische Weiterbildung mit glamourösem Touch. Im Herbst 1932 wagte er mit seinem 4. Kongress den Sprung ins europäische Ausland. Der medizinische Fortbildungskurs der Tomarkin-Stiftung fand in Zusammenarbeit mit italienischen Gelehrten an der »Reale Università di Milano« statt und war vornehmlich dem Krebsproblem gewidmet.[40] Die Erinnerungsstunde an große Wissenschaftler baute Magier Tomarkin hier zu einer eigentlichen Gedenkveranstaltung aus. Er zelebrierte für zwei berühmte Tuberkuloseforscher, den deutschen Robert Koch und den Italiener Carlo Forlanini, eine ergreifende Hommage. Die »celebration en honneur« wurde auf Deutsch und Italienisch von mehreren Radiostationen am 23. und 28. September 1932 ausgestrahlt.

Wie gewohnt hatten internationale Fachblätter die Veranstaltungen propagiert. Wie gewohnt wurden herrliche Ausflüge und Festlichkeiten organisiert. Wie gewohnt bestritten »les plus illustres médecins« aus 27 Nationen ein »im besten Sinne des Wortes aktuelles« Programm. Diesmal waren auch die russischen Universitäten vertreten. Die Physiologin Lina Stern, ehemals erste Professorin der Universität Genf und nun Direktorin des Physiologischen Forschungsinstitutes in Moskau, liebte Kongressbesuche und trat fortan insgesamt viermal als Vortragende an Tomarkin-Veranstaltungen auf.

Am 4. Kurs in Mailand nahmen auch Gesundheitsbeamte teil. Ein Vertreter des italienischen Bildungsministeriums eröffnete die Fortbildungswochen,

Foto 7: Tomarkin, der Magier, hatte es trotz Widerwärtigkeiten geschafft, seine Fortbildungskurse im Ausland zu etablieren. Die römische Fachzeitschrift »L'Italia Sanitaria« brachte am 19. September 1932 eine fünfseitige, reich bebilderte Reportage über den »IV corso internazionale di alta coltura medica della Fondazione Tomarkin – Locarno« (NTI).

Otto Stiner vom eidgenössischen Gesundheitsamt hielt erneut einen Vortrag, und erstmals waren Vertreter der Völkerbund-Hygienesektion und des Volkskommissariats des UDSSR-Gesundheitswesens eingeladen. Die Politik war präsent und schlich sich auch in die Begrüßungsansprache hinein, obwohl sich die Foundation stets redlich bemüht hatte, »au-dessus de toute barrière nationale et politique« zu stehen. Die Grußworte »del Governo fascista« erwidernd, bedankte sich gemäß Bericht des »Corriere della Sera« Tomarkin warm beim »allsehenden« Capo Mussolini, dass er diesen 4. Kurs ermöglicht habe. Bereits beim Besuch eines Kindersanatoriums jenseits der Grenze war den Gästen des früheren Kurses bedeutet worden, dass das »Neue Italien« unter der Führung des Königs und des Duces einen »nuovo soffio di vita« in die Nation wie in Wissenschaft und Gesundheitsversorgung blase. Die Italiener hatten auch keinen Hehl aus ihrer Bewunderung für Mussolinis »genius and iron will« gemacht.

Die faschistische Nähe goutierten die Schweizer Zeitungen nicht, und im Februar 1934 flammte ein Faschismusverdacht gegen Leander Tomarkin auf, der kolportiert und Anfang 1935 nochmals aufgewärmt wurde. Doch der Angriff verpuffte schnell.[41]

Ein anderes Problem setzte den Tomarkin'schen Fortbildungswochen mehr zu: die Wirtschaftskrise. Bereits die Organisatoren des 3. Kurses hatten mit »recht erheblichen Schwierigkeiten« zu kämpfen gehabt, zeigten sich aber heroisch: »Noch ist die Sturmflut der Weltkrise im Steigen begriffen und erschüttert die Grundfesten der mächtigsten Länder. Ganze Weltteile werden von ihr bedroht und auch Amerika hat den unheimlichen Wellenschlag verspürt. Aber die Leiter der Stiftung, Männer klaren Auges und starken Willens, von unbesiegbarem Hochsinn getragen, haben ungeachtet der Ungunst der Zeiten beschlossen, die einmal übernommene Mission in Europa zu erfüllen und die Kurse in unveränderter Weise fortzuführen. ... Nach wie vor wird die Foundation ihrer Aufgabe, die Völker verbindende Zusammenarbeit auf dem Gebiete der medizinischen Forschung zu fördern, treu bleiben und ihren Weg zur Erreichung weitgesteckter Ziele unaufhaltsam fortsetzen.« Und Leander Tomarkin rief: »Unser Schiff wird diesen Sturm überdauern. ... Wir hoffen, dass, Kraft unseres Glaubens an unsere Sendung, es uns gelingen wird einen Tempel der Wissenschaft und der Arbeit, der alle vom Wissensdurste und Opfergeiste zu Gunsten des Fortschrittes der Medizin und zum Wohle der Menschheit überhaupt Beseelten aufnehmen wird, hoch und prächtig aufzubauen.«[42]

6 Hoch geehrt unter Nobelpreisträgern

Tatsächlich konnte Tomarkin, der seinen Ruf als genialer Erfinder mit dem Ruhm eines begnadeten Organisators und internationalen Mediators gepaart hatte, trotz zunehmend schwierigerem wirtschaftlichem und politischem Umfeld noch mehrere Großveranstaltungen organisieren, bevor der Zweite Weltkrieg alles abwürgte (siehe Teil B). Die Veranstaltungen mögen etwas bescheidener geworden sein. Zwar gab es noch immer beeindruckende Ausflüge und man dinierte in den besten Häusern. Die »Annalen«, die wissenschaftliche Beiträge publizierten, und die »Acta«, die von den Fortbildungswochen berichteten, konnten aber offenbar nicht mehr regelmäßig publiziert werden.

Mit seinem 5. Kongress vom August 1933 kehrte Tomarkin nochmals in die Schweiz zurück und zog im mondänen St. Moritz, wo internationaler Jetset ebenso wie wissenschaftliche Fachtagungen zu Hause waren, seine Fortbildungswochen durch.[43] 50 Vorträge von 43 Dozenten aus 10 Ländern Europas und der Übersee waren angekündigt. Geschickt waren allfällige Lücken in der Teilnehmerliste gefüllt worden, indem Leander Tomarkin die Sanitätsdirektoren der Schweiz dazu bewegen konnte, ihre Konferenz aus Anlass seines Fortbildungskurses ebenfalls in St. Moritz abzuhalten. Die lokalen Politiker und Behörden, die Regionalpresse und die Touristikbeauftragten freuten sich auf die Versammlung der »verdienstvollen Tomarkin-Stiftung«. Der »Engadin Express« begrüßte Tomarkins »Universität in nuce«, die »getreu ihrer großen internationalen Mission«, die »Weltmitwirkung« auf wissenschaftlichem Gebiete fördere. Gedenkstunden wurden nicht abgehalten, auf dem Ausflug ins Unterengadin sprach man dafür dem hl. Luzius zu, der hier seine Quelle sprudeln ließ. Im Zentrum des

5. Kurses der »Jünger Tomarkins« stand die Kur in all ihren Facetten. Die einheimischen Ärzte hatten auf den Kongress hin gar eine schöne Festschrift zum Thema geschaffen. Tomarkin wurde nicht nur als »ausgezeichneter Veranstalter für wissenschaftliche Belehrung« gepriesen, sondern auch als Lebenskünstler und »psychologisch fein empfindender maître de plaisir«.

Den 6. Kongress kündigten die »Revue Médicale Française« und »The British Medical Journal« für den August 1934 wieder in St. Moritz an. Doch die Veranstaltung fiel ins Wasser, und damit waren auch die beiden versprochenen Konzerte unter dem Dirigentenstab Arturo Toscaninis hinfällig. Wie die Darbietungen früherer Kongresse war auch der Erlös aus diesem Musikereignis zugunsten einer wohltätigen Einrichtung der Foundation gedacht gewesen.[44] Der Fortbildungskurs wurde schließlich – wie das holländische Blatt »Het Vaderland« schrieb – auf den September 1934 ins »kosmopolitische« Meran verlegt.[45] Erneut hatte Tomarkin einen Förderer aus der italienischen Aristokratie gefunden, der Kongress stand unter dem Patronat von »Principe Filiberto di Genova, Duca di Pistoia«. Als Stargast erwartet wurde der Österreicher Julius Wagner-Jauregg, der 1927 den Nobelpreis für seine Malaria-Arbeiten erhalten hatte. Es war eine bunte Schar, die vortrug. Neben zwei russischen Wissenschaftlern traten auch drei Professoren aus Amerika auf. Mit Professor Hermann Zondek vom »Victoria Memorial Jewish Hospital« in Manchester kam ein britisch-jüdischer Vertreter nach Meran. Dort referierte aber auch der »On[orabile] Prof. Dott. Eugenio« Morelli, der Direktor des »Istituto Benito Mussolini« in Rom. Der Aargauer Maximilian Oskar Bircher-Benner aus dem Sanatorium »Lebendige Kraft« vertrat die alternative Medizin und sprach über »Vegetabile Heilkost«, worunter wohl auch sein »Birchermüsli« zu zählen ist.

Wie im »Canadian Medical Association Journal« zu lesen war, zog Tomarkin im folgenden September 1935 mit seinem 7. Fortbildungskurs nach Brüssel und Spa.[46] Das war eine gute Wahl, sonnte sich doch die belgische Hauptstadt eben im Glanze der Weltausstellung, die auch den sich fortbildenden Wissenschaftlern ein Vergnügen besonderer Art gewesen sein dürfte. Tomarkin durfte nicht nur auf die Unterstützung der »Université Libre de Bruxelles« zählen. Wie »The Lancet« mitteilte, war auch die »International Union Against Cancer« mit von der Partie. In einer würdigen Zeremonie wurde das Gedenken an das Nobelpreis-Ehepaar Pierre und Marie Curie und ihre Entdeckung des Radiums gefeiert. Zu den Festrednern gehörten Curies Tochter Irène mit Ehemann Frédéric Joliot-Curie. Nachdem auch der zweite Teil des »postgraduated congress« in Spa am 2. Oktober abgeschlossen war, lud Tomarkin die Teilnehmenden zu einem Besuch der wichtigsten italienischen Universitäten ein.

Seinen nächsten, den 8. Fortbildungskurs vom September 1936, wollte Tomarkin in Athen[47] mit einer »Visite Archéologique« verbinden. Doch wie der

Pariser »Concours Médical« Ende August 1936 mitteilte, musste der Kongress in Griechenland – wie andere Veranstaltungen zu dieser Zeit auch – aus Rücksicht auf die politische Lage abgesagt werden. Den deutschen Ärzten, die schon früher wegen der Devisenkontrolle mit »großer wirtschaftlicher Bedrängung« kämpfen mussten, war die Kongressteilnahme zudem »durch eine Verfügung des Reichsärzteführers« Dr. Gerhard Wagner vom 6. Juni 1936 untersagt worden. Ihr Wegbleiben fiel arg ins Gewicht, waren die Deutschen doch an den früheren Tomarkin-Anlässen traditionell stark vertreten gewesen. Zum Kongress war erneut das Ehepaar Joliot-Curie geladen. Doch am 20. September 1936 flog nicht Frau Joliot oder Herr Tomarkin in Athen ein, sondern als »Tourist« der deutsche Reichspropagandaminister Joseph Goebbels.

Das Londoner Fachblatt »The Lancet« kündigte den 8. Internationalen Kongress der Tomarkin-Foundation im Frühjahr 1937 in der französischen Kolonie in Algier an.[48] Hier existierte seit bald 30 Jahren eine Niederlassung des Pariser Pasteur-Instituts, das Tomarkins Fortbildungswochen stets prominent beschickt hatte. Offenbar wollte Tomarkin fortan sein Fortbildungsangebot verstärkt auf die Tropenmedizin ausrichten und kündigte die Teilnahme des bekannten britischen Tropenmediziners Sir Philip Manson-Bahr an. Wiederum war ein reichhaltiges Programm mit Ausflügen nach Marokko und Tunesien vorgesehen. Während des Kongresses war ein Meeting geplant, an dem der Medizin-Nobelpreisträger Ronald Ross, Camillo Golgi und Alphonse Laveran gedacht werden sollte. Zusätzlich wollte man vier Nobelpreis-Nominierte ehren, unter ihnen auch Tomarkins alten Freund und Mäzen, den im Oktober 1935 verstorbenen Ettore Marchiafava. Gemeinsam war allen sieben Gelehrten, dass sie sich in ihren Forschungen in irgendeiner Weise mit Malaria befasst hatten. Es ist unklar, ob die nordafrikanischen Fortbildungswochen zustande kamen. Selbst die französischen Zeitungen schwiegen sich über einen Kongressverlauf aus.

Damit war die Reihe der Fortbildungswochen beendet, und der noch jugendliche, erst 42-jährige Kongressmanager Leander Tomarkin konnte auf eine Kette von erfolgreichen Highlights zurückblicken. Seine Kurse waren auch in der Schweiz beachtet worden. Ärzte und Ärztinnen schätzten nicht zuletzt die persönlichen, internationalen Begegnungen, die ihnen diese Tagungen ermöglichten. So erinnerte sich zum Beispiel die St. Galler Ärztin Frida Imboden-Kaiser am Ende ihres Lebens dankbar, wie sich ihre und Professor Lina Sterns »Lebenswege noch ein letztes Mal in St. Moritz, anlässlich einer Gelehrtenzusammenkunft der Tomarkin-Foundation«, gekreuzt hatten.[49] Auch Georg Sobernheim, Bakteriologieprofessor in Bern, rühmte in seinem Lebensrückblick die »vorzüglich und verheißungsvoll« angerichteten Fortbildungskurse, an denen man Berühmtheiten aus aller Welt begegnen konnte: »Mitglieder von Bundesrat und kantonalen Behörden erschienen zu den Tagungen. Aus Paris, Wien, Deutsch-

Foto 8a: »Photo prise pendant la Séance Solennelle d'Ouverture, le 23 novembre 1938, au Grand Amphithéâtre de la Sorbonne (Paris)«: 1. Rang (v. r. n. l.): Prof. Alexandre Lacassagne, Boris Pregel, Prof. Camille Gutton, Dr. Antoine Béclère, Prof. Fernand Bezançon, Général Maurice Dumontier (École polytechnique), Maurice de Broglie, Cecil Rowntree, Prof. Frédéric Joliot, Johanna Hertz (Tochter von Hertz), Rektor Gustave Roussy (Univ. Paris), Eve Curie, Marc Rucart, franz. Präsident Albert Lebrun (stehend), Jean Zay, Irène Joliot-Curie, Justin Godart, Marquise Maria-Christina Marconi, Prof. Jean Perrin, Bronia Dłuska (Schwester v. Marie Curie), General Charles Nollet, Prof. Frances Carter Wood, Prof. Paul Langevin, Prof. George Paget Thomson, Dekan Prof. Charles Maurain, Dr. Joseph-Ernest Gendreau, L. W. Tomarkin (»Acta 1938«, S. 43; Repro Manu Friederich, Bern).

land, Holland, Spanien, Italien und anderen Gegenden beteiligten sich bedeutende Wissenschaftler. … Die Berner Medizinische Fakultät war meist nahezu vollzählig zugegen, viele Mitglieder hielten wiederholt wichtige Vorträge.«[50]

Nach 1937 konnte Tomarkin seine internationalen Kurse nicht mehr in gewohntem Rahmen durchführen. Doch der tüchtige Leander Tomarkin gab sich nicht geschlagen und fand in der internationalen Krebsliga einen neuen Träger für sein wissenschaftliches Großereignis von Ende November 1938 in Paris.[51] Als »secrétaire général par intérim de l'Union Internationale Contre le Cancer« staffierte Leander Tomarkin eine »Internationale Woche gegen den Krebs« mit so üppigen Events aus, wie sie die Medizinerwelt noch nicht gesehen hatte. Am Vorabend des Zweiten Weltkrieges inszeniert, vereinigte die Veranstaltung ungeachtet großer internationaler Spannungen Forscher aus Europa und Amerika, aus Afrika, Asien und »Ozeanien«.

Foto 8b: Hochrangige Politiker und königliche Würdenträger nahmen an dem Ende 1938 von Tomarkin organisierten Antikrebskongress in Paris teil. Der französische Staatspräsident Albert Lebrun übernahm die Schirmherrschaft und präsidierte die feierliche Eröffnungszeremonie. In seiner im Radio übertragenen Ansprache gab er seinem unverbrüchlichen Glauben Ausdruck, dass »la science et la paix triompheront de l'ignorance et de la guerre …« Er widmete sein Foto »A la semaine internationale contre le cancer« (»Acta 1938«, S. 37; Repro Manu Friederich, Bern).

Der Aufmarsch der Würdenträger aus aller Welt war überwältigend. An der »Internationalen Woche« nahmen der Präsident der Internationalen Krebsliga, Senator und Altminister Justin Godart teil, der eben verwitwete Nobelpreisträger Jean Perrin hatte die Präsidentschaft übernommen, nebst Frankreichs Präsident Albert Lebrun waren reihenweise Notabeln der politischen und wissenschaftlichen Welt anwesend. Zwölf Nobelpreisträger bereicherten das Ereignis und die internationale Woche wurde standesgemäß am 23. November 1938 vom Staatspräsidenten eröffnet. Die feierliche Zeremonie fand im großen, mit dem »Contretype« der Curies verzierten Amphitheater der Sorbonne statt, begleitet von den üblichen telegrafischen Grußadressen aus aller Welt, von ausgesuchten Musikdarbietungen und Festreden.

Der Pariser Event bestand eigentlich aus mehreren Teilen: 1. einem Kongress der »Association Scientifique du Palais de la Découverte« mit wissenschaftlichen Vorträgen und Diskussionen, 2. einer Ausstellung im Pariser »Palais de la Découverte«, 3. einer Gedenkversammlung für verschiedene wissenschaftlich bedeutende Entdeckungen und 4. einer eigentlichen, dezentralen Krebswoche »all over ther world«.

Die Ausstellung im Pariser »Palais de la Découverte« war modern und großzügig mit zeitgenössischen Medizinalapparaturen bestückt. Sie sollten den Besucherinnen die neuesten medizinischen Erkenntnisse und Techniken im Kampf gegen den Krebs nahebringen und Kranken Hoffnung geben. Die Ausstellung sollte zeigen, wie aus der Entdeckung der X-Strahlen und des Radiums Nutzen gezogen werden konnte. Dank radiologischer Diagnostik war eine unbestrittene Basis des Kampfes gegen Krebs, Tuberkulose usw. gefunden. Dank Radiumtherapie, Curietherapie oder Röntgentherapie mit X-Strahlen konnten Krebskranke therapiert und gerettet werden.

Die modernen technischen Möglichkeiten, so die Aussage der Show, wurden genutzt und stetig weiterentwickelt. Nötig dazu waren Radium und Apparaturen, was eine völlig neue Industrie hatte entstehen lassen. Das Radium war heiß begehrt und umkämpft. Man rechnete in Milligrammen. In der ganzen Schweiz gab es damals nur insgesamt 5 Gramm Radium, Japan besaß 15 Gramm und eine Großmacht wie Großbritannien 33 Gramm.[52] Nur an wenigen Orten ließ sich Radium gewinnen, und für ein Quäntchen wurden Fantasiepreise gezahlt. Auch die Hochleistungsapparate waren kostbar. Im »Palais de la Découverte« waren in einem eigens eingerichteten Saal »Radium und Radioaktivität« teure Maschinen zu sehen, die Wasser und Gas radioaktivierten oder Radon zum pharmazeutischen Gebrauch extrahierten. Ein großer »appareil de Télécuriethérapie« der »Union Minière du Haut-Katanga« aus Belgisch-Kongo war montiert. Es ist bemerkenswert, dass Boris Pregel, Agent der belgischen Bergbaugesellschaft im Kongo, als Finanzchef der »Internationalen Woche gegen den Krebs« gewonnen werden konnte und die »Union Minière« Ausstellungsstücke lieferte. Es war Tomarkins listenreicher Verdienst, die Radiumnation Belgien, die wissenschaftliche Ehrung Curies und das kommerzielle Geschäft Pregels zusammengebracht zu haben.

Zusätzlich zur Ausstellung erinnerte man sich in einer Gedenkstunde – einer »Réunion commémoration« – an die Forschungssensationen, denen der medizinische Fortschritt zu verdanken war: an die Entdeckung des Radiums, der Elektronen, der X-Strahlen und der Hertz'schen Wellen. Personifiziert ausgedrückt feierte Paris die Wissenschaftsikonen Marie und Pierre Curie, Wilhelm Röntgen, Henri Becquerel und Gustav Hertz sowie Guglielmo Marconi und Sir George Paget Thomson. Alle waren sie Nobelpreisträger. Verwandte vertraten die verstorbenen oder unabkömmlichen Geehrten: Marquise Marconi war für ihren Mann Guglielmo, Johanna Hertz für ihren Vater Gustav da.

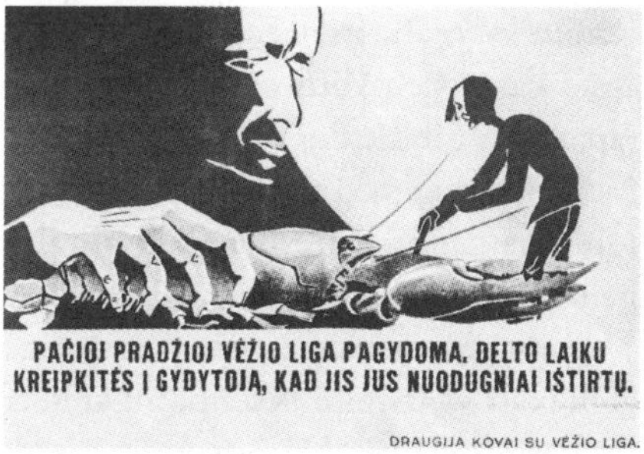

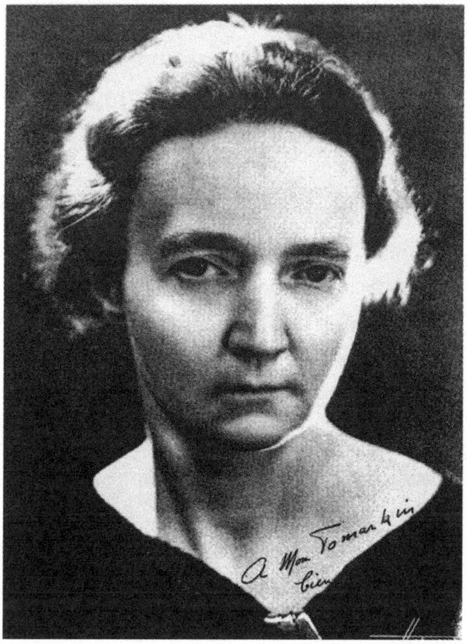

Foto 9a–d: Um die Heroen im Kampf gegen den Krebs, um das Ehepaar Curie und die Entdeckung des Radiums zu feiern, zog Tomarkin 1938 in seiner »Semaine Internationale du Cancer« alle Register. Er initiierte Sonderbriefmarke, Gedenkmünze und Filmproduktion. Er stand hinter Gedenkfeiern, Ausstellungen und Plakaten. Er organisierte Vorträge, Tagungen und Medienkampagnen. Metro-Goldwyn-Mayer verfilmte Curies Leben als »Histoire du Radium«. In Polen legte man nach einer feierlichen Messe in der Warschauer Kathedrale einen Blumenkranz beim Monument der Marie Curie-Skłodowska nieder. Eindrücklich waren – wie hier in Litauen – die Plakate für die nationalen Antikrebskampagnen gestaltet. Eve Curie hielt Vorträge und ihre Schwester, Nobelpreisträgerin Irène Joliot-Curie, widmete ihr Portrait »A Mon Tomarkin bien amicalement« (»Acta 1938«, S. 428 [Filmplakat], S. 562 [Kranzniederlegung], S. 522 [Krebsplakat], S. 111 [Curie]; Repros Manu Friederich, Bern).

An das Ehepaar Marie und Pierre Curie erinnerten Maries Schwester Bronislawa Dłuska und ihr Cousin Wladyslaw Skłodowsky, die Töchter Eve und Irène Curie sowie Schwiegersohn Frédéric Joliot. Als bedeutendste Gelehrte, die bereits am Brüsseler und beinahe auch am Athener Kongress gefeiert worden waren, wurden die Radiumentdecker Curie zudem mit einer Medaille, mit Briefmarken, einer Wallfahrt zu ihrem Grabe und einer Verfilmung ihres Lebens geehrt. Metro-Goldwyn-Mayer drehte zum 40. Geburtstag des Radiumfundes den Film »Histoire du Radium«, in dem Nobelpreisträger Jean Perrin eine filmische Ansprache zum »heldenmütigen Kampf der Wissenschaft um die Heilkraft des Radiums« hielt. In der NZZ-Ausgabe vom 26. November 1938 hieß es zu dieser amerikanischen Verfilmung von Jacques Tourneur: »Es ist eine dramatische Kurzreportage, für die der Nobelpreisträger Jean Perrin als Nachfolger von Pierre und Marie Curie am ›Institut du Radium de France‹ im kleinen Garten dieses Institutes die Einführungsrede hält. Es sind bewegende Minuten, die man erlebt: der heldenmütige Kampf der Wissenschaft um die Heilkraft des Radiums.«

Tomarkin begnügte sich nicht mit Kongress, Ausstellung und Gedenkfeier, er zielte auf weltweite Nachhaltigkeit. Seine »Semaine Internationale du Cancer« im Pariser »Palais Découverte« war gleichzeitig die Initialzündung für eine weltweit durchgeführte Krebswoche. Überall auf der Welt klärten 196 Delegationen mit 50 000 Manifestationen über diese Geißel der Menschheit auf und betonten in verschiedenen Veranstaltungen, dass Krebs dank Radium und Bestrahlung geheilt werden könne.

Die nationalen Komitees ließen sich für die Anti-Krebs-Woche »all over the world« Vielfältiges einfallen. Polen etwa legte nach einer feierlichen Messe in der Warschauer Kathedrale einen Blumenkranz beim Monument der Marie Curie-Skłodowska nieder (Bild). Die UdSSR gestaltete in Moskau großräumig eine informative Show. Lettland kreierte in der Rigaer Ausstellung auch szenische Bilder. Argentinien verteilte anlässlich der »Semaine« in der »Aula magna« von Buenos Aires den »Prix aux Nurses« des Krebs-Instituts. Alle Veranstaltungen wurden von der Politik mitgetragen: Das Organisationskomitee der »Semaine« etwa wurde vom polnischen Staatspräsidenten persönlich empfangen.

Beeindruckend waren speziell die Plakate, mit denen für die nationalen Anti-Krebs-Wochen geworben wurde. Affichen aus Lettland, Kuba, Mexiko, Polen, Russland, Litauen (Bild), aus den Philippinen usw. verwiesen in drastischen Bildern auf das Problem.

Auch die Schweiz ließ es sich nicht nehmen, durch ihre nationale »Vereinigung für Krebsbekämpfung« eine dreitägige Gedenkfeier zu organisieren. Höhepunkt der Veranstaltung war der öffentliche Sonntagsvortrag von Eve Curie in der Aula der Universität Bern, wo sie auch einige Lichtbilder zeigte. Sie sprach über Leben und Werk ihrer Eltern und deren bahnbrechende Entdeckungen, die eine Heilung der heimtückischen

Krankheit versprächen. Curie hatte eben die Biografie ihrer Mutter publiziert, die in zahlreiche Sprachen übersetzt werden sollte. Die Aula war an diesem 4. Dezember 1938 berstend voll, der Beifall minutenlang und die Porträts von Eve Curie in den Schweizer illustrierten Blättern wunderschön.[53]

Die Geschichte des Radiums und das Leben der Curies wurden auch verfilmt. Metro-Goldwyn-Mayer verfilmte 1937 Curies Leben als »Romance of Radium« bzw. »Histoire du Radium« (Regie: Pete Smith). 1944 wurde die Story mit der Erfolgsschauspielerin Greer Garson als »Madame Curie« in Hollywood neu gedreht (Regie: Jacques Tourneur). Auf der 2007 gepressten DVD »Madame Curie« ist die für den Oscar nominierte »Madame Curie« von 1944 ebenso zu sehen wie – als »special features« – die »Romance of Radium« von 1937. Die Worte Perrins fehlen hier allerdings, sie sind in den »Acta 1938« schriftlich niedergelegt.

Die zur Erinnerung herausgebrachten »Acta 1938« beinhalteten auf 647 reich bebilderten Seiten, was die Pariser »Semaine« und die gleichzeitig auf der ganzen Welt veranstalteten nationalen Krebswochen hergaben.[54] Tomarkins Krebs-Kreuzzug, an dem Honoratioren, Exzellenzen, Konsuln, Direktoren, Rektoren, Barone, Könige, Präsidenten aus 39 Ländern von Afghanistan bis Venezuela teilhatten, war ein großer Erfolg[55]: »Cette réussite«, resümierte die Union, »fut l'œuvre de deux hommes, L.-W. Tomarkin, secrétaire général de la semaine ... et Boris Pregel, Président du Comité financier.« Mit seiner Pariser Festivität hatte Tomarkin seine Kurse nochmals getoppt und sein glitzerndstes und aufwendigstes, aber auch sein letztes europäisches Highlight gefeiert. Es war ihm nicht vergönnt, weitere wichtige Kongresse zu organisieren. Im Zenit seines Erfolges sah er sich genötigt, aufzugeben und nach Amerika zurückzukehren. Europa stand vor dem Abgrund. Die Krebstoten wurden angesichts der Millionen von Kriegstoten bald lächerlich unbedeutend und nebensächlich, der heilende Aspekt des Radiums und der friedliche Nutzen der Atomenergie von den Bedrohungen des Atomkriegs ins Abseits gedrängt. Die segensreiche Wirkung von Tomarkins fulminanten Feuerwerken, mit Esprit gezündet, sollte hoffnungslos im Irrsinn des Kriegs verpuffen.

7 Brillantes Comeback als vielseitiger Erfinder in den USA

Leander Tomarkin und seine Familie mussten 1940 in die USA flüchten. Hier gelang Leander ein brillanter Wiederaufstieg. Er betätigte sich nicht mehr als Kongressmanager – dafür war der Tagungsmarkt in den USA zu gesättigt –, sondern besann sich wieder auf seine ursprünglichen, kreativen Talente: er erfand!

Er beschäftigte sich mit Industrie- und Alltagsprodukten. Wie man in den Online-Patent-Datenbanken nachsehen kann, ließ Tomarkin Entdeckungen und Erfindungen in erstaunlicher Regelmäßigkeit patentieren. Im Frühling 1945 lancierte er in den USA »Aquella«, eine Wasser abstoßende, undurchlässige Deckfarbe, mit der bereits, so die Werbung, die durch Sumpf führende Maginot-Linie wasserdicht gemacht worden war. Das internationale Monatsmagazin »Reader's Digest« spielte darauf an, als es unter dem Titel »Water, Stay Away from My Wall« im Januar 1946 das Wundermittel rühmte und reimte: »The powder that waterproofed the Maginot Line can now keep our cellars dry«. Ein im »Daily Register« geschaltetes Inserat verkündete, dass das wasser- und dampferprobte Wundermittel nun auch in Harrisburg zu kaufen sei: »You can get Aquella, this wonder surface coating for the first time in Harrisburg-Illinois.«[56]

Die renommierte New Yorker Zeitschrift »Forbes« hatte den wasserundurchlässigen Anstrich schon am 15. Dezember 1945 gelobt, nachdem die »cold-eyed«, die unbestechliche US-Materialprüfungszentrale das reinweiße, mehlartige Pulver als »excellent« eingestuft hatte. Gestützt auf die vorteilhaften Berichte wurde »Aquella« auch vom lokalen Gewerbe propagiert. Der Verputz hatte zudem eine medizinisch-prophylaktische Wirkung. Da feuchte und dampfende Mauern Lungenentzündungs- und Grippeepidemien hervorrufen konnten, empfahl sich das isolierende »Aquella« als Retterin. Tomarkin war indirekt wieder in seinem medizinischen Element.

Auch Tomarkins Ehefrau Wanda reihte sich unter die Erfinderinnen und Erfinder ein und reichte am 24. Dezember 1949 auf dem Patentamt die Zeichnung eines Kopftuches ein, mit dem sie sich die Rechte auf eine spezielle Fältelung des Tuches sicherte.[57] Am 2. Mai 1950 beantragte Leander Tomarkin für den eigentlichen Erfinder Merle R. Meyer die Patentierung eines »Garment rejuvenating appartus«, eines Kleiderverjüngungsapparates für abgewetzte Kleider. Die schadhafte Textilstelle war mit einem flüssigen Mittel zu besprühen und mit einer kreisenden Bürste zu kämmen. Dabei sollten sich die Fasern, die Fiberstäbchen, wieder aufstellen und die Lebensdauer der Kleider verlängern. Jahre später erfand Tomarkin ein Verfahren, das Geräte Funken sprühen ließ.[58]

Um ein Haar wäre Tomarkin der ganz große Coup gelungen, beinahe hätte er den künstlichen Diamanten industriereif entwickelt und wäre einem übermächtigen Konkurrenten, der »General Electric«, zuvorgekommen. Diamanten künstlich herstellen zu können war ein ähnlich alter Traum, wie Gold zu machen. Schon vor 1900 nahm sich auch der spätere Nobelpreisträger Henri Moissan der Diamantensynthese an. Der französische Chemiker schuf aber keine Diamanten, sondern bloß Diamantenstaub, da er zwar hohe Temperaturen, nicht aber den benötigten ungemein hohen Druck zu erzeugen vermochte.

Moissans Versuch wurde nicht wegen eines Erfolges berühmt, sondern wegen einer der aufsehenerregendsten Betrugsaffären. Ingenieur Lemoine, ein angeblicher Assistent Moissans, »verbesserte« nämlich die Herstellung und präsentierte den verblüfften Zuschauern 25 größere »Kunstdiamanten«. Dass er für die Weiterentwicklung seines sensationell erfolgreichen Verfahrens zusätzliches Kapital und ein Laboratorium benötigte, schien logisch, und man investierte. Henri François Lemoine erwies sich aber leider als Schwindler und sein »Verfahren« war ein gewöhnlicher Taschenspielertrick. Zu den Geprellten gehörte übrigens auch Marcel Proust, der immerhin aus seiner üblen Erfahrung große Literatur herzustellen vermochte, die uns noch heute fesselt.[59]

Wie Tomarkin später der Zeitschrift »Popular science« erzählte, war er stets an Moissans Experiment interessiert gewesen. Und in diesem Zusammenhang faszinierte ihn die Erfindung eines »Apparatus for temperature pressure« durch den jungen Puerto Ricaner Mario Vilella. Der »kräftige, schwarzhaarige, leidenschaftliche« junge Mann hatte an der Universität San Juan studiert. 1945 war er als Chef-Chemiker einer Forschungsgruppe nach New York gekommen. In seiner Freizeit hatte er einen Apparat ersonnen, der genügend Hitze und Druck erzeugen konnte, um Diamanten herzustellen.

Vilellas Ansatz zur Herstellung eines künstlichen Diamanten hielt Tomarkin für vielversprechend. Am 24. September 1951 beantragte Mario Vilella die Patentierung für den »Apparatus« im Namen der Firma »Vitron Research Corporation« in Spring Valley, N. Y., hinter der Tomarkin stand. Tomarkin hatte im Bekanntenkreis und bei den New Yorker Diamantenhändlern 150 000 Dollar aufgenommen, um diese Firma auf die Beine stellen zu können. Dann zogen er und Vilella mit ihren Familien in eine abgeschiedene, 17 acres/70 000 m^2 große Farm im südlichen Rockland in Staate New York. Die Getreidescheune wurde in ein Laboratorium umfunktioniert. Hier entstanden 1952 ihre ersten künstliche Diamanten, zwar im Kleinstformat, aber immerhin in der richtigen Struktur, wie vom »Polymer Research Institute« in Brooklyn bestätigt wurde.[60] Das Patent für den Pressapparat wurde am 23. November 1954 gewährt, und die beiden Forscher glaubten sich kurz vor dem entscheidenden, sensationellen Durchbruch. Doch nur 23 Tage später gelang es Forschern der »General Electric«, einen synthetischen Diamanten von einigen Erfolg versprechender Größe zu produzieren.

Das Forscherteam der »General Electric« in Schenectady, N. Y. hatte seit 1951 das Projekt »Superpressure« betrieben. Schließlich war es dem Team am 16. Dezember 1954 gelungen, mit einer selbst entwickelten Presse den angeblich ersten synthetischen Diamanten zu produzieren. Allerdings waren auch die »General Electrics« nicht die Ersten, denn bereits am 15. Februar 1953 war Erik Lundblad und seinem schwedischen ASEA-Forscherteam die Diamantsynthese gelungen. Er hatte Graphit in einer hydraulischen Presse mit 60 000 bar und bei über 1 500 Grad zusammengepresst. ASEA aber hatte den Kunstdiamanten nicht patentieren lassen, da »Diamanten von Gott geschaffen« und nicht Patentgut seien.[61] Künstliche Diamanten waren anfänglich auch kein Geschäft, da sie wegen der aufwendigen Produktion viel teurer als die natürlichen zu stehen kamen.

Ihren Triumph, den »industrial diamond« hergestellt zu haben, verkündeten die »General Electric Research Laboratories« am 15. Februar 1955. Wie enttäuschend muss es für Tomarkin und Vilella gewesen sein, auf der Zielgerade von einer viel mächtigeren Firma mit weitaus größeren finanziellen und technischen Möglichkeiten abgefangen worden zu sein. Tomarkin suchte noch zu retten, was zu retten war. Er ließ am 17. Februar 1955 in die Zeitung setzen, dass ein »Synthetic Diamond« schon vor drei Jahren – nämlich von ihm – entwickelt worden sei. Nach über fünfjähriger Forschung in einer bescheidenen Scheune in den Wäldern im Hinterland von New York hätten er und Mario Villela Grundlagenpatente vergeben und in zwei Jahren würden sie ihren Diamanten kommerziell für 1 bis 1,75 Dollar pro Karat anbieten können.[62] Das amerikanische Monatsmagazin »Popular science« brachte im Mai 1955 eine große Reportage über die beiden Diamantenforscher (siehe Teil D).

Die »Neue Zürcher Zeitung« berichtete am 6. April 1955 von der geglückten Herstellung eines künstlichen Diamanten und vom Erfolg der »General Electric«. Immerhin erwähnte die Tageszeitung in ihrem Bericht, dass zwei weitere, unabhängige Forschergruppen an der Arbeit gewesen seien: eine holländische Crew und das »amerikanische Forscherteam Vilella-Tomarkin«.[63]

Obwohl Tomarkin in der Diamantensache den Kampf zwischen David und Goliath verloren hatte, forschte er unverdrossen weiter und meldete – wie uns die Online-Datenbanken versichern – weitere Patente an. Mitte November 1959 ließ er seine »Synthetic bowling pins«, seine synthetisch hergestellten Bowling-Kegel, über die Firma »American Mach & Foundry« patentieren.[64]

1963 behandelte Tomarkin drei Stoffe mit Zusätzen so geschickt, dass neue Kompositionen mit speziellen Eigenschaften entstanden. Bei der ersten Kreation, der »Sparking composition«, entstand ein hell blinkender Leuchtstoff, wenn man das Mittel mit reibenden Bewegungen auf die Unterlage auftrug.[65] Bei seiner zweiten Schöpfung ließ er Funken sprühen. Wurde sein »Sparking device« bewegt, phosphoreszierte es. Zu gebrauchen war es wohl für Signale und Spielzeuge.[66] Die dritte Kreation, die »Tractive composition«, war weniger festlich, dafür umso nützlicher. Nach jahrelangem Probieren hatte er eine Gummimischung mit einem granularen Anti-Gleit-Zusatzstoff entwickelt. Die damit gefertigten Räder hafteten so gut auf der Straße, dass sie als schneesicher galten.[67] Am 28. Dezember 1963 berichtete die »New York Times«[68] über Tomarkins »schleuderresistenten Reifen«. Mit dem gesprenkelten Spezial-Gummi, der von der »American Hard Rubber Company« in Butler, N. Y., hergestellt werde, habe der Erfinder keinerlei Probleme, bergauf durch 5 ½ Inches – 14 cm – hohen, ungepflügten Schnee zu fahren. Die Räder seien an Privatautos, Polizeiwagen und Laster der Telefongesellschaft montiert worden. Tomarkin habe bereits eine limitierte Auflage von 10000 Reifen in den USA und von 50000 Stück in Kanada verkauft. Tomarkin war damals 68 Jahre alt und gab an, noch immer als »conducting research«, als Forscher in Monsey, N. Y. zu arbeiten.

Während seiner langjährigen Forschungstätigkeit und seinen beruflichen Verpflichtungen als Erfinder, Geschäftsmann und Finanzier hatte Leander Tomarkin auch unentwegt karitativ gewirkt. Er war sich auch nicht zu schade gewesen, als Ausländer den USA zu dienen und sich für das Wohl des Wahl-Vaterlandes einzusetzen. Gelegenheit dazu hatte er erhalten, als während des Zweiten Weltkrieges zu Blutspendeaktionen für die US-Soldaten aufgerufen wurde.[69] In der im Dezember 1941 gegründeten »Legion of Alien Volunteer Blood Donors for National Defense«[70] hatte er das Amt des Chairman übernommen. Ganz in seinem alten Sinn und Geist veranstaltete die Blutspendelegion – unter seiner Ägide? – am 10. Februar 1942 eine »rally«, eine glanzvolle, in der »New York Times« beachtete Versammlung. An diesem gesellschaftlichen Ereignis ließ sich gar der Erzbischof vertreten, politische und militärische Würdenträger erschienen. Dass auch die Witwe des Begründers der Chemotherapie, Paul Ehrlich, eingeladen war, erinnert an die Weihestunden zum Gedenken an große Forscherpersönlichkeiten, die Tomarkin auf seinen europäischen Kongressen in den 1930er-Jahren inszeniert hatte. Nun präsentierte er sich als dankbarer Flüchtling: »Als Ausländer, die wir Gastlichkeit und Schutz in diesem verwundeten Land Amerika gefunden haben«, ließ sich Leander in der Zeitung vernehmen, »sind wir uns als Liebhaber der Freiheit über unsere Pflichten bewusst.«

Wie einer Online-Datenbank entnommen werden kann, wurde Leandro William Tomarkin schließlich am 30. Januar 1956 in New York City eingebürgert. Ehefrau Wanda war bereits 1952 US-Bürgerin geworden.[71] Sie wohnten in den letzten Lebensjahren an der »Hungry Hollow Road« in Spring Valley, nahe des Bear Mountain, des Bären-Berges.

Vier Jahre vor seinem Tod ehrte die »New York Times« vom 28. Dezember 1963 den 68-jährigen Erfinder und Kongressmanager. Das renommierte Blatt interviewte den in Europa und Amerika tätigen Schweizer Chemiker, Physiker, Medizinforscher und Biologen. In diesem Rückblick erinnerte sich Leander Tomarkin der elf internationalen Kongresse, denen er als Generalsekretär gedient, und des 40. Geburtstags der Radiumentdeckung, den er 1938 in Paris so glanzvoll organisiert hatte.

Dass Leander Tomarkin nicht nur ein glanzvoller Organisator und kreativer Erfinder war, sondern auch ein Familienmensch, zeigte sich in seinem Nachruf. Als er 72-jährig am 14. März 1967 starb, trauerten zwei Söhne und vier Töch-

Neue Zürcher Zeitung

Feuilleton.

überhaupt in Frage kommt. Dr. Tomarkin, den Nenni als einen bescheidenen jungen Arzt schildert, der sozusagen über Nacht bekannt wurde und nun zu den meist beschäftigten römischen Aerzten gehört, äußert sich über sein Mittel mit einer wohltuenden Bescheidenheit und Zurückhaltung, die

Neue Zürcher Zeitung

Kleine Chronik

Tomarkin-Foundation. ag Am Samstag fand im historischen Saale der Società elettrica locarnese in Locarno die offizielle Gründungsfeier der „Tomarkin-Foundation“ statt, die sich wissenschaftliche Arbeiten auf dem Gebiete der experimen-

TECHNIK

Künstliche Diamanten

Wie steht es nun mit den neuesten Berichten über die angeblich gelungene Diamantsynthese? Drei voneinander unabhängigen Forscherguppen soll der Versuch endlich gelungen sein, nämlich einem *holländischen* Chemiker *Mackenzie*, einem *amerikanischen* Forscherteam *Villela-Tomarkin*

Foto 10: Dank der Digitalisierung etlicher Zeitungen kann man die Journale ohne Reisestrapazen am heimischen Bildschirm lesen. Bildausschnitte zu reproduzieren – z. B. aus der »New York Times« – ist heute wegen unsicherer Rechtspraxis und teuren Verwertungsgebühren allerdings fast unmöglich. Von Leander Tomarkin war auch in seiner schweizerischen Heimat zu lesen. Die »Neue Zürcher Zeitung« etwa erwähnte ihn, seine Foundation und seine Erfolge in einer Zeitspanne von über drei Jahrzehnten (NZZ 1.12.1923, 23.6.1930, 6.4.1955).

ter nebst neun Großkindern und zwei Urgroßkindern um ihn. Die Todesanzeige in der »New York Times« ehrte ihn als »beloved husband« und »devoted father«.[72] Die Beerdigung fand am Samstag, dem 18. März 1967, 10 Uhr in der St.-Joseph's-Kirche in Spring Valley statt. Das letzte Geschenk des religiös und karitativ denkenden, außergewöhnlich vielseitigen Gelehrten war es, seine Freunde und Bekannten zu bitten, das wohltätige Don-Bosco-Werk der Salesianer zu unterstützen.

Auf dem Friedhof der beschenkten Salesianer in Goshen, N. Y. fand er schließlich auch seine letzte Ruhe als »Dr. Leandro W. Tomarkin, born 1895, died 1967«.

Foto 1: Das Grab des außergewöhnlichen Gelehrten »Dr. Leandro W. Tomarkin, born 1895, died 1967« auf dem Friedhof des Salesianerordens in Goshen, USA (Foto: Ann Roche, Goshen Public Library & Historical Society).

Wer war L.T.?

Wie leicht zugängliche Quellen belegen, war Leander Tomarkin ein genialer Erfinder, ein hingebungsvoller und sozialer Wissenschaftler, ein weltweit verehrter Nobelpreis-Verdächtiger, ein begnadeter Organisator und engagierter Mäzen, ein liebenswürdiger Unterhalter und religiöser Familienvater. In seinen Glanzzeiten verkehrte er mit den Berühmtesten dieser Welt. Er stand am Bett des sterbenden Papstes und genoss die Ehrenbezeugung Albert Einsteins. Nobelpreisträger, Könige und Politiker besuchten seine Events in Scharen. Auch die Schweiz machte ihm seine Aufwartung.

Dank der Fotos in Zeitungen und Büchern ist der Star öffentlich und nachhaltig visualisiert, die Wahrheit über Tomarkins Leben offenkundig.

War das aber die ganze »Wahrheit«? Es gab Kleinigkeiten, die uns irritierten, genug, um uns auf Indiziensuche nach einem Tomarkin hinter dem Kult des Erfolgreichen zu machen. Im Teil B nehmen wir uns private und schwerer zugängliche Quellen vor. Wir hören die Erzählungen Beteiligter, werten Bilder kritisch aus und betreiben gezielte Recherchen, kurz: wir blicken hinter die in Teil A betrachtete Medienkulisse.

B

Das inoffizielle, hintergründige
und vieldeutige Leben des
Leander Tomarkin

Ein umtriebiger Zeitgenosse

Leander Tomarkin, so ist nach Einbezug privater Quellen und einer aufgrund neuer Kenntnisse gezielten Suche in Akten und Gedrucktem zu entnehmen, war eine doppelbödige Figur. Dabei ließen sich auch einige »harte Daten« auffinden, die das äußere Leben weniger bruchstückhaft darstellen.

Leander William Tomarkin wurde am 3. Dezember 1895 im zürcherischen Zollikon geboren.[73] Sein älterer Bruder Percy Henry Bysshe, mit dem Leander zeitlebens eine sehr enge Beziehung hatte, war zweieinhalb Jahre zuvor in London kurz nach der Hochzeit der Eltern auf die Welt gekommen. Der Vater Eli Tomarkin war ein armer, russisch-jüdischer, 35-jähriger Zürcher Medizinstudent mit geheimen Leidenschaften. Im preußischen Königsberg hatte er seine Jugendjahre verbracht, bevor er zum Medizinstudium nach Zürich gekommen war. Erst nach Leanders Geburt wurden Eli Tomarkin, seine Frau Jeannette Althausen und *ein* minderjähriger Sohn in Wettswil/Zürich eingebürgert – Leander war also streng genommen im Schweizer Bürgerrecht nicht mitgemeint. Vater Tomarkin fand 1896 in Bern eine Anstellung als medizinischer Angestellter und später seine Lebensstelle in einer Doppelfunktion als Mitarbeiter im schweizerischen Impfinstitut und in der Universität.

Die Mutter der beiden Knaben erkrankte bereits in jungen Jahren an chronischer Polyarthritis. Diese Krankheit kann schon in jugendlichen Jahren auftreten und führt in schweren Fällen zur Invalidität. Wann genau Mutter Jeannette invalid in den Rollstuhl kam und wann die Beziehung der Eltern Tomarkins auseinanderbrach, ist nicht exakt zu bestimmen. Vermutlich war die einschneidende Trennung um 1904, als Leander neunjährig war. Zu dieser Zeit nämlich verließ Percy die zürcherischen Schulen und trat ins private Gymnasium der Salesianer-Kongregation, ins »Collegio Pontifico« in Ascona ein, um 1910 am kantonalen Gymnasium mit der Matura abzuschließen. Mutter Tomarkin bezog eine Wohnung in Ascona, hoffend, im sonnigen Tessin Linderung ihrer Leiden zu finden. Sehr häufig war sie zur Kur und reiste von einem Sanatorium zum andern. Auch Leander ging in Ascona zur Schule, vermutlich ebenfalls bei den »Salesianern Don Boscos«.[74] Zur Salesianer-Gemeinschaft sollte er bis zu seinem Tod – ja über den Tod hinaus – eine sehr enge Beziehung pflegen.

1 Learning by doing: Chemiker ohne Ausbildung

Leander war weniger schulgescheit als sein älterer Bruder und durchlief nicht reibungslos die Gymnasialklassen. 1912 war der nun 16-Jährige wieder in Bern.

Er leistete militärischen Vorunterricht im stadtbernischen Sulgenbach und übte sich im Schießen. Doch er schaffte auch in der Bundesstadt – einer späteren Bemerkung seines enttäuschten Vaters gemäß – die gymnasiale Sexta und Quinta nicht.[75] Immerhin ließ er sich in seines Vaters Labor das eine oder andere zeigen, und er bekam eine Ahnung von Biologie und Chemie. Man schickte ihn nach Burgdorf an die Abteilung Chemie des Technikums. Leander hielt es nur zwei Semester aus, vom 14. April 1914 bis zum 27. März 1915.[76] Zwar berief er sich später stets auf seine Ausbildung zum Chemiker, in Wirklichkeit aber verließ er Burgdorf ohne Abschluss und ohne Möglichkeit, wie sein älterer Bruder Percy ein reguläres Studium an einer Universität beginnen zu können. Dabei hätte auch vom Technikum Burgdorf aus ein Weg an die Universität geführt. Wie 1915 nämlich »eine Anzahl die Maturität besitzende Chemiestudenten« empört beim Dekan monierte, konnte man »mit Leichtigkeit« via Technikumsabschluss ohne jede Ahnung von einer Allgemeinbildung die universitären Doktorexamen bestehen.[77] Leander aber hatte nicht einmal das Technikum ordentlich absolviert.

Im Sommer 1914 begann der Erste Weltkrieg. Die Schweiz wurde glücklicherweise nicht ins Kriegsgeschehen verwickelt. Da man dies nicht voraussehen konnte, wurde die Milizarmee als Schutztruppe an der Grenze aufgestellt. Leander hatte eben Ende März seine Rekrutenschule in der Festungsartillerie am Monte Ceneri im Tessin hinter sich. Der Militärdienst gefiel ihm gar nicht. Per Feldpost beschrieb er seinem Bruder Percy, der in Bern Medizin studierte, sein »Elend«. Er habe Rheumatismus, leide schrecklich an Knien und Füßen. Der Fraß sei hundsmies, die Behandlung unmenschlich. Dann überließ er sich dem Selbstmitleid: »Das Leben«, stöhnte er, »was verlangt es von uns armen Sterblichen?« Das Leben sei »leere Hoffnung. Enttäuschungen, nutzlose Arbeit, Tränen und Schmerz«. Besser sei es, nicht zu leben. »Ich fühle so und leide.« Dann tröstete er sich, dass in 26 Tagen »diese verdammte [Rekruten-]Schule« fertig sei, und meinte, sich dem irdischen Leben zuwendend: »Mach mir den Gefallen, dem Papa zu sagen, dass er mir Konfitüre und Schinken schickt, aber subito. Ich kann es hier nicht kaufen.«[78] Auch im folgenden Jahr musste er sich unter die Vaterlandsverteidiger einreihen und militärischen Aktivdienst leisten, wurde aber bald dem Hilfsdienst zugeteilt.

2 Freistudentischer Doktor

Es muss ein Foto aus den 1920ern sein, das einen stolzen Leander Tomarkin zeigt, ein gerolltes Papier bedeutungsvoll in der Hand. Der Fotograf hatte die Rolle prominent ins Bild gesetzt und damit seine große Wichtigkeit betont.

Foto 11: Der junge Leander Tomarkin mit Kneifer, Künstlerschleife, Einstecktuch und auffälligem Ring am kleinen Finger hält eine Papierrolle in der Hand. Sie sieht bedeutend aus, suggeriert eine Urkunde, vielleicht gar ein Doktordiplom? (NTI).

Jede Betrachterin assoziiert deshalb das Papier unweigerlich mit einer Urkundenrolle. Sollte es gar eine Doktorurkunde versinnbildlichen? Tatsächlich bezeichnete sich Adressat Leander ab dieser Zeit als Dr. Leander Tomarkin, der Titel wird im schweizerischen Handelsregister wie im medizinischen Jahrbuch geführt. Damit nicht genug, auch seine Mutter Jeannette fand Gefallen daran, ihren Absender mit Dr. J. Tomarkin anzugeben.[79]

Wir machten uns auf die Suche, wie und wo Leander Tomarkin seinen Doktortitel gemacht haben könnte. Um zu beweisen, dass Leander an einer Universität studiert hat, bräuchte es bloß einen Eintrag in einem universitären Matrikelbuch. Wie aber belegt man, dass der Mann *nie* an einer Hochschule inskribiert war? Dazu müssten wir theoretisch alle infrage kommenden Universitäten auf dieser Welt abklappern. Also verlegt man sich auf Glaubwürdigkeit und Wahrscheinlichkeit. Wie den Briefen der Mama Leanders zu entnehmen ist, glaubte sie, dass sich ihr jüngerer Sohn in Zürich immatrikuliert habe. Also fragten wir alle möglichen Stellen an, die eine tatsächliche oder mindestens geplante Immatrikulation Leander Tomarkins an der ETH oder der Uni Zürich nachweisen könnten. Es sind deren nicht wenige: Staatsarchiv, Universitätsarchiv, Medizinhistorisches Institut, Dekanat der medizinischen Fakultät, ETH-Archiv, Rektorat der ETH, Bundesarchiv … Trotzdem fanden wir keinen einzigen Eintrag, der darauf hindeuten könnte, dass Leander auch nur versucht hat, als Student aufgenommen zu werden.

Wir vermuteten Schändliches. Könnte es sein, dass Leander eine Doktorurkunde fälschte? Schließlich gibt es in der Geschichte der Universitäten immer wieder Beispiele von Betrügereien, gestohlenen Universitätssiegeln und gekauften Doktoraten. Auf die Idee, Tomarkin könnte Hochschul- oder Zulassungspapiere manipuliert haben, brachte uns nicht zuletzt ein nachgelassener Brief von Papa Eli, der am 24. März 1916 an Percy schrieb: »Als Grossvater wird er [Leander] vielleicht noch in die Quinta [des Gymnasiums] anlangen, wenn er nicht vorher in der Sexta verhungert. Im Ernst will ich nichts mehr mit Zürcher Reklamationen zu thun haben, wenn er nicht weiter als ehrlicher Mensch kann, so soll er halt sehen, wo er unterkommt.«[80] Nachdem wir in Zürich weder einen Doktortitel für Leander noch eine Bemerkung über einen Betrugsversuch gefunden hatten[81], versuchten wir es noch an der Universität Bern, wo sein Vater arbeitete. Tatsächlich stießen wir auf drei Einträge zu Leander, allerdings nur im Buch der Hörer. Als nicht immatrikulierter Studierender musste er sich damit begnügen, zwischen 1914 und 1916 an der Uni Bern die eine oder andere Vorlesung als einfacher Auskultant zu konsumieren – oder sich mindestens dafür einzuschreiben.[82] Für das zu Hause verlangte Geld hatte es ihm genügt, irgendein Papier vorzeigen zu können, und seine Mutter meinte Mitte Juni 1915 zufrieden, »den Schein von der Universität« werde Leander dem Vater noch selbst vorweisen. Sie nahm offensichtlich irrtümlicherweise an, dass Leander nun regulär in Zürich studiere.

Da Leanders Doktortitel auftauchte, als er in Italien lebte, verdächtigten wir das Umfeld seines Mäzens Ettore Marchiafava, ihm den Titel für seine Arbeiten sozusagen geschenkt zu haben, bzw. wir vermuteten, dass er den in der italienischen Umgangssprache schnell zuerkannten »dottore« chronisch und schriftlich usurpierte. Diese Spur führte nirgendwohin. Im Gegenteil, wir fanden schließlich schon ein Schreiben Leanders von Anfang der 20er-Jahre, das mit dem schlichten Briefkopf »Dr. L. Tomarkin« geschmückt war. War eine allfällige Doktorarbeit in den Kriegswirren verschwunden?

Holte er sich später einen legalen Doktortitel? Nachdem wir in der »New York Times« zitiert fanden, er sei ehrenhalber Doktor vom königlichen Hause in Italien, blieb für uns diese Variante lange Zeit die wahrscheinlichste Version. Es war vorstellbar, dass Königin Elena ihrem Günstling einen Titel zu verschaffen gewusst hatte. Ein »Dr. h. c. di Casa di S. M. il Re« wäre zwar kein wissenschaftliches Qualitätssiegel gewesen, aber immerhin. Doch die savoyischen Archive konnten unsern hartnäckigsten Verdacht nicht bestätigen. Das Schweizer medizinische Jahrbuch unterließ es schließlich, nachdem es 1932 und 1933 auf Leanders Doktortitel hereingefallen war, Tomarkin weiterhin als einen »im Ausland tätigen Schweizer Arzt« aufzuführen.[83]

Seltsam ist, dass sich die europäischen Professoren, die mit ihm an Kongressen zu tun hatten, nicht über seine akademische Vorbildung aufhielten. Ganz im

Foto 12: »Altfreistudentenschaft Bern: Altherren-Urkunde für Dr. med. Leander Tomarkin, Bern, Ostern – 17. April – 1927«. Nicht nur die Berner Verbindung der Freistudenten glaubte an Tomarkins Studentenschaft und Doktortitel (NGT).

Gegensatz zu den Amerikanern! Die American Medical Association AMA überprüfte Leander bereits im Januar 1928. Sein Name erschien in keiner Graduiertenliste, und so bemerkte die AMA: »Claims to be graduate of Univ. of Berne, Switzerland, but we have no list.«[84] Dass Leander Tomarkin angab, an der Universität Bern promoviert worden zu sein, das war nun wirklich eine knallharte und nachprüfbare Lüge.

Wandte er bei Nachfragen einen kleinen Trick an und nutzte er aus, dass man die Tomarkins verwechseln konnte? In den Registern der Schweizer Ärzte war Leander nie aufgeführt, hingegen Bruder Percy. Und Vater Eli war 1931 – ohne Nennung des Vornamens – gleich zweimal aufgelistet: einmal im Register der Schweizer Ärzte und einmal im Register der Schweizer Assistenz- und Volontärärzte. Es war ein Leichtes, zu behaupten, dass es sich bei einem der vornamenlosen Tomarkins um ihn, Leander, handle.

Leanders Geflunker über eine akademische Laufbahn genügte immerhin, um in die Berner Freistudentenschaft aufgenommen zu werden. Da war er vermutlich im Schlepptau seines Bruders Percy, der immerhin ein richtiger Student war, hineingerutscht. Hier erhielt er auch eine richtig schöne Urkunde, die »Dr. med. Leander Tomarkin« an Ostern 1927 überreicht wurde.[85]

Vielleicht ist auf dem anfänglich erwähnten Bild mit der Urkunde das freistudentische Dokument abgelichtet, das einen Anschein erwecken sollte, der einer Überprüfung der Tatsachen nicht standgehalten hat. Umso hartnäckiger klammerte sich Leander zeit seines Lebens an die Freistudentenschaft und meldete ihr getreulich seine Adressänderungen und erzählte auf diesem Wege von seinem unaufhaltsamen Aufstieg. Als er später in den USA lebte, konnte er so allen Meckerern zu Hause in der Schweiz schwarz auf weiß seinen Erfolg beweisen. Und wer weiß, vielleicht hielt er im Gegenzug den amerikanischen Zweiflern die Hefte der Berner Freistudenten unter die Nase, worauf diese automatisch annahmen, dass er in Bern studiert hatte?

3 Liebeslust und Vaterpflichten

Das Jahr 1915, das 20. Lebensjahr für den damals noch in jeder Hinsicht eindeutig doktorlosen Leander Tomarkin, war eine Zeit verschiedener, doppeldeutiger Aufbrüche. Gegenüber seinen Eltern gab er an, universitäre Studien zu betreiben – eine mehr als gewagte Behauptung – und schließlich im Gaswerk Bern eine »schöne Stelle« erhalten zu haben. Daneben experimentierte Leander wahrscheinlich bei seinem Papa Eli, der am Impf- und Seruminstitut in Bern als Mediziner und Bakteriologe arbeitete. Es ist kaum anzunehmen, dass Leander ein Labor mietete, wie man das damals konnte, denn er hatte kein Geld. Doch er besaß den jugendlichen Optimismus, eines Tages etwas Tolles herausfinden zu können und berühmt zu werden. Tatsächlich gelang es ihm, im Gaswerk einen »Zugregulator an Feuerungsanlagen« zu erfinden oder zu verbessern, den er 1919 sogar patentieren ließ. Es war sein erstes von vielen Patenten, die er im Laufe seines Lebens erwerben sollte, und lässt sich noch heute verlässlich und amtlich auf dem Patentamt nachweisen.[86] Der Durchbruch oder das große Geld war das aber keinesfalls. Leander stümperte letztlich ohne solide Vorbildung herum und hoffte wohl auf einen grandiosen Zu- oder Einfall.

Einschneidend war in Leanders jungem Leben, dass er als 20-Jähriger Familienpflichten übernahm und Vater eines Sohnes wurde. Er hatte 1915 die 22-jährige Amalie Richner kennen und lieben gelernt. Sie war die Tochter der Berner »Tivoli«-Wirtin und arbeitete als Gehilfin in einem Geschäft für medizinischen Bedarf. Leander war überwältigt von Amalies Natürlichkeit und schwärmte bei Bruder Percy, als dieser Ende 1915 seinen Besuch ankündigte: »Ich kann auf dem Divanbett [Liegesofa] schlafen, das in der Kammer Amalias ist. Verstehst Du, lieber Percy? … So wirst Du auch ein wenig die liebe Kreatur aus der Nähe kennen lernen, welche meine Amalie ist. Niemand kennt sie so wie ich. Sie ist eine Person, die noch Gefühl hat und einen goldenen Charakter.«[87]

Die große Liebe darbte allerdings, was das Finanzielle anging, und so vergaß Leander nicht, Percy zu mahnen: »Sage Papa, dass er mir am 1. des Mts. die 55 Franken schickt, die er mir versprochen hat und dass ich am 3. Dez. meinen 20. Geburtstag habe und er mir einige Sächelchen mehr schicken würde. … Caro,

Foto 13: »Hôtel Tivoli (großer Konzertsaal) Bern« mit der handschriftlichen Bemerkung: »Bes[itzer] Geschw[ister] Richner«. Ob Amalia Richner aus dem Fenster schaut? (Staatsarchiv Bern, Ansichtskarte StAB T.A. Bern Hotels 34).

bitte Dich, [sorge, dass] Papa unbedingt auf den 1. Geld schickt. Bitte Dich heiss.«[88]

Leander und Amalie wohnten zu dieser Zeit in der Zürcher Weinbergstr. 147, wo sie vom Vermieter teilweise auch verköstigt wurden, wenn sie sich nicht gerade von Milch und Eiern aus dessen Laden ernährten. Was die Kosten betraf, machte es sich Leander sehr einfach, wie einem Schreiben des Vermieters vom 17. Dezember 1915 an Papa Eli zu entnehmen ist: »Wie Ihnen bekannt ist«, hieß es im Brief an Professor Eli Tomarkin, »befindet sich Ihr Sohn bei mir in Logis, teilweise auch in Pension. Der Betrag beträgt bis jetzt 150.– Franken. Herr Tomarkin versicherte mir, dass die Rechnung immer von seinem Herrn Vater beglichen werde, die bis zur Stunde nicht eingegangen ist. Deshalb frage ich Sie höflich in dieser Angelegenheit. Ich bin sonst gezwungen, strafrechtliche Schritte zu tun.«[89]

Dieser Brief erzürnte Papa Eli sehr. Wie immer in solchen Fällen wandte er sich an seinen älteren Sohn Percy. Er habe sich, schrieb er ihm, über diesen Brief »sehr geärgert«: »Ich habe dem Leander, trotzdem er es absolut nicht mehr verdient, versprochen, 50–55 Franken monatlich zu schicken, mit der Bedingung, dass ich keine Rechnungen mehr bekäme und dass er arbeitet. Mehr kann ich nicht und will ich nicht nach all den Taten des jungen Mannes. Nun bekomme ich heute inliegenden Brief. Es ist gar keine Rede davon, dass ich Leanders wegen in weitere Schulden geraten soll. Ich bitte Dich die Angelegenheit energisch in die Hand zu nehmen, dich mit Frl. Richner besprechen, denn das geht absolut nicht, dass ich noch jetzt 150.– Franken für Leander bezahlen soll!!! Ausnahmsweise will ich ihm in diesem Monat zu den 50 Franken nächste Woche nochmals 50 Franken senden, aber damit hat die Sache ihr definitives Ende. Ich ersuche dich nochmals die Sache entgültig dort zu regeln. Denn ich werde sonst gezwungen sein mich anders zu rächen. Ich kann den nie aufhörenden Ärger nicht länger ertragen.«[90]

Sein Ärger wurde noch einiges größer, als am 17. Dezember 1915 Leanders und Amalies Sohn Rolando Teobaldo zur Welt kam.[91] Geheiratet wurde am 11. März 1916, und zwei Wochen später schrieb Eli konsterniert an Percy: »Ich sende Dir einiges betreffend Leander und bitte Dich, absolute Klarheit darüber zu erhalten, was er treibt. Ein halbwüchsiger Bursche, ohne innere und äussere Erziehung, schiebt nun einen Familienkarren.« Vater Eli erfreute sich nicht an den Vaterfreuden seines jüngeren Sohnes.

Leanders finanzielle Angelegenheiten führten in der Folge zu reichlichen Turbulenzen. Wie aus den Briefen der Mutter Jeannette hervorgeht, war das junge Paar im Rückstand mit den Mietzahlungen und suchte sich zu retten, indem es einfach umzog. Die alten Vermieter rächten sich sowohl für den ausstehenden Zins wie auch für das verheimlichte Konkubinat, indem sie Tomarkins Hab und Gut einbehielten. Gemäß Mutter Jeannette stießen die Logisgeber »unverschämte Drohungen« aus, suchten die beiden »durchaus ins Gefängnis« zu bringen und brachen die Kästen auf. Hinter Leanders vorgetäuschter Fassade schweizerisch-bürgerlicher Hochanständigkeit brodelte es an allen Ecken und Enden.

Mitte April 1916 mietete Leander die Pension bei dem Bahnhof Faulensee, einer Station auf dem Weg von Bern ins touristisch attraktive Berner Oberland.[92] Es war kein schlechter Gedanke, dass hier Wirtinnentochter Amalie Pensionsgäste beherbergen, Geld verdienen und ihren kleinen Sohn Rolando zu sich nehmen könnte, der teilweise in einer Pflegefamilie gelebt haben soll. Leander fand sich allerdings nicht in die Rolle eines Familienvaters, blieb unruhig und stets auf dem Sprung. Seine kleine Familie blieb wochenlang allein.

Selbst seine Eltern wussten nicht, wo sich ihr jüngerer Sohn befand. Über Wochen hinweg war er auch für seine »cara mamma« unauffindbar. Leander Tomarkin schien untergetaucht. Stets in Schulden steckend, suchte er wohl tunlichst, seinen Gläubigern auszuweichen. Auch Vater Eli behauptete, seit Langem nicht mehr mit Leander zu verkehren, als eines Tages überraschend die Polizei bei ihm anklopfte und nach dem Sohn fragte. Wieso tauchte die Polizei bei ihm auf? Die Polizei interessierte sich für den zweiten Grund, der es Leander tunlich erscheinen ließ, von der Bildfläche zu verschwinden: Er hatte den Kommunismus entdeckt. Darf man den Geheimakten der Schweizerischen Bundesanwaltschaft glauben, mischte er in geheimnisvoll-konspirativen Geschäften mit und leistete als kommunistischer Emissär international »politischen Kurierdienst« für die Genossen.

4 Feuriger Kommunist

War Leander Tomarkin ein Sozialist oder gar ein Bolschewik? Die Berner Zeitung »Der Bund« bezeichnete ihn öffentlich als »feurigen Kommunisten«, und um diese »Denunziation« zu verifizieren, durchkämmten wir die eingängige Literatur sowie zeitgenössische sozialistisch-kommunistische Zeitschriften.

Sollte der 20-jährige Leander Tomarkin in der Tat nach 1915 zur Berner Linken gehört haben, wäre eine ganz andere Geschichte zu erzählen: Statt dem unscharfen Bild eines Chemikers ohne Abschluss und einem Buckel voll Schulden stünde nun die Figur eines Revolutionärs vor uns. Es gibt einige Gründe, die dies plausibel erscheinen lassen. Zwar wissen wir von der gut dokumentierten Geschichte der Linken, dass Tomarkin an den großen internationalen Konferenzen der Bolschewiki, der Friedensfrauen und der Sozialistischen Jugend ebenso wenig teilnahm wie an den bekannten Konferenzen von Zimmerwald 1915 und Kiental 1916.[93] Wer allerdings nach revolutionärer Agitation suchte, traf im übersichtlichen Bern schnell auf derartige Kontakte, ganz besonders dann, wenn er sich wie Tomarkin im Studentenmilieu bewegte und über eine russische Familiengeschichte verfügte.

Um 1915 kam in Bern ein Drittel der knapp 2 000 Studierenden aus dem Ausland, meistens aus Russland.[94] Etliche Chefs der aus dem Zarenreich exilierten Oppositionellen, unter ihnen auch Lenin, lebten in der Bundesstadt.[95] Einer ihrer führenden Köpfe war der Chemiker Gregor Schklowsky[96], der mit seiner Ehefrau Dwoscha und Tochter Maria am Falkenweg 9 die Exil-Führung der russischen Revolution empfing. Wladimir Iljitsch Uljanow alias Lenin gehörte ebenso zu seinen Gästen wie der Propagandist Gregor Sinowjew[97], der in Bern als chemischer Laborassistent Geld für seine Ehefrau Sina und Sohn Stepan verdienen musste. Ein dritter Bekannter Lenins, der Arzt Dr. Serge Bagotzky[98], lebte – mit Unterbrechungen – von 1915 an in der Schweiz. Er war Vorsteher der Liga schweizerischer Hilfsvereine für politische Gefangene in Russland, schließlich Vertreter des sowjetischen Roten Kreuzes beim IKRK in Genf.

1917, im Jahr von Tomarkins permanenter Abwesenheit von zu Hause, überschlugen sich bekanntlich die Ereignisse. Lenin reiste im berühmten plombierten Eisenbahnwagen vom schweizerischen Exil nach Russland. Die Aufgabe, Lenin nach Russland zu schaffen, blieb an Fritz Platten[99], dem Sekretär der Sozialdemokratischen Partei der Schweiz, hängen. Als im Zuge der revolutionären Nachkriegsbewegung auch in der Schweiz Gewerkschaften und Sozialdemokratie einen landesweiten Streik ausriefen, geriet das Land mit seinen bislang sprichwörtlich stabilen Verhältnissen an den Rand eines Bürgerkrieges. In dieser Phase aufgeregter Verunsicherung war gewiss nur ein Bruchteil der Informationen aufgeregten Jungrevolutionären zugänglich. Die vom schweizerischen Militär eskortierte Ausweisung der Sowjetmission war allerdings am 12. November 1918 ein öffentliches Ereignis. In Bern zurück blieb einzig Dr. Serge Bagotzky. Der Ausweisung entging er knapp, da er offensichtlich seine humanitären Aufgaben als Rot-Kreuz-Beauftragter und Flüchtlingsbetreuer in den Vordergrund stellen konnte. Zwischen der Sowjetunion und der Schweiz bestanden keine diplomatischen Beziehungen mehr. Bagotzky war damit de facto der inoffizielle Vertreter der Sowjetregierung in der Schweiz.

Bagotzky und Tomarkin kannten sich – zumindest in späterer Zeit. Das ist natürlich noch kein Beweis für leninistische Kontakte seitens Leander Tomarkins, aber immerhin ein Indiz. Tomarkins ultralinke Altersgenossen waren damals ohnehin nicht mit Lenin, sondern mit der sozialistischen Jugend-Internationalen liiert. In der vom charismatischen Willi Münzenberg[100] angeführten internationalen sozialistischen Jugendorganisation hatten jugendliche Revolutionäre die Gelegenheit, ihre Gesinnung unter Beweis zu stellen. Münzenberg betrieb von Zürich aus eine Informations-Agitationszentrale und leitete die Zeitschrift »Jugend-Internationale« mit so prominenten Mitarbeitern wie Lenin, Nadeschda Krupskaja und Sinowjew. Zur Verteilung dieser Informationen und zur Umgehung staatlicher Kontrollen war ein Netz von Helfern notwendig: »In Zigarrenkisten mit doppeltem Boden, in Marmeladeneimern und Lebensmittelpaketen gingen Zeitungen, antimilitaristische Aufrufe, die Broschüren von Lenin und Sinowjew über die Grenze und leisteten gute Hilfe bei der Antikriegspropaganda … Die Mitglieder der sozialistischen Jugend der Schweiz gingen als Arbeiter nach Stuttgart und Berlin und stellten so die Verbindung her«, rühmte Willi Münzenberg in seinen autobiografischen Aufzeichnungen »Die dritte Front«.

Ob unser Leander Tomarkin früher oder später an den abenteuerlichen Grenzübergängen der linken Jugendorganisation mitgewirkt hat? Hoffte er, als Jungrevolutionär weltgeschichtliche Bedeutung zu erhalten? War es jugendlichpolitischer Trotz, das im Aufruhr der unmittelbaren Nachkriegsjahre um Stabilität bangende Bürgertum zu verunsichern?

Leider können wir uns nicht in Leanders Zeit versetzen und hinter L. T. herlaufen, um den Kommunismusverdacht zu überprüfen. Aber siehe da – im Bundesarchiv trifft man auf den Berner Polizeikorporal Rüedi, auf Detektiv Frei und eine Schar weiterer Ermittler, die sich damals alle im höheren Auftrag der Bundesanwaltschaft an die Fersen Leander Tomarkins geheftet hatten. Praktisch für uns!

5 Entführer des Bundesrats

Die Gebrüder Leander und »Persil« Tomarkin rückten 1919 ins Visier der Bundesanwaltschaft. Auf einer handgeschriebenen Liste schweizerischer Bolschewisten figurieren sie zusammen mit dem ungarisch-jüdischen Chemiestudenten Gersil Hugo Silbermann und einem Häufchen weiterer Studierender sowie einem »Tagwacht«-Journalisten und einem Volkshaus-Mitarbeiter.[101] Persil und Gersil würden Verbindung zur Sowjetmission halten, die sie mit Instruktionen aus Russland belieferten, wusste der Bericht zu erzählen. Und Fritz Platten, der Lenin-Bewunderer, sei ein guter Bekannter von Leander. Ein Informant gab nämlich zu Protokoll, dass ihn Tomarkin mit Platten im Volkshaus bekannt gemacht und ihn als »mon ami« vorgestellt habe. Einer der Gebrüder Tomarkin habe sogar beabsichtigt, mit ihm ins leninistische Russland zu reisen.[102]

Der Eidgenössische Untersuchungsrichter ging Ende Februar 1919 davon aus, dass der 24-jährige Leander Tomarkin ein gefährlicher »Revolutionär und Agitator bolschewistischer Richtung« sei.[103] Er ersuchte das kantonalbernische Polizeikommando »um unauffällige Erhebung« über Zweck und Dauer seines Aufenthaltes in der Schweiz, seine politische Tätigkeit, seine Beziehungen und die ihm zur Verfügung stehenden Einnahmequellen. Detektiv Frei und Korporal Rüedi machten sich an die Arbeit. Frei wusste die Adresse des Wochenaufenthalters in der Stadt Bern ausfindig zu machen: Erlenweg 8, bei der Familie des SBB-Beamten P. Th. Hess. Tomarkin hatte sorgfältig darauf geachtet, sein Berner Logis geheim zu halten, und gab offiziell als Adresse »Gaswerk Bern« an. Leanders Zimmerwirtin wusste deshalb wenig über ihn zu erzählen, da er weder Post noch Besuche in sein Berner Logis kommen ließ und auswärts aß. Nur dass er abends öfter spät nach Hause komme, wusste Frau Hess zu verraten. Über die Gesellschaft, in der er sich bewegte, konnte sie ebenso wenig sagen wie über seinen Zivilstand.

Auch Polizeikorporal Alfred Rüedi observierte. Er packte den Stier bei den Hörnern und sprach gar persönlich mit Tomarkin. Am 12. März 1919 vermittelte er seinen Eindruck dem Polizei-Kommando: »Er scheint mir im Grunde ein ehrlicher Mensch zu sein. In unserem Gespräch bekannte er sich offen als ganz extremer Sozialist und ich bekam die Überzeugung, dass er im gegebenen Momente vor einer Handlung die ihn mit den bestehenden Gesetzen in Konflikt bringen würde nicht zurückschrecken würde, er sprach dies auch ziemlich offen aus. Auf alle Fälle ist es angezeigt, wenn er überwacht wird. Ich habe einen

Mann beauftragt den Tomarkin in den nächsten Tagen spez. am Abend zu überwachen.« Zu dieser abendlichen Bewachung hatte er Landjäger Alfred Wüthrich losgeschickt. Der Mann schlich Abend für Abend hinter Leander her und landete stets im Volkshaus. Sein abgelieferter Bericht zeigte Tomarkin weniger als politischen Agitator oder pflichtvergessenen Familienvater denn als lustigen Gigolo: »Nach Schluss der Arbeit im Gaswerk sucht er regelmäßig sein Zimmer am Erlenweg No. 8 auf. Daselbst bleibt er kaum eine Viertelstunde um dann in die Stadt zu gehen. Immer benützt er die Drahtseilbahn Marzili-Bundesterrasse. Bis 7 ¼ wartet er beim Tramhäuschen auf dem Bubenbergplatz, woselbst er mit Bekannten Grüsse wechselt, oder auch kürzere oder längere Gespräche führt, letzteres meist mit auf und ab promenieren. Dann begibt er sich rasch ins Volkshaus, woselbst er Pension hat. Dort bleibt er bis zum Schluss der Wirtschaft. Er unterhält sich während des ganzen Abends teils mit seinen Tischnachbarn und Nachbarinnen, oder plaudert mit Bekannten, sucht mit Vorliebe diejenigen Tische auf, die mit Frauenzimmern besetzt sind. Diese sind eben so exklusiv wie er und das Gespräch löst in der Regel heiteres Lachen aus.« Der Bubenbergplatz lag nicht am Weg Bundesterrasse–Volkshaus. Hingegen bog hier die Schwanengasse ab, wo die Vertretung Russlands ihr Büro hatte! Tomarkins geheimnisvolle Gesprächspartner und seine konspirativen Gespräche müssen den Umweg gelohnt haben.

Eine bedrohliche Note bekamen die Nachrichten der Observierer im April. Das politische Klima hatte sich verdüstert. Der Prozess gegen die »Rädelsführer« des Landesstreiks hatte nach vier Wochen am 10. April 1919 mit der Verurteilung von vier Angeklagten geendet. Arbeiterführer Robert Grimm und SP-Nationalrat Fritz Platten wurden wegen »Anstiftung zur Meuterei« sechs Monate Gefängnis aufgebrummt. Die empörte Linke demonstrierte noch gleichen Tags vor dem Bundeshaus – dem Sitz der schweizerischen Exekutive – gegen diese Klassenjustiz. Als der Redner in die Hochspannung und in den Sturm der Entrüstung hinein schrie: »Es war die Ausführung eines Befehls der Leute im Hause hinter uns«, ergingen laute Rufe: »Nieder mit dene Chaibe!«[104]

Ganz unter dem Eindruck dieser Ereignisse stand gleichen Abends die Sitzung der kleinen kommunistischen Gruppe. Unter den nur zwölf Mitgliedern waren auch Leander Tomarkin und der Polizeispitzel anwesend. Gemäß seinem Bericht wurde zuerst über die Protestversammlung auf dem Parlamentsplatz diskutiert, danach sei man zur Diskussion der Kampfmittel übergegangen. Einer habe beantragt, man müsse bei organisierten militärpflichtigen Arbeitern Gewehre zu erhalten suchen. Präsident Roth habe aber darauf aufmerksam gemacht, dass dies zu gefährlich sei und sofort auffallen würde. Jeder solle sich wenigstens in den Besitz von zwei Revolvern zu setzen suchen. Die Beschaffung von anderen Kampfmitteln sei einer Kommission übertragen worden, man hoffe, von

Zürich solche zu erhalten. Als erste Aktion der Kommunisten sei die Entfernung des Bundesrates geplant. Genosse Tomarkin, Leander, Chemiker im städtischen Gaswerk, habe den Antrag gestellt, man müsse den Bundesrat nachts in seinen Privatwohnungen gefangen nehmen, dann »per Automobil fortführen und ihn so verschwinden lassen«.[105] Das war heftig. Berns Polizeikommandant Ad. Jost übermittelte die ungeheuerliche »Meldung« Mitte April persönlich unterschrieben der Bundesanwaltschaft, und diese brachte sie umgehend der Nachrichtensektion des Armeestabes zur Kenntnis. Tomarkins Genossen reagierten gelassener; den tödlichen Antrag eines klassenkämpferischen Bolschewiken und bürgerkriegssüchtigen Hardliners schmetterten sie mit bürokratischer Breitseite ab: Sie überwiesen auch Leanders Vorschlag »zur Prüfung einer Kommission«!

Tomarkin blieb fortan unter der argwöhnischen Beobachtung der Polizei, welche die Überwachung einem Rekruten überließ. Im August 1919 geriet Tomarkin erneut in den Fokus der Bundespolizei – diesmal auf Verlangen der obersten Bundesbehörden.

6 Die Faulensee-Connection

Am 10. August 1919 – einem Sonntag! – wandte sich der Tessiner CVP-Bundesrat Giuseppe Motta an die Bundesanwaltschaft. Motta sah rot. Vielleicht hatten ihn die Streiks in Basel und Zürich oder die eben tagende internationale Sozialistenkonferenz in Luzern aus der Sonntagsruhe aufgeschreckt, vielleicht beeindruckte ihn die große Volksdemonstration gegen die hohen Lebenshaltungskosten im nahen Bellinzona. Und so fürchtete er sich vor dem, was er »von ganz zuverlässiger Seite« erfahren habe wollte, dass nämlich Dr. Serge Bagotzky in Faulensee ein Haus gekauft habe, das auch von einem »gewissen Tomarkin« genutzt werde.[106] Es sollte nicht das letzte Mal sein, dass Motta dem »gewissen Tomarkin« begegnete, und ihre späteren Aufeinandertreffen sollten erst erfreulich, dann weit weniger erheiternd sein. In der Faulensee-Geschichte mochte der Magistrat nicht an einen Zufall glauben, er schloss auf eine konspirative Tätigkeit des Sowjetdiplomaten Bagotzky mit dem »feurigen Bolschewiken« Tomarkin und vermutete in Faulensee eine Schaltstelle für bolschewistische Zusammenkünfte, Spionage und unerlaubten Handel.

Serge Bagotzky hatte als Vertreter des sowjetischen Roten Kreuzes ein »Bureau de Secours aux prisonniers de guerre russes« in der Berner Kramgasse 7 und residierte als offizieller Hausbesitzer in der Jungfraustrasse 22, dem Sitz der »Alliance des Sociétés de la croix et du croissant rouges de l'URSS«[107]. Von Bern aus betreute er internierte oder studierende Landsleute in der Schweiz. Für die russische Kolonie pachtete er Unterkünfte, so in Chevalleyres ob Blonay und in In-

Foto 14a: Fotos im Pass von Serge Bagotzky, der im Auftrag des russischen Roten Kreuzes über Deutschland nach der Schweiz fuhr, und »zwar in Begleitung seiner Frau Regina Eduardowna, seiner Tochter Janina und der Schwiegermutter G. Birenbaum. Moskau 27. Juli 1918« (CH-BAR E21 1000/131, Archiv-Nr. 10509).

terlaken, wo er das Hotel Simplon mieten konnte. Regelmäßig besuchte er seine Landsleute, betreute sie als Rot-Kreuz-Funktionär und ebenso als behandelnder Arzt, half bei der Repatriierung. Als Gesundheitsfachmann, als »Représentant du commissariat de la santé publique« rüttelte er, als im Sommer 1921 in Russland die Hungerkatastrophe wütete, in Broschüren mit schrecklichsten Bildern und alarmierenden Texten auf. Das »Chalet Wolf«, das Bagotzky im Sommer 1919 in Faulensee mietete, nutzte er offenbar für Ferienaufenthalte für sich und seine Frau Regina, eine österreichische Ärztin, sowie seine Tochter Janina und die Schwiegermutter G. Birenbaum. Vielleicht hatte er Faulensee auf seinen Reisen zur Russenkolonie in Interlaken entdeckt, vielleicht hatte ihm tatsächlich Tomarkin einen Tipp gegeben.

Die Pension Faulensee war – wie man sich bei einem Tatortbesuch überzeugen konnte – für die Konspiration wie geschaffen. Von keiner Seite einsehbar, konnte man vom Bahnhöfchen mit aufgeklapptem Kragen und Schlapphut in die Wirtschaft der Amalie Richner-Tomarkin huschen, ohne von jemandem beachtet zu werden. Es war ganz plastisch vorstellbar, wie Revolutionsbegeisterte hier ihre geheimen Treffen organisierten. Man musste wirklich aufpassen, nicht von der Fantasie fortgetragen zu

Foto 14b: War die von Amalie Richner-Tomarkin betriebene Pension Faulensee auch ein konspirativer Treffpunkt russischer Bolschewiken? Die Postkarte, von Leander und Percy im April 1916 an ihre Mutter Jeannette nach Zürich geschickt, zeigt die Pension samt Restaurant (NTI).

werden und Vorstellbares als Wirkliches niederzuschreiben. Man musste sich zur Archivarbeit zwingen.

Der Eidgenössische Untersuchungsrichter, vom Brief des bundesrätlichen Chefs alarmiert, hatte unverzüglich die Berner Landjäger, die örtliche Polizei, in Marsch gesetzt.[108] Die Kantonspolizisten konnten unschwer feststellen, dass sich in der Umgebung von Faulensee viele Russen aufhielten und dass die beim Bahnhof betriebene Wirtschaft mit Pension vor allem von russischen Internierten und Studierenden frequentiert wurde.[109] Es ist bedeutsam zu sehen, dass das Ehepaar Tomarkin seine zahlenden Kunden einerseits aus dem russischen, andererseits aus dem chemisch-medizinischen Umfeld rekrutierte, dass Tomarkin also direkt oder indirekt auf Bekannte zurückgriff, die ihm nützlich waren oder werden konnten. Zur Zeit der polizeilichen Schnüffelei beherbergte die Pension Faulensee mit Ada Eisenbuch die in Bern studierende Frau des früher in Lauterbrunnen praktizierenden russisch-polnischen Arztes Dr. med. Jsaak Eisenbuch und mit Dr. Meyer Furtschik einen Angestellten aus dem Nachrichtenbüro der russischen Sowjetmission vom Bundesrain 8. Der Russe Mendel Perelstein war Assistent am medizinisch-chemischen Institut der Universität Bern. Der Schönenwerder Pensionsgast Walter Villiger fiel für die Polizei nicht ins politische Gewicht, da es sich um einen Schweizer handelte. Student Villiger war aber Mitglied einer Apothekerdynastie und deshalb beruflich für Leander interessant. Nicht in der Pension, aber in der Umgebung hielt sich der russische Schriftsteller und Tolstoj-Verehrer Pawel Iwanowitsch Birukoff[110] auf. Auch ihn nannten die Polizeiberichte. Er war mit seiner bedeutenden, vierbändigen Tolstoj-Biografie beschäftigt und gab die Zeitschrift »Freier Gedanke« heraus. Lenin soll zu den Gästen seines Hauses gehört haben. Gleich Bagotzky engagierte sich Birukoff in den Hilfskomitees gegen die Hungerkatastrophen. Trotz minutiöser Aufzählung der russischen Pensionsgäste konnte die Kantonspolizei Bern allerdings keinen »verdächtigen Verkehr« zwischen Bagotzky und Tomarkin feststellen. Die Pensionsgeberin Amalie Tomarkin – meinten die Beamten – teile zwar die Meinung der Russen, allerdings nur, weil sie auf sie angewiesen sei. Und Leander selbst sei selten in Faulensee, er halte Vorträge in Basel und reise umher.

Diese Reisen, die Tomarkin in der Sache Bagotzky entlasteten, nährten andererseits wieder den Verdacht der gefährlich-umstürzlerischen Kuriertätigkeit. In der unmittelbaren Nachkriegszeit gab es schließlich keine Gründe für rein touristische Vergnügungen. Schon gar nicht für einen ungelernten Chemiker mit Familie. Die russischen Revolutionäre wiederum wurden nicht nur als permanent auf der Flucht sich befindliche Gegenentwürfe zu einem ortsgebundenen, stabilen schweizerischen Familienleben imaginiert – die Justiz hatte auch Gründe, Reisen mit der Organisation verbotener Propaganda und der Beschaffung von Geld in Verbindung zu bringen. Tomarkins Bekannter Bagotzky brauchte selbstredend viel Geld, um die in der Schweiz gestrandeten, Not leidenden Russen unterzubringen, zu pflegen und zu repatriieren. Das von ihm vertretene russische Rote Kreuz hatte große Schulden bei der Schweizer Regierung, der SPS, den Lieferanten, Sanatorien und Hotels.[111] Wie auch immer dieses Geld zu beschaffen war, ob legal über die Beanspruchung russischer Fonds oder illegal mit dem Waschen von Geld – solche Aktivitäten brauchten Personal, das sich Justiz und Polizei als Reisende à la Tomarkin mit unklarem Ziel vorstellten.

Und Tomarkin war in stetiger Bewegung, befand sich aus der Sicht seiner Überwacher immer an Orten revolutionärer Umtriebe – auch wenn sich diese weder klar eruieren noch ausschließlich der Linken zuschreiben ließen: Im Februar 1920 meldete der französische Militärattaché Leanders Teilnahme an einem – nicht zu identifizierenden – kommunistischen Jugendkongress in Amsterdam.[112] Danach hielt er sich nach Meinung der Polizei während des von rechten Militärs initiierten Kapp-Putsches in Berlin auf. Im April 1920 begehrte Tomarkin nach Deutschland zu reisen, und die Polizei vermutete, dass er für die jungen Kommunisten der Schweiz unterwegs war. Diese schlossen sich nämlich am 5. April 1920 förmlich der in Berlin neu gegründeten Kommunistischen Jugend-Internationale

KJI an und nannten sich fortan »Kommunistischer Jugendverband der Schweiz«. Tomarkin wurde beobachtet, sein Gepäck besonders sorgfältig überprüft, und er selber tat nichts, um diesen konspirativen Annahmen entgegenzutreten. Im Gegenteil – Tomarkin gab sich einen extrem-revolutionären Anstrich, kokettierte damit, »dass er oft geheime Missionen besorge«. Doch diese Aussage blieb selbst für eine erfolgsbedachte Polizei reichlich vage. 1920 vermutete Detektiv Frei sogar einen Doppelagenten, einen, der »nur aus dem Grunde« mitmache, »dass er vernehmen könne, was in dieser Partei überhaupt geht, und wie weit man mit den revolutionären Bewegungen vorgeschritten« sei.[113]

Diese Erklärung machte im Jahr 1920 sogar Sinn, denn die schweizerische Linke sollte sich im März 1921 definitiv in Sozialdemokraten und Kommunisten spalten. Detektiv Frei ließ offen, für wen Tomarkin spioniert haben soll, und deutete listig an, dieser könnte sich bloß orientiert haben, auf welche Seite er sich im Fall der Fälle schlagen müsste. »Immerhin«, war er sich sicher, »würde Tomarkin im Falle es zur Revolution käme, ebenfalls eine Rolle spielen.« Er vermutete, Tomarkin wolle im Geheimen agieren, bis es so weit sei. Unterstellte er Leander Tomarkin einen üppigen Schuss Opportunismus, so war der Eidgenössische Untersuchungsrichter Dr. Hans Rohr überzeugt, dass Leander Tomarkins bolschewistisches Engagement ausschließlich sozial motiviert sei. Polizist Hostetter hingegen hielt Tomarkin für »un genre d'escroc«, eine Art Betrüger.[114]

Polizei und Justiz waren sich in der Feststellung einig, dass Tomarkin kein organisiertes Partei- oder gar Kadermitglied war. Ist aber Polizeiquellen zu trauen? Polizeifichen gelten als generell unzuverlässig. Schön wäre für uns Historikerinnen, Leander hätte selbst irgendwelche Hinweise über sein diskretes Revolutionsleben gegeben, einen Aufruf, ein verräterisches Billett oder einen Koffer mit doppeltem Boden behalten. Das wäre dann in einem familiären Versteck verborgen gewesen, und wir hätten es wiederentdecken können. Also suchten wir nach Tomarkin'schen Nachfahren. Wieder hatten wir Glück. Dank einer telefonischen Fehlverbindung wurden wir mit Afra Tomarkin verbunden, noch bevor wir uns ernstlich auf die Suche gemacht hatten. Afra verwies uns an ihre Mutter Maddalena Tomarkin, Percys Schwiegertochter, und deren großen Intragner Dachboden. Gemeinsam durchforsteten wir heiße Stunden lang schwitzend und begeistert die hier liegenden verstaubten Briefe und Zeichnungen, Fotos und Akten.

Mit Argusaugen suchten wir auf dem Tomarkin'schen Familiendachboden nach versteckten Hinweisen auf ein kommunistisch-sozialistisches Leben. Es fand sich eine frühe Briefstelle von 1915, in der Leander vom Teilen des Schmerzes und der Freude schrieb und meinte: »Gemäss mir wären dies auch die Prinzipien des wahren Sozialismus.«[115] Hingegen stammte das wenige kommunistische Propagandamaterial aus einer Zeit, in der die Gebrüder Tomarkin noch gar nicht geboren waren. Die Fahndung nach den oben genannten, bekannten sozialistischen Namen brachte wenig: Einmal wird zwar Gregor Schklowsky erwähnt, die Namen von Hugo Silbermann und vom Berner Kommunistenchef Bernhard von Bergen scheinen auf. Von Fritz Platten hingegen ist nie die Rede. Seltsam mutet hier höchstens die Koinzidenz an, dass auch Tomarkins älterer und radikalerer »Freund« in jungen Jahren im Gaswerk – allerdings im Gaswerk Zürich – gearbeitet und sich als Hörer an einer Universität eingeschrieben hatte. Dass auf dem Dachboden auch das Passbild des wirklichen Sowjetfreundes Paul Vonwiller lag, der 1931/1932 in Russland als Arzt arbeitete, besagt letztlich wenig, da Tomarkin zu dieser Zeit ideologisch ganz anders verortet sein sollte.[116] Auch eindeutige Hinweise auf eine Beschäftigung mit Bagotzky stammen aus diesen späteren Jahren, immerhin lässt sich eine frühere Bekanntschaft stark vermuten.[117]

Mindestens teilweise dokumentieren lassen sich mit den familiären Dachbodenfunden die von der Polizei misstrauisch beargwöhnten Auslandsreisen. Unbeschriebene Postkarten zeigen Flammenwerfer und Patrouillenautos mit weiß gemalten Hakenkreuzen und der Legende »Kapptage in Berlin«. Vermutlich war Tomarkin um diese Zeit herum in der Hauptstadt. Gewiss war er am 4. Juni 1920 in Dresden und am 5. Juni 1920 in München. Die von ihm aus diesen Reisezielen geschriebenen Karten sind aber bloß mit »Saluti fratello« unterzeichnet und geben keinen Aufschluss über Ziel und Zweck der Reise.

Dank dem roten Berner Adressbuch, das damals nicht nur Telefonnummern festhielt, sondern auch Hausbesitzer, Vereinigungen und Behörden, können wir immerhin mit einiger Gewissheit festhalten, dass Tomarkins Berner Umfeld um 1919 sozialdemokratisch war. Wie bereits ein Polizist bedeutungsvoll bemerkt hatte, war Genosse Robert Grimm als gemeinderätlicher Direktor der industriellen Betriebe der oberste Chef für den Gaswerkangestellten Tomarkin. Leanders Zimmer am Erlenweg 8 gehörte der gemeinnützigen Wohnungsgenossenschaft. Und das Volkshaus an der Zeughausgasse 9, wo Tomarkin als Pensionsgast aß, war damals nicht nur ein Gasthof, sondern auch das Macht- und Schaltzentrum der organisierten Arbeiterschaft. Hier war der Zentralsitz der Arbeiterunion Bern und der ihr angehörenden Vereine und Gewerkschaften, hier war auch das stadtbernische Arbeitersekretariat untergebracht. Alle drei 1915 in Bern abgehaltenen sozialistischen Konferenzen fanden hier statt. Und im Berner Volkshaus hatte gar Lenin genächtigt und Reden gehalten.[118]

Wirklich nachweisen können wir die Beteiligung des Bruders, Percy Tomarkin, an der Tessiner »grupo Socialista«. Dank eines winzigen Hinweises in den auf dem Dachboden gefundenen Papieren ergab eine gezielte Suche in Tessiner Zeitungen, dass sich Percy 1921 tatsächlich von den Sozialisten für den Tessiner »Gran Consiglio« und die »Costituente« aufstellen ließ.[119] Die zwölf bzw. sechs Stimmen, die er auf sich vereinigte, mochten aus der Familie und dem engsten

Umfeld stammen. Außer uns, die wir damit neunzig Jahre später Percys sozialistische Ader festmachen können, begeisterte das Resultat wohl niemanden.

Reichen nun aber all diese Indizien aus, um Tomarkin als Bolschewisten zu überführen? Falls ja, war er ein Parteimann, Sympathisant oder nützlicher Kurier? War er ein Opportunist, ein Spion oder gar ein Agent provocateur? Nachdem wir vier Schichten tief gegraben haben – in der entsprechenden Literatur, in Polizeiberichten, in der Oral History samt familiären Nachlassstücken und in seriösen Verzeichnissen –, kann bloß bewiesen werden, dass sich Leander Tomarkin im sozialistischen Umfeld bewegte, dass er ins Ausland reiste, dass er ein paar Leute kannte, die der Linken zuzuordnen sind und dass seine Frau eine Pension führte, in der gelegentlich oppositionelle Russen übernachteten. Die Nachforschungen würden demnach weit weniger über Tomarkin denn über die zeitgenössischen Ängste vor revolutionären Umstürzen aussagen. Doch so ganz waren nicht einmal Tomarkins Polizeibewacher von seiner landesverräterischen Gefährlichkeit überzeugt. Wer sie immer wieder zu fantastischen Annahmen veranlasste, war – Tomarkin selbst! Leander Tomarkin inszenierte sich vor ihnen als extremer Sozialist und begeisterte sich im kommunistischen Grüppchen als Bundesratsentführer. Polizei- und Überwachungsapparat sorgten getreulich dafür, dass der Theaterdonner zur politischen Wetterlage passte und damit wirklicher wurde als die Wirklichkeit selbst.

1920 war der Spuk vorbei. Leander Tomarkin verließ Bern 25-jährig im April 1920. Auf spätere Anfragen nach dem politischen Treiben dieses »Sohns eines russischen, in der Schweiz eingebürgerten Juden« ließ die Schweizer Polizei verlauten, dass er sich »vollständig von der Politik zurückgezogen« habe.[120] In dieser Annahme irrte sie sich allerdings gewaltig – 14 Jahre später war er wieder mittendrin, wenn auch an ganz anderer, überraschender Front!

7 Schnelles Geld und drohendes Gefängnis

Nach dem Scheitern revolutionärer Träume orientierten sich die Brüder Tomarkin neu und waren wiederum mitten im Trend der anbrechenden Goldenen Zwanziger zu finden. Wie so viele ihrer Generation brauchten sie dringend Bares und gingen davon aus, dass mit einer zündenden Idee das schnelle Geld zu machen sei. Ihren Kundenkreis suchten sie sich im privaten Umfeld und in universitären Kreisen. Zusammen mit gleichaltrigen Freunden handelten sie mit allen möglichen, scheinbar vielversprechenden Gütern, mit Marmorstatuen, Wein und sogar mit Schweineborsten.

Es war Aron Eckmann, der das Geschäft mit den Schweineborsten vorschlug. Auch er war Russe und Chemiker. Er hatte wie seine russische Ehefrau Berthe

Kischinewsky an der Berner Universität studiert und sich gemäß seinen späteren Erinnerungen im Dunstkreis der Lenin-Anhänger aufgehalten. Nun arbeitete er im Impfinstitut, also im gleichen Institut, in dem Leanders Vater Eli angestellt war. Der dreißigjährige, zweifache Vater vertraute Percy Tomarkin 1919 in Intragna an: »... neben meinem alten Beruf als Doktor der Chemie habe ich neuerdings auch einen zweiten erworben, nämlich Borsten-Schweinehändler. Diese Borsten bekomme ich regelmässig aus Russland in größeren Quantitäten und würde sie auch gerne nach Italien verkaufen, wenn ich Verbindungen und Absatzmöglichkeiten dorthin hätte. Es handelt sich um primitive Borstenwaren, gereinigt und sortiert, in sechs verschiedenen Sorten. Die Preise werden so festgelegt werden, dass eine Konkurrenzierung mit Deutschland möglich wäre. Ich möchte Sie gerne bitten, Percy, diese Sache mit Ihrem Bürgermeister zu besprechen.«[121]

Wie das Borstengeschäft ausging, wissen wir nicht, da die Papiere auf dem Familiendachboden nichts darüber verraten. Immerhin scheinen die Borsten keinen so guten Gewinn abgeworfen zu haben, als dass nicht weitere Anstrengungen notwendig gewesen wären. Die Brüder Tomarkin trieben verschiedene Geschäftsideen weiter. Im einen Fall ging es offenbar um Impfstoffe. Schon 1918 hatte ein geheimnisvoller »Hintermann« von Percy eine Vakzine – einen Impfstoff – »erfunden und vielfach erprobt«. Ob der Hintermann Vater Eli war, Vorsteher der Vakzineabteilung des Schweizerischen Serum- und Impfinstitutes, dessen »Vaccination« eben in der medizinischen Literatur erwähnt wird?[122] Oder hatte Leander selbst etwas zusammengebraut? Lässt sich auch nicht klären, welcher Stoff entwickelt werden sollte, so arbeitete Leander 1918 doch bereits einen imposanten Arbeits- und Gesellschaftsvertrag aus. Demnach sollte eine Kommanditgesellschaft gegründet werden, vertreten durch Leander Tomarkin und zwei Kompagnons. Percy sollte die Führung der pharmazeutischen Abteilung übernehmen und einen Impfstoff fabrizieren, nachdem er bzw. der »Hintermann« 20 000 Franken erhalten hatte. Zusätzlich sollte Percy 150 Franken im Monat und 20 Prozent des Reingewinns bekommen. Der restliche Gewinn würde an Leander und seine Kompagnons verteilt.[123] Die Tomarkins teilten die Beute, bevor sie erlegt oder, wie in diesem Fall, bevor sie überhaupt produziert oder gar erfunden war. Zunächst tat sich allerdings nichts, jedenfalls nichts, was schriftliche Spuren auf dem Familiendachboden hinterlassen hätte.

1920 aber schien der große Augenblick für den Jungunternehmer gekommen. Wie das »Schweizerische Handelsamtsblatt« zweifelsfrei festhielt, gründete Leandro Tomarkin zusammen mit Professor Zeffirino Lombardi am 1. Juni 1920 eine Kollektivgesellschaft für die Produktion und den Handel von chemischen und pharmazeutischen Produkten. Der Sitz der Firma »L. Tomarkin & Co« war in Ascona.[124] Was genau Tomarkin hierbei vertrieb, ist unklar. Vielleicht vertraute er erneut auf Aron Eckmann, der 1920 dezidiert von »gewissen Produkten des chemisch-technischen Zweiges« sprach, für die er ausführliche und vollständige Verfahren ausgearbeitet habe.[125] Falls wir die geheimnisvollen Briefschnipsel und familiären Erinnerungen richtig zusammenreimen, ging es um die Beschichtung eines Stoffes, den die Tomarkins für wasserundurchlässig hielten. Daraus konnten Regenmäntel genäht werden. »Es fehlt mir nur das Geld«, meinte Eckmann anfangs August 1920 Percy gegenüber: »Haben Sie solide, kapitalkräftige Leute zur Verfügung?«

Man könnte annehmen, dass nun die »L. Tomarkin & Co« in Ascona sich der Entwicklung, Finanzierung und Produktion angenommen hätte. Aber weit gefehlt, diese Firma existierte so nicht mehr. Bereits am 24. Juli 1920 – also keine zwei Monate nach der Gründung – hatte sich Tomarkin aus der Società zurückgezogen bzw. zurückziehen müssen. Dr. med. Giovanni Boéchat war als Associato in die Firma eingetreten, die nun »Dr. Boéchat & Lombardi« hieß und zusätzlich technische Produkte anpries.

Der Jurassier Boéchat war ein Kommilitone von Percy, er hatte in Bern studiert und in Zürich praktiziert und war nun »medico chirurgo« bzw. »Médecin-psychologue« in Ascona.[126] Offenbar versuchte er sich nebenher als Erfinder. Erfolg war ihm dabei nicht beschieden. Er war, wie er den Tomarkins gestand, irgendwann mit seinem Latein und seinem Geld am Ende: »Ich habe jetzt alles ausgegeben, was ich hatte und bin zu keinem der erhofften sichtbaren Resultate gekommen. ... Ich verkaufe einen Teil meiner Möbel und meiner Bibliothek ... Vielleicht wird sich eine andere Lösung ergeben. Ich sehe sie aber nicht.«[127] Boéchat bemühte sich auch um Investoren und Geld, vielleicht für seine bestehende Firma »Dr. Boéchat & Lombardi«, vermutlich aber für eine weitere, für Tomarkin in Italien neu zu gründende Firma. Der italienische Markt hungere förmlich nach pharmazeutischen Präparaten, wusste Boéchat aufmunternd zu berichten. Und unweit von Canobbio »solle es eine leere Fabrik geben mit Licht und eigener Wasserkraft«. Was daraus wurde, ist wieder einmal unklar. Sollten hier – zumindest unter anderem – Regenmäntel genäht oder beschichtet werden? Sicher aber ist, dass die Firma »Dr. Boéchat & Lombardi« nur vier Monate nach Boéchats Einsitz ins Chemieunternehmen, am 22. November 1920, aufgelöst wurde und Professor Zeffirino Lombardi allein die »Prodotti chimici, farmaceutici e tecnici« samt ihren Schulden übernahm.

Lombardi hatte in Zürich, Freiburg, Bern Veterinär- und Zahnmedizin studiert und sich als Dozent der kantonalen Handelsschule in Bellinzona den Titel »Professore« geholt. Schließlich war auch ihm kein Erfolg beschieden. Er gab am 2. Mai 1921 auf, hatte aber wohl als Generalvertreter der Merz-Werke in Frankfurt am Main seinen eigenen Wirkungskreis gefunden. Die Merz-Werke, die seit 1899 in Frankfurt am Main bestehende Traditionsunternehmung, waren mit Autobrillen groß geworden und hatten während des Ersten Weltkriegs sämtliche verbündeten Armeen mit Gasbrillen, Militäranhängelampen und anderen Schutzapparaten beliefert. Mit der Gründung einer Colloid-Chemischen Abteilung, deren herausragendste Entwicklung das unbegrenzt haltbare Lokalanästhetikum »Novocain« war, hätte eigentlich eine Zusammenarbeit sowohl für die textil-chemischen als auch für die medizin-chemischen Vorhaben vielversprechend gestaltet werden können.

Tomarkins Rauswurf aus seiner Firma wurde im Tessiner Amtsblatt »Foglio officiale del cantone Ticino« am 10. August 1920 publiziert. Gemäß Boéchat hatte Leander danach das Interesse an seinen »Impermeabiles«, seinen wasserundurchlässigen Stoffen, verloren. Seine Rolle im Unternehmen schien bis zum vollständigen Aus der Firma die eines Engrosreisenden und eines Mannes für besondere Aufgaben gewesen zu sein. Gegenüber seiner Familie ließ er sich allerdings nichts anmerken. Ehefrau Amalie wähnte ihren Mann noch voll im Geschäftsleben, sodass sie noch am 2. Dezember 1920 ihrer Mutter hoffnungsvoll schrieb: »Leander musste geschäftlich nach Italien für die Firma in Ascona; das Geschäft mit Prof. Lombardi in Ascona würde erträgliches Einkommen haben. Haufen Bestellungen treffen ein und können sie die Leute nicht prompt bedienen da es 3 Monate dauert mit der Waren Einfuhr aus Deutschland.« Sie wurde schließlich gemeinsam mit Percy, der damals im Tessin eine ärztliche Praxisvertretung hatte, zur Regelung der Leander'schen Geschäftsangelegenheiten nach Ascona dirigiert.

Das Fiasko der »L. Tomarkin & Co. in Ascona« hatte finanzielle Nachwehen, waren doch Investoren gefunden und geprellt worden. Als Geldgeber hatten die Tomarkins offenbar den reichen deutsch-jüdischen Seidenhändler Paul Bachrach[128] gewinnen können, der im Ersten Weltkrieg nach Ascona geflohen und dort in das umgebaute Castello San Materno eingezogen war. Die Bachrachs waren nicht nur wirtschaftliche, sondern auch kulturelle Schwergewichte. Ehefrau Elvira war eine Freundin Else Lasker-Schülers aus ihrer Schulzeit in Elberfeld, und die Tochter sollte als Ausdruckstänzerin Charlotte Bara berühmt werden. Das Teatro San Materno, das Vater Paul später für sie bauen ließ, sollte zum kulturellen Mittelpunkt Asconas werden, wo später sogar Erika Mann und Therese Giehse mit ihrer »Pfeffermühle« gastierten und Else Lasker-Schüler auftrat. Ob die schöne Charlotte bei ihrem Vater ein gutes Wort für den Frauenschwarm Tomarkin einfließen ließ, als es um die Finanzierung der »L. Tomarkin & Co« in Ascona gegangen war?

Leanders Pleite war besonders auch für Papa Eli äußerst schmerzlich und peinlich. Eli hatte sich nämlich »für Vertretungen deutscher Fabriken« verwandt und für »einen Haufen Geld« garantiert.[129] Geldgeber war unter anderen auch Elis Chef Paul Cardinaux, Direktor des Schweizerischen Serum- und Impf-

Foto 15: Wie tausend andere auch ließ sich Leander Tomarkin als stolzer Autofahrer vor der eindrücklichen Kulisse der Axenstraße fotografieren. Wer sähe in ihm nicht auch den Besitzer eines – wenn auch etwas ramponierten – Autos? (NTI).

institutes SSII, der sich als Investor zur Verfügung gestellt hatte. Leander blieb, auch gegenüber Geldgeber Cardinaux, unauffindbar. Das berührte Papa Eli, wie er mit beispiellosem Understatement verlauten ließ, »sehr unangenehm«. Seinem Sohn Percy gegenüber, der ebenfalls von Leanders Gläubigern mit Mahnungen und Drohungen attackiert wurde, meinte er nur: »Über die Taten Leanders habe ich natürlich ein ungeteiltes Urteil – darüber aber Worte zu verlieren lohnt sich sicherlich nicht.«

Angesichts dieses Desasters fragt man sich, was denn Investoren veranlasste, Geld in Leanders Projekte zu stecken. Waren seine Geschäftsideen so gut, dass sie zumindest realisierbar erschienen? Weshalb vermochte der arbeitslose Tomarkin ohne Abschluss als Jungunternehmer zu überzeugen? Die reichhaltigen Quellen zu den gescheiterten Geschäftsunternehmen lesen sich als lange Liste des Scheiterns – enthalten aber auch Hinweise darauf, wie sehr Leander an die zündende Idee glaubte und so die Geldgeber – oder deren Vermittler – zu bezirzen wusste. Der Möchtegernunternehmer war sich sicher, dass man von seinen Fiaskos nichts ahnte und dass er mit seinem Charisma die Gier oder Vertrauensseligkeit der Investoren zu überzeugen wusste. Dazu errichtete er mit untadeligem Outfit, mit Gamaschen und Zigarette eine seriöse Fassade, wobei auch ein Auto oder zumindest ein Motorrad zur Glaubwürdigkeit des dynamischen, erfolgreichen neuen Menschen gehörte. Tomarkin ließ sich – wie viele seiner

Zeitgenossen[130] in den 1920er-Jahren – mit einem bestenfalls von Lombardi entliehenen[131] Automobil vor der dramatischen Kulisse der »Axenstrasse« fotografieren.

Mit dem Versuch, zumindest ein eigenes Motorrad vorweisen zu können, hatte Leander allerdings die schmale Grenze zwischen einer übertriebenen Anpassung an den Zeitgeist und einem Straftatbestand definitiv überschritten. Im September 1920 erhielt er von der Tessiner Garage der Gebrüder Bianchetti gegen eine Depotgebühr von 1 500 Franken ein Motorrad zur Probefahrt. Leander bestieg das Moped ohne Depotzahlung und fuhr auf Nimmerwiedersehen auf und davon. Die Bianchettis waren vor den Kopf gestoßen über das dreiste Verhalten. Nach anderthalb Monaten, als das Moped nur noch Gebrauchtwert hatte, drohten sie mit gesetzlichen Schritten.[132] Leander aber hatte das Motorrad in Zürich weiterverkauft – selbstverständlich auch ohne dem dortigen Kaufvermittler die versprochene Provision zu bezahlen.[133]

Die »L. Tomarkin & Co. in Ascona« hatte in einem leidvollen Fiasko geendet, das Leander beinahe ins Gefängnis gebracht, seine Familie ruiniert und korrumpiert hatte. Auf dem Dachboden in Intragna stapeln sich noch heute zahllose Schreiben verschiedenster Anwälte und Gläubiger aus der ganzen Schweiz sowie die Vermittlungsversuche des Verbands »Kreditreform« und Auskünfte des Informationsvereins »Vindobona«.[134] Man pochte mindestens auf Ratenzahlungen und Finanzsanierungspläne. Mehrfach wurden Betreibungen und Konkursforderungen angedroht, vertagt und wieder angedroht. Ansprechperson war Bruder Percy, da Leander verschwunden war. Wochenlang drohten die Gläubiger, schreckten schließlich vor dem letzten Schritt zurück, weil sie fürchteten, von ihrem Geld überhaupt nichts mehr zu sehen. Professor Zeffirino Lombardi setzte Percy in diesem Sinne immer wieder zu. Paul Bachrach versicherte ihm, dass er seinen Bruder nicht ins Unglück stürzen wolle und dass er »bei genügender Garantie und möglichst grosser Anzahlung und Ratenzahlung« zu einem Arrangement bereit sei. Mit seinem Anwalt wollte er sich Mitte September 1920 »mit Herrn L. Tomarkin verständigen und einen schweren Vertrauensbruch gerichtlich ungeahndet lassen«, falls er folgende Bedingungen zur Tilgung der Schuld von 8 226,55 Franken erfülle: »Anzahlung von mind. 1500 francs. Zudem monatlich 300 francs bis zur Tilgung der Schuld plus 6 % Zinsen.« Zur Sicherheit sollte Vater Tomarkin bürgen. Nun wurde es bitterernst. Percy versuchte bis zum letzten Augenblick, Bruder Leander vor der Verfolgung wegen Betrugs und Unterschlagung zu schützen. Eine Dame – vielleicht Leanders Frau Amalie – ersuchte um Aufschub, um Percys Rückkehr ins Tessin abzuwarten. Und Leander selbst versuchte Bachrach, »durch nicht fundierte Vorschläge« hinzuhalten. Am 3. Oktober 1920 setzte Paul Bachrach sein Ultimatum. Leander drohten strafrechtliche Verfolgung und Gefängnis.

Im letzten Moment einigte man sich am 16. Oktober 1920 doch noch auf einen Abzahlungsvertrag gegen Zurücknahme der strafrechtlichen Klage. Eli und Percy übernahmen Leanders finanzielle Verpflichtungen und bewahrten ihn vor dem Gefängnis. Für Percy war die Sache damit allerdings noch nicht ausgestanden. Zum einen konnte er sich nach dem Fiasko seines Bruders nicht an die Abzahlungsfristen halten, die er etwa den Gebrüdern Bianchetti versprochen hatte. Zum andern verlangte Lombardi das ehrenwörtlich zugesagte Gutachten für ein Schmerzmittel der Merzwerke. Und im Oktober 1921 waren die Jahreszinsen der Polizze fällig, die er in der Folge der »malversazione«, der Veruntreuung Leanders, unterschrieben hatte und die Percy auch jetzt nicht bezahlen konnte. Noch fünf Jahre später war die leidige Sache nicht ausgestanden. Wegen der »seinerzeitigen Insolvenz Ihres Bruders« hatte sich ein Berner Gläubiger bereit erklärt, das Werk »Meyer-Lexikon« zurückzunehmen, musste aber 1926 feststellen, dass es Leander »widerrechtlich veräussert hatte«.[135] Es kann nicht erstaunen, dass es Leander opportun erschien, sich allfälligen Zugriffen durch Flucht zu entziehen. Er wagte sich fortan aus Angst, verhaftet zu werden, nicht mehr auf schweizerischen Boden.

Da er unauffindbar war, griff man sogar auf Leanders Frau Amalie zurück. Sie konnte aber nicht nur keine Leander'schen Schulden bezahlen, sondern musste ihrerseits von ihrer Mutter Bertha Richner finanziell unterstützt werden.[136] »Unzählig viel Neues ist dieses Jahr über mich gekommen«, schrieb die arme Maly am 2. Dezember 1920 von Intragna aus ihrer Mutter: »Vor Weihnachten komme [ich] zu dir, jedoch allein, bin genötigt meine Ferien bei Euch ohne Roly zuzubringen, denn: Sohn Rolandy ist seit ›Allerheiligen‹ [1. 11. 1920] in Rom (Italien). Muss dir alles mündlich erzählen, gäll [ich] darf dann bei dir schlafen, bin ja noch dasselbe Maly wie früher.« Amalie litt, kolportierte aber brav Leanders Version, die besagte, man habe Rolando vor einer tödlichen Keuchhustenepidemie aus der Schweiz fortgerettet. Sie hoffte, wenigstens in den Weihnachtsferien ihr Söhnchen besuchen zu können. Noch ahnte sie den Verlust von Mann und Kind mehr, als sie ihn begriff, und meinte ihrer Mutter gegenüber: »[V]ielleicht komme [ich] in deine Nähe wieder wohnen für immer falls Roly ins Kolleg muss.« Tatsächlich riss Leander den Fünfjährigen von seiner Mutter weg, bestellte Percy zu Rolandos Vormund und steckte das Kind in Rom in das von Salesianern geführte Internat »Collegio S. Giuseppe«[137]. Um Rolando begann fortan – wie wir noch sehen werden – ein unwürdiges Gezerre und Geschubse.

Bei diesem Gezerre und Geschubse um Rolando wurde auch die Kindsmutter Amalie arg in Mitleidenschaft gezogen. Wie sie sich wohl fühlte? Andeutungen dazu konnte ich bei Rolandos späterer Ehefrau Gertrud finden. Die freundliche Gertrud Tomarkin-Salm, die in der Nähe Berns im Altersheim wohnte, ließ mich nach Informationen zu ihrem Schwiegervater Leander und nach Briefen ihrer Schwiegermutter Amalie suchen und kramte auch selbst in ihren Erinnerungen. Wie Gertrud von ihrem Mann Roland mitbekommen hatte, soll Amalie sich »hintersinnt« haben, sie sei nach der Trennung zu ihrer Mutter zurückgekehrt, schlussendlich aber in einer Klinik gelandet.

Leander Tomarkin hinterließ im Herbst 1920, als sich die Illusion des Jungunternehmers auf Erfolgskurs nicht mehr aufrechterhalten ließ und er sich aus Angst vor einer Gefängnisstrafe nach Italien abgesetzt hatte, nicht nur ein finanzielles Desaster, sondern auch ein familiäres Trümmerfeld.

8 Liebe und Katzenjammer oder »la divina Beatrice«

In Italien hatte Leander, wie Amalie richtig vermutete, alte Beziehungen aktivieren können: »Da Leander gute Verbindungen in Italien hat[, hat] er sich dorten etwas besseres verschafft und ist nun seit 1 ½ Monaten Direktor von der Pulverfabrik Stacchini in Rom, [es] sind 3 Filialen, [er] verdient 4000 Lire monatlich und hat noch etwas Prozent, da er Prokurist ist bei Stacchini; [er] verdient riesig, leider aber ist die Valuta für [die] Schweiz sehr nieder …«[138]

Wie war Leander Direktor einer italienischen Pulverfabrik geworden? Welche Verbindungen konnte er aktivieren? Wir nutzten diesmal die Anschriften der an Leandro gerichteten Briefe und stießen auf eine Zürcher Adresse. Die Anwälte hatten ihr Schreiben im Herbst 1920 an Leander Tomarkin »bei Familie Glicenstein« in Zürich 6 gerichtet. Der gleiche Name tauchte wieder auf, als Tomarkin in der Pulverfabrik arbeitete: »Emanuele Glicenstein, Tenuta Gottifredi, Bocca Leone Roma«. Für uns äußerst interessant war auch der kleine Zusatz in der Adresse, der besagte, dass sich das Landgut »Presso Polverificio Stacchini«, also neben der Pulverfabrik von Giovanni und Ernesto Stacchini, befand.[139]

Die Polverifici Stacchini bezeichneten sich als königliche Lieferfirma – als »Fornitrice della Real Casa«. In ihrem Briefkopf mit einem Emblem aus Krone und Wappen warben sie für ihr »Polveri per Caccia e per Mine« und ihre »Miccia di Sicurezza« – ihre sicheren Zündschnüre. Mit dem Minenpulver wurden Gräben gesprengt, durch die das Wasser etwa für Mussolinis Trockenlegung der Pontinischen Sümpfe abfließen konnte. Und mit der Entsumpfung sollte die Malaria ausgerottet werden (vgl. Teil D). Die Polverifici hatten Standorte in Rom (Via Cavour), Bagni (Tivoli) und Pietracuta (S. Leo). Die Via Cavour Nr. 346 ist offenbar der mussolinischen Stadtentwicklung und dem Autostraßenring zum Opfer gefallen. Das Gebäude von Nummer 325, das wohl Büro und Wohnung beherbergte, ist noch heute ein großes, stattliches Haus. Im Tivoli dient heute das

Fabrikareal der »Ex Polverificio« den Illegalen als Heimstätte. So macht die »Polverifici Stacchini« noch heute Schlagzeilen in der Presse. Wer will, kann mit der Polizei im Internetvideo über die aufgelassenen Fabriken hinwegschweben, wenn wieder – wie etwa im Januar 2011 – Flüchtlinge von der Polizei ertappt werden.

Recherchen zur Familie Glicenstein bestätigten, dass Leandro Tomarkin bei seinem Absprung nach Italien einmal mehr bereits bestehende familiäre Netzwerke nutzte. Allerdings war bemerkenswert, dass es sich keineswegs um Verbindungen handelte, die zur angestrebten beruflichen Profilierung passten – vielmehr lässt sich dokumentieren, dass für die Brüder Tomarkin neben Politik und Unternehmertum die Kunst eine ebenso zentrale Rolle spielte. Percy, der selbst malte und schrieb, hatte den jungen Maler Emanuele Romano Glicenstein kennengelernt.

Der Vater von Emanuele, der polnisch-jüdische Künstler Enrico bzw. Heinrich Glicenstein hatte sich nach dem Ersten Weltkrieg mit seiner Frau Helena Hirszenberg und Tochter Beatrice in die Schweiz geflüchtet.[140] Die Familie Glicenstein bewohnte danach oder daneben ein Anwesen in Italien, sodass Leandros Neuanfang in Italien von einer seltsamen und folgenschweren Verbindung von Lohnarbeit und Kunst geprägt war. Den Bezug zur Kunst hatte Percy geschaffen, die nötigen Verbindungen zum Posten in der Pulverfabrik sind schwieriger nachzuweisen. Welche Charmeoffensive, welche Vorgaukelungen seiner Fähigkeiten Leandro einsetzte, um ohne akademische Ausbildung und berufliche Erfahrung Pulver-Direktor zu werden, können wir nur erahnen. Einmal mehr hatte er, als es um Referenzen ging, auf die Hilfe seines Vaters zurückgegriffen, der ihm zu einem guten Attest verhelfen musste. Eli unterzog sich der unangenehmen Vaterpflicht und beschwatzte seinen Chef Paul Cardinaux. Am 2. Oktober 1920 konnte er Percy mitteilen: »Hiermit schicke ich Dir das Zeugnis für Leander. Ich war beim Direktor und er hat mir versprochen, keine ungünstige Antwort zu geben, falls er befragt werden sollte.«[141]

Mit Leandros Posten kehrte keineswegs Ruhe ein. Im Oktober 1920 ließ er Percy wissen, dass er und Emanuele »Gott sei Dank« Möbel erhalten hätten, um alles gut und wohnlich zu gestalten, begann aber sofort, seiner Familie in Telegrammen und Expressbriefen dringende Wünsche aufzutragen.[142] So sollten ihm Percy und Eli unverzüglich Bücher über die Herstellung von chemischen und pharmazeutischen Präparaten sowie Großanpflanzungen von Medizinal-Pflanzen, Handbücher über chemische Technologien und Mitteilungen über verschiedenste Verfahren schicken. »Von grösster Notwendigkeit« waren ihm die Pharmacopoea Helvetica und die Pharmacopoea Germaniae. Leanders Befehle konnten nicht ausgeführt werden. Vater Eli musste ihm mitteilen, dass dies »vorläufig unmöglich« sei, weil »momentan das Betreibungsamt« Leanders Sachen und Bücher konfisziert habe.[143]

Uns wunderten die unspezifischen Wünsche, die nach Grundlagenbüchern und Basisverfahren fragten. Dass Leander wildwütig nach irgendeinem chemischen Produkt suchte, das sich verkaufen ließ, erstaunte einigermaßen. In seinen Briefen warf er mit divergierenden Formeln und Stoffen um sich, experimentierte für Zahnpasten oder Tinten, erwähnte dies und das. Er machte den Eindruck eines ziellos Forschenden. Dieser Anschein wurde verstärkt, wenn seine geradezu panischen Hilferufe nach fachlich-chemischer Kompetenz aus seinen Briefen gellten.

Sofort sollten Papa Eli und Aron Eckmann zu Hilfe eilen, Percy und der Kommilitone Hugo Silbermann wurden dringendst nach Rom beordert.[144] Er, Leander, habe schon jetzt Schritte bei dem Ministerium der öffentlichen Hygiene unternommen, um seinem Bruder, der seinen medizinischen Abschluss noch nicht geschafft hatte, zu einer Anstellung zu verhelfen. Nachdem Hugo Silbermann ein halbes Jahr später sein Chemie-Doktorexamen bestanden hatte, rief Leander wie ein Ertrinkender nach dem Promovierten und beschwor Percy: »Mache Dein möglichstes, dass Silbermann sofort kommt. Es ist von größter Wichtigkeit. Ich arbeite und zerbreche mir den Kopf.« Silbermann sollte auch durch den Verkauf von Leanders Berner Habseligkeiten Geld beschaffen, er sollte Experimente für Leander ausführen, all seine Fragen beantworten und ihm bei »den Mustern« helfen, ohne die er seine »Fabrik« nicht errichten könne. Auch war Silbermann vorgesehen, »bei der Konstituierung der Gesellschaft als Chemiker« in Leanders Fabrik einzutreten.

Zwar war wieder einmal völlig offen, welche medizinischen oder chemischen, pharmazeutischen, diätetischen oder fotografischen Neuigkeiten Leander erfinden wollte. Wieder aber war er sich über die Aktiengesellschaft, die seine Erfindungen produzieren und vertreiben würde, bereits völlig im Klaren. Auch hatte er feste Vorstellungen, wie viel er exakt verdienen würde: »1500 Lire im Monat, Gratishaus und 30 % des Reingewinns.« Silbermanns Salär, das könne er »heute schon sagen«, sei ca. 14 000 Lire jährlich als Anfang. Percy werde als Vorsteher der pharmazeutischen Abteilung wirken, ca. 18 000 Lire plus 25 Prozent Gewinnanteil am Reingewinn und allenfalls die Einnahmen aus seiner medizinischen Privatpraxis erhalten. Das Aktienkapital der Firma setzte Leander vollmundig auf 1 250 000 Lire fest. Leander baute Luftschlösser und versprach Bruder Percy und Hugo Silbermann »ein neues Leben« nach ihren Wünschen und in freier Entfaltung. An nichts werde es ihnen fehlen, auf sie warte »Musik, Freiheit und die Möglichkeit, ein gewisses Kapital zu erringen«.[145]

Mitte Dezember 1920 meldete Leander seinem Bruder, das Labor bei Stacchinis sei mit Gas, Elektrizität und Licht, mit Motoren, Zentrifugen und Vakuumapparat gänzlich installiert. Er fange nun mit »den Proben« an. Während eines knappen Jahres schlug sich Leander Tomarkin in der römischen Pulverfabrik

Foto 16: Emanuele Romano, geboren als Emanuel Glicenstein, war der Bruder der von Leander heiß verehrten Beatrice und ein Freund von Percy Tomarkin. Mit dieser Skizze illustrierte er kraftvoll einen seiner Briefe an Percy (NTI).

mit irgendwelchen Experimenten herum. Er arbeitete Tag und Nacht. Schließlich schlief er nicht mehr. Richtete er sich zugrunde, um die ganz große, sensationelle Erfindung zu erzwingen?

Tomarkin machte den Eindruck, als wollte er à tout prix eine »Erfindung durch Zufall« erzwingen. Irgendein Produkt, meinte er vielleicht, würde sich schon einstellen. Er dachte vielleicht an Samuel Morses elektro-telegrafische »Morsezeichen«, Alfed Nobels Dynamit, Wilhelm Röntgens Strahlen oder Johann Friedrich Böttgers Porzellan, die alle mehr oder weniger zufällig entstanden waren. Vermutlich war ihm auch der Textilingenieur Jacques Edwin Brandenberger bekannt, der 1894 in Bern als erst 22-Jähriger zum jüngsten promovierten Doktor der Schweiz wurde und 1908 das Cellophan entdeckte.[146] Nicht Tomarkin, sondern Alexander Fleming sollte aber 1928 eine der berühmtesten »Zufallsentdeckungen« gelingen: das keimtötende Penicillium, das spätere Antibiotikum Penicillin.

Leander hatte noch einen anderen Grund für seine Parforceleistung: Er wollte die Liebe der göttlichen Beatrice, Emanuele Glicensteins Schwester, erringen. »Ich sage Dir, ich hatte mir so Mühe gegeben, aber ich hatte einen Furor und eine Kraft in meinem Handeln und Wandeln, damit sie mich liebt.«

Leander hatte sich unsterblich, leidenschaftlich verguckt. »Ich liebe ein Mädchen, das Du kennst, und für sie hätte ich mich in Stücke hauen lassen«, verriet er seinem Bruder. Für Bice vielleicht war er zum Betrüger geworden und hatte sich einen Doktortitel aufs Briefpapier drucken lassen. Wochenlang habe er sich »am Morgen erhoben und bis am andern Morgen ohne Unterbruch gearbeitet«. Für seine Liebe opferte er seine Gesundheit, riss sich ein ganzes Jahr zusammen, gab ihr sein »ganzes Tun und Wesen«, sein Handeln und Wandeln, seine Kraft, um sich ihr »als Geschenk aufzuopfern«. Und als sie nach einer Blinddarmoperation im Spital war, wich er Tag und Nacht nicht von ihrem Bett und »erschöpfte sich«.[147]

Und dann verließ ihn Beatrice.

Was war passiert? Aus den riesengroß hingeschmierten krakeligen Hieroglyphen, die ein zutiefst erschütterter Leander seinem Bruder auf Briefpapier zukommen ließ, lässt sich das Drama rekonstruieren. Halb italienisch, halb deutsch schluchzt Leander über seine enttäuschten Erwartungen. Er hadert mit seiner Geliebten, die seine romantischen Vorstellungen nicht teilen wollte. Wenn mich meine Verlobte geliebt hätte, wäre sie mir gefolgt, meinte er; »denn in der Liebe argumentiert nicht der Intellekt, das Herz triumphiert über alles. … ein Mädchen, das liebt und das die Beweise hat, dass sein Geliebter sie liebt, die folgt dem Mann auch in die Hölle.«

Bice hatte keine Lust, ihm in die Hölle zu folgen. Schon die von Leander in Aussicht gestellte, schön eingerichtete 5-Zimmer-Wohnung in Stacchinis Pulvermine behagte ihr nicht. Beatrice sehe nicht, wie sie in einer Fabrik wohnen könne, grollte Leander.

Zum Eklat kam es, als Leander nach der Operation seine »Verlobte« auf dem Lande besuchte, wo sie sich mit ihrer Mutter zur Erholung aufhielt. Leander wollte sie dazu bewegen, wieder nach Rom zurückzukehren. Es kam offenbar zu erregten Szenen. Durch die vorangegangenen nächtelangen Parforceleistungen nervlich total erschöpft, fiel Leander, wie er es selbst schilderte, für vier Tage in einen tiefen Schlaf. Währen Leander praktisch bewusstlos war, erlaubte sich »die tapfere Mama Glicenstein«, unter die Bettdecke zu gucken, um zu überprüfen, ob Leander »wirklich Jude sei«. Nach seinem Aufwachen nannte sie ihn einen Lügner, weil – wie Leander selber schreibt – sein »Penis nicht beschnitten« war: »Und das alles vor Beatrice. Sie lachte sarkastisch. Ich denke, das ist zum Verrücktwerden.« Möglich, dass sich die Szene etwas anders abspielte und Mama Glicenstein schlicht herausgefunden hatte, dass der feurige Liebhaber ihrer Tochter sich nicht nur bislang wenig um jüdische Traditionen gekümmert hatte, sondern auch noch verheiratet und Vater eines Kindes war.

Bices »Anhänglichkeit an ihre Mutter« war, wie Leander ernüchtert feststellte, »grösser als die Liebe« zu ihm. Sie wollte nicht mehr mit ihm nach Rom zurück und schickte ihn wie »einen Hund« weg. Die »viel geliebte Beatrice« verließ ihn definitiv, als er für einige Tage seine »ganz zerrütteten und erschöpften Nerven« in einer Römer Klinik kurierte. Leanders Benehmen hatte Bice Angst eingejagt.

Leander war außer sich: »Ich war wie vernichtet. Was ist mir mein Leben ohne Beatrice wert? Ich habe auch eine rivoltella [einen Revolver] genommen«. Noch kann Leander nicht loslassen: »Ich liebe nur die Bice und sie muss mein sein.« Von »Bice hängt meine ganze Zukunft ab. ... Jeder Tag vergeht in der Hoffnung, eine Zeile meiner Braut zu erhalten und nichts ist schrecklicher, wenn man bedenkt, dass jede Minute des Tages in einer verzweifelten Sehnsucht verlebt werden muss.« Er litt derart, dass er wochenlang »nicht mehr schlafen konnte und immer Halluzinationen« hatte. So ein Zustand, befürchtete er, »führt mich noch ins Irrenhaus wenn ich zu gleicher Zeit mein großes Arbeitsfeld überblicke und die mit viel Mühe und Zuversicht begonnene Arbeit verschimmeln sehe und alles für ein Individuum, welches sich mit ihrem ganzen Traditionsanhängsel völlig als Jüdin fühlt.« – »[Ich] kann dir nicht auf dem Papier schreiben, was für Momente ich in den letzten Tagen durchgemacht habe«, klagte er seiner »carissima Mama«.[148]

Nach Leanders Zusammenbruch telegrafierte eine beunruhigte Bice Glicenstein Vater Eli Tomarkin nach Bern. Leander argwöhnte später, sie habe ihn los haben wollen und gehofft, die Familie werde ihn abholen. Beatrices Telegramm überraschte Eli Tomarkin am 5. August 1921 bei der Arbeit im bakteriologischen Institut Bern: »tomarkin irrsinnig sofort kommen contigliano umbria pensione franceschini«.

Eli konnte nicht sofort losstürmen, da er sich erst einen Pass besorgen und eine Stellvertretung am Institut organisieren musste, das in der Ferienzeit verwaist war. Er telegrafierte nach Contigliano und fragte auch bei Percy nach: »Gestern bekam ich von der Pensione Francescini in Contilliano Umbria zwei Telegramme, worin ich dringend aufgefordert wurde, hinzukommen, da Leander schwer krank sei. Dem ganzen Sinn nach sieht es so aus, dass es sich um eine geistige Erkrankung handeln soll. ... Teile mir also bitte mit was los ist.« Zu Elis wohl nicht geringer Überraschung kabelte Leander am 10. August 1921 seinem Vater ungerührt ins Institut: »Bin ganz gesund Leandro«. Seiner Mutter schrieb er Tage später: »Sei ruhig und ängstige dich nicht.«[149]

Leander Tomarkin musste sich schließlich schweren Herzens eingestehen, dass nicht nur Beatrice Glicenstein ihn definitiv verlassen hatte, er musste seiner »inniglieben Mama« auch gestehen, dass sein »Projekt mit der Fabrik ... ins Wasser gefallen« war. Leander war »brotlos ohne Geld ohne nichts«. Er war am Ende: »Liebe Mutter, ich kann dir versichern das wenn ich dich nicht hätte und den Roly ich schon längst ein Ende gemacht hätte.« Doch unvermittelt fuhr er fort: »Verzweifle nicht, bin sicher dass Gott uns nicht verlässt ich habe noch so viel Mut.« Leanders düsterste Selbstmordfantasien gingen übergangslos in einen zuversichtlichen Zukunftsglauben über.[150] Später führte er das weiter aus: »Wenn ich heute noch am Leben bin, so ist dieser Zufall Gott zu verdanken. Wegen ihr – wegen Beatrice – wäre ich heute entweder im Irrenhaus oder im Friedhof. Gut, ich habe mich aufgerafft, die vielen unzähligen Leiden, die ich schon durchgemacht habe, sind Grundsteine, damit ich endlich einmal einsehe, was der Mensch wert ist. Sie sind Grundsteine, weil ich mein Leben auf eine neue Art und einer neuen Basis aufbauen will.«

In seiner Not – und vielleicht aus Protest zu den jüdischen Glicensteins – wurde Leander plötzlich im christlichen Glauben gottesfürchtig. Er klammerte sich »an die, die während meinem ganzen Leben in allen Lagen meine wahren Freunde waren, da ich sonst niemand habe«. Leander erinnerte sich seiner Familie, seiner Mutter Jeannette und – o Wunder – sogar seiner Ehefrau. Nach der Enttäuschung mit Beatrice erschien ihm nun Amalie plötzlich als wahrer Engel: »Wenn ich an alles genau nachdenke so war die Amalia doch *der beste Mensch* von allen, sie hat viel für mich gearbeitet, jawohl Fehler hat sie begangen aber doch hätte sie mich nie in der Krankheit oder sonst verlassen, wie es Beatrice gemacht hat.«

Vor allem Percy bat er in schwerer Stunde erneut, ihm beizustehen: »Percy komme bald, bald. Telegrafiere mir ... Lieber Percy, ich bitte Dich, dass Du in Dir so viel Liebe gegen Deinen Bruder fühlst, komm sofort hierher, um mich zu besuchen«. »Lieber Percy, welche Freude empfinde ich unter all den Schmerzen und Leiden, dass ich einen Bruder habe, nein, einen richtigen Freund ...«[151]

Leanders Andenken an seine Lieben war für diese nicht folgenlos und gratis. Einmal mehr ging er sie um Geld an: »Liebe Mutter, hatte viele Ausgaben und verdiente wenig. Schulden will ich keinen Cent machen. ... Wenn Percy, du und Papa mir einige Hundert Franken senden, aber sofort sonst hat es keinen Zweck mehr. ... Bitte dich, das Verlangte sofort zu besorgen, wenn Percy oder Papa es als Bettlerei auffassen, so sollen sie es sein lassen. Bringe mich mit Gottes Hilfe schon durch.« Die Mutter war alarmiert, der Vater wollte noch einmal Geld auftreiben. Und Percy litt dermaßen mit, dass ihn der vernünftige Hugo Silbermann freundschaftlich ermahnte, für Leander nicht »alles zu opfern« und an sein Staatsexamen zu denken.[152]

9 Medizinische und familiäre Versuchsballons

Leander Tomarkin rappelte sich im Spätsommer 1921 wieder auf, steckte weg, dass er »in Sachen amore Unglück gehabt« hatte. Erneut kam er – trotz der Affäre mit dessen Schwester – bei Emanuele Glicenstein unter, der damals in der Via Margutta 54 in Rom wohnte.

Die Via Margutta ist bis heute eine Künstlergasse. Noch immer werden hier »Studi di Pittura e di Scultura« betrieben und Tafeln künden von der Großzügigkeit des Mäzens, der das von Glitzenstein und Tomarkin bewohnte Atelier errichtet hat: »Il Marchese Francesco Patrizi fece costruire nel 1858 in via Margutta 53 e 53 due edifici adibiti a studi per artisti nel 1884 fece edificare all'interno del cortile del 54 un terzo stabile dove fino al 1935 ebbe sede il circolo artistico internazionale.« Berühmte Künstler schufen hier ihre Werke, z. B. Pablo Picasso im Jahr 1917.

Zuvor hatte ihn Sozius Stacchini noch einige Tage in die Pietracuta Romagna aufs Land begleitet, damit er Distanz zu seinen Niederlagen gewinnen konnte. Im Unglück hatte er sich auch wieder seines Sohnes Rolando erinnert und ihn mit in die Campagna genommen.[153]

Kaum fühlte er festeren Boden unter den Füßen, erträumte er sich erneut eine goldene Zukunft und baute lichte Luftschlösser. Seine Briefe und Gedanken kreisten immer wieder um drei zusammenhängende Themen: den Erfolg seiner Heilmittel, den Wunsch nach viel Geld und die Lust auf eine repräsentative Wohnung mit Labor.

An Fakten ist Leanders überlieferten Briefen zu entnehmen, dass er Mitte August 1921 Zutritt zum medizinisch-chemischen Institut der »Regia Università di Roma« gefunden hatte. Seiner Mutter gab er zu verstehen, dass er in wissenschaftlichen Kreisen und in Roms Chemikergemeinde »ziemlich gut angeschrieben« sei: »Mein Programm ist gut ausgedacht und in versch. Phasen seiner Anwendung gut unterteilt, Programm ist realisierbar.« Stolz erklärte er: »Ich habe mir mit eigener Arbeit einen Weg geschaffen in der wissenschaftlichen Welt, auf den jeder Junge mit meiner Vergangenheit stolz sein kann umso mehr als die Schlachtfahne in der Arbeit besteht.« Was er allerdings genau im »Istituto di chimica fisiologica e lavoro« und im »Archivio di Farmacologia e di Scienze Affini« entwickelte, wird einmal mehr nicht klar. Leander äußerte sich vage über verschiedenste Medikamente, die er zu erfinden gedachte, und erwähnte auch »Studien zu einem von mir erfundenen Präparat gegen die Malaria.« L. T. ließ auf gut Glück einige Versuchsballons steigen.[154]

Anstelle von klaren Erörterungen zu seinen Erfindungen liebte er es vornehmlich, den philanthropischen Aspekt seines Tuns zu betonen, denn Glück und Wohlstand wünschte sich Leander nicht etwa aus egoistischen Gründen. Wie er nun in christlicher Demut betonte, wollte er gottgefällig, dankbar und wohltätig sein. Typisch dafür waren die Briefe, die Ende 1921, Anfang 1922 in der Familie Tomarkin gewechselt wurden. Leander schrieb: »Möge Gott meine Arbeit segnen, damit ich einmal etwas ernten kann. Nicht für mich. Wenn ich meine Angehörigen, die ich alle tief liebe, nur etwas glücklich machen könnte.« Im Übrigen sei sein einziges Ziel, mit seiner geliebten Mama, die ihm immer treu war, in Rom – oder auch im sonnigen Neapel – »immer zusammen« zu leben. Immer wieder gab er sich der unrealistischen Hoffnung hin, seine Mutter Jeannette und seinen Sohn Rolando zu sich nehmen zu können. Zerschlug sich ein Plan, ersetzte ihn der im alten Überschwang lebende Leander durch einen noch höher fliegenden und träumte von einem Häuschen mit etwas Land an einem sonnigen Ort: »Ich will unbedingt für mich alleine arbeiten. Wenn ich auch wenig verdiene so bin ich Meister und kann über mich verfügen«. Die Ausführung des Traumes schien ihm ganz einfach: »Du sendest mir einige Hundertfranken, ca. 300–350, ... sende mir sofort das nötige und ich komme dir in Luino entgegen ... Wenn wir jetzt zusammen sind, werden wir uns nie mehr trennen, sollte ich auch nach Amerika gehen, so kommst du mit.«[155]

Mit konsequenter Regelmäßigkeit war Leanders unbekümmerte und lakonische Geldforderung mit dem erpresserischen Hinweis gespickt, dass er sie und den bei der Nonna weilenden Sohn Rolando erst abhole, wenn er ihren Bankscheck erhalten habe. Treffpunkt war jeweils die italienisch-schweizerische Grenze, da sich Leander der Gläubiger wegen nicht auf Schweizer Boden wagte. Bei Leanders Geldbegehren wurde jeweils sofort Vater Eli via Percy eingeschaltet. Doch das Geld floss spärlich und die Übergaben des Kindes an der Grenze wuchsen sich oft zu eigentlichen Dramen aus. Einmal – so will es die Familienerinnerung – strandete der mutterseelenallein reisende Roland hoffnungslos und verlassen mit seinem Köfferchen irgendwo in Como, da ihn niemand abholte. Und wie mehrere Tomarkin-Verwandte übereinstimmend erzählen, drohte das Kind ein ums andre Mal im Internat heimlich und leise zugrunde und »ins Verderben« zu gehen. Gerettet wurde Rolando, weil die Mutter eines Klassenkameraden auf ihn aufmerksam geworden war, die dringend Percy alarmierte. In Intragna angekommen, stellte man fest, dass der Kleine tatsächlich schwer erkrankt war. Man musste ihn in einem Luftkurort lange Zeit pflegen, bevor er für einige Zeit in Percys Familie aufgenommen wurde.[156]

Niemand konnte sich langfristig um den kleinen Jungen kümmern, den man seiner leiblichen Mutter Amalie nicht geben wollte oder konnte. Man versuchte dies und jenes. Phasen, in denen Leander seinen »Roly« zu sich nehmen und für die Erziehung des Kindes zu sorgen versprach, wechselten mit Zeiten, in denen er das Kind vergaß und es einem gutherzigen Familienmitglied überantwortet blieb. Im Winter 1921/22 etwa kümmerte sich Leanders alte, kranke Mutter Jeannette im Kurhaus Cavigliano bei Locarno um den Jungen. Das war natürlich eine unmögliche Situation. Die an den Rollstuhl gefesselte Nonna konnte dem Sechsjährigen nicht nachspringen und musste ihn auf kleinstem Raum beaufsichtigen.

Schließlich wurde Mitte Januar beschlossen, dass Jeannette ihren Enkel Rolando zu seinem Vater nach Rom bringen sollte. »Frau Dr. J. Tomarkin!« forderte »sofort« von Eli 400 Franken Reisegeld und stöhnte: »Weiss Gott, wie ich die grosse Reise [nach Italien] machen werde. muss wegen Kinde gehen.« »Ich kann

Foto 17: Rolando Tomarkin, Leanders erster Sohn, mit wunden Augen. Das Bild wurde in Rom aufgenommen, wo der Knabe im Kollegium ausharren musste. Im Hintergrund des förmlich gekleideten Rolando mit den auffälligen und zu großen Schuhen wölbt sich bedeutungsvoll die Silhouette der Petersdomkuppel (Fotoatelier G. Felicit, Rom; NGT).

unmöglich länger allein das Kind haben. Meine Kraft ist zu Ende ihm leiten zu können. … Ich u. das Kind gehen zu Grund«, jammerte sie wiederholt. Jeannette wartete und wartete. Noch Mitte Februar 1922 wartete sie auf Elis Geld und auf Leanders Telegramm aus Rom mit der bestimmten Angabe, wann er sie und seinen Rolando in Luino oder an der Grenze abholen komme. Schließlich musste sie gar befürchten, dass aus ihrer Rom-Reise nichts würde, da der vom italienischen Konsulat ausgestellte Pass zeitlich limitiert war. In letzter Minute kam Leanders Telegramm und Jeannette reiste am 23. Februar 1922 mit dem Jungen in den Süden.[157]

Einen Monat zuvor, am 22. Januar 1922, war im Vatikan Papst Benedikt XV. gestorben und die Zeitungen waren voll von Tomarkins sensationellem Wundermittel »Antimicrobum«, das den Pontifex angeblich hätte retten können.[158] Noch Ende 1921, als er nach »vielen Wechselfällen« in Castel Gandolfo ein hübsches, nahe Rom gelegenes, in der Nähe von Meer, See und Wald befindliches Häuschen bewohnte, hatte er noch von einem Malariamittel gesprochen, mit dem er allerlei Versuche anstelle. Und nun wollte er in den ersten Tagen des Jahres 1922 eine Medizin gegen Lungenkrankheiten erfunden und erprobt haben, die sensationelle Erfolge gezeitigt habe. Wie um alles in der Welt war das in dieser kurzen Zeit möglich geworden?

Es war einfach unmöglich.

Leanders undatierte Sudelschriften auf dem Dachboden in Intragna lauteten über lange Zeiten inhaltlich erschreckend gleich. Immer wieder lechzte er nach Percys Wissen: »Mein liebster Bruder ... ich bitte dich, dass Silbermann sofort diese chemische Arbeit ausführen soll und er soll mir sagen ob es möglich ist, Arsagetina und Ligento zu kombinieren und zur selben Zeit Neofiescal hinzuzufügen. Ich bitte dich mir sofort eine Antwort zu geben, ob er mir das bestätigen kann? Mach mir auch eine Gleichung, in welcher Weise und in welcher Konzentration man ...«[159] In gewohnter Manier schrie er nach finanzieller Unterstützung, oft mit dem Hinweis auf zukünftig sprudelnde Gewinne. Er hielt alle mit Anweisungen und Aufgaben auf Trab und unterstellte im Geiste wieder ganze Fabrik- und Wissenschaftsabteilungen unter die Leitung von Bekannten: Auf einem Zettel hielt er fest, dass Silbermann ein Chemielabor, Percy eine bakteriologische Abteilung betreuen sollte. Wohl ohne dass sie davon etwas wussten, waren Papa Elis Berner Kollegen, die jüdischen Universitätsprofessoren Leon Asher oder Isaak Abelin, für die Aufsicht eines physiologischen Labors vorgesehen.

Im Mai 1922 – vier Monate nach dem Tod des Papstes! – versicherte Leander seinem Bruder, er arbeite nach wissenschaftlichen Kriterien und lanciere zwei Präparate: »Antimicrobum No. 0« sei ein Anti-Malaria-Mittel, und »Antimicrobum No. 1« sollte gegen Pneunomia influenzale, Meningitis, Celebro spinale, Cystite und Typhus wirken. Im August 1922 wurde ein Rückschlag gemeldet, das für die Materialherstellung bestimmte Geld sei von Mutter Jeannettes Bediensteten gestohlen worden. Am 24. Oktober 1922 – Papst Benedikt XV. war seit neun Monaten tot – schrieb Leander seinem Bruder endlich den Brief von »entscheidender Bedeutung«. Nach vertieften Studien sei es ihm gelungen, zwei Produkte zu entwickeln, mit denen »alle Verteidigungskräfte des Körpers« gestärkt würden. Er habe in biochemischer, physischer, physikalischer, chemischer, biologischer, technologischer, technischer und toxikologischer Hinsicht alle Register gezogen. Damit würden viele klinische Fälle kuriert: Tuberkulose, Lungenkrankheiten und Darminfektionen. Der Bazillus Koch, die Kolibakterien und andere würden damit eliminiert werden.[160]

Da er in der Öffentlichkeit inzwischen als eine Art Wunderheiler galt, wurde er unter anderem Anfang 1923 zu einem Schwerkranken nach Neapel gerufen. Er konnte das zum Anlass nehmen, um in der »Clinica di Patologia medica dell Università di Napoli« mit dem wenigen Material, das er bereits hatte, zu experimentieren. Der erste behandelte Patient, der an Lungentuberkulose mit gemischter Infektion und Formen von Influenza gelitten haben soll, war danach gemäß Leanders Einschätzung und Behandlung »sichtlich besser dran«.[161]

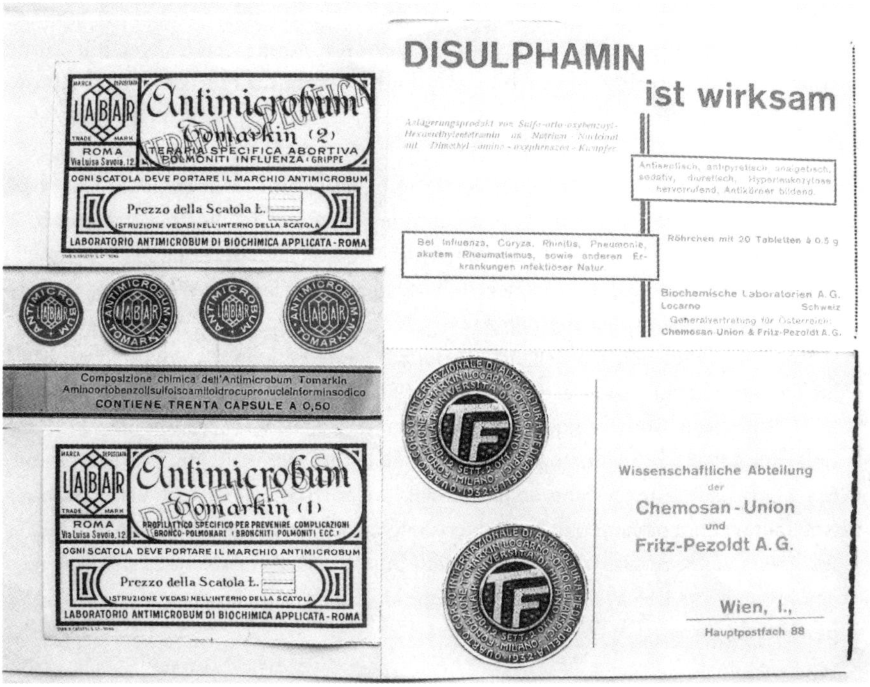

Foto 18: Leander Tomarkin verwendete viel Sorgfalt auf eine eindrückliche Präsentation seiner Produkte. So ließ er als Werbematerialien für sein Antimicrobum und sein Nachfolgeprodukt Disulphamin Etiketten, Stempel und farbige Kleber, Briefköpfe und Prospekte drucken. Mit der Angabe der chemischen Komposition »Aminoortobenzoilsulfoisoamiloidrocupronucleinforminsodico« suchte er wohl Medizingläubige zu beeindrucken. Am Kongress 1932 in Mailand wurden sogar rote Metall-Pins verteilt (hier vergrößert). (NTI)

Plötzlich – im Februar 1923 – schlitterte Leander in eine Depression. Er sei seit acht Monaten unwohl, gestand er Percy. War so etwas wie Realitätsdruck in sein Gemüt getröpfelt? Im Grunde, behauptete er, mache er sich nichts aus dem Leben. Es sei ihm eigentlich egal, auf dem Höhepunkt zu »verrecken« und die Früchte nicht ernten zu können, die er aufgezogen habe. In seiner trüben Gemütslage hatte er aber eine neue »Vision«, wie er das Problem der Immunisierung mit neuen biochemischen Konzepten lösen könnte. Mit seinen – wie er selber bemerkte – etwas unzusammenhängenden Arbeiten schienen die Bemühungen um sein altes Konzept des »Antimicrobum« hinfällig zu sein. Doch das interessierte Leander nicht, und er bereitete im Gegenteil im nämlichen Februar 1923 die Produktion und kommerzielle Ausbeutung vor. Es war offenbar gelungen, Kapitalisten zu interessieren. Auch die formgewaltigen Etiketten des »Laboratorio Antimicrobum di Biochimica Applicata Roma LABAR« wurden bereits kreiert, die auf die »Antimicrobum«-Packungen geklebt werden sollten.

Testreihen unter der Aufsicht des italienischen Starwissenschaftlers Ettore Marchiafava wurden im März 1923 auch an der renommierten Universitätsklinik »Ospedale Santo Spirito« abgeschlossen, die Resultate im Herbst in der »Rivista Ospedaliere« veröffentlicht.

Wie eine Besichtigung im heutigen Rom ergibt, ist das 1198 gegründete Ospedale Santo Spirito, eines der weltweit ältesten Krankenhäuser, noch immer in Betrieb. Sicherheitskräfte halten einem auf Distanz beim Fotografieren der schönen Fresken am »Palazzo del Commendatore«, einem Teil der riesigen Anlage.[162] Was einem aber als Tomarkin-Forscherin beinahe den Atem verschlägt, ist nicht nur die Schönheit des Palast-Innenhofes und die Seltsamkeit der nur sechsziffrigen Uhr, sondern vor allem die Donatorentafel: Zweimal ist hier »Stacchini Giovanni, Soc. an. polverifici« aufgeführt. Stacchinis Schenkungen stammen zwar aus den Jahren 1940 und 1943, und vielleicht wusste der Industrielle 1920, als sich Tomarkin »Direktor der Pulverfabrik Stacchini« nannte, noch nichts vom Ospedale. Möglich wäre aber auch ein jahrelanges, wohltätiges Engagement des Pulverfabrikanten. Die stillschweigende Annahme, dass Tomarkins Verbindung zum Ospedale Santo Spirito und die Erlaubnis zu den darin ausgeführten Testreihen allein durch Professor Marchiafava zustande kamen, ist also so gesichert nicht.

Das Kriegsministerium erlaubte Leander demnach, chemische Experimente im größten Militärspital des Reiches zu machen. Es sei nicht ausgeschlossen, frohlockte Tomarkin damals, dass sein »Antimicrobum« dank »brillanter Resultate« vom königlichen Heer übernommen werde. Am 28. Juli 1923 – eineinhalb Jahre nach des Pontifex' Tod – behauptete er Percy gegenüber, dass sein Präparat »Antimicrobum« genügend erforscht sei, um anerkannt zu werden. Stolz verkündete er im folgenden September: »Ich kann wirklich sagen, dass ich mir hier [in Italien] einen gewissen Namen gemacht habe und nicht für wieder nichts rufen mich hervorragende medizinische Berühmtheiten ans Bett von Lungenkranken.«[163]

Wie wir gesehen haben, erfolgte Leanders wissenschaftliche Krönung im November 1923, als Ettore Marchiafava ihn und sein »Antimicrobum« in einer Pressekonferenz öffentlich würdigte. Der alternde, nicht mehr aktive Marchiafava besaß noch genügend schwergewichtige Beziehungen, um in Tomarkins Erfolgsstory eine entscheidende Rolle zu spielen, und sein Auftritt vor der Presse verlieh dem Jungtalent die notwendige wissenschaftliche Reputation sowie eine Aura von kommerzieller und ethischer Unbedenklichkeit. Leander wurde zum berühmten Heiler aufgebaut. Ihm war es in einer kommunikativen und nicht wissenschaftlichen Meisterleistung gelungen, ein medizinisches Wunder zu vollbringen. Die Werbung hatte Leander zum Idol gemacht. Wie beschrieben, riss sich fortan die europäische und amerikansiche Presse um den medizini-

Foto 19: Leander Tomarkin ließ sich um 1924 in seinem Römer Laboratorium fotografieren. Die Bilder verteilte er an seine Familie und an Zeitungen wie die »Schweizer Illustrierte« (NGT).

Foto 20: Tomarkin legte gekonnt und gezielt Spuren. Anhand seiner offen sichtbaren Kuvert- und Briefköpfe, seiner Absender und der sorgfältig ausgesuchten Poststellen mit den entsprechenden Stempeln wurde nicht nur den familiären Briefempfängern sein Aufstieg und seine hohe Bedeutung vorgeführt. Tout le monde konnte sehen, dass er im »Palazzo del Quirinale«, im »Casa di S. M. il Re« und später auch im »Rockefeller Center« ein und aus ging, dass er mit internationalen Verbänden und Kongressen zu tun hatte und dass er wichtigen Laboratorien vorstand (NTI und NGT; Foto Manu Friederich, Bern).

schen Shootingstar und legte die rührende Geschichte der Beinahe-Rettung des Papstes neu auf (siehe Teil A). Ehemalige Weggefährten gratulierten: Leander scheine Fortschritte zu machen mit der Antwort auf ihre alte Frage: »Wann werden wir berühmte Männer werden?«[164]

Leander Tomarkin logierte fortan in einem von der italienischen Königin zur Verfügung gestellten Etablissement an der Via Luisa di Savoia 12 in Rom, das er vollmundig »Laboratorium Antimicrobum di ricerca per la lotta contro le malattie infettive« nannte. Dieses chemische, biologische und bakteriologische Labor sei in großem Stil, sogar mit Mikrofotoapparaten, eingerichtet und diene Studium wie Forschung.

Leander hielt sich auch mit Erfolgsmeldungen an seine Familie nicht zurück, die besagten, dass er in allen Kreisen der Medizin anerkannt, als Mitglied in eine der größten römischen Heilwasserinstitutionen aufgenommen worden sei und bald ein Artikel im »Journal de Genève« über ihn erscheine. Seine Couverts waren mit dem königlichen Wappen der »Casa di S. M. il Re« verziert. Sein Absender war der Palazzo del Quirinale, was suggerierte, dass er hier ein Zimmer oder ein Büro besaß.[165] Wie der Augenschein zeigt, sind die Ausmaße des Palastes gewaltig und die Kämmerchen nicht rar. Es muss Hunderte von Zimmern im lang gezogenen Anbau mit den fünf Stockwerken gegeben haben und geben. Trotzdem: einen Raum oder gar mehrere am Sitz des italienischen Königs zugeteilt zu bekommen, wäre zweifellos eine große Ehre gewesen.

Die Couverts mit den beeindruckenden Absendern, den Verwandten dezent zugestellt, liegen noch heute als kostbare Schmuckstücke in den Schubladen der Tomarkin'schen Nachkommenschaft.

Sogar die Gesandtschaft in Rom zeigte sich nun überwältigt und schrieb nach Bern: »Soudain, la gloire lui est venue«. Tomarkin, dieser anarchistisch-kommunistische Taugenichts feiere Triumphe. Amerika biete ihm mehr als eine Million für sein Heilmittelrezept, zum Duc d'Aosta sei er mit dem Flugzeug nach Turin geholt worden. Die Königin lege ihm ein Spital zu Füßen und sei auch bereit, die Schirmherrschaft über eine »Fondation Tomarkin« zu übernehmen.[166]

11 Scheidungshändel und Familiendramen

Der berühmte Mann hatte sich allerdings noch um profane Dinge zu kümmern: um seinen Sohn und seine Noch-Ehefrau Amalie. Tomarkin habe Frau und Kind aufgegeben und sie im Elend zurückgelassen, wussten die Schweizer Behörden im August 1922 zu berichten.[167] Tatsächlich fand er keine Verwendung für Amalie mehr und wollte sich scheiden lassen. Das war aber kein einfaches Unterfangen. Erstens konnte der Superstar Leander nicht in die Schweiz einreisen und also vor keinem Scheidungsrichter erscheinen, zweitens ließ sich seine Ehefrau, diese »Kreatur« und »Megäre«, nun doch nicht so einfach abservieren und drittens hatte die Berühmtheit kein Geld für die Scheidungsanwälte. Die leidige Angelegenheit zog sich schrecklich in die Länge. Selbstredend wurde Percy bevollmächtigt, mit den Anwälten die Scheidungskonvention zu regeln. Die Juristen legten allerdings nach zweijährigem Händel ihr Mandat nieder, da sie nicht bereit waren, ohne Bezahlung zu arbeiten: Schließlich teilte das »Advokaturbüro Walter Hürbin, Peter Schletti, Bern, Spitalgasse 28« am 18. Oktober 1922 »Herrn Leander Tomarkin, Gastel Gandolfo Vellini Rom, Chargé« mit, dass in der Scheidungssache nun ein Termin gesetzt sei, und zwar auf Mittwoch, den 25. Oktober, vormittags 10 Uhr, im Amtsgericht Bern. Allerdings zog sich Leanders Advokat gleichzeitig zurück: »Da es mir trotz der größten Mühe nicht gelungen ist, den Vorschuss zu erhalten, gegenteils ich für die bisherigen Bemühungen nur 100 Franken erhalten habe, so lehne ich hiermit die weitere Vertretung in der Sache entschieden ab. Ich bitte Sie davon Kenntnis zu nehmen und zeichne mit Hochachtung.«[168]

Nach den Anwälten bockte auch Amalie und ließ das »hohe Gericht« wissen, dass sie sich während der Scheidungsverhandlungen wieder versöhnt hätten und sich nicht scheiden lassen wollten. Leanders Mutter Jeannette schäumte vor Wut über diese ihrer Ansicht nach gemeine, verlogene Amalie und ihre impertinente List. Amalie habe Leanders Versöhnungsbrief gefälscht. Jeannette drohte noch zwei Jahre später, zusammen mit Maria Baccalà als Zeugin im Scheidungsprozess aufzutreten.[169] Inzwischen wollte sie – blind in ihrer Sohnesliebe – erfahren haben, dass Amalie vor dem Zusammenleben mit Leander es mit einem »alten Mann« getrieben habe, und entrüstete sich, dass ihr geliebter Sohn doch nicht etwa das Kind eines andern aufziehen wolle. Die Ehe wurde schließlich unter Hinterlassung der bei Leander üblichen Schulden erst im Februar 1925 geschieden.[170] Amalie zog sich zu ihrer Mutter ins Hotel Tivoli zurück. Nachdem ihre Mutter das Hotel verkauft und sich am Thuner See niedergelassen hatte, musste Amalie wohl oder übel versuchen, sich als Büro- und Hausangestellte durchzubringen. Sie erholte sich psychisch nie so richtig von diesem Schlag, heiratete nie wieder und musste schließlich fremde Hilfe in Anspruch nehmen.[171]

Als größtes Scheidungsopfer blieb der kleine, kaum zehnjährige Rolando zurück. Seine Mutter kannte er kaum, sein Vater war weg, blieb unerreichbar fern. Seine Jugendjahre waren – wie wir gesehen haben – überschattet von der Sorge der Erwachsenen, wo man ihn unterbringen und wer die Kosten des Kollegiums zahlen könnte. Besonders in den Internatsferien wiederholten sich unwürdige Szenen. Im Sommer 1925 zum Beispiel, kurz nach der offiziellen Scheidung der Eltern, wurde Rolando von einem Ordensmann nach Mailand begleitet, bloß um festzustellen, dass auch in diesem Salesianer-Institut alle in den Ferien waren. Rolando wurde nach Treviglo weitergereicht. Hier hatte der Präfekt, ein Tomarkin bekannter Tessiner, »die Güte ihn anzunehmen«. »Dem Kindchen« wurden 115 Lire gelassen und Schullektionen erteilt. Zwar schrieb Rolando seiner Nonna tapfer, dass er gerne im »Istituto Salesiano Treviglio« bleibe. Dieser Versicherung darf man aber wohl ebenso misstrauen wie anderen ähnlich gehaltenen Grüßen.[172]

Von diesen familiären Dingen – von Scheidung und Kindersorgen – aber ließ sich Leander weder beirren noch aufhalten. Immerhin ließ er seine Mutter und seinen Bruder zu Besuchen in die Ewige Stadt kommen. Er lud seine kranke Mamma und zu deren Unterstützung Maria Baccalà – die Schwester seiner zukünftigen Schwägerin – nach Rom ein. Leander verwöhnte die beiden. Monatelang, wenn auch mit Unterbrechungen, spazierte gemäß Familienüberlieferung und aufbewahrter Korrespondenz Maria Baccalà mit der an den Rollstuhl gefesselten Jeannette Tomarkin in den königlichen Gärten und Palästen umher.

Die beiden Frauen genossen das zur Verfügung gestellte Auto und machten wunderschöne Ausflüge in die Campagna, nach Venezia, Pisa, Bologna. Sie betrachteten staunend unseren Helden inmitten seiner märchenhaften Welt.[173] Mitte Dezember 1923 berichtete Maria darüber nach Hause: »Schon verschiedene Persönlichkeiten sind gekommen, um seine [Leanders] Mutter zu besuchen. Ein Edelmann ließ seine Adresse hier. Wenn etwas nötig sei, könne man sich an seine Villa wenden, die nicht weit entfernt ist. Ein Fräulein, dessen Schwester Leander geheilt hat, sprach von ihm wie von einem Heiligen. Alle wünschen ihm großen Erfolg. Seine Angelegenheiten laufen immer gut. Die Königin [Elena] will ein Institut auf seinen Namen gründen: Er kommt oft hierher, kann sich aber nicht mehr als 5 Minuten stille halten. Ist immer sehr beschäftigt. Alle verlangen nach ihm, alle halten ihn auf der Strasse an. Er isst und schläft in der Albergo della Russia. 200 Personen täglich wollen ihn besuchen, finden ihn aber nie. Für eine einzige Visite hat er 500 Lire erhalten und von Amerika wurden ihm 10 Millionen Lire angeboten. Kürzlich ist er nach Turin ins Areoplano gegangen. Ich glaube, dass die Königin ihm das Flugzeug geschickt hat.«[174]

Nicht minder euphorisch referierte Leanders Mama nach Neujahr 1924: »Am Silvester ist er [Leander] in mehreren Familien eingeladen gewesen, darunter auch vom königlichen Hause, von der Königin selbst.« Am Neujahrstag war Leander beim Schweizer Gesandten eingeladen. Auch Percy, der damals das medizinische Staatsexamen bestanden hatte, aber noch keinen Doktortitel besaß, wurde nach Rom geholt und durfte 1924 im »R. Palazzo del Quirinale« und in den römischen Kliniken ein und aus gehen.[175]

Leander wollte, dass sein Bruder Percy definitiv zu ihm nach Italien ziehe, und versprach ihm, dass er bei ihm verdienen könne, so viel er wolle. Er hätte es gern gesehen, wenn sein Bruder ihm die – von ihm aus gesehen wohl kleinkarierten – Geldsorgen, die häuslichen Turbulenzen und die ganze leidige Administration ebenso erledigt hätte wie die schnelle Beantwortung seiner medizinisch-chemischen Fragen. Er vertraute stets darauf, dass sich andere um seine Probleme kümmerten. Das musste sogar die italienische Königin Elena erfahren, die schließlich resolut darum ersuchte, ihr Laborzimmer zurückzuerhalten. Da Leander unauffindbar war, wurde Percy angeschrieben: »Sehr geehrter Herr Dottore, wie Sie wissen, wurden Ihrem Bruder vom königlichen Palast aus einige Räume als Studierzimmer im Palazzo del Quirinale bis zum 31. Dez. 1924 zur Verfügung gestellt. Weil diese Räume schon lange nicht mehr benutzt wurden, wir aber diese unbedingt benötigen, schrieb ich im Auftrag Ihrer Majestät der Königin, Ihrem Bruder nach New York, damit er sein Eigentum bis zum 1. Mai abhole. Er hat aber nicht geantwortet ...«[176]

Wie wir beschrieben haben, sah Leander Tomarkin bereits im Frühjahr 1924 seine Zeit gekommen, das gelobte Land der USA zu erobern. Amerika galt damals als das zukunftsträchtigste Terrain, was den medizinischen Fortschritt und die experimentelle Wissenschaft anbelangte. Zudem standen hier der Wissenschaft große Stiftungen mit ungeheuren Geldsummen zur Seite.

Zu den »Fortschritten der Medizin in den Vereinigten Staaten« äußerte sich in der »Neuen Zürcher Zeitung« vom 12. April 1931 der Direktor der »New Yorker Medizinischen Akademie«, Linsly R. Williams, wie folgt: »Die ungeheure materielle Entwicklung der Vereinigten Staaten gegen Ende des 19. Jahrhunderts hat zur Anhäufung einiger riesiger und vieler kleinerer Vermögen geführt. Die Besitzer dieser Vermögen haben – der Neigung der Amerikaner folgend, nichts dem Staate zu überlassen – der Wissenschaft große Stiftungen zur Verfügung gestellt, die eine belebende und fördernde Wirkung nicht verfehlen konnten. Diese Stiftungen von John D. Rockefeller, Andrew Carnegie, Julius Rosenwald, Edward S. Harkness usw. sind besonders der Medizin gut bekommen. ... Fast alle medizinischen Schulen, Akademien oder Fakultäten verfügen über Stiftungen, sind reich mit Laboratorien ausgestattet und hängen mit Krankenhäusern oder Kliniken zusammen. ... Besonders auf dem Gebiete der reinen experimentellen Wissenschaft haben die amerikanischen Forscher reichlich zu den großen wissenschaftlichen Entdeckungen beigetragen, auf die unser Jahrhundert stolz ist.«

Bevor Tomarkin Ende Mai 1924 nach Long Island in See stach, verabschiedete ihn das alte Europa in Genua wie einen Popstar. Wie ein Zeitungsschnipsel auf dem Dachboden der Nachkommen verkündet, wurde zu seinen Ehren ein rauschendes Abschiedsbankett gegeben. Es war vermutlich »Il Giornale d'Italia«, das unter dem bemerkenswerten Titel »Il Dottor Tomarkin parte per l'America« seine Leserschaft wissen ließ, dass Diplomaten, Vertreter des italienischen Königshauses und Universitätsprofessoren die bevorstehende Abreise des Wissenschaftlers Tomarkin im Genueser »Ristorante Biffi« gebührend gefeiert hätten. Auch der Schweizer Gesandte, Georges Wagnière, war unter den Abschiednehmern, nicht ahnend, dass er Tomarkin zehn Jahre später am liebsten in der Luft zerrissen hätte.[177]

Nachdem Leander bereits auf dem Schiff seinem Vater Eli einige Kartenzeilen geschrieben hatte, sandte er zehn Tage nach seiner Ankunft auf amerikanischem Boden seinem Bruder Percy eine Postkarte mit dem Bilde Manhattans. Er war im Hotel Bitmore abgestiegen und jammerte nun über die schreckliche Hitze in New York und die Lebenshaltungskosten von sechs bis sieben Dollar täglich. Gleichzeitig aber teilte er mit, dass er bereits geschäftstüchtig »neue Kontakte mit Persönlichkeiten aufgenommen« und vor zwei Wochen einen Vortrag vor »ungefähr einigen 100 Doktoranden« gehalten habe.[178]

Foto 21: Am 17. Juni 1924 – zehn Tage nach seiner Ankunft – schrieb Leander vom Hotel Bitmore in New York aus seinem Bruder Percy nach Intragna. Trotz hoher Lebenshaltungskosten schaue er zuversichtlich in seine US-Zukunft. Seine Postkarte zeigt die Brooklyn- und die Manhattan-Bridge (Postkarte American Studio, N. Y./NTI).

Ein halbes Jahr später schickte Leander im Herbst 1926 seiner Familie freudige Nachrichten voller Emotionen. Er habe Amerika mit »Intelligenz, Mut, Geduld, Ausdauer, Glaube an sich selbst« erobert: »Ich besitze alles dies dank Gott, weil ich aus Liebe für euch handle.« Dass in Amerika der Erfolg »die einzige Waffe« sei, merkte Leander schnell: Alle Tore würden sich dem Erfolgreichen öffnen, auch die der Feinde. Also pries er seine Fortschritte: »Meine Arbeiten gehen gut vorwärts, habe guten wissenschaftlichen und klinischen Erfolg.« Testreihen im »Bellevue Hospital« in New York seien perfekt gelaufen, und er sehe auch kommerziell günstigen Abschlüssen entgegen.[179] Mehrfach sprach er von Vorträgen, die er vor der »Academia für Medizin«, der höchsten medizinischen Instanz Amerikas, gehalten habe oder halten werde: So »wird die Bombe platzen und mein Namen wird wieder durch die Oceane schwimmen und so Gott will, wird daraus auch eine definitiv endgültige Änderung in unsere ökonomischen Verhältnisse eintreten.«

Tomarkins Erfolgsmeldungen hörten sich gut an. Wir wollten sie von neutraler Seite bestätigt haben und fragten in den Archiven der New Yorker Universität und der Columbia-Universität sowie in der berühmten National Library of Medicine nach. »The facts are very obscure«, ließ man uns hier wissen, oder: »I still have been unable to find information on Tomarkin.«[180]

Bedenken über Leanders angeblich überragenden Erfolg stiegen in uns auf. Welche Hallen füllte er bei seinen Vorträgen mit Hunderten von Wissenschaftlern? Das von ihm erwähnte Bellevue Hospital Center, Amerikas ältestes Hospital, galt und gilt als das »Haus der 1 000 Ärzte«. Es wurde bereits 1736 eröffnet und ist noch heute »berühmt berüchtigt und eine beliebte Weiterbildungsstelle, da es sich beim Bellevue um eines der größten öffentlichen Häuser handelt und jeder hier behandelt wird, egal, ob illegal eingewandert oder ›nur‹ ohne Versicherung. Dementsprechend besteht das Patientengut zum Großteil aus Hispanics, African Americans und Chinesen ...« Im Bellevue fand damals auch ein »bunter Hund« wie Tomarkin ein Labor-Plätzchen, um »seine Forschungen weiterzuführen«[181] und vor einem theoretisch 1 000-köpfigen ärztlichen Publikum vorzutragen.

Zog Tomarkin tatsächlich die Academy of Medicine in seinen Bann? Der Vortrag vom 12. März 1926, von dem wir Kenntnis haben, fand nicht vor der New Yorker Academy, sondern bloß vor der ihr angeschlossenen »Association of Italian Physicians of America« statt, einer Zuhörerschaft also, die Leanders italienischen Lokalkolorit goutieren konnte. Der junge, dreißigjährige Locarner Arzt beeindruckte gemäß »Washington Post« die Italiener. Natürlich vergaß Leander nicht, darauf hinzuweisen, dass er persönlich in Italiens Königshaus geforscht und den Cousin des Königs, den Duc d'Aosta, von schwerster Krankheit geheilt habe (siehe Teil A). Das war nun wohl doch ein wenig dick aufgetragen, jedenfalls war in dem in der »New York Times« veröffentlichten Gesundheitsbulletin des Duc ein anderer betreuender Arzt genannt und die Influenza als nicht gefährlich bezeichnet worden.[182]

Dass Tomarkins Rede unter dem wissenschaftlich-seriösen Titel »The problem of immunity, with the consideration of a new biological treatment in tubercular toxemia« veröffentlicht wurde, ließ uns allerdings postwendend an unseren eigenen Zweifeln wieder zweifeln. Hatten wir uns mit unserem Misstrauen verrannt? Aber nein, beim genauen Hinsehen kamen wir Tomarkin auf die Schliche: Die von ihm kontrollierte Tomarkin-Foundation hatte den Beitrag selbst als Nummer 1 eines ersten Bandes des »Bulletin of experimental therapy and tuberculosis research« publiziert. Wir erkannten den Bluff: Tomarkins Beitrag wurde nicht von einem seriösen, wissenschaftlich anerkannten Fachblatt goutiert, er musste von ihm selbst in Szene gesetzt und publiziert werden. Dass die »Washington Post« gelegentlich von Tomarkins erfolgreichen Testreihen im Bellevue Hospital und seinen guten Heilungs-Resultaten berichten konnte, sahen wir nun mit andern Augen: bestimmt hatte er der Zeitung seine medizinischen Erfolge selbst in einem Pressegespräch eröffnet, wie er denn auch damals, Mitte November 1923, die Pressekonferenz mit Medizinprofessor Ettore Marchiafava wohl selbst lanciert hatte.[183] Die Journalisten schrieben, was sie auf der Konferenz hörten, und

Foto 22: »Alla mamma mia, cara, buona, amata dal tuo figlio Leandro. New York 2 maggio 1927« schrieb Leandro seiner Mutter. Unter ein ähnliches, A4 großes Porträtbild setzte er: »Cara Mama ti penso, tei sempre e sempre presente nel mio amore tuo figlio Leandro New York« (G. Dobkin, Portrait Photographer, 1517 Boardwalk, Atlantik City, NJ/NTI).

sie vernahmen nur Erfreuliches. War die Sensation erst einmal lanciert, wurde sie von Journal zu Journal, von Gazette zu Gazette begierig weitergetragen.

Beinahe alle Journale bliesen ins gleiche Horn. Ein Ausnahme hatte am 24. Januar 1922 »Il tempo« gemacht. Zwar hatte die italienische Zeitung ebenfalls einen schmeichelhaften Bericht zu Leanders Wundermittel geschrieben, gleich daneben aber eine Persiflage gedruckt. Im Artikel »Le distrazioni delle Parche« (»Die Zerstreutheit der Parzen«) machte man sich über den Schweizer »Evandro Solarkin« lustig. Auch ein antisemitischer Beiklang war hier dabei.

Es gibt noch eine zweite Ausnahme im lobhudelnden Zeitungschor anzufügen: die Tomarkin-Geschichte, die in der erwähnten »Schweizer Illustrierten« vom 26. Juni 1924 erschien, muss von Tomarkin selbst direkt oder indirekt in Auftrag gegeben und bezahlt worden sein: Die Sensationsmeldung erschien nämlich bloß im Anzeigenteil! Und die Fotoserie, aus der das Bild in der »Schweizer Illustrierten« stammte, fand sich im Hause des Tomarkin-Sohnes Rolando wieder. Möglich, dass die Illustrierte einen Fotografen beauftragte, der Leander dann die in der Illustrierten nicht verwendete Bildauswahl gab, wahrscheinlicher aber, dass Leander selbst für die Werbeseiten ein Foto lieferte und deshalb die Bildserie besaß.

Fotos waren für Leander Tomarkin ein Mittel der Selbstinszenierung. Mit ihnen errichtete er seine Reputation. Mit schwülstigen Legenden schickte er der

Foto 23: Die Sopranistin Erminia Ligotti, mit der Leander Tomarkin in New York liiert war, trat in großen Opernhäusern auf. Miss Ligotti interpretierte in den großen Opernhäusern Amerikas und Europas u. a. Puccinis »Madame Butterfly«, Verdis »Traviata« und Rossinis »Desdemona« (Foto M. Dobkin N. Y., Personal Representative Anthony Bagarozy, Aeolian Hall, New York/NTI).

»amatissima mamma«, seinem »amato fratello« und dem »caro figlio« mit »profondo affetto« Bilder, die ihn 1927 als Grandseigneur zeigen.

Solche Fotos schenkte er vielleicht auch den Verwandten in Chicago, die er im Mai 1927 besuchte, sei es, um sie kennenzulernen, sei es, um geschäftliche Beziehungen anzuknüpfen. Die Gegengaben fanden sich auf dem Familiendachboden wieder: zarte Porträts seiner schönen Cousinen Jane Wolfsohn und Ruth Ruckberg, von Lilliane und Esther mit lieblichen Widmungen und allerliebsten Grüßen: »To my loving cousin Leandro« oder »To my dear cousin Leander with love«.[184]

Auf dem Dachboden fand sich auch ein Foto der schönen Sängerin Erminia Ligotti[185]. Sie war – wie wir uns erinnern – der Anlass, der Leander im Februar 1927 in New York wegen seines Pistolenbesitzes beinahe ins Gefängnis gebracht hatte (siehe Teil A). Ob in diesem Zusammenhang oder weil Leander Tomarkins kommunistische Aktivitäten ruchbar geworden waren, jedenfalls drohte ihm im November 1927 die Abschiebung aus den USA.[186] Der Landesverweis konnte offenbar abgewendet werden, und Tomarkin eröffnete in New York ein Labor. So gibt es heute in den Familienpapieren auch drei Bilder aus der Forschungsabteilung des »American Bio-Chemical Laboratory« zu bestaunen. Tomarkin posierte im Juni 1928 in New York im modischen Dreiteiler, mit Zigarette, Uhrenkette, Pin, Ring und einem »Poschettli« – einem Einstecktuch. Die Bilder schickte er seinem »caro figlio Rolando«, seinem »amato fratello« und seiner »amatissima mamma con profondo affetto ed adorazione«.

Foto 24a+b: Auf den New Yorker Bildern vom Juni 1928, aufgenommen im Forschungslabor der »American Bio-Chemical Lab. Inc.«, präsentiert sich Tomarkin im modischen Dreiteiler, mit Zigarette, Ring, Pin und einer Uhrenkette mit Anhänger. Die Bekleidung ist nicht die eines arbeitenden Laboranten und die Gerätschaften sind denn auch nicht angeschlossen. Leander widmete die Fotos »Al mio caro figlio Rolando da tua padre Leandro«, »Al mio amato fratello Percy dal suo affimo Leandro« und »Alla mia amatissima mamma con profondo affetto ed adorazione Leandro« (G. Dobkin, Portrait Photographer, 1517 Boardwalk, Atlantic City, NJ/NGT und NTI).

Seltsam ist nur, dass all die eindrücklichen, ins Bild gesetzten Apparaturen in diesem angeblichen Labor gar nicht angeschlossen sind …! Der wohl erhoffte fotografische Erfolgsbeweis hatte sich damit ins Gegenteil verkehrt. Statt eines stattlichen Labors vermochten wir bloß Attrappen zu erkennen, und die sprachen eher für eine Fata Morgana als für ein handfestes Geschäftslabor.

Mit den Bildnissen von 1927 und 1928 wollte Tomarkin seiner Familie von seinem Erfolg künden. Zu der Zeit zeigte er sich einmal mehr voller Zuversicht, endgültig den »Turnaround« in den USA geschafft zu haben, nachdem es zuvor noch Ärger mit der Römer Medikamentenherstellung im »Laboratorio Antimicrobum LABAR« gegeben hatte. Schlechte Ampullen waren reklamiert worden, die plötzlich »überall heftige unangenehme Reaktionen« ausgelöst hätten.[187] Im März 1927 aber hatte er bekanntlich in New York seine »Tomarkin-Foundation Chemistry Research« gründen und Campbells Investoren begrüßen dürfen, was wohl die erste Fotoserie auslöste. Im April 1928 waren die »American Bio Chemical Laboratories« eröffnet worden und im Juni stand der Schweizer Besuch des Mäzens Ira A. Campbell vor der Tür, was vielleicht die zweite Bildfolge erklärt.

Leander Tomarkin konnte Campbell aus bekannten Gründen nicht in die Schweiz begleiten. Deshalb bat er seinen Bruder Percy am 1. Juni 1928 inbrünstig, diesem ja alle Aufmerksamkeiten zukommen zu lassen: »Ich habe die Riesenfreude und Ehre, Dich mit meinem Associé Ira Campbell bekannt zu machen, dem Gründer der ›Tomarkin-Foundation‹.« Leander flehte seinen Bruder an: »Lass ihm alle Ehren zukommen, die Dir möglich sind und stell ihn allen Behörden vor. Ich nehm die Gelegenheit wahr, Dir 1 000 Küsse zu schicken.« Campbell wollte Percy und Vater Eli – wie seinem Telegramm aus dem »Hotel des Indes« in Amsterdam vom 2. Juli 1928 zu entnehmen ist – am Donnerstag, 5. Juli, in Bern treffen.[188] Bei Campbells Besuch ging es wohl ums internationale Geschäft und einen Kontrakt. Wie der Financier später erzählte[189], sah er nämlich in Dr. Leanders Ideen durchaus »fortschrittliche Erneuerungen auf dem Gebiete der Biologie und experimentellen Therapie«. Er hatte sich für Leanders »chemisches Präparat gegen Tuberkulose« erwärmt und sich »zur Finanzierung einer unter den Gesetzen des Staates New York zu bildenden Institution« namens »Tomarkin-Foundation« anerboten.

Die chemischen Präparate hätten sich anfänglich gut behauptet, »obwohl von einem Gewinn nicht geredet werden konnte«. Doch dann stellte sich der Foundation unerwarteterweise ein großes Hindernis in den Weg. Es war weniger die vermutete US-Heilmittelkontrolle, die Schwierigkeiten machte, sondern die »National Tuberculosis Association«. Diese Non-Profit-Organisation war in den 1920er-Jahren daran, im Kampf gegen die Tuberkulose in Tuberkulin und Röntgentechniken zu investieren. Nach Campbells Einschätzung zog diese Association alle Register gegen Tomarkin. Ira A. Campbell beorderte darauf Leander nach Europa. Dort sollte er »ein neues Arbeitsfeld für eine eventuell drüben zu gründende Schwester-Institution« suchen. Tomarkin suchte und fand.

Foto 25: Bankettfoto, wohl aus dem »Hotel du Parc« in Locarno, 1931. Vorne links sind Eli und Percy Tomarkin zu sehen. Direkt hinter Eli sitzt Leander und auf dem dritten Stuhl rechts von ihm sitzt seine Frau Wanda Tomarkin-Milla (Postkarte Photohouse E. Steinemann, Locarno/NTI).

Er gründete 1929 – unter anderem? – in der Tessiner Gemeinde Sementina die »Industria prodotti chimici, marca ›Sina‹«.[190] Strohmännin der Firma war Margherita Spaeth aus Hamburg, eine Dame, der wir noch in ganz anderer Funktion begegnen werden (siehe Teil C). Daneben wurde – wie beschrieben – am 26. August 1930 in Locarno die anonyme Aktiengesellschaft »Laboratori Biochimici S. A.« als transatlantisches Pendant zu den »American Bio Chemical Laboratories« im schweizerischen Handelsregister förmlich und amtlich eingetragen.[191] Und am 21. Juni 1930 konnte in Locarno mit viel Prominenz das europäische Pendant zur philanthropischen New Yorker Tomarkin-Foundation begründet werden. Geschickt band Tomarkin mit den Staatsräten Guglielmo Canevascini, Giuseppe Cattori und Cesare Mazza die kantonale Politik und drei verschiedene Parteien als Board of Trustees, als Kuratorium, mit in seine Stiftung ein. Diese Gründung war eine große Sache für Locarno und den Kanton Tessin, wie auch die im Stadt- und Kantonsarchiv sorglich gehüteten Einladungen und Programme belegen. Im Archivio di Stato zu Bellinzona ist sogar die Speisekarte der Gründungsfeier aufbewahrt; das im Hotel du Parc in Locarno servierte »Dedication dinner of the European branch of the Tomarkin-Foundation« bot zum amerikanisch-tessinischen Brückenschlag sinnigerweise Forellen aus dem Tessiner Fluss Maggia und »Poulet de Bresse grillé à l'Américaine« an.

Praktisch gleichzeitig wurde – wie ein Fund von besagtem Dachboden zeigt – eine Support- und Fan-Gesellschaft der »Freunde der Tomarkin-Stiftung« mit Sitz in Ascona ins Leben gerufen.[192]

Es hatte also zweifellos seine Richtigkeit, dass Leander Tomarkin geschäftliche wie philanthropisch-wissenschaftliche Unternehmungen betrieb. Wie aber sah es damit konkret und im Alltag aus? Wie waren die verschiedenen Zweige voneinander getrennt? Wer arbeitete hier wie und wann? Nach langem Fahnden fanden wir immerhin drei direkte oder indirekte Zeugen für Leanders Geschäftstätigkeit in Locarno: Tomarkins Partner, Tomarkins Sekretärin und Tomarkins Gegner.

Tomarkins Partner war der Wiener Chemiker Dr. Hans Röder. Der Verwaltungsrat der »Laboratori« war zwar fest in der Hand der Gebrüder Tomarkin. Für die Leitung hatte sich Leander aber einen Direktor gesucht, denn es war auch einem Tausendsassa wie ihm unmöglich, sich auf zwei Kontinenten um Erforschung, Erfindung, Patentierung, Finanzierung, Herstellung, Propagierung und Vertrieb von Medikamenten zu kümmern und sie zum ertragreichen Geschäft hochzufahren. Die Tomarkins fanden in Röder ihren Direktor. In seinen Erinnerungen sollte Röder später schreiben, dass er 1930 das Angebot eines amerikanischen Pharmakonzerns angenommen habe, in Locarno dessen europäische Niederlassung zu leiten. Der damals 31-jährige Chemiker Röder, im Wiener »Schottenstift« geschult und in der österreichischen Hauptstadt promoviert, hatte den Job im Tessin mit beiden Händen ergriffen. Es herrschte damals in Österreich schreckliche Arbeitslosigkeit, und man war froh, eine Arbeit in seinem Studiengebiet zu erhalten.

Das Beispiel Hans Röder zeigt, wie ungeschickt man sich als Historikerin anstellen kann, wenn man sich bei der Suche nach einem Lebenslauf nur auf den wissenschaftlichen Trampelpfaden bewegt. Der Eintrag im Regionenbuch bzw. im Einwohnermeldeamt hatte uns gezeigt, dass Röder ein Österreicher war. Also warfen wir unsere Suche nach Wien, wo uns freundliche Forscher und Archivarinnen weiterhalfen. Wir erfuhren, wann und wo Röder seine Matura gemacht, wo er studiert, mit welchen Noten er abgeschlossen und wie sein Taufzeugnis aussah. Lauter tolle Informationen, aber eigentlich unnützer Zierrat. Wir wussten rein gar nichts über seine Motivationen, seine chemischen Kenntnisse, seine Zusammenarbeit mit Tomarkin. Ja, es war sogar noch schlimmer, gab es doch zwei Hans Röder, beides Chemiker, beides Patentinhaber, beides Österreicher. Immerhin konnten wir feststellen, dass einer dieser Hans Röder irgendwann nach Zürich gezogen war. Nachdem wir unendlich viel Zeit verbraucht hatten, kamen wir auf den Gedanken, in ein altes und ein neueres Zürcher Telefonbuch zu gucken. Tatsächlich gab es einen Hans Röder, Chemiker, und in der neusten Ausgabe eine Erica Röder unter derselben Adresse. Vielleicht eine Tochter – oder gar eine Enkelin? Wir riefen an und schon wussten wir Gesichertes über Hans Röder. Er hatte nach dem Tod seiner ersten Frau, Helene Kann, eine jüngere Dame geheiratet, die höchst persönlich und selbst ans Telefon kam und uns freundlichst Auskunft gab. Leider hatte Hans Röder sein privates und chemisches Leben säuberlich getrennt, und so konnte sich Erica Röder weder an Tomarkin erinnern noch Arbeitsfotos ihres Mannes hervorzaubern. Hans Röder war übrigens 101 Jahre alt geworden. Er war Präsident der Österreichischen Handelskammer in der Schweiz und Träger des großen Ehrenzeichens für die Verdienste um die Republik Österreich gewesen. Zum 100. Geburtstag hatte er dem Kunsthaus Zürich ein Selbstporträt von Egon Schiele geschenkt.[193]

Dieser kultivierte Hans Röder also schmiss in den 1930er-Jahren in Locarno den Laden der »Laboratori Biochimici S. A.«. Seinen Wiener Beziehungen war es wohl zu verdanken, dass man in der Chemosan-Union einen renommierten Generalvertreter für Österreich fand.

Noch konnten wir uns nicht vorstellen, wie in der Villa Cadeau die kommerzielle Herstellung und der Vertrieb von Medikamenten mit den Forschungsbemühungen und dem Kongressmanagement einhergingen. Und wie führte Leander, der ja eigentlich in New York Geschäfte betrieb, diesen Locarner Zweig? Wir hatten Glück. Die ehemalige Sekretärin von Leander Tomarkin, Luigia, erinnerte sich, wie es in der Villa Cadeau zugegangen war. Sie ließ atmosphärisch den Locarner Alltag im Hause des wissenschaftlichen Geschäftsmannes Tomarkin zwischen kommerzieller Vertriebszentrale und ethisch-wissenschaftlicher Stiftung aufleuchten.

Auf die einstige Sekretärin Luigia Gilardi machten uns Maddalena und Afra Tomarkin aufmerksam, die in »La Rivista«, dem Locarner Monatsblatt, einen Bericht über die 95-jährige Frau Gilardi gelesen hatten.[194]

Selbstverständlich wurden Luigia Gilardi (95) und ihre 92-jährige Schwester Camilla in Vira am Luganer See umgehend am Pfingstmontag, dem 16. Mai 2005, besucht. Luigia saß mit Hexenschuss auf einem Stuhl, ohne je aufzustehen. Sie war freundlich und bestimmt. Camilla hatte uns bei der Busstation abgeholt. Sie ging behände, aufrecht und mit geradezu jugendlichem Schwung. Camilla umsorgte uns mit Kaffee und unterstützte ihre Schwester in jeder Hinsicht. Durch die Eingangstür des dicht am Bahngeleise stehenden Hauses kommt man direkt in den blitzsauberen Empfangssalon mit klassischem Stil-Sofa, Tisch und Stühlen. Papst Wojtyla und die Madonna sind allgegenwärtig. Ein Foto zeigt das Sanatorium, in dem Camilla arbeitete. Luigia Gilardi spricht italienisch. Sie kann auch hochdeutsch sprechen, ihre deutschen Worte formuliert sie aber mit italienischer Betonung, sodass man Mühe hat, sie zu verstehen.

Foto 26a+b: Luigia Gilardi in jungen Jahren, als sie 1931 Leander Tomarkins Sekretärin war, und an Pfingsten 2005, als sie sich an das Treiben in der Villa Cadeau und an ihren früheren »fulminanten« Chef erinnerte (»La Rivista di Locarno«, 2. 2. 2005/Repro SNB; Foto Franziska Rogger).

Nach Aussage von Luigia Gilardi wurde damals die Villa »Cadeau« mit ihrem L-förmigen Grundriss einzig von Tomarkin und nur im Hochparterre genutzt. Es gab nur wenige Zimmer und eine Küche. Im ersten Zimmer neben dem Eingang saß der deutschsprachige Buchhalter. Im hintersten Zimmer saß die Sekretärin und Botin, die 21-jährige Luigia Gilardi. Das zweithinterste Zimmer war der Raum für die Werbung und den Versand, der über Großisten wie die »Chemosan« betrieben wurde. Ein weiteres Zimmer hatte Dr. Hans Röder, eines diente als Lager für das »Disulphamin«.[195] In der Küche wurde das Heilmittel hergestellt. In einem anderen Raum saß Tomarkins persönliche, englischsprachige Sekretärin. Leander selber hatte in der Villa nicht einmal ein Pult. Gemäß Gilardi war er immer unterwegs und selten in Locarno. Wenn er dann in die Villa kam, diktierte er haufenweise Briefe, telefonierte hektisch und fuchtelte herum. Dann war er schon wieder weg. Tomarkin war Gilardis Einschätzung gemäß sehr »fulminante«. Gegenüber seinen Angestellten war er ungeduldig bis ungehobelt. Frau Gilardi erläutert dies mit einem Beispiel: Einmal musste sie mit einem Paket zur Post. Als sie sich ihren Mantel umlegen wollte, herrschte sie Leander Tomarkin an:

»Warum so viel Umstände? Sie sind ja nicht die Prinzessin von Asturien«. Auch konnte es durchaus vorkommen, dass sonntags gearbeitet wurde.[196]

Den Direktor der Laboratori, Dr. Hans Röder aus Wien, empfand Luigia Gilardi hingegen als zuverlässig und ruhig, und er war immer da. Röder und Tomarkin hätten sich, trotz der charakterlichen Verschiedenheiten, gut verstanden. Und Luigia führte noch eine Gemeinsamkeit an: Röder hatte – wie Tomarkin – eine »sehr schöne Frau«.

Luigia Gilardis Aufgabe war das Adressenmanagement. Leander Tomarkin habe *alle* Adressen von *allen* Ärzten und Medizinprofessoren samt ihren Spezialgebieten in einem System aufbereitet. Die Adresskartei diente einerseits für Werbesendungen zu seinen Medikamenten, andererseits für die Propagierung seiner Kongresse und Fortbildungswochen. Sie war offensichtlich auch Tomarkins wertvollstes Kapital in einer Zeit, in der die Kommunikation noch nicht virtuell funktionierte. Die Villa Cadeau war also vornehmlich eine kommunikative Relaisstation und eine Verteilzentrale, keine pulsierende Produktionsfabrik oder engagierte Forschungsstätte. Viele Zimmer standen leer und warteten darauf, dass Gelehrte aus aller Welt hier ihre experimentellen Untersuchungen, ihre alljährlichen Zusammenkünfte und ihre Vortragsreihen durchführten. Eine unerfüllte Hoffnung!

Luigia Gilardi erinnerte sich auch, dass Tomarkins Locarner Firma ein experimentelles Therapielabor angeschlossen war. Dies bestätigte uns ein schöner Couvert-Aufdruck: »Istituto di Terapia Sperimentale della Fondazione Tomarkin«. Zwar fehlte es Tomarkin nie an formvollendeten Schildchen und Stempelchen, aber solche Briefköpfe mussten nichts bedeuten. Das Labor war aber den Akten der Gemeinde Locarno als »gabinetto di analisi batteriologiche e la preparazione di specialità farmaceutiche« bekannt. Das mit amerikanischen Subventionen eingerichtete Analyselabor war mit modernsten Apparaturen und zwei Laborantinnen bestückt. Als Leiter dieses Geschäftslabors holte Leander 1931 aus Bern seinen 70-jährigen Vater Eli ins Tessin. Einmal mehr mochte Leander nicht auf den soliden Sachverstand und die jahrzehntelange Erfahrung seines Papas in der medizinischen Biochemie verzichten.[197]

Dieses Analyseinstitut mit amerikanischem Touch rief laute Feinde auf den Plan: die Gegner der Vivisektion nämlich. Die Anti-Vivisektion-Gesellschaft argwöhnte, dass Tomarkin hier Tierversuche durchführe. Unter dem Titel »Das fehlte noch!« verwahrte sich die entsetzte schweizerische Zeitschrift »Der Vivisektions-Gegner« im Oktober 1930 dagegen, dass eine amerikanische »Tomarkin-Gesellschaft« in Locarno »vivisektorische Methoden« anwenden wolle. Das »Ostschweizer Tagblatt« schrieb: »Die amerikanische ›Grosszügigkeit‹ und Skrupellosigkeit … verpflanzt sich nun auch in unser Schweizerland!« Augenzeugen in Amerika hätten selbst gesehen, »wie ein grosser Hund nach der Vivisektion seine Gedärme hinter sich herschleppte und wie ein anderer Hund auf einer rotierenden Scheibe in einem Zylinder eingeschlossen ›Kilometer fressen‹ musste. Wir müssen alle Hebel in Bewegung setzen, dass der Amerikanismus auf diesem Schauergebiete der Vivisektion bei uns nicht aufkommen kann.« Die Vivisektionsgegner drückten ihre Schrift auch Guglielmo Canevascini in die Hand, dem Staatsrat und Kuratoren der Tomarkin-Foundation, der – bei diesem Namen – sicher Verständnis für die geschundenen Hunde hatte.

Das Thema »Tierversuche« wurde auch an den ersten Fortbildungswochen behandelt und gelangte so in die Presse: »Weniger als Sauerbruch« – schrieb die »Südschweiz« – interessierten »Versuche mit Hunden, denen man Dünndarmstücke herausschnitt oder unterband«.[198]

Tomarkins Partner Röder, Tomarkins Sekretärin Gilardi und Tomarkins Vivisektionsgegner überzeugten uns, dass Tomarkin nicht nur auf dem Papier Firma und Stiftung verwaltete und – so darf man annehmen – Geld verdiente. Hinter der selbst aufgerichteten Fassade und Reputation gab es also tatsächlich mehr als eine Fata Morgana, es existierte etwas mit Hand und Fuß.

14 Eine Celebrity und ihre Bedürfnisse

Leander Tomarkin war jemand und dürstete nach mehr. Er wollte offenbar nicht einfach ein Kapitalist und Krämer großen Stils sein, er wollte Celebrity, Berühmtheitsstatus und suchte sich das entsprechende Outfit, die exklusive Umgebung sowie die nötigen Statussymbole. Auf den Bildern, die uns zur Verfügung stehen, war er ausnahmslos formvollendet als Gentleman gekleidet, mit Hut, Spazierstock und Handschuhen, mit eingestecktem Tuch, angesteckter Krawattennadel und auffälligem Ring. Nicht selten ging er im Frack, oft trug er einen Vatermörderkragen, manchmal gar Gamaschen, und meist hielt er eine bestimmt wichtige Depesche in der Hand. Rührig flog Tomarkin durch die Welt, organisierte, kommunizierte, taktierte. Als Freund technischer Neuheiten und mondäner Unterkünfte flog er auch mit der stolzen Lufthansa und ließ sich vor Nobelhotels ablichten.[199]

Keine Berühmtheit schien für ihn mehr unerreichbar. An seinen Kongressen Anfang der 30er-Jahre, die nun im Grand Hotel eröffnet wurden, drängten sich – wie wir gesehen haben – Staatsoberhäupter, königliche Hoheiten und Nobelpreisträger. Auch die »Helden der Sowjetunion« machten ihre Aufwartung. So lernte Tomarkin im August 1932 in einer denkwürdigen und deshalb fotografisch festgehaltenen Begegnung den sowjetischen Polarforscher Rudolf Samoilowitsch kennen. Samoilowitsch, erfahrener Leiter verschiedener halsbrecherischer Expeditionen, war 1928 weltberühmt geworden. Es war ihm gelungen, in

Foto 27: Wanda, Leander und Percy Tomarkin mit dem sowjetrussischen Polarforscher Rudolf Samoilowitsch im August 1932. Samoilowitsch war mit der waghalsigen Rettung des abgestürzten italienischen Luftschiffs »Italia« weltberühmt geworden (NGT).

der eiskalten Arktis die Überlebenden des abgestürzten italienischen Luftschiffs »Italia« des Umberto Nobile zu retten. Mit seiner Rettungsexpedition auf dem Eisbrecher »Krassin« war er durch die Eishölle der Meere gestochen, um das zu vollbringen, woran andere Rettungsexpeditionen gescheitert waren. Als ihn Tomarkin traf, hatte der Gründer und Leiter des Arktischen Instituts in Leningrad eben die Arktisfahrt des deutschen Luftschiffs »Graf Zeppelin« als wissenschaftlicher Leiter hinter sich. Professor Samoilowitsch, der Verkünder der Sowjetunion und späteres Stalin-Opfer, hatte im Herbst 1931 auch die Schweiz bereist und beachtete Lichtbildervorträge in Zürich, Bern und Basel gehalten.[200]

Die Fotografie von Samoilowitsch ist ein typisches Beispiel, wie Leander Tomarkin sich visuell in Szene setzte. Samoilowitsch war Polarforscher und hatte mit Tomarkins Unternehmungen nichts zu tun. Er war aber zweifelsohne berühmt, ein Bild mit ihm sollte offenbar die Aura der Berühmtheit übertragen. Mit wem und wie man sich hinstellt, kümmerte Tomarkin sein Leben lang, fand aber in den 1930er-Jahre seine spezielle Aufmerksamkeit. In dieser Zeit ließ er sich und seine Eltern vom ungarischen, in Budapest, Wien und Berlin gebildeten Kunstprofessor János Kalmár malen.[201] Der Kriegs-, Kaiser- und Papstmaler

Foto 28: Das Bild im Bild! Tomarkin präsentiert sich am Tisch sitzend vor bedeutungsvoll aufgestelltem Hintergrund, zusammen mit seinem in Öl gemalten Porträt und mit dem Maler János Kalmár. Der Fotograf F. Lesener von »Foto Blau« in Locarno fotografierte den zweifachen Tomarkin als Bild im Bild (NTI).

Kalmár, der von 1927 bis 1933 in Locarno lebte, wählte häufig religiöse Motive, gestaltete aber auch eine große Zahl von Film- und Industrieplakaten, arbeitete als Illustrator und Theatergestalter und kostete ein Heidengeld. Die Ölbilder seiner Eltern gediehen eher konventionell. Eli wurde väterlich und verhalten im Quadrat porträtiert, Mutter Jeannette jung und farbig im Oval (siehe C und D).

Interessant ist, wie Kalmár Leander Tomarkin ins Bild setzte. Er gab ihn als belesenen und lesenden, eleganten Herrn wieder, dessen durchdringende Augen den Bildbetrachter durchbohren. Das sorgfältig aufgebaute Porträt inspirierte zusätzlich zu einer originellen Trilogie. Tomarkins Person, sein Bildnis und der Maler des Tomarkin'schen Porträts wurden vom Locarner Fotoatelier »Blau Lesener« zu einer beziehungsreichen Bild-in-Bild-Komposition gefügt. Die im Hintergrund sichtbaren Gegenstände gaben dem Foto nicht nur Tiefe, sie waren tatsächlich hintergründig gedacht und erzählten Leanders Leben. Da sind die alten Bücher, aus denen Leander – angeblich – seine Wissenschaft schöpfte, da ist ein Marienbild und eine Kreuzigungsszene, die seine Gläubigkeit bezeugen, da sind zwei Porträts und ein Gruppenbild aufgestellt. Sie zeigen vielleicht Ettore Marchiafava, einen beinahe kahlen Ira A. Campbell und ein Gruppenbild vom dritten Tomarkin'schen Kongress von 1931. Der Fotograf inszenierte die Bilder sorgfältig, davon zeugt die Reihe an ähnlichen, aber nicht gleichen Bildern (siehe auch das Titelbild auf dem Buchumschlag).

15 Kommerz statt ethischer Verantwortung?

Berühmtheiten stand es wohl an, als karitative Spender und ethische Mäzene in Erscheinung zu treten. Hatte es Leander nicht immer wieder betont, dass er als Wohltäter der Armen wirken wolle? Wiederholte er dies nicht stets von Neuem in seinen Reden? Dieses karitative Engagement nahmen ihm aber seine Kritiker nicht ab – und stürzten ihn in einen Strudel neuer Schwierigkeiten.

Der Vorwurf, dass sich Tomarkins Foundation in New York und Locarno eine wissenschaftlich-ethische Fassade zulegte, um sich dahinter umso ruchloser und berechnender dem nüchternen Kommerz widmen zu können, wurde immer wieder erhoben. Nur von neidischen und misstrauischen Gegnern? In den Glanzprospekten der Foundation, in den Schönwetterreden der Kongresse wurden vornehmlich die philanthropischen und wissenschaftlichen Projekte gepriesen, über die kommerziellen Unternehmungen verlor man keine oder kaum Worte. Diese Diskrepanz wurde schon früh angesprochen. Europäische Ärzte erstaunte, dass kein amerikanischer Wissenschaftler in der Foundation mitmachte oder auch nur von ihr wisse. Hingegen würden einige Europäer mit der Tomarkin-Foundation zusammenarbeiten, obwohl die doch einen kommerziellen und keinen wissenschaftlichen Charakter habe. Zu diesem Eindruck mochte die zentrale Adressverwaltung in der Villa Cadeau beitragen, die sowohl für die geschäftliche Medikamentenwerbung wie für die Propagierung der wissenschaftlichen Fortbildungswochen und Kongresse benutzt wurde. Die Foundation und die Laboratori waren ja räumlich vereint und nutzten die Synergie, das Zusammenwirken der Adressbewirtschaftung. Das war sicher mit ein Grund, dass man Leander Tomarkins Versicherung wenig glaubte, seine Foundation habe absolut keinen kommerziellen Hintergrund.

Offenbar gab es auch Skeptiker, die in seinen Fortbildungswochen bloß Reklame »für die von Dr. Tomarkin entdeckten Heilmittel« erkennen zu müssen glaubten.[202] Besonders Professor Albert Calmette, Direktor vom Pasteur-Institut in Paris, war misstrauisch geworden. Calmette war ein »gebranntes Kind«, war er doch im Frühjahr 1930 unverschuldet mit einem Impfskandal ins Zwielicht geraten.

Calmette hatte absolut keine Lust, sich mit Tomarkin die Finger zu verbrennen. Schon einmal hatten unvorsichtige Medizinalpersonen seine Glaubwürdigkeit untergraben. In Lübeck starben im Frühjahr 1930 77 Kleinkinder, nachdem sie mit dem Calmette-Impfstoff gegen Tuberkulose geimpft worden waren. Weitere 131 Impflinge erkrankten. Im

»Calmette-Prozess« vom 12. Oktober 1931 wurde schließlich vom Landgericht Lübeck festgestellt, dass nicht das Pariser Calmette-Serum schuld am größten Impfunglück des 20. Jahrhunderts war, sondern die Kontaminierung des Impfstoffes bei der Zubereitung im Lübecker Labor. Doch Calmette war vom Skandal schwer getroffen und starb ein Jahr später, Ende Oktober 1933, in Paris. Das Unglück hatte Konsequenzen und warf international hohe Wellen. Auch die »Schweizer Illustrierte Zeitung« berichtete im Oktober 1931 über das »große Kindersterben in Lübeck« und dass die Anweisungen des Tuberkulose-Erfinders Calmette für sein Präparat nicht befolgt wurden.[203]

Calmette nahm 1931 – nicht aber 1932! – an den Fortbildungswochen teil und vertrat den Kurs sogar im Radio. »Wir haben es sehr nötig«, ließ ein misstrauisch gewordener Calmette Ende Juli 1932 nicht locker, »dass man uns exakte Belehrung erteilt über das reale Ziel und die Hintermänner« der Tomarkin-Foundation.[204] Dass Tomarkin nicht nur Einladungen für großzügig bezahlte Kurse in Locarno verschickte, sondern auch ungeschminkte Propaganda für seine »Biochemical Laboratories LT at Locarno« machte und dies auch noch vor einer Sektion der New Yorker Academy vorgetragen wurde, machte einige stutzig. Der Leiter der Pharmakologischen Labors der Universität Edinburgh, der mit den bekanntesten Namen der europäischen Chemotherapie korrespondierte, wandte sich überrascht mit der Frage an die American Medical Association AMA, was denn eigentlich an diesem Tomarkin dran sei. Die Antwort der AMA auf irritierte Anfragen war ungerührt, die Foundation interessiere sich hauptsächlich für die Vermarktung des Catalysan, die Stiftung sei das Feigenblatt für Tomarkins biochemisches Heilmittelgeschäft.[205]

Nach diesen Auskünften erstaunt sehr, dass der mächtigen, an New Yorks Broadway niedergelassenen »Rockefeller Foundation« ein gänzlich positiver Bericht über die Tomarkin-Foundation übermittelt wurde. Auf entsprechende Anfrage wurde im September 1931 versichert, dass die hauptsächlich in Locarno arbeitende Tomarkin-Stiftung in der Tuberkuloseforschung engagiert sei. Mit der Foundation seien über 200 der berühmtesten Forscher und Wissenschaftler Europas verbunden, die insgesamt dreißig Universitäten sowie auch das Pasteur-Institut und das Robert-Koch-Institut repräsentierten. Als auffallend kühn in diesem Schreiben stach mir der folgende Satz in die Augen: »The Foundation is especially honored in having associated with it in an honorary capacity M. Motta, formerly President of Switzerland and first President of the Assembly of the League of Nations, and Professor Albert Einstein.«

Wie in aller Welt kam ein wissenschaftlicher Bericht dazu, L. T. als einen Einstein-Intimus zu zeichnen und eine schweizerische Politgröße als Garant des medizinischen Fortschritts à la Tomarkin zu nennen? Und wie kam es überhaupt zu einer solch schmeichelhaften Beschreibung der Tomarkin-Foundation?

Bei näherer Betrachtung der Dokumente scheint uns die Antwort klar. Die an die Foundation gerichtete Anfrage hatte – wie das üblich ist – der Präsident, also Ira A. Campbell, seinem Sekretär zur Beantwortung übergeben. Und der beauftragte Sekretär, Leander Tomarkin, ließ sich nicht zweimal bitten, in eigener Sache eine schmeichelhafte Antwort zu verfassen.[206] Die Zweifel an Leander waren mit dem Brief an die »Rockefeller Foundation« jedoch nicht ausgeräumt – weder bei den damaligen Wissenschaftlern noch bei uns Forscherinnen.

16 Der große Bluff – gestylte Vermarktung statt Wundermixtur

Sind Zweifel neu gesät, hinterfragt man auch andere Fakten wieder. Was hatte es nun eigentlich mit diesen wundersamen, sensationellen Medikamenten auf sich, die Lungenkrankheiten, ja vielleicht auch Malaria, Tuberkulose, Krebs besiegten? Warum hörte man wenig später nichts mehr von diesen Wundermitteln? Wieso sind »Antimicrobum« und seine Nachfolgeprodukte weder in einem alten Arzneimittelbuch noch in einer größere Zeiträume umspannenden Online-Chemiedatenbank verzeichnet? Was war in diesem Mittel drin? Wir durchforsteten monatelang Zeitschriftenartikel und Briefe. Erleichtert jubelten wir auf, als wir schließlich auf dem Intragnaer Dachboden die genaue Formel des »Antimicrobum« fanden: »amino-orto-benzoil-sulfo-iso-amiloid-rocupronuclein-formin-sodico«. Wir freuten uns riesig an der exakten, wissenschaftlich präzisen Beschreibung der Wundermedizin, wenn wir auch als Historikerinnen mit dieser Formel vorerst nichts anfangen konnten.

In unserem Dilettantismus stellten wir uns vor, dass Tomarkin Aminosäure, Benzoilchloride und Sulfamid mit etwas Nucleinsäure und Formin gemischt und mit Soda abgeschmeckt hatte. Neugierig auf nähere Erläuterungen versenkten wir uns eines sonnigen Nachmittags in das schweizerische Arzneiverordnungsbüchlein, die »Pharmacopoea« von 1917. Auf dieses Buch waren wir gestoßen, weil Leander dringend und umgehend nach diesem chemisch-pharmazeutischen Klassiker verlangt hatte. Wenn also Tomarkin gegen Ende seiner Forschungsbemühungen um sein Lungenmittel die »Pharmacopoea Helvetica« benutzt hatte, so musste sich doch hier die Aufschlüsselung der Zutaten von »Antimicrobum« finden lassen. Erwartungsfroh schauten wir unter Amino, Benzoil usw. nach, fanden aber zu unserem großen Verdruss keine erleuchtenden Erklärungen. Im Gegenteil! Wäre es nach uns gegangen, hätten wir die chemischen Substanzen zusammengemischt, die gemäß Pharmacopoea speziell gegen Lungenkrankheiten wie Tuberkulose wirkten: Aqua Picis/Teerwasser, Balsamum tolutanum/Tolubalsam, Calcium hydricum solutum/Kalkwasser, Natrium benzoicum/Natriumbenzoat, Kalium guajacolsulfonicum bzw. kreosolsulfonicum, und natürlich hätten wir Kochs Tuberkulin untergelegt. Das Ganze hätten wir zum Mittel »Pico-toluto-calciobenzoil-natrio-sulfo-tuberkulin« geformt. Wir mussten einsehen, dass unsere Formel nur gerade bei Benzoil und Sulfo nach Tomarkin tönte, und gaben den Anspruch, uns im Tomarkin'schen Gemisch zurechtzufinden, kleinlaut auf.

Wir zeigten die Formel einem Forschungschemiker der Basler Pharmaindustrie, hoffend, so hinter das Geheimnis dieses Wundermittels zu kommen. Zu unserer nicht geringen Überraschung allerdings zeigte sich der erfahrene Wissenschaftler etwas indigniert: Mit Tomarkins vermeintlich exakter Angabe könne man rein gar nichts anfangen, das sei keine verständliche chemische Formel, ließ er uns wissen. Ernüchterung machte sich breit. Die Zweifel wurden noch weiter zementiert, als wir ein weiteres Urteil der gewichtigen »American Medical Association« AMA in die Hände bekamen.

Als Tomarkin nämlich nach London ausgreifen und mit seinem »Disulphamin« den englischen Markt erobern wollte, wandte sich die angefragte Vertriebsfirma an die AMA. Die Londoner »Coates & Cooper Medical and Pharmaceutical Products« hatten nämlich noch nie etwas von Tomarkin und seinem »Disulphamin« gehört und wollten vertraulich wissen, ob das Präparat, wie behauptet, tatsächlich in den USA erfolgreich von wichtigen Korporationen, Schiffs- und Eisenbahngesellschaften verschrieben werde. Die Auskünfte, die sie bekommen hätten, seien nicht durchwegs überzeugend.[207] Die AMA erhielt noch weitere erstaunte oder misstrauische Anfragen, zum Beispiel wenn Mediziner Kongresseinladungen oder Propagandaschriften zu den Heilmitteln erhielten. Sogar im renommierten »The Journal« erschien Ende November 1930 eine öffentliche Leserfrage: »Have you any data on the value of disulphamin (American Bio-Chemical Laboratory) ... ?« Die »American Medical Association« referierte, dass nach einem frühen Artikel im »Lancet« keine ernst zu nehmende Literatur mehr über die Tomarkin'schen Medikamente »Antimicrobum«, »Catalysan« und »Disulphamin« veröffentlicht worden sei. Die AMA hielt in ihren Antworten nicht mit ihrer Meinung hinterm Berg. Zusammengefasst und auf den Punkt gebracht urteilte sie auch über das letzte und ausgereifteste der Mittel, über »Disulphamin«, vernichtend: Tomarkins Heilmittel sei kein Produkt mit »scientific standing«. Seine pseudowissenschaftlichen Formeln seien »meaningless to chemists«. Der amerikanische »Council on Pharmacy and Chemistry« – die gestrenge USA-Heilmittelkontrolle – monierte, dass Tomarkins »American Bio-Chemical Laboratories Inc.« ihr Produkt nie habe kontrollieren und testen lassen. Tomarkin habe stets nur Werbeinserate für »Disulphamin« an die medizinischen Zeitschriften gesandt.[208] Damit zog sie Tomarkin den wissenschaftlichen Teppich unter den Füßen weg. Das war auch für die Schweiz nicht ganz unerheblich, verbot doch das Gesetz, »Geheimmittel zur Behandlung der Tuberkulose anzukündigen, feilzuhalten und zu verkaufen«.[209]

Wir Forscherinnen sahen uns von Zweifeln aufgefressen. Trotzdem gaben wir noch nicht ganz auf und mühten uns, klaren Kopf zu bewahren. Schließlich ist der Geschichtsschreibung bekannt, dass es in den 1930er-Jahren antisemitischen Hetzkampagnen gelungen war, Männer wie Tomarkin nachhaltig verschwinden zu lassen. Es konnte doch einfach nicht sein, dass die klinischen Untersuchungsreihen für Tomarkins Medikamente vorgetäuscht, die wohlwollenden Berichterstattungen in der Medizinerpresse erkauft und seine Wohltäter wie der ehrwürdige alte Professor Marchiafava hintergangen worden waren? Dazu hätte der ausländische Nobody nun doch zu wenig Gewicht, Geld und Einfluss gehabt, oder etwa nicht?

17 Der Showdown der Tomarkin-Medikamente und der Foundation

Das Mittel, das Tomarkin in seinen Labors zusammenbraute, war also nach fachlicher Einschätzung eine einfache Mixtur aus bekannten Substanzen mit eindrucksvoll tönender Bezeichnung. Sie half bei Lungenkrankheiten minimal wie andere Mittel auch und keinesfalls in dem sensationellen Ausmaß, wie es Tomarkin behauptete. Wie nun hatte er es geschafft, bei den Testreihen in den Spitälern gut abzuschneiden? Um eine erfolgreichere Behandlungskurve für das »Antimicrobum« zu bekommen, mochten zwei Vorbereitungen zweckdienlich gewesen sein: Erstens behandelte man die Kranken, die mit Tomarkins Wundermittel verarztet wurden, bevorzugt; zweitens steckte man nicht gerade die hoffnungslosesten Fälle in die Versuchsanordnung. In der damaligen Literatur wird zwar behauptet, dass die Testserien wissenschaftlich einwandfrei gewesen seien. Es gibt keine Beweise für das Gegenteil, nur zwei Indizien. Im Ospedale San Spirito waren damals die Tomarkin'schen Patienten etwas Besonderes. Sie waren separiert, überwacht und somit – vielleicht – auch besser versorgt.

> Im Römer »Ospedale San Spirito« sind noch heute die speziell benannten Säle zu sehen. Die Lancisiana zum Beispiel ist dem italienischen Mediziner Giovanni Maria Lancisi (1654–1720) gewidmet. Als Tomarkin seine Testserien inszenierte, lagen im »Sala Lancisi« gewöhnlich behandelte Kranke, die zu 40 Prozent starben. Die Kranken, die mit dem »Antimicrobum Tomarkin« therapiert wurden, waren im »Sala S. Carlo Bacci« untergebracht.[210]

Offenbar legte es Leander darauf an, möglichst leichte Fälle zu verarzten. Verräterisch in dieser Hinsicht ist ein Brief, den Leander seinem Bruder Percy schrieb: »Innert Tagen werde ich dem Vater [Eli Tomarkin] senden: 10 Kuren komplett für die Lungenentzündung/Polmonite … Ich möchte natürlich, dass die ausgewählten Kranken Individuen sind, bei denen die Lungenentzündung noch im Anfangsstadium ist. …«[211]

Im Gegensatz zu Robert Kochs Tuberkulin, das nach Anfangsschwierigkeiten doch noch ein Erfolg werden sollte, brachten zu Tomarkins großer Enttäuschung seine Medikamente keinen Durchbruch in der Bekämpfung aggressiver Volkskrankheiten. Sie kurierten weder Tuberkulose noch Krebs. Die erhoffte nachhaltige Sensation blieb nachhaltig aus. Tomarkins Heilmittel waren keine Wundermittel, sondern Pülverchen, wie es viele gab. Allein in der erwähnten »Pharmacopoea Helvetica« von 1917 wurde für etliche Anti-Tuberkulose-Präparate inseriert: Die »Roche« propagierte »Sirolin«. »Histosan«, »Oreson« und »Phytin« kämpften um Marktanteile. Die Basler Gundeldinger-Apotheke rühmte ihr »Antituberkulin« und die Berner Apotheke Miller ihr »Salcin Miller«. Der Berner Professor Emil Bürgi hielt sein »Chlorosan« feil, das immerhin für den »daniederliegenden Appetit … bei Fällen von Lungentuberkulose« taugen sollte.

Angesichts dieser übermächtigen Konkurrenz erstaunt allerdings, welchen Öffentlichkeitsradius Tomarkin mit seinem bloß mittelmäßigen »Antimicrobum« erreichen konnte. Nun, war Leander auch kein Wissenschaftsgenie, so war er doch ein Naturtalent der Werbung. Die Lancierung des »Antimicrobum« beim Tod des Papstes war schlichtweg genial gewesen. Der Versuchsballon, den Leander damals gehauen oder gestochen flattern ließ, führte zwar nicht zur Heilung, aber zum Werbeerfolg. Leander hatte zu Beginn seiner Karriere richtig gepokert, als er beim Sterben des Papstes seinen Publizitätsgag für sich und sein »Antimicrobum« entfacht hatte, ohne ernsthaft Gefahr zu laufen, den Tatsachenbeweis für sein unausgegorenes Mittel antreten zu müssen. Er hatte eine beispiellose Werbekampagne für ein Medikament geführt, das damals eigentlich noch gar nicht existierte.

Konnte aber auf die Länge ein mittelmäßiges Medizinalprodukt einzig mit Werbung überleben? Offenbar nicht. Die Locarner Einrichtungen gerieten in Schieflage, die Rechnungen des Heilmittel- wie des Analysebetriebs und der Zentrale konnten bald nicht mehr bezahlt werden. Nachdem ein Hypothekargläubiger, der einige Zeit keine Zinsen für seine Immobilien mehr erhalten hatte, erfolglos sein Geld zurückgefordert hatte, gingen die Tomarkin'schen Locarner Unternehmungen im Konkurs. Im Amtsblatt des Kantons Tessin vom 26. September 1933 wurde die Liegenschaft der Stiftung zur Versteigerung ausgeschrieben.

Aus der Traum! Die Konkurseröffnung wird im »Foglio Officiale della Republica e Cantone del Ticino« am 26. September 1933 öffentlich bekannt gemacht:
Ufficio di Locarno. Avvisi di primo incanto. Esecuzione/Versteigerung
Escussa/Auf Zahlung verklagt: Fondazione Tomarkin, Locarno

Immobili/Immobilien: In territorio di Locarno
Haus in Saleggi-Locarno mit Pächterhaus, Hühnerstall, Bedachung, kleinem Stall und Wiese. Geschätzter Gesamtwert: 110 000 Franken
Einsprachetermin: 18. Oktober 1933
Vorgesehene Versteigerung: 17. November 1933, 10 Uhr, beim Konkursamt von Locarno. Steigerungsbedingungen: ab 2. November 1933 erhältlich.
Locarno, 22. September 1933. Für das Amt: A. Scamara.

Ausschlaggebend für diesen Locarner Misserfolg war nach Luigia Gilardis Meinung Ira A. Campbells plötzlicher Ausstieg aus der Tomarkin'schen Unternehmung gewesen. Er habe – erinnerte sie sich – nicht mehr gezahlt. Wann genau war es zum Abbruch der Beziehungen gekommen? Eine Antwort auf diese Frage flog mir zufällig zu. Mir fiel ein Detail in einer farbigen Zeitschrift auf, die ich eigentlich nicht nach wirtschaftlichen Nachrichten abfragte: im Locarner »Fremdenblatt«. Als ich eines trüben Nachmittags im Heft blätterte und mich an den sonnigen Bildern freute, wurde mein über die Zeilen huschender Blick magisch von einem Namen in der Fremdenliste angezogen: »Ira A. Campbell«. Campbell und Frau logierten im Sommer 1933 im Grand Hotel in Locarno. Aber Campbell fuhr nicht mehr nach St. Moritz zu dem am 13. August 1933 noch offiziell unter seinem Schutz eröffneten Kongress weiter. Es sieht also ganz danach aus, dass der Bruch im August vollzogen und definitiv kommuniziert wurde, was das sofortige Ende des Locarner Unternehmens bedeutete.

Was hatte Tomarkin und die Geldgeber der New Yorker Foundation entzweit? Hatte Campbell mit der Zeit schlicht den Glauben an Tomarkins europäische Geschäfte verloren? Oder hatten der Zerfall des Dollarkurses und die »Great Depression«, welche die Vermögen auf einen Bruchteil ihres Wertes zusammenschrumpfen ließ, nun auch auf die Geschäfte der Mäzene gedrückt und ihren Geldfluss einfrieren lassen? Eine Antwort fand sich schließlich in den Akten des Eidgenössischen Politischen Departements und seines auswärtigen Konsulardienstes.[212] Das Generalkonsulat in New York berichtete von einer Unterredung mit Ira A. Campbell, einem »äusserst vorsichtigen, erfahrenen Geschäftsmann« und einem »vornehmen Menschen mit noblem Charakter«. Der Finanzier und Mäzen habe dargelegt, dass er Leander Tomarkin in seinem europäischen Arbeitsfeld nicht mehr habe »überwachen« können. Dieser habe hier die alleinige Verantwortung getragen, mit Eifer oder besser gesagt mit Übereifer und Unüberlegtheit die Sache in die Hand genommen. Das endete böse. Campbell gab an, in die New Yorker und Locarner Unternehmen ohne einen Cent Gewinn 300 000 Dollar investiert zu haben. Nach Locarno seien etwa 106 000 Dollar geflossen. Weitere philanthropische Ausgaben habe er sich nicht mehr leisten können, da er in der Wirtschaftskrise so viele Verluste erlitten habe, dass er für die nächste Zeit alle seine »Energien nur zur Beibehaltung« des Verbliebenen verwenden müsse.

Nach Tomarkins Konkurs verwertete Dr. Hans Röder, was noch zu retten war. An der Aktionärsversammlung vom 5. Januar 1934 wurde das Kapital herabgesetzt, und Leander musste aus den Locarner »Laboratori Biochimici« aussteigen. Neu wurde »Ingegnere-chimico« Dr. Hans Röder Verwaltungsrat. Röder verlegte die Laboratori nach Melano und legte sie mit der »Pola Fabbrica di Prodotti Chimici S. A.« zusammen, bevor er nach Zürich umzog und hier später erfolgreiche Geschäfte betrieb[213] (siehe Teil D: Produkte dieser Firmen).

Der gekündigten Sekretärin, Luigia Gilardi, vermittelte Röder »innert Tagen« eine neue Stelle bei den »Swiss Jewels«, einer Uhrensteinfirma. Mit Dankbarkeit erinnerte sie sich bei unserem Besuch daran, denn damals waren Jobs für junge Frauen dünn gesät. Sie kam also mit einem blauen Auge davon, härter war das Tomarkin'sche Schlamassel aber ausgerechnet für dessen eigenen Vater Eli. Das unter seiner Leitung stehende Labor war umgehend geschlossen worden und er stand ohne Rente da. In dieser Situation versuchte Eli Tomarkin, Campbell in die Pflicht zu nehmen, und schaltete das Generalkonsulat in New York ein. Eli wollte »eine persönliche Unterstützung durch eine einmalige Abfindung oder bestimmte dauernde monatliche Zuwendungen«.[214] In der vom Generalkonsulat geführten und schriftlich zu den Akten gelegten Unterredung betonte Campbell, dass er für die bedauerliche Lage rechtlich nicht verantwortlich gemacht werden könne, »sondern dass die ganze Verantwortung dafür Dr. Leander zugesprochen werden« müsse. Leanders Unüberlegtheit habe darin gegipfelt, Vater Eli von seiner sicheren Existenz in Bern abzuziehen, »um die Betriebsleitung der Locarno-Institution zu übernehmen«. Er, Campbell, habe sich damit »nur sehr ungern« einverstanden erklärt und keinen Anstellungsvertrag unterzeichnet. Ira A. Campbell sehe sich »zurzeit ausserstande«, etwas für Eli zu tun. Er sei im Übrigen aber Eli Tomarkin wie auch Dr. Leander durchaus freundlich gesinnt. Tatsächlich sollte Ira A. Campbell gut zehn Jahre später wieder in unser Blickfeld treten: diesmal als Tomarkins Geschäftspartner.

Die 1933 nachfolgenden Kongresse mussten nun also ohne die vierblättrige Unterstützung der US-Magnaten unter Ira A. Campbell auskommen, ihre Namen fehlten fortan auf den Kongressprogrammen und »Acta«-Berichten. Dem Schein nach blieb die Tomarkin-Foundation noch bestehen und wurde einen guten Monat später aus Gründen, die wir noch beschreiben werden, unter neuen Vorzeichen formal nach Rom verschoben.[215]

Die Fortbildungswochen brauchten ab 1934 Tomarkins ganze Flexibiliät, um sie als äußerlich erfolgreiche Fortsetzungen weiter inszenieren zu können. Uns quälte nun die Frage, ob etwa auch hier der vordergründige Schein getrogen hatte und schon seine ersten Kurse keine ununterbrochene Erfolgsstory, keine

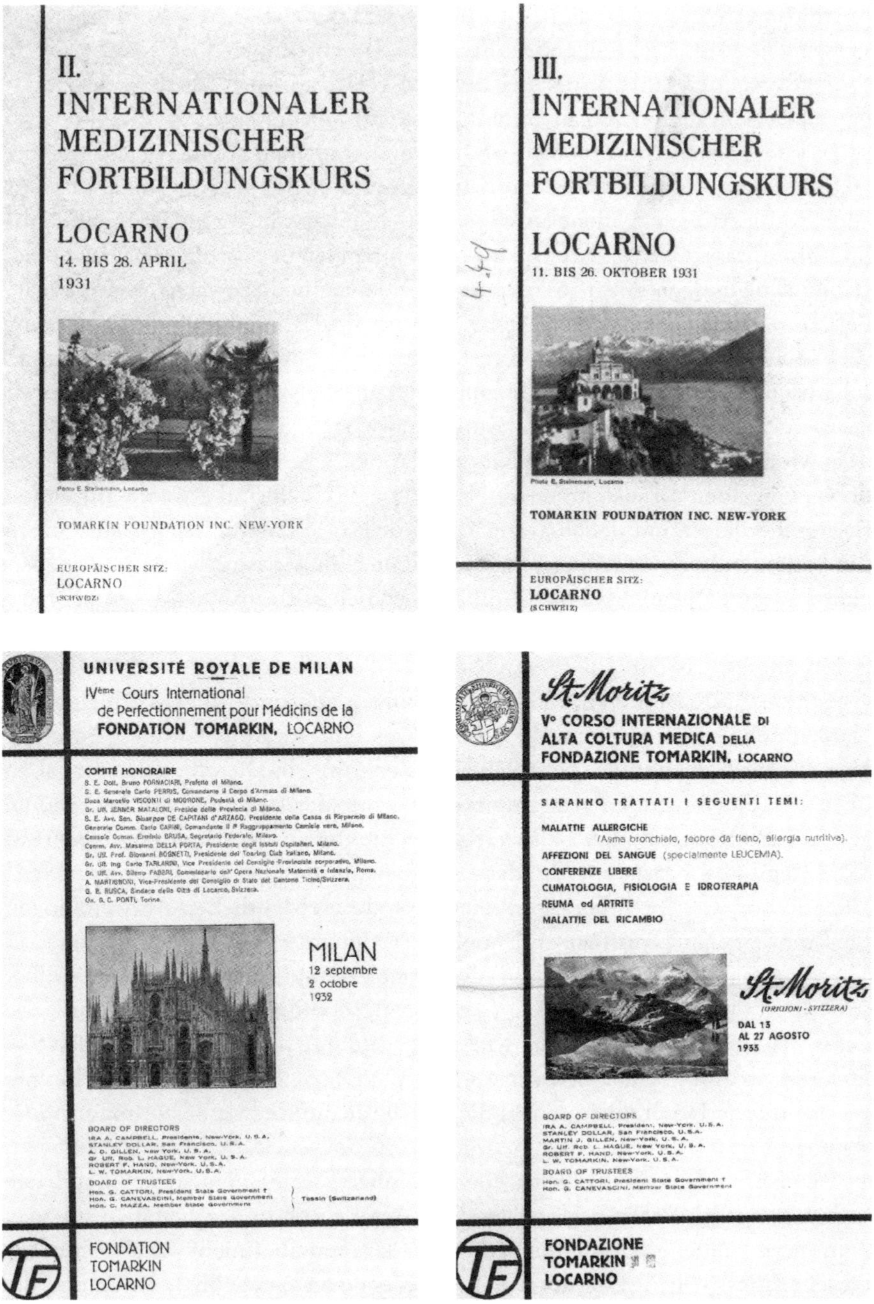
II.
INTERNATIONALER
MEDIZINISCHER
FORTBILDUNGSKURS

LOCARNO
14. BIS 28. APRIL
1931

TOMARKIN FOUNDATION INC. NEW-YORK

EUROPÄISCHER SITZ:
LOCARNO
(SCHWEIZ)

III.
INTERNATIONALER
MEDIZINISCHER
FORTBILDUNGSKURS

LOCARNO
11. BIS 26. OKTOBER 1931

TOMARKIN FOUNDATION INC. NEW-YORK

EUROPÄISCHER SITZ:
LOCARNO
(SCHWEIZ)

UNIVERSITÉ ROYALE DE MILAN
IVème Cours International
de Perfectionnement pour Médicins de la
FONDATION TOMARKIN, LOCARNO

COMITÉ HONORAIRE

MILAN
12 septembre
2 octobre
1932

BOARD OF DIRECTORS

BOARD OF TRUSTEES

FONDATION
TOMARKIN
LOCARNO

St-Moritz
V° CORSO INTERNAZIONALE DI
ALTA COLTURA MEDICA DELLA
FONDAZIONE TOMARKIN, LOCARNO

SARANNO TRATTATI I SEGUENTI TEMI:

MALATTIE ALLERGICHE
(Asma bronchiale, febbre da fieno, allergia nutritiva).
AFFEZIONI DEL SANGUE (specialmente LEUCEMIA).
CONFERENZE LIBERE
CLIMATOLOGIA, FISIOLOGIA E IDROTERAPIA
REUMA ed ARTRITE
MALATTIE DEL RICAMBIO

St-Moritz
(GRIGIONI - SVIZZERA)
DAL 13
AL 27 AGOSTO
1933

BOARD OF DIRECTORS

BOARD OF TRUSTEES

FONDAZIONE
TOMARKIN
LOCARNO

Foto 29a–d: Erfolg nur auf dem Papier? Die sorgfältig gestalteten Programme des II. bis V. Tomarkin'schen Kurses 1931 bis 1933 in Locarno, Mailand und St. Moritz (NGT).

Kette von erfolgreichen Highlights gewesen waren, wie es uns hoffnungsvolle Vorschauen und beschönigende, öffentliche Beschreibungen weismachen wollten? Wir wagten einen kritischen zweiten Blick, mit dem wir alles, was nicht optimal war, beäugten und zu Tomarkins Ungunsten auslegten.

Aus der Distanz und im Vergleich zum allgemeinen regen – und ebenfalls recht üppigen – Kongresswesen dieser Zeit war der Besuch von Tomarkins Wochen nicht exuberant, nicht außerordentlich gewesen. Auch darf man darauf hinweisen, dass die Ausbeute von 80 Teilnehmenden des 1. Kurses bei angeblich 50 000 Einladungen mit 0,16 Prozent nicht gerade überschwänglich war. Dabei ließ Tomarkin, wie die in den Archiven lagernden Briefe bestätigen, nichts unversucht. Er lud persönlich die Exzellenzen und Professoren, die Politiker, Geschäfts- und Bankherren mit Einladungen freundlichst ein, verschickte weltweit aufwendig gestaltete Briefe und Einladungskarten. Sogar Ansteckknöpfe mit dem Monogramm TF – »Tomarkin Fondation« – warben für die wissenschaftliche Mailänder Veranstaltung im Herbst 1932. Noch sind etwa die bittenden Briefe überliefert, mit denen Tomarkin Professor William Henry Welch, einen der bedeutendsten amerikanischen Mediziner, als »lecturer« und »radio-speecher« an seinen Kongress holen wollte. Doch der Mitbegründer des Johns Hopkins Hospitals und Dekan der Johns Hopkins University School of Medicine in Baltimore sagte zweimal ab.[216]

Andere Gäste wurden mit Gratiseinladungen geködert. Zudem erhielten die Kursteilnehmer ein Diplom. Wer ein billiges Hotel wählte, hätte – gemäß Reklame – gar billige Studentenferien genießen können. Die offiziellen Angaben über die Teilnehmenden verstummten im Laufe der Jahre und die Archivalien verraten Probleme. Bereits beim 3. Kurs stellte die »Federazione degli Interessi della Regione Locarnese« fest, dass »aus bekannten Gründen« weniger Mediziner als vorgesehen eingetroffen seien. Die außerordentlichen Aufwendungen für Empfänge und Ausflüge zu Ehren der Teilnehmer und Teilnehmerinnen lagen so beträchtlich tiefer und die Federazione verlangte von der Gemeinde bloss 50 Prozent der Kosten, nämlich nur 1 000 statt 2 000 Franken.[217] Möglicherweise nahm die Zahl der Gäste in dem Maße ab, wie die Anzahl der vortragenden Professoren zunahm – angeblich von 18 auf 100. Die gezielt eingeladenen Redner genossen freie Unterkunft, sodass die Kurse für die Redner bestimmt attraktiv waren.

Tomarkin gelang es zweifellos, einige namhafte Referenten zu gewinnen. Die imposant aufgebauschten Listen in den »Acten« und in den bereits nach zwei Nummern wieder eingestellten »Annalen« können aber nicht darüber hinwegtäuschen, dass von Anfang an große Abwesende zu verzeichnen waren und die Namenslisten mit einigen Tricks aufgebläht wurden. Symptomatisch scheint mir auch, wie die Teilnehmenden vorgestellt wurden. Man schrammte haarscharf an der Wahrheit vorbei. Manche Konsuln waren bloß regionale Konsulatsangestellte für den Kanton Tessin, den Distrikt Locarno oder das Valle Maggia.[218] Die eindrückliche Aufzählung teilnehmender Nationen in den Vorankündigungen ist ebenso mit Vorsicht zu genießen. Abgesehen von Deutschland, Österreich, Frankreich, Italien und der Schweiz waren weitere Nationen nur mit vereinzelten Repräsentanten an Tomarkins Kursen vertreten.[219] Auch die Schweiz war einseitig vertreten. Dass Tomarkin zu Beginn beinahe die ganze medizinische Fakultät Berns rekrutieren konnte, lag an Tomarkins Vater, der hier am Institut zur Erforschung der Infektionskrankheiten arbeitete. Die Berner Ordinarien erschienen bereits nach dem 3. Kongress vom Herbst 1931 nur noch spärlich zu den Tomarkin'schen Events. Andere Mitglieder medizinischer Fakultäten schweizerischer Universitäten waren gar nie getreue Tomarkin-Jünger gewesen und von Anfang an nur vereinzelt in seinen Kursen gesehen worden.[220]

Das Jahr 1933 nun bot mit den wirtschaftlichen und politischen Problemen schon rein äußerlich ein schwieriges Umfeld. Der fünfte, in St. Moritz veranstaltete Kurs war, wie den einzig erhaltenen Veranstaltungsunterlagen im Privatarchiv von Leanders Schwiegertochter Gertrud Tomarkin entnommen werden kann, nicht glänzend besetzt. Man hatte aus der Not eine Tugend gemacht und ihn mit der Schweizerischen Sanitätsdirektorenkonferenz gekoppelt, an der Bruder Percy als Tessiner Kantonsarzt beteiligt war und als Redner zum Einsatz kam. Zudem hatte man sich Themen zugewandt, die gut von lokalen Ärzten vorgestellt werden konnten. Man diskutierte über Höhenklima, Höhensonne und kohlesaures Stahlbad. Waren die Einheimischen Lückenbüßer oder gewollte Repräsentanten einer alternativen, homöopathischen Medizin? Adolf Friedländer aus Freiburg i. Br. bot gratis zweimal zwei Stunden Massagekurse an. Der Druck einer St. Moritzer »Acta« aber konnte, wie sich Luigia Gilardi richtig erinnerte, definitiv nicht bezahlt werden und auch eine dritte Nummer der »Annalen« erschien nie.

18 Zerplatzter Traum vom Luxusspital mit Postgraduate-Universität

Mit der Pleite seiner Locarner Unternehmungen waren zwei weitere von Tomarkin aufgeblasene Südschweizer Versuchsballons wirkungslos verpufft. Seine Versprechungen für die Tessiner Politiker erwiesen sich als warme Luft. Viele, zum Teil auch miteinander verbundene Pläne hatte Tomarkin gleichzeitig und parallel in Angriff genommen, die wir uns hier anhand zweier Hauptprojekte hintereinander gestaffelt vornehmen wollen.

1931 hatte Leander Tomarkin für sein Tessin weitreichende Visionen. So sah er etwa Locarno als Sitz einer international ausgreifenden Universität der italienischen Schweiz und nahm damit einen alten Traum wieder auf. Nachdem nämlich etwa 100 Jahre früher das Projekt einer »Accademia Cantonale Ticinese« 1844 vom Großen Rat angenommen, aber von der Regierung ein Jahr später aus Geldmangel suspendiert worden war, träumten Idealisten immer wieder von einer italienischsprachigen Hochschule, die der Tessiner Jugend den Gang an eine für sie fremdsprachige Schweizer Universität erspart hätte. Auch in den 1930er-Jahren wurde die Tessiner Universitätsfrage wieder in den schweizerischen Blättern gestellt. Tomarkin glaubte, sie locker lösen zu können. Gegenüber dem italienischen Generalkonsul von Lugano gab er im Frühsommer 1931 zu verstehen, dass sein Institut – die Tomarkin-Foundation – doch die Rolle einer Hochschule übernehmen könnte, sodass die Gründung einer neuen Universität im Tessin gar nicht nötig wäre. Über das nötige Kleingeld schien er sich keine Sorgen zu machen und er spiegelte die Möglichkeit vor, kantonale und eidgenössische Unterstützung erhalten zu können.[221] Bekanntlich ging der Traum von einer Tessiner Universität erst am 21. Oktober 1996 in Erfüllung, hundertfünfzig Jahre nachdem er ein erstes Mal geträumt worden war und gut 60 Jahre nach Tomarkins Vision.

Auch eine zweite, mit der ersten verbandelte Utopie barg in sich die Idee einer Universität. Ihm schwebte im Mai 1931 vor, er könnte nach dem Vorbild der Non-Profit Mayo-Klinik in Rochester USA in Locarno ein »Institute of health and diagnosis« errichten. Er berauschte sich an den enormen Zahlen: 400 000 bis 500 000 Patienten würden sich jährlich zur Diagnose ihrer Krankheiten in die US-Klinik der Gebrüder Mayo mit ihren 750 Ärzten und 1 500 Krankenschwestern begeben, die damit direkt oder indirekt alle Spitäler der Stadt kontrollierte. Ähnliches wollte er in Locarno, vielleicht in Form eines medizinischen Postgraduate-Instituts, errichten.

Tomarkin sah am 5. November 1931 alles schon ganz plastisch vor sich. Er würde seine Foundation zu einem internationalen Zentrum für Diagnose und Gesundheit mit universitärem Charakter ausbauen. Auf 120 000–150 000 Quadratmetern Tessiner Land sah er 27 verschiedene Spitalsgebäude nach einem im Voraus erstellten Regelplan emporwachsen. Neu gebaute, motorisierte Schnellbahnen sollten durch den Kanton Tessin ins Ausland preschen und die Patienten auch außerfahrplanmäßig abholen können. Das ärztliche Korps, welches die Diagnosen erstellen würde, sah er aus den hervorragendsten Professoren der europäischen Universtitäten zusammengesetzt. Diagnostiziert würde simultan von 12 bis 18 unterschiedlich spezialisierten Professoren werden. Durch das Rotationsprinzip kämen jährlich 100–150 Professoren in seine Klinik. Tomarkin sah eine permanente interne Medizinschule und eine postuniversitäre Spezialisierungsstätte ans Spital angegliedert. Die Kosten veranschlagte er mit 2 Millionen Franken. Der Bund sollte 60 Prozent, die Region 25 Prozent und die amerikanische Gruppe seiner Foundation 15 Prozent übernehmen. Die Diagnosepatienten hätten mindestens 250 Franken zu zahlen, für Arme – »Einwohner der Schweiz natürlich« – war eine kostenlose Diagnoseabteilung vorgesehen.

Auch den wirtschaftlichen Erfolg für die Region sah Leander plastisch vor sich: Gemäß seiner »vorsichtigen Prognose« würden nach einiger Zeit jährlich 50 000 bis 60 000 ausländische Individuen nach Locarno strömen und 350 000 bis 450 000 Übernachtungen buchen. Tomarkin dachte an die dauernde Werbung für das Institut. Alle fünf Wochen würde er an 250 000 ausgewählte Ärzte auf dem europäischen oder amerikanischen Kontinent ein Info-Bulletin mit einem Bibliografie-Verzeichnis und allerlei Statistiken verschicken. Die internationale Tages- und Wochenpresse werde mit den spektakulärsten Infos versorgt, um die Aufmerksamkeit der Massen in den verschiedenen Ländern auf die Existenz und die Ziele seiner Tessiner Universität zu lenken

»Für die praktische Realisierung dieses Planes« bildete Tomarkin ein lokales Komitee aus Vertretern des Staatsrats, der Behörden, Banken, Hotels und der »Federazione degli Interessi della Regione Locarnese«. Das Komitee hatte für die Finanzierung der Vorstudien und die spekulationsfreie Reservierung der Landreserven zu sorgen.

Heute sind uns solche Monsterplanungen nicht ganz fremd. Für die damalige Zeit scheinen sie uns doch ziemlich überzogen. Erstaunlicherweise gingen die lokalen Honoratioren aber auf die Idee ein. In der Sitzung vom 13. November 1931, die im Lokal der Tomarkin-Foundation an der Piazza Nuova stattfand, nannten die Notabeln von Minusio (Muralto), Locarno, Orselina und Bellinzona das »International Institute of health and diagnosis« ein »progetto geniale«. Man überbot sich mit Schmeicheleien. Tomarkin könne wie immer mit ihrer Unterstützung rechnen. Das Projekt *müsse* realisiert werden. Es biete nicht nur Ärzten, sondern auch Hoteliers gute Aussichten und sei von außerordentlicher Wichtigkeit für den ganzen Kanton Tessin.

Tomarkin machte Druck. Da er in drei Monaten wieder in die USA zurückreise, hätten sie einen Monat zur Verfügung, um die Finanzierung für die Vorbereitung sicherzustellen. Den finanziellen Rahmen für die Vorarbeit veranschlagte er auf 30 000 Franken.[222]

Am 2. Dezember 1931 schien die Stimmung umgeschlagen zu haben. Locarnos Vertreter schützte technische Gründe vor, die noch keinen Entscheid erlaubt hätten. Andere Gemeinden, Vertreter des Hotelvereins, der verschiedenen Bahnen und der Societa elettrica gaben zögerlich an, sich an den Kosten beteiligen zu wollen, wenn alle mitmachten. Im Übrigen klagte man über Geldmangel. Immerhin wollte Ascona wie versprochen 2 000 Franken berappen. Nach langer Diskussion wurde einstimmig beschlossen, dass bis Silvester 1931 alle Beteiligten 30 Prozent der veranschlagten 30 000 Franken einzahlen würden.

Tomarkin stellte auch ein Förderkomitee – das »Comitato Promotore pro Istituto Scientifico Internationale Locarno« – auf die Beine, das von ihm selbst präsidiert wurde. Am 15. Februar 1932 empfahlen die Stadträte Adolfo Janner und Paolo Pedrazzini im Namen dieses Komitees dem Municipio di Locarno das Projekt. Die zukünftig zur permanenten Institution einer internationalen Postgraduate-Universität mutierte Tomarkin-Stiftung werde »nicht nur Locarno zur Ehre gereichen«, sondern auch eine »Quelle des Wohlstands für die ganze Region sein.«

Der Stadtrat Locarnos – die Exekutive – glaubte am 16. Februar 1932 gegenüber dem legislativen »Consiglio Comunale« Tomarkins Projekt nicht zurückweisen zu können, weil es Locarno Wohlstand und Bekanntheit bringen werde. Die Stadträte nahmen in Kauf, für die Vorprojektierung 7 000 Franken zahlen zu müssen. Sieben Tage später beantragte die »Commissione della Gestione« – die Geschäftsprüfungskommission – den Stadtratsbeschluss anzunehmen unter der Bedingung, dass vorderhand nur die ausgehandelten 2 000 Franken angezahlt würden.[223]

Im Juni hatte die Tomarkin-Foundation »die Freude mitzuteilen«, dass die konstituierende Versammlung des Förderkomitees »Pro Istituto Scientifico Internazionale« am Montag, dem 20. Juni 1932, in den Räumlichkeiten der Stiftung Tomarkin an der Piazza Nuova stattfinden werde. Man versicherte, dass das Vorhaben von den europäischen Universitäten äußerst lebhaft aufgenommen worden sei. Es verdiene nicht nur Beifall und moralische Unterstützung, sondern auch finanzielle Zusagen. Locarno solle die 7 000 Franken zahlen. Am Tage nach der Konstituierung des Förderkomitees wurde der »geschätzten Gemeinde« mitgeteilt, dass ihr darin eine Vertretung von drei Mitgliedern eingeräumt worden sei.

Mit diesem Brief bricht die Korrespondenz ab, die im Archivio comunale di Locarno bis auf den heutigen Tag aufbewahrt wird. Wie ging es weiter? Zahlte Locarno die 7 000 Franken? Brach es die Beziehungen zu Tomarkin förmlich und bestimmt ab? Oder schlief die Sache einfach ein, weil Tomarkin bereits wieder weitergestürmt war? Eigentlich ist es egal, denn die Würfel waren in dieser Angelegenheit längst auf anderer Ebene gefallen.

Während noch um die öffentlichen Gelder der Tessiner Gemeinden gefeilscht wurde, fielen auf nationaler Ebene zwei einschneidende Entscheidungen, die Tomarkins Utopie den Todesstoß versetzten: Weder die Dachorganisation der Schweizer Ärzteschaft noch der Bundesrat stellten sich hinter ein »International Institute of health and diagnosis«.

Dabei hatte sich Tomarkin so viel Mühe gegeben und wie wild auf oberster Ebene für sein überdimensioniertes Projekt getrommelt, das er selbst als »einzigartig in Europa und wahrscheinlich auch in der Welt« rühmte. Da er das ehrgeizige Vorhaben unter das Patronat des Bundesrates stellen und von ihm eine Art moralische Garantie wollte, ging er den Vize-Bundespräsidenten Giuseppe Motta, CVP Tessin, und den Innenminister Albert Meyer, FDP Zürich, um ihre Meinung an. Nach seiner Demarche sollen sie – nach seiner eigenen Einschätzung vom 5. November 1931 – das Projekt »sehr günstig« aufgenommen haben. Tatsächlich hatte sich ja Motta schon einmal für Tomarkin einspannen lassen. Zweifel, dass Leanders Foundation kommerziell und nicht wissenschaftlich-gemeinnützig sei, hatten ihn zwar schon damals beschlichen gehabt und bevor er »seinen Namen hergebend« im April 1931 die medizinische Woche mit einer Rede eröffnete, hatte er Gewissheit verlangt.[224] Er ließ sich aber leicht beruhigen, denn als Tessiner Bundesrat hätte er ja nur zu gern eine Universität im italienischsprachigen Kanton gehabt und der Sonnenstube nachhaltigen kulturellen und wirtschaftlichen Fortschritt verschafft.

Nebst den Bundesräten nahm sich Tomarkin auch die Spitzenleute der »Foederatio Medicorum Helveticorum« (FMH) einzeln vor, um ihnen die Intentionen und Vorteile eines »International Institute of health and diagnosis« zu erläutern. Er schwärmte der schweizerischen Ärztegesellschaft von »cabinets de rayons X« und »salle d'opération« vor und versprach ihnen 3 000 Kranke bereits im ersten Jahr. Um allfälligen wissenschaftlichen Einwänden den Wind aus den Segeln zu nehmen, schlug Tomarkin einen Beirat aus acht Professoren, sieben Delegierten von ausländischen Organisationen, fünf Professoren aus medizinischen Fakultäten schweizerischer Universitäten, fünf Delegierten schweizerischer Organisationen und zwei Delegierten des »Ordine dei medici« des Kantons Tessin vor.

Als sich der Zentralvorstand der mächtigen schweizerischen Standesorganisation FMH Mitte Dezember 1931 offiziell über das Traktandum »International Institute of health and diagnosis« beugte, war Tomarkin praktisch allen persönlich bekannt. Professor Robert Doerr, Basels bedeutender Virologe und baldiger Marcel-Benoist-Preisträger, hatte gar auf Einladung bei Tomarkins vorbeigeschaut.

Die Mitglieder des Zentralvorstandes ließen sich trotzdem nicht vom enthusiastischen Tomarkin mitreißen. Sie äußerten sich allesamt sehr skeptisch über das Vorhaben. Drei Gründe bewogen sie, Mitte Dezember 1931 auf Distanz zu dem Diagnostikzentrum zu gehen: 1. sei Tomarkin selbst kein Mediziner, 2. sei sein Institut nicht wissenschaftlich, sondern rein kommerziell begründet, und 3. sei das Zentrum mit seinen diversen »cabinets de rayon X«, den Operationssälen und der erwarteten Patientenmasse überzogen. Eugen Bircher, in Aarau tätiger, rechtslastiger Chirurg, Oberstbrigadier und späterer Nationalrat der Bauern-, Gewerbe- und Bürgerpartei BGB, ließ sich zudem zur Bemerkung hinreißen, Tomarkin sei »ein gerissener Jude, mit allen Wassern gewaschen«.[225]

Der Zentralvorstand der FMH sprach sich nicht nur dagegen aus, beim Vorhaben von Herrn Tomarkin mitzumachen, sondern beschloss auch, eine Kopie seiner Absage zu Händen des Bundesrates zu schicken, »damit der Bundesrat sieht, dass die schweizerische Ärzteschaft mit der Sache nichts zu tun haben will«. Man ging noch weiter und sandte eine Kopie des Schreibens der »Association Professionelle Internationale de Médécine APIM«, den medizinischen Fakultäten sowie den deutschen und französischen Ärzteorganisationen. Mit diesem Verteiler wurde Tomarkin in weiten Kreisen diskreditiert.

Der FMH-Beschluss war in der Berner medizinischen Fakultät am 20. Januar 1932 auf der Tagesordnung.[226] Die Professoren Emil Bürgi und Hans Guggisberg betonten, dass eine rein methodisch-wissenschaftliche Institution wohl denkbar, die Ausübung von Diagnostik und Therapie an Kranken aber unmöglich sei. Beide Dozenten waren – wie auch ihre Nachredner Georg Sobernheim und August Siegrist – als Referenten mehrfach an den Tomarkin'schen Fortbildungskursen aufgetreten und wussten, wovon sie sprachen. Nach ihren Voten schloss sich die Berner Fakultät ihrem Standpunkt an. Damit war das Vorhaben auch hier gestorben.

Die »Schweizer Medizinische Wochenschrift« brachte nach 1933 keine Vorschauen mehr zu Tomarkins Kongressen. Auch im »Schweizerischen Medizinischen Jahrbuch«, das Leander Tomarkin im »Verzeichnis der im Ausland tätigen Schweizer Ärzte« noch unter der Adresse 27 Cleveland Place, New York City, aufgeführt hatte, wurde er fortan totgeschwiegen. Das sollte nicht der letzte Tiefschlag sein, den es zu verdauen gab.

19 Einsteins Liebesentzug

1933 war Tomarkin nicht nur von Ira A. Campbell und von der Schweizer Ärzteschaft fallen gelassen worden, sondern er wurde auch – weit schlimmer – von Albert Einstein ins Abseits gestellt. Es war eine alte Sünde, die Tomarkin auf dem falschen Fuß und völlig unerwartet erwischte. Sie sollte – nicht nur für ihn selber – weitreichende Konsequenzen haben.

Bereits 1926 hatte Bruder Percy mit Einstein brieflich verkehrt, als er sich nach Arbeits- und Forschungsbedingungen im Hadassah-Spital in Palästina erkundigte, das von Einstein unterstützt wurde. Einsteins freundliche Originalzeilen, in einem Bilderrahmen hübsch präsentiert, haben noch heute einen Ehrenplatz in der Familie von Percy Tomarkins Nachfahren (siehe Teil C).

Im Oktober 1931 hatte Leander – wie wir gesehen haben – den Nobelpreisträger gar in absentia als Ehrenpräsidenten seines Kongresses gewinnen können. »Das Gefuehl, dass Sie bei uns geistig verweilen«, sei doch ein großer Trost für

Foto 30: Die Bernburger Lebenskünstlerin und Klavierlehrerin aus Bümpliz, Rosa Schmid, setzte sich Tomarkin gegenüber erfolgreich für ihre Rechte ein. Der große Albert Einstein unterstützte sie dabei und wollte danach definitiv nichts mehr von Leander Tomarkin wissen. Rosa Schmid verkehrte in Künstlerkreisen, das Bild zeigt sie 1934 mit dem berühmten Maler Paul Klee und dessen Schwester Mathilde Klee. (PA Niklaus Schmid-Heimes).

seine Abwesenheit, schmeichelte er und gab seiner innigen Hoffnung Ausdruck, dass Einstein beim nächsten Kongress eine Zeit lang in Locarno verweilen werde, »friedlich und ungestoert in Mitten einfacher Menschen und einer bezaubernden Natur«.[227] Kontakt wahrend teilte er dem großen Gelehrten anschließend mit, dass seine Foundation in Locarno ein bakteriologisches Forschungslabor unter der Leitung seines Vaters, Professor Eli Tomarkin, eingeweiht habe und er in Locarno ein International Institute of Health and Diagnosis gründen werde. Noch im April 1932 lud Leander den bewunderten Einstein zur großen herbstlichen »Robert-Koch-Stunde« nach Mailand ein. Ausgerechnet dieser Albert Einstein, den Leander gern als Aushängeschild seiner Foundation herausstrich, kündigte ihm die Liebe auf. Das Verhängnis hatte in Form eines handgeschriebenen, an Einstein adressierten Briefes seinen Lauf genommen.

Unter den Stapeln von Briefen, die berühmten Leuten täglich aufs Pult flattern, fand Einstein Ende März 1932 auch einen Bettelbrief der Klavierlehrerin »Frl. R. Schmid« aus Bümpliz bei Bern.[228] Darin schilderte Rosa Schmid, dass ihr der ehemalige Untermieter Leander Tomarkin seit Jahren 500 Franken schulde, sich aber stets »mit geschickten Manövern vom Zahlen zu befreien« gewusst habe. Nun habe sie in der Presse erstaunt zur Kenntnis nehmen können, dass dieser sich nun in höchsten wissenschaftlichen Kreisen bewege. Die Klavierlehrerin bat nun den weltberühmten, damals in Berlin wohnenden Nobelpreisträger Einstein unumwunden, doch seinen Einfluss geltend zu machen und Tomarkin zur Begleichung der Schuld zu veranlassen. Rosa Schmid war eine durchaus selbstbewusste, aber wenig begüterte Bernburger Lebenskünstlerin, die in der Boheme verkehrte und ein karges, dafür eigenständiges Leben führte. Auf Einstein musste sie eigentlich den Eindruck einer unbedeutenden Klavierlehrerin aus einer anonymen Agglomeration machen. Doch Einstein nahm das Schreiben ernst. Erstaunlicherweise landete der Brief nicht im Papierkorb und diese Korrespondenz wird noch heute fürsorglich – wenn bislang auch unbeachtet – vom Albert-Einstein-Archiv in Jerusalem aufbewahrt. Einstein machte Frl. Schmids Problem zu seinem eigenen und betrieb mit gewissenhafter Hartnäckigkeit und Akribie über zweieinhalb Monate den Handel Tomarkin/Schmid. Ihm war offensichtlich daran gelegen, einer sogenannten kleinen Klavierlehrerin, für die ein sozialer und musikalischer Einstein ein besonderes Faible hatte, zu helfen. Dabei konnte der kluge Albert in diesem Falle nicht nur sein großes Herz für die Armen und Schwachen zeigen, er verfolgte damit auch Interessen des Selbstschutzes.

Einstein konfrontierte Tomarkin am 20. April 1932 mit der Schmid'schen Forderung. Es könnte bedenklich sein, meinte er, »wenn mein Name mit einem von Ihnen geleiteten Unternehmen offiziell in Verbindung steht«. Dass es ihm dabei nicht nur um seinen eigenen guten Ruf und sein Ansehen ging, betonte er mit dem Hinweis, dass er nicht Zustände schaffen wolle, »durch welche auch andere zu Schaden kommen könnten«. Einstein war sich hier seiner Vorbildfunktion bewusst.

Umgehend bestritt Leander Tomarkin in einem vierseitigen Schreiben, dass er der Klavierlehrerin etwas schulde, und beklagte deren »Erpressungsmethoden«. Hierauf bat Albert Einstein »Frl. Schmidt« am 26. April, ihm »objektive Beweise zu liefern«. Falls sich Tomarkins finanzielle oder auch nur moralische Schuld erweise, würde er jede Verbindung zu ihm »offiziell abbrechen«. Rosa Schmid versprach Einstein drei Tage später Schuldanerkennung, Betreibungsbeleg und Verlustschein zukommen zu lassen. Die Dokumente hatte ein ihr bekannter Tessiner Anwalt besorgt, der in seiner Berner Studentenzeit bei ihr ebenfalls als Untermieter gewohnt hatte. Am 3. Mai erhielt Albert Einstein vom Anwalt die befremdliche Erklärung, die Angelegenheit habe sich gänzlich aufgeklärt, bei Frl. Schmids Forderung handle es sich um eine Verwechslung (Grundirrtum) der Buchhaltung und man wolle mit dieser Erklärung das Ehrgefühl Dr. L. Tomarkins schützen.

Einstein ließ sich nicht beirren und sandte Ende Mai Rosa Schmid das Anwaltsschreiben zur Kommentierung zu. Rosa Schmid schüttete am 4. Juni ihr Herz aus. Tomarkin habe die 500 Franken – wenn auch ohne Zins für die zehn Jahre – sofort bezahlt unter der Bedingung, dass sie die oben genannte Erklärung abgebe. Da sie das sehnlichst erwartete Geld dringend brauche, habe sie dem Kuhhandel zugestimmt, bedaure allerdings, es getan zu haben.

Eindrücklich ist, wie Einstein beharrlich blieb und sein Ansehen in die Waagschale warf. Er hatte da Erfolg, wo weder der Bundesrat noch der Duce Mussolini hilfreich gewesen waren, die Rosa Schmid zuvor in der gleichen Angelegenheit kontaktiert hatte. Einstein ließ das Fräulein aus Bümpliz wissen: »Ich freue mich, dass Sie zu Ihrem Rechte gekommen sind.« Die Einladung zu Tomarkins »Robert-Koch-Stunde« schlug Einstein aus. Mehr noch: Am 11. Juni 1932 wies er Dr. Leander Tomarkin dezidiert an, »dafür zu sorgen«, dass sein Name mit dessen Stiftung »nicht mehr in Verbindung gebracht« werde.

Der ganze traurige Handel hatte ein betrübliches Nachspiel. Der Wegbereiter der biochemischen Pharmakologie, Hermann Blaschko, und der bedeutende Allergieforscher Paul Kallós versuchten nämlich im April 1933 die Tomarkin-Foundation zur Auffanggesellschaft für verfolgte junge jüdische Wissenschaftler zu nutzen. Beide waren selbst von den Nazis bedrängt, Blaschko in Heidelberg war deshalb auf dem Sprung nach England, der in der Kuranstalt Victoria in Orselina-Locarno tätige Ungar Kallós stand vor einem Engagement in Schweden. Für weitere Bedrohte wollten sie auf die Tomarkin-Foundation zurückgreifen, die zwar keine Geldmittel, sehr wohl aber die Konzession besaß, Ausländer zu beschäftigen. Konkret suchten die beiden Initianten den jungen Dr. Michael Grünberg in der Schweiz unterzubringen und sie wandten sich über einen Vermittler an Albert Einstein. Wie Kallós am 27. April 1933 mitteilte, habe Dr. Leander Tomarkin zugesagt, qualifizierte Ärzte zu beschäftigen, falls die finanziellen Mittel dafür beschafft würden. Einstein wurde gebeten, bei der Mittelbeschaffung und bei der Auswahl der jüdischen Ärzte zu helfen.[229] Er engagierte sich bekannterweise für Verfolgte. Im Oktober desselben Jahres sollte er – um nur ein Beispiel zu erwähnen – in einem Meeting zugunsten von »Refugee Scientists« in der »Albert Hall« in London als Hauptredner öffentlich auftreten und um Geld, Unterkunft und Laborplätze für verfolgte Wissenschaftler bitten.[230]

Zur Verwunderung und Enttäuschung der Beteiligten zeigte sich Einstein gegenüber Kallós' Anfrage mehr als reserviert.[231] Dezidiert erklärte er am 2. Mai 1933: »Der Brief wegen der Tomarkin-Foundation sieht besser aus, als das was dahinter steckt. Herr Tomarkin selber ist mir daher bekannt, dass ich mich mit Erfolg bemüht habe, eine alte Schuld gegenüber einer Zimmervermieterin in Höhe von 500 Franken zurückzuzahlen; er hatte diese Schuld nämlich anfänglich in raffinierter Weise zu leugnen versucht. Wenn die Sonne so ist, was soll man dann von den Trabanten halten.«

Für den verdutzten Paul Kallós war die Antwort ein »harter Schlag«, da er Einsteins Hilfsbereitschaft kannte und darauf gebaut hatte. Er könne diese Haltung schlicht nicht begreifen und es interessiere ihn sehr, wieso Einstein seine Hilfe versage. Er kenne alle drei Tomarkins: Vater Eli als Leiter des Stiftungslabors, Percy als Kantonsarzt und Leander als Vize-Präsident der Tomarkin-Stiftung. Leander nun wolle Geld beschaffen und als Sicherheit mit seinen Grundstücken bürgen. Daraus sollten Stipendien gemacht und fünf Arbeitsplätze in der Tomarkin-Stiftung eingerichtet werden. Die Stipendiaten würde man in billigen Pensionen unterbringen.

Man vermutete eine Verwechslung. Für Kallós war es undenkbar, dass Leander Tomarkin irgendetwas auf dem Kerbholz haben und nicht vertrauenswürdig sein sollte. Nochmals wandte sich der Vermittler an Einstein, für Grünberg bittend und hoffend, es handle sich um einen Irrtum: »Beiliegender Brief von Dr. Kallós aus Locarno wird *vielleicht* zeigen«, schrieb er Einstein am 2. Mai 1933, »dass der Tomarkin der durch ihn genannten Tomarkin-Stiftung *nicht* identisch ist mit dem Tomarkin an den Du Dich erinnert hast.« Am 20. Mai insistierte er nochmals: »Überlege, ob Du nicht vielleicht eine Verwechslung machst.« Ein drittes Mal fragte er am 11. Juni handschriftlich: »Bist Du sicher dass der Tumarkin *dein* Tumarkin ist?«

Einstein war sich sicher. Am 26. Juni 1933 erklärte er abschließend: »Es ist leider der richtige Tomarkin. Es ist sicher, dass der betreffende Tomarkin ein unzuverlässiger Mensch ist.« Versöhnlich meinte er, das bedeute nicht, dass man seine Mithilfe sowie die der Stiftung verschmähen solle. Nur sei es ihm persönlich keinesfalls möglich, an diesen Tomarkin selbst zu schreiben. Er habe ihn nämlich seinerzeit gezwungen, eine alte Schuld zu bezahlen, wobei Tomarkin sich ungemein schäbig benommen habe.

Für Tomarkin muss der Abbruch der Beziehungen zu Einstein der wohl größte Schlag seines Lebens gewesen sein. Wie gerne hätte er zweifellos seiner Fotogalerie eines von sich zusammen mit dem Jahrhundertgenie einverleibt.

Auch in der Sache Grünberg war Einsteins Distanziertheit eine herbe Enttäuschung, eine schicksalhaft verpasste Gelegenheit. Es war eine Chance für die Tomarkin-Foundation, Ansehen und Geld zu gewinnen, wenn auch nicht zu sehen ist, welche Grundstücke Leander als Sicherheit präsentieren wollte. Er selbst besaß keine und die der Foundation standen kurz vor der Versteigerung. Vermutlich wäre das Projekt schon daran gescheitert. Falls er aber Spenden für eine Auffanggesellschaft für junge jüdische Wissenschaftler erhalten hätte, wäre der Foundation wieder Geld zugeflossen. Dass es allerdings nicht dahin fließen würde, wo es hin sollte, das genau befürchtete offensichtlich ein besorgter Einstein sehr. Hingegen erhoffte sich Tomarkin genau das und erwartete eine Finanzspritze für seine Unternehmungen, seine Foundation und seine Fortbildungswochen.

Einstein hatte Tomarkin für nicht vertrauenswürdig erachtet. Das konnten wir nachvollziehen. Aber als uns das erste Mal der Vorwurf entgegensprang, Tomarkin sei nicht bloß kein Ehrenmann, sondern ein regelrechter Faschistenführer, trauten wir denn doch kaum unseren Augen. Allerdings erinnerte ich mich einer vor Jahren zufällig geöffneten Akte aus dem Bundesarchiv, in der exakt dieser Vorwurf aufgeschienen war.

In der Vorzeit meiner Tomarkin-Forschungen suchte ich, Franziska Rogger, im Bundesarchiv Bern nach Unterlagen zur Philosophin Anna Tumarkin, die 1898 als erste Frau in Bern habilitiert wurde. Sie war hier 1906 auch die erste Honorarprofessorin und 1909 die erste Extraordinaria. Damit war Tumarkin Europas allererste Professorin, die – im Gegensatz zur großen, bereits 1884 in Stockholm inthronisierten Ad-personam-Dozentin Sofja Kowalewskaja – das Recht hatte, Doktoranden und Habilitanden zu prüfen und im Senat Einsitz zu nehmen. Zur Sicherheit ließ ich mir damals im Eidg. Archiv nicht nur die Akten »Tumarkin«, sondern auch die Akten »Tomarkin« kommen. Als ich die Akte »TO« aufklappte, sprang mich die Neuigkeit an, dass ein gewisser Jude Leander Tomarkin schweizerischer Faschistenführer in Rom gewesen sei. Das war mein allererster Kontakt mit Leander, jedoch vergaß ich diese »Bekanntschaft« jahrelang – bis Madeleine Herren eines Tages nach einem armen Opfer der Nationalsozialisten fragte, einem gewissen Juden namens Leander Tomarkin.

Konnte es aber nicht sein, dass ein anderer Tomarkin ein waschechter Faschist war? Der Leander Tomarkin, von dem wir sprachen, war doch immerhin Jude und Bolschewik?

Auch Gertrud Tomarkin, Leanders Schwiegertochter, hatte mir eine Geschichte über Leanders Faschismusbegeisterung erzählt. Sie war mir aber äußerst unwahrscheinlich erschienen und ich glaubte, sie als »oral history« disqualifizieren zu können. Dabei war Gertruds Schilderung des Vorfalls, wie sie ihn aus Gesprächen mit ihrem Mann Rolando kannte, ganz plastisch ausgefallen. Der temperamentvolle, nach Abwechslung strebende Leander sei von Mussolini so angetan gewesen, dass er mit Sohn Rolando an einer faschistischen Kundgebung teilgenommen habe. In seiner Euphorie habe er das Kind schlicht vergessen und mitten im Gewühl stehen gelassen. Stimmte die Geschichte etwa doch?[232]

Natürlich hatten wir nicht übersehen, dass der Ausflug der Teilnehmenden des 3. Kurses zu einem Vorzeigekinderheim auf italienischem Boden von den faschistischen Politikern zu Reklamezwecken missbraucht worden war und die Ansprache des Sileno Fabbri, des Präsidenten der Provinz Milano, unzweideutig an die Faschistenhymne »Giovanezza, Giovanezza, Primavera di Bellezza«

anklang, wenn er ausrief: »A questa terra di sorriso, di giovanezza e di bellezza il nostro saluto piu vivo, il nostro augurio piu profondo.« Aber was konnte Tomarkin für diese Rede? Konnte man es ihm verübeln, dass er die besichtigte »Schöpfung des neuen Italiens« bewunderte und die Besucher mit besonderem Beifall den Ausspruch goutierten, dass das »Neue Italien« keine Festungen an die Grenze stelle, sondern »Werke der Gemeinnützigkeit«?[233] Natürlich hatten wir nicht übersehen, dass Tomarkin im Namen des Oktoberkongresses 1931 Benito Mussolini ein Telegramm geschickt hatte, aber waren nicht unterschiedslos alle Staatsoberhäupter vom Kongress begrüßt worden? Natürlich hatten wir nicht übersehen, dass Tomarkin auf dem 4. Kongress im Herbst 1932 in Mailand die Rede »del Governo fascista« etwas zu warmherzig erwiderte. Aber hatte er nicht in all seinen Grußworten euphorisch gejubelt? Und zudem: War der Berichterstattung eines »Popolo d'Italia«, einer von Mussolini gegründeten Zeitung, überhaupt zu trauen?[234]

Doch es half alles nichts. Den einen oder anderen Artikel hätten wir übersehen oder als parteiische Zeitungsideologie verdrängen können. Doch alle Zeichen zusammen sprachen eine zu deutliche Sprache. Wir nahmen uns die Artikel im Blätterwald nochmals vor und betrachteten sie nun unter diesem einen Gesichtspunkt. Weitere Zeitungen – wie der »Schweizer Fascist«, der »Eidgenosse« und die linke »Libera Stampa« – wurden zu Rate gezogen, die einzig in den Bibliotheken schlummern und nicht einfach mit einem Online-Klick aufgetan werden können. Und wir arbeiteten die Archivakten ein weiteres Mal durch.

Bevor wir hier Tomarkins faschistische Parteinahme und kurze Führerschaft anhand der Fundstücke chronologisch aufreihen, stellen wir uns die Frage: Was in aller Welt war in Tomarkin gefahren, einem Diktator zuzujubeln? Sah Tomarkin in Benito Mussolini den alten Freund seines großen Förderers Marchiafava[235] oder sah er in ihm einen der Unterzeichner des Friedensvertrages von Locarno 1925? Sah er in ihm den Präsidenten eines Landes, das ihm persönlich so große medizinische Ehren hatte zuteilwerden lassen oder sah er ihn ihm schlicht den Führer einer neuen, Erfolg versprechenden, aufregenden Bewegung? Und versprach er sich nüchtern Vorteile und Hilfe von dieser zukunftsträchtigen Macht, sah er am Horizont Unterstützungsgelder für seine Fondation winken?

Ein Konglomerat all dieser Annahmen erschien uns schließlich als plausibelste Erklärung und der letztgenannte, der finanzielle Grund vielleicht als der den Ausschlag gebende. Als sich Tomarkin 1933 um die Faschisten bemühte, stand er ja mit seiner Foundation ziemlich einsam da: verlassen vom Geld Campbells und seiner Crew, abgehalftert bei der Tessiner Polit- und Touristikprominenz, ungeliebt bei Einstein, misstrauisch beäugt von der Schweizer Ärzteschaft. Er brauchte verzweifelt neuen Rückhalt, unverbrauchte Verbündete und

Foto 31: Tomarkin organisierte seinen IV. Kongress im Herbst 1932 nicht ganz freiwillig im Ausland. Der »IV Corso Internazionale di Alta Coltura Medica della Fondazione Tomarkin« fand in Zusammenarbeit mit italienischen Gelehrten an der »R[eale] Università degli Studi di Milano« statt. Die Postkarte zeigt den Mailänder Dom, ein Gruppenfoto der Teilnehmenden und das Porträt von »Prof[essor!] Tomarkin« (Foto Film Borgato & Celani, Mailand/NTI).

frischen Aufbruch. Da kam ihm das neue Italien wohl gerade recht, und er steigerte sich beglückt in die faschistischen Verheißungen hinein.

In der Schweiz wurde die faschistische Bewegung 1933, im Jahr der Machtergreifung Hitlers und des »Frontenfrühlings«, gegründet. Ihr Chef war Arthur Fonjallaz, wie Tomarkin ein Italophiler – ein Italien-Verehrer. Damals waren Fonjallaz und Tomarkin nicht ganz allein mit ihrer Bewunderung für Mussolini. Die waadtländische Rechte und rechtskatholische Kreise waren von der Persönlichkeit des Duce ähnlich angetan, die Universität Lausanne sollte ihrem ehemaligen Studenten Mussolini 1937 die Ehrendoktorwürde verleihen.

Fonjallaz war es gelungen, direkte Kontakte zu Mussolini zu knüpfen. Der Duce war den Bestrebungen der Schweizer »Fasci« gewogen, weil er sowohl den Kommunismus wie auch den Nationalsozialismus deutscher Spielart von der italienischen Nordgrenze abwehren wollte – und sei es mit der Einverleibung des Tessins. »Der italienische Fascismus mag einen Vorstoss einer fascistischen oder fascistisierenden Bewegung in der Schweiz als Gegenaktion zur Frontenbewegung nationalsozialistischen Gepräges nicht allzu ungern sehen«, meinte denn auch die Berner Zeitung »Bund« vom 4. Februar 1934. Man war zeitlich noch gut fünf Jahre von der »Achse Berlin-Rom« und dem Zusammengehen Mussolinis mit Hitler entfernt. Faschisten und Nationalsozialisten betrachteten sich noch als Gegner.

Das deutsch geschriebene Kampfblatt »Der Schweizer Fascist« glaubte an die italienische Duce-Diktatur und an Mussolinis Römertum »als beseelende Idee Europas«. Demgegenüber wollten die schweizerischen Frontisten lieber am nationalsozialistischen, deutschen Wesen genesen. Das mit Hakenkreuz bewehrte Kampfblatt dieser Fronten, »Der Eidgenosse«, kämpfte gegen Internationalismus, Bolschewismus, Marxismus, Neugeisterei, Pazifismus, kurz, gegen den »internationalen Juden«: »Wir erstreben eine einige, judenreine, in sich selbst kräftige und sich selbst bestimmende Eidgenossenschaft.«[236]

Tomarkin war vom Duce, dem ehemaligen Sozialisten- und nunmehrigen Faschistenführer, und von der Euphorie seiner Erneuerungsbewegung fasziniert. Im August 1933 schickte er »Seiner Excellenz« Benito Mussolini ein Memoriale, worin er sich als großer Fan und Bewunderer seines Werkes vorstellte. Stolz erinnerte er den Duce daran, dass ihm seine Person und seine Tomarkin-Foundation ja nicht unbekannt seien. Er wage es, ihm seine gegenwärtige Lage darzulegen in der Überzeugung, dem Faschismus Italiens »beachtenswerte Dienste erweisen zu können, wie ich auch bewusst bin, solche schon geleistet zu haben, indem ich an der Gründung der italienischen Fascios in den USA teilgenommen habe«.[237]

Tomarkin hatte klare Vorstellungen, wie man ihn aushalten könnte. Bei einer finanziellen Zuwendung von jährlich 200 000 Lire – heute vielleicht etwa 100 000 Franken – könne er überleben und damit die Stiftung trotz des Dollarkursverfalls nach 1929 retten. Sobald er von Italien die notwendigen Finanzspritzen erhalte, werde er automatisch seine Stiftung in den Dienst »Seiner Exzellenz« stellen und weitere Filialen in Deutschland, Ungarn, Frankreich, der UDSSR und den USA gründen. Die Geldforderung war so erstaunlich nicht. Mussolini sollte Fonjallaz' Fronten schließlich Unterstützungsgelder in der Höhe von über 600 000 Franken zukommen lassen.[238]

Das italienische Außenministerium forderte von seinem Konsulat in der Schweiz einen Bericht an. Der Vizekonsul meinte dazu, Tomarkins politische Gesinnung sei zwar faschistisch, aber nicht tiefschürfend. Sie beruhe eher auf einem Gefühl der Dankbarkeit Italien gegenüber für die Hilfe und Ermutigung, die er hier erhalten habe. Auch durchschaute er Tomarkins materielle Beweggründe. Da er dauernd überschuldet gewesen sei und aktuell die Kündigung einer Hypothekarschuld anstehe, hoffe Tomarkin von Italien finanzielle Hilfe zu erlangen.[239]

Foto 32: Im großzügigen Büro, im »General Office« der »Tomarkin-Foundation Inc.«, hing unverkennbar das unübersehbare Bild des Duce Benito Mussolini. Ein gestylter Tomarkin ließ sich in einer gestellten Büroszene mit stabilen Möbeln, einem Perserteppich und fleißigen Mitarbeitern und Mitarbeiterinnen ablichten (NTI).

Leander Tomarkin warf sich sofort in die neue Arena. Er ließ sich im Februar 1934 zum Chef der Römer Gruppe schweizerischer Fascios küren und übernahm gleich auch noch die Leitung über Mittel- und Süditalien. Seine Tomarkin-Foundation verlegte er nach Italien. Dass der Sitz der Foundation 1934 aus Locarno verschoben wurde, hatte mit dem Rückzug der US-Finanzmagnaten und der finanziellen Misere seiner Tessiner Unternehmungen zu tun; dass er an die Via Marco Minghetti 17 in Rom verpflanzt wurde, war seinem Wunsch zuzuschreiben, den Faschisten zu gefallen.

> Dass die Via Marco Minghetti 17 auch heute viele Fondazione beherbergt, erstaunt. Nahe des »Monte dei Paschi di Siena«, eines der ältesten Bankinstitute, gelegen, sind im Haus Nr. 17 die Fondazione Roma, die Fondazione Roma Mediterraneo, die Fondazione Roma Terzo Settore, die Fondazione Musarte und die Civita Associazione einquartiert.

Leandros Gemütslage in diesen Tagen offenbart ein handschriftlich gefertigter Brief vom 23. Februar 1934, den die Tessiner SP-Zeitung »Libera Stampa« empört enthüllte.[240] In einem ersten Punkt seines Briefes an den faschistischen »Capo« kümmerte sich Tomarkin um die sogenannte »Judenfrage«, vielleicht weil er seine ursprüngliche Zugehörigkeit zu diesen als unbedenklich hinstellen oder weil er sich von den Fronten absetzen wollte. Erstaunlicherweise meinte er, dass nicht nur jeder Einzelne, sondern die große zionistische Bewegung als solche an einer Mitarbeit mit den Fascios interessiert sein müsste. Innert Tagen werde er »mit dem Oberrabbiner Roms diese Frage besprechen.« Tomarkin dachte dabei offen an eine »fassbare finanzielle Zusammenarbeit durch das Judentum«. Als Geldgeber hatte er zudem Giovanni Agnelli im Auge. Tatsächlich sollte sich der Autokönig Giovanni Agnelli ja nach anfänglichem Zögern der erstarkenden faschistischen Bewegung unter Benito Mussolini anschließen. Voll in seinem Element, schwärmte Tomarkin seinem Capo vor, wen alles er bereits konsultiert und gesprochen habe. Da war der Bruder des Turiner Bürgermeisters, der nun »seinen Einfluss auf Agnelli« ausübe, damit dieser der »Bewegung eine noch festzulegende Summe zur Verfügung« stellen werde. Da war Mussolinis Schwiegersohn und Pressechef, »Seine Exzellenz Galeazzo Ciano«, der ihm allerdings in der Unterredung das Wort abschnitt und auf Tomarkins Memorandum keine Antwort gab. Da war Arturo Marpicati, Vize-Generalsekretär der »Partito Nazionale Fascista«, zu dem beste Beziehungen bestünden. Und da war Achille Starace, Sekretär der PNF, zu dem er sich sogleich in Uniform begeben wollte, um ihm sein Projekt vorzustellen. Starace übrigens war der Mann, der am 28. April 1945 als Leiche direkt neben Mussolini und dessen Geliebter Clara Petacci kopfunter hängen sollte.

Als eine erste Erfolgsmeldung verkündete Tomarkin, dass eine Gruppe seiner eingeschriebenen Faschisten achtzehn Individuen umfasse. Er habe festgelegt, dass jeden Montag eine freie Zusammenkunft mit einem entsprechenden Vortrag stattfinden solle, zu welcher er die Sympathisanten der Fascio-Bewegung aus der Schweizer Kolonie einladen werde. Tomarkin nannte dazu auch Namen.[241] Sich und seine Fondazione erneut als Animator für faschistische Propaganda anbietend, wies er auf seine geplante Veranstaltung hin: Am 15. August 1934 wolle er in Rom den Film »L'opera assistenziale del regime fascista per l'infanzia« öffentlich vorführen. An dieser Konferenz würden viele Notabilitäten und sehr viele Korrespondenten ausländischer Zeitungen teilnehmen. Er, Tomarkin, sei überzeugt, dass dies eine nützliche Propaganda für das Regime sei. Selbstsicher bot Tomarkin seinem »Capo« zudem an, dass er mit seiner Erlaubnis eine Audienz beim Duce einfädeln könne. Dabei sei es äußerst nützlich, ihm »eine exakte Beschreibung dessen zu geben, was die Hitler-Frontisten in der inneren Schweiz tun«, denn dies interessiere Mussolini lebhaft. Der Duce sehe klar die Notwendigkeit, »jeder Bewegung den echten, mussolinisch-römischen Faschismus« entgegenzusetzen. Mussolini könne nicht untätig bleiben. Wenn sich der Frontismus bis an die Grenzen Italiens ausbreite, werde »Italien alles tun, um die pangermanische, alldeutsche Beeinflussung zu bremsen«. Tomarkin verwies auf Österreich. Tatsächlich demonstrierte Mussolinis Italien, das ja bis 1934 noch Mitglied des Völkerbundes war, seinen guten Willen und garantierte damals mit Truppenaufmärschen am Brenner die Unabhängigkeit Österreichs.

Alles in allem war sich Tomarkin an diesem 23. Februar 1934 in seinem Brief an den »Capo« sicher, dass Mussolini auch seine, mit der Foundation gekoppelte Bewegung »fühlbar unterstützen« müsse und werde. Tomarkin warf sich mit seiner Fondazione den Faschisten also richtiggehend an den Hals und zog im Brief an den gewohnten Strippen: viel Namedropping, große Versprechungen und geschicktes Eingehen auf die Ängste und Anliegen der Umworbenen.

Die Meldung über Tomarkins faschistische Führungsrolle – im »Corriere della Sera« am 19. Februar 1934 verbreitet und vom »Schweizerfascisten« drei Tage später bestätigt – hatte die Schweizer Zeitungen mächtig aufgeschreckt.[242] Zuvor schon hatte sich die Presse missbilligend über die Gründung von schweizerischen »Fascios« in Mailand, Florenz und Rom geäußert und sie als »nicht im Einklang mit den Grundideen der schweizerischen Demokratie«, als »schamlos und gefährlich« bezeichnet.

Angesichts von Tomarkins Flirt mit der faschistischen Diktatur in Italien reagierte die Berner Zeitung »Der Bund« besonders scharf. Die Journalisten kannten aus seiner Berner Zeit noch einige Affären, auf die sie am 24. Februar 1934 ebenso genüsslich wie hämisch hinwiesen. Leander sei der Sohn des Berner Professors Eli Tomarkin. Da er russisch-jüdischer Abkunft sei, spottete der »Bund«, besitze er somit »als politischer und geistiger Erneuerer Helvetiens wohl die besten Voraussetzungen«. Früher einmal habe er sich als feuriger Kommunist versucht. Tomarkin sei also ein Liebhaber der Diktatur so oder so. »Dieser ›Führer‹«, fuhr der Zeitungsbericht andeutungsreich fort, habe auch in seinem Privatleben verschiedene Abenteuer hinter sich, von denen man in Bern Bescheid wisse. Er solle ein gerissener Organisator sein und die Leute zu nehmen wissen. So sei es ihm seinerzeit in Italien vorübergehend gelungen, mit einem chemisch-pharmazeutischen Produkt Fuß zu fassen. Und nachher sei ihm eine Anzahl Gelehrter ins Garn gegangen, die er mit der sogenannten Tomarkin-Foundation, deren Gründer er sei und die ein internationales wissenschaftliches Forschungszentrum sein solle, zu fangen gewusst habe. Die Tomarkin-Foundation habe den Tomarkin dann aber »ausgeschifft«. Er solle im Tessin noch einige Gläubiger hinterlassen haben. Der Artikel schloss mit einer in Frageform aufreizend versteckten Aufforderung: »Man darf sich füglich fragen, ob die Würde des Volkes und Landes uns nicht gebietet, die Möglichkeit für eine *Ausbürgerung* solcher Elemente zu schaffen«, die »mit einem noch nicht trockenen Schweizer Bürgerbrief in der Tasche zum Sturm gegen die traditionsfeste schweizerische Demokratie« blase. Das war heftig, ein vernichtendes Urteil.

Besonders unangenehm fiel auf, dass sich Leander Tomarkin »consul général de Suisse« nannte – und damit mit dem offiziellen, eidgenössischen Generalkonsul verwechselt werden konnte. Über diese »irreführende Selbstbenennung« mokierte sich speziell die »Neue Zürcher Zeitung«: »›Generalkonsul‹ ist in der Tat etwas hoch gegriffen. Als Ausdruck der hochfliegenden Wunschträume eines erneuerungsbesessenen Wirrkopfs vielleicht nicht zu hoch.« Welsche Zeitungen kolportierten die bösen Kommentare von »Bund« und »NZZ«. Das »Journal de Genève« demontierte zudem Tomarkins »Bewegung« am 15. März 1934 in einem größeren Artikel, obwohl es einleitend meinte: »Was den Römer fascio betrifft, ist es zu viel der Ehre, sich mit ihm zu beschäftigen.« Das Journal unterschob Tomarkin indirekt eine narzisstische Persönlichkeitsstörung. Es berichtete nämlich, dass sich Tomarkin in Rom mit 100 lumpigen, für ein Hilfswerk gespendeten Liren solchermaßen bemerkbar gemacht habe, dass in einer römischen Zeitung ein lobhudelnder Artikel über seinen »bel élan de philanthropie« erschienen sei. Sauer stieß den Genfern auch auf, dass Tomarkin seinen Titel »consul général pour l'Italie centrale et méridionale« derart ernst nehme und so »durchdrungen von seiner Wichtigkeit« sei, dass er in seinen Strafpredigten einen diktatorischen und brutalen Ton anschlage. Offenbar glaube er, dies seiner Stellung schuldig zu sein. Zudem machte sich die Zeitung über eine Propagandaveranstaltung lustig, die Tomarkin unter dem Motto »La Suisse et l'universalité du fascisme« organisiert hatte.[243] Er hätte, meinte das »Journal de Genève«, dieses Meeting nicht unter den Schutz der Polizei zu stellen brauchen. Ein Kommissar und fünf bis sechs Sicherheitsagenten vor der Toreinfahrt seien doch angesichts der 30 friedlichen Personen, die da kamen, ein etwas zu starkes Aufgebot gewesen. Und wenn das Journal von Personen schreibe, so meine es nicht etwa interessierte Anwärter für den Schweizer Fascio. Unter den 30 Personen hätten sich vier Schweizer, fünf junge Frauen und einige Italiener befunden, dazu der »consul général« – also Tomarkin selbst –, der Gastredner und ein Patissier-Confiseur, bei dem man das Treffen affichiert habe. Zudem seien ein paar der Kuriosität willen gekommen. Kurz: an einer Hand seien die Adepten abzuzählen gewesen, die sich für die Bewegung interessiert hätten – falls da, spottete das Journal, überhaupt von einer Bewegung gesprochen werden könne.

Die mediale Schweiz hatte sich im Frühjahr 1934 wieder einmal ihres Sohnes erinnert – und sich einmal mehr über ihn empört.

Die politische Schweiz nahm die Angelegenheit nicht auf die leichte Schulter.[244] Die Bundesanwaltschaft, die 1920 geglaubt hatte, dass sich Tomarkin »vollständig von der Politik zurückgezogen« habe, öffnete die alte Akte wieder und legte – wenn auch unter parteipolitisch gegensätzlichen Vorzeichen – neue Rapporte in Form von kompromittierenden Zeitungsausschnitten an. Der Bundesrat stand den Gründungen schweizerischer Faschistengruppen in Italien nicht nur ablehnend gegenüber, weil sie nicht im Einklang mit den Grundideen der schweizerischen Demokratie stünden, sondern weil er auch Ungemach fürchtete, wenn sich die Schweizer im Ausland politisch aktiv betätigten. Der Generalkonsul der Schweiz, der Gesandte Georges Wagnière, verschickte am 24. Februar eine Zirkularnote an alle Schweizer in Italien, in der allen Briefempfängern ans Herz gelegt wurde, »im Interesse des guten Einvernehmens sowohl zwischen Italien und der Schweiz als der Schweizer untereinander den ›Fasci svizzeri‹ fernzubleiben.« Wagnière wurde zudem wegen der irreführenden Selbstbenennung Tomarkins als Generalkonsul bei den zuständigen Behörden in Rom vorstellig. Es entbehrt nicht einer gewissen Ironie, dass Tomarkin mit seiner Titelanmaßung die Rechte eines Mannes tangiert hatte, der ihm zehn Jahre zuvor das Privileg einer Neujahrseinladung gewährt und ihn vor seiner Amerikaüberfahrt 1924 im Genueser »Ristorante Biffi« hatte hochleben lassen.

Tomarkins faschistische Karriere dauerte gerade einmal gut sechs Wochen – von Mitte Februar bis Ende März 1934. Zum einen machte offenbar auch Rom keine Gelder für die Fondazione locker. Zum anderen wurden die Fascios schnell gewahr, dass sie mit Tomarkin nicht das große Los gezogen hatten. Am 5. April 1934 war im »Schweizer Fascist« die lapidare Mitteilung zu lesen: »Herr Tomarkin, Rom, gehört nicht mehr der Vereinigung der Schweizerfascisten an. Eine spätere Meldung wird über die Maßnahmen berichten.« Diese Meldung erschien nie, dagegen verhöhnte am 1. Mai 1934 »Der Eidgenosse« die »Schweizer Faschisten und ihre Geisteseinstellung«: »Der Führer der Schweizer Faschisten Arthur Fonjallaz ... hat den J ü d i s c h-Schweizer Dr. Tomarkin zum ›Generalkonsul‹ der Schweizer Faschisten für Mittel- und Süditalien ernannt. Diese Handlung zeigt uns wieder einmal deutlich, dass diese Auch- und Nur-Staatserneuerer niemals Nationalsozialisten sind und wir aber auch keine Faschisten.« Für die nationalsozialistische Frontenzeitung, die mit Inseraten wie »Die Zionistischen Protokolle sind echt« und »Schweizermädchen, hüte Dich vor schändenden Juden« auffiel, war die Zugehörigkeit zum Judentum Grund genug für eine Demütigung. Die Episode war ein Vorgeschmack auf die gut ein Jahr später institutionalisierten, antisemitischen »Nürnberger Rassengesetze«, die Mitte September 1935 einstimmig im deutschen Reichstag verabschiedet werden sollten.

21 In der politischen Zwickmühle

Für Tomarkin hatte sich die italienisch-faschistische Hoffnung zerschlagen, die Nazi-Deutschen waren auf ihn als einen »Juden« aufmerksam geworden und in der Schweiz hatte sich Tomarkin mit seiner Führereskapade erneut diskreditiert.

Auch im angrenzenden Ausland war man misstrauisch geworden. Als sich Tomarkin im Herbst 1934 anschickte, seinen sechsten Kongress im italienischen Meran zu organisieren, erkundigte sich die Gemeinde vertraulich und absolut diskret bei der Locarner Kommune nach ihm. Ihre Frage nach der moralischen, kulturellen, wissenschaftlichen und finanziellen Aktivität des Dott. L. W. Tomarkin in Vergangenheit und Gegenwart beantworteten Locarnos Behörden zurückhaltend. Tomarkin habe zwei Kurse für Mediziner mit »discreto successo« organisiert. Sein vermutlich mit USA-Geldern finanziertes Kabinett habe bakteriologische Analysen und pharmazeutische Spezialitäten angeboten, sei aber Ende 1933 geschlossen worden. Zur Frage nach der vergangenen und gegenwärtigen finanziellen Lage Tomarkins wanden sich die Locarner und ließen vorsichtig verlauten, dass sie keine präzisen Angaben machen könnten, da der Betroffene Wohnsitz außerhalb ihrer Zuständigkeit habe.[245] Die Meraner werden nach diesem verhaltenen Bescheid ihre allfälligen Subventionen sehr vorsichtig dosiert haben.

Wie wir gesehen haben, kam der Meraner Kongress 1934 immerhin zustande. Doch der Kurs war nicht wirklich der Beweis für eine stetig erfolgreicher und internationaler werdende Ausstrahlung von Tomarkin'schen Events, für ein noch helleres Licht in der Kette erfolgreicher Highlights. Die Auflistung einer »bunten Schar« weltweiter Referenten, die für den Veranstalter einen großartigen Erfolg und für den quantifizierenden Historiker eine internationale Ausbreitung suggeriert, täuscht und verschleiert. Auch dass die Hauptschar der Vortragenden aus Österreich und Italien kam, war keine örtlich bedingte Selbstverständlichkeit, sondern verweist auf den schwachen Besuch der Schweizer und Deutschen. Wenn wir die germanische Delegation von offiziell sieben Mann unter die Lupe nehmen, so erkennen wir den bitterernsten politischen Hintergrund. Mit Franz Volhard und mit Arthur Weber waren es gerade einmal zwei Deutsche, die auch während des Krieges in Deutschland leben konnten. Die fünf andern wurden damals als Juden verfolgt und hegten Fluchtgedanken. August Laqueur ging schließlich in die Türkei, Carl Neuberg nach Palästina und Siegfried Thannhauser nach Boston/USA. Adolf Friedländer musste sich in Österreich verstecken und Hermann Strauss endete in Theresienstadt. Hermann Zondek, am Meraner Kongress offiziell als Mann aus Manchester, Großbritannien, geführt, war hier in Wirklichkeit bloß auf einer Zwischenstation seiner Emigration, die ihn noch im gleichen Jahr 1934 nach Palästina führen sollte. Die deutschen Juden Ferdinand Blumenthal und Leopold Lichtwitz hatten die Flucht bereits hinter sich. Am Meraner Kongress traten sie offiziell als Vortragende aus Jugoslawien und der USA auf. So versammelte Tomarkin, im Februar 1934 noch Römer Faschistenführer, im September 1934 über ein halbes Dutzend von den Nazis mit dem Tod bedrohte deutsche Juden um sich.[246]

Dass der »Müslipapst« Bircher-Benner als einziger Schweizer Teilnehmer den Meraner Kurs besucht hatte, war nicht das Sinnbild einer neuen, alternativen Ausrichtung des Tomarkin'schen Kurses, sondern das Ergebnis des schweizerischen Boykotts. 1935 kam es aber noch schlimmer. Die Schweizer Ärztegesellschaft entschloss sich zur offenen Konfrontation. Während Tomarkin ab dem 12. September 1935 in Brüssel seinen 7. Kurs mit nur einem Alibi-Schweizer begann, wurde am 9. September 1935 in Montreux ein Konkurrenzunternehmen eingeläutet und die »I. Internationale Medizinische Woche in der Schweiz«[247] eröffnet. Auch sie hatte wissenschaftliche Vorträge, ein gesellschaftliches Programm und einen eröffnenden Bundesrat – Philipp Etter – zu bieten. Etters Begrüßungsworte müssten unsern Tomarkin, falls er sie denn je zu hören bekam, tief ins Herz geschnitten haben. Der Bundesrat hob nämlich speziell »hervor, dass wohl zum ersten Mal eine derartige medizinische Woche in der Schweiz veranstaltet« werde! Der Anlass in Montreux konnte sich mit den Gastreferenten aus Europa und der ganzen Schweiz – inklusive des künftigen Nobelpreisträgers Paul Karrer – sowie den 250 europäischen und amerikanischen Teilnehmenden sehen lassen. Das Schweizer Konkurrenzunternehmen sah sich zwar vor das gleiche deutsche Devisenproblem gestellt wie Tomarkin, unternahm aber offizielle, über die Botschaften laufende politische Vorstöße, um Deutschlands Kollegen für *ihre* Kongresse doch die Reise in die Schweiz zu ermöglichen.

Während Tomarkin in Bern zusehends zur Persona non grata wurde, gewährte der Bundesrat seine offizielle Unterstützung für die Veranstaltung einer medizinischen Woche in Montreux. Die Veranstaltung, die unter dem Patronat von Bundesrat Philipp Etter stand, fand den Beifall der nationalsozialistischen wissenschaftspolitischen Prominenz, da mit dieser Zusammenkunft »Ersatz für die Internationale Woche des Herrn Tomarkin« geschaffen werde. Das Gewicht dieser Tomarkins Aktivitäten offensichtlich blockierenden Veranstaltung muss aus deutscher Perspektive beträchtlich gewesen sein, denn die Partizipation einer deutschen Delegation war erst nach einer überaus peinlichen diplomatischen Aktion zu erreichen. Der deutsche Reichsärzteführer hatte nämlich eine Beteiligung deutscher Ärzte verboten, nachdem die »Schweizerische Medizinische Wochenschrift« einen kritischen Artikel zur Erbbiologie veröffentlicht hatte. Dieses Verbot musste revidiert werden, wenn das Auswärtige Amt und die wissenschaftliche Abteilung des Führerstellvertreters eine deutsche Delegation durchsetzen wollten. Unter »hämischen Kommentaren« der linken Presse begann nun eine Jagd nach dem deutschen Reichsärzteführer, der sich seinen vorgesetzten Behörden schlicht dadurch entzog, dass er sich permanent in einem fahrenden Zug aufhielt. Das Auswärtige Amt, das Innenministerium und die schweizerische Gesandtschaft erwischten den Flüchtigen schließlich bei einem Zwischenhalt auf dem Berliner Bahnhof. Der schweizerische Gesandte Paul Dinichert erstattete ausführlich Bericht, »weil dieser Einzelfall, neben manchen andern, wiederum einen Einblick gestattet in die eigenartigen derzeitigen deutschen Regierungszustände«. Bei korrigierenden Eingriffen würde »disziplinloses Sabotieren« herrschen. »Wenn das gar auf dem besonders empfindlichen internationalen Gebiete geschieht, so wirkt es sich umso schlimmer aus. Dass darunter vornehmlich das Auswärtige Amt schwer leidet, ist verständlich.«[248]

Obwohl Tomarkin – wie wir gesehen haben – für sein Brüsseler Event in der »Université Libre de Bruxelles« und in der »International Union Against Cancer« Helfer gefunden hatte, war für den 1935er-Kongress bloß noch eine sechsköpfige deutsche Delegation vorgesehen, darunter zwei deutsch-jüdische Wissenschaftler. Von den erwarteten Referenten war mit Max Hochrein zumindest ein eingeschriebenes Mitglied der NSDAP dabei, während das Parteiaufnahmegesuch von Paul Happel, 1934 von seiner jüdischen Frau Clara geschieden, nicht akzeptiert werden sollte.[249] Tatsächlich referierten schließlich nur drei Deutsche, der NS-Fan Paul Happel, Hermann Strauss, der als Jude seine Lehrbefugnis bereits verloren hatte, und Egon Rosenberg, dessen Vortrag als »joined communication« zusammen mit Boris Pregel angekündigt worden war.

Im Vorwort zum Résumé der Brüsseler Konferenz wird trotz vieler Absagen die Illusion aufrechterhalten, dass in der Wissenschaft auch in diesen »temps troublés et de jour en jour plus angoissants« Partei- und Rassenpolitik keine Rolle spiele: Kongresse wie der Brüsseler bewiesen, dass eine wissenschaftliche Gemeinschaft keine Grenzen kenne und nur der Erfoschung der Wahrheit diene. Bei Tomarkin würden die Weisen aller Länder Seite an Seite und ohne die geringste Disharmonie zusammenleben.[250]

Wie schwierig es auch im virtuellen Online-Zeitalter sein kann, ein gedrucktes Buch zu finden und zu erhalten, zeigt die Suche nach dem Bericht des 7. Kongresses der Tomarkin-Foundation in Brüssel. Nirgends in Europa waren die »Résumés des Conférences« zu finden, und die »National Library of Medicine in Maryland USA«, »the world's largest medical library«, mochte den Bericht nicht ausleihen. Schließlich folgerte eine Bibliothekarin aus einem kleinen Hinweis richtig, dass dies Buch im Rahmen einer medizinischen Reihe erschienen sein könnte. Und tatsächlich: Die »Résumés des Conférences« fanden sich versteckt in »Le Scalpel. Journal Belge des Sciences Médicales« vom Oktober 1935.

Für diese 7. Veranstaltung in Brüssel hatte Tomarkin 1935 einmal mehr neue Partner und Referentenkreise finden müssen, nachdem er sich mit seinem faschistischen Flirt die Finger außerhalb Italiens verbrannt hatte. Immerhin sorgte Alcide Fraschini, der bereits in St. Moritz dabei gewesen war, für einen erneuten faschistischen Touch. Auf seiner Visitenkarte bezeichnete sich Dott. Alcide Fraschini als »Fiduciario del Gruppo Fascista ›Generale Cantore‹« und als »Collaboratore Medico del ›Popolo d'Italia‹«. Interessant ist die Datierung der Karte: 11. Juli 11. Fraschini gebrauchte also die faschistische Zeitrechnung, die 1922 mit Mussolinis Machtantritt beginnt.

Irgendwie ist beeindruckend zu sehen, wie Tomarkin jene abhakte, die zu Gegnern geworden waren, und wie er sich auf neue Mitstreiter stürzte. Da die Informationen damals nicht virtuell um die Welt eilten, konnte er auch darauf bauen, dass nicht alle alles gleichzeitig wussten und wissen konnten. Tomarkin warf sich nun vor allem auf die frankophonen Länder und involvierte in seinen Brüsseler Kongress neue Partner, nämlich die »Unio internationalis contra cancrum UICC«, die »International Union Against Cancer«. Ein im Privatarchiv von Tomarkins Schwiegertochter gehütetes Programm belegt zudem, dass 1935 die alten Kongressseilschaften ausgewechselt worden waren und die Vertreter der Anti-Krebs-Union auftraten, die bei Tomarkins Vorhaben eine immer dominantere Rolle spielen sollte.[251] Wie genau die Kontakte liefen, kann nicht eindeutig festgestellt werden. Immerhin hatten die Belgier Albert Dustin und Joseph Maisin sowie Wissenschaftler aus dem Pariser Pasteur-Institut praktisch von Anfang an und mehrfach den Tomarkin'schen Fortbildungswochen als Referenten gedient. Diese Männer – nebst Dustin und Maisin waren es vor allem Justin Godart, Claude Regaud und Boris Pregel – übernahmen das Ruder. Godart vertrat die »Union internationale contre le Cancer«, die mit Radium therapierte, und Pregel die »Union Minière«, die mit diesem Material aus Belgisch-Kongo handelte. Claude Regaud, Direktor des Pasteur-Labors in Paris, und sein Schüler, Joseph H. Maisin in Belgien, waren Kapazitäten in der universitären Forschung. Maisins Institut gehörte übrigens zu den fortschrittlichsten Krebsbekämpfern, weil es von Boris Pregel unterstützt wurde – oder wie es die belgische »Nouvelle Biographie nationale« heute erklärt: »… grâce notamment, au soutien de l'Union minière du Haut Katanga, qui le dota de quantités considérables de radium.« Vereint mit den Joliot-Curies, welche sozusagen die Radium-Entdecker Pierre und Marie Curie verkörperten, standen sie alle für einen Kampf gegen den Krebs mittels Radium-Bestrahlung. 1935 nahmen erstmals Männer teil, die mit den Kolonien direkt liiert waren. Mit Belgisch-Kongo, dem damals wohl bedeutendsten Lieferanten von Radium, waren mindestens vier Redner verbandelt. Zudem war Albert Dustin, der langjährige und getreueste Referent an Tomarkins Kursen, der Gründer des »Centre d'Etudes Médicales au Congo (CEMUBAC)«. Tomarkins Brüsseler Kongress versammelte, wer ein kommerzielles oder therapeutisches Interesse am Radium hatte.[252]

Für die »Union Minière du Haut Katanga« – die Bergbaugesellschaft aus Belgisch-Kongo zur Förderung von Mineralien und Radium – war das Radium zuerst nur ein zusätzliches Element. Bald erkannte man seinen Wert und das tolle Geschäft, investierte viel Geld und engagierte die besten Chemiker und Ingenieure.[253]

Wer heute online nach alten Bildern der »Union Minière du Haut Katanga« sucht, findet eines mit zwölf ausgemergelten, völlig nackten Jungmännern, die gespenstisch aufgereiht als »Travailleurs d'une entreprise sous-traitante de l'Union minière du Haut Katanga (UMHK)« posieren mussten und im Dezember 1926 fotografiert wurden.[254]

Belgien, dank seiner Kolonie ein Radium-Hauptgewinnungsland, zeigte sich nach diesem 7. Kongress von 1935 so tief beeindruckt von Tomarkins Organisationstalent, dass es ihn auszuzeichnen gedachte. Der belgische Senatspräsident Maurice Lippens ließ erkennen, dass man ihm einen Orden geben wolle. Die Schweizerische Ärztegesellschaft fand das allerdings keine gute Idee. Sie ließ ihren belgischen Amtskollegen einen sehr missgünstigen Bericht zukommen über diesen Tomarkin, der gar kein Arzt sei und dessen Kongresse man höchstens »einmal und nicht wieder« erduldet habe. Zudem sei Tomarkin einerseits Kommunist, andererseits Gründer der Schweizer Faschisten in Rom gewesen. Er sei »keinesfalls als glückliche Wahl« für eine Ordensnomination zu betrachten.[255] Die Bundesbehörden verwiesen zudem auf den Verfassungsartikel, der die Annahme ausländischer Orden unter anderem auch den schweizerischen Soldaten untersagte.[256] Ob Tomarkin als Hilfsdienstler zur Ordensannahme berechtigt sei oder nicht, die belgische Regierung tue auf jeden Fall gut daran, »la plus grande réserve« zu wahren und Tomarkin nicht zu dekorieren. Handschriftlich in Bleistift hingeworfen steht auf dem Brief der Schweizer Gesandtschaft in Brüssel an das politische Departement in Bern die Bemerkung, Tomarkin sei russisch-jüdischen Ursprungs, der Mann sei eine Mischung aus Geschäftemacherei und Reklame.

22 Die vertrackte Wahl eines Generalsekretärs

Tomarkins Konzeptionen hatten sich unmerklich verändert. Das touristische Geschäft mit dem Tessiner oder Bündner Fremdenverkehr als Kongressbeilage war via faschistischen Polit-Agitprop dem Betrieb mit Radium und Strahlentherapie gewichen. Nicht mehr die Tuberkulose war die Krankheit Nr. 1, sondern der Krebs. Nicht mehr die Fortbildung der Mediziner war zentral, sondern das Zusammenspiel von Wissenschaft, Politik und Wirtschaft. Wir erleben Tomarkin einmal mehr als begnadeten Wendehals.

Auf diese Entwicklung hatte unzweifelhaft die 1933 entstandene »Unio internationalis contra cancrum UICC«, die internationale Krebsliga mit Sitz in Paris, entscheidend Einfluss genommen.[257] Sie drängte Tomarkins Organisation ebenso beiseite, wie sie seine Kongresse unterstützt hatte. Ein weit engeres Zusammengehen gar schien möglich. Die UICC warf ein Auge auf den vielsprachigen Kongressmanager und wendigen Wissenschaftsorganisator, als sie einen Generalsekretär suchte, und schlug Leander Tomarkin für den Posten vor.

Der schweizerische Zweig der Krebsunion zeigte sich, als ihr Leanders Nominierung zum Generalsekretär und zum Direktor des permanenten Büros der UICC zu Ohren kam, absolut konsterniert. Die Argumente, die schon gegen die belgische Ordensverleihung vorgebracht wurden, wiederholten sich. In ihrer Gegnerschaft sahen sich die Schweizer mit den Deutschen einig. Und diese für die eidgenössischen Medizinalpolitiker peinliche Gemeinsamkeit sollte bei der Wahl eines Generalsekretärs der internationalen Krebsliga zu bizzarsten diplomatischen Verwicklungen führen.

Auf diplomatischem Wege gaben die Schweizer der Krebsliga wiederholt und diskret zu verstehen, dass eine Wahl Tomarkins in eine führende Stellung der UICC »aus wissenschaftlichen und administrativen Gründen« nicht opportun sei und dass die interessierten helvetischen Autoritäten – Krebsliga, Gesundheitsamt, politisches Departement – nicht das nötige Vertrauen, sondern »la plus grande réserve« gegenüber Tomarkin hätten. Doch die UICC mit Präsident Justin Godart und Jean Perrin hielten an Tomarkin fest, sodass Ende 1937 seine Wahl nur noch eine Formsache zu sein schien.[258] Immerhin hatte er zu dieser Zeit für Perrins Institut auch bereits einen Kongress im »Palais de la Découverte« organisiert. Der »Palast der wissenschaftlichen Entdeckungen« war – übrigens ebenfalls von Perrin – als permanentes Wissenschaftsmuseum kreiert worden, und hier hatte Tomarkin im Oktober 1937 den Kongress der »Réunion internationale de Physique-Chimie-Biologie« als Generalsekretär gestaltet.[259]

Auf den Kongress des »Instituts Physico-Chimie-Biologique« von 1937 wurden wir erst aufmerksam, als wir im privaten Archiv der Gertrud Tomarkin, der Schwiegertochter Leanders, ein Kuvert sahen mit dem Briefkopf: »Réunion internationale de Physique et chimie. Congrès du Palais de la découverte. Exposition internationale 1937. Secrétariat général L. W. Tomarkin, 11 rue Pierre-Curie, Paris 5«. Dieser Brief vom 24. Juni 1937 war von Leander an seinen Sohn, an »Sig. Rolando Tomarkin, 8 Bernastrasse, Berne (Suisse)« gesandt worden.

Nach diesem Fund suchten wir gezielt und konnten die Information dank einem Vorwort zu den von der »Réunion« gedruckten Tagungsvorträgen bekräftigen. Hier schrieb Jean Perrin über den Generalsekretär: »M. L.-W. Tomarkin, animateur de ce Congrès, a proposé de mettre au service de la future Réunion son expérience d'organisation de manifestations scientifiques internationales.«[260]

Leander, der mit seinen Locarner Unternehmungen Schiffbruch erlitten hatte und als Freelancer etwas in der Luft hing, hätte gerne die Chance auf einen institutionalisierten, internationalen Posten mit beiden Händen ergriffen. Er betrachtete sich nach der Nominierung bereits als gewählt und schrieb am 12. Januar 1938 hochgestimmt an Bundesrat Giuseppe Motta, den er als seinen Freund und Gönner betrachtete. Er sei glücklich, dass er als Direktor des permanenten Büros der Internationalen Krebsliga nicht nur der Schweiz werde dienen können, sondern auch dem Frieden, der Arbeit, der Union, der Treue und der Menschlichkeit. Dem Schreiben lagen Briefauszüge hochgestellter Persönlichkeiten bei, die seine Nomination begrüßten.[261] In der Unionssitzung vom 21. März 1938 stellte er in einem »Rapport préliminaire« Situation und Vorhaben der UICC vor. Doch Strahlemann Tomarkin wurde nicht definitiv gewählt, sondern musste sich mit der provisorischen Ernennung zum »Secrétaire général par interim« begnügen.[262]

Als es um die Bestätigung bzw. definitive Anstellung Tomarkins als Generalsekretär der internationalen Krebsliga ging, schaltete sich auch das Bundesrat Motta unterstellte politische Departement ein. Es avisierte die Gesandtschaft in Paris, um hier den schweizerischen Standpunkt bekannt zu machen. Ihn zu erklären war Professor Alcide Jentzer, dem offiziellen Delegierten der Schweizerischen Krebsliga, vorbehalten. Man genierte sich, dem UICC-Präsidenten Justin Godart reinen Wein einzuschenken und die Vorbehalte gegenüber Tomarkin offen auf den Tisch zu legen.[263] Die Schweizer politischen Instanzen behandelten die »Affäre Tomarkin« wie ein rohes Ei auf einer heißen Kartoffel. Verlegene Briefe mit geheimnisvollen Andeutungen flogen hin und her zwischen Legationsrat Pierre Bonna aus Bundesrat Mottas politischem Departement und Minister Walter Stucki von der Schweizer Gesandtschaft in Paris, zwischen Charles Fauconnet vom Eidgenössischen Gesundheitsamt und Professor Alcide Jentzer von der Schweizer Krebsliga.[264]

Bei diesem diplomatischen Verwirrspiel musste die internationale Krebsliga das annehmen, was damals auf der Hand lag, dass nämlich die Schweizer Organe unter der Fuchtel des nationalsozialistischen Einflusses standen und sich ihren jüdischen Landsmann Tomarkin feige von den deutschen Interessenvertretern abschießen ließen. Die Schweizer Vertreter steckten tatsächlich in einer ernsthaften Zwickmühle. Unterstützten sie Tomarkin nicht, spielten sie den Nazis in die Hände, unterstützten sie ihn contre cœur, mussten sie um ihre wissenschaftliche Reputation fürchten. Also suchten sie ihr Heil in diskreten Andeutungen und spielten auf Zeit.

Schließlich platzte Minister Walter Stucki der Kragen. Unmissverständlich verlangte er am 30. März 1938 das Ende des befremdlichen und unwürdigen »jeu de cache-cache un peu puéril« – des kindischen Versteckspiels – und forderte vom Außenministerium rückhaltlos Auskunft, was man Tomarkin vorwerfe. Gab es wichtige Gründe für das Misstrauen oder handelte es sich um eine schmutzige Intrige? Mitte Mai 1938 endlich packte Mottas Departement aus und schob Walter Stucki einen ausführlichen Bericht zu Tomarkin, »diesem Israeliten und Sohn eines naturalisierten Russen«, zu. In Tomarkins Leben habe es »beunruhigendste Turbulenzen« gegeben, 1919 habe er sich als kommunistischer Agitator hervorgetan, 1923 als Erfinder eines Wunderheilmittels gegen Brusterkrankungen. Dann habe er in den USA wichtige Fonds für die Gründung der »Fondation Tomarkin« und die Durchführung jährlicher internationaler medizinischer Kurse in Locarno aufgetan. 1934 sei er als Gründer der Schweizer Faschisten in Rom aufgefallen. Von dieser Organisation habe er sich wieder getrennt. Die Vorwürfe der Schweizer Ärzte seien ihnen nicht alle bekannt. Sicher aber handle es sich nicht bloss um eine Intrige gegen Tomarkin. Bei ihm manifestiere sich ein Gemisch von Wissenschaft, Geschäft und Reklame. Vorsichtige Reserviertheit sei am Platz. Die Schweizer Ärzte hätten ihre Opposition gegen Tomarkin am 8. Kongress 1937 in Algerien bestätigt gefunden.

Was rund um die Algier-Woche ablief, ist unklar, die politischen Behörden hatten wegen Tomarkins bedauernswerten politischen Verstrickungen vor einer offiziellen Teilnahme gewarnt. Der Schluss des Briefes aus Mottas Departement war versöhnlich. Man wolle Tomarkin nicht in der neuen Situation, die er sich nun geschaffen habe, frustrieren, Godart wisse um die Kritik.[265]

Am Vorabend der entscheidenden Pariser Sitzung vom 20./21. Juli 1938 wurde bekannt, dass die deutsche Delegation Leander Tomarkin als Generalsekretär strikt ablehne. Die Schweizer Mediziner sahen sich in einer unheiligen und peinlichen Allianz mit der deutschen Ärzteschaft vereint. Sie begründeten deshalb ihre Bedenken bloß in einer inoffiziellen Vorbesprechung. Der Zürcher Professor Hans von Meyenburg, der damals die Schweizer Liga vertrat, hatte zuvor den Standpunkt geäußert, dass die Politik in Form der Gesandtschaft strikt neutral bleiben und die Angelegenheit ganz der UICC überlassen sollte. Falls Tomarkin gewählt würde, könnte man ihn allenfalls von einem wissenschaftlichen und finanziellen Beirat überwachen lassen.[266]

Die internationale Liga fällte erneut keine definitive Entscheidung. Man wünschte nun aber, dass der permanente Direktor möglichst ein Arzt sein sollte, der das Krebsproblem kenne. Im Übrigen wurde ein Ausschuss gebildet, der die Anschuldigungen gegen Tomarkin prüfen sollte. Auch dieser Ausschuss wollte von den Schweizern wissen, wieso man eine »opinion défavorable« von Tomarkin habe. Godart und Perrin erkundigten sich persönlich, und eine gute Weile schwappte die Korrespondenz weiter hin und her. Zu guter Letzt sollte an seiner Stelle der Belgier Dr. Félix Sluys den definitiven Posten als »Secrétaire général« der UICC erhalten.[267] Die Nazis, aber auch die Schweizer Mediziner hatten ihr Ziel erreicht.

Die nationalsozialistische Deutsche Kongress-Zentrale DKZ suchte damals konsequent, alle Kongresse und mit ihnen alle Vereinigungen – vor allem auch die wissenschaftlichen – zu indoktrinieren und unter ihre Herrschaft zu zwingen. Um die »Unio internationalis contra cancrum UICC« in die Hand zu bekommen, versuchte die DKZ als Erstes, den Juden Tomarkin auszuschalten und dann den Boden für eine nationalsozialistisch orientierte neue Krebsliga vorzubereiten. Die ›Affäre Tomarkin‹ zeigt beispielhaft die Systematik einer derartigen Aktion. Dank den Akten der Deutschen Kongress-Zentrale in den Hoover Institution Archives in Stanford kann sie nachgezeichnet werden.

Die Deutsche Kongress-Zentrale DKZ wandte sich mit einem Rundbrief an die Leiter deutscher Kongressdelegationen, von denen sie annahmen, dass sie »in den Kreisen prominenter Ausländer Ihres Faches über gewisse dienstliche, persönliche, vielleicht auch freundschaftliche Beziehungen verfügten«, und baten sie, die Diffamierungskampagne breit zu unterstützen. Der Grund für ihre Agitation gegen die Union, hieß es im Rundbrief, liege »in der Person des jüdischen Generalsekretärs dieser Union, Tomarkin, der die kommerziellen Interessen des Internationalen Medizinkonzerns mit den ideellen Zielen der Union in völlig unzulässiger Weise gekoppelt« habe, in dem er »einen Exponenten dieser Wirtschaftsinteressen zum Schatzmeister der Union« gemacht habe.[268] Gemeint war hier Boris Pregel.

Die Kongresszentrale behauptete, in ihrer »Ablehnung der Person Tomarkins mit den italienischen, schweizerischen, englischen, belgischen und ungarischen Delegationen mehr oder weniger« übereinzustimmen. Die Tatsache, dass Tomarkin jüdischer Herkunft sei, sei »nicht der ausschlaggebende Grund« für die deutsche Einstellung gegen ihn. Vielmehr lägen der DKZ über Tomarkin »Gerichtsurteile, Zeitungsberichte und dienstliche und persönliche Meldungen vor, aus denen einwandfrei hervorgehe, dass es sich um einen zwar hochbegabten, aber skrupellosen Hochstapler handle, der das internationale Kongressleben zum Schauplatz seiner nachgewiesen betrügerischen Manipulationen gemacht habe und seit Jahren von seinem Schwindeleien und Unterschlagungen als Kongressorganisator lebe.«

Im Rundbrief legte der Verfasser größten Wert darauf, »dass dieser Tatbestand in allen mit dem internationalen Kongressleben in Verbindung stehenden prominenten Kreisen – nicht nur den medizinischen – des Auslandes bekannt wird. Einmal soll dadurch die Atmosphäre für die beabsichtigte Gründung einer neuen internationalen Krebsorganisation vorbereitet werden, sodann soll aber auch bei der augenblicklichen Aktualität des Judenproblems in der ganzen Welt dieses eklatante Beispiel einer gewissen Anzahl prominenter ausländischer Wissenschaftler und Fachleute vor Augen geführt werden, wie ein verbrecherischer Jude gute internationale Beziehungen zu zerstören und rein wissenschaftliche Arbeiten geschäftlich auszunutzen imstande ist.« Die Angeschriebenen sollten nun ihren ausländischen Bekannten einen entsprechenden Brief schreiben, »dem Sie dann die obigen Mitteilungen als interessante und aktuelle Neuigkeit anfügen« sollten. »Auf diese Weise wird die rein persönlich erhaltene Mitteilung von dem Empfänger sicher nicht als Propaganda oder Stimmungssache empfunden und wirkt umso nachhaltiger.«

Dem Brief war eine Antwortpostkarte an die DKZ beigelegt, mit der ihr vor der Absendung der Briefe ins Ausland mitgeteilt werden sollte, wem sie schreiben wollten. »Selbstverständlich würde es uns von größtem Wert und Interesse sein, wenn wir den Wortlaut Ihres Schreibens und später die evtl. eingehende Antwort für unser Archiv erhalten könnten.« So behielt die DKZ die absolute Kontrolle. Nach einem Dank an die Mitmachenden schloss der Rundbrief folgendermaßen: »Wir hoffen, dass Sie mit uns der Meinung sind, dass eine Auswertung der vielfältig bestehenden persönlichen und fachlichen Beziehungen prominenter Persönlichkeiten zu wichtigen Ausländern zielbewusst in den Dienst unserer Auslandsarbeit und unserer Kultur-Propaganda gestellt werden müssen. Der augenblicklich gegebene Anlass lässt eine derartige Aktion und die damit für den Einzelnen verbundene Mühe als durchaus gerechtfertigt erscheinen. Heil Hitler!«[269]

Die Aktion traf keineswegs auf den Widerstand deutscher Wissenschaftler. Der Präsident der Internationalen Kommission zum Studium der Fettstoffe, Professor Hans Paul Kaufmann, zum Beispiel verfasste Ende November 1938 ein Begleitschreiben, das er allerdings »nur denjenigen, bei denen man eine gewisse Übereinstimmung mit deutschen Ansichten vermuten darf«, zusenden wollte.[270] Da er seinen Begleitbrief gehorsam der DKZ vorlegte, können wir ihn hier wiedergeben: »Mit großem Befremden muss ich feststellen, dass in der ausländischen Presse teilweise völlig unzutreffende Mitteilungen über die deutschen Verhältnisse gemacht werden. Es wäre zu bedauern, wenn dadurch die öffentliche Meinung im Ausland gegen uns Deutsche und vielleicht auch gegen die deutsche Wissenschaft beeinflusst würde. Die Folgen einer tendenziösen Berichterstattung haben bereits in einem anderen Fall zur Störung der internationalen Forschungsarbeit geführt, nämlich bei der ›Union internationale contre le cancer‹. Hier hat sich Deutschland auf Grund der Machenschaften des Generalsekretärs dieser Union, Tomarkins, gezwungen gesehen, aus dem internationalen Verband auszutreten. Bei dem Genannten handelt es sich um einen Hochstapler jüdischer Abstammung, der bereits wegen Unterschlagungen gerichtlich bestraft worden ist. Ich hoffe allerdings zuversichtlich, dass innerhalb unserer Kommission derartige Vorgänge unmöglich sind, da die bisher kollegiale und freundschaftliche

Zusammenarbeit der einzelnen Länderdelegationen geradezu als ein Vorbild sachlicher internationaler Zusammenarbeit betrachtet werden kann. … Heil Hitler!« Wie groß die Reichweite dieser mit allen relevanten Reichsministerien abgesprochenen Aktion war und welchen Schaden sie anrichtete, ist schwer einzuschätzen.[271]

24 Tomarkins Abschiedsvorstellung: der Pariser Kongress

Erstaunlich ungebrochen und unbeeindruckt von den politischen Querelen suchte Leander Tomarkin nach weiteren Auftritts- und Arbeitsmöglichkeiten. Im August 1938 teilte er Bundesrat Giuseppe Motta ganz persönlich mit, dass er sich für die auf 1939 geplante Schweizerische Landesaustellung zur Verfügung stelle.[272] Die schweizerische Regierung ging nicht auf dieses Angebot ein. Die große wissenschaftliche Gedenkausstellung mit internationalem Kongress in Paris hingegen, von der Tomarkin im selben Brief an Bundesrat Motta sprach, durfte er – wie wir gesehen haben – im November 1938 als »Semaine internationale contre le cancer« im Pariser »Palais Découverte« organisieren. NS-Deutschland allerdings ließ sich prinzipiell nicht auf dem Pariser Kongress vertreten, obwohl in einer der Gedenkstunden »angeblich eine Ehrung des Deutschen Röntgen beabsichtigt« gewesen sei. Das musste auch etwa der theoretische Physiker Arnold Sommerfeld am 25. Oktober 1938 erfahren, der Tomarkin mit »aufrichtigem Bedauern« mitteilte, dass er vom Berliner Ministerium die »für den Pariser Aufenthalt nötigen Devisen« nicht genehmigt erhalte. Wie der Münchener Professor einem französischen Kollegen zu verstehen gab, schien »das Berliner Ministerium … gegen den Sekretär, Herrn Dr. Tomarkin, Einwände durch die Deutsche Botschaft erhoben zu haben«.[273]

Manchmal waren es entgegengesetzte Gründe, die den Deutschen eine Reise nach Paris verwehrten. So zum Beispiel bei Blumenthal und Uhlenhuth, die im Herbst 1930 noch die Tomarkin-Foundation im Radio vertreten hatten und überdies eifrige Besucher der Fortbildungswochen waren. Ferdinand Blumenthal fehlten wohl Mittel und Wege für Paris. Er war als jüdischer Krebsforscher bereits im September 1933 in Berlin zwangsemeritiert worden. Trotzdem war er noch 1934 und 1935 als Redner der Tomarkin-Kurse aufgetreten, allerdings nicht mehr als Geheimrat und Direktor der Charité Berlin, sondern als Professor der Universität Belgrad. Auf der entgegengesetzten Seite verbot es einem Paul T. Uhlenhuth wohl die Ideologie, nach Paris zu pilgern. Der Freiburger Bakteriologe hatte sich im April 1933 schriftlich für die Entlassung der jüdischen Kollegen ausgesprochen und war im August 1933 in St. Moritz zum letzten Mal bei einer Tomarkin'schen Fortbildungswoche erschienen. 1937 wurde er Mitglied der

NSDAP. Seine medizinischen Erfolge sollten ihm 1950 die Ehrenbürgerschaft Freiburgs und 1955 das Große Verdienstkreuz der Bundesrepublik Deutschland einbringen. Zu Uhlenhuths Ehren wurde in Freiburg i. Br. auch eine Straße benannt. Nachdem Kritik an seinen Denunziationen aufgekommen war, wurde sie 1998 in Thannhauserstraße umbenannt. Der Jude Siegfried Thannhauser war 1933 an der Heidelberger Universitätsklinik unter demütigenden Umständen vom Klinikdirektor zum wissenschaftlichen Hilfsarbeiter herabgestuft worden. Bevor ihm die Emigration nach Boston gelang, hatte der Stoffwechselexperte – wie wir gesehen haben – im September 1934 in Meran bei Tomarkin über Darmerkrankungen referiert. Die Sache mit der Umbenennung der Straße scheint allerdings nur die halbe Wahrheit zu sein. Wer auf die heutige Google-Karte blickt, findet zwar richtig die lange Thannhauserstraße – aber auch eine schmale Uhlenhuthstrasse in der Verlängerung![274]

Ein Deutscher mischte in Paris mindestens indirekt mit: Max Borst. Der in München lehrende Pathologe Borst war einer der Redakteure der »Münchner Medizinischen Wochenschrift« und seit 1934 Vorsitzender des deutschen Reichsausschusses für Krebsbekämpfung. Er wurde von der Krebsunion kontinuierlich und über den Kriegsbeginn hinaus als einer von vier Vizepräsidenten des Exekutivkomitees der Krebs-Union geführt. Vielleicht war Borst – falls er wirklich in Paris erschien und nicht nur eine Karteileiche war – als Aufpasser und Berichterstatter bei den offiziell boykottierten Veranstaltungen gedacht, denn zweifellos besaß er als Mitglied des NS-Lehrerbunds, des NS-Ärztebunds und der Nationalsozialistischen Volkswohlfahrt das Vertrauen der nationalsozialistischen Führer.[275]

Nach dem deutschen Boykott dominierten die mächtigen frankophonen Männer der UICC die Pariser »Semaine« Ende November 1938. Das sechssprachige, von Joseph Maisin redigierte Publikationsorgan der Unio, wie Tomarkins Kongressberichte mit »Acta« betitelt, memorierte nicht nur die internationale Krebswoche auf 647 Seiten, sondern verriet auch mit Hochglanzfotos, wer zu den Bedeutendsten zählte.[276] Und wir erkennen das enge Beziehungsgeflecht, in das Tomarkin nun einbezogen war. Als Erster blickt uns in der UICC-»Acta« der französische Jurist und sozialistische Politiker Justin Godart entgegen, der Leander gerne zum Generalsekretär gemacht hätte. Dem Gründer und Präsidenten der »Union internationale contre le cancer« war geglückt, wovon Tomarkin träumte: Godart hatte zusammen mit Bernard Flurscheim eine erfolgreiche medizinisch-philanthropische Fondation samt Armenspital ins Leben gerufen. Flurscheim, der sich um das amerikanische Rote Kreuz und die Krebsligen verdient gemacht hatte, diente übrigens der »Semaine« als Trésorier, als Schatzmeister.[277] Finanzchef der »Semaine« war Tomarkins Bekannter Boris Pregel und Nobelpreisträger Jean Perrin, der stets seine schützende Hand über Tomarkin gehalten hatte, war die wissenschaftliche Leitung der »Semaine« anvertraut. Ein viertes Hochglanzfoto in der »Acta 1938« war dem Belgier Joseph Henri Maisin gewidmet, dem Direktor des Krebsinstituts der katholischen Universität von Löwen. Maisin, der auch im berühmten »Rockefeller Institute for Medical Research« in New York gearbeitet hatte, mit Pregel bekannt war und mehrfach in die USA reiste, spielte seit Anbeginn der »Union« eine wichtige Rolle. Er redigierte lange Jahre deren »Acta«, übernahm später den von Tomarkin so begehrten Posten eines Generalsekretärs und rückte nach Justin Godarts Ausscheiden zum Präsidenten der UICC auf. Das Quartett Justin Godart, Boris Pregel, Joseph H. Maisin und Bernard Flurscheim sollte auch die folgenden Kongresse der Union prägen. Während Jean Perrin 1942 im Exil starb, mischten die vier auch 1939 in Atlantic City, 1947 in St. Louis und 1950 wieder in Paris als UICC-Würdenträger mit.

Große Fotos würdigten in der »Acta 1938« die französischen Spitzenpolitiker (siehe Teil A). Staatspräsident Albert Lebrun, Bildungsminister Jean Zay, Gesundheitsminister Marc Rucart waren hier ebenso verewigt wie die französischen Koryphäen der wissenschaftlichen Radiologie.[278] Wer in der »Acta« weiterblättert, wird auf den ersten Blick von der bildlich demonstrierten Bedeutungsschwere überwältigt, ja eingeschüchtert. Auf den zweiten Blick verwirren einen die Zusammenstellungen der zahllosen Komitees und Kommissionen; sie wirken hypertroph, überdimensioniert. Was beeindruckend sein sollte, irritiert. Die endlosen Aufreihungen der Grußbotschaften und Begrüßungsworte, die Aufzählungen der Mitwirkenden langweilen. Man erkennt zum Beispiel, dass in den Listen der gleiche Mann oft mehrfach aufscheint. Der Brüsseler Albert Dustin etwa, schon immer eine Stütze der Tomarkin'schen Kurse, wird in dieser »Acta« als Mitglied der Académie, als Vereinsmitglied der »Ligue nationale contre le cancer«, als Autor, als Rektor und Professor der Universität sowie als professoraler Angestellter des Gesundheistministeriums wie des Bildungswesens mit viel Aplomb unter sechs verschiedenen Titeln raumgreifend aufgeführt. Delegationen und Schirmherrschaften, Vereinigungen und Komitees wechselten mit Namennennungen von Einzelpersonen ab, die vielleicht in irgendeiner Weise indirekt mit der »Union«, der »Acta« oder einer der weltweiten Veranstaltungen in Berührung kamen. Allzuoft ist unklar, wer wirklich mitmachte und wer bloß indirekt dabei war. Der Verdacht keimt auf, dass dem eigentlichen Event eine recht kleine Gruppe folgte und die »Acta 1938« für den Betrachter den Kongress gehörig aufbauschten. Betrachtet man zudem in einem dritten, kritischen Blick das Foto der »Séance Solennelle d'Ouverture« vom 23. November 1938 nochmals und rechnet die Personen weg, die als Ehrengeladene oder Politiker teilnehmen mussten, so bleibt doch eine recht kleine Gruppe übrig. Der übliche Fotoblick in den Saal fehlt. Vielleicht weil es zu viele leere Stühle gab?

Auf den vierten Blick wirken die dahinziehenden Bilder der posierenden Häupter leicht übertrieben oder gar deplaziert. In der »Acta« von 1931 waren es wenigstens noch 28 wissenschaftlich Vortragende des 3. Kurses gewesen, die man von Abderhalden bis Witebsky bildlich dargestellt hatte, nun reihten sich vornehmlich gekrönte und ungekrönte Würden- und Amtsträger aneinander: ein Dutzend förmlich-steifer Gesichter blicken in offizieller Uniform aus den Seiten hervor. Mexikos Präsident unterschrieb sein Porträt »con un profunda simpatica por un labor humanitaria«, Bulgariens König versicherte dem Unterfangen seine »sincère admiration«.[279]

Tomarkin hoffte vielleicht, die gelichteten Reihen hochkarätiger Wissenschaftler fototechnisch mit den Konterfeis von Blaublütlern und Honoratioren wettmachen zu können. Bereits eine frühere »Acta« der Krebsunion hatte den Papst, Königinnen und Präsidenten abgebildet. Nun ließen sich acht Könige und Königinnen bzw. eine Großherzogin, etliche Staatspräsidenten und zahlreiche Minister ablichten, die ein Patronat für die nationalen Wochen übernommen hatten. Deutschlands Führer war nicht ins Bild gesetzt, für Italien posierte König Vittorio Emanuele. »Fishing for compliments«, ließ sie Leander Tomarkin manche Konterfeis auch mit Widmungen signieren. Für diese honorablen Schirmherrschaften war die Repräsentation bloß ein administrativer Akt, sie waren selbstverständlich in Paris nicht persönlich dabei. Schwerer ins Gewicht fiel, dass kaum Nobelpreisträger anwesend waren. Von den 1938 noch lebenden 30 Physik-Nobelpreisträgern kamen nur drei in den »Palais de la Découverte«: der Kongress-Präsident Jean Perrin selbst, der Engländer Sir George Paget Thomson und der Franzose Victor de Broglie. Dazu kamen die Chemiepreisträger Irène und Frédéric Joliot-Curie. Von den Nazis erzwungen, blieben Deutschlands bedeutende Nobelpreisträger wie Max von Laue, Max Planck, Johannes Stark, James Franck und Werner Heisenberg fern. Der Physiker Gustav Hertz, 1935 wegen seiner jüdischen Abstammung kaltgestellt, war offenbar auch nicht persönlich anwesend. Er fehlte ebenso wie der Däne Niels Bohr und ein Dutzend angelsächsischer Preisträger. Einstein war *der* große Abwesende, mit dem es sich Tomarkin ja auch noch höchst persönlich verdorben hatte. Die »Acta 1938« erschafft vor unseren Augen recht eigentlich erst den Pariser Riesenevent, der in Wirklichkeit hinsichtlich der Wissenschaftspotenz ziemlich dürftig war und auch im Pariser »Figaro« kaum Spuren hinterließ.[280]

Die wissenschaftlich-philanthropische Pariser Anti-Krebs-Woche mit den spektakulären Ausstellungsdemonstrationen hatte über die persönlichen Verbindlichkeiten der Verantwortlichen hinaus eine kommerzielle Dimension. Oder umgekehrt betrachtet: Die universitäre Wissenschaft kam nicht ohne die wirtschaftliche Komponente aus. Das war nicht bloß am Ausstellungsmaterial abzulesen, das etwa die belgische »Union Minière du Haut-Katanga« lieferte, sondern auch an den Vorträgen. Laborchefs großer Firmen kamen zu Wort. So hielt etwa Dr. A. Bouwers, Direktor des »Laboratoires Roentgen de Philips« aus dem holländischen Eindhoven, einen Vortrag über die Produktion der Strahlungen. Und in der »Acta 1938« waren Inserate der »Philips Société anonyme belge« und der »Laboratoires Lumière de Lyon« zu finden. Dass Anzeigen in medizinischen Publikationen gestreut wurden, war allerdings keinesfalls neu.[281]

Die Akten zum Découverte-Ereignis, die im »Centre des archives contemporaines« im französischen Fontainebleau aufbewahrt sind, geben nochmals Zeugnis von der Verflochtenheit mit der interessierten Industrie, mit »Philips«, der »General Electric« oder der »Union Minière du Haut-Katanga«.[282] Wie in diesen Papieren zu verfolgen ist, ging es nicht bloß um die Kosten der Installationen, des Betriebes und des Stromes, sondern auch um die Masse und Stärke der 300-Kilowatt- und 600 000-Volt-Ungetüme. Das dem Radium und der Radioaktivität gewidmete Zimmer im Palais schien zu klein, die Böden zu schwach und die Wände zu gefährlich für einen »Appareil universel de Curiethérapie«. Doch der sich sorgende Boris Pregel konnte schließlich beruhigt werden, die Deckenhöhe war mit sechs Metern, der Boden mit einer Tragkraft von 350 Kilogramm pro Quadratmeter ausreichend, die hölzernen Zwischenwände konnten mit unentzündbarem Material überdeckt werden und die Türen erlaubten, mit der angezeigten Dimension von drei Metern Tiefe auf sechs bis sieben Metern Länge zu passieren. Auch vom benötigten Dreiphasenstrom für die stromfressenden Maschinen war genügend vorhanden.

Neben der eigentlichen »Semaine« mit ihrem Kongress und ihrer Ausstellung in Paris war es an den nationalen Agenturen, Krebswochen in ihren Ländern zu organisieren und ihre höchsten Staatshäupter für das Patronat zu gewinnen. In der Schweiz oblag dies der Schweizerischen Krebsliga mit dem Genfer Professor Alcide Jentzer, und die Rolle des Schirmherrn fiel dem Bundespräsidenten zu. Doch die Schweiz hatte – wie wir gesehen haben – ihre Vorbehalte gegen Tomarkin. Die »Affäre Tomarkin« in der Generalsekretärsache hatte viel Bauchweh und Kopfzerbrechen verursacht, und Giuseppe Motta plagte die Sorge, ob die Schweiz trotzdem das Patronat über die erste Anti-Krebs-Woche übernehmen sollte. Schließlich rang man sich durch, war die Schweiz doch auch Mitglied der UICC. Es wurden 1 000 Franken für eine unter bundesrätlichem Patronat stehende Anti-Krebs-Manifestation in Bern versprochen.[283] Der Bundespräsident – 1938 war der freisinnige Herisauer Johannes Baumann an der Reihe – schrieb dem Kongress ein artiges Telegramm, das im »Palais de Découverte« verlesen und später in der »Acta« abgedruckt wurde.

Offiziell hatte die Schweiz den Präsidenten der Schweizer Krebsliga, Alcide Jentzer, und den eben emeritierten Berner Chirurgen Fritz de Quervain delegiert. Die Schweizer Presse hatte kaum über den dürftig beschickten Pariser Kongress, aber sehr hübsch über die nationale Krebswoche mit dem Auftritt Eve Curies in Bern geschrieben. Ein Hinweis auf Leander Tomarkins Rolle bei der Initiierung dieser Anti-Krebs-Veranstaltung fehlte allerdings in den Zeitungen gänzlich, man schrieb gar beiläufig von einer »Jahrestagung der Schweizer Vereinigung zur Krebsbekämpfung«.[284]

Eigentlich könnte man bewundern, wie Tomarkin dank der Union, dank Perrin, Godart und Pregel sein Pariser Event angesichts der widrigen politischen Umstände doch ganz tüchtig über die Bühne gebracht hatte. Das Aufplustern in der »Acta« hinterlässt einen schalen Geschmack und dass es zu guter Letzt auch noch zu einigen Streitigkeiten wegen unbezahlter Rechnungen mit der »General Electric« kam[285], war bei Tomarkin wohl unvermeidlich. In den Augen der Frankophonen tat dies dem erfreulichen Gesamteindruck aber auch diesmal keinerlei Abbruch. Drei Gründe dürften für die Franzosen ausschlaggebend gewesen sein, Tomarkin bei ihrem Kongress zu engagieren: Sie wussten nichts über seine Vergangenheit und taxierten ihn nach seinem unbestrittenen Organisations- und Werbetalent. Geldmogul Boris Pregel unterstützte ihn aus Gründen, die noch zu untersuchen sein werden, ebenso der bewährte Finanzchef der Union. Und schließlich gab es für Frankreich politische Gründe, sich gegenüber Deutschland wissenschaftlich zu behaupten und dem von den Nazis verfemten Tomarkin den Rücken zu stärken.

Veranstaltungen, organisiert von Leander Tomarkin[287]

– Konstituierung des europäischen Zweiges der Tomarkin-Foundation 21. 6. 1930 in Locarno

01. Fortbildungskurs der Tomarkin-Foundation 25.9.1930–14.10.1930 in Locarno

02. Fortbildungskurs der Tomarkin-Foundation 14.4.1931–24.4.1931 in Locarno

03. Fortbildungskurs der Tomarkin-Foundation 11.10.1931–26.10.1931 in Locarno

04. Fortbildungskurs der Tomarkin-Foundation 12.9.1932–2.10.1932 in Mailand

05. Fortbildungskurs der Tomarkin-Foundation 13.8.1933–27.8.1933 in St. Moritz

-- Fortbildungskurs der Tomarkin-Foundation 5.8.1934–18.8.1934 in St. Moritz (verlegt)

06. Fortbildungskurs der Tomarkin-Foundation 9.9.1934–22.9.1934 in Meran

07. Fortbildungskurs der Tomarkin-Foundation 12.9.1935–2.10.1935 in Brüssel und Spa

-- Fortbildungskurs der Tomarkin-Foundation 7.9.1936–21.9.1936 in Athen (kam nicht zustande)

08. Fortbildungskurs der Tomarkin-Foundation 25.3.1937–6.4.1937 in Algier

09. Réunion internationale de Physique-Chimie-Biologie im »Palais de la Découverte«, Paris, Okt. 1937

10. Erste Internationale Krebswoche im »Palais de la Découverte«, Paris, 23.–30.11.1938

Für einen restlos begeisterten Jean Perrin jedenfalls war Tomarkin nach dem Découverte-Kongress ein so aktiver, außergewöhnlich talentierter, generöser, enthusiastischer, mutiger Mann, dass er ihn sogar für das Kreuz der Ehrenlegion vorschlug, für »la croix de Chevalier de la Légion d'Honneur«.[286] Perrin war selbst Mitglied der französischen Ehrenlegion und ebenso Kommandant des belgischen »Ordre de Léopold«. Doch Tomarkin sollte ebenso wenig das französische Ehrenkreuz wie den belgischen Orden erhalten, von dem schon nach dem Brüsseler Kongress die Rede gewesen war. Und die von seinem Sohn 1976 kolportierte Geschichte von seinem »Nobel Pricewinning father« erwies sich als gänzlich frei erfunden.[288]

Nach Tomarkins zehntem, dem Pariser Kongress dauerte es noch neun Monate, bis Europa in den weltkriegerischen Abgrund raste. Tomarkin blieb nur noch wenig Zeit auf dem alten Kontinent.

25 Abschied von Europa und eine neue Familie

Ein wenig von seiner knapp bemessenen, im alten Europa noch verbliebenen Zeit schenkte Tomarkin seinem Sohn. Rolando hatte seine Internatszeit im »Collegio San Giuseppe« bei der Spanischen Treppe, das noch heute als Schulinstitut gebraucht wird, mehr schlecht als recht überstanden.[289]

Im Juli 1927 war der Zwölfjährige in der Chiesa des Kollegiums katholisch getauft worden, was im Hinblick auf die Judenverfolgungen in den 1930er-Jahren nicht ganz bedeutungslos war. Dass Rolandos Geburtsdatum auf der Taufurkunde mit dem 24. Oktober 1915 falsch festgehalten wurde, mag nur erstaunen, wer amtliche oder kirchenamtliche Dokumente für zweifelsfrei hält. Mit der Taufe erhielt Rolando Teobaldo mit Lucio Giuseppe noch zwei weitere Namen, die auf eine enge Beziehung Rolandos bzw. seines Vaters Leander zum römisch-katholischen Vatikan hindeuten. Gemäß Rolandos späterer Ehefrau Gertrud Tomarkin sei Rolandos Pate Lucio Lecciti eine Persönlichkeit des Vatikans gewesen, der »am Morgen in der Sänfte abgeholt und am Abend wieder in der Sänfte zu seinem Häuschen außerhalb des Vatikans gebracht« wurde.[290] Rolando habe im Chor des Vatikans, der unweit des Collegio San Giuseppe lag, mitgesungen. Wie wir gesehen haben, ließ sich Vater Leander selten bis nie blicken. Nur wortreiche Entschuldigungen und Versprechungen trafen ein, ebenso der Wunsch des Vaters, Rolando möge neben der Schule »Klavier und Musik studieren.«[291] Rolando ließ sich schließlich, nach Bern zurückgekehrt, zum Mechaniker ausbilden. Dabei ließ er etwas vom väterlichen Erfindungsgeist spüren und erfand später eine »elektrische Vorrichtung, welche Explosions- und Vergiftungsmöglichkeiten bei Apparaten ausschaltet, die Gase oder flüssige Brennstoffe verbrennen«[292]. 1937 verheiratete er sich mit Gertrud Salm. Die Familiengründung hinderte Leander offenbar nicht, seinen Sohn in seine Geschäfte einzuspannen. Das bedeutete, dass Rolando bei Bedarf alles stehen und liegen lassen musste, um sofort auf Vaters Anordnungen zu reagieren.

Es muss kurz vor Leanders definitiver Abreise nach Amerika gewesen sein, als er in Bern seine Schwiegertochter Gertrud kurz besuchte. »Man wusste nie, woher er kam. Er tauchte plötzlich auf«, beschrieb Gertrud Leanders äußerst seltene Besuche.

Leander kam auch, um seine erste Enkelin zu sehen: »Er hatte Freude, nahm mich und meine Tochter mit dem Auto mit und fuhr an einen Waldrand. Dort nahm er sein Buch« – die »Acta« über den Kongress 1938 in Paris – »hervor, schrieb seine Widmung hinein und schenkte es mir. Darauf verschwand er wieder. Er zeigte nur sein Buch.« Die »Acta« war für Gertrud Tomarkin eigentlich wenig interessant: »Ich verstand nur, dass Leander sehr viele große Personen kannte.« Auch in der Familie konstruierte sich Leander Tomarkin seinen Ruf, indem er einen Eindruck heraufbeschwor, aus dem die Umgebung die beabsichtigten Schlüsse zog. Wie gewohnt, überantwortete er auch bei seiner Ausreise seine Möbel und Einrichtungen einfach der Sohnesfamilie und kümmerte sich nicht um Vergangenes. Zurück ließ unser Leander interessanterweise auch ein Schweizer Sparbüchlein. Als in der Schweiz im Zuge der Aufarbeitung des Schweizer Anteils an den Nazi-Verbrechen nach »nachrichtenlosen Vermögen« geforscht wurde, erschien auch Tomarkins Bankbüchlein auf den publizierten Listen. Leider interessierte sich Leanders Familie nicht dafür, sie wollten nichts mehr mit Leander zu tun haben. Wir Forscherinnen hingegen hätten gerne gewusst, ob sich Leander einen finanziellen Fluchtweg angespart hatte. Allerdings hätte er das Büchlein wohl kaum vergessen, wenn es reichlich mit Geld bespickt gewesen wäre.

Nicht zurück ließ Leander Tomarkin seine neue Familie. Fünf Jahre nach der Scheidung von Amalie hatte Leander Tomarkin 1930 ein zweites Mal geheiratet. Im Tessiner Kantonsarchiv fand sich eine hübsche Heiratsanzeige für Dienstag, den 8. April 1930 in Florenz: »Dr. Leandro W. Tomarkin, New York – Cleveland Place 27, und Wanda Milla, Firenze – Via Cavour 81, partecipano il loro matrimonio«.[293]

Wen hätte es gewundert, wenn auch diese Eheschließung nicht reibungslos über die Bühne gegangen sein sollte? Schwarz auf weiß stand das Heiratsdatum auf dem Ehekärtchen im Archiv. Dass es trotzdem nicht wirklich geschehen sein soll an diesem Dienstag, dem 8. April 1930, mussten wir verblüfft von den Nachfahrinnen vernehmen. Leanders Schwiegervater, erzählte Maddalena Tomarkin, habe auf die Vermählung gedrängt, die Hochzeit arrangiert, die Gäste geladen: »Wer nicht kam, war der

Bräutigam. Erst eine Woche später kam er an und sagte, nun sei er da, nun werde geheiratet.«

Wem war nun zu trauen, dem gedruckten Kärtchen oder der Familienüberlieferung? Wir glaubten Maddalena, weil uns eine solche Geschichte typisch für Leander erschien. Doch ich wollte sicher gehen und bat die Zivilstandesbeamtin der Heimatgemeinde um einen Blick in die Eheregister. Ihr Bescheid: »Wie Sie gesagt haben, ist es wirklich der 8. April 1930.«[294] Da war also das schriftliche Kärtchen exakter als die Erinnerung. Was aber ist mit der mündlichen Aussage? Eine reine Erinnerungstäuschung? Oder ein Missverständnis: War nicht der formelle Hochzeitsakt in Florenz, sondern eine Hochzeitsfeier gemeint, an der Leander erst eine Woche später teilzunehmen geruhte? Oder hatte er den fernen Lieben ein falsches Datum geliefert, damit die nicht zur Trauung auftauchten?

Die aparte, zehn Jahre jüngere Wanda stammte – gemäß Familienüberlieferung – aus einer wohlhabenden italienisch-jüdischen Industriellenfamilie. Vater Milla sei »ein großes Tier« gewesen. Die Tomarkin-Millas wohnten sommers in der Villa in Viareggio, winters im Stadthaus in Florenz. Dem Paar sollten schließlich vier Töchter und ein Sohn geboren werden.[295]

26 In der Neuen Welt oder Tomarkin, der Amerikaner

Tomarkin blieb in Paris, obwohl am 23. August 1939 der deutsch-sowjetische Nichtangriffspakt unterzeichnet, am 1. September 1939 Polen von den Nazis überfallen worden und zwei Tage später Frankreich und Großbritannien dem Deutschen Reich den Krieg erklärt hatten. Tomarkin blieb weit über die Drucklegung der UICC-»Acta« am 31. Juli 1939 hinaus an der Seine[296] und machte keine Anstalten, sich in den USA um den nächsten UICC-Anti-Krebs-Kongress Mitte September 1939 in Atlantic City zu kümmern.

Der fand ohne ihn statt und wurde von seinem Kontrahenden Félix Sluys organisiert. Angesichts des Krieges und der vielen Abwesenden aus der »Vieux-Monde« war er stark gefährdet, und man war sich bei der Eröffnung einig, dass selten eine wissenschaftliche Versammlung »dans des moments aussi tragiques« zusammengekommen sei.[297] Der starke Mann war nun Professor Francis Carter Wood, Pathologe der Columbia Universität, Vizepräsident der UICC und Herausgeber des »American Journal of Cancer«. Nicht nur war Wood ein tätiger Freund von Madame Curie und »played an important part in raising funds to buy radium for her«. Er sollte im Gegensatz zu Tomarkin auch in die französische Ehrenlegion aufgenommen werden und den belgischen Kronorden erhalten. Tomarkin hätte neidisch werden können.

Da Leander nichts mit Atlantic City zu tun hatte, bemühte er sich um ein anderes transatlantisches Projekt. Wie schon sein Brüsseler Kongress in Ergänzung zur Weltausstellung stattgefunden hatte, so sollte auch sein geplanter »Second International Congress of Pure and Applied Science« in New York City im September 1940 mit Hinweis auf die »New Yorker World's Fair« inszeniert werden.[298] Für sein Unterfangen gewann er – noch immer in Paris – einmal mehr die Unterstützung des Ehepaares Frédéric und Irène Joliot-Curie sowie von Nobelpreisträger Jean Perrin. Mit vereinten Kräften bearbeitete man Ende 1939 und im Januar 1940 die berühmtesten Wissenschaftler, um sie zu einer Teilnahme und einer Mitarbeit an diesem New Yorker Ereignis zu bewegen.

Von den unzähligen Werbebriefen sind heute unter anderen die Schreiben an die beiden Nobelpreisträger Professor Ernest Lawrence in Berkeley und Professor Niels Bohr in Kopenhagen noch vorhanden. In der Propagandaschrift schilderte Tomarkin episch die Erfolge seines »Congrès du Palais de la Découverte«. Er verwies in auffallender Weise allerdings nicht auf den 1938er-Kongress, sondern auf den kleineren Kongress der »Réunion internationale de Physique-Chimie-Biologie« von 1937, an dem angeblich zwölf Nobelpreisträger, 1 500 Teilnehmer aus 37 Nationen und 200 offizielle Delegierte mitgemacht hätten. Er bat die berühmten Briefempfänger, ihr kostbares, moralisches Gewicht für diese neue international-wissenschaftliche Manifestation in die Waagschale zu werfen. Ungeduldig forderte er, wenn immer möglich, ihre sofortige prinzipielle Zustimmung zum New Yorker »Congress of Pure and Applied Science« ein.[299] In ihren separaten Briefen untermauerten Frédéric Joliot und Jean Perrin Tomarkins Anliegen. Sie wiesen dabei werbend auf die »qualités exceptionnelles d'organisation de M. Tomarkin et ses relations dans les principaux milieux scientifiques européens« hin.[300]

Briefempfänger Lawrence zeigte sich anfänglich begeistert. Er fand den Kongressplan ein »very useful purpose and I shall be glad to do everything I can to assist Mr. Tomarkin in making the arrangements«.[301] Tomarkin erhielt offenbar weitere erfreuliche Wortmeldungen und entwickelte detaillierte Pläne. Den Skeptiker Bohr suchte er am 8. Januar 1940 mit dem Hinweis zu beruhigen, er habe alle Eminenzen eingeladen außer die, die mit Frankreich, England und den neutralen Staaten im Konflikt seien. Der Kongress werde unter den Auspizien der Weltausstellung von New York gehalten, wo Deutschland und Russland nicht von der Partie seien.[302] Niels Bohr blieb beunruhigt. Als ihn ein Mitglied der Pariser Rockefeller Foundation in Kopenhagen besuchte, zeigte ihm Bohr den Tomarkin'schen Brief »mit dem Kommentar, dass er bestimmte Besorgnis habe betr. Weisheit der Wortwahl von Tomarkins Brief«. Bohr hoffte, die Wissenschaftler aller Welt würden alles tun, um die internationale Neutralität in der Wissenschaft zu bewahren.[303]

Noch am 2. Februar 1940 hatte Tomarkin in Paris gesessen und in der 18 rue Soufflot als »ancien secrétaire général« des Découverte-Kongresses seine Werbebriefe geschrieben. Irgendwann war aber auch für den wendigen, tollkühnen Leander Tomarkin der Zeitpunkt gekommen, wo er Europa verlassen musste. Gemäß eigener Darstellung floh er aber nicht, sondern reiste nach New York, um den »Congress of Pure and Applied Science« in der Columbia University zu organisieren.[304]

Der 45-jährige Leander Tomarkin traf schließlich am 18. März 1940 mit der »Manhattan« von Genua aus segelnd in New York ein. Seine 34-jährige Frau Wanda folgte ihm, mit dem gleichen Dampfer reisend, am 10. Juni 1940 nach Amerika. Noch vor Ankunft seiner Frau verfasste Leander am 9. April – nun im New Yorker Chemie-Department der Columbia University sitzend – einen weiteren Aufruf für sein transatlantisches Meeting. Die vier Chemie-Professoren George B. Pelgram, Enrico Fermi, Edmond W. Sinnott und Nobelpreisträger Harald C. Urey griffen Tomarkin unter die Arme und suchten ihren amerikanischen Kollegen den geplanten Kongress für Wissenschaft und Frieden im neutralen Amerika schmackhaft zu machen. Man könne sich glücklich schätzen, in Leander W. Tomarkin einen Schweizer zu präsentieren, der als Generalsekretär des 1. Internationalen Kongresses auf eine lange Erfahrung im Organisieren von Kongressen zurückblicken könne und den Goodwill der angesehenen Nobelpreisträger Joliot-Curie und Perrin besitze. Mit dieser warmen Empfehlung ging Tomarkin auf US-Propagandatour.[305]

Einer der aufgesuchten Wissenschaftler war der Botaniker und Genetiker Professor Albert Francis Blakeslee. Auch der spätere Direktor der »Carnegie Institution of Washington« zeigte sich in einer ersten Reaktion interessiert. Als er den Plan aber im »staff-meeting« seines Departements vortrug, fand er keine Unterstützung mehr. Weder Deutsche noch Alliierte würden der jeweils anderen Partei erlauben, nach Amerika zu fahren, vermutete man zu Recht. Das Resultat wäre ein bloßer »Pan-American Congress«. Eine solche Tagung sei aber bereits für den kommenden Mai 1940 in Washington geplant.[306]

Unverdrossen schickte Tomarkin weiterhin optimistische Briefe und Prospekte herum, die den Verlauf des Kongresses, Referenten und Komiteemitglieder ankündigten. Seine Teilnehmerlisten, die er vorzeigte, waren gespickt mit den Namen prominenter Wissenschaftler, wie etwa denen der Schweizer Nobelpreisträger Leopold Ruzicka, Tadeus Reichstein und Paul Karrer. Am 21. Mai 1940 wurde es Albert F. Blakeslee zu dumm. Tomarkin erwecke einen völlig falschen Eindruck, wenn er mit diesen Listen vorgaukle, die darauf Erwähnten seien Befürworter seines Kongresses. Er solle endlich mit dieser irreführenden Agitation aufhören.[307]

Das Gerücht über einen geplanten Kongress machte in der Wissenschaftswelt die Runde und Neugierige erkundigten sich beim »National Research Council«

in Washington D. C. über das Vorhaben. Dem Council erschien nun Tomarkins Vorhaben eine recht unnötige Sache, und er war froh, Ende Mai 1940 die Argumente der »American Chemical Society« für die Ablehnung anführen zu können: Erstens existiere eine Abmachung, dass keine Meetings in Verbindung mit Messen oder Ausstellungen veranstaltet würden, in denen das seriöse Interesse mit den angebotenen Zerstreuungen in Konflikt geraten könne. Zweitens würden die International Union of Chemistry und andere internationale Organisationen die wissenschaftlichen Interessen bereits gut vertreten. Drittens dürfte der achte »American Scientific Congress« genügend Möglichkeit geben, laufende Entwicklungen international zu besprechen. Im Übrigen sei mit einzubeziehen, dass die verheerende Situation in Westeuropa alle Pläne für eine internationale Wissenschaftsbeziehung unrealisierbar mache.[308]

Bereits Blakeslee hatte Tomarkin daran erinnert, dass die Nazis inzwischen einige Länder erobert hatten. Im April 1940 war Dänemark okkupiert worden und Niels Bohr musste später nach Schweden fliehen. Im Mai 1940 wurden die Niederlande, Luxemburg und Belgien in die Knie gezwungen. Joseph Maisins Krebsinstitut in Löwen, das auch den Redaktionssitz der Unions-»Acta« beherbergte, wurde nach dem Einmarsch der Wehrmacht von der deutschen Armee okkupiert. Der getreue belgische Mitstreiter Albert Dustin wurde in die berüchtigte Huy-Zitadelle gebracht, in der die Nazis unter anderen rund 6 000 Belgier gefangen hielten, und er sollte 1942 an den Folgen seiner Inhaftierung sterben.

Am 14. Juni 1940 erfolgte der deutsche Einmarsch in Paris. Staatspräsident Albert Lebrun wurde entmachtet (er sollte nach Frankreichs Niederlage 1943 von der Gestapo verhaftet und nach Deutschland deportiert werden). Jean Perrin, Tomarkins französischer Mentor, sah sich gezwungen, nach Amerika zu übersiedeln. (Perrin starb bereits 1942, und seine sterblichen Überreste sollten 1948 vom Kriegsschiff »Jeanne d'Arc« im Triumph nach Frankreich überführt und im Panthéon beigesetzt werden.) Auch Pregel floh 1940 in die USA. Godard lebte ab 1940 im Untergrund und wurde von der Gestapo gesucht. Das Ehepaar Joliot-Curie versteckte sich nach der Besetzung von Paris durch deutsche Truppen in Clermont-Ferrand. Zwar kehrte es wieder in die Hauptstadt zurück, doch Frédéric Joliot spielte in Paris eine riskante Doppelrolle als Forscher am Collège de France und als Résistance-Kämpfer. Weder er noch seine Frau Irène, die sich zeitweise in der Schweiz in Sicherheit brachte, hatten da die Muße, sich weiter um ferne Kongresse zu kümmern.

Die Welt stand in Flammen, die Mitstreiter waren vertrieben oder geknebelt, nichts war mehr wie früher. Trotzdem ignorierte Tomarkin Krieg und Flucht mit seltsamer Blindheit und autistischem Starrsinn und weigerte sich, von seinen internationalen Kongressideen abzurücken. Er griff die von Blakeslee erwähnte Institution des Panamerikanischen Kongresses auf, klammerte sich an sie als einen Strohhalm und machte sich ebenso unverbesserlich wie unverwüstlich daran, daraus ein Riesenevent »against cancer« zu entwickeln.

Tomarkin nannte sich Ende 1940 »Former Secretary General of the International Union Against Cancer«, eine Stellung, die er nie formell, sondern nur provisorisch und sehr kurz bekleidet hatte. Mit dieser Amtsanmaßung warf er sich auf ein pan- bzw. lateinamerikanisches Betätigungsfeld. Als »executive secretary of the Pan-American Society for the Control of Cancer« wollte er den Pariser Kongress auf Lateinamerikanisch auferstehen lassen und schwadronierte erstens von einem Pan-Am-Kongress, zweitens einer in allen Ländern simultan durchgeführten Pan-Am-Krebswoche sowie drittens einer Anti-Krebs-Ausstellung. Forsch behauptete er, im Gründungskomitee seiner »Pan-American Union against Cancer« seien zwanzig Länder vertreten.[309] Nachdem von einem ersten Kongress in Buenos Aires, dann in Brasilien die Rede war, wurde es still um die Pan-Am.

Zudem fand Tomarkin in der American Cancer Society keinen Rückhalt. Im Gegenteil! Die Society erklärte, ihr sei die »Pan-American Union Against Cancer« unbekannt. Wie man intern raunte, war die amerikanische Antikrebsgesellschaft gegen den selbst ernannten Sekretär Leander Tomarkin eingestellt und sie wollte sich deshalb nicht mit der Pan-Am einlassen.[310]

Damit war Tomarkin der Boden entzogen, als treibende Kraft einer Krebsunion an seine europäische Kongresstätigkeit anzuknüpfen. Aus war sein amerikanischer Traum, nach früherem europäischem Vorbild und altbekannter Manier von New York aus alle zwei bis drei Jahre ein Meeting zu organisieren, dafür ein permanentes Büro aufzubauen sowie ein »Hohes Komitee« wissenschaftlicher Patronate und Räte anzuleiten.

27 Als Ronald Reagan Tomarkins Diamantenshow stahl

Leander Tomarkin konnte sich in den USA nicht mehr als Eventgestalter, Kongressmanager oder Wissenschaftsvermarkter etablieren. Naheliegend wäre es gewesen, wenn er nach Kriegsende den Handel mit seinen Heilmitteln und ähnlich gelagerten Medikamenten intensiviert hätte. Dass es zwar in der Zeit des Zweiten Weltkrieges in Europa unmöglich war, chemische Präparate über die Grenzen zu verkaufen, ist nachvollziehbar. Abgesehen von den gesperrten Verkehrswegen, wurden Devisen zum Ankauf nicht kriegswichtiger Waren von der deutschen Devisenverwaltung nicht freigegeben.[311] Nach 1945 aber waren diese Grenzen wieder offen. Auch der zwischenkontinentale Handel hätte dank der Beziehungen zu Dr. Hans Röder, seinem ehemaligen und ausgewiesen tüchtigen Kompagnon, klappen können. Röder hatte Ende der 1930er-Jahre von Zürich aus die Vertretung eines amerikanischen Pharmakonzerns übernommen, in dessen Auftrag er die Markteinführung verschiedener Antibiotika besorgte. Aber nichts deutet auf eine solche Zusammenarbeit von Tomarkin und Röder hin.

Auch im chemisch-medizinischen Forschungsbereich konnte Tomarkin nicht Fuß fassen und nicht an seine alte Leidenschaft anknüpfen, Medikamente gegen Tuberkulose und Krebs zu erfinden. Was die Tuberkuloseforschung betraf, so hatte er den Anschluss an die neuesten amerikanischen Forschungen endgültig verpasst, entdeckte doch der aus Russland stammende Amerikaner und spätere Nobelpreisträger Selman A. Waksman in den Jahren des Zweiten Weltkriegs das wirksame Antibiotikum, womit Tomarkins »Wundermittel« endgültig begraben werden konnten. Auch aus der Krebsforschung wurde nichts. Als sich Tomarkin als Autorität in der radioaktiven Krebsbehandlung bezeichnete – als Experte in der »scientific research relating to radioactive-tracer-elements in physiological processes«[312] –, wandte sich die »American Cancer Society« fragend an die »American Medical Association«. Zum dritten Mal nach 1928 und 1930 untersuchte also die AMA Tomarkins Reputation in wissenschaftlicher Beziehung, seinen persönlichen Charakter, seine Integrität und Glaubwürdigkeit. Der AMA-Beauftragte wühlte in den alten Dossiers und brachte der Cancer Society die damaligen Notizen und Referenzhinweise zur Kenntnis. Obwohl eine Reihe von Jahren vergangen sei, schloss die AMA 1946, hätten Tomarkins Technik und seine Produkte – falls überhaupt – wenig wissenschaftliche Unterstützung erlangt.[313] Tomarkin brachte in der amerikanischen Medizinerwelt kein Bein auf den Boden. Man war wieder unliebsam auf ihn aufmerksam geworden und hatte sich an seine Diskreditierung beim amerikanischen »Council on Pharmacy and Chemistry« – der gestrengen US-Heilmittelkontrolle – und bei der gewichtigen »American Medical Association« AMA erinnern können.

Wie wir gesehen haben, besann sich Tomarkin schließlich auf seine ursprünglichen, kreativen Talente und versuchte, mit Erfindungen Geld zu verdienen, hatte er doch fünf Kinder zu ernähren. Seine Erfindungen als Willensakte darzustellen, erweckt den Verdacht, dass Tomarkin möglicherweise weniger der seriöse Forscher als der talentierte Verwerter und Patentierer einiger Neuerungen war. Nach Auskunft seiner Familie hatte er unterschiedliche Firmen. In seinem Testament wird er selbst von Patenten und Erfindungen, von Investitionen und Reinvestitionen sprechen sowie von Anteilsrechten an Patenten und Erfindungen wie auch von Aktienanteilen »bei Gesellschaften, die von irgendeiner oder einigen jener Erfindungen Patentübertragungen oder Lizenzen kauften«.[314] Wir möchten nicht den Eindruck erwecken, dass wir den Durchblick über die übereinandergeschachtelten, auseinandergenommenen und neu eingerichteten Unternehmungen hätten gewinnen, geschweige denn, dass wir alle relevanten Patente hätten aufspüren können. Trotz Online-Datenbanken lässt sich nicht mehr flächendeckend nachvollziehen, welche Patente Tomarkin selbst erlangte und verwertete. Überdies wurden die Patente national vergeben, die Patentierungsgesuche mussten also in jedem Land einzeln eingereicht, bewilligt und registriert werden. Nur an Beispielen konnten wir im Teil A gewisse Geschäftigkeiten nachzeichnen, einzelne Patente festmachen und belegen, dass Tomarkin mit seinen Firmen auch Forschungen ankaufte, initiierte und auch Forscher einstellte. Überdies sind wir vielleicht Tomarkin insofern auf den Leim gegangen, als wir vornehmlich die von ihm in der Zeitung vorgestellten Patente beachteten. Schmunzeln ließ uns, dass viele der Tomarkin'schen Appreturen, auf denen er kleinere Patente hielt, der Überdeckung, dem äußeren Schein und der Verschönerung dienten – eine Kongenialität zu seinem Leben? Mit der Bearbeitung von Stoffoberflächen knüpfte er zudem an seine »impermeabiles«, seine wasserundurchlässigen Regenmäntel an, die er um 1920 erfand und in die Pleite ritt. Mit der Wasserundurchlässigkeit tat er sich auch zwanzig Jahre später noch schwer. Zur Geschichte mit dem gerühmten, angeblich wasserundurchlässigen Anstrich »Aquella« (siehe Teil A) gibt es nämlich eine saftige Geschichte hinter der offiziellen Version.

Bereits im Frühsommer 1942 hatte Leandro W. Tomarkin versucht, eine wasserabstoßende Deckfarbe auf den Markt zu werfen, die von Franzosen entwickelt, hergestellt und an der Maginot-Linie ausprobiert worden war.[315] Um ein Gütesiegel für diesen »Aquella« genannten Verputz zu erhalten, wurde Tomarkin mehrfach in der US-Materialprüfungszentrale, im »National Bureau of Standards«, vorstellig. Tomarkin erklärte, dass er keinen persönlichen Nutzen an diesem Produkt habe. Wie im Falle des »Antimicrobum« strich er dessen Wichtigkeit für die Menschheit gebührend hervor und redete seine eigenen Interessen daran klein. So stimmte der Direktor einer Testreihe »im nationalen Interesse« zu, obwohl es nicht gängige Praxis der Zentrale war, für Privatleute Testserien durchzuführen. Man hoffte, die während der Kriegsjahre hastig und schluderig errichteten Gebäude mit dieser Abdeckung schützen und stabilisieren zu können. Die erste Testphase von »Aquella« verlief hervorragend. Die Ergebnisse, die aber nicht kommerziell und publizistisch verwendet werden sollten, wurden in einem ersten Bericht lobend festgehalten. Eine spätere Überprüfung der mit diesem Verputz behandelten Mauern ergab dann aber schlechtere Resultate. Der angeblich wasserundurchlässige Abrieb war nach einiger Zeit nicht besser als andere, auf dem US-Markt erhältliche Abdeckungen. Dieser zweite Bericht schien Tomarkin aber nicht zugestellt worden zu sein. Hingegen zeigte sich nun, dass er durchaus kommerzielle Interessen an »Aquella« verfolgte. Tomarkin gab sich als Direktor des »Center for Applied Scientific Research and Industrial Technology« in New York aus. An der Spitze der Herstellungs- und Vertriebsorganisationen für »Aquella« saßen neben ihm Ira A. Campbell und Zella Fay Campbell. Den alten Mäzen seiner Foundation hatte er nun also samt

Frau als Geschäftspartner gewinnen können. Auch Ehefrau Wanda Tomarkin saß im »Aquella«-Verwaltungsrat, ob sie bzw. ihre Familie auch Geld in dieses Unternehmen gesteckt hatte, lässt sich nicht feststellen. Aufgrund der lobenden Reklameberichte im »Forbes« und »Reader's Digest« gingen bei der US-Materialprüfungszentrale über 20 000 Erkundigungen ein und brachten das Amt in eine gewisse Verlegenheit. Das Ganze ging schließlich als »Aquella Incident« in die Geschichte dieser US-Zentrale ein, und deren Chronist lässt durchblicken, dass Tomarkin mit seinen Privatinteressen und nicht etwa eine Regierungsagentur »im nationalen Interesse« der Hauptantreiber in Sachen Aquella-Tests gewesen sei. Nachdem ein neuer Direktor der Materialprüfungsanstalt die zweiten, die schlechten Resultate weitergegeben hatte, wurde auch Amerikas Wettbewerbskommission »Federal Trade Commission FTC« aufmerksam. Sie reichte im Dezember 1948 Klage ein: »Aquella« sei nicht »waterproof« oder »watertight«. Die Werbung sei deshalb irreführend und müsse eingestellt werden. Betroffen von der Klage waren die Herstellerfirma »Aquella Products Inc. New York« als Nachfolgerin der »Modern Waterproofing Paint Company« sowie die Verteilfirma »Prima Products«. Angeklagt waren somit – wie die »New York Times« am 4. Dezember 1948 schrieb – vor allem Leander W. Tomarkin, Ira A. und Zella F. Campbell.

Bizarr war, dass in der »Aquella«-Reklame der Vergleich mit der Maginot-Linie hervorgestrichen wurde – war die Linie doch zum Symbol kolossalen Misserfolges geworden. Bekanntlich war ja die französische Maginot-Linie gegen die deutschen Aggressoren nicht zum Tragen gekommen, weil die Nazis Belgien überfallen und 1940 auf diesem Weg den hinter der Mauer sitzenden französischen Truppen in den Rücken hatten fallen können. Die Werbung spielte natürlich nicht auf diesen Umstand an, sondern auf das Wasser aufsaugende Mauerwerk. Die Ironie der Geschichte wollte es schließlich, dass »Aquella« tatsächlich mit der Maginot-Linie vergleichbar war, die Farbe erwies sich als gleichermaßen nutzlos. Der Prozess mit der Wettbewerbskommission FTC um »Aquella« zog sich bis Juni 1953 hin.

Wer heute nach »Aquella« googelt, findet Folgendes:
»AQUELLA was developed in 1935 by one of the leading industrialists of France. One of the earliest uses of AQUELLA was in the underground fortifications of the Maginot Line, where, due to the great depth and considerable hydrostatic pressure, profuse seepage existed. AQUELLA has been used extensively throughout Europe, in the USA and Australia as well as in New Zealand and has been approved by the following testing authorities. Laboratories of the Building Trades and Public Works, Paris. United States Bureau of Standards ...«[316]

Tomarkin wechselte schließlich das Gewand des Produktes und reichte im Sommer 1952 ein Patentgesuch für einen von ihm erfundenen wasserabstoßenden, da mit Silikon versetzten Verputz ein.

In der Familie sprach Tomarkin offenbar selten über seine Geschäfte. Dass die nach Rockland umgezogene Familie aber die Getreidescheune in ein Laboratorium umfunktionierte, damit der Vater nach dem industriellen Diamanten forschen konnte, war durchaus bekannt. In der Familienüberlieferung wird noch heute daran erinnert, dass doch eigentlich *nicht* die »General Electric« den künstlichen Diamanten erfunden habe. Aber »with a show moderated by Ronald Reagan« habe »General Electric«auf die Produktion der ersten Industriediamanten angestoßen. Die Behauptung, dass der spätere US-Präsident Ronald Reagan die Show gemanagt habe, schien uns kleingläubigen Forscherinnen allerdings ein wenig kühn. Allein ein Blick auf die Online-Biografie Reagans belehrte uns aber eines Besseren: »1952 ... Reagan accepted a job as spokesman for the General Electric Company«, hieß es hier kurz und bündig. Reagan also war Pressesprecher der Firma und die Präsentation gehörte gewiss zu seinen Aufgaben.[317] Die Familie hatte in diesem Punkt wohl recht. Unrecht hatte sie allerdings, wenn sie im Einklang mit der – auf Leanders Behauptung gestützten – Überlieferung meinte, ihr Vater habe wirklich künstliche Diamanten herstellen können.

Tomarkin war weit davon entfernt, Industriediamanten zustande zu bringen. Das ist erstaunlicherweise den Akten des Politischen Departements zu entnehmen.[318] Wie kam es dazu? Nun, Tomarkin selbst wandte sich im Januar 1954 – immerhin elf Monate *vor* der erfolgreichen Diamantenproduktion der General Electric – ans Schweizer Konsulat in New York. Er erzählte vertraulich, dass es ihm gelungen sei, künstlichen Diamantenstaub zu fabrizieren, und suggerierte den großen Durchbruch in der künstlichen Diamantenherstellung. Ihm sei nämlich »la plus belle découverte dans l'industrie chimique« gelungen, und er wollte Abnehmer vermittelt haben. Ganz wie der junge Tomarkin von damals fabulierte er von Firmen und Instituten, die hinter seiner Erfindung her seien. In gewohnter Weise brauchte er das Wort urgent – dringend. Und wie in alten Zeiten schmeichelte er potenziellen Käufern, dieses Mal mit der Behauptung, im tiefsten Herzen sei er Schweizer geblieben und wolle sein Heimatland von seiner Entdeckung profitieren lassen. Um es kurz zu machen: In der Folge lief alles ab wie eh und je. Tomarkin schickte beeindruckende, seitenlange technische Anleitungen und jonglierte mit exuberanten Finanzzahlen. Auch dieses Mal traf er zuerst auf einiges Interesse. Paul Scherrer, ein renommierter Schweizer Atomphysiker, sah sich die Sache an, und das Chemiewerk Lonza überlegte, ob es die Erfindung verwerten könnte.[319] Scherrer, der selbst bei den Diamantversuchen der General Electric dabei gewesen war, misstraute der Sache allerdings von

Beginn an. Da er den großen apparativen Aufwand für die Herstellung kannte, hielt er Tomarkins Erfolg für unwahrscheinlich. Zudem meinte er, dass er seine Erfindung in den USA leicht hätte patentieren und verkaufen können, wenn sie denn »wirklich reell« gewesen wäre. Tomarkins Erfindung, ließ Scherrer die Lonza nach einem Blick in die Pläne schließlich wissen, sei »im primitivsten Anfangsstadium«. Trotzdem verlange er von Lonza eine sehr, sehr große Summe für eine kurze Option auf die Erfindung. Zudem wolle Tomarkin nicht einmal seinen Geldgebern Einblick in den Stand seiner Arbeiten geben. Die »Lonza war schliesslich so enttäuscht, dass sie von weiteren Verhandlungen Abstand« nahm. Der Deal war geplatzt.

28 Büros im Rockefeller Center, Jobs von Pregel?

Einen Erfolg verbuchte Leander mit der Erfindung von schleuderresistenten Reifen, die er in Testfahrten mit dem örtlichen Polizeichef ausprobiert haben soll. In mehreren Ländern patentiert, waren Tomarkins Antigleit-Räder nach dem Diamantenflop das so sehnlichst erwartete Geschäft. Er freute sich darüber so sehr, dass er sie noch in seinem Testament namentlich erwähnen wird. Die Reifen erfand er 1963, als er bereits 68-jährig war.

Wenn wir die vorgängige Geschäftstätigkeit Leander Tomarkins in den uns bekannten Bruchstücken überblicken, so ist es uns eigentlich schleierhaft, wie er eine große Familie behaglich ausstatten und ein »large and comfortable home« in Spring Valley bewohnen konnte.[320] Die Häuser an der Hungry Hollow Road präsentieren sich heute auf Google earth als großzügig in eine grüne Parklandschaft eingebettete Anwesen. Von irgendwoher musste Tomarkin doch weitere Einnahmen haben. Sponserte Wanda Millas Familie Leanders Unternehmungen? Unterhielt er mit Ira A. Campbell weitere Beziehungen über das »Aquella«-Geschäft hinaus? Campbell hatte sich ja nicht abgeneigt gezeigt, mit Leander zu arbeiten, jedenfalls solange er ihn »überwachen« konnte. Wenn man im familiären Umfeld nach Geschäftsbeziehungen fragt, werden zwei überaus potente Namen genannt: Rockefeller und Pregel. Die Rockefeller-Stiftung und das Boris-Pregel-Imperium haben einen finanziell überaus guten Klang und hängen, was Tomarkins örtliche Verankerung betrifft, zusammen.

Radiumhändler Boris Pregel war, wie wir uns erinnern, 1935 bei den 7. Fortbildungswochen in Brüssel aufgetaucht, wo zum ersten Mal die »International Union Against Cancer« die Finger im Spiel hatte. War er via Union auf Tomarkin gestoßen oder hatte ihn umgekehrt Tomarkin zur Union gebracht? Wie fanden die beiden zueinander? Eigentlich hätten wir nach allem, was wir von Tomarkin wussten, ahnen können, dass er ein altes Beziehungsnetz oder familiäre Verbindungen zu nutzen wusste. Auf den Sprung half uns schließlich die Beinahe-Namensvetterin, die amerikanische Professorin Nina Tumarkin. Ich hatte Nina bei meinen Forschungen nach der ersten Schweizer Professorin, der Berner Philosophiedozentin Anna Tumarkin, kennengelernt. Professorin Nina Tumarkin antwortete auf die Frage, welche Verbindungen zwischen den Tomarkins und Pregel bestanden haben könnten: »Here is the connection with Boris Pregel: he was the son-in-law of Maria Tumarkin.« Pregel, verheiratet mit Alexandra, war also der Schwiegersohn von Maria. Und Maria Tumarkin wiederum war eine Tochter von Professorin Anna Tumarkins Cousine.

Nur, so einfach war es natürlich auch diesmal nicht, das zeigte sich an diesem einen »falschen« Buchstaben. Zwar sollten wir später feststellen, dass der Name auch als T*a*markin (sic!) geschrieben wurde (siehe Teil C), aber einfach darüber hinwegsehen durfte man nicht. Wo ein o sein sollte, war nun ein u. Wir entschlossen uns zu einigen Nachforschungen. Sie ergaben, dass Alexandra Pregel sicher mit der Berner Professorin Anna Tumarkin verwandt war, aber gehörte sie damit auch zu Eli und Leander Tomarkins Familie?

Die Tomarkins und die Tumarkins schienen das anzunehmen. Nina Tumarkin hatte ihrer Auskunft hinzugefügt: »I knew them all when I was a child!«, sie hatte also alle diese Tumarkins und Tomarkins als Kind gekannt. Gemäß Familienüberlieferung kannten sich Anna Tumarkin, die Philosophieprofessorin in Bern, und Papa Eli Tomarkin, zu der gleichen Zeit Medizindozent in Bern. Sie seien sich aber nicht sympathisch gewesen und sich aus dem Wege gegangen. Um die Verbindung festzumachen, mussten wir das bindende Glied zwischen To und Tu festmachen können. Zwar gelang es uns bis zur Ur- bzw. Großvaterebene, die Vornamen der Familienoberhäupter herauszufinden: Aron Tomarkin und Hirsch Lasar Tumarkin.

Aber wo war die Verbindung? Auf welcher Ururgroßvaterebene sollte diese zu suchen sein? Um den Verwandtenstatus genauer abzuklären, baten wir eine russische Wissenschaftlerin, in den weißrussischen Archiven nach Antworten zu suchen. Sie fand viel Verwandtschaft, musste aber die letzte Antwort schuldig bleiben. Der entscheidende Link fehlt, denn ihr rekonstruierter Stammbaum auf der Urgroßvaterebene beruht auf einer Volkszählung von 1858. Und die etwas später als 1858 geborenen Kinder, die das Bindeglied hätten sein können, sind somit nicht erfasst. Immerhin kann man festhalten, dass sich die beiden Familien mindestens bekannt waren. Und der mit einer Tumarkin verheiratete Boris Pregel war wohl zeitweise der Arbeitgeber von Nina T*u*markins Vater wie auch von Leander T*o*markin.[321]

Der ukrainische Atomphysiker Boris Pregel war nach der Oktoberrevolution nach Paris gekommen und machte sein Geld seit den 1920er-Jahren im lukrativen Uranium- und Radiumgeschäft. Seine in Paris ausgebildete Frau, die Malerin Alexandra, hatte er 1937 geheiratet.[322] Mit ihrer Flucht nach New York verlor Alexandra 1940 300 ihrer Bilder, die sie in ihrem Pariser Appartement zurücklassen musste. Dem 1950 naturalisierten Boris gelang in den USA der geschäftliche Ein- und Aufstieg offenbar mühelos. Er war Präsident der »Canadian Radium & Uranium Corp. of New York«, gründete den »Boris Pregel Awards for science« und wurde 1959 Präsident der »New York Academy of Science«. Einige Büros hatte Pregel im Rockefeller Center. Gertrud war der Meinung, dass ihr Schwiegervater bei Rockefellers in der Krebsforschung tätig gewesen sei und deshalb ein Büro im Rockefeller-Center gehabt habe. In der Familie erinnert man sich, den Vater im Center mehrfach besucht zu haben. Tatsächlich tragen mehrere seiner Briefkuverts als Abgabestempel den Vermerk »Rockefeller Center NY«. Ob dies für die Behauptung genügt, Tomarkin habe hier nicht nur seine Briefe eingeworfen und Besuche empfangen, sondern er habe hier tatsächlich gearbeitet und dies in Verbindung gar mit Pregels Aktivitäten? Privat verkehrten die beiden Familien Tomarkin und Pregel. Ob und welche Rolle Pregel aber in Tomarkins Geschäften spielte, bleibt reichlich unklar.

Über Leanders Geschäftstätigkeit in Amerika sind wir eindeutig zu wenig orientiert. Erstens förderte Leanders Vorliebe, nichts über sich zu erzählen, sondern sich in Fotos zu inszenieren, keine sprudelnde »oral history« bei seinen amerikanischen Kindern zutage. Zweitens war die schriftliche Quellenlage sehr schlecht. Drittens gab es aus Gründen, die wir noch beschreiben werden, keine amerikanischen Familiendachböden voller Dokumente.

29 Opfer des ökonomischen Systems

Dass Leander als Vater viel zu Hause bei seinen Töchtern und seinem Sohn gewesen sei, konnten wir uns bei diesem pausenlos aktiven, nervösen Tourbillon nicht vorstellen. Uns erstaunte deshalb der Hinweis, dass Tomarkin ein Briefmarkensammler war. Zwar wussten wir von den schönen Marken, die jeweils seine Kuverts zierten, die geduldige, häusliche Beschäftigung mit den Kleinkunstwerken aber hätten wir ihm nie zugetraut. War das vielleicht eine der vielen Voreingenommenheiten, Ideologien, Vorurteile, denen jeder Mensch ausgesetzt ist? Und deren sich Historiker und Historikerinnen viel zu selten bewusst werden? Oder sehen wir falsch? War die Beschäftigung mit den Briefmarken keine intim-häusliche Beschäftigung, sondern eine Demonstration von Tomarkins weltgewandtem, vielgereistem Leben? Eine Kulisse im Kleinformat? Die Familie schilderte Leander im Weiteren als einen Vater, der gern die Erfolge seiner Kinder vorzeigte. Welche Eltern tun das nicht? Zweifellos hatte er auch große Hoffnungen auf seinen einzigen amerikanischen Sohn gesetzt. Das Leben von

Robert »Bob« scheint aber nicht ganz so verlaufen zu sein wie gewünscht. Er verstrickte sich in Börsengeschäften und Investitionen. Wie sein Vater liebte er die Schauspielkunst. 1969 war er ganz kurz mit der Actress Dorothy Malone verheiratet, die einen Oscar für die beste Nebendarstellerin gewonnen hatte und noch 1992 eine kleine Rolle im berühmten Film »Basic Instinct« spielen sollte.[323] Auf diese Heirat war man so stolz, dass es die amerikanische Tomarkin-Familie die schweizerische wissen ließ. Gertrud Tomarkin erinnerte sich nämlich, dass Roberto einmal nach Bern kam, um seinen Halbbruder Rolando zu besuchen. Das war zu einer Zeit, als Rolando den Kontakt zu Leander abgebrochen hatte. Roberto erklärte, sich auf der Durchreise zu einer Prinzenhochzeit in Italien zu befinden. Er kam, um mit der Heirat der »schönsten, größten Schauspielerin von Amerika« aufzuschneiden. »Anschließend verschwand er wieder und man hörte nichts mehr von ihm.«

Für die Zeitungsklatschspalten lieferte Bob noch manch fantastische Geschichte. Als Historikerinnen interessierten wir uns aber mehr für Robertos Einschätzungen zu seinem Vater. In der »PallTimes« von Oswego, N. Y., erklärte er 1976, dass er gern das ökonomische System habe überlisten wollen, das seinen verstorbenen Vater bei der Industriediamantenerfindung so grausam um die Früchte seiner Arbeit geprellt habe.[324] Ob dies auch die Sichtweise des Vaters war?

Wie sah sich Leander Tomarkin selber? Während wir den Eindruck haben, Leander habe sich mit Worten, die hart an der Wahrheit entlangschrammten, mehr genommen, als ihm eigentlich gehörte, war Tomarkin wohl genau gegenteiliger Ansicht. Die Worte Robertos und Bemerkungen seiner Töchter und Schwiegertochter lassen annehmen, dass er fand, ihm sei nie die verdiente Ehre und das angemessene Geld zuteilgeworden. Ihm hätte der Erfolg für ein sensationelles Medikament gehört, ihm hätte die Entdeckung des künstlichen Diamanten gehört, ihm hätte die Aufmerksamkeit höchster Persönlichkeiten gehört. Auch schien es ihm, dass das ganz große Geld stets andere mit seinen Erfindungen gemacht hatten.

Die Sohnesliebe sah den Vater als einen systematisch Benachteiligten, und Roberto sprach ihm in diesem Interview – allerdings völlig zu Unrecht – sogar den Nobelpreisgewinn zu. Der Sohn Tomarkins rebellierte in einer Flut von Briefen gegen »das System«, mit dem er selbst nicht zurechtgekommen und bös auf die Nase gefallen war. Mitte September 1982 verschied Roberto erst 50-jährig im Bellevue Hospital in New York, da, wo einst sein junger Vater noch hoffnungsvoll seine Forschungen betrieben hatte.[325]

Foto 33: Das Altersfoto zeigt den etwa 70-jährigen, weißhaarigen und noch immer sorgfältig gekleideten Tomarkin. Er verfasste am 19. Juli 1966 als Dr. med. Leander W. Tomarkin in Spring Valley, New York sein Testament (Paramount Photographers, 3787 Broadway, N. Y./NTI).

30 Testament, Tod und Grabstätte

Als sich Bob Tomarkin im Zeitungsinterview als Rächer seines Vaters ausgegeben hatte, war der Papa bereits tot. Leander, der sich einerseits minutiös planend um Kongresse kümmern konnte, andererseits wild im Leben herumsprang, hatte sich, was seinen Tod betraf, seriös vorbereitet. Beizeiten kümmerte er sich um Grabstätte und seine Hinterlassenschaft.

Es war am 19. Juli 1966, an einem feuchtheißen, schwülen Sommertag, als Dr. med. Leander W. Tomarkin in Spring Valley, New York, zur Feder griff und sein Testament unterzeichnete: »Ich, Leandro W. Tomarkin, wohnhaft in Ramapo, Spring Valley N. Y., gebe hiermit bekannt und erkläre dies als meinen letzten Willen und mein Testament ...«[326] Tomarkin begünstigte im Testament, wie zu erwarten war, vor allem seine Frau Wanda. Seltsam mutete dabei nur die Bestimmung an, dass dieser Letzte Wille auch wirksam werde, »wenn meine Frau ein weiteres Kind von mir bekommt oder eines oder weitere Kinder adoptiert«. Wanda hatte schließlich eben ihren 60. Geburtstag gefeiert! Die weiteren Nutznießer des Testaments waren Leanders Kinder, inklusive seines Schweizer Sohnes Rolando, und einige der Enkelinnen, bedacht wurden auch die Salesianer von Don Bosco in La Rochelle. Das umfangreiche Testament wurde in Anwesenheit von zwei Zeugen durch den Testamentsverfasser »Leandro W. Tomarkin« unterschrieben, versiegelt, bekannt gegeben und bekundet.

Für uns Forscherinnen waren die Paragrafen 4 bis 7 interessant. Hier vermachte Tomarkin seinem Sohn Rolando seine »gesamte persönliche Korrespondenz, Dokumente und Papiere« und seinem Schwiegersohn David Marec seine »wissenschaftlichen, technischen oder medizinischen« Briefe und Papiere. Dabei war ein Pferdefuß versteckt. Leander Tomarkin sorgte sich über den eigenen Tod hinaus um seine Memoiren. Rolando wurde unmissverständlich mit der Hoffnung konfrontiert, »er möge eines Tages eine ordnungsgemäße Zusammenstellung dieser Dokumente erstellen«. »Es ist mein Wunsch«, bestimmte Tomarkin weiter, dass »David Marec die erwähnten Dokumente und Papiere für die Vorbereitung einer Abhandlung über meine wissenschaftlichen, technischen und medizinischen Tätigkeiten und Errungenschaften verwenden wird«. Zum Nachteil für uns Forscherinnen kam nie etwas von diesen persönlichen Briefen in der Schweiz an. Und was die Schachteln mit den wissenschaftlichen Papieren betraf, winkten die amerikanischen Töchter ab: »Wir sind so oft umgezogen ...«

Nach einem arbeitsreichen Leben mit vielen Höhepunkten und manchen schmerzlichen Tiefschlägen starb Tomarkin 72-jährig am 14. März 1967 in Spring Valley, USA. Die Todesursache ist unklar. Die einen sprechen von Krebs, andere behaupten, er habe nach einem Herzinfarkt einen Monat im Spital gelegen, bevor er zu Hause gestorben sei.[327]

Als die Todesnachricht die Schweiz erreichte, soll Percy bitterlich um seinen geliebten Bruder geweint haben. Je nach gemachten Erfahrungen hatten die Familienangehörigen verschiedenste gute oder schlechte Erinnerungen an Leander. Zwei Begebenheiten etwa blieben Gertrud Tomarkin-Salm besonders haften. Die eine beschreibt, wie Leander Wirkung erzielte: »Er tauchte plötzlich auf, war plötzlich in Bern. Er kam, um sein Großkind zu sehen (Gertruds und Rolandos erstes Töchterchen). Leander hatte Freude, nahm uns beide mit dem Auto mit und fuhr an einen Waldrand. Dort nahm er sein Buch hervor, schrieb seine Widmung hinein und schenkte es mir. Darauf verschwand er wieder. Er zeigte nur sein Buch.« Die andere Erinnerung lässt erkennen, dass Leander einen ziemlichen Dünkel besaß. Als Gertrud zusammen mit ihrer Tochter in Wengen Eli und Leander begegnete, war da auch die Nurse einer königlichen Familie, samt Kindern vom Königshof. Die Kinder spielten miteinander, und vor der Abreise wollte die Nurse ein Foto machen. Leander, Eli und die Königskinder stellten sich hin. Aber als die Nurse Gertruds kleine Tochter aufforderte, sich dazuzustellen, ging Leander dazwischen: Er lasse sich nicht mit Kindern anderer Leute fotografieren.

Die Nachfahren und Nachfahrinnen von Percys Familie hatten – mit Ausnahme der finanziellen Einbußen – weniger harte Erinnerungen an Leander zu bewältigen. Maddalena Tomarkin-Favre, Percys Schwiegertochter, hält Leander für genial und schizophren und nennt ihn den »Selbstdarsteller«.[328]

Leanders irdische Gebeine fanden ihre Grabstätte in Goshen, N. Y. Begraben wurde der ursprüngliche Jude, Schweizer und Chemielaborant als amerikanischer Dr. med. auf dem katholischen Priesterfriedhof des Salesianerordens. In seinem Testament hatte Leander festgelegt, dass der Betrag der Bestattungskosten »unabhängig von jeglichen Vorschriften ... ausschließlich seinen Testamentsvollstreckern bekannt gegeben« werden dürfe.

Zwar waren Leanders »special contact to Silesian schools« bekannt, dass er aber auf ihrem Priesterfriedhof begraben werden wollte, war auch für die Angehörigen überraschend. Auch dem Orden schien dies reichlich ungewöhnlich zu sein. Es brauchte eine Spezialbewilligung des »Archbishop«, damit Leander als einziger Laie auf diesem 50-plätzigen Priesterfriedhof begraben werden konnte. Die Begräbnisstätte wurde später einem Knabeninternat einverleibt. Als diese Schule aufgelöst wurde, ließ sich die Familie zusichern, dass die Gräber unberührt blieben.

Heute zerfallen Friedhof, Kapelle und einstige Schulgebäude. Wie wir gesehen haben, besuchen nicht Schüler und Kirchgänger den Ort, sondern okkulte Geisterjäger und nekrophile Freunde gruseliger Fotos. Dank dem virtuellen Grab blieb Leander Tomarkin immerhin auf eine Weise unsterblich, die auch er sich – Jahrzehnte vor der Erfindung des Internets – nie hätte erträumen können![329]

Unsterblich bzw. ungestorben ist Leander Tomarkin übrigens auch für seine Heimatgemeinde Wettswil. Als wir vor einigen Jahren mit unseren Forschungen begannen und die Eckdaten eines Menschenlebens so festzurren wollten, wie es sich für die ernste Wissenschaft geziemt, fragten wir auf dem Wettswiler Zivilstandsamt nach dem Todestag Leander Tomarkins. Die beflissene Gemeindeangestellte hielt fest, dass Leander in ihren Registern noch nicht verstorben sei und er demnach eigentlich noch leben *müsse*. Er wäre damals 110 Jahre alt gewesen. Die Nachricht von seinem Tod wie auch die Annahme der US-Bürgerschaft Leanders war der Heimatgemeinde nicht übermittelt worden, und so lebt Leander nicht bloß virtuell, sondern auch amtlich noch heute. Ein zweifacher Triumph für Tomarkin, der auf schmeichelhafte Nachrufe verzichten musste. Mindestens in jungen Jahren hatte er sich öffentliche Würdigungen doch so sehr gewünscht. Wie sehr hatte er davon geträumt, dass ihm eine Erfindersensation gelänge, die wie eine Bombe einschlagen und dafür sorgen würde, dass sein Name »durch die Oceane« schwämme.

Was blieb, ist der Grabstein in Goshen, N. Y., der ihn ausweist als Dr. Leandro W. Tomarkin born 1895, died 1967.

Foto 1: Das Grab des Erfolgs-Träumers »Dr. Leandro W. Tomarkin, born 1895, died 1967« auf dem Friedhof des Salesianerordens in Goshen, USA (Foto: Ann Roche, Goshen Public Library & Historical Society).

Wer war L. T.?

Nichts war im Leben Tomarkins so, wie es nach der Konsultation von Lexika, Büchern und Zeitungen zu sein schien. Wie private und schwerer zugängliche Quellen belegen, war Leander Tomarkin kein genialer Erfinder, kein Anwärter für den Nobelpreis und kein weltweit verehrter Wissenschaftler. Er war ein Mann mit überzogenen Plänen, deren finanzielle und organisatorische Misserfolge er andere ausbaden ließ. Er gab sich den Anschein eines begnadeten Organisators, der einige Berühmtheiten dieser Welt – wenn auch nicht die bedeutendsten – kennenlernte und sich perfekt inszenieren konnte. Mit den Fotos, die er immer wieder als sichtbares Zeichen seines Erfolges den Zeitungen und Bekannten zuschickte, legte Leander die falsche Spur eines von Höhepunkt zu Höhepunkt eilenden, ruhmreichen Lebens. Pressekonferenzen suggerierten sein inszeniertes Leben mit großer Präsenz. Doch Tomarkin schrammte immer wieder an der Grenze der Lüge, des Betruges und der Hochstapelei entlang. Sein bekanntes Gesicht war eine wechselnde Maske, hinter der sich viele Wahrheiten verbargen.

Wie kam Leander Tomarkin zu diesen Masken und Fassaden? Gab es Antworten dazu in seinem familiären Umfeld? Lassen sich Typisierungen festhalten und Tomarkin etwa dem Klischee des jüdischen »Luftmenschen« zuweisen? Lebte er den optimistischen Traum eines unentrinnbaren wissenschaftlichen Fortschritts? Gierte er nach sozialem Aufstieg, nach Erfolg und Anerkennung? Was prägte Leander Tomarkin, standen ihm andere Lebensentwürfe offen, und wie sah es in seiner Seele aus? In Teil C nehmen wir uns seiner Eltern und seines Bruders Percy an und betrachten mögliche Beeinflussungen und Wechselwirkungen.

C

Das schwierige und zwiespältige Leben der Familie Tomarkin

Familiengeheimnisse

Den Blickwinkel erweiternd, tritt Tomarkins Familie auf die Bühne, und wir fragen uns, welche familiären Voraussetzungen, Vorbilder und Werte Leander hatte. War Mutter Jeannette das leidende, stets kranke Opfer? War Vater Eli der rechtschaffene und hart schuftende, der seriöse und etwas langweilige Papa? Wie stand Leander mit seinem Bruder Percy? War Percy einfach eine seriösere Ausgabe von ihm?

Wir täuschten uns in manchem. Vor allem bei Vater Eli ahnten wir nicht, welch farbige Persönlichkeit hinter der trockenen Fassade des Berner Dozenten Eli Tomarkin hervorlugen würde.

1 Eli Tomarkin: Vom armen russischen Studenten zum Schweizer Familienvater

Die Tomarkins stammten ursprünglich aus dem weißrussischen Gouvernement Witebsk, das heute zur unabhängigen 10-Millionen-Republik Belarus gehört. In der familiären Hinterlassenschaft verweisen eine in Wien gedruckte, hebräische Thora in aschkenasischer Version, eine russische Banknote, ein Hemd mit Monogramm und ein verschwommenes Foto mit einem etwa zwanzigjährigen Eli Tomarkin auf die Vorfahren.[330] Ein Brief in Familienbesitz beweist, dass »J. Tomarkin« in den 1890ern ein »Commissions-Geschäft« in der aufstrebenden Industriestadt Königsberg in Preußen besaß.[331] Die Familie von Leanders Großvater bzw. Elis Vater Jossel/Josef war also irgendwann auf dem 54. nördlichen Breitengrad über 1 000 Kilometer nach Westen gewandert.[332] Sollte hier ein familieninternes Handelsunternehmen auf einem westlichen Eckposten abgesichert werden? Oder sollte im Westen der finanzielle und soziale Aufstieg versucht werden? Gewöhnlich wird bei dieser Konstellation vermutet, dass die Familie aufstiegsorientiert und assimilierungswillig war. Modernisierung und Industrialisierung schufen für die Generation von Leanders Großvater mehr Bewegungsspielraum, von Königsberg aus stand die Welt offen.

Leanders Vater Eli wuchs in Königsberg auf, nachdem er am 7. August 1860 vermutlich noch in Drissa oder Orsha geboren worden war. Seine jugendliche Laufbahn erinnert ans Schicksal so manches russisch-jüdischen Mannes in den 1880er-Jahren. Die junge russische Intelligenz von damals war wissbegierig und revolutionär. Sie kämpfte gegen die Despotie der zaristischen Regierung und für den neuen russischen Menschen, der aufgeklärt und gebildet das Zarenreich wirtschaftlich, sozial und politisch revolutionieren wollte. Die »Narodniki«, die Volksfreunde, gingen aufopferungsvoll als gut und rational ausgebildete Lehrer oder Ärztinnen »ins Volk«. Persönlich suchten sie dabei auch äußere Freiheiten, Unabhängigkeit gegenüber Repression, Korruption und religiösem Aberglauben. Da Frauen, Juden und Revolutionäre nicht – oder nur äußerst schwierig – universitäre Ausbildungsplätze im Zarenreich erhielten, floh die Intelligenz nach Westeuropa zum Studium. Die Mehrheit der jungen Russinnen ging nach dem universitären Abschluss in ihre Heimat zurück, um hier um ihrer Ideale willen zu wirken und zu leiden.

Eli Tomarkin war also keine Ausnahme, als er sich zu einem Studium der Medizin in Zentraleuropa entschloss, zumal ja sein Vater Jossel bereits in Königsberg Geschäfte betrieben hatte und er sich als Preuße fühlte. Allerdings war Eli noch immer russischer Bürger. Und jung, jüdisch und russisch zu sein prädestinierte dazu, überall unerwünscht zu sein. Fortschrittliche Russen konnten in den 1880er-Jahren immer weniger auf eine feste Bleibe in einem europäischen Land hoffen, da sie als potenzielle Terroristen mit Ausweisung und Verfolgung rechnen mussten.

Dass Eli in der Kant-Stadt seine Studien begann, konnten wir uns denken. Dass er sie in Freiburg im Breisgau fortsetzte, ersahen wir aus den Matrikeln der Universität Basel und wurden von Freiburg bestätigt.[333] Sein äußerer schweizerischer Studiengang, der nach einem kurzen Semester in Basel nach Zürich führte, war mit den offiziellen Quellen recht ordentlich zu rekonstruieren, auch wenn bei näherem Hinsehen feine Überraschungen nicht ausblieben! Die Erklärung allerdings für Tomarkins jähen Abgang aus Königsberg und Freiburg war erstaunlich und fiel uns durch einen Zufall in den Schoß. Bei einem Besuch im Archiv der Universität Heidelberg aus anderweitigem Grund erhaschten wir plötzlich den Namen Tomarkin. In Heidelberg hatten wir nicht gesucht, da nichts darauf hingedeutet hatte, dass Eli hier studiert haben könnte. Er hatte auch nicht! Hingegen hatte ihn das Badische Justizministerium aus seinem Studienort Freiburg wegen »wohlbegründeten Verdachts«, mit »nihilistischen und socialistischen Kreisen« in Verbindung zu stehen, im Januar 1885 ausgewiesen. Beiläufig erfuhr man dabei, dass er bereits im Oktober 1884 aus Königsberg abgeschoben worden war. Die Beamten leiteten den Ausweisungsbefehl pflichteifrig an die Universität Heidelberg weiter, um eine erneute Immatrikulation im Großherzogtum Baden zu verhindern.[334] Eli Tomarkin wurde zweierlei vorgeworfen, nämlich politische Unbotmäßigkeit und falsche Angaben zu seinem Heimatort und damit zu seiner Staatsbürgerschaft. Die Behörden des Großherzogtums hatten festgestellt, dass Tomarkin entgegen seinen Angaben nicht aus Königsberg stammte, sondern dort vielmehr im Oktober 1884 ausgewiesen worden war. Eli hatte also nicht einmal ein Semester Zeit gehabt, sich in Freiburg zu etablieren, als er im Januar 1885 auch hier fortgejagt wurde. Er war das Opfer obrigkeitlicher Terrorangst geworden. 1881 war Zar Alexander II. einem Attentat zum Opfer gefallen, nachdem bereits mehrere Anschläge auf ihn ausgeübt worden waren. Eine Welle anarchistischer Attentate breitete sich in den 1880er- und 1890er-Jahren aus und veranlassten die Obrigkeitsstaaten zur Einführung restriktiver Kontrollmaßnahmen. Ob Tomarkin tatsächlich Kontakte zu diesen Kreisen hatte, lässt sich bislang nicht nachweisen – für den Verdacht, ein Nihilist zu sein, genügte es bereits, ein junger Russe ohne festen Wohnsitz zu sein.

Speziell moniert wurde die Tatsache, dass Eli Tomarkin den preußischen Wohnort Königsberg und nicht wahrheitsgemäß das russische Orsha als Heimatort angegeben hatte. In Basel meldete er sich im Frühjahr 1885 denn ordnungsgemäß als Russe an, in Zürich erklärte er sich wieder zum Königsberger. Auch immatrikulierte er sich an der Basler wie auch an der Zürcher Universität als Preuße[335] – hier jedoch ohne bösen Folgen.

Dass Eli Tomarkin auch ganz verschiedene Geburtsdaten angab,[336] irritiert, ist aber bei russischen Studierenden nicht ganz ungewöhnlich. Weil die jungen Russinnen oftmals mit falschen Pässen fliehen mussten, verwiesen diese Daten lang nicht immer auf den tatsächlichen Geburtstag des Passinhabers. Auch beruhten im sehr weitläufigen Russland die Geburtsurkunden, aus denen diese Daten gezogen wurden, auf etwas großzügigeren amtlich-kirchlichen Anweisungen als hierzulande. Dazu will natürlich die verschiedene Datierung des russisch-julianischen und des hiesigen gregorianischen Kalenders sowie der Unterschied zwischen Geburts- und Taufdatum beachtet sein. Oft nannten die Russinnen auch verschiedene Vornamen, sei es, dass sie auf die falschen Pässe Rücksicht nehmen mussten, sei es, dass sie ihre jüdisch-russischen Vornamen an die christlich-westliche Namensgebung assimilieren wollten.

Überraschen also Eli Tomarkins verschiedenen Heimat- und Geburtsangaben mäßig, so verwunderte uns doch seine eigene Zürcher Adressangabe. Er will 1885/86 in der Seefeldstraße 11 in Riedbach gewohnt haben. Als uns die Archivarinnen dieses Wohnhaus in Plan und Bild zeigen wollten, erwies sich, dass es diese Hausnummer damals gar nicht gab.[337] Hat er mittellos und ohne festen Wohnsitz hier tatsächlich in einem Schopf auf Brachland gehaust? Oder fühlte er sich als Ausgewiesener von Häschern verfolgt und wollte deshalb mit seinen Angaben Verwirrung stiften? Wohnte er an einem Ort, der ihn kompromittieren oder korrumpieren konnte? Durfte er seinen Wohnort nicht angeben, weil er im Konkubinat wohnte und der modischen freien Liebe frönte?

In Zürich ließ sich Elias Tomarkin ganze 22 Semester lang Zeit mit dem Studium. Allein den Kurs »Medizinische Klinik« beim Internisten Hermann Eichhorst, der täglich, außer freitags, abgehalten wurde, belegte er siebenmal in aufeinanderfolgenden sieben Semestern. Mit fortschreitendem Studium wandte er darauf seinen medizinischen Blick immer mehr vom Krankenbett ab und neigte sich der Forschung zu. Er besuchte Veranstaltungen zur Infektiologie, Bakteriologie und Immunologie, widmete sich auch einige Semester der Anatomie. Im Frühjahr 1891 arbeitete er »ungemein fleissig« an seiner ersten medizinischen Abhandlung, einer Arbeit über die Lieberkühn-Drüsen im Bereich der Darmschleimhaut.[338] Während seiner letzten vier Semester konzentrierte er sich auf die vergleichend-anatomischen und embryologischen Veranstaltungen, ließ sich zum Examenspräparator ausbilden und belegte bis zum Sommer 1896 verschiedene Praktika mit selbstständigem Arbeiten.

Noch bevor Eli Tomarkin seine Medizinstudien abschloss, »musste« er 33-jährig heiraten. Seine 25-jährige Braut, Jeannette Althausen aus Wilna, war hochschwanger, als er sie am 21. März 1893 ehelichte.[339] Die Hochzeit fand in London statt, wo bereits am 6. April der erste Sohn Percy Henry Bysshe zur Welt kam. Hatte der listige Tomarkin wohl die englische Hauptstadt zum Geburtsort erkoren, da das Vereinigte Königreich das Jus Soli kannte und er damit seinem Erstgeborenen nicht sein eigenes – das verhasste russische – Bürgerrecht vererben musste? Oder wohnte seine schwangere Freundin in England? War die Ehe arrangiert worden – was damals im Judentum nicht ungewöhnlich war – und die räumliche Distanz zwischen den beiden Vermählten so zu erklären?

Um einen neuen Pass zu bekommen und vielleicht auch um seine kleine Familie vorzustellen, besuchte Tomarkin seine alte russische Heimat. In Witebsk wurde ihm, dem »Bürger von Drissa, Hebräer Elia (Sohn des Jossel) T*a*markin [sic!], 34 J[ahre]«, am 24. Februar 1894 ein Reisepass ausgestellt, da er »sich in Privatangelegenheiten nach dem Auslande« begebe. Wie es zum Fehler im Namen kam, ist nicht bekannt, zeigt aber einmal mehr, dass amtliche Dokumente keinesfalls unfehlbar sind. Der Pass wurde am 11. Januar 1895 ins Deutsche übersetzt, und zwar in Königsberg, wo seine Eltern wohnten.[340]

Anfang Dezember 1895 kam Elis zweiter Sohn, die Hauptperson unseres Buches, Leander William, im zürcherischen Zollikon zur Welt. Vom zweifachen Vater wurde nun zweifellos erwartet, dass er endlich seine Ausbildung abschloss und sich nach einem gesicherten Lebensunterhalt umsah. Offensichtlich entschlossen, sich in der Schweiz eine Existenz aufzubauen, suchte Eli das eidgenössische Bürgerrecht zu erlangen. Und um der Familie materielle Sicherheit zu geben, schien es ihm geraten, sich in den Besitz von Grund und Boden zu bringen. Das Jahr 1896 sollte ihm all diese Wünsche erfüllen. Am 9. Juli 1896 erteilte der Schweizerische Bundesrat – die Exekutive der Schweiz – dem offiziell seit Februar 1891 in Zürich wohnhaften, verheirateten Medizinstudenten Eli Tomarkin von Witebsk, Russland, und seiner Familie die »Bewilligung zur Erwerbung eines schweizerischen Kantons- und Gemeindebürgerrechts«. Da sie allerdings bloß für den Vater *eines* minderjährigen Kindes erteilt wurde, war unser Leander – streng genommen – nicht mitgemeint. Die Bürgerrechtsgenehmigungen des Kantons Zürich und der Gemeinde Wettswil wurden zwei Jahre später nachgeliefert.[341]

Auf den 1. November 1896 kaufte Vater Tomarkin – der tatsächlichen Doktorwürde vorauseilend – als Dr. med. Elias Tomarkin-Althausen von Königsberg, Preußen, wohnhaft in Zollikon, für 6 000 Franken einen Hausteil mit zwei Wohnungen, Hofraum und Krautgarten am Horgenberg, Zürich. Woher er das viele Geld hatte, ist unbekannt. Immerhin argwöhnten oder wussten seine Zürcher Bekannten, dass er Geld hatte und nicht so arm war, wie er sich gab.[342]

Am 20. November 1896 endlich verließ Eli nach 22 Semestern die Universität Zürich.[343] Er schied allerdings ohne schweizerischen Doktortitel und ohne eidgenössischen Medizinalabschluss, der ihn zur ärztlichen Praxiseröffnung in der Schweiz berechtigt hätte.

Keine der vielen wissenschaftlichen Arbeiten Eli Tomarkins wird als Doktorarbeit bezeichnet. Weder die schweizerischen noch die deutschen Dissertationsverzeichnisse und keine der infrage kommenden Archive geben einen Anhaltspunkt, wo und wann er seinen Doktorhut erworben haben könnte. Im Gegensatz zu Sohn Leander hatte Eli immerhin die für ein Doktorat benötigte Vorbildung durchlaufen. Möglich, dass ihm eine Hochschule – vielleicht in Italien oder Russland – aufgrund seiner wissenschaftlichen Publikationen den Doktortitel verliehen hat. Die Vorschriften waren Anfang des 20. Jahrhunderts an gewissen Universitäten und Fakultäten ziemlich lasch und verlangten nicht immer nach einer gedruckten Doktorarbeit.

Als stellenloser Vater von zwei Kleinkindern, als Noch-Ausländer und ohne Doktortitel hatte Eli Tomarkin 1896 keine begeisternden Voraussetzungen bei der Arbeitssuche. Doch er hatte Glück und erhielt einen Job als medizinischer Angestellter am eben verselbstständigten bakteriologischen Institut der Universität Bern. Er verdiente »ein mässiges Geld«, fühlte sich aber »im Verhältnis zu den üblichen Honorarsätzen bei derartigen Anstellungen recht anständig bezahlt«.[344]

Dass er sich in der Bundesstadt offiziell als Elias T*a*markin anmeldete, konnte uns Forscherinnen nicht mehr erschüttern, die wir den Pass mit dem falschen Namen bereits kannten.[345]

Das Bild des armen russischen Studenten, der sich nach entbehrungsreichen Ausbildungsjahren in der bürgerlichen Welt als braver Familienvater, integrierter Schweizer und Grundbesitzer einrichtete, schien uns Forscherinnen stimmig. Nur winzige Ungereimtheiten irritierten. Da waren etwa die seltsamen Adressangaben, seine Heirat in London und sein auffallend langes Studium ohne richtigen Abschluss.

Wir rätselten, bis uns ein neuer Fund plötzlich eine ganz andere Welt auftat und wir ein Tomarkin'sches Leben voller Poesie und Geheimnis, Schuld und Tragik betraten. Die routinemäßig wiederholte Online-Abfrage der Bibliothekskataloge nämlich ließ uns eines kalten Frühlingstages eine digitalisierte Karteikarte mit dem seltsamen Vermerk »Tomarkin/Thoma Ernst« auf dem Bildschirm aufleuchten. Die handschriftlichen Eintragungen dieses alten, in St. Gallen liegenden Buches ließen keinen Zweifel aufkommen: Wir hielten einen mehrbändig angelegten, von Elias Tomarkin unter Pseudonym verfassten Entwicklungsroman in Händen.

Eines Nachts beantwortete uns die Suchmaschine auch die Frage nach dem geheimnisvollen Manuskript des Frank Wedekind, von dem uns die Tomarkin-Nachfahrinnen Afra und Maddalena erzählt hatten. Dieses Manuskript und sein Schöpfer Wedekind waren für uns lange Zeit nirgends einzuordnen. Wir hielten diese Information für ein Märchen, allenfalls für ein Missverständnis. Als uns die Suchmaschine überraschend einen Hinweis auf die Bekanntschaft des Dichters Frank Wedekind mit Elias – nicht mit Leander – Tomarkin ausspuckte, fiel es uns wie Schuppen von den Augen, und das gut gehütete Geheimnis konnte gelüftet werden. An den neuen, überraschenden Fäden ziehend, begegnete uns nach und nach ein ganz anderer Eli Tomarkin, ein im damaligen Zürcher Literatenmilieu verankerter Dichter, Sozialist und Geliebter. Um zu verstehen, müssen wir ein wenig ausholen und uns das Zürich der 1890er-Jahre vor Augen halten.

2 Eli Tomarkin: Heimliches Leben als Boheme und Literat

Das vergleichsweise liberale und offene Zürich der 1890er-Jahre war ein Anziehungspunkt für junge Leute wie Tomarkin, die in der Heimat wegen ihres Geschlechtes, ihrer Religion oder ihrer politischen Gesinnung nicht studieren konnten. Hier gaben sich deutsche und russische Fortschrittler ein Stelldichein, die vor den Repressionen des Zarenreiches oder den Bismarck'schen Sozialistengesetzen geflohen waren. Zürichs Universitäten – und seine Kneipen! – waren für viele freie, vorwärtsstrebende junge Geister attraktiv: für die politischen Revolutionäre und die sozialen Reformer, für die libertäre Boheme und die mutigen Pionierinnen des Frauenstudiums, für die naturwissenschaftlichen Optimisten und die naturalistische Künstleravantgarde. Man glaubte an den unaufhaltsamen Fortschritt der Menschheit und die Machbarkeit der Freiheit, an die Beseitigung der Klassenprivilegien und die Gleichberechtigung der Frau, an die freie Liebe und das Technikwunder, kurz: an die »neue Zeit«.[346] Und Tomarkin glaubte und hoffte mit ihnen.

Tomarkin bewegte sich in verschiedenen avantgardistischen Kreisen, die sich mannigfach durch ihre wissenschaftlich-politischen Interessen, durch die Liebe und einige Verwandtschaften überschnitten. Da waren einmal die aufgeklärten

Zirkel der Wissenschaftler, die »an den Sieg der Naturwissenschaft und damit an die letzte Entschleierung der Natur« glaubten und dachten, damit die Wahn- und Truggebilde auf den Gebieten religiöser Verblendung zunichtemachen zu können. Binnen Kurzem, hofften sie, würde »die Selbstzerfleischung der Menschheit durch Krieg nur noch ein überwundenes Kapitel der Geschichte sein«.[347] Enthusiastische Naturwissenschaftler meinten, dass mit dem »märchenhaften Fortschritt teils der Chirurgie, teils der Bakteriologie« die Menschen nur noch »an Altersschwäche sterben würden«. Mit der Ausmerzung schlechter Erbmassen, so dachten sie, könnten Erb- und Geisteskrankheiten überhaupt vermieden werden. Im universitären Zürich übte in dieser Hinsicht besonders der Ameisenforscher, Hypnotiseur und Sozialist Auguste Forel große Anziehungskraft auf sozialkritische Studenten aus. Als Professor für Psychiatrie und Leiter der Irrenanstalt Burghölzli war er eine treibende Kraft der Eugenik in der Schweiz und kämpfte leidenschaftlich gegen den Alkoholismus, für den Pazifismus und für die Frauenrechte. Seine Vorlesungen und Vorträge begeisterten, regten an. Forel saßen beileibe nicht nur Medizinstudenten wie Elias Tomarkin zu Füßen (!).

Die Begeisterung für die Wissenschaften schmiedete eine sehr unterschiedliche Gruppe zusammen und konnte zu verschiedensten Lebensgestaltungen führen. Nicht selten sahen sich die Wissenschaftsjünger auch vor eine schwierige Berufs- und Lebenswahl gestellt.

Wohin Wissenschaftsbegeisterung und Fortschrittsglaube führen konnten und wie verschieden, ja gegensätzlich der spätere Werdegang damaliger Wissenschaftsapologeten und Wissenschaftsanhänger sein konnte, sieht man anhand dreier Kommilitonen Tomarkins, am Trio Alfred Ploetz, Ferdinand Simon und Carl Hauptmann.[348] Die drei Breslauer Klassenkameraden und Jugendfreunde studierten wie Tomarkin um 1885 in Zürich Medizin und deren Grenzbereiche.

Der 1890 promovierte und mit der Ärztin Dr. med. Pauline »Paule« Rüdin verheiratete Alfred Ploetz träumte erst den utopischen Traum einer sozialistischen Kommune in den USA. Auf die Grundsätze des Darwinismus setzend, sah Ploetz seine jugendlichen Ideale später in der nationalsozialistischen Eugenik verwirklicht. 1937 trat er der NSDAP ebenso bei wie auch der Bruder seiner geschiedenen Frau, der völkische Rassenhygieniker Ernst Rüdin. Es war Ploetz, der den Begriff der »Rassenhygiene« prägte.

Einen politisch entgegengesetzten Weg ging der Bakteriologe Dr. phil. Ferdinand »Seo« Simon. Erst mit der klugen und Zigarren rauchenden Elisabeth Winterhalter, einer der ersten Zürcher Studentinnen und der ersten deutschen Chirurgin, verbandelt, heiratete der Arzt 1891 seine »große Liebe fürs ganze Leben«, Frieda Bebel, die einzige Tochter des deutschen Arbeiterführers August Bebel. In sozialistischen, antialkoholischen und feministischen Kreisen verkehrend, wird Simon im Zürcher Arbeiterquartier als Arzt praktizieren und im »nie rastenden« bakteriologischen Forschungseifer gegen gefährliche Krankheitserreger kämpfen. Er sollte Anfang Januar 1912 auf diesem »Kampfplatz der Wissenschaft« sterben, hatte er sich doch durch eine infizierte Maus eine tödliche Blutvergiftung geholt.

Der Dritte im Bunde, der finanziell unabhängige, promovierte Physiologe Carl Hauptmann, betrieb an der Limmat medizinische Post Graduate Studies und hatte daneben auch literarische Ambitionen. Schließlich sollte er auf eine wissenschaftliche Karriere verzichten und sich unter Pseudonym als Dramatiker und Erzähler betätigen. Elias Tomarkin hingegen wird – wie wir noch sehen werden – nicht ganz freiwillig die genau gegenteilige Entscheidung fällen.

Auch Elias Tomarkin sah seinen Lebensweg keinesfalls klar vor sich, schwankte zwischen »medizinischer Wissenschaft und dichterischen Ambitionen hin und her«.[349] Ausdruck davon waren auch die verschiedenen Zirkel, in denen er sich in Zürich bewegte. Es war wohl Kommilitone Carl Hauptmann, der Tomarkin 1888 die Bekanntschaft mit seinem Bruder, dem späteren Literatur-Nobelpreisträger Gerhart Hauptmann, vermittelte und ihm den Zugang in die literarischen Kreise Zürichs verschaffte. Gerhart Hauptmann hatte eben mit der Novelle »Bahnwärter Thiel« einige Beachtung erzielt und sich als Vertreter des literarischen Naturalismus etabliert. Später tauchte Hauptmann nur noch selten in Zürich auf, hielt aber weiter Kontakt mit Tomarkin. Eine seiner Begegnungen mit ihm hielt der Dichter anfangs Juni 1889 in seinem Notiz-Kalender fest: »Tomarkin, der ganz mäuschenstill ist und ein Höllenvergnügen daran findet, wenn Menschen renommieren. Seine kleinen Freuden an menschlichen Schwächen«. Ansonsten erlebte ihn Hauptmann als ziemlich schlampig. Bücher, die er ihm für den deutsch-schottischen Dichter John Henry Mackay mitgab, überreichte Tomarkin erst nach vier Monaten! Tomarkin hatte wohl den homosexuell-päderastisch veranlagten »Freiheitssucher« und Sozialkritiker Mackay kennengelernt, als dieser 1888 ein erstes Mal nach Zürich gekommen war. Sein freiheitssüchtiges Werk imponierte Tomarkin. Sie trafen sich öfter, und Tomarkin sollte später aus den Versen dieses Wegbereiters des literarischen Naturalismus zitieren.[350]

Ein weiterer literarischer Kreis erschloss sich Tomarkin durch die Freundschaft mit den Brüdern Frank und Donald Wedekind sowie deren Bekanntem Karl Henckell.

Die beiden Hannoveraner Frank Wedekind und Karl Henckell waren sich im kleinen aargauischen Städtchen Lenzburg begegnet. Hierhin hatte es nämlich sowohl Wedekinds Vater wie auch Henckells Bruder verschlagen. Der Arzt Friedrich Wilhelm Wedekind hatte das Schloss Lenzburg gekauft, nachdem er als politischer Gegner des wilhelminischen Kaiserreiches Deutschland verlassen hatte. Nach Lenzburg hatte es auch

Foto 34: Frank Wedekind zeichnete Eli Tomarkin und schrieb darunter: »Tomar auf den Eiern der Leda brütend, eine Blutwurst in der linken Hand. Wedekind fec[it]« (Stadtbibliothek Monacensia München, Nachlass Frank Wedekind, L 3501/67, S. 138v).

Henckells Bruder, den norddeutschen Kaufmannssohn Gustav Henckell, gezogen, der hier als Unternehmer die noch heute florierende HERO-Konservenfabrik aufbaute. Als Karl Henckell nach Berliner Studien und ersten kommunistisch-sozialkämpferischen Dichtversuchen 1886 »naturhungrig nach der Schweiz« gekommen und bei Bruder Gustav in Lenzburg Station gemacht hatte, traf er hier fast zwangsläufig auf den gleichaltrigen Frank Wedekind.

Karl Henckell, beliebter sozialrevolutionärer Lyriker und Vorkämpfer des Naturalismus, verkündete nicht nur in pathetischen und pompösen Versen die baldige proletarische Freiheit und den Untergang der bestehenden Gesellschaft, er machte sich auch praktisch ungemein nützlich. Als nämlich Freund Wedekind mit seinen ersten Studien gescheitert und bei seinem Vater in Ungnade gefallen war, verstand es Henckell, Wedekind eine Stelle als Vorsteher des Reklame- und Pressebüros der Firma Maggi & Co. in Kempttal bei Zürich zu verschaffen. Schließlich immatrikulierten sich die beiden jungen Männer 1887/88 an der Universität Zürich, wo ihnen Elias Tomarkin begegnete.[351]

Wie er seinem Tagebuch Anfang September 1889 anvertraute, verkehrte Frank Wedekind erst in Zürich, später auch in München intensiv mit Tomarkin: »Täglich fast verkehre ich einige Stunden mit Thomar; aber wir streiten nie, wie wir es doch so häufig getan. Wir sind immer ein Herz und eine Seele und lachen mit einer gewissen Rührung über unsere Witze. Vor einigen Tagen deklamierte ich ihm Henckells Ausnahmegesetz mit Henckell'scher Betonung vor. Er wieherte vor Vergnügen, klatschte in die Hände, korrigierte mich stellenweise in seiner barocken Art, und seine großen Augen wurden rotgerändert und füllten sich mit Tränen.«[352] Wedekind, der sich mit der Aufnahme juristischer Studien bloß dem Druck der Familie gebeugt hatte, hielt es nicht lange in Zürich. Unmittelbar nach dem Tod des Vaters im Oktober 1888 brach er sein Studium ab. Er sollte einer der meistgespielten deutschen Bühnenautoren, aber mit seiner »Majestätsbeleidigung« und seinen »unzüchtigen« Schriften auch ein verfolgter Dramatiker werden. Auch Frank Wedekinds jüngerer Bruder Donald, der 1893 nach Zürich zum Studium kam, verkehrte regelmäßig mit Tomarkin.[353] Donald, ein Dandy und Galan der leichten Muse, schrieb später laszive Novellen.

War Donald Wedekind für Tomarkin eine Art Neffe, so wurde Karl Henckell sein literarischer Förderer. Henckell schrieb nämlich nicht nur flammende Elogen zur »neuen Zeit«, er gründete 1896 auch einen Verlag und machte sich anheischig, Tomarkins Werk zu veröffentlichen – sollte es denn tatsächlich geschrieben sein. Doch Elias Tomarkin ließ sich Zeit. Student Tomarkin malochte tagsüber in bakteriologischen Studien, Dandy Tomarkin führte nachts die freie, literarische Feder. Darauf anspielend, stellte er seinem Manuskript die drei Verszeilen John Henry Mackays voran: »Doch am Tage muss er wandern, / Tief im Staube mit den Andern, / Nur bei Nacht von Dir geführt!«

Tomarkins Freunde wussten um seine heimliche Schriftstellerei und machten sich auch Sorgen, dass seine Gesundheit darunter leiden könnte.[354] Als der Roman ewig nicht erschien, verkam das Buch schließlich zur Fama, über die in Zürichs eingeweihten Literatenzirkeln getuschelt wurde. Franz Blei, der Kulturkritiker mit der bösen Zunge, zelebrierte in seinen späteren Erinnerungen Tomarkin und sein Manuskript als ein geheimnisvolles Mysterium: Tomarkin, »der dreissig oder sechzig sein konnte, ein ewiger Student war und unter seinem Bett ein dickes Bündel voll geschriebener Seiten verbarg, einen Roman ›Der rote Heinrich‹. ... Hinter den übermäßig dicken Brillengläsern ahnte man mehr die immer entzündeten Augen, als dass man sie sah. Und nur wenn er lachte, tauchte aus dem vielen schwarzen Bart ein erschreckendes Rot auf, das wulstige Lippen waren. Immer blieb unbestimmt, was er tat, wie er lebte und wovon. Nur dass er nicht so arm war, wie er sich kleidete, und *hatte*, wusste man. Dieser mysteriöse baltische, immer schwarz gekleidete alte Student.«[355]

Unbeirrt schrieb Tomarkin fort an seinem Opus. Seine Freunde feierten inzwischen erste Erfolge mit ihren Büchern. Gerhart Hauptmann landete mit seinen naturalistischen »Webern« einen großen Erfolg – und einen handfesten Skandal. Nach der Berliner Uraufführung des provozierenden Sozialdramas, zu dem Hauptmann bereits in Zürich Material gesammelt hatte, kam es 1894 zum

Eklat. Kaiser Wilhelm II. sagte der »Rinnsteinkunst« den Kampf an, verbot das Stück und kündigte seine Theaterloge im Deutschen Theater.

Auch Frank Wedekind konnte Triumphe feiern. »So selig und herzlich« er mit »Thomar« weiterhin verkehrte, Tomarkin war nicht ganz unempfindlich gegenüber der erfolgreichen Konkurrenz des Freundes: »Als wir uns nach meinen Triumphen zum ersten Mal wieder sahen«, erzählte Wedekind, »ging ich ihn sofort um eine Gefälligkeit an. Er hätte es sonst nicht übers Herz gebracht, in der alten Art mit mir zu verkehren. Er hätte gesucht und gesucht, bis er ein Anzeichen dafür gefunden hätte, dass ich nicht mehr der nämliche sei wie vor meinem Siege. Daraufhin würde er sich mit Bedauern, aber mit einem unüberwindlichen Ekelgefühl von mir abgewandt haben, selbst auch dann, wenn er ganz und gar auf meinen Umgang angewiesen gewesen wäre.«[356] Eine Rolle spielte wohl auch, dass Wedekind Tomarkins Gläubiger war. Dank Wedekinds Fürsorglichkeit hielt die Freundschaft an und die beiden besuchten sich Jahre später noch.

Auch andere Freundschaften aus der Zürcher Zeit hielten sich über die Jahre. Sogar auf Verleger Henckells praktische Hilfe konnte Eli weiter zählen, allerdings war dessen Vermittlungstätigkeit im Immobilienwesen für Tomarkin alles andere als lohnend. Als Elias Tomarkin 1910 sein 1896 für 6 000 Franken gekauftes Haus in Horgen wieder veräußern wollte, kam er mit Karls Bruder Gustav Henckell ins Geschäft. Der HERO-Mitbesitzer kaufte es ihm, dem geschäftlich Untüchtigen, weit unter dem Gestehungspreis für 3 950 Franken ab. Dass er es keine zwei Monate später für 8 000 Franken mit 100-prozentigem Gewinn weitergab, beweist immerhin Gustav Henckells durchschlagende Geschäftstüchtigkeit als Unternehmer und Elis unbegrenzte Arglosigkeit.[357]

Endlich ging Tomarkins Buch in Druck. Unsicher wandte er sich noch jetzt Hilfe suchend an den einflussreichen Kritiker Julius Hart[358] und bat diesen Vertreter des literarischen »jüngsten Deutschlands«, sein Manuskript zu lesen. 1897 erschien der Entwicklungsroman, der anfänglich »Roter Heinrich« heißen sollte, doch noch. Tomarkins Roman war eine Art »Grüner Heinrich« auf Sozialistisch. Wie das Werk des kurz zuvor verstorbenen Gottfried Keller war auch Tomarkins Opus mehrbändig geplant.[359] Seine Hauptfigur, Heinrich Waldow, war offensichtlich dazu ausersehen, aus den Niederungen der fromm-katholischen, norddeutschen Bourgeoisie siegreich und frei hinaufzufliegen zum gelehrten, sozialdemokratischen Proletariat. Das Emblem »fliege & siege« unter einem nackten Menschenpaar auf dem Titelblatt und die Schlussapotheose eines Arbeiterdachkämmerchens mit der wissenschaftlichen Literatur von »Marx, Lassalle, Engels und Lange« sowie einem »Packet Zeitungsnummern des Socialdemokrat« lassen das vermuten. Allerdings ist es mit dem roten Heinrich am Schluss des ersten Buches noch nicht so weit, und der geplante zweite Band erschien nie. In die im naturalistischen Stil verfasste Entwicklungsgeschichte seines Heinrichs sind To-

Foto 35: Titelblatt der »Lebensgeschichte« von Ernst Thoma alias Eli Tomarkin, Zürich und Leipzig, Verlag von Karl Henckell & Co. Das erste Innenblatt ist mit Elis Widmung für »seinen lieben Hinrichsen in treuer Freundschaft« vom »Charfreitag 98« versehen (Titelblatt von: Thoma Ernst, »Eine Lebensgeschichte«, Buch 1, Zürich, Leipzig [1897]).

markins politische Anliegen eingeflochten: der Sieg der Sozialisten, die Emanzipation der Frauen und der Kampf gegen den Antisemitismus.

Als 1897 sein Roman mit seinem politischen Credo erschien, hatten sich Tomarkins Lebensumstände bereits drastisch verändert. Es schien ihm offenbar zu brisant, sein Werk unter seinem eigenen Namen erscheinen zu lassen, und er wählte das Pseudonym Ernst Thoma. Auch der Titel, zwischenzeitlich von Karl Henckell noch als »Morgengluten« angekündigt, verkam schließlich zum farblosen und unprätentiösen »Eine Lebensgeschichte«.[360]

Thomas alias Tomarkins »Lebensgeschichte« wurde kein Bestseller. Die Fama über das geheimnisvolle, nie fertig gewordene Manuskript des Pseudonyms aber hielt sich seltsamerweise über Jahre hinweg und verliehen Eli Tomarkin in den aufgeregten Zürcher Literatenkreisen der Jahrhundertwende einen sagenumwobenen Nimbus. 1914 noch kolportierte der Feuilletonist F. M. (Fritz Marti) auf der Titelseite der NZZ Tomarkins Ruf als tragischen Helden: »Auch auf Elias Tomarkin lastete lange ein Geheimnis oder vielmehr deren zwei, das seines schweren, tapfer und vornehm getragenen Schicksals, und das eines lange mit sich herumgetragenen Romans, betitelt ›Der rote Heinrich‹, der schließlich d. h. sein erster Teil doch endlich das Licht der Welt erblickte.«[361]

Wurde das Geheimnis um den »roten Heinrich« auch enthüllt, so blieb der Hinweis auf das »vornehm getragene Schicksal« reichlich dunkel. Es ist Franz Blei, der viel später dieses zweite Geheimnis in seiner »Erzählung eines Lebens« lüftete.

3 Eli Tomarkin: Das Frauenstudium und seine sterbende Geliebte

Der indiskrete Franz Blei wusste Erstaunliches über Tomarkin auszuplaudern, nämlich dass Elias ein geheimes Liebesleben geführt habe. Blei enthüllte, dass er der einzige Freund der aus Görlitz stammenden Studentin Clara Neumann gewesen sei.[362] Seine intime Kenntnis erwarb sich Blei als »Parteigänger« der studierenden Frauen, insbesondere als Ehemann der Zahnmedizinerin Maria Lehmann.

Die Schweiz war damals ein Mekka für studierwillige Frauen, denen in ihrer Heimat der Zugang zu den Hochschulen verschlossen war. Obwohl nicht mehr zu den frühesten Pionierinnen des Frauenstudiums gehörend, hatten in den 1890er-Jahren die jungen Avantgardistinnen gesellschaftlich noch immer schwer zu kämpfen. »Sie hatten sich durch wahre Wildnisse von Vorurteilen zu dem nun erreichten Zustand durchschlagen müssen«, konstatierte etwa Gerhart Hauptmann, der den emanzipierten jungen Damen »Intelligenz und Mut« bescheinigte.[363] Zu den Damen, die zu Tomarkins Zeiten in Zürich studierten, gehörten etwa die sozialistische Ikone Rosa Luxemburg, die tragische »Wachsflügelfrau« Emilie Kempin-Spyri, die mit einem ebenso neuen wie kühnen Schritt gern die erste Anwältin der Schweiz geworden wäre, oder die medizinische Bestsellerautorin Anna Fischer-Dückelmann, deren Werke unzählige Auflagen und internationale Anerkennung erlebten.

Auch Ricarda Huch studierte zu Tomarkins Zeit in Zürich. Die später bekannte Schriftstellerin hatte einen breiten Freundinnenkreis um sich geschart, der sich mit dem oben erwähnten Zirkel um die Paare Ploetz-Rüdin und Simon-Bebel überschnitt. In Huchs Umfeld hielt sich unter anderen die ostpreußische Rittergutstochter und Medizinstudentin Molly Herbig auf. Sie hatte ihr Logis in der Steinwiesstraße 36 in Zürich-Hottingen bezogen, wo sich auch die gleichaltrige Clara Neumann, Tomarkins Freundin, einquartiert hatte. Beide sind denn auf einem hübschen, ovalen Bild als Huch'scher Kreis abgebildet, und hier ist Tomarkins geliebte Clara bildlich verewigt.[364]

Clara Neumann aus Görlitz hatte sich im Winter 1888/89 in Zürich immatrikuliert und konsumierte einen bunten Strauß naturwissenschaftlicher und medizinischer Fächer. Nach einem Jahr wandte sie sich konsequent der ärztlichen Ausbildung zu. Sie belegte zehn Semester medizinische Fächer in gebührender

Foto 36: Das Bild zeigt von rechts nach links folgende Zürcher Studentinnen: 1. Molly Herbig, 2. Clara Neumann, 3. Ricarda Huch, 4. Emma Rhyner, 5. Gertrud (richtig Anna) Eysoldt, 6. Elisabeth von Rosenzweig (angeblich Tochter von Friedrich III.) und 7. Agnes Bluhm. Ob Eli Tomarkins Freundin Clara Neumann wirklich »wie ein Dragoner« aussah, sei dahingestellt. (PA Lukas Handschin, Wädenswil. Das Bild stammt aus dem Nachlass von Lukas Handschins Mutter Dora Handschin-Letsch, die mit Emmi Rhyner befreundet war.)

Breite. Ricarda Huch schilderte die Neumann als eine Frau aus wohlhabender Familie und als »durchaus bürgerlich, ohne Draufgängertum oder studentische Boheme«.[365] Literaturkritiker Blei hingegen sparte nicht mit ätzendem Beiwerk und bezeichnete Clara Neumann diskriminierend als eine dieser hässlichen Blaustrümpfe, die aussahen »wie irgendwelche ältere Mädchen, die man nicht beachtet … dick, unförmig und viel zu rot im breiten Gesicht … Sah aus wie ein Dragoner, schlug sich verzweifelt mit ihrer schweren schlesischen Frömmigkeit und war empfindsam wie ein zartes Kind«.[366] In einem hatte Blei recht: Clara war »empfindsam« oder gar verzweifelt: Die 32-Jährige soll sich am frühen Morgen des 5. Mai 1895 erschossen haben. Elias Tomarkin war – gemäß Blei – »bis zur letzten Stunde« bei ihr gewesen. Claras erschütterte Schwester Helene Neumann sprach in der Todesanzeige von »kurzem, aber schwerem Krankenlager«.[367]

Die Herren Literaten tratschten wie alte Klatschweiber. Gemäß Blei habe Tomarkin Frank Wedekind »das Geheimnis dieser Toten erzählt«. Und Wedekind habe »das Erzählte wieder erzählt in einer interessanten Geschichte, von der sich aber nicht durchaus sagen lässt, dass sie die der Clara Neumann gewesen« sei. Zu der Zeit überließ Wedekind Tomarkin das Manuskript seines »Fritz Schwigerling« oder »Der Liebestrank«. Es handelt sich zweifellos um das geheimnisvolle Manuskript Wedekinds, von dem uns die Tomarkin-Nachfahrinnen Afra und Maddalena erzählt hatten. Allerdings lassen sich in diesem Stück keine Parallelen zum Leben Neumanns erkennen.[368] Eher ließe sich in Wedekinds Novelle »Der greise Freier« eine Andeutung finden. In dieser literarischen Version flieht Klara – alias Clara – vor ihrem greisen Freier. Sie findet schließlich einen jungen Geliebten, erkrankt an Schwindsucht – Tuberkulose – und stirbt nach einer einzigen, heimlichen Liebesnacht.

Ob nun die 32-jährige Clara Neumann im Mai 1895 von der Tuberkulose, einer gerade auch bei Medizin Studierenden häufigen Ansteckungskrankheit, dahingerafft wurde oder ob sie durch eigene Hand starb, bleibt ungeklärt. Immerhin lässt ein Blick in die im Bundesarchiv zu Bern aufbewahrten Unterlagen zu den Medizinalprüfungen ahnen, dass Clara in einer verzweifelten Situation steckte. Sie hatte sich zwischen 1889 und 1894 sechsmal zu einem Examen angemeldet und bloß eines – ein naturwissenschaftliches Propädeutikum – bestanden. Offenbar litt sie an unüberwindlicher Prüfungsangst, jedenfalls trat sie jeweils kurz vor der Prüfung zurück oder war krank geschrieben. Unklar ist Eli Tomarkins Rolle. War er für Clara ein platonischer, väterlicher Freund oder der Geliebte, in dessen Arme sie vor einem ungebetenen Freier floh? War sie seine Muse? War er gar mitschuldig an ihrem traurigen Ende? Hatte sich Eli, vom libertären Umgang seiner Freunde modisch beeinflusst, auch seine Geliebte gehalten? Hatte er sich seine Familie vom Leibe gehalten, wie beispielsweise Wedekind, der sich seinen von seiner Lebensabschnittspartnerin geborenen Sohn erst sechs Monate später anzusehen geruhte?[369] Sicher ist einzig, dass der 35-jährige Elias Tomarkin beim Tode Clara Neumanns im Mai 1895 schon über zehn Jahre studiert und jahrelang an einem Roman gearbeitet hatte, seit zwei Jahren verheiratet war und seine Frau mit ihrem zweiten Kind – mit Leander – schwanger ging.

Nachdem er zwischen medizinischer Wissenschaft und dichterischen Ambitionen hin- und hergeschwankt hatte, warf sich Eli auf die bakteriologische Forschung. Als zweifacher Vater, als Angestellter am Berner bakteriologischen Institut und als Hausbesitzer war er ins bürgerliche Leben eingefädelt. Doch Tomarkin kam es schwer an, die prickelnde Umgebung seiner Zürcher Boheme-Jahre endgültig hinter sich zu lassen und sich in Bern auf die Pflichten eines Familienvaters und Wissenschaftsangestellten zu konzentrieren. »Nur der Noth gehorchend bin ich von Zürich fort«, versicherte er im Frühling 1897 Julius Hart: »Denn hier [in Bern] ist es sehr trist u. langweilig. U. ich habe fast gar keinen Verkehr. Aber ich zog es vor, mich aus den ewigen Plackereien um das Allerprimitivste zu befreien. Etwas muss doch der Mensch haben u. die Noth ist wahrhaftig weder eine illustre Lehrmeisterin, noch schmiedet sie sonst was Tüchtiges zusammen.« Er vermisste die geistvollen Gespräche mit dem »Kreis der Guten«, lechzte »nach einem geistigen Freundeswort« und rief pathetisch in Schiller'scher Manier aus: »Einen Menschen! Ein Königreich für einen Menschen!«[370] Wedekind gegenüber beklagte er seine Einsamkeit: Ein Arbeitskollege, der deutsch-russische Bakteriologe und Vorsteher des Berner Pasteur-Instituts, Dr. Max Rothermund, sei der Einzige, der mit ihm befreundet sei. Daneben gab es offenbar höchstens Arbeitsbekanntschaften, wie etwa den Hausmeister Heinrich Büchler, der ihm Neujahrsgrüße schickte, oder den wohlwollenden Professor Georg Sobernheim.

Ahnte Leander Tomarkin etwas vom Herzeleid und der Zerrissenheit seines Vaters? Schien ihm sein Doppelleben – falls er etwas davon wusste – als eine normale Art, ein Leben zu leben, bzw. sah er darin die Möglichkeit, zwei, drei Leben gleichzeitig zu leben?

4 Eli Tomarkin: Ein arbeitsames, hartes Leben als Familienvater

Waren auch Vater Eli Tomarkins literarische Träume geplatzt, so konnte er doch daran arbeiten, seine hoch gespannten Erwartungen an den medizinischen Fortschritt zu erfüllen. Eli Tomarkin kam in der boomenden Wachstumsbranche der medizinischen Anwendungsinstitutionen unter, die nach spektakulären Forschungserfolgen Impfstoffe und Heilseren gegen verschiedenste Infektionskrankheiten herstellten. Die Medizin verzeichnete Ende des 19. Jahrhunderts respektable Erfolge gegen verheerend wirkende, ansteckende Krankheiten, nachdem bereits 100 Jahre zuvor der Engländer Edward Jenner ein Impfverfahren gegen die Pocken, die »Blattern«, entwickelt hatte. Louis Pasteur gelang vor 1900 die erste Tollwutimpfung. Emil Adolph von Behring wurde mit der Entdeckung des Diphtherie-Antitoxins zum »Retter der Kinder« und 1901 zum Nobelpreisträger. Der Nobelpreisträger von 1905, Robert Koch, hatte 1890 in Berlin seinen Impfstoff Tuberkulin vorgestellt, von dem er sich Heilungserfolge bei der Volkskrankheit Tuberkulose versprach. Auch der Berliner Literatenkreis hatte an Kochs Entdeckung unglaublich unrealistische Hoffnungen für das Wohl der Menschheit geknüpft. Doch Kochs Serum hielt nicht, was man sich von ihm erhoffte. Noch lange mussten Tuberkulose in Lungensanatorien, auf »Zauberbergen«, behandelt werden. Dutzende von Forschern – und unter ihnen auch unser Leander – waren hinter einem wirksamen Mittel her, bevor der aus Russland gebürtige Amerikaner Selman A. Waksman im Zweiten Weltkrieg endlich ein wirksames Antibiotikum entdeckte, das diese Lungenkrankheit endgültig heilte und auch ihm den Nobelpreis einbrachte.

Es wäre sehr verführerisch, darauf hinzuweisen, dass die Heldengeschichten rund um die medizinischen Erfindungen den kleinen Leander tief beeindruckt haben müssen. So hätte er sich gemerkt, dass eine politisch und öffentlich unterstützte Verbindung der Wissenschaft mit privatem Unternehmertum dem Volkswohl wie dem eigennützigen Zwecke dienten und dass Erfinder durchaus zu berühmten Volkshelden und reichen Wohltätern werden konnten. Neckisch wäre auch der Hinweis auf gewisse Parallelen zu Robert Koch, der sich Ende März 1882 zum Helden küren ließ. Man könnte unterstellen, dass Leander mit seinem »Antimicrobum« Kochs »Tuberkulin« nachäffte, das ebenfalls wie eine Bombe einschlug, obwohl mit dem Gemisch gar keine Heilerfolge erzielt wurden. Solche Parallelerklärungen zugunsten einer »stimmigen« Biografie sind witzig, aber leider unzulässig, nachgereicht aus unserem späteren Wissen, dass Leander zu den Dutzenden von Forschern gehören sollte, die Öffentlichkeit heischend hinter effektvollen Mitteln zur Bekämpfung von Krankheiten her waren.

Gesichert ist, dass Robert Kochs Ruf damals eilends auch nach Bern drang. Man feierte auch hier seine Entdeckung als medizintherapeutische Sensation, versprach sich allgemein von den medizinischen Fortschritten in Bakteriologie, Virologie und Impftechnik durchschlagende Heilerfolge für Mensch *und* Tier sowie blühende Geschäfte. In Bern wurde 1898 die Aktiengesellschaft Schweizerisches Serum- und Impfinstitut SSII gegründet, das in den Berner universitären Baulichkeiten Impfstoffe fabrizierte. Die Bestrebungen führten in Bern schließlich zur Errichtung des hygienisch-bakteriologischen Universitätsinstituts zur Erforschung von Infektionskrankheiten bzw. zum Bau des Schweizerischen Serum- und Impfinstituts.

Dass Robert Kochs Entdeckung Heilerfolge und blühendes Geschäft versprach, darauf kam der Stadtberner Polizeidirektor und Sanitätsverantwortliche Alfred Scherz am 29. November 1890 im Berner Großen Rat sofort zu sprechen. Der Handel mit diesem Impfstoff – so wusste der fortschrittlich-freisinnige Fürsprecher und Oberst im Rat zu erzählen – sei in Berlin unseligerweise bereits in den Fängen übler Privatspekulanten. Ein Dr. Levy verlange in Berlin 300 Mark für jede Einspritzung. Scherz wollte, dass die bernische Regierung das Tuberkulin »auf amtlichem Wege« kommen lasse, dessen Preis überwache und Arme gratis damit versorge. Die Berner Regierung erklärte sich willens, dieses vielversprechende Business der Privatspekulation zu entziehen und das Mittel in einer staatlichen Anstalt herzustellen.[371]

Zu Wissenschaft und Wirtschaft gesellte sich damit auch die Politik. Nicht nur suchten Politiker das Impfgeschäft der Spekulation zu entziehen, sie erkannten bald auch, dass Seuchen nur mit großräumigen Hygiene- und Impfaktionen wirkungsvoll bekämpft werden konnten. Infektionen wurden zum nationalen Thema. Im Frühling 1913 sollte das Schweizer Volk einer Verfassungsänderung zustimmen, die dem Bund die Befugnis gab, sich zum Wohle einer »gesunden, leistungsfähigen und wehrkräftigen Bevölkerung« an der Bekämpfung »menschlicher und tierischer Krankheiten« zu beteiligen.[372] Das bedeutete, dass sogar ein Impfzwang verhängt werden konnte. Obligatorische, großflächige Verabreichungen von Impfstoffen vergrößern das Geschäftsvolumen und machen das Heilbusiness noch lukrativer.

Lange vor diesem folgenreichen Volksbeschluss fand der Staat Bern einen gangbaren Weg zwischen privatem Unternehmertum und staatlicher Vorsorge. Er schloss Verträge mit den Fabrikanten des Diphtherieserums und dem Hersteller des Pockenschutzimpfstoffes.[373] 1898 wurden die beiden Firmen fusioniert und die Aktiengesellschaft Schweizerisches Serum- und Impfinstitut Bern SSIB wurde gegründet.[374] Die AG durfte in den universitären Baulichkeiten ihre Impfstoffe fabrizieren. Als Gegenleistung erhielt der Staat Bern Gratisdosen für seine Spitäler und Anstalten. Die alten Firmenbesitzer saßen mit den Medizinprofessoren der Universität Bern im Verwaltungsrat, unter ihnen auch der spätere Nobelpreisträger Professor Theodor Kocher. Kochers engem Mitarbeiter, dem Bakteriologen Professor Ernest Tavel, oblag die wissenschaftliche Leitung der ganzen Gesellschaft.

Mitte Oktober 1900 wurde diesem Werk »von nationaler Bedeutung« mit der Eröffnung der Pasteur'schen Abteilung »die Krone aufgesetzt« und gegen die Tollwut – die »Hundswut« – vorgegangen. Man erweiterte laufend den Betrieb, stellte Mittel gegen Typhus, Streptokokken, Starrkrampf her und Tuberkulin zu diagnostischen Zwecken. Das Management der miteinander verflochtenen Institute war international. Ausländische Forscher – namentlich Russen und Japaner – ließen sich in Bern auf den neuesten wissenschaftlichen Stand bringen. Selbstbewusst stellte das SSIB seine Erzeugnisse auf internationalen Ausstellungen aus und präsentierte stolz die gewonnenen »Goldenen Medaillen«.

Die Bauten des hygienisch-bakteriologischen Instituts zur Erforschung von Infektionskrankheiten[375] bzw. des Schweizerischen Serum- und Impfinstituts wurden auf dem Areal des Inselspitals an der Friedbühlstraße stetig modernisiert und erweitert. Zum Komplex gehörten eine Reihe von Annexbauten, vor allem auch die Stallungen für die Tiere, die schließlich zur Produktion der Heilseren herhalten mussten. Anfänglich hatte man übrigens keine Bedenken, die mit gefährlichen lebenden Krankheitserregern infizierten Pferde, die zur Gewinnung verschiedener Antitoxine verwendet wurden, dem Schlachthaus an der Engehalde zum Fleischverkauf zu überlassen. Erst als 1904 bei einigen Bernern, welche Pferdefleisch genossen hatten, der Typhus und »in der Bevölkerung eine bedeutende Beunruhigung« ausgebrochen war, untersagte man den Verzehr von Pferdefleisch aus dem Impfinstitut für Mensch und Tier.[376]

Ansonsten kamen die Institute weniger aus gesundheitlichen denn aus finanzpolitischen Gründen ins Gerede: Die Berner monierten etwa, dass die Dividende – 1915 betrug sie 15 Prozent – viel zu hoch sei. Die Einnahmen der Institute, fanden sie, sollten in die Staatskasse und nicht in die Tasche der »Herren Aktionäre« fließen.[377] Das Zusammengehen der Universität mit der privaten Aktiengesellschaft wurde letztlich zur

Foto 37a: Im Labor des Schweizerischen Serum- und Impfinstituts SSII bzw. des Universitätsinstituts für Infektionskrankheiten in Bern steht Eli Tomarkin zwischen dem deutschen Biologen Adolf Döll-Ronca (l.) und vermutlich dem deutschen Bakteriologen PD Otto Heller (r.). Ganz rechts ist der russische Chemiker Aron Eckmann zu sehen, der – wie wir gesehen haben – mit Elis Söhnen in Borstengeschäften unterwegs war (siehe Teil B) (NTI).

Foto 37 b: Die Crew des SSII um 1915: In der vordersten Reihe sitzen v. l. n. r. PD Walter Schürmann (gebeugt im Rechtsprofil) und Elis einziger Freund, PD Max Rothermundt. Prof. Wilhelm Kolle, Chef des Hygienisch-Bakteriologischen Instituts, thront in der Mitte auf der Bank. Daneben sitzen (r.) Prof. Oscar Hartoch und Dr. Sarah Abelin-Rosenblatt. In den hintern beiden Reihen stehen v. l. n. r.: Dr. Friedrich Krumbein (im Rechtsprofil am Rand), ein Unbekannter, Dr. Adolf Döll-Ronca (mit Vollbart), PD Theodor Vannod, Dr. Victor de Mestral (mit weißem Bart), der Hausmeister (ganz hinten stehend), Dr. Eli Tomarkin, ein Unbekannter und Prof. Jsaak Abelin. Abgesehen von Vannod und de Mestral stammten alle Wissenschaftler – wie Tomarkin selbst – ursprünglich aus Russland oder Deutschland (IMG Bern).

Erfolgsgeschichte. Heute besteht die Schweizerische Serum- und Impfinstitut AG als börsenkotierte, mit der »Crucell« verbandelte Gesellschaft »Berna Biotech« in Bümpliz. Und der Jugendstilbau an der Friedbühlstraße ist 2000 gesamtrenoviert und unter Denkmalschutz gestellt worden.

Vater Eli Tomarkin sollte hier in einer Doppelfunktion als Chef der Untersuchungsabteilung des Impfinstituts SSIB und als Mitarbeiter am universitären hygienisch-bakteriologischen Institut seine Lebensstelle finden. Der Aufbau neuer Abteilungen war interessant, die wissenschaftlichen Kollegen international, das heißt, sie hatten – wie Tomarkin selbst – beinahe alle deutsche oder russische Wurzeln.

Erst hatte Tomarkin im universitären Betrieb nur aushilfsweise und zeitlich beschränkt assistiert, sich dann aber auf der schwer vermittelbaren Stelle als unentbehrlicher Assistent etabliert.[378] Er untersuchte Fleisch, Milch und Wasser, Blut und andere tierische oder menschliche Körpersekrete. Zudem analysierte und beobachtete er in Versuchsserien und experimentellen Studien Impfnutzen und Heilwirkungen, stellte Enqueten zusammen. Seine vom Bund subventionierten Untersuchungen für Spitäler, Ärzte und Apotheker, chemische Fabriken, landwirtschaftliche Institute und Gesundheitsämter brachten den Institutionen pro Jahr Tausende von Franken ein.[379] Immer wieder hatte Tomarkin Arbeiten von Doktoranden betreut und selbst auch wissenschaftliche Abhandlungen aus seinem Institut veröffentlicht. Er publizierte unter anderem mit dem Arzt Friedrich Krumbein und vor allem mit dem Bakteriologen Otto Heller zusammen.[380] Heller war nach seiner Berner Zeit ab 1909 Direktor des Seruminstitutes in Dresden, dessen Aufbau mit dem SSII äußerst eng verbunden war. Möglich, dass Elis Besuch 1911 in Dresden nicht nur der Hygieneausstellung, sondern auch Heller und dem verbandelten sächsischen Institut galt (siehe Teil D). Trotz aller Bemühungen blieb Eli Tomarkins Stellung am SSII und an der Universität letztlich eine untergeordnete. Nie wurde er Privatdozent, nie als Professor weg- und hinaufbefördert wie doch etliche seiner Kollegen. So ist wohl die Familienerinnerung stimmig, die besagt, Eli habe manchmal mit seinem beruflichen Schicksal gehadert und wäre selbst auch gern Professor geworden.[381]

Im Ersten Weltkrieg stieg Tomarkin immerhin interimistisch zum »Stellvertreter-Direktor« der universitären Institution auf. Die Internationalität des Kaders hatte nämlich das bakteriologische Institut während des Krieges fast gänzlich verwaisen lassen, als der Institutsleiter wie auch der erste und zweite Assistent an der deutschen bzw. russischen Front kämpften.[382] Auf den Schultern des erfahrenen, gewissenhaften und »sehr tüchtigen« Tomarkin lastete nun die ganze Arbeit, zusätzlich auch die Betreuung der Pasteurabteilung und die universitäre Lehre. Von 1915 an übernahm der 55-Jährige anstelle des Institutsleiters den achtstündigen bakteriologischen Kurs für die Medizinstudierenden[383], der ihm einen wöchentlichen Mehraufwand von rund 50 Stunden abverlangte. Tomarkins Mehrarbeiten wurden zwar bezahlt, bei der Zuteilung der Teuerungszulagen verhielt sich die Regierung Ende 1918 mit Hinweis auf seine »Nebeneinnahmen« beim SSIB aber zugeknöpft. Eli Tomarkin reklamierte: »Ich bin am bakteriologischen Institut seit seiner Gründung, also fast ein Viertel Jahrhundert, tätig, habe seit August 1914, dem Kriegsbeginn bis ... im Sommer 1918 den ersten und zweiten Assistenten vertreten, während dieser ganzen Zeit Kurse und Vorlesungen abgehalten, das Institut besorgt, und wie ich zufügen möchte, keinen einzigen Tag das Institut verlassen, nicht zumal an Sonn- und Feiertagen, und ich glaube, dass ich in jeder Beziehung meine Pflicht, auch unter Aufopferung von Ferien u. s. w., erfüllt habe«, schrieb er dem Regierungsrat am 5. Oktober 1918. Die Nebeneinnahmen – gab er zu bedenken – ermöglichten ihm und seiner Familie erst die Existenz. Tomarkin erhielt sein Geld. Der Dekan der Medizinischen Fakultät hatte sich persönlich für den »ältern Mann mit Familie« eingesetzt. Bereits in früheren Schreiben war die Rede davon gewesen, dass Tomarkin »vermögenslos«, als Familienernährer »auf seinen Verdienst angewiesen« und mit »ganz außerordentlichen Verpflichtungen belastet« sei.[384] Was war damit gemeint? Zum einen war da das medizinische Studium seines ersten Sohnes Percy, das so viel kostete, dass die universitären Gebühren teilweise gestundet werden mussten. Dazu kamen – wie wir gesehen haben – die stetigen, großen Geldforderungen seines zweiten Sohnes Leander. Und als Drittes waren da die hohen Aufwendungen für seine Frau Jeannette.

5 Jeannette Tomarkin: Das rastlose Leben einer klagenden Gelähmten

Elis Ehefrau Jeannette war krank. Sie litt wohl an chronischer Polyarthritis. Die Krankheit, von der Frauen dreimal häufiger betroffen sind als Männer, kann schon in jungen Jahren auftreten. Chronisch fortschreitend führt sie in schweren Fällen – wie bei Jeannette – zur Invalidität. Um Linderung in ihrer Krankheit zu finden, zog sie ins milde Tessiner Klima. So ist vermutlich zu erklären, wieso die Tomarkins in Ascona eine Wohnung hatten und die Kinder im Tessin in die Schule gingen.[385]

Zu Jeannettes Unbehaustheit trugen zweifellos die Eheschwierigkeiten bei, das Ehepaar lebte nicht nur äußerlich getrennt. Über die Gründe, die Jeannette und Eli auseinanderbrachten, wird in den Briefen nie gesprochen. Nur von der Einsamkeit, die ihn umgab, sprach Eli in Briefen an Sohn Percy und Freund Wedekind. Jeannette schrieb über die nie heilenden »seelischen Leiden«, nachdem die »Bande des Familienglücks« zerrissen worden seien.[386]

Eli und Jeannette standen sich feindselig gegenüber. Die Trennung des Paares hatte natürlich auch finanzielle Auswirkungen. Elis Gehalt sollte nun plötzlich für zwei – zeitweise vier – Haushalte reichen. Jeannette hoffte vergebens, dass Eli »doch endlich ein Mal einsehen [würde], das schon der großen Ausgaben wegen mich nicht immer unter Fremden sein zu lassen.«[387] Doch Eli blieb stur. All ihre Versuche, wieder bei Eli einzuziehen, wurden von ihm ungehalten und schroff zurückgewiesen. Als Jeannette zu Kriegsbeginn Anfang August 1914 ernsthafte Anstalten machte, nach Bern zurückzukommen, »sobald die Züge fürs Volk frei« gegeben würden, verwies ihr dies Eli aufs Entschiedenste.

»Wie ich vernehme, gedenkst Du nach Bern zu kommen
Ich rate Dir davon entschieden ab
Erstens kann das nur gegen meinen Willen geschehen
Zweitens ist das vollkommen unnütz und zwecklos
Drittens verursacht das ganz
Erheblich Unkosten, die ich
Weder tragen will, noch tragen kann.
Ich habe genug finanzielle Belastungen und will keine weitern mehr.
Ich habe genug der Beunruhigungen und will keine weiteren mehr.
Auf diesem Standpunkt muss ich mit aller Entschiedenheit beharren
Und bleibe dabei. Eli«[388]

Da Bäder und Massagen Linderung ihrer Leiden versprachen, fuhr Jeannette häufig zur Kur – oder treffender ausgedrückt, sie leistete sich mit einer Ruhelosigkeit, die einen an Leander erinnert, eine Odyssee von Sanatorium zu Kurhaus, von Hotel zu Gastzimmer. Kaum irgendwo angekommen, gefiel es Jeannette nicht mehr. Sie verlangte nach einem neuen »Mädchen«, einer Pflegerin, und wollte an einen neuen Ort gebracht werden. Gemäß den auf dem Familiendachboden gefundenen Briefen und Karten logierte sie im August 1911 in der Naturheilanstalt Walzenhausen, brannte hier aber »wegen Betrügereien« durch.[389] Im August 1914 lebte sie in Wangs bei Sargans »mit gebrochenem Herzen, das ich meinen heissen Wunsch und bange Hoffnung leider bis jetzt nicht erfüllt werden konnte bei euch u. mit euch sein zu können.« Nach einem kurzen Abstecher in Erlach landete sie in Zürich. Nach kurzer Zeit wollte sie aus der Pension Luise Stocker an der Universitätsstraße wieder wegziehen: »Mir ist hier unsagbar verleidet wohnen, will fort von hier«, verlangte sie Ende Januar 1915. Frau Stocker war immer unfreundlicher, ja richtig »rabiat« geworden, weil Jeannette die Miete schuldig blieb.

Kaum war sie Ende Februar 1915 in der Diakonissen- und Krankenheilanstalt Bethanien in Zürich-Fluntern untergebracht, reklamierte sie erneut, dass

Foto 38: Die gelähmte Jeannette Tomarkin mit ihrem älteren Sohn Percy, der Leander sehr ähnlich sah. Jeannette reiste ruhelos von einem Sanatorium ins andere und fühlte sich nirgends wohl (NTI).

»die Luft vom Krankenhaus« ihr »Leben verkürze«. Endlich fand Jeannette in Zürich bei Frau Demiéville, einer »erhabenen vollkommen schönen Seele« ein Zimmer, das ihr ausnehmend zusagte. Bald aber zog Frau Demiéville wieder fort und Jeannette Tomarkin murrte trübsinnig: »Weiss nicht wohin ... habe gar keine Lust wieder in ein fremden Ort zu gehen.«[390] Den Sommer 1915 sollte sie in Weesen am See verbringen, was ihr gar nicht passte, da es im Sommer heiß und die Feuchtigkeit für ihre »Glieder und den Kopf zum grossen Nachteil« sei. Trotzdem musste sie die Sonnenmonate 1915 in der Privatpension »Altersruh« am Wallensee in Weesen verbringen.[391]

Stets hatte sie Schwierigkeiten, Miete, Arztrechnungen oder einen Krankenfahrstuhl zu bezahlen. Auch in Weesen wurde der Geldklagen nicht weniger. Sie habe keinen Cent – und sei überdies »sehr am Herz angegriffen«. Nach dem Besuch Leanders am Wallensee wurden die Forderungen noch etwas dringender und verzweifelter. Herbst und Winter 1915/1916 hielt sich Jeannette wiederum in der Zürcher Pension Luise Stocker auf. Diesmal fürchtete sie, »ausgewiesen« zu werden, falls sie nicht ihre Schriften hinterlegen könne.[392] Dass sich um diese Zeit auch Leander in Zürich aufhielt, vergrößerte nur ihre finanziellen Sorgen. Gerne hätte Jeannette Anfang Februar 1916 die Pension gewechselt. Sie war aber gefangen und gebunden, da sie die Pensionsschulden nicht bezahlen konnte. Zudem hatte sie vom Berner Oberland, wo sie ein Zimmer mieten wollte, eine Absage erhalten.

Für Jeannette Tomarkin muss es die Hölle gewesen sein: an den Rollstuhl gekettet, ohne Geld, auf fremde, nicht immer freundliche Hilfe angewiesen, von einer behelfsmäßigen Unterkunft in die andere verfrachtet. Von ihrem Mann verlassen, weit weg von ihren Söhnen, sehnte sie sich verzweifelt nach familiärer Umgebung. Immer nur knapp mit dem Nötigsten versorgt und »stets im Ungewissen lebend«, wurde sie auf demütiges Betteln verpflichtet.

Arme Frau!

Bei allem Mitleid für die entsetzliche Lage der Jeanette Tomarkin-Althausen überkam mich dennoch beim Lesen der zahllosen, über Jahre hinweg gleich bleibenden Briefe ein Widerwille. Die häufigsten Worte in ihren Schreiben waren »Geld« und »sofort«. Jeannette schrieb überhaupt nur Briefe, um zwischen viel Gejammer herrisch Anweisungen zu geben, Besuche und Unterstützung einzufordern. Sie schreckte auch vor kleinen Erpressungen nicht zurück. Die Sätze, in denen sie sich um das Wohl der Kinder oder um das Leben anderer Leute sorgte, waren rare Einsprengsel. Dabei ließ sie, trotz schwülstigster Liebesbeteuerungen, nur kurz Mitgefühl und Anteilnahme erkennen.

Oder war es die nur mühsam beherrschte deutsche Sprache, die mir das Gefühl von einer hinter kitschigen Floskeln mütterlicher Liebe versteckten, egoistisch einfordernden Kälte vermittelte? Kann ich mir einfach nicht vorstellen, dass diese Art des Schreibens für Jeannette die einzig mögliche Form von Kommunikation war? Dass sie ihre mütterliche Liebe mit Liebesschwüren verzierte, die aus schmuddeligen Liebesromanen zu stammen schienen, weil ihr nur diese billige Schundliteratur als Lesestoff zur Verfügung stand? Waren ihre Anweisungen ohne Eigeninitiative Ausdruck der patriarchalischen Ordnung, die dieser Frau null Entscheidungsfreiheit ließ, die ohne staatliche Invalidenversicherung oder Fürsorge auf Gedeih und Verderben ihren nächsten Verwandten ausgeliefert war?

6 Jeannette Tomarkin: In Leanders kalt-feuchtem Chalet von Faulensee

Schließlich zeichnete sich die Chance ab, bei Sohn Leander und Schwiegertochter Amalie unterzuschlüpfen, die bekanntlich Mitte April 1916 die Pension Faulensee gemietet hatten (siehe Teil B). Mitte Januar 1916 war Jeannette zwar noch voller Bedenken gewesen, ob sie »mit dem Leander eine Wohnung nehmen« sollte: »Ich weiss mir gar nicht zu raten. Ich überlasse alles Dir [Percy] wie Du mit Leander abmachen wirst, werde ich auch einverstanden sein.«[393] Die Sache gestaltete sich über Erwarten schwierig. Als Leander nämlich keinen Ton verlauten ließ, weigerte sich auch Jeannette, mit ihm in Verbindung zu treten. Sie war wütend, weil sie ihr Jüngster in Zürich nicht besucht und auch »nicht von ihr verabschiedet« hatte. »Am Leander habe nicht geschrieben, da mir sein betragen

u. seine traurige lage zu viele grosse Schmerzen bereiten«, ließ sie Percy wissen. Als sich die Lage zuspitzte und Jeannette in einem bereits gekündigten Zimmer saß, schickte sie Percy vor, »sofort« in Faulensee zu rekognoszieren und »sofort« nach Leanders Plänen zu fragen.

Im letzten Augenblick klappte es und Jeannette reiste nach Faulensee, wo ihr Leanders junge Ehefrau Amalie Tomarkin-Richner glaubte, ein schönes Heim anzubieten. Jeannette war zwar froh, den »Luftwechsel machen zu können«, klagte aber gleichzeitig aufs Neue: »... ich gehe mit sehr schwerem Herzen in ein Haus, wo mein Inneres sich dagegen mit allen Fassern streubt.« Kaum angekommen, war der Teufel los: Percy sollte sie umgehend wieder wegholen: Ein längeres Verbleiben sei ausgeschlossen: »Finde hier kein Heim, sondern bin hier wie ein Eindringling. Wurde vom Bahnhof nicht abgeholt, trotzdem Leander auf der Reise an Amalie ein Tellegramm schickte u. unsere Ankunft in Spiez anzeigte. Der Empfang in Faulensee war kalt abstossend. Die Schwester von Amalie ließ sich überhaupt nicht blicken. Kurz ich will von hier fort je schneller je lieber. Wäre ich nur nicht hier her gegangen. Die Lage des Hauses ist schön, aber was nützt das, wenn man kein eignen Winkel zu freier Verfügung hat. Ich passe nicht in Familie Richner. Bitte sofort. Mama«.[394]

Mama Jeannette, an den Rollstuhl gebunden, jammerte über die kalte und abstoßende Atmosphäre im Haus ihrer Schwiegertochter in Faulensee und wollte nichts als weg. Was machte Leander? Als er feststellen musste, dass es seiner Mutter bei ihm nicht gefiel, lud er einfach seinen Bruder Percy zur Schadensbegrenzung ein: »Du würdest mir Freude machen, wenn du morgen kämest«, schrieb Leander schlicht: »Die Mutter fühlt sich nicht sehr gut. Wünsche schöne Reise. Trag immer auch Musik mit dir. Auf Wiedersehen morgen.«[395]

Das emotionale Drama nahm seinen Fortgang. Jeannette hatte in Faulensee zu bleiben. In ihren Briefen schrie sie weiterhin nach etwas Geld und ein wenig Liebe in Form von Besuchen: Unter dem Vorwand, dass »morgen« ihr Geburtstag sei, verlangte sie am Donnerstag, 4. Januar 1917, Percys Besuch in Faulensee: »Erwarte dich Samstag. Furchtbar kalt, leide darunter am liebsten ich würde nicht mehr aufstehen«.

Jeannettes Geburtstag war also nach ihren eigenen Angaben am 5. Januar. Rechnete sie nach dem westeuropäisch-julianischen oder dem russisch-gregorianischen Kalender? Der 5. Januar ihres Geburtsjahres 1868 im gregorianischen Stil entspräche bei uns dem 24. Dezember 1867.

Der 5. Januar 1868 im julianischen Kalender entspräche dem 17. Januar 1868 im gregorianischen Kalender. Der 15. Januar, wie er im offiziellen Familienschein von »Wettsweil a. A. – Kanton Zürich – Schweiz. Eidgenossenschaft« steht, korrespondiert mit keinem der Daten. So wirklich überrascht sind wir nicht.

Im März 1917 war sie zwar neu in Bremgarten, aber alt waren ihre Klagen: Sie müsse hier sofort weg, sie werde sonst »hilflos auf die Strasse gesetzt … keinen Tag länger … sofort, sofort … komm sofort … werde im Stich gelassen.«[396]

In ihren Tiraden verschonte sie Leander auffallend oft. Zwar war sie manchmal wütend auf ihn und bemängelte, dass auf ihn »kein Verlass« sei. Letztlich aber war Leander, der sich ihr weitestgehend entzog, für Jeannette ein unantastbares Genie. Immer wieder ließ sie sich von seinen ebenso reichhaltigen wie folgenlosen Versprechungen einlullen: »Ich erhielt vom Leander einen Brief. Sobald er kann, sendet er mir etwas Geld«, glaubte sie stets aufs Neue. Auch im Sommer 1917 nahm sie ihn – diesmal von Hünibach aus – in Schutz und fügte entschuldigend hinzu, Leander habe halt »selbst Sorgen« und »viel für sich zu denken«.[397] Es war die Zeit, als er wochenlang abgetaucht und in undurchschaubaren, konspirativen Geschäften unterwegs war (siehe Teil B). Der Leidtragende war Percy.

7 Percy Tomarkin: Heimliches Familienoberhaupt wider Willen

Percy musste schon in jungen Jahren recht eigentlich die Bürde des Familienoberhauptes tragen, benutzten ihn doch die untereinander verkrachten Papa Eli und Mama Jeannette als Vermittler und Relaisstation, wenn sie einander meist Unfreundliches und finanziell Unerfreuliches mitzuteilen hatten. Zudem wurde er zur Verantwortung gezogen und befragt, wenn Leander unauffindbar war, und mit der Übermittlung der Vorwürfe beauftragt. Dass er auch als zukünftiger finanzieller Garant betrachtet wurde, bewies die Lebensversicherung, die er zugunsten seiner invaliden Mutter abschloss.[398]

Von außen und auf Distanz gesehen wirkte Percy als starker, ruhender Pol. Sein Werdegang erschien im Gegensatz zu Leanders Zickzackkurs und dessen Gier nach dem Berühmtheitsstatus als geradlinige Karriere zum seriösen Tessiner Kantonsarzt[399] und verlässlichen Menschenfreund. Erst ein näheres Hinsehen zeigte, dass der junge Percy seinem Bruder nicht nur äußerlich sehr viel ähnlicher war als angenommen. Auch er war, jedenfalls in jungen Jahren, ein innerlich Umhergetriebener und Wankelmütiger. Der Schwarm der Frauen versuchte sich als Künstler, Kaufmann, Wissenschaftler, schwankte zwischen Selbstüberschätzung und mangelndem Selbstvertrauen und konnte sich damit mühelos mit seinem jüngeren Bruder identifizieren.

Nach Schulbesuchen in Horgen, Zürich und bei den Salesianern in Ascona bestand Percy die Matura 1910 in Bellinzona mit guten Noten. Percys Ausbildung zum promovierten Arzt allerdings verlief nicht ohne Stockungen. Er absolvierte vom Oktober 1913 an ein lang dauerndes Medizinstudium in Bern. Papa

Foto 39: Die »jüdischen Studenten« des Berner Anatomiekurses von Prof. Hans Strasser und Prof. Karl Zimmermann im Winter 1915/16 mit »P. Tomarkin« (hinten, 2. v. r.). Zur gleichen Zeit wurden die »Schweizerstudenten« und die »Studierenden aus Russland« aufgenommen. Percy ist auch in der schweizerischen Gruppe mit dabei. (Staatsarchiv Bern, FN Uni P 2.32.).

Eli mühte sich, die Ausbildung seines Sohnes zu fördern und seine Beziehungen spielen zu lassen, wenn es darum ging, ihm einen Laborplatz oder eine Praktikumsstelle zu finden.[400]

Um 1916 steckte Percy in einer tiefen depressiven Krise. Wir können es ihm nicht verdenken, wenn wir sehen, was die Eltern ihrem Ältesten wieder einmal aufgehalst hatten. Vater Eli entzog sich der Verantwortung und erklärte einfach, »Ärger nicht mehr gebrauchen« zu können. Percy sollte sich um das »unmotivierte Hin- und Herspringen« und die Launen von Mutter Jeannette kümmern. Er sollte in der Familie seines frisch verheirateten und hoch verschuldeten Bruders Leander nach dem Rechten sehen. Zwar tue es ihm leid, dass seine Aufträge »unangenehm« seien, aber Eli forderte ein gegenseitiges Beistehen ein, wie es sich zwischen Freunden gehöre.

Auch Mutter Jeannette betrachtete ihn als »Freund«, sogar als ihren »einzigen teuren Freund« auf Erden. So hatte er immer wieder Jeannettes Tiraden und

Schmeicheleien zu ertragen, wenn sie ihn mit Briefen und Befehlen bombardierte: »Aber mein teurer Lieber, die grosse sehnsüchtige Liebe zu dir in deiner Nähe, unter deinen Schutz zu sein, dich öfter sehen zu können«, lasse sie alles überwinden.[401] Schwierig war es für ihn, sich Mamas handfesten Annäherungen zu entziehen – Jeannette träumte nämlich davon, mit Percy in Wohngemeinschaft zu leben. Bereits im März 1915 hatte sie penetrante Anspielungen, dass Percy doch in Zürich studieren könnte, mit dem Hinweis auf ein Zusammenwohnen verknüpft. Sie habe »bereits annoncieren lassen« und viele Offerten für ein Etablissement erhalten, darunter »ein paar die für uns passend wären«. Man kann sich lebhaft vorstellen, wie die Vorstellung, mit der alten, kranken und quengelnden Mutter zusammenzuleben, auf einen 22-jährigen Jüngling wirken musste. Percy, damals im Übrigen von Liebeskummer und Berufsängsten arg gebeutelt, machte denn auch keine Anstalten, darauf einzugehen. Im September 1916 träumte Jeannette wieder ihren Traum vom gemeinsamen Haushalt mit Percy. Im zürcherischen Goldbach bei Küsnacht wollte sie eine Wohnung mit Zimmern auf gleichem Boden, möglichst keiner Treppe und etwas Garten mieten. Percy sollte es »noch diese Woche« richten. Auch sollte er Eli dazu bringen, Jeannette sofort für einige Tage bei sich aufzunehmen: »Sage doch Papa, er solle es mir erlauben. Ich habe doch nicht böses gethan, das ich mich nicht zeigen darf.«[402]

Vierzehn Tage später gab Jeannette genaue Umzugsanordnungen: Betten, Schränke, Kommode, Schreibtisch, Nähmaschine, Klavier, Tische, Hausgeräte, sollten vom Asconeser Haus nach Goldbach-Küsnacht gebracht werden. Gleichzeitig aber erklärte sie, zweimal widersprüchlich, eigentlich wolle sie den großen Zins für die Mietwohnung lieber in ein eigenes Zürcher Häuschen investieren und selber Herr und Meister sein. Und eigentlich »aufrichtig gesagt, gehe sie nicht mit grosser Lust nach Zürich wohnen … Ich kann die deutsche Schweizer nicht leiden.«[403]

Ende März 1917 drohte sie von Bremgarten aus, nach Bern zu kommen, und zeterte: »Wenn du dich um deine arme Mama nicht mehr bekümmerst, so bleibt mir nichts anders übrig als nach Bern zu gehen, wo ich eigentlich mit Recht hingehöre. Es wird u. ist für mich ein ungeheurer grosser Kampf so einen Schritt zu thun. Meine Einsamkeit u. verlassensein zwingen mich, meine nächsten Angehörigen aufzusuchen – Erwarte dich also unfehlbar!!« Jeannette wurde nicht müde, sich zu beklagen, ihre Leiden aufzuzählen und mit einigem Psychoterror Percys angeblich fehlende Mutterliebe anzuprangern: »Bin ich dir gar nichts mehr wert?«, warf sie ihm an den Kopf, und: »Willst du also nichts mehr von mir wissen u. über lässt mich ganz allein meinem Schicksal?«

Jeannettes Briefe sind ein Musterbeispiel mütterlicher Druckversuche. Immer wieder hielt Jeannette Percy vor, wie viel sie für ihn getan habe: »Weisst Du nicht mehr, wie ich für dich treu besorgt … stets Freude gemacht jedes Verlangen, wenn du in Not warst mit grosser Freude u. Schnelligkeit erfüllt … Und dir war es zu viel für mich die kleine Reise zu machen.« Als auch das keinen großen Eindruck machte, verwies sie über einen Monat später, nun von Hünibach aus, auf ihr sehr krankes Herz, ihre größte Qual und die unsagbar heiße Sehnsucht: »Ich bin so einsam, verlassen. O wie bitter allein zu sein … So vergeht mein ganzes Leben, in vergebliches Warten u. Hoffen u. im Kampf u. Verzweiflung. Wie Herz zereissend ist es für mich, mit meinen Lieben nicht zu samen sein zu können. Bin unschuldig verstossen, habe es wirklich nicht verdient, von keiner Seite.« Zwei Monate später blies sie ins gleiche Horn: Sie habe Gliederschmerzen und Herzweh, Schmerzen zum Verrücktwerden im Kopf und in den Ohren. In Hünibach könne sie nicht länger bleiben und überhaupt sei es nicht ihr Problem, wenn sie abseits der Familie leben müsse: »Wenn die Familie zerrissen leben muss, so ist der Verbrauch gross u. niemand hat davon. Dazu kommt noch der grosse Zins hier u der Zins in Ascona.«

Mitte Juni 1917 wand sie von Hünibach aus die psychoterroristische Schraube eine Drehung weiter und warf Percy an den Kopf: »Bin ich dir gar nichts mehr wert … Willst du also nichts mehr von mir wissen u. über lässt mich ganz allein meinem Schicksal? Du findest den Weg nicht mehr zu deiner armen verlassen u. verstossen Mama? … Niemand bekümmert sich meiner. Alles bitten alles flehen ist vergebens. Alle Gefühle für mich ist verschwunden … hast du auch bedacht, das es deine Pflicht wäre, sich um mich zu sorgen, hauptsächlich da ich jetzt krank und sehr schwach bin, u. sehr hilflos dazu. Für euch u. dich habe doch, so weit meine Kräfte reichten, stets meine Pflicht mit treuer Gewissenhaftigkeit erfüllt. Aber für mich ist jetzt niemand da, der Pflichten hat. … Es ist eine grosse Schande vor Gott u. Menschen, so nicht beachtet ich von Euch allen u. behandelt zu sein. Zu mal meine Kräfte … schwinden. Von dir mein Lieber hatte am aller wenigsten geglaubt, das ich dir gleichgültig werde, nach dem du stets warme aufrichtige Gefühle für mein zerrissenes unglückliches Leben gezeigt hast. Und jetzt, da ich dir am allernötigsten bedarf sollst du mich vergessen wollen. Und an mich nicht mehr denken?«[404]

Nachdem sich Jeannette in Percys angebliche Undankbarkeit verbissen hatte, geißelte sie am Schluss noch den Verrat ihres Mannes Eli: »Soll ich auch noch *die* Täuschung erleben müssen? Wie beim Papa das er mich unschuldig verstossen hat u. eine Andere an meiner Stelle. Und ich Unglückliche muss mich herumstossen! In der herzlosen Welt ohne Schutz.«

8 Percy Tomarkin: Schwankend zwischen Liebes-, Geld- und Künstlerträumen

Zu den beträchtlichen Familienproblemen kamen für Percy Tomarkin eigene Schwierigkeiten. Er selbst war überfordert, verunsichert und rang mit sich um den richtigen Weg, den er beruflich und privat gehen wollte. Er litt, wurde krank. Papa Eli und Fräulein Josephine Fuchs – offenbar Elis neue Partnerin – machten sich Sorgen über Percys Leiden und verlangten Genaueres über seinen Zustand zu erfahren. Freund und Kommilitone Hugo Silbermann, mit Percy auch geschäftlich liiert, schimpfte gutmütig besorgt: »Was ist denn das, verdammter Kerl, wozu brauchst Du eine Nervenentzündung?«[405]

Eigentlich war sich Percy damals nicht einmal sicher, ob er überhaupt als Arzt sein Geld verdienen sollte. In jungen Jahren war er – wie und mit Bruder Leander – den Geschäftserfolgen nachgerannt. In ein und aus gehenden Briefen war vom großen Deal, von happigen Gewinnen die Rede. Erfolgsmeldungen aber blieben letztlich aus, dafür gab es bitterböse Briefe von Ruinierten (siehe Teil B). Percy wurde angepumpt, pumpte selber. Alles in allem gab er mehr Geld aus, als er einnahm, wobei die von Leander übernommene Schuldenlast ihm die bösesten Streiche gespielt haben dürfte.[406] Mindestens zwei dieser Geldhändel hatten ernsthafte Folgen. Die »Affäre Mensch« endete gar vor dem Richter. Percy hatte seinen Kommilitonen cand. med Jakob Salomon Mensch in seine Praxis nach Intragna kommen und ihn dort gratis arbeiten lassen. Das ließ sich Mensch nicht gefallen und er klagte seinen Lohn – es ging um ansehnliche 733 Franken – vor Gericht ein. Die Angelegenheit erfuhr einen abenteuerlichen Epilog. Ein Tessiner Architekt behauptete, dass Percy mit seiner Frau »in intimer wie betrügerischer Hinsicht unter einer Decke« gesteckt habe. Zudem habe Percy seine Tessiner Praxis bereits zu einer Zeit ausgeübt, als er noch nicht im Besitze des Doktordiploms gewesen sei. Kurz, der Architekt fing an »zu glauben, was verschiedene hiesige Medizin-Autoritäten« auch behaupteten, dass er »geisteskrank« sei. Percy sah sich seinerseits gezwungen, bei der gerichtlichen Aufsichtsbehörde das »unerhörte Treiben« des beteiligten Anwalts zu beklagen.[407]

Auch die resolute Frau Stämpfli in Tschugg war nicht gesonnen, die Angelegenheit um einen »entlehnten« 20-fränkigen, seidenen Schirm mit einigen Witzen als erledigt zu betrachten. Sie beharrte auf ihrem Recht und nahm sich einen Anwalt.[408] Dubios war die Geschichte um eine von Percy ausgeliehene Violine, die Dr. Erich Katzenstein, einem bekannten Arzt und Aktivisten der Münchner Räterepublik, und seiner Frau Nettie gehörte. Katzensteins wollten ihre Geige zurückhaben, da sie das Instrument aus Geldmangel verkaufen wollten. Das Musikinstrument, das auch durch Leanders Hände ging, blieb unauffindbar und wurde jahrelang reklamiert.[409]

Percy Tomarkin kämpfte in jungen Jahren nicht nur mit Finanzsorgen und Geschäftsideen. Der vielseitig Interessierte hatte auch heterogene Interessen, die ihn an seinem Berufsweg zweifeln ließen. Wie seine verschiedensten Mitgliedschaften zeigen, hegte er politische, wissenschaftliche und künstlerische Ambitionen. Percy Tomarkin war – wie bekannt – in der Sozialistischen Partei zu Hause, liebäugelte mit zionistischen Ideen und war auch Mitglied der Anthroposophischen Gesellschaft. Zeitweise lockten ihn und seinen Bruder auch anarcho-sezessionistische Ideen, und die Gebrüder Tomarkin riefen – der Familienüberlieferung gemäß – eines Tages »die freie Republik Campione« aus. Percys Mehrsprachigkeit ließ ihn nicht nur bei der deutschsprachigen Freistudentenschaft mitmachen, sondern auch in der »Société d'études françaises de Berne«. Seine medizinische Tätigkeit führte ihn in die Ärztegesellschaft und in die »Associazione climatologica ticinese«. Und mit Genuss verkehrte er in Künstlerkreisen.

Der musisch Begabte träumte nämlich selbst vom Künstlerleben. Immer wieder schwankte und wankte er, ob er nicht lieber Musiker, Maler oder Schriftsteller werden sollte. »In höflicher Beantwortung Ihres Schreibens« teilte Zürichs Musikdirektor José Berce 1916 dem Musikbegeisterten mit, dass er »jederzeit« ins Konservatorium eintreten könne.[410] Aus der Musikkarriere wurde nichts, aus der schriftstellerischen Laufbahn wenig. 1920 ging Percy mit einem Drama schwanger, das er nur besten Freunden zeigte. In Percys Text ging es – den Andeutungen des Freundes Boéchat zufolge – um die enge Beziehung Percys zu seinem Bruder und um das Lügengewebe rund um Leander Tomarkin. Indem er ihn seiner unverbrüchlichen Freundschaft versicherte, schrieb ihm Boéchat am 2. September 1920 ernste Worte: »Du hattest soviel Vertrauen zu mir, dass Du mir Dein Drama zu lesen gabst – als ich vielleicht dessen nicht würdig war. Hängt es vielleicht damit zusammen, dass Du nicht genug Vertrauen hast, heut, um mir die volle Wahrheit zu schenken in Bezug auf die Sachen deines Bruders? Soll es heute eine Blutverwandtschaft oder eine Richtungsverwandtschaft, eine Verwandtschaft im Wirken in der Wahrheit [sein]? Das ist die eigentliche Frage. Die Antwort entscheidet … [über unsere] Beziehung

Wir sind erblich mit Lüge so stark bedacht, dass weiter gelogen werden muss, in Tat, warum nicht in Wort. Doch gibt es grosse grobe Lügen, die man als Gebildeter weder sagen, noch dulden darf. Ich bin hart … Das Leben ist es auch …«[411]

Der Brief ist auch insofern interessant, als zu dieser Zeit die Gebrüder Tomarkin mit Jean Boéchat ins Geschäft zu kommen suchten (siehe Teil B). Ahnte oder wusste Boéchat um die krummen »Sachen« von Percys Bruder? Das Geschäft floppte und Percys dramatischer Stoff blieb unveröffentlicht und verschollen. Ein einziges literarisches Produkt erreichte eine Öffentlichkeit: Sein Essay »Das Lied vom Elend« wurde 1920 in der Zeitschrift »Die Schweiz« veröffentlicht.

Percy liebäugelte nicht nur mit dem Traum, als Musiker oder Dichter zu leben. Er beschäftigte sich auch mit dem Gedanken, als Kunstmaler aufzutreten, vor allem nach der Bekanntschaft mit dem jungen Maler Emanuele Romano Glicenstein. Wie wir gesehen haben, sollte Glicenstein in Leanders Leben eine gewisse Rolle spielen. Mit Percy korrespondierte er über »gemeinsame künstlerische Bestrebungen«, Emanuele schickte Arbeiten, Percy erhielt aber kein Gegenrecht beim Austausch der Zeichnungen. Fühlte er, dass seine hübschen anatomischen Skizzen und seine klassischen Porträtzeichnungen doch nicht an die Bilder eines Glicensteins oder eines George Jackson Flemwell[412] herankamen, die noch heute unter seiner Korrespondenz liegen?

Percy machte auch die Bekanntschaft der Schweizer Maler Walter Roshardt und Max Gubler. Gubler ging es damals schlecht. 1920 hatte er mit Lungenproblemen, Berufsfindungszweifeln und Geldsorgen zu kämpfen. Roshardt bat Percy, den lieben jungen Maler »kurze Zeit zu sich in den Tessin zu nehmen«. »Sobald er Lohn bekomme«, wolle er ihn finanziell unterstützen, jetzt habe er »selber fast keinen Rappen mehr«. Möglich, dass Percy Max Gubler aufnahm, der im Juli zu seinem ersten Italienaufenthalt aufbrechend durchs Tessin reiste, bevor er Ende des Jahres nach Davos zur Kurierung seiner Lungenkrankheit gehen musste. 1920 war Percy allerdings selber krank, zudem hätte er für seine Schlussexamen lernen sollen. Teilte Percy 1920 Zeit und Geld mit dem jungen Maler Gubler und kam deshalb nicht zu seinem medizinischen Abschluss?[413]

Zeit und Nerven kosteten ihn auch die Frauen. Percy war beliebt beim weiblichen Geschlecht, davon zeugen Stapel von Liebesbriefen mit Bildern lächelnder junger Damen auf dem Tomarkin'schen Familiendachboden. Die »Fräuleins« liebten ihn, die Lilian, Ethel, Betsy, Anny, Lili, Laure, Hedy, sie alle wollten ihren Percy sehen: »Würden Sie wohl nächsten Dienstag auf den Bahnhof kommen? Um 10.30 Uhr habe ich Stunde.« Elsi fühlte mit ihm, weil er »selbst die dunkelsten Täler« durchwandert habe. Ida aus dem Volkshaus graute vor seinem Weggang: »... es ist schrecklich ... ich habe eine Ahnung ... ich habe Dich so unendlich lieb.« Eine Lina fühlte seine Lippen: »... und ich löse deine lieben Worte. Ich möchte an deiner Brust liegen und dich küssen, küssen. Ich habe dich unmenschlich lieb. Ich bin ganz krank.« Gar sterben wollte seine kleine Manon, und vom Sterben war auch bei der »kleinen Maus« die Rede: »... würde dich todküssen, wenn du da wärst.« Und wenn er nicht da war, mochte sie »heulen wie ein armer Schlosshund ... hätt gern die Wohnung kurz und klein geschlagen«. »Lass mich satt werden an dir. Dein Honig schmeckt süss und dein Duft ist berauschend«, schmeichelte Rose, ein »verlangendes Weiblein«.

Eine frühe, ältere Freundin war ihm die Kommilitonin Jekaterina »Keila« Lwowna Epstein. Sie war eine der vielen fleißigen Russinnen, die sich in Bern das medizinische Rüstzeug holten, um dann in ihrer Heimat zu arbeiten und zu

Foto 40: George Jackson Flemwell war ein Genre- und Blumenmaler, vor allem aber gestaltete er eindrückliche Tourismusplakate. Der 63-jährige Schweizer zeichnete zwei Monate vor seinem Tod den jungen Percy Tomarkin (NTI).

politisieren. Percy bürgte für sie, lieh ihr Geld. Mutter Jeannette passte das gar nicht. Zweimal reklamierte sie und verlangte das Geld zurück. Möglicherweise bezog sich auch ihre Bemerkung, dass »sein Fräulein für ihn nicht passe«, auf Epstein. Seine Theorie möge ja sehr gut sein, fuhr Mutter Jeannette fort, in der Praxis aber sei sie eine große Bürde und er werde es tief bereuen. »Die Tochter ist nicht für dich. … Bitte, hüte deine goldene Freiheit.« Das Letzte, was hier über Keila Epstein bekannt wurde, ist, dass sie 1922 38-jährig schwer an Herz und Nerven krank in Moskau daniederlag. Percy übernahm »jede Bürgschaft« für die Unbemittelte und setzte »alle Hebel in Bewegung«, um Epstein zur Ausfuhr der nötigen Goldrubel und damit zu einer Kur in Deutschland oder der Schweiz zu verhelfen. Heute erinnern noch schöne Zeichnungen in Epsteins Histologiebüchlein und eine Visitenkarte, die auf dem Tomarkin'schen Familiendachboden im Tessin liegen, an Percys einstige Kommilitonin.[414]

Seine goldene Freiheit gab Percy schließlich für Franziska Zimmermann auf. Er muss die Hoteltochter in seiner Militärdienstzeit kennengelernt haben, als er im Winter 1916/1917 als 23-jähriger hilfsdienstpflichtiger Cand. Med. in der Armeesanitätsanstalt für Internierte in Luzern Kriegsgefangene bewachte bzw. betreute. Die 26-jährige Franziska, Tochter des verstorbenen Polikarp und der Elisa Hauenstein, wohnte in Weggis. Man war sich offensichtlich schnell nähergekommen. Mama Jeannette wünschte den beiden schon Ende Februar 1917, dass sie »glücklich u. zufrieden fürs ganz Leben« werden möchten. Mehr konnte sie nicht sagen, denn ihr Herz war ihr »zu voll«. Am 17. März 1917 heiratete Franziska Zimmermann den Unterarzt Percy Tomarkin.[415]

Am 1. Mai 1918 kam Sohn Horaz Franz zur Welt. Bereits zu diesem Zeitpunkt aber war die Ehe kaputt und Percy hatte sich schon eine anwaltschaftliche Scheidungskonvention aufsetzen lassen. »Wenn es wahr ist, dass ich einen falschen Schritt getan habe, so ist es aber auch war, dass ein sofortiger Brechen das einzige Mittel ist damit es nicht schlimmer kommt. Das Beispiel der Familie meines Vaters steht mir zu lebhaft vor Augen!«, steht auf einem Notizzettel im Tomarkin'schen Nachlass hingekritzelt. Die Bemerkung münzen wir auf Percys überstürzte Heirat und Vater Elis Eheschwierigkeiten.[416] Percys Ehefrau zögerte, in die Trennung einzuwilligen. Ende 1919 aber waren sie geschieden. Horaz wurde der Mutter zugesprochen. Franziska verzichtete fürs Erste auf einen Unterhalt für sich und das Kind. Sobald Percy als Arzt verdiente, musste er aber einen angemessenen Beitrag zahlen.[417] Die Anwalts- und Gerichtskosten, die Schulden der kleinen Familie und die Rückzahlung der Darlehen hatte er zu übernehmen, was ihn noch einige Zeit plagen sollte.[418]

Nach Percys Hochzeit war Mama Jeannette wieder in ihr gewohntes Hadern und Jammern verfallen. Mit Chargé- und Expressbriefen ließ sie ihren älteren Sohn wissen, dass sie »sehr krank« sei und »ausser sich vor Schmerz«: »Ich bin die Unglücklichste unter den Unglücklichen, von allen verlassen, verstossen ... verzweifle an meinem grossen Schmerz ... einsam, hilflos ohne jegliche Angehörige ... himmelschreiend, herzzerreissend. ... Niemand bekümmert sich um mich. ... Du lässt mich immer u. immer wieder im Stich. Womit habe ich es um dich verdient«. Jeannette wollte wie üblich dringend und sofort das Logis wechseln: »Ich will, das du durchaus jetzt hier her ... mich holen kommst«, forderte sie und meinte allen Ernstes: »Ich hoffe, du willst doch mit mir wohnen. Warum handelst du nicht?« Weder Percy noch Franziska wollten diese Wohngemeinschaft, was Jeannette schwer beleidigte und Percy eine Orgie von Vorwürfen eintrug: »Das kann ich nicht fassen. Mein lieber hast Du keine festen Willen mit deiner Mama zusamen sein zu wollen? Und ist es bei Euch beiden nicht so, das was du willst, Sie auch einverstanden ist? Mein Lieb! Bedenke – da Du nur einmal eine Mama hast!« Jeannette versuchte, mit ihrem nahen Tod zu schockieren: »Ich bin jetzt so sehr krank, das es mit mir überhaupt nicht lange mehr geht«, drohte sie, die ganze 16 Jahre später sterben sollte.[419]

Eine Steigerung der Schmähkaskade und des mütterlichen Drucks war schlechterdings kaum mehr möglich. Blieb noch die Wiederholung, von der Jeannette ausgiebig und stereotyp Gebrauch machte. Ende August 1917 dislozierte Jeannette Tomarkin erneut nach Faulensee zu Leander und Amalie: »Amalie empfing mich sehr freundlich. Und Leander ist bis jetzt gut mit mir.« Schon drei Tage später wünschte sie wieder auszuziehen: »Möchte in der Nähe von Leander eine kleine unmöblierte Wohnung finden und die Möbel aus dem Tessin kommen lassen.« Noch hatte sie die Hoffnung auf ein Zusammenwohnen mit Percy nicht aufgegeben, und als er krank und depressiv war, witterte sie eine Gelegenheit: »Tut mir herzlich leid, das Du krank bist. Kann für Dich nichts tun, O wenn ich doch mit Dir zusammen sein könnte. Erwarte Dich jede Stunde, da du jetzt in Bern bist.« Es war zwar rührend, dass sie ihm einen kleinen Ofen schickte, als Percy schrieb, er friere. Nur wollte sie noch im gleichen Augenblick, dass er nach Mailand schreibe, »um einige Schachtel Kohle u. um ein Öfeli sofort zu senden auf meine Adresse«, und so erwies sich ihre Gabe als Danaergeschenk.[420]

Im Januar 1918 hing der Haussegen im Chalet Faulensee wieder – und diesmal endgültig – schief. Zum einen litt Jeannette unter den kalten und »sehr, sehr feuchten« Räumen: »Ich habe Kopfweh, Blut von der Nase … von der Kälte … ungeheiztes Zimmer bei mehr als 20 Grad Kälte ist den stärksten nicht zuträglich.« Zum andern rächte sich Amalie für Jeannettes unbezahlte Rechnungen: »Das falsche Weib macht mir die Hölle, das ich diesen Monat nicht zahlen konnte usw. Sie jagt mich aus dem Hause. Und jetzt ist Leander seit Freitag nach Bern, da lässt Sie niemanden zu, mich behilflich zu sein, herunter zu tragen. Es bleibt mir nicht anders übrigen wie im Bett zu liegen. Kurz ich kann nicht die herzlose niedertracht sagen. Sie macht mir einfach die Hölle. Mein Lieber, wenn du nicht schleunigst hier her kommst, so bin ich gezwungen, nach dorten nach Bern zu gehen. Ich weiss mich nicht zu raten u. nicht zu helfen. Ich bin hier in Gefangenschaft.«[421] Obwohl für Jeannette »ein weiteres zusamen leben hier ganz unmöglich« war und ihr »angethan wurde, was nur möglich« war, beließ man sie bei Leander, der ja kaum je zu Hause war.

9 Percy Tomarkin: Neue Freundschaften und eine hellsichtige Aline Valangin

Percy hatte inzwischen eine neue Freundin gefunden: Käte Wohlfahrt. Die Liebesbeziehung zur Österreicherin, die lange im Kurhaus auf dem Zürichberg gelitten hatte, dauerte länger als seine Ehejahre. Unsicher über ihren beruflichen Werdegang arbeitete Käte Wohlfahrt als Bibliothekarin, Privatsekretärin, Studentin und trat als Schauspielerin auf. In ihren wehmütig-melancholischen Briefen sprach sie Percy vom »erstarrten Glück« ihres Herzens. In den Briefen fand sie »für Augenblicke die Töne wieder, die Liebe und Leid geweckt hatten und die ein Zuviel von Qual erstickt hatte«. Auch sie war unsterblich in Percy verliebt: »Komm zu Deiner Frau und Freundin, die Dir gut will und Dich liebt wie keinen andern«, flehte Käte, und Percy kam. Kätes Beziehungen zu Künstlerkreisen war es zu verdanken, dass er sein einziges Essay veröffentlichen konnte.[422]

Die Beziehung ging 1919 unschön auseinander. In ihrem Abschiedsbrief kam die wieder schwer an doppelseitigem Lungenspitzenkatarrh erkrankte Käte darauf zu sprechen: »... ein Zuviel an Qual und Bitternis schrie in mir, das nicht Worte fand ... Was andern Frauen Segen, ist mir Fluch geworden ... Es war mir klar vom ersten Augenblick an, dass dieses Wesen nicht zum Leben kommen dürfe ...« Ihren Brief schloss sie, trotz der ihr zugefügten Verletzungen, freundlich: »Ich liege jetzt ganze Tage ... glaube an den heiligen Geist einer unendlichen Stille. Sag mir von Dir und sende mir Deine Arbeiten. Ich glaube, ich kann Dir jetzt Freundin sein, nun ich mich vom letzten, was ich für mich wollte, losgelöst habe ... ganz am Ende mit meiner Kraft. Käte.«

Käte Wohlfahrt machte ihren Weg ohne Percy. Sie schloss schließlich in Zürich ein wirtschaftswissenschaftliches Studium ab und heiratete einen andern.

Am Ende ihrer Liebe zu Percy aber hatte sie erst all »die demütigenden Bittwege« gehen müssen. In ihrer Verzweiflung wandte sie sich auch an das ihnen beiden bekannte Ehepaar Rosenbaum-Ducommun. Der exzentrische Zürcher Psychiater Wladimir Rosenbaum enttäuschte sie, nicht weil er ihre Bitte abschlug, »sondern wie er es tat«. Aline Rosenbaum hingegen – unter dem Namen Aline Valangin bis heute als Schriftstellerin bekannt – half Käte Wohlfahrt, sei gar »Freundin geworden«.[423]

Der Medizinstudent Percy Tomarkin war dem Rechtsstudenten Wladimir Rosenbaum während der gemeinsamen Berner Studienzeit begegnet.[424] Auch Rosenbaum war ursprünglich russischer Jude, auch er hatte sich wie Vater Tomarkin in Wettswil-Zürich eingebürgert und war assimiliert. Rosenbaums spätere Frau Aline, die Enkelin des Friedensnobelpreisträgers Elie Ducommun, lernte Percy Tomarkin auf einer waghalsigen und denkwürdigen Bergtour im Sommer 1916 kennen, die ihm um ein Haar das Leben gekostet hätte. Percy wurde auf der Kletterei, die von der Kientaler »Bundalp« auf die 3274 Meter hohe »Wildi Frau« führen sollte, vom Bergkoller übermannt. Rosenbaums hypnotischer Ausstrahlung gelang es schließlich, den unglücklichen Bergkranken vor dem tödlichen Absturz zu bewahren.

Aline Valangin bzw. Aline Rosenbaum-Ducommun beschrieb das Bergabenteuer des unglücklichen Percy unnachahmlich beklemmend:

»Der Mediziner Tomarkin schwatzte dauernd. Ich sah, dass er ungeeignete Schuhe trug. Bald ging er langsam, dann eilte er wieder, blieb stehen, lachte, kollerte: Er kam mir vor wie ein Kobold. In der Berghütte angekommen, nahmen wir einen Imbiss, blieben aber nicht lange, sondern suchten den vereisten Pfad auf, der in die Höhe führte, um die Absturzseite der Wilden Frau herum. Wir waren nun am Seil. Ro als erster, dann der Mediziner, dann ich und der Flötist. Wir gingen so eine halbe Stunde, als Ro stehen blieb und sagte, der Pfad werde immer schmaler, er verliere sich in der Felswand, wir

Foto 41: »Sorengo 8. VII. 29 – Alla mia cara Mamma – Percy«. Der 36-jährige Percy widmete dieses Selbstporträt seiner Mutter Jeannette, als er, wohl aus beruflichen Gründen, in Sorengo nahe Lugano weilte (F.lli Brunel Lugano/NTI).

hätten uns geirrt und müssten umkehren. Keine angenehme Lage. Tausend Meter links in die Tiefe, rechts ebenso viel in die Höhe. Nirgends ein Halt, keine breitere Stelle.

›Umkehren!‹, befahl Ro. Aber wie? Es stellte sich nun heraus, dass der Mediziner kaum mehr verstand, was man von ihm verlangte. Er liess seinen Pickel in die Tiefe sausen, versuchte sich hinzusetzen, klagte, ihm sei übel, er strauchelte. Die Gefahr war gross, er könnte sich fallen lassen und uns mitreissen. ›Abseilen‹, befahl Ro. Ich weigerte mich: Man verlässt Kameraden nicht in der Gefahr, doch der Flötist hatte sich schon aus dem Seil gelöst und machte auch mich frei. Nun hingen nur noch die zwei anderen zusammen. Wir beiden vermochten uns einige Schritte rückwärts zu bewegen, um dem Mediziner Platz für seine Füsse zu machen. Er begriff aber nicht. Die Brille fiel ihm von der Nase, er schwankte, und ich sah den Augenblick kommen, wo er ohnmächtig werden und stürzen würde. Doch die Stimme Ro's hielt ihn fest. Er sprach mit dem Freund, sagte ihm, was er machen müsse, beugte sich schliesslich hinunter und grub mit seinen Händen kleine Mulden ins Schneeeis und wendete dann mit Kraft und Vorsicht die dummen Füsse des Freundes, bis dieser, wie an einem Draht gezogen, sich endlich umkehrte und wir alle vier langsam, den Bergkranken in der Mitte, zur obersten Hütte absteigen konnten. Immer noch sprach Ro auf ihn ein, liess ihn keinen Moment ohne Kontakt, schalt ihn, lobte ihn, zeigte ihm, was zu tun sei. Die Beine des Unglücklichen waren wie aus Watte, sie gaben nach, knickten ein, man musste ihn halten, stützen, führen. Endlich, nach wie mir schien endloser Zeit, tauchte die Hütte wieder auf.«[425]

Während dieses schauerlichen Bergabenteuers vom Sommer 1916 brach sich die Liebe Bahn und Aline heiratete ihren Wladimir ein gutes Jahr später. Percy sandten sie eine Postkarte von ihrer Hochzeitsreise, die nach der Trauung vom 3. November 1917 an den Zuger See führte.[426]

Percy hatte in Eis und Schnee zwei unbestechliche Freunde gefunden. Aline unterstützte Percy tüchtig bei seiner Suche nach einer Arbeitsmöglichkeit in Palästina, vermittelte ihm, wenn nötig, Referenzen, wie die der »roten« Ärztin Dr. Betty Ostersetzer in Zürich. Auch brachte sie ihn mit den Künstlern und Wissenschaftlern ihres avantgardistischen Kreises zusammen. Man traf sich, plante gemeinsame Ferien, Ausflüge und Besuche, tauschte Bücher. Die beiden bemühten und mühten sich auch um Percys Nöte, nahmen den Wankelmütigen, Unsicheren unter ihre Fittiche. »Lege die Pfeife weg und zwinge dich, mit möglichst klaren und folgerichtigen Gedanken zu arbeiten«, riet ihm Wladimir Rosenbaum. »Schicke nichts ins Unbewusste und schaffe dir keine Trugbilder. Lege das Zeug auf den Tisch und seziere. Wenn du dabei blutige Finger bekommst, so macht es nichts; ist immer noch besser, wenn du *weisst,* dass deine Finger blutig sind, als wenn du wähnst in Konfiture zu lutschen.«[427] Unter Alines psychologischem Einfluss begann Percy, sich selbst zu analysieren. Wie erhaltene Notizen belegen, endeten die Versuche gewöhnlich in wild aufwallenden, unleserlichen Satzfetzen.

Irgendwann platzte Aline der Kragen, als sie von der Heimlichtuerei Percys um Heirat und Vaterschaft erfuhr. Am 23. Januar 1918 hielt sie ihm den Spiegel vor. Ihre Analyse ist interessant. Treffen die Bemerkungen der späteren Analytikerin nicht auch Leanders Charakter? Aline seziert schonungslos Percys zwei Seiten: »Herr Tomarkin, gesehen von sich selbst, und Herr Tomarkin wie er ist.« Sie rät ihm, Selbsterkenntnis an Stelle des Grössenwahns und persönlichen Willen anstelle von Stimmungen zu setzen.

»Zürich, den 23. Jan. 18.

Lieber Tomarkin,

merkst du denn nicht, dass du nach und nach zur Karrikatur deiner selbst wirst? Oder willst es nicht merken, weil es dir unerträglich wäre dich anschauen zu müssen wie du bist?

Ich will dir mal den Dienst erweisen und dir zeigen: Herr Tomarkin, gesehen von sich selbst, und Herr Tomarkin wie er ist.

Er ist ein ganz genialer Mensch, steckt voller Talente und braucht eigentlich nur auszuwählen, ob er ein zweiter Dante oder ein zweiter Bach werden will. Die übrige Menschheit ist ihm aber so inferior, dass er seine Schätze vielleicht bei sich behält, um sie nicht vor die Säue werfen zu müssen. Arbeiten wie ein gewöhnlicher Sterblicher kann er nicht, er kann nur ›schaffen‹. Sein Kopf gebiert einen herrlichen oder schnurrigen Einfall um den andern. Er schöpft beständig, er ist wie Gott – oder Gott ist wie er. Ein gemein-langweiliges Leben wie die gewöhnlichen Sterblichen kann er natürlich nicht führen, wenn schon ein paar Philister das von ihm verlangen. Wie – er sollte sich die Schande antun zu bestimmten Zeiten zu arbeiten, zu schwitzen, nachts zu schlafen, am Tage zu werken? Gemeine Regeln für gemeine Menschen, nicht für einen Höhenmenschen. Er hat das Recht zu schweifen und zu schwärmen, zu tun und zu lassen, was der göttliche Augenblick ihm eingibt. Er ist ja so gross und so weit wie die Welt. Was hindert ihn? Was könnte ihn hindern? Was könnte wagen ihn zu hindern?

Und von der andern Seite:

Er sieht ein wenig ›duster‹ aus. ›Was ist eigentlich mit ihm?‹ Nichts, ein verdrehtes Huhn. Geistesabwesend steigt er in der Welt herum, ein Lächeln auf den Lippen. Oder er sitzt starr auf irgend einer Sitzgelegenheit und wippt ruckweise und periodisch mit dem Kopf. Wenn er lacht, so lacht er gellend und wenn er spricht so ruckt er an seinem Zwicker hin-und-her und spricht atemlos, zwangsweise, wie er auch zwangsweise schweigt. Zuhören kann er nicht. ›Ja – was treibt denn der Kautz.‹ Nichts, – das heisst – von Zeit zu Zeit heiratet er oder bekommt ein Kind was er alles so geheim hält wie ein Mädchen sein illegitimes Verhältnis. Dann legt er sich mit irgend einer hysterischen Freundin ins Bett oder lumpt mit Freunden in Kneipen herum. Zwischenhinein klagt er seiner ›eigentlichen‹ Frau nach und rechnet fest auf eine Ehe mit ihr. ›Ja – aber arbeiten, arbeitet er was?‹ Pläne hat er: heute will er einen politischen Verein gründen, morgen will er Musik studieren, übermorgen will er zwei Stunden im Tag medizinisch arbeiten, am Tag darauf will er nach X fahren als Stellvertreter mit 20 Mark im Tag verdienen, und gestern wollte er Dichter werden. Aber die Pläne genügen ihm. Er saugt daran wie ein Wickelkind an seiner leeren Saugflasche: s'gibt nichts, aber es ist doch gut. – Von Zeit zu Zeit verschwindet er … weg ist er – heiraten? Familienpflichten? scheiden? Examenangst? Veränderungsdrang à la Zugvögel? Wer weiss es. Weg ist er – es ist ihm nicht gegeben, eine Verabredung oder was es auch sei, unbedingt einzuhalten. Kommt eine Stimmung dagegen, so muss er ihr eben folgen. Er ist ganz unfrei. Seine Triebhaftigkeit tritt als Zwang auf. Wie das Blatt vom Wind, so ist er von seinen ›Stimmungen‹ getrieben. – – – Schrecklich. ›Eine etwas windige Figur.‹

Und ich sage: die Wahrheit liegt zwischen den beiden Ansichten. Momentan bist du aber Nr. 2, die windige Figur und wirst es auch bleiben, wenn du nicht endlich die Augen aufmachst und deine ganze Windigkeit ansiehst.

Ich weiss, dass du krank und schwächlich bist. Das ist aber keine Entschuldigung für dein undiszipliniertes Leben. Es liegt nur in dir, gesund und brauchbar zu werden. Der erste Schritt ist, dass du deine Unzulänglichkeit auf jedem Lebensgebiet einsiehst, dass du endlich einmal offen mit dir und deinen Mitmenschen bist und nicht immer schwindelst. Es ist leicht in Schwindelheim ein grosser Mann, ein Dichter, Prinz, lieber Gott zu sein, denn man braucht ja nicht zu beweisen, dass man es ist. Das kann jeder. Aber es ist schwer auf Erden eine einfache simple ›Arbeit‹ richtig auszuführen. Dazu braucht es Selbsterkenntnis an Stelle des Grössenwahns und einen persönlichen Willen an Stelle der ›Stimmungen‹.

Nun habe ich dir meine Meinung gesagt und ich werde es weitertun, bis du mir die Freundschaft kündest oder anders wirst. Glaube nicht, dass ich dich nicht gern habe oder nicht verstehen kann. Ich habe deine Art nur zu sehr geliebt und verstehe sie nur zu gut: sie ist aber Gift für die anderen Menschen und darum bekämpfe ich sie in mir und wo ich sie sonst finde.

Es ist nicht etwa dein Vater der mir über dein Leben Auskunft gegeben hat. Vieles habe ich von meinem Mann und das Dusterste habe ich auf anderem Wege erfahren. Dein Vater ist sehr fein.

Also, schäm' dich und lies den Brief nochmals durch.

Ich grüsse dich übrigens herzlich. A. R.«[428]

A[line] R[osenbaum] an Herrn P. Tomarkin, cand. med., Bergstrasse, Wabern bei Bern. Stempel: Zürich 1, 25.I.1918

Wie Percy Alines nicht eben schmeichelhafte Charakterstudie wohl aufnahm? Immerhin gibt es spätere Kontakte. Und Aline neckte ihn liebevoll einen »komischen Kauz« oder einen »Chalebub«.[429]

Im Frühjahr 1920 war Percy krank geworden. Seine Scheidung, seine unüberlegte Vaterschaft mochten ihn ebenso sehr gedrückt haben wie das Ende der Beziehung zu Käte Wohlfahrt. Nebst den Problemen seiner Eltern hatte er auch Leanders Scheidung, eine fünfjährige, seelisch und finanziell ruinöse Leidens- und Kampfgeschichte als Bevollmächtigter des Bruders durchzuziehen.[430] Leander hatte ihm auch noch die Vormundschaft für den armen kleinen Rolando aufgehalst und ihn – wie bereits besprochen – in wechselnde Geschäftsforderungen verwickelt (siehe Teil B). Dazu zermürbten ihn eigene Affären und Unschlüssigkeiten. Und wie ein dunkler Berg türmte sich als schier unüberwindliches Hindernis seine medizinische Abschlussprüfung vor ihm auf. Offenbar hatte Percy große Prüfungsangst und drückte sich immer wieder vor den entscheidenden Staats- und Doktorexamen. Freunde wie Silbermann sprachen ihm eindringlich zu: »Weisst Du, dass es noch viele Dinge gibt in der Welt … die Du nicht geniessen wirst, wenn Du Dich zu Grunde richtest? Geniessen wirst du nie recht – auch im Suff nicht – bevor Du dein ›Staats‹ gemacht haben wirst, weil es Dir eine ganz unglaubliche *Macht* geben wird.«

Anfang 1920 wurde die Sache brenzlig, als er, obwohl ohne Abschluss, in Intragna zusammen mit Jakob Mensch als Medico-Chirurgo praktizierte. Erneut meldete sich Percy krank und war monatelang indisponiert, Ende 1920 lag er gar im Spital. Im Frühjahr 1921 – sowohl Menschs Anwalt wie Leanders Gläubiger setzten ihm gehörig zu – fürchtete Percy, schwer erkrankt zu sein. Vater Eli wagte sich die Ferndiagnose, dass Percy sicher keinen organischen Herzfehler habe, sondern nur etwas Nervosität.[431] Und Silbermann, von Papa Eli in die Leander'schen

Geschichten eingeweiht, meinte wieder kumpelhaft: »Also Percy, komme was da wolle, wir wollen doch nicht so leicht verrecken. Es wird und muss gehen.« Silbermann beschwor Percy im August 1921, als Leander angeblich »irrsinnig« war, für seinen Bruder nicht alles zu opfern, sondern an sich und seine Examen zu denken: »[L]ass Dich bitte von nichts vom Lernen abhalten, damit Du zum Staatsexamen gehen kannst. Uns allen ist geholfen, wenn Du Dein Examen hast. … Du fliegst sicher nicht.«[432] Schließlich gönnte sich Percy im Herbst 1921 eine Reise nach Berlin. Im Winter 1921/22 wirkte er als Hausarzt im Kurheim von Cavigliano, einer Nachbargemeinde von Intragna, wo Mutter Jeannette untergebracht war.

Percy beugte sich dem Druck der Eltern, die ihren Erstgeborenen als promovierten Arzt sehen wollten. Schon kurz nach der Immatrikulation hatte ihm Mama stolz zwölf gedruckte Repräsentationskarten geschenkt: »Percy Tomarkin – Studente – Lugano«.[433] Vater Eli suchte auch in eigenem Interesse psychologischen Druck zu machen: »Wie Du weißt, lebe ich in grosser Einsamkeit und so bedeuten für mich die Wenigen, die mir nahe stehen, sehr viel. Es wäre also für mich eine rechte Herzensfreude, dich auf gegründetem Boden zu wissen, wo Du mir und ich Dir Freund und Helfer sein könnte.« Deutlicher wurde er im Februar, nachdem er seinen Filius eigenhändig bei seinen Dozentenkollegen zum Examen angemeldet hatte: »Du brauchst keine Angst zu haben, man wird Dich sicher durchlassen.« Anspielungsreich schloss er: »Herr Prof. Sobernheim schickt Dir einen schönen Gruss und freut sich darauf, Dich im Examen wieder zu begrüssen.« Der deutsche Bakteriologe Georg Sobernheim, den der besorgte Vater kontaktiert hatte, war wissenschaftlicher Direktor des SSII und damit einer von Elis Vorgesetzten. Der Familienfreund sollte – wie wir gesehen haben – auch Leanders Kongresse eifrig besuchen.[434]

Trotz aller väterlichen Unterstützung und einigen praktischen Erfahrungen in Intragna, Frutigen, Cavigliano und als Soldat in der Armeesanitätsanstalt für Internierte in Luzern hatte sich Percy einfach nicht an die Examen herangewagt, Prüfungsanmeldungen verdrängt oder vergessen.[435] Wieder folgte im Frühling 1922 ein langer Urlaub, wohl zur Examensvorbereitung. Schließlich absolvierte er als 29-Jähriger die wichtigen schweizerischen Medizinalprüfungen und bestand sie am 22. Juni 1922.[436] Mutter Jeannette jubelte und küsste ihren Sohn in »heisser Sehnsucht« und in »innig treuer ewiger Liebe«: »Gott sei dank, dass Du mein innigst lieber Percy, dein Staatsexamen mit Erfolg bestanden. Wie herzlich freue ich mich darüber, dass deine Feinde nicht über dich triumphieren konnten. Sondern Du über Sie alle siegtest.«[437]

Den Doktortitel holte sich Percy nicht in der Schweiz. Nachdem er im Januar und im Herbst 1923 Rom besucht und Leander ihm hier von den tollen Verdienstmöglichkeiten vorgeschwärmt hatte, verschaffte sich Percy Ende Jahr die Erlaubnis, in Italien praktizieren und promovieren zu können.[438] Es war die

Zeit, als Leander mit seinem »Antimicrobum« zum internationalen Star geworden war und er Bruder Percy vorschlug, zu ihm nach Italien zu ziehen und gemeinsame Geschäfte zu machen[439] (siehe Teil B). Leander verschwand dann aber bekanntlich im Mai 1924 nach Amerika. Der Italienaufenthalt brachte Percy immerhin einen vermutlich mit Leanders Beziehungen eingefädelten Doktortitel ein. Mit Vermittlung bekannter Ärzte erhielt Percy von wohlwollend prüfenden Professoren am 12. Dezember 1924 in Pavia seinen Doktorhut.[440] Ob sie als Zugabe auch einen für Leander dazugepackt hatten?

10 Jeannette Tomarkin: Lebensabend im Süden

Auch in Italien musste Percy die Probleme seiner Familie verfolgen. Da war vor allem Mutter Jeannette, deren zahllose Briefe aus den ersten 1920er-Jahren den früheren Schreiben aufs Haar glichen. Sie verzweifelte weiter, klagte über Verlassenheit, Einsamkeit und Armut. Und zog von Ort zu Ort. Zwar konnte sie sich mit Maria Baccalà, der Schwester ihrer zukünftigen Schwiegertochter, im Frühling 1922 in Rom im Erfolg ihres jüngeren Sohnes sonnen (siehe Teil B). Doch drückten sie auch die Sorge um ihren Enkel Rolando und ihre eigene Unzufriedenheit. Während Maria Baccalà im Sommer 1922 von Castel Gandolfo aus begeisterte Briefe nach Hause schrieb, erkrankte Jeannette. Mama gehe es nicht gut, sie habe Herzflattern, berichtete Leander seinem Bruder. Da konnte Leander trotz angeblicher Medizinkenntnisse und des sensationellen Antimicrobums nicht helfen und deshalb wurde Percy umgehend wieder nach Rom beordnet. Jeannette war es wieder nicht vergönnt, ein wenig glücklich zu sein. Die Stadt war ihr zu heiß, sie hatte Heimweh und zudem wurde sie von ihrer Dienerin bis auf den letzten Rappen bestohlen.[441]

Nachdem Jeannette auf ihren Geburtstag vom Januar 1923 hin ihr »tief verwundetes«, schwer krankes Herz, ihre »höchste Notlage« und die »unsagbar grosse Sehnsucht« ins Feld geführt hatte, ließ sich Percy wieder erweichen und besuchte sie in Rom. Im Juni 1923 beschwor Mama ihren Percy in alter Manier, sie aus Rom weg und ins Luganer »Casa di salute« zurückzuholen: »Höchste Zeit, von hier fort zu gehen«. Sie gehe sonst »ganz und gar zu grund mit schnellem Schritt«. Es war einer von Jeannettes vielen Briefen, in denen sie nach Geld und Besuchen schrie. Und zwar: »sofort, sofort«, presto. Den Sommer 1923 verbrachte sie im Ospedale di Cevio, um im Oktober bei Leander zu stürmen, sie wolle zu ihm nach Italien kommen, im Maggiatal sei es »recht kalt«. Es habe geschneit. Mitte November 1923 fühlte sie sich erneut im Stich gelassen und schmollte: Sie habe es verdient, dass man sich ihrer mehr annehme. Sie vergehe vor Einsamkeit, vor »Herzbrechen« und vor Sehnsucht. Sie könne in Cevio unmöglich weiterleben, ohne seelisch und körperlich zugrunde zu gehen. Himmelschreiend traurig sei ihr zumute.[442]

Man war ihr wieder zu Willen und holte sie nach Italien. Kaum in Rom angekommen, hatte sie mehr als 40 Grad Fieber. Leander verfrachtete sie in die Casa di Salute an der Via Toscana. Hier wollte sie eine Weile bleiben. Sofort rief sie nach Percy, suchte eine gemeinsame Wohnung und verplante eigenmächtig sein Leben. Vor Weihnachten 1923 zog sie ihm den Speck durch den Mund, schilderte ihm die Wohngelegenheit bei der »besseren Familie«, den großen Salon mit Balkon für nur 400 Lire im Monat mit Licht und Gasheizung, mit Elektrizität und Bedienung. Plötzlich hatte sie auch genug Geld, um ihm die Zinszahlungen anzubieten. Leander stieß ins gleiche Horn und schwärmte von den Verdienstmöglichkeiten in Rom.[443]

Von Rom aus mischte sich Jeannette sowohl bei Percys Doktorabschluss wie auch bei Leanders Scheidung ein.[444] Leander war 1924 in die USA ausgewandert und Percy war gerade im Tessin heimisch geworden, doch Jeannette blieb noch in Rom, wechselte weiterhin flott ihre Logis. Im Sommer 1925 war sie bei den Schwestern di S. Camillo an der Via Labico 19 in Torpignattara. Hier erkrankte sie »gravemente«, wie Leander von New York aus sogar die Schweizer Gesandtschaft in Rom am 4. Juni 1925 mittels Telegramm wissen ließ. Es war dann nicht der Gesandte, der sich um Jeannette kümmerte, sondern Ottone Schanzer aus dem königlich-italienischen Handelsministerium bzw. dessen mit Leander befreundeter Bruder.

Von einem Logis in der Via Volturno flüchtete Jeannette Ende 1925, da die Vermieterin eine »grosse Wucherin« sei, ins »ordentliche Haus« der Kloster-Schwestern an der Via Castelfidardo zurück. Ausnahmsweise schien sie mit ihrer Beherbergung zufrieden, was sie nicht hinderte, am 11. März 1926 plötzlich auf und davon zu gehen und die ehrwürdigen Schwestern besorgt und unter Hinterlassung von Schulden zurückzulassen. Die Oberin sah sich genötigt, die Familie – in diesem Fall Eufemia Tomarkin – zu alarmieren. Wie sich dann herausstellte, hatte sich Jeannette wieder ins Spital begeben. Man fühlte sich verpflichtet, Percy am 29. März 1926 mitzuteilen, dass seine Mutter schwer erkrankt sei und operiert werden müsse. Er habe keine großen Erwartungen, dass sie diese Prüfung überstehe. Auch Eli in Bern und das Schweizer Konsulat wurden alarmiert. Und Leander, der sich elegant in New York bewegte, schickte mittels »Telgrafici Sottomarini – Italcable« der Schweizer Vertretung zu Rom ein verspätetes Telegramm: »Mia madre gravemente ammalata – prego telegrafarmi stato reale cose.«[445]

Es kam schließlich nicht zur tödlichen Katastrophe, nur zur finanziellen. Und wieder einmal musste Percy dran glauben. Anfang April wurde er von Ottone Schanzer in einem gewundenen Schreiben beschworen, endlich zu zahlen: »Ich weiss dass Du zu empfindsam bist um zu verlangen dass ich Ausgaben habe, die für mich in diesem Momente ein unzumutbares Opfer wären und weil [Jeannettes Arzt] Dr. Morelli mich jeden Tag in seiner sehr verzweifelten Lage bestürmt, seine Rechnung von 400 Liren für 14 Besuche und 2 Blut- und Speichelanalysen endlich zu bezahlen.«[446]

Doch Percy blieb stumm. Jeannette, nun wieder bei den Klosterfrauen wohnend, wandte sich am 2. Mai 1926 an ihre Schwiegertochter Eufemia. Sie habe seit mehreren Monaten keine Nachrichten mehr und könne nicht glauben, dass ihr eigener Sohn sie vergessen habe. Sie sei allein und verlassen. Ende des Monats kam eine neue Hiobsbotschaft. Die Äbtissin der Gemeinschaft der »Suore di S. Carmelo« an der Via Labicos in Tor Pignattara, Roma hielt es für ihre Pflicht, Percy zu benachrichtigen, dass seine Mutter, welche sich seit zwei Monaten bei den Schwestern befand, schwer erkrankt sei. Sie habe eine Infektion mit hohem Fieber und geschwollenem Bein. Es sei gar notwendig, ihren Fuß abzuschneiden. Die Dame sei in großer Aufregung. Percy möge subito nach Rom kommen, da das Kloster nicht die ganze Verantwortung übernehmen könne.[447]

Auch diese schwere Krise überstand Jeannette und schimpfte Ende Juli in alter Frische auf Percy. Sie wollte nach Golino am Eingang des Centovalli und fragte, ob alles vorbereitet sei. Doch Percy in Intragna und Leander in New York schwiegen. Mitte August schaltete sich nach Rücksprache mit Ottone Schanzer die Schweizer Gesandtschaft in Rom ein und ließ Percy und Eli wissen, dass die Schweizer Vertretung weder Verantwortung noch Ausgaben einer Kranken übernehmen könnten, die unterstützungspflichtige Verwandte habe.[448] Während sich die beiden wohl oder übel der Sache annehmen mussten, sorgte sich Jeannette um ihren Leander. Sie bemühte ihrerseits die Schweizer Vertretung, in diesem Fall die Legation in New York, und forderte Informationen über Leanders Gesundheit an, von dem sie seit drei Monaten ohne Nachricht sei.[449] Einmal mehr hatten es Leander und Jeannette ganz selbstverständlich gefunden, sofort die diplomatischen Vertretungen für sich einzuspannen.

Nach 1926 hören die Briefe auf, es gibt auf dem Tomarkin'schen Familiendachboden keine weiteren Mitteilungen mehr von Jeannette. Das bedeutet wohl, dass Mama Jeannette um diese Zeit im Baccalà-Haus Zuflucht gefunden hatte, wo Percy wohnte. Endlich war ihr sehnlichster Wunsch in Erfüllung gegangen und sie lebte mit ihrem Ältesten unter einem Dach. Man brach gar – wie noch heute zu sehen ist – eine Fenstervergrößerung aus dem Mauerwerk, damit Jeannette in ihrem Rollstuhl Aussicht hatte und die Vorgänge auf der Straße und ums Haus beobachten konnte.[450]

Dem Druck, der durch die unglücklichen Elternverhältnisse auf den Söhnen lastete, hatte sich Leander mit der Flucht in die Fantasie und in die Fremde entwunden. Percy hingegen hatte die Last wohl viel Entschlossenheit, Zuversicht und Selbstvertrauen geraubt.

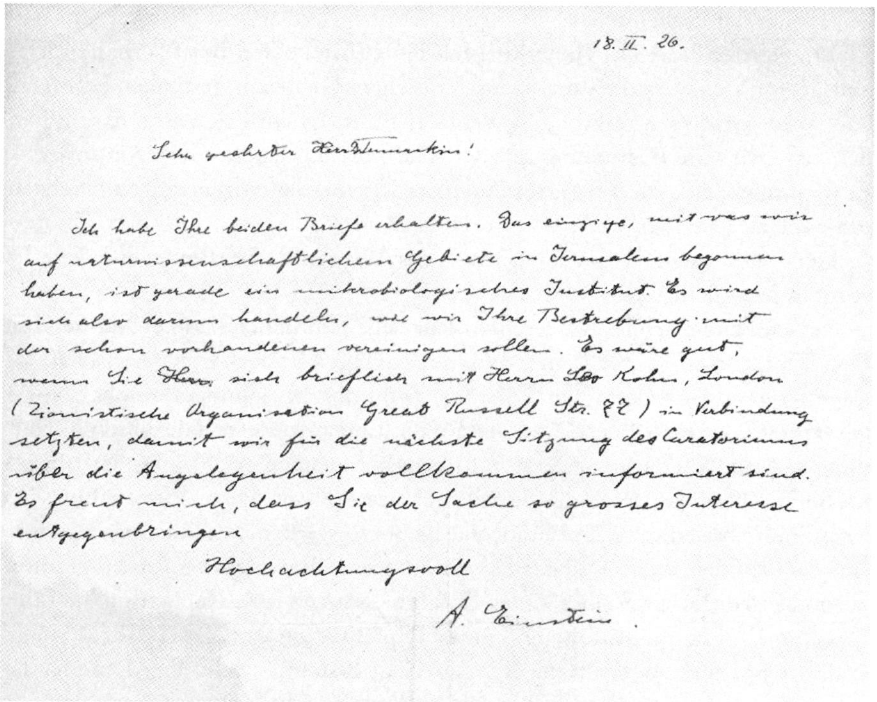
18. II. 26.

Sehr geehrter Herr Dr. Tumarkin!

Ich habe Ihre beiden Briefe erhalten. Das einzige, mit was wir auf naturwissenschaftlichem Gebiete in Jerusalem begonnen haben, ist gerade ein mikrobiologisches Institut. Es wird sich also darum handeln, wie wir Ihre Bestrebung mit der schon vorhandenen vereinigen sollen. Es wäre gut, wenn Sie sich brieflich mit Herrn Leo Kohn, London (Zionistische Organisation Great Russell Str. 77) in Verbindung setzten, damit wir für die nächste Sitzung des Curatoriums über die Angelegenheit vollkommen informiert sind. Es freut mich, dass Sie der Sache so grosses Interesse entgegenbringen

Hochachtungsvoll

A. Einstein.

Foto 42: Brief Albert Einsteins an »Dr. Tumarkin« – an Percy Tomarkin – vom 18. Februar 1926. Einstein rät Tomarkin, der sich um eine mikrobiologische Stelle in Jerusalem bemüht, sich an die Zionistische Organisation in London zu wenden (NET).

11 Percy Tomarkin: Kantonsarzt, Familienvater und – Ausbruch

Die unentschlossene Haltung, mit der Percy seinen medizinischen Abschluss verfolgte, korrespondierte auch mit seiner Unschlüssigkeit, ob und wo er Assistenz- und erste Fachstellen annehmen sollte. Im Gespräch waren unter anderem auch Praxen in Italien, Ägypten und Bolivien.[451] Auch nachdem er am 30. Dezember 1924 zum ersten »Medico cantonale« im Tessin ernannt worden war, suchte er weiter und interessierte sich 1926, nach einem Hinweis von Leander, lebhaft für Palästina. Interessiert erkundigte er sich nach der Möglichkeit, an der neu gegründeten »Hebrew University of Jerusalem« ein Institut für Mikrobiologie aufzubauen.[452] Beim Schriftwechsel mit der zionistischen »Hadassah Medical Organisation« wurde Percy schließlich auch an den Vorsitzenden des Hochschulkuratoriums, an Prof. Dr. A. Einstein in Berlin, verwiesen. Wie kurz erwähnt, ließ Einstein Percy Tomarkin einen Brief zukommen, der noch heute seinen Ehrenplatz in der Stube der Familie Tomarkin hat (siehe Teil B). Darin zeigte sich der Nobelpreisträger am 18. Februar 1926 erfreut über Percys Eifer: »Sehr geehrter Herr Dr. Tumarkin! Ich habe Ihre beiden Briefe erhalten. Das einzige, mit was wir auf naturwissenschaftlichem Gebiete in Jerusalem begonnen haben, ist gerade ein mikrobiologisches Institut. Es wird sich aber darum handeln, wie wir Ihre Bestrebung mit der schon vorhandenen vereinigen sollen. … Es freut mich, dass Sie der Sache so grosses Interesse entgegenbringen Hochachtungsvoll A. Einstein.«[453]

Trotz berühmter Fürsprache wurde nichts aus der Sache. Percy baute kein Institut in Jerusalem auf.

Percy arbeitete schließlich weiterhin als nebenamtlicher Tessiner Kantonsarzt. Den Job hatte er – einer Bemerkung der Kollegen in der Ärztegesellschaft zufolge – irgendwie bekommen.[454] Er war wohl den Beziehungen seines Schwiegervaters Francesco Baccalà zu verdanken und mit dieser familiären Verbindung verknüpft. Der junge Arzt hatte nämlich nach allerlei Liebeswirbeln am 14. September 1924 Eufemia Baccalà geheiratet. Dem Paar sollten schließlich zwei Söhne, Wladimiro und Francesco, geboren werden. Die Baccalàs waren in Intragna alteingesessen und der Doyen Francesco Baccalà hatte als Bürgermeister und Friedensrichter über seinen Tod hinaus eine große Reputation im Tal.[455] Dass die Familie ihr Ansehen nicht aufs Spiel setzen wollte, versteht sich und erklärt wohl auch, weshalb der Baccalà-Clan Eufemias Schwager Leander Tomarkin immer wieder aus der Patsche half und ihn finanziell »auslöste«.

Als Kantonsarzt mit Sitz im Palazzo del Governo in Bellinzona hatte es Percy vor allem mit Infektionskrankheiten und Epidemien zu tun. Er galt als tüchtiger Arzt und war beliebt. Dass Großrat Carlo Censi Ende 1931 gegen ihn auftrat, hatte vermutlich weniger mit Percys Person als mit seiner Funktion zu tun. Censi war nämlich ein prinzipieller Gegner des Kantonsarztamtes und sah nun eine Möglichkeit, den Amtsinhaber zu desavouieren, indem er behauptete, Tomarkin habe eine Patientin ohne Untersuchung in die Irrenanstalt eingewiesen. Der Regierungsrat sah das anders und die Vorwürfe lösten sich mit der Einsetzung einer Spezialkommission auf.[456]

Nebst seinem Amt betreute Percy eine Privatpraxis. Der Medico-Condotto hatte in Intragna seine »Consultazioni 8–10 antim. Fuorchè martedi e domenica«. Um sich die Arbeit zu erleichtern und um schneller bei den Patientinnen und Patienten zu sein, hatte er sich – wie dem »Foglio Officiale« zu entnehmen ist – 1930 einen »Citroën 12« mit der Nummer 6720 geleistet. In seiner Amtszeit schrieb er zudem einige wissenschaftliche Artikel,[457] machte aktiv bei den Sanitätsdirektoren mit und nahm – wie wir gesehen haben – 1933 an Leanders 5. Fortbildungskurs in St. Moritz teil (siehe Teil B). Percy soll sich auch – wie die Familientradition weiß – mit Engagement für die Minderbemittelten eingesetzt haben: »Wenn er für arme Patienten ein Rezept schreiben musste, legte er ihnen den entsprechenden Geldbetrag darunter.« Namentlich soll Percy auch Else Lasker-Schüler unterstützt haben.[458]

Im Oktober 1932 hatte Percy einen Ausbruchsversuch gewagt und war nach Jaffa ausgewandert. Offensichtlich kehrte er wieder zurück. Doch im Oktober 1936 nahm er nach zwölfjähriger Tätigkeit »krankheitshalber« seinen Abschied als Tessiner Kantonsarzt. Er verließ die Sonnenstube endgültig und ließ sich im Zürcher Seefeldquartier nieder, wo er Wohnung und Arzträume mit seiner geliebten Praxishilfe, Margherita Spaeth, teilte.[459] Margherita war, wie wir uns erinnern, 1929 als ›Strohmann‹ der Gebrüder Tomarkin zur Gründung der Chemiegesellschaft »Sina« aufgefallen (siehe Teil B).

Die Familienehre und die Rücksicht auf seine Söhne Wladimiro und Francesco mag erklären, wieso sich Percy nicht von Eufemia Baccalà scheiden ließ. Vielleicht war sein Wegzug seine erste wirklich freie Entscheidung gewesen, nachdem ihm seine Mutter und Leander fordernd zugesetzt hatten, sein Vater ihm viel zu viel Verantwortung aufgebürdet und die Familie seiner Frau stets auf Rücksichtsnahme gedrängt hatte?

12 Familie Tomarkin: Triumph und Tod

Percy Tomarkin war also ein geachteter Arzt geworden, auf den Vater und Mutter Tomarkin stolz sein konnten. Die Eltern hatten im Frühling 1931 zudem die Genugtuung, offiziell auch Sohn Leander im heimischen Locarno als rehabilitierten, großen Mann der Zukunft feiern zu dürfen.

Vater Eli hatte es sich nicht nehmen lassen, am 28. April 1931 bei der Abschiedsfeier zum 2. Kongress der Tomarkin-Foundation im »Grand Hotel Palace« seinen »vielgeschäftigen und unermüdlichen« Leandro hochleben zu lassen. Er pries die wahrhaft weisen, menschlichen und hochgesinnten Männer, unter deren Schutz die Foundation zu einem stattlichen Baume der Erkenntnis mit weit ausladender Krone und geistspendenden Früchten heranwachsen werde. Und wollüstig geißelte er die Feinde Tomarkins: »Misstrauisches Herumstöbern und starre Voreingenommenheit, hochnäsige Ablehnung und pseudo-imperatorische Überheblichkeit sind uns manchmal wie Unkraut auf unsern Wegen entgegengeschossen«, klagte Eli Tomarkin, und er ging mit den arroganten, eigensüchtigen Gegnern hart und wortgewaltig ins Gericht: »Zweifelsucht und Verdächtigung pflegen gewisse, weitverbreitete Vertreter einer bornierten, hausbackenen, hämischen und nie aussterbenden Menschenspecies in aufgeblasener Ausdeutung als Skepsis auszugeben und blindes Vorurteil als Kritik, und sie sind stolz darauf, dass Skepsis und Kritik Quintessenz und Schluss ihrer Zwergenweisheit sei. Doch ihr vorurteilendes Misstrauen und ihr galliges Kritisieren

Foto 43: Prof. János Kalmár, Locarno-Monti, malte nicht nur von Leander Tomarkin ein Porträt, das im »Bild im Bild« zu sehen ist. Er gab auch den 72-jährigen Vater Eli Tomarkin 1932 in Öl wieder (NET).

stammen nicht aus den lautern und befruchtenden Quellen der Weisheit, sie sind vielmehr grelle Reflexe jener armseligen, ungeistigen Sphäre, in der sie engbeieinander hausen und in dem giftig-stechenden Lichte ihres Scheinwerfers erscheint vor ihnen eine verzerrte Umwelt, das Zerrbild und das Wiederspiel ihrer eigenen dumpfen, geistesöden Klause.«[460]

Eli genoss den Triumph. Vergessen waren die harten Worte, mit denen er selbst seinen jüngeren Sohn in Briefen bedacht hatte. Vergessen war der Ärger über den Unbotmäßigen, vergeben seine Sünden.

Trotz des Kummers, den ihm Leander zeit seines Lebens machte, hatte sich Eli noch als 70-jähriger Pensionierter in seines Sohnes Geschäfte einspannen und Ende Oktober 1931 ins Tessin ziehen lassen. Nach dreieinhalb Jahrzehnten Kampf gegen Seuchen und Epidemien in Bern hatte er sich im »Istituto di Terapia Sperimentale« bzw. »gabinetto di analisi batteriologiche« aus Vaterliebe nochmals in ein medizinisches und geschäftliches Abenteuer gestürzt.[461] Das Abenteuer endete – wie wir gesehen haben – unglücklich, Leanders Locarner Unternehmen gingen Pleite und Eli stand ohne Rente da (siehe Teil B). Die Konkurseröffnung vom September musste wenigstens Mutter Jeannette nicht mehr erleben: Nachdem sie den Sommer 1933 in der »Villa Italia« verbracht hatte, starb sie hier 65-jährig am 18. Juli 1933.

Gemäß Familienüberlieferung hatte Leander für sie einen Arzt aus Deutschland engagiert. Der habe eine Therapie verordnet, bei der Jeannette mit Bettlaken geschlagen worden sei. Dabei sei sie gestorben. Da der Arzt Antisemit gewesen und Jeannette Jüdin, habe das zu sehr bösen Bemerkungen in der Familie geführt.[462] Im »Il Dovere« erschien am 20. Juli die Todesanzeige. Der »Giornale del Popolo« meldete am 21. Juli den Tod Jeannettes, »... da lunghi anni inferma, madre ai sigg. Dr. Tomarkin«, und veröffentlichte die Anzeige für »la nostra adorata mamma Jeannette Tomarkin nata Althausen«.

Noch bevor die Nachricht im »Giornale« erschienen war, wurde Jeannette Tomarkin am 20. Juli 1933 um 15 Uhr auf dem jüdischen Friedhof in Lugano mit viel Pomp begraben. Leander hatte es sich nämlich nicht nehmen lassen, eine große Totenfeier zu inszenieren. Vielleicht wollte er damit auch seinem Förderer Ira A. Campbell imponieren, der damals gerade im Locarner Grand Hotel Ferien machte (siehe Teil B). Wie die Familienüberlieferung zu berichten weiß, bestellte Leander »Klageweiber und arrangierte eine prächtige, aufwendige Beerdigung mit vielen Leuten. Dann reiste er ab und hinterließ Percys Familie wieder einmal einen Haufen Rechnungen«.[463]

Ganz liebender Sohn – oder alter Heuchler? – widmete Leandro W. Tomarkin Jahre später seine glänzendste Schrift, die »Acta« zum Pariser Kongress von 1938, »à la mémoire de ma Mère«.

Jeannettes Grab ist heute auf dem teilweise verfallenen, an der Autostrada N2 gelegenen Cimitero israelita in Lugano/Golpirolo nicht mehr sichtbar. Das Gedenkhaus am Eingang, von Rabbi Abraham J. Freifeld zur ewigen Erinnerung an seine Frau Chana gestiftet, ist stark in Mitleidenschaft gezogen. Die Steine in der Gräberreihe, in der Mama Jeannette liegen müsste, sind umgefallen oder entfernt worden.

Papa Eli Tomarkin überlebte seine Frau um 14 Jahre; er war vorerst im Tessin geblieben und hatte zeitweise bei Percys Verwandten gelebt. Um 1942 zog er zu seinem Sohn Percy nach Zürich-Seebach. Neckischerweise wurde er in Zürich wieder als Königsberger Bürger angemeldet. Im Herbst 1947 ging es ihm schlecht. Offenbar besuchte Leander Ende August seinen Vater noch einmal.[464] Am 11. Oktober 1947 musste Eli todkrank ins »Theodosianum« in der Zürcher Asylstraße 120 eingeliefert werden. Papa Eli starb hier, wie in der »NZZ« tags darauf zu lesen war, am 22. Oktober 1947 als 87-Jähriger. Zwei Tage später wurde eine mit Orgelspiel begleitete Abdankungsfeier in der Zürcher Enzenbühlkapelle abgehalten.

Elis schmales, aber markantes Todesantlitz wurde fotografisch und gezeichnet in anrührenden, zarten Bildern festgehalten. Wenig später wurde der Leichnam in den Tessin überführt. Wer nun automatisch annimmt, dass er »natürlich« an der Seite seiner amtlich ungeschiedenen Frau Jeannette bestattet wurde, folgert falsch. Die Oral History ließ uns wissen, dass Eli interessanterweise auf dem katholischen Friedhof von Orselina seine letzte Ruhe gefunden hat. Offenbar verstand sich Eli mit katholischen Ordensbrüdern. Dies legen gemeinsame Fotos mit Patres im Kreuzgang des Päpstlichen Kollegiums Papio in Ascona und die Beerdigungsfeierlichkeiten nahe. Eli wurde am Samstag, 25. Oktober, auf dem Friedhof der Franziskaner beigesetzt. Erst fünf Tage später erschien in der Zeitung »Il Dovere« die Todesanzeige. »Annuncio la perdita di mio padre Eli Tomarkin Dr. med. … A nome die parenti in Svizzera e U. S. A. Percy Tomarkin.«[465]

Die Tessiner Familie – oder Leander allein – plante erst ein bombastisches Grabmahl für Elis letzte Ruhestätte. Bildhauer Giuseppe Ossola wurde beauftragt, ein Denkmal auf dem »Cimiterio a lato della capella dei frati francescani« zu projektieren.[466] Das von ihm im September 1948 für 3 554 Franken offerierte Grabhaus wurde nicht realisiert, hingegen eine noch heute besuchbare, von den gewöhnlichen Gräbern sich abhebende, imposante Grabplatte angebracht. Sie lehnt sich an die Totenkapelle der Franziskanermönche an, und diese Nähe zu den katholischen Mönchen erinnert uns doch sehr an Leanders späteren Grabwunsch.

Den Todesreigen der nächsten Generation eröffnete Leander mit seinem Ableben vom 14. März 1967, seine erste Frau Amalie Richner starb 1971 in einer betreuten Berner Institution, seine zweite Frau Wanda Milla 1975 in New Yorks Spring Valley. Leanders geliebter Bruder Percy, der die letzte Erdenzeit in einem Thurgauer Altersheim verbracht hatte, verschied 81-jährig am 10. Dezember 1973 in Zürich.[467] Nach seinem Tod habe seine Zürcher Lebensgefährtin Margherita Spaeth alle Papiere verbrannt. Dabei gingen zweifellos auch Briefe von Leander verloren. Spaeth arrangierte die Beerdigung ihres Lebenspartners und ließ Percy im Grab seines Vaters Eli in Orsolina begraben.

Was blieb, sind die Grabsteine. Percys Gattin Eufemia, die gerne den »ganzen Tag sang«, hatte in Intragna noch ihren 91. Geburtstag feiern können. Hochbetagt schied sie am 27. Dezember 1982 dahin. Sie ruht unweit ihres früh verstorbenen Bruders Gaetano und ihrer Schwester Maria auf dem Intragner Friedhof, und ihr Bild auf dem Grabstein lächelt noch heute freundlich alle Besucherinnen und Besucher an.[468]

In Orselina ruhen Percy und Eli Tomarkin im gleichen Grab. Wen wunderts, dass auch in Stein gemeißelte Daten nicht immer wahr sein müssen? Elis Grabstein taugt in zweierlei Hinsicht nicht als »hartes« Fakt für die Geschichtsschreibung. Für Percy wurde nie eine Grabinschrift angebracht, sodass nun unbemerkt zwei Tote hier ruhen. Und für Eli wurde das falsche Todesdatum in einen Stein geritzt, der ihn nun ausweist als »Eli Tomarkin Dr. med. 7. 8. 1860–22. 11. 1947«.

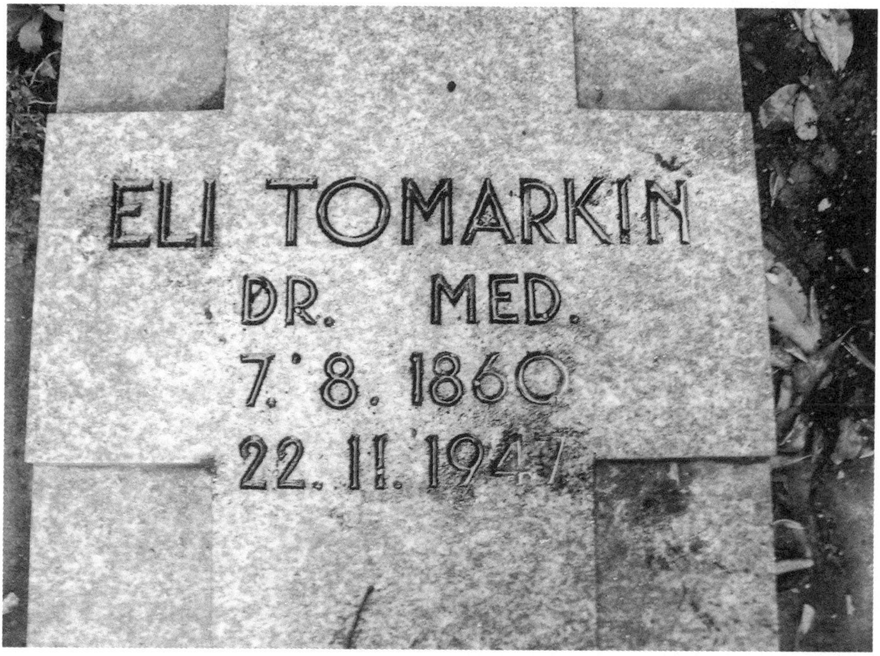

Foto 44: Das Grabmal auf dem Friedhof in Orselina für den am 22. Oktober 1947 verstorbenen Vater Eli Tomarkin ist mit dem Sterbetag 22. 11. 1947 falsch datiert. Auch weist nichts darauf hin, dass im Grab ebenfalls Elis älterer Sohn Percy ruht (Foto Franziska Rogger).

Wer war L. T.?

Tomarkin – wie könnte es anders sein – war auch ein Kind seiner Zeit und ein Kind seiner Eltern. Zwei individuelle und deshalb verschiedene Ausformungen einer familiären Vorgabe können wir anhand Leanders und Percys Curriculum als mögliche Lebensentwürfe zweier »Secondos« betrachten. Aline Valangins psychologische Deutung des Bruders verweist auf die seelische Verarbeitung und gibt uns eine Art Profil.

Der Blick auf das keineswegs leichte Dasein der Eltern zeigt, dass ein Doppelleben auch beim Vater auszumachen ist, der zwischen der Fassade des biederen Wissenschaftlers und des dichtenden Boheme schwankte. Ein wenig Realitätsverlust erlaubte sich die Mutter, die blind in ihrer Sohnesliebe nur zu gerne Schwierigkeiten verdrängte und deren Maske einer sich altruistisch aufopfernden Mama doch einige Risse hatte. Die Eltern zeigten den Söhnen die ihrer Meinung nach erstrebenswerten Vorbilder, fächerten Tugenden und Lebensziele auf, an die sie selbst glaubten. Und das führt uns zur Frage: Welche Gesellschaft hatte wann welche Vorstellungen, welche Realisierungsmöglichkeiten, welche

Bewertungen? In Teil D fragen wir uns also, wie das Publikum auf Leanders Masken reagierte. Was sah es darin, was nahm es wahr, wie wertete es Leanders Rollen? Wieviel »Tomarkin« akzeptierten die Zeitgenossen und Zeitgenossinnen als annehmbar? Und wie urteilt ein heutiges Publikum?

D

Leander Tomarkin und sein Publikum

Ein Hochstapler, ein Traumwandler, ein Betrüger?

Was hielt das Publikum von Tomarkin? Welches Publikum hielt ihn für einen Hochstapler, wer sah ihn als Traumwandler, wer entlarvte ihn als Betrüger? Wenn sich Tomarkin auf eine seiner Bühnen stellte, gab nicht nur er, sondern auch sein Publikum etwas von sich preis. Wir stellen fest, dass sich nicht nur Tomarkin selbst im Laufe der Zeit geändert hat, sondern mit ihm auch das Publikum und damit die Sichtweise auf ihn.

Der junge Leandro Tomarkin dürfte kaum realisiert haben, dass die Bundespolizei seinen Tagesablauf kannte. Es gibt aber auch später keine Hinweise darauf, dass er von den vielen Nachforschungen erfuhr, die seine Tätigkeiten als Unternehmer, Kongressveranstalter, Erfinder und selbst ernanntes Genie begleiteten. Wir haben also gute Gründe, anzunehmen, dass wir ihn unterdessen besser kennen, als er sich selbst jemals einschätzen konnte. Das ist schön und dennoch nicht ganz befriedigend. Wir haben zwar vielschichtige, Tomarkin nicht zugängliche Informationen gesammelt, dabei aber stets Antworten auf Fragen erhalten, die von unserem unsteten Helden selbst ausgingen. Haben wir damit nicht lange nach seinem Tod letztlich das realisiert, was Tomarkin immer anstrebte, nämlich eine große, bedeutende, berühmte Persönlichkeit zu sein – und dies ganz entgegen unseren Absichten, die luftigen Behauptungen des Herrn T. kritisch zu analysieren? Nehmen wir also in diesem letzten Teil bewusst Abstand von Tomarkins behaupteter Einmaligkeit und richten den Blick auf das Publikum, vor dem sich unser Schauspieler in Szene setzte.

Die Publikumssicht von 1930 ist nicht die von 1980 oder 2012. In der Verschiedenheit der aus dem jeweiligen Blick resultierenden Bilder können wir gesellschaftliche Entwicklungen festmachen. In diesem Teil sind biografische Informationen Hinweise auf die Gesellschaft, auf deren wechselnde Normen und die feinen Grenzen, welche zu überschreiten Sanktionen nach sich zog. Uns wird dabei der Unterschied zwischen dem, was Tomarkin an gesellschaftlichen Interessen voraussetzte, und der jeweiligen Reaktion interessieren. Wir wollen dabei mehr über die wilden 1920er- und über die schrecklichen 1930er- und 1940er-Jahre erfahren, über den amerikanischen Traum nach 1945.

Es geht uns aber nicht weniger darum, das Interesse an solchen Biografien in der Gegenwart des 21. Jahrhunderts zu hinterfragen. In der heutigen Zeit »der wirtschaftlichen Krise und der gesellschaftlichen Deregulierung« rufen die Zeitungen[469] und Wissenschaftlerinnen und Wissenschaftler die Wiederkehr der dreisten Betrüger und spektakulären Hochstapler aus. Geschichten von begnadeten Schwindlern haben nicht mehr nur in literarischen Romanen und Hollywoodfilmen Hochkonjunktur. Zeiten gesellschaftlicher Erschütterungen, in der tradierte Sicherheiten wegbrächen und die Leute ihre Bodenhaftung verlören, seien gute Zeiten für fantastische Lügner. Das bevorzugte Aktionsfeld wären die Boombranchen, wo das Geschäftsgebaren noch nicht eingeübt sei und tendenziell außer Kontrolle geraten könne. Das generiere einen Handlungsraum, in dem ohne Fundament, ohne tiefere Kenntnisse und solide Bildung agiert werden könne, falls sich der wirtschaftliche Traumwandler der Erwartungshaltungen und Bildvorstellungen seines gierigen oder Hilfe suchenden Gegenübers besonders kühn und selbstgewiss bediene.[470] Ist unser Interesse an Tomarkin mit den heutigen Schwierigkeiten verbunden, nur mehr schwer zwischen Realität und Luftschlössern unterscheiden zu können?

1 »Lies, lies, lies« – Alle lügen

Zuerst ist wieder eine Einschränkung nötig: Das Publikum ist nicht neutral – Lüge ist ein Bestandteil der menschlichen Gesellschaft.[471]

Die moderne Psychiatrie geht davon aus, dass alle lügen, Gesellschaften ohne Lüge wohl nicht funktionieren würden, dass es allerdings Persönlichkeitsmerkmale gibt, welche über das in einer Gesellschaft jeweils akzeptierte Maß hinausgehen. Ob es sich dabei um Merkmale handelt, welche immer gelten, oder ob auch diese von der Medizin festgelegten Normen bloß die gesellschaftliche Ordnung bestimmter Zeiten und Kulturen spiegeln, werden wir in diesem Kapitel diskutieren. Doch vorerst halten wir fest, dass das von Tomarkin vorgestellte Publikum und seine Reaktionen auch nur sehr bedingt Informationen zu existierenden Normen und Ordnungsvorstellungen liefern, wenn die Lüge zu einem zumindest teilweise akzeptierten gesellschaftlichen Verhalten gehört. Trotz dieser Bedenken brauchen wir Kriterien, die sich – vielleicht – auf frühere Zeiten übertragen und auf Leandro Tomarkin anwenden lassen.

Der amerikanische Psychiater Charles Ford setzt den Hochstapler ans Ende des Spektrums pathologischer Lügner und beschreibt diesen als Persönlichkeit, der seine Lügen nicht situationsbedingt einsetzt, sondern tatsächlich auch in der Form von austauschbaren Rollen lebt.[472] Zur Frage, wer sich zum Hochstapler eignet, hält Ford einige auf unseren Fall verlockend gut passende Antworten bereit: Hochstapler sind männlich, haben mächtige Väter und überfürsorgliche Mütter, neigen zu Depressionen, besitzen eine künstlerische Ader, sie haben eine Neigung zu medizinischen Berufen und versetzen sich gerne in die Rolle von Ärzten – oder Patienten. Auch die moderne Psychiatrie räumt allerdings ein, dass Formen veränderter Wahrnehmung von Wirklichkeit eher ein Zeichen geistiger Gesundheit darstellen – Selbsttäuschung kann, wie Ford betont, durchaus hilfreich und heilsam sein. Der Übergang zum pathologischen Lügner ist daher fließend, gelegentlich notwendige Selbsttäuschung kann dazu führen, seine eigene Persönlichkeit in einer Weise zu konstruieren, dass sie zur fiktiven, realitätsfremden Rolle wird. Die vielen Kriterien und zuweilen fließenden Übergänge zwischen normalem und krankem Verhalten machen deren Anwendung nicht einfach – aber die Vorschläge der psychiatrischen Untersuchung erlauben uns zumindest, neue Fragen zu Tomarkins Persönlichkeit zu stellen, ohne ausschließlich auf das Urteil des zeitgenössischen Publikums vertrauen zu müssen.

Doch einiges lässt sich zumindest festhalten: Die Figur des Hochstaplers passt in die Zeit zwischen den beiden Weltkriegen, sie war keineswegs bloß ein literarisches Motiv, sondern Gegenstand wissenschaftlicher Reflexion in der Entwicklung der Psychoanalyse[473], mit der sich zumindest Bruder Percy eingehend beschäftigt hatte. Leandro Tomarkin lässt sich allerdings nur schwer als Hochstapler überführen. Er hatte unterschiedliche berufliche Identitäten angenommen und Rollen gespielt – aber nie seinen Namen gewechselt. Im Gegenteil. Seine diversen Versuche, als Unternehmer Fuß zu fassen, waren an seinen Namen gebunden – die Stiftung hatte nicht den Namen der Geldgeber, sondern seinen, und die telegrafische Adresse hieß: Tomarkin.[474] Seine Konfrontation mit Justiz und Polizei passt zwar zum klassischen Delikt der Hochstapler, zum Betrug. Aber unbezahlte Rechnungen, geplatzte Schecks, vergebliche Investitionen sind vor allem in den frühen 1920er-Jahren dokumentiert und lassen sich nach der Begegnung mit amerikanischen Investoren nicht mehr belegen. In der unmittelbaren Nachkriegszeit waren allerdings finanzielle Schwierigkeiten nicht gerade unüblich. Sogar John Maynard Keynes, der wohl bekannteste Ökonom der Zwischenkriegszeit, hatte keineswegs immer eine glückliche Hand mit seinen Spekulationen. Die Hyperinflation in Deutschland hatte zwischen 1920 und 1923 zu einem eklatanten Höhepunkt von Bankrotterklärungen geführt. Der schwierige Übergang zur Friedenswirtschaft war nicht einmal an den USA spurlos vorübergegangen – amerikanische Zeitungen warnten vor Betrügern aller Art. Bei näherem Besehen gehörten allerdings die meisten zu den zurückgekehrten Soldaten, welche den Wiedereinstieg ins bürgerliche Leben verpasst hatten und sich nun am Rande und jenseits der Legalität über Wasser zu halten suchten.

Eher nicht für eine pathologische Persönlichkeit spricht die Entwicklung seiner Biografie. Das wilde Leben des Leandro T. begrenzte sich auf die Phasen des politischen Umbruchs zwischen den beiden Weltkriegen – nach dem Zweiten Weltkrieg verbrachte er offenbar vergleichsweise ruhige Jahrzehnte im New Yorker Hinterland.

Der schwerwiegendste Hinweis auf die Biografie eines Hochstaplers liegt in der Behauptung eines akademischen Titels. Es ist uns nicht gelungen, eine medizinische Dissertation aufzutreiben, es gibt keine Hinweise auf ein Studium oder auch nur auf eine bestandene Matura. Es ist naheliegend, der American Medical Association zu folgen, die in den späten 1920er-Jahren auf die gleichen Unstimmigkeiten gestoßen war. Der einzige Erklärungsversuch ließ sich in einem wohlmeinenden Artikel der »New York Times« finden. Dort war zu lesen, dass unser Held als »honorary physician to the Royal House of Italy«[475] auftrat. Allerdings passt die abenteuerliche Konstruktion eines vom italienischen Königshaus verliehenen Ehrendoktors eher zur fantastischen Fabulierkunst eines Hochstaplers denn zur Welt nachprüfbarer Fakten. Schwieriger wird die Sache allerdings, wenn wir den Dr. med. auf dem Grabstein wörtlich nehmen und danach fragen, ob Leander als Arzt tätig war. Dazu ist unser reichhaltiges Quellenmaterial erstaunlich unergiebig. Es gibt die wenigen Hinweise auf den erkrankten Bruder des italienischen Königs, die fantastischen Pläne von Forschungsabteilungen, Spitälern und Ausbildungsstätten, aber nur sehr indirekte Verweise auf »normale« Patienten und gar keine Hinweise auf eine Institution, die sich im weitesten Sinne als reguläre Praxis hätte beschreiben lassen. 1923 berichtete Maria Baccalà zwar aus Rom von einer Besucherin, deren Schwester von Tomarkin geheilt worden sei,[476] aber die Schreiberin des Briefes interessierte sich viel mehr für Tomarkins Einkommen. Nicht einmal in dem Moment, als Percy in Leanders Unternehmen einsteigen sollte, war eine reguläre Praxis geplant. Vielmehr empfahl Leander seinem Bruder den Anbau von Heilpflanzen, die Herstellung von Stärkungsmitteln und die Produktion von Narkotika aller Art. Um eine Praxis für Percy wollte sich Leander zu jener Zeit separat kümmern.[477] Zwar werden im Militärspital in Rom in der Tat Kranke gelegen haben – diese wurden aber vom Spital versorgt, und da es hier um die Überprüfung von Tomarkins angeblich wirksamem Medikament ging und dies nach gängiger Praxis ohne den beteiligten Forscher gemacht werden sollte, wird unser Held höchstens im weißen Mantel mit der Kollektion seiner Tabletten erschienen sein. In den Unterlagen werden Laboratorien genannt, die in Rom und in New York eröffnet wurden – von einer Praxis und der expliziten Behandlung von Patienten ist allerdings nie die Rede.

Es gibt in diesem Sinne keine Parallelen zu dem vielleicht bekanntesten Hochstapler, der in der psychiatrischen Literatur zitiert wird, jenem Ferdinand Demara, der auf einem kanadischen Kriegsschiff während des Koreakrieges als Chirurg anheuerte und – erfolgreich – alle möglichen Operationen ausführte, von schwierigen Schussverletzungen bis zur Zahnextraktion bei seinem Vorgesetzten.[478] Auch bei den anderen, von Ford vorgeschlagenen Persönlichkeitsprofilen sehen wir bedeutende Unterschiede zu Leandro Tomarkin: Als unsympathischer, asozialer, notorischer Lügner hätte er kaum Geldgeber überzeugen können, als Persönlichkeit, die sich durch theatralische Auftritte auszeichnete, sehen wir ihn schon deutlicher – nur sind diese Auftritte vor allem als familieninternes Verhalten überliefert und finden ihre deutlichste Ausprägung in jenem

Telegramm, in dem Leandro angeblich irrsinnig geworden in einer Römer Klinik lag. In seinem beruflichen Leben spielte er eher die Rolle des selbstverliebten Narziss – zumal er in der Nähe von Kameras, Mikrofonen und Rednerpulten auflebte, aber diese Kommunikationstechnologien waren nach dem Ersten Weltkrieg neu, und wer sie nutzen konnte, eine bedeutende Persönlichkeit.

Wenn wir Umschau halten, gibt es letztendlich einen Charakterzug, den wir als Grundkonstante sowohl in den pathologischen Persönlichkeitsprofilen als auch in unserem Quellenmaterial wiederfinden, nämlich die Behauptung, an Orten eine wichtige Persönlichkeit zu sein, die jenseits des Erfahrungshorizontes des jeweiligen Ansprechpartners lagen.

2 Mann ohne Eigenschaften mit Ortskenntnissen

Tomarkin lebte in einer Zeit politischer, sozialer, kultureller und ökonomischer Umbrüche. Er verstand es, aus Verunsicherung Projektionen, Abbildungen zu entwickeln, die an die Wünsche und Sehnsüchte seines Publikums gerichtet waren. Er selbst inszenierte sich als den viel beschworenen »neuen Menschen«, der technologieorientiert und dynamisch handelte, aber dennoch traditionelle Werte vertrat.

Die Behauptung, eine wichtige Persönlichkeit zu sein, spielte im Leben von Tomarkin eine wichtige Rolle. Orte, Personen, Beziehungen, die entfernt an große Vorbilder erinnerten, ähnlich klangen und wiederum ohne viel Dazutun Assoziationsketten in Gang setzten, die jeweils halb richtig und nicht ganz falsch waren, boten ideale Voraussetzungen für ein soziales Arrangement, bei dem alle mehr oder minder unverfroren lügen.

Tomarkin arrangierte seine Tätigkeiten in Bereichen, die Zukunftspotenzial besassen, aber noch keine ausdifferenzierten Regeln, keine Berufsabschlüsse oder disziplinäre Grenzen kannten – das Faszinierende an dieser Persönlichkeit war allerdings, dass er gleichzeitig Zeit und Raum zu überschreiten schien: Wenn es eine konstante Beschreibung von Tomarkin gab, dann bestand diese darin, dass er stets unterwegs war. »Subito«, »sofort« charakterisieren Tomarkins Auftritte. Die Masche, sich stets in Eile zu zeigen und damit zu verstehen zu geben, dass man pausenlos gefragt und beschäftigt sei, scheint charakteristisch für Hochstapler. Der Zündholzkönig Ivar Kreuger (1880–1932) beherrschte sie meisterhaft.[479] Fragen entzog er sich mit dem Hinweis auf sofortige Abreise zu wichtigen Terminen oder Treffen mit Premierministern und ähnlichen Persönlichkeiten. Selbstanrufe, die Telefonate von höchster Stelle mimten – etwa von Stalin und Mussolini –, ließen Besucher erstarren. Ein eindrückliches Namedropping schüchterte Fragesteller und Gläubiger ein. Stets flirrend in Bewegung oder aber tagelang verschollen, entzog sich Kreuger kritischen Nachfragen. Hinweise auf die Vertraulichkeit der Geschäfte und Andeutungen von neuen, noch großartigeren Projekten ließen Zweifelnde kleinlich erscheinen und verstummen. Mit Tomarkin gemeinsam hatte Kreuger seine untadelige Erscheinung und die Lust, sich auf Fotos mit Auto und Flugzeug zu präsentieren, um den Eindruck von Mobilität und Dynamik zu verstärken.

Die Dynamik fand ihren Ausdruck in Tomarkins Briefen, die express und mit rot angestrichenen Passagen verschickt wurden. Für Tomarkins Anliegen war das Telegramm die adäquate Form der Beförderung, und seine Verkehrsmittel waren modern und schnell: erst das nicht abbezahlte Motorrad und ausgeliehene Auto, dann, wie die Familie beeindruckt bemerkte, das Flugzeug der italienischen Königsfamilie und schließlich die schnellen Ozeandampfer seiner amerikanischen Geldgeber. Geschwindigkeit ging mit Bedeutung einher, seine Briefe nach Intragna bogen sich unter den zusätzlich benötigten Briefmarken – dazu waren sie eingeschrieben, zuweilen versichert und damit ihre Bedeutung von außen sichtbar gemacht.

Wenn wir davon ausgehen, dass alle lügen, hat die Geschwindigkeit wenig mit der Dringlichkeit der jeweiligen Botschaft zu tun. Vielmehr müssen wir uns die Frage stellen, warum denn Tomarkin überhaupt in die Position jenes Mannes geriet, der an wissenschaftlichen Kongressen in der vordersten Reihe saß. Nüchtern betrachtet ist diese Karriere erstaunlich für einen, der außer vielen luftigen Ideen nichts vorzuweisen hatte und auch auf kein Familienvermögen zurückgreifen konnte. Enttarnte Hochstapler pflegen hämisch zu sagen, dass der Glaube an fantastische Versprechen nichts weiter als der Ausdruck gesellschaftlicher Gier sei und die Gesellschaft betrogen werden wolle. Der »größte Betrüger aller Zeiten«, Bernie Madoff, gab einem Mithäftling zu verstehen, dass er Geld von Leuten genommen habe, die reich waren und noch mehr haben wollten, von Leuten also, die es nicht besser verdient hätten, als betrogen zu werden.[480]

Tomarkins besondere Gabe bestand darin, mit einem seismografischen Gefühl für Veränderungen gesellschaftliche Wünsche aufzuspüren, die weit subtiler waren als das platte Streben nach Geld und weit schwieriger als das Versprechen, Erfolg zu haben. Seine Stärke bestand darin, einen komplizierten Mechanismus zu manipulieren, den jede Gesellschaft aufweist: Inklusion und Exklusion, die Eingrenzung und Ausgrenzung von Personen.[481] In der Fantasie desjenigen, der stabile Verhältnisse vorzieht und nur in Ausnahmefällen – etwa in seinen Ferien – reist, mag Tomarkin einsam in unpersönlichen Hotelzimmern sitzen, ein Fremder ohne soziale Geborgenheit. Wir haben in unserem Material keine Hinweise gefunden, welche dieses Bild bestätigen. Tomarkins Zusammenbrüche ereigneten sich nicht im einsamen Hotelzimmer, sondern vor viel Publikum, das umgehend telegrafisch ans Bett des Erschöpften, Verliebten, Kranken zitiert

Foto 45: Seine Mobilität und Dynamik visualisierte Leander Tomarkin nicht nur mit einem Bild, das ihn am Autosteuer zeigte, sondern auch mit einer Fotografie kurz vor oder nach Besteigen eines Flugzeuges. Die Aufnahme mit dem Fokker-Greulich-Hochdecker der deutschen Lufthansa dürfte auf Leanders Deutschlandreise Mai bis Juni 1931 entstanden sein (NGT).

wurde. Die vielen Adressen in Locarno, in Rom, Brüssel, Paris, New York erweisen sich in den meisten Fällen als Orte, die den Charakter eines Treffpunktes haben. Mit Ausnahme seiner letzten Adresse, der unspektakulären Hungry Hollow Road, waren seine Laboratorien und Büros in markanten Gebäuden und im Zentrum der Stadt untergebracht. Die von Tomarkin bevorzugten Hotels waren Treffpunkte der besseren Gesellschaft.

1923 wohnte der eben erst berühmt gewordene Tomarkin in Rom in der Albergo della Russia, einem der schicken Hotels in Rom, in denen sich seit dem 19. Jahrhundert die russische Aristokratie traf. Zu Beginn der 1920er-Jahre war der Einzug von Leander in eines dieser Etablissements ein genialer Schachzug. Die russische Aristokratie als geschlossene Gesellschaft gab es nicht mehr, aber Europa war voller russischer Aristokraten, die meisten hatten in den Kriegs- und Revolutionswirren alles verloren und waren gezwungen ein Leben zu führen, das dem von Tomarkin nicht unähnlich war: permanent auf Reisen, meist ohne Geld und zuweilen mit einem nicht einlösbaren oder nicht beweisbaren Status. Die Presse schwelgte in den Zwanzigern in solchen Erzählungen – die »Los Angeles Times« übersetzte 1923 sogar einen Artikel des »Petit Parisien«, der von neuen Jobs der russischen Aristokratie an der Côte d'Azur erzählte und hervorhob, dass diese nun an den Orten ihrer vorherigen, exklusiven Feriendestinationen als Türsteher und Ladenbesitzer über die Runden zu kommen versuchten.[482] Wer also an den mittlerweile nicht mehr ganz so exklusiven Hotels anzutreffen war, konnte darauf zählen, zumindest mit vergangener Bedeutung verbunden zu werden – ganz ohne zu diesem Ruf auch nur viel beitragen zu müssen. Diese Strategie verfolgte Tomarkin auch dann, als kritische Nachfragen zu seiner Tätigkeit zunahmen. Nach der Villa Cadeau in Locarno verlegte Tomarkin den Sitz der Foundation 1934 nach Rom in die Via Marco Minghetti 17, bestens gelegen mit der Fontana di Trevi im Rücken und der Via del Corso um die Ecke. Und in Amerika, als nach dem Krieg von der Tomarkin Foundation nichts mehr übrig geblieben war, präsentierte Tomarkin dennoch eine standesgemäße Adresse, das Rockefeller Center. Auch da ist die nun naheliegende Lüge wohl eine vielleicht halbe Wahrheit – 30 Rockefeller Plaza, New York, Room 2300 ist die Adresse der Standard Oil Company of New Jersey, dem millionenschweren Unternehmen von Tomarkins früheren Mäzenen.[483]

Tomarkin spielte mit lokalen Assoziationen von Orten und Plätzen, die berühmt waren und von denen angenommen werden konnte, dass sie einen Teil ihres Ruhmes an denjenigen abgaben, der sich an solchen Orten aufhalten konnte. Dieses Prinzip galt in einem noch bedeutenderen Maße für Orte, Personen, Beziehungen, die entfernt an große Vorbilder erinnerten. So wurden die vielen Kongresse der Tormarkin Foundation tatsächlich in renommierten Fachzeitschriften erwähnt – etwa der »Revue médicale française«. Nur sehr aufmerksame Leser und Leserinnen realisierten die feinen Unstimmigkeiten, die wiederum bloß in ihrer Summe befremden: Die meisten Erwähnungen der Tomarkin-Foundation standen in dieser vergleichsweise jungen, erst seit 1920 publizierten medizinischen Zeitschrift. Die Revue war auf den Nahen Osten spezialisiert – kein Ort, mit dem sich die Stiftung speziell auseinandergesetzt hätte, zumal diese nicht auf Tropenkrankheiten spezialisiert war. Erstaunlich auch, dass die Ankündigung des Kongresses zwar großzügige zwanzig Zeilen umfasste, aber nur gerade fünf Zeilen ein summarisches Programm beschrieben, während der Rest die Verschiebung des Sitzes an die vornehme Römer Adresse und das nun in der Tat angesichts der Wirtschaftslage opulente Freizeitprogramm betrafen: So sollte der St. Moritzer Fremdenverkehrsverein mit einem eigens für den Kongress aufgelegten Programm für Kongressteilnehmer und ihre Familien besorgt sein, und, noch bemerkenswerter, der große Arturo Toscanini war scheinbar bereit, in St. Moritz gleich zwei Konzerte zu geben, »en faveur de la Fondation«.[484] Im August 1934 machte Toscanini in der Tat von sich reden – als Stardirigent auf den Salzburger Festspielen, weit weg vom luftigen St. Moritz, wo der Kongress auch gar nicht stattfand, da er kurzfristig nach Meran verlegt wurde.

Als Figur des Fremden[485] verstand es Tomarkin meisterhaft, einem zeitgenössischen Bedürfnis entgegenzukommen, das der Schriftsteller Robert Musil in seinem zeitgleich entstandenen Roman »Der Mann ohne Eigenschaften« als »Möglichkeitssinn« beschrieb. Leandro hat zwar mit Musils ironisch-zurückhaltender Kunstfigur Ulrich wenig zu tun. Aber Tomarkin bediente den Möglichkeitssinn und beherrschte die Kunst der sozialen Konstruktion auf erschreckend perfekte Weise.

Unser Held beanspruchte, die zukünftige Richtung zu deuten, in der eine ganze Gesellschaft diesseits und jenseits des Atlantik ziemlich kopflos unterwegs war. Statt innerhalb sozialer Gruppen den Aufstieg zu wagen, brachte er Leute zusammen, die eigentlich weder beruflich noch gesellschaftlich miteinander zu tun hatten. Die Zeit lieferte genügend Begründungen, um dieses Strickmuster immer neu anbieten zu können. Er betrieb die gesellschaftliche Deutung der Bruchstellen zwischen den modernen, alte Disziplinen überschreitenden medizinischen Wissenschaften und der Produktion chemischer Substanzen, indem er sich der Sprache der Seuchenbekämpfung bediente. Wichtiger noch, er erfand eine Variante des Kommunizierens, in der die für eine Mehrheit unverständliche Sprache der Wissenschaft in Gemeinschaftserlebnisse übersetzt wurde, die sich gelegentlich auch als politische Botschaften missverstehen ließen. Das Arrangement funktionierte zwar immer nur zeitweise und immer in gesellschaftlichen Zwischenräumen. Es bedurfte bestimmter historischer Situationen und eines wiederum zeitbezogenen Interesses für besondere Medien.

Tomarkin hatte keine Beziehungen zu Texten, und in dieser Hinsicht unterschied er sich – unabhängig davon, ob promoviert oder nicht – deutlich von jeglichen Formen wissenschaftlicher Arbeit. Tomarkin stellte in den Zwischenräumen noch nicht etablierter Beziehungen eine Atmosphäre der Gemeinsamkeit durch eine Kombination konservativer Rituale und den Einsatz von modernen Kommunikationsmedien her. Die katholische Kirche und deren Möglichkeiten, einen grenz- und kulturenübergreifenden Ritus zu zelebrieren, gehörte ebenso zu seinen Vorbildern wie das »Vivere pericolosamente« des italienischen Faschismus und eine rückwärtsgewandte Bewunderung aristokratischer Verhaltensmuster. Tomarkin hat daraus nie ein schriftliches Programm gemacht – es ging in der Tat um die Durchsetzung von Rollenspielen, um die Wahl von Kulissen, um Rituale, also um jenes Bündel von gezieltem Verhalten, das in der modernen Forschung als Performanz beschrieben wird.[486]

Auch wenn diese eher theoretischen Exkurse abwegig erscheinen, so ist die Einsicht in Tomarkins Handlungen zentral. Sie ermöglicht erst einen systematischen Zugang zu den zahlreichen, meist unbeschrifteten Fotografien, erlaubt Einsicht in die irritierende Hektik, erklärt die Bedeutung von Bildern. Vor allem aber erlaubt sie, den für historische Erkenntnisse zentralen Umgang mit Vergangenheit, Gegenwart und Zukunft zu fassen. Gibt es eine Möglichkeit, unsere Annahme zu überprüfen, indem wir nach Lücken fragen?

Wenden wir uns der Frage zu, welche Beziehungen wir aufgrund unserer Recherchen nachweisen konnten, die aber von unserem Helden wider Erwarten nicht benutzt wurden. Wie wir wissen, pflegte Tomarkin enge familiäre Bindungen. Die Mutter durfte in Rom am großen Erfolg des Sohnes teilhaben, Bruder Percy und auch Vater Eli waren jeweils eng in die damaligen Pläne eingebunden. Umso mehr erstaunt ein Blick in jene Unterlagen, welche die aus Europa kommenden Schiffe im Hafen von New York der amerikanischen Einwanderungsbehörde präsentieren mussten. Passagiere hatten den Namen eines engsten Verwandten oder Freundes aus ihrem Herkunftsland anzugeben. Leandro Tomarkin gab niemals seine in Rom lebende Mutter und bloß zweimal Vater Eli an. Immerhin war der Vater Adressat einer Fotografie, welche Leandro auf der Schiffsüberfahrt 1924 von sich aufnehmen ließ.[487] Als engsten Freund gab Tomarkin aber zu dieser Zeit Dr. Adolfo Polazzi an. Auch wenn wir nicht wissen, wer Dr. Polazzi war, so hilft doch dessen Adresse weiter: In der Via L[uisa] Savoia 12 befand sich, wie wir wissen, keineswegs die Wohnung eines Freundes, sondern der Sitz der Tomarkinsch'schen Firma LABAR, des »Laboratorio Antimicrobum di Biochimica Applicata Roma«.

Der gleiche Ausschluss der Familie oder besser die Ersetzung der naheliegenderweise in diesem Kontext zitierten Familie durch einen künstlich erschaffenen sozialen Raum findet sich auch auf Tomarkins Meldung als Kriegsfreiwilliger. Auch hier waren weder die unterdessen in den USA angekommene Ehefrau Wanda noch der Bruder oder die amerikanische Verwandtschaft berücksichtigt worden, sondern Ira A. Campbell, einer seiner amerikanischen Geschäftspartner.

3 Soziale Fotomontagen

Wie sehr Tomarkin Zeiten, Orte und soziale Profile neu zusammensetzte, soll an dieser Stelle an zwei Beispielen vorgestellt werden, einerseits am Bildnis der Mutter und andererseits an Fotografien, die zwei höchst unterschiedliche Ergebnisse verbinden: einen wissenschaftlichen Kongress und eine Schiffstaufe.

Tomarkins rückwärtsgewandtes Bedürfnis nach Traditionen bedingte eine präsentable Ahnengalerie, mit deren Herstellung nicht etwa die eigenen Künstlerfreunde, sondern der konservative Maler Janós Hans Kalmár betraut wurde (siehe Teil B). Kalmár malte zwar in der Tradition des 19. Jahrhunderts, aber nach der Vorlage einer modernen Fotografie. Mutter Jeanette, zum Zeitpunkt der Bildgestaltung eine kranke, alte Frau, erhielt ein Porträt, dessen bis zur Brosche naturgetreue Übersetzung vom modernen Medium Fotografie in eine altertümliche Porträtmalerei mehr als seltsam anmutet.

Foto 46: Auch Jeannette Tomarkin wurde von Prof. János Kalmár in Öl porträtiert. Er malte sie als ganz junge Frau, obwohl sie 1932, ein Jahr vor ihrem Tod, betagt und krank war (NET).

Dass auch Bilder lügen, ist eine Binsenwahrheit. Dass Bilder soziale Kontakte behaupten und auch scheinbar beweisen, ist dagegen als historische Aussage weit komplizierter. Wir betrachten zuerst das Bild einer Schiffstaufe, das eine weitere Fotografie vom Trockendock als »R. L. Hague« ausweist, ein 1932 gebauter Öltanker mit 12 425 Bruttoregistertonnen. Das Schiff gehörte der baltisch-amerikanischen Petroleum Import GmbH, wurde in einer Danziger Werft gebaut und 1933 nach Genua an die La Columbia, Società marittima per trasporto di petrolio e derivati, verkauft[488]. Die Gesellschaft mit Sitz in Genua war eine Tochtergesellschaft der Standard Oil Co. of New Jersey und im Besitz von Tomarkins amerikanischen Geldgebern.[489] Beide, Hague und Hand, leisteten sich in den 1930er-Jahren den Luxus, zwei Schiffe auf ihren Namen zu taufen. Der ebenfalls der baltisch-amerikanischen Firma gehörende Tanker »Robert F. Hand« wurde 1933 von der Krupp AG in Kiel erbaut.

Für die »R. L. Hague« war es im Sommer 1933 so weit – die »New York Times« berichtete, dass der Schiffseigner nach Triest abgereist war, um das Schiff zu übernehmen. Das Foto aus dem Besitz Tomarkins dürfte die Feier in Triest zeigen. In der Mitte einer offensichtlich fröhlichen Gesellschaft sehen wir Robert L. Hague mit seiner Frau, der Opernsängerin Mary Lewis. Zwischen die beiden gedrängt blickt Tomarkin direkt in die Kamera. Wir haben hier das einzige Foto vor uns, das zumindest beweist, dass der Kontakt zu den amerikanischen Geldgebern auch tatsächlich auf einer persönlichen Bekanntschaft beruhte. Tomarkins Positionierung im Bild einer gesellschaftlichen Veranstaltung ist typisch. Er ließ in der Tat keine Gelegenheit aus, um im Bild seine Nähe zu den Berühm-

Foto 47a: Das mächtige Schiff »R. L. Hague«, Danzig, vor dem Stapellauf. Es wurde im Sommer 1933 in Triest zu Wasser gelassen (NTI).

ten und den Großen unter Beweis zu stellen – obwohl es bei der Schiffstaufe um eine Angelegenheit ging, die nichts mit Tomarkins Aktivitäten zu tun hatte.

Interessant ist allerdings die kompositorische Ähnlichkeit mit einer Fotografie, welche die vielfältigen Aktivitäten der Tomarkin-Foundation dokumentiert. Die gleichen Damen im Leopardenmantel und den charakteristischen Hüten dienten schon einmal der gesellschaftlichen Positionierung einer Veranstaltung – diesmal eines von Tomarkin veranstalteten Kongresses, des Kongresses von Mailand im Jahr 1932. In beiden Fotografien produzierte der Anlass die Sinngebung, die abgebildeten Personen hatten miteinander wenig zu schaffen. Die Gruppe war daher von einer gewissen Beliebigkeit, bediente aber die zeitgenössischen Erwartungen. Die Damen tragen teuren Pelz, die Herren Nachmittagsanzüge – und Uniformen sind in beiden Bildern, wenn auch diskret im Hintergrund, zu sehen. Bei der Schiffstaufe möglicherweise ein Kapitän, beim Kongressbild eine Person im faschistischen Schwarzhemd. Obwohl wir nicht wissen, wer die Bilder gemacht hat, sind die Elemente der Komposition sehr ähnlich – bei der Inszenierung seiner Kongresse folgte Tomarkin einem Muster der Darstellung, das sich wiederholte, auch wenn der eine oder andere Kongress – wie die Veranstaltung in Mailand – besonders opulent inszeniert wurde.

Foto 47b: Den Stapellauf verfolgte eine fröhliche Gesellschaft. Hinter dem Blumenstrauß stehen Robert L. Hague und seine Frau, die Opernsängerin Mary Lewis. Zwischen den beiden linst Leander Tomarkin hervor (NTI).

Die beiden Fotos charakterisieren die bildliche Umsetzung von Tomarkins Unternehmungen – Bilder von Personen suggerierten Beziehungen, die zwar während der kurzen Zeit eines Kongresses tatsächlich bestanden – meist aber nicht länger. Eine Lüge? Vielleicht …

4 Rollenmuster, Rollenspiele, Rollenwechsel im »Jahrhundert des Auges«

Welche neuen Rollenmuster, Rollenspiele, Rollenwechsel waren beim damaligen Publikum besonders erfolgreich?

Wir gehen davon aus, dass Tomarkins Konzept unter gewissen Voraussetzungen funktionierte, aber nur solange zwei Bedingungen bestanden: In der jeweiligen Zeit mussten Grenzen brüchig und neue Koalitionen notwendig geworden sein, mussten Täuschungen sich als Zukunftspläne verkaufen lassen. Die zweite Bedingung bestand in der Verfügbarkeit von publikumswirksamen Rollenmustern. Tomarkin gehörte zu denen, die zumindest einen Teil ihrer Glaubwürdigkeit aus der Existenz ähnlicher, aber »echter« Biografien bezogen. In seiner erfolgreichsten Zeit zwischen 1923 und 1938 stand ihm bezeichnenderweise das glaubwürdigste Rollenmuster zur Verfügung – das Leben eines seiner Geldgeber, des Tankerkönigs Robert L. Hague. Wann immer ein Rollenwechsel anstand, fiel dieser mit dem Verschwinden des Rollenmusters oder aber mit der Durchsetzung von Professionalisierung zusammen. Nicht von ungefähr setzte die amerikanische Berufsorganisation der Mediziner der Rolle des in biochemischen Laboratorien tätigen und Medizinerkongresse veranstaltenden Wissenschaftlers ein Ende. Rollenmuster, Rollenspiele und Rollenwechsel prägten also die Entwicklung der Biografie, wenn auch eine Konstante vermerkt werden muss: Tomarkin hatte bereits als Jugendlicher sein erstes Patent angemeldet, sein letztes wurde nach seinem Tod publiziert. Die Figur des Erfinders blieb also über alle Wirrnisse der Zeit eine zwar ökonomisch fragwürdige, dafür aber eine stabile und gesellschaftlich akzeptierte Form, wie sich die Deutung der Zukunft zum Beruf machen ließ.

Rollen zu spielen ist – wie wir aus der psychiatrischen Auseinandersetzung mit dem Typus des Hochstaplers wissen – eine alltägliche Form der Täuschung. Das Gleiche gilt für die Wahl und Annäherung an Vorbilder.

Außergewöhnlich an Tomarkins Fall ist die Konsequenz, mit der das Vorbild wörtlich genommen wird. Es gibt in der Tat zu den einzelnen Rollen wenig Text und viele Bilder, die zuzuordnen für eine textorientierte Wissenschaft wie die der Historiografie nicht einfach ist. Die Frage, wie sich eine Rolle sichtbar machen lässt, dürfte aber dennoch für Tomarkin von größter Bedeutung gewesen sein. Wir stellen uns vor, dass Tomarkin die Rollen seines Lebens aus Bildern und nicht aus Skripten, von Porträts und nicht aus der Lektüre von Biografien, aus der Beobachtung von Ritualen und nicht aus ideologischem Schriftgut lernte.

Aus zwei Gründen ist diese offensichtliche Nähe zu Visualisierungen für die wissenschaftliche Interpretation unterschiedlicher Rollenmuster zentral. Zum einen öffnete die Welt der Bilder einen durch Sprachgrenzen unbehinderten Handlungsspielraum. Für Tomarkin eine wichtige Angelegenheit, denn sein familiärer Hintergrund beruhte zwar auf Vielsprachigkeit, aber seine Briefe zeigen einen eher sprachlich unsicheren Schreiber. Zum anderen begannen Bilder nach dem Ersten Weltkrieg als Propaganda, Werbung, Film eine entscheidende und politisch bedeutsame Rolle zu spielen. Der österreichische Sozialdemokrat Otto Neurath erklärte seine Zeit zum »Jahrhundert des Auges« und begann, eine visuelle Sprache zu entwickeln. Diese sollte auch dem Arbeiter ohne höhere Schulbildung komplizierte Statistiken erklären, indem statt Zahlen und Begriffe Symbole mit technischer Bedeutung, die sogenannten Piktogramme, eingeführt wurden. Diese standardisierten Bildzeichen ermöglichen uns auch heute, sprachunabhängig die Einbahnstraße zu vermeiden und in Peking den Weg zur Toilette zu finden. Diese Entwicklung bahnte den Weg zur Internationalisierung – staatliche und politische Propaganda sorgten aber nicht minder dafür, dass Bilder zur Manipulation der Masse benutzt wurden. Dabei ist es wichtig zu bemerken, dass keineswegs nur totalitäre Staaten mit Bildern manipulierten – die Macht der Bilder prägte sich vielmehr als ein strukturelles Merkmal des 20. Jahrhunderts aus.[490] Die Nutzung neuer Medien eröffnete dabei neue Möglichkeiten der Darstellung. Wir können uns Tomarkin sogar gut als Kinogänger vorstellen – allerdings teilte er ein charakteristisches Merkmal vieler Aufsteiger und bevorzugte eher traditionelle, konservative Bildersprachen. So modern die visuelle Dokumentation seiner Tätigkeiten auch immer war, das von ihm bestellte Porträt seiner Mutter Jeanette hatte einen nicht zu übersehenden historistischen Stil, dazu angetan, lediglich ein Exemplar in einer langen Reihe von Familienporträts vorzutäuschen. Tomarkins Bedürfnis nach alter Herkunft ist stimmig. Er selbst zog es offensichtlich vor, als Katholik an den Ritualen der Kirche zu partizipieren und als Bildungsbürger des 19. Jahrhunderts zu erscheinen, zwischen Gips und Plüsch der Oper zu lauschen, im Frack und in Gamaschen zu wandeln. Er war kein Angehöriger jener wilden Generation, die kühle Moderne in Stahl und Glas bevorzugte und lieber in verrauchten Kellern Jazz hörte – aber er lernte gut und schnell, konservative Bilder mit modernsten Technologien zu erzeugen.

Wenden wir uns nun den vornehmlich visuellen Vorbildern seiner unterschiedlichen Rollen zu und beobachten dabei, unter welchen Umständen neue Muster übernommen werden und alte Rollen enden.

5 Der Revolutionär und das wachsame Auge

Das Publikum der Zwischenkriegszeit war beeinflusst vom Klima der »pronunciamentos«, von Putschs und Revolutionen. Gesellschaften, Staaten schienen modellierbar, umwälzbar, Eliten von oben oder seitwärts auswechselbar. Das ging einher mit publikumswirksamen Propagandaschlachten im politischen wie im wissenschaftlichen Kampf.

Im Fundus der Familienunterlagen befinden sich zwei Bildermotive, die den jungen Tomarkin beeinflusst haben könnten. Das eine findet sich auf zwei Postkarten, die für die Dresdener Hygiene-Ausstellung des Jahres 1911 warben[491], das zweite Motiv sind Darstellungen von Straßenkämpfen und eine Revolutionspostkarte aus der Nachkriegszeit. Die Dresdener Hygiene-Austellung warb in einem fortan viel zitierten und ausdrucksstarken Plakat, in dessen Zentrum ein magisches Auge die Aufmerksamkeit auf sich zog. Das Plakat hatte der schon damals bekannte Maler Franz von Stuck (1863–1928) entworfen.[492] 1911 war Tomarkin zwar eben erst sechzehn Jahre alt, aber auf der Suche nach einem künftigen Beruf mit Bereichen befasst, welche die Dresdener Hygiene-Ausstellung auch abdeckte – wie fast alles, was sich zwischen Infektionskrankheiten und einer populären Ausstellung über den Menschen auf einer modern präsentierten, elektrisch erleuchteten und mit internationalen Pavillons bestückten Plattform zeigen ließ. Wir können nicht mit Sicherheit sagen, dass Leander sich von der Dresdener Austellung beeindrucken ließ – aber der große Erfolg der Ausstellung, die wissenschaftlich unspezifische Mischung zwischen medizinischem Kongress und populärem Vergnügungspark lieferte ein zitierbares Vorbild für spätere Aktivitäten.

Das magische Auge wich allerdings 1914 dem Donnergrollen des Ersten Weltkriegs. Tomarkin wurde während des Krieges erwachsen und gesellte sich, wie wir dargestellt haben, zur revolutionären kommunistischen Bewegung, zu der es auch ein Rollenmuster gab, den zeitweise in Faulensee logierenden Sergej Bagotzky. Allerdings dürfte Bagotzky ein gutes Beispiel dafür sein, dass sich unter der Leitung von Lenin die Revolution professionalisierte und zusehends der Typus des bereits 1902 von Lenin konzipierten Berufsrevolutionärs sich durchsetzte. Der sechzehn Jahre ältere Bagotzky organisierte die Flüchtlings- und Hungerhilfe an die Sowjetunion und verstand es, sich als Vertreter des Russischen Roten Kreuzes vor der Ausweisung durch die schweizerische Regierung zu retten. Bagotzky gehörte allerdings in der unmittelbaren Nachkriegszeit zu den international genau überwachten Revolutionären und hatte keine nachvollziehbaren Gründe, sich an den noch wenig gefestigten jungen Leandro Tomarkin zu wenden. Im Falle Bagotzky dürften also die überwachenden Behörden für nicht existente Beziehungen gesorgt haben (siehe Teil B). Diesmal hatte Tomarkin nicht noch schnell den Kopf ins Foto gestreckt.

Ein Rollenmuster ist nicht auszumachen und die Bilder der Revolution haben denn auch wenige und unspezifische Niederschläge gefunden. Von Tomarkins Reisen nach Deutschland kamen eher bildliche Darstellungen der Gegenseite zurück: Bilder aus der Zeit des Kapp-Putsches, eines von der politischen Rechten ausgehenden und gegen die Weimarer Regierung gerichteten Putschversuches. Fotografien mit der vermeintlich handschriftlichen Beschreibung »Straßenkämpfe in Berlin« waren als Postkarten weit verbreitet und können Tomarkin nur sehr indirekt zugewiesen werden. Wir sollten also davon ausgehen, dass Tomarkin wohl durchaus die revolutionären Umtriebe verfolgte und sogar nach Deutschland und in die Niederlande reiste – allerdings zog er es offensichtlich vor, nicht in die Sowjetunion zu ziehen.

In der Schweiz mündete die revolutionäre Übergangsphase schnell in strukturierte politische Arbeit. Leandro entsprach weder den rigiden Regeln, denen sich Berufsrevolutionäre zu unterziehen hatten, noch kann man sich vorstellen, dass er seine Rolle in der eines disziplinierten Parteimitglieds gefunden hätte. Mit an-

Foto 48a: Die Internationale Hygiene-Ausstellung Dresden von 1911 warb mit ausdruckstarken Plakaten, in deren Zentrum ein magisches Auge die Aufmerksamkeit auf sich zog und fortan viel zitiert wurde. Das Plakat hatte der schon damals bekannte Maler Franz von Stuck entworfen (Postkarte Dresden 1911/NTI).

Foto 48b: Eine der Postkarten zu den »Kapptagen in Berlin«. Patrouillenauto und Helme sind mit weißen Hakenkreuzen bemalt (NTI).

deren Worten: Die Rolle des Revolutionärs war nicht seine Sache, und dass der Wechsel zum kapitalistischen Unternehmer für ideologische Bauchschmerzen gesorgt hätte, dafür gibt es keine Hinweise.

In einer Zeit wissenschaftlicher Durchbrüche, die den Fortschritt als machbar darstellten, feierte das Publikum Forschung und Wissenschaft. Bücher mit Zukunftsszenarien waren Kassenschlager. Vorerst sahen allerdings die Versuche, in der kapitalistischen Welt Fuß zu fassen, gar nicht gut aus. Die Strukturkrise der unmittelbaren Nachkriegszeit erschwerte die Geschäftsgründung ebenso wie die simple Tatsache, dass Tomarkin bei Weitem nicht der Einzige war, der sich mit diffusen Plänen und ohne notwendiges Vorwissen mit Kauf und Verkauf über Wasser zu halten suchte. Leander war nicht von ungefähr in einer Pulverfabrik gelandet – 1920 waren solche ehemaligen Kriegsbetriebe dringend darauf angewiesen, auf Friedensproduktion umzustellen. Erschwerend kam hinzu, dass Leander offenbar bei Stacchini kein Rollenmuster finden konnte, das ihn beflügelt hätte – dabei war er eigentlich von seiner nächsten und mit Abstand erfolgreichsten Rolle, nämlich der des jungen Genies, erfolgreichen Forschers und vermeintlich künftigen Nobelpreisträgers gar nicht so weit entfernt. Die Firma Stacchini gehörte nämlich zu jenen chemisch-pharmazeutischen Fabriken, die Mussolinis Mammutprojekt, die Entsumpfung der Pontinischen Sümpfe, durch den Einsatz von Sprengstoff zu Rodungszwecken, unterstützte. Die Melioration selbst war eng mit der Malariabekämpfung verbunden, und diese hatte kurz nach dem Ersten Weltkrieg mit amerikanischem Geld und Unterstützung des Völkerbunds in Italien eingesetzt. Gut möglich, dass Tomarkin durch die Firma Stacchini auf die breit angelegte Malariakampagne aufmerksam wurde.

Jedenfalls wechselte Tomarkin von der Pulverfabrik in universitäre Forschungsinstitute. Dort waren die Grenzen poröser, die Kontrollen weit weniger effizient als in einer Branche, bei der Verkaufszahlen über die weitere Existenz der Firma entschieden.

An den Universitäten waren die Rahmenbedingungen für Leute mit unklaren Zukunftsaussichten und diffusen Zielsetzungen ausnehmend gut. Die vormals strengen Zulassungsbeschränkungen waren gleich mehrfach durchlässig geworden: Ein verheerender, allumfassender Erster Weltkrieg hatte Tomarkins Generation aus den Bahnen geworfen und gezwungen, sich neu zu erfinden. In dieser dynamischen und verstörten, von der Sicherheit traditioneller Werte abgeschnittenen und daher umso mehr auf die Zukunft hoffenden Gesellschaft waren die Tomarkins sogar eher in der Überzahl. Hier störte es auch wenig, dass die Zulassung zur Universität bloß behauptet und nicht bewiesen werden konnte und dass Tomarkin mit seinen mittlerweilen 28 Jahren für derartige Positionen schon etwas zu alt erschien. Schließlich waren Diplome verloren gegangen und Qualifikationen durch allerlei Behelfskonstruktionen nicht mehr mit dem Vorkriegsstandard vergleichbar. In der unmittelbaren Nachkriegszeit studierten un-

Foto 49: »Esplosivi Stacchini«: Das Plakat der Firma »Giovanni Stacchini Roma« an der Via Cavour warb mit hübschem und explosivem Flintenweib, denn die Firma vertrieb nicht nur sichere Zündschnüre und explosives Minenpulver. Die »Fornitrice della Real Casa«, die königliche Lieferfirma, verkaufte auch »Polveri per Caccia« – Schießpulver für die Jagd (PA Franziska Rogger; Repro Manu Friederich, Bern).

terschiedliche, bislang in ihrer Ausbildung nach Alter getrennte Generationen zusammen unter der Voraussetzung, dass Intellektuelle ihren Status grundlegend verändert hatten: Sie waren nun nicht mehr respektable Bildungsbürger, sondern in der Sprache der Zeit »geistige Arbeiter«, die sich als Intellektuelle neu zu verorten hatten.

Doch besser noch als das ehemals prestigeträchtige, nun aber porös gewordene Gebiet wissenschaftlicher Forschung dürfte Tomarkin gefallen haben, was er als Rollenmuster vorfand, nämlich den bedeutenden, weit über die Grenzen Italiens bekannten Ettore Marchiafava (1847–1945). Zu Tomarkins Zeiten war Marchiafava eine Berühmtheit, dessen Expertise als Malariaforscher und Wissenschaftler die Öffentlichkeit allerdings weit weniger beeindruckte denn seine Nähe zu den Mächtigen. Wie die amerikanische Presse sorgsam vermerkte, war Marchiafava Leibarzt der Päpste und des italienischen Königshauses, italienischer Senator mit einem eigens nach ihm benannten Institut zur Malariabekämpfung. Vor allem aber war Marchiafava ein Medienstar, in den USA so bekannt wie in Europa, in den Medien greifbar durch ein Fotoporträt, das der amerikanische News Service des Fotografen George Grantham Bain[493] verbreitet hatte. Das nicht datierte Foto zeigt einen konservativ gekleideten Herrn, dessen unpassend in Handschuhen steckende Hände das Vorurteil spröder professoraler Korrektheit sprengen und in den vielen Reproduktionen des bekannten Fotos weggelassen werden.

Foto 50: Leander Tomarkin schickte am 5. Juni 1924 dieses Selbstbildnis seinem »lb. Vater« vom »Atlantischen Ozean« aus. Er war am 28. Mai 1924 auf dem Piroscafo/Dampfschiff »Duilio« von Genua aus in See gestochen und sollte am 7. Juni 1924 in Long Island amerikanischen Boden betreten (NTI).

Tomarkins schnelle Berühmtheit war letztlich dem Bekanntheitsgrad von Marchiafava zu verdanken, der denn auch, von der italienischen Presse sorgsam vermerkt, zur Abschiedsfeier in Genua seine besten Wünsche senden ließ.[494] Der junge Tomarkin ließ sich auf der Überfahrt fotografieren. Das Bild, das er dem Vater widmete, zeigt eine jüngere Kopie von Marchiafava, bis zu dem altertümlichen Anzug und dem steifen Hemd, das 1924 bereits aus der Mode geraten war. Im Windschatten von Marchiafavas Ruhm gelang Tomarkin zwar bis nach Amerika, aber die universitäre Forschung endete in der Neuen Welt schnell und konnte auch im fernen Italien nicht aufrechterhalten werden. Marchiafava war zum Zeitpunkt von Tomarkins Überfahrt zwar bereits 77 Jahre alt, aber immer noch wissenschaftlich tätig. Als er 1925 einen internationalen Kongress zur Malariabekämpfung veranstaltete, war sein einstiger Musterschüler nicht dabei. Die Durchlässigkeit universitärer Institutionen hatte zwar unseren Helden in Forschungsinstitute und Kliniken gebracht – aber mit der fehlenden Präsentation wissenschaftlicher Ergebnisse schloss sich diese Tür wieder. Hinweise darauf, dass Tomarkin weiterhin mit Marchiafava in Kontakt stand, sind nicht zu finden. Doch Tomarkin hatte in den USA unterdessen einen modernen Anzug gekauft und die Gesellschaft von Wissenschaftlern und italienischen Adligen mit Leuten ausgetauscht, die als Unternehmer märchenhaft reich geworden waren – und das Fehlen von Schulabschlüssen eher als Gütezeichen betrachteten.

7 Im Kielwasser der Tankerflotte – Teilhaber an der skandalösen Welt der Schönen und Reichen

Wir können nicht genau rekonstruieren, wann Tomarkin seine amerikanischen Geldgeber traf. Unter den Gästen der illustren Abschiedsparty in Genua hatte die Presse keine Amerikaner aufgeführt und die Annahme ist naheliegend, dass es sich wohl um eine weniger gut abgesicherte Reise handelte, als das Engagement der italienischen Wissenschaftler glauben lässt. Tomarkins Angaben für die amerikanische Immigration ist allerdings mehr als erstaunlich. Auf die Frage der Einwanderungsbehörden, ob sich der Reisende zu Verwandten oder Freunden begebe und wie deren Name und Adresse sei, gab Tomarkin eine als »Freund« bezeichnete Kontaktperson an: J. A. Burden, 7 East 91st Street, New York.[495] Bei dem an dieser Adresse lebenden James A. Burden handelte es sich um einen berühmten amerikanischen Stahlmagnaten, der im gleichen Jahr 1924 dem Prince of Wales eines seiner Häuser zur Verfügung stellte. Wie Burdens Haus und somit – vielleicht – Tomarkins erste Nacht auf amerikanischem Boden aussah, wissen wir durch eine Aktion nach dem Tod von Burden, die im April 1938 stattfand: Möbel aus dem 16. Jahrhundert, Kostbarkeiten aus allen Teilen der Welt in einem Haus, dessen Ballsaal 1901 nach dem Vorbild von Versailles gebaut worden war.[496]

Wie Tomarkin Burdens Bekanntschaft gemacht hat, ist nicht bekannt, ebenso wenig, ob und wie ihm der Eisen- und Erzindustrielle bei seinen Visionen geholfen hat. Natürlich ist nicht auszuschließen, dass Stahlmagnaten und Schiffseigner sich gekannt haben könnten. Tomarkin selbst schrieb allerdings zehn Tage nach seiner Ankunft in New York einen Brief, der nicht aus Burdens Haus, sondern aus dem Biltmore-Hotel kam. Keine schlechte Adresse, so sie denn stimmt – das Biltmore gehörte zu den New Yorker Luxushotels. Immerhin erklärt sich damit Tomarkins Klagen über die amerikanischen Lebenskosten ... (siehe Teil B).

Dennoch gingen gute drei Jahre ins Land, bis Tomarkin in der amerikanischen Geschäftswelt Campbell, Hague, Hand und Dollar zugewiesen werden kann. Diese Herren, fortan als Gesellschafter an den Gründungen der Tomarkin-Foundation beteiligt, passten mit einer schon beinahe unheimlichen Perfektion in Tomarkins Suche nach neuen Betätigungsfeldern und passenden Vorbildern. Die Amerikaner besaßen Öltanker und zwei von ihnen, Hague und Hand, überdies eine italienische Tochterfirma in Genua.

Robert L. Hague (1880–1939), Eigner der größten Tankerflotte der damaligen Welt, war derjenige, der bereitwillig die Gesellschaftsspalten der amerikanischen Presse bediente und den American Dream personifizierte. Der Pfarrerssohn hatte die Schule abgebrochen, war von zu Hause ausgerissen und hatte als Matrose erst auf kleinen Schiffen, dann auf einem Ozeandampfer angeheuert, arbeitete schließlich wieder an Land als Maschineningenieur, als Heizer und Eisenbahningenieur, bis er sich dem Bau von Öltankern zuwandte und ins Management der Standard Oil of New Jersey einstieg. Hague war ein großzügiger Mäzen, der die Künstler, ganz gewiss aber die Künstlerinnen förderte. Als eine der wenigen Großindustriellen von der Weltwirtschaftskrise unbeschadet, rettete er den traditionsreichen New Yorker Nachtclub »The Lambs«. Hague war in jeglicher Hinsicht ein Grenzgänger, wie Tomarkin wohl gerne einer gewesen wäre. Er hatte als Maschinist die Ärmel hochgekrempelt und unterstützte schicke Bootsrennen auf dem Hudson River – nur dass es sich dabei nicht um die Yachten der Reichen, sondern um Rettungsboote handelte.[497] Er besaß die größte Tankerflotte der Welt, aber auch einen Verdienstorden des italienischen Königshauses. Selbst sein musikalischer Geschmack überschritt die Grenzen zwischen der leichten Muse und der Metropolitan Opera, und so taten es auch seine Frauen.

Tomarkin dürfte Gattin Nummer drei, die Modedesignerin Edith Bobe, sicher aber seine vierte Frau, die Opernsängerin Mary Lewis (1900–1942), gekannt haben. Um die Beziehung zu diesen beiden Frauen konstruierte der Tankerkönig Geheimnisse der Art, wie sie uns an Tomarkins seltsame Hochzeit mit Wanda Milla erinnern – an sie waren aber auch Skandale geknüpft, die uns wiederum an Tomarkins eigene Auftritte in New York erinnern. Die Scheidung von der Modedesignerin Edith Bobe blieb nämlich, wie die »Chicago Daily Tribune« 1931 vermerkte, über zwei Jahre geheim, die Hochzeit mit Mary Lewis ebenso.[498] Als Tomarkin 1924 nach New York zog, war eben bekannt geworden, dass Hague nach seiner Scheidung eine neue Beziehung eingegangen war. Allerdings hatten nicht die Paparazzi dieses Geheimnis gelüftet. Bobe, die Kostüme für Revuen schneiderte und ein eigenes Geschäft besaß, war in ihrem Haus überfallen und ausgeraubt worden. Die Polizei fand einen ausnehmend luxuriösen Tatort, und der Wert der geraubten Juwelen war so hoch, dass dieser Fall sogar zu Überlegungen führte, Frauen per Gesetz das öffentliche Tragen von dermaßen teurem Schmuck zu verbieten.[499] Der Presse wurde schließlich auch zugespielt, wer an der Seite der Schönen bewusstlos am Boden lag – Robert Hague. Die Zeitung »Atlanta Constitution« aus Georgia dachte alsbald laut über dessen Verbleib in der Standard Oil Compagny nach: »Hague may lose standard oil job.« Schließlich gehörte die Firma zum Imperium von John D. Rockefeller Jr., und der hatte schon andere Manager wegen ihrer Beziehungen zum Broadway gefeuert.[500] Hague blieb, aber das andere Amerika, das Land der Prohibition und der rigiden Moralvorstellungen, stellte fortan einen Bezugsrahmen dar, der bei Tomarkins amerikanischen Geschäftspartnern wohl keine unwesentliche Rolle spielte.

Das amerikanische Geld der Tomarkin-Foundation kam also seinerseits von Geschäftsleuten, die gelegentlich an der Durchlässigkeit von Grenzen scheiterten und wohl ihren unkonventionellen Lebenswandel gerne in Gesellschaft von gewinnenden Tomarkins verbrachten. Charismatische und außergewöhnliche Frauen spielten dabei eine zentrale Rolle. Hand war mit einer Pilotin verheiratet,[501] Hague, der Selfmademan, wurde den Ruf des Lebemannes nicht mehr los, der Juwelenraub sogar in seinem Nachruf zitiert,[502] seine Affinität zu komplizierten Frauengeschichten im musikalischen Fach sorgte bis zu seinem Tod für Aufmerksamkeit. Hagues vierte Ehefrau hatte als Revuegirl begonnen und es zur schillernden Primadonna der Metropolitan Opera in New York gebracht. Mary Lewis beschäftigte die Presse neben den Rezensionen ihrer Auftritte mit abenteuerlichen Liebschaften, mehrfachen Hochzeiten, öffentlich ausgetragenen Scheidungskriegen mit einem deutschen Bariton und der geheimnisvollen Heirat mit Hague. Lewis war auf ihre Art eine Grenzgängerin. Den Sprung von der Revue zur Oper schaffte sie im mausarmen Wien 1923, und Berührungsängste gegenüber neuen Kommunikationstechnologien kannte sie ebenso wenig wie Tomarkin. Sie sang im Radio, im Film, produzierte Schallplatten, sorgte für die grenzübergreifende Verbreitung ihrer Kunst und wird, da auch des Italienischen und Französischen mächtig, »bella figura« auf Tomarkins Veranstaltungen gemacht haben.[503]

Nun waren Spenden an Stiftungen zwar schon zu dieser Zeit ein Geschäft, das mit Steuerersparnissen und entsprechenden juristischen Konstruktionen zu tun hatte. Von den jeweils im Porträt in den Publikationen der Tomarkin-Foundation zitierten amerikanischen Geldgebern dürfen wir daher nicht auf enge soziale Kontakte schließen. Schriftliche Spuren – eine Visitenkarte – in den Tomarkin-Papieren hat nur Ira A. Campbell hinterlassen, und dieser Jurist war von den schillernden Grenzgängern Hague und Hand weit entfernt. Er und seine Frau gehörten zum amerikanischen Establishment und waren für die republikanische Partei tätig, über ihn gab es – noch – keine skandalösen Geschichten, sondern Diskussionen über Marinegesetzgebung und die juristischen Leitlinien der Handelsschifffahrt. Als Vertreter der Schiffseigner traf Campbell 1930 den amerikanischen Präsidenten Hoover.[504] Die Volkszählung des gleichen Jahres gibt uns einen Eindruck über die Lebensweise des Juristen: Neben seiner Frau Zella wohnten unter der gleichen Adresse noch eine Köchin und drei Bedienstete, zwei Schwedinnen, eine Kanadierin und eine Deutsche.[505]

Auch J. Stanley Dollar können wir uns sozial weit entfernt von Tomarkin vorstellen. Er kam aus einer Schiffseignerfamilie, in der sein Vater fast bis zu seinem Tod die Geschäfte kontrollierte. Dollar gab wenig Anlass zu Klatsch, es sei denn mit seinen sportlichen Auftritten an Schnellbootrennen im Juli 1935 in Paris.[506]

Hand und vor allem Hague waren dagegen als Vorbilder für Grenzgänger bestens geeignet. Als unser Held mit seiner Frau 1930 auf der »Berengaria« von Southampton nach New York reiste, hatte er auch die passende Berufsbezeichnung gefunden und präsentierte sich als »Company President«[507]. Damit war er ein Stück näher zu seinen amerikanischen Geldgebern gerutscht, die, zumindest was Hand und Hague betraf, auf ideale Weise den Tellerwäschermythos, den amerikanischen Traum des Aufstiegs aus bescheidenen Verhältnissen lebten, die Durchsetzung des dynamischen Individuums trotz fehlender Schulabschlüsse – nur waren eben Hagues und Hands Aktivitäten keine Zukunftsprojektionen. Die beiden besaßen reale Schiffe, die internationalen Vereinigungen, denen sie angehörten, waren keine im Schatten des wissenschaftlichen Strukturwandels entstandenen, neu erfundenen Kombinationen aus Kultur, Medizin, Chemie, sondern die »Internationale Handelskammer«, die »Society of Naval Architects and Marine Engineers«, die »Ligue Internationale des Aviateurs«.

Ebenso offensichtlich sind allerdings Tomarkins Versuche, die amerikanischen Rollenmuster zumindest in den auch ihm zugänglichen Bereichen umzusetzen, und diese waren weniger auf dem Deck der Öltanker, sondern im Theater oder zumindest in der Nähe zu Künstlerinnen zu finden. Tomarkin wurde zwar nicht wie Hague niedergeschlagen neben einer Schönen gefunden, aber in seinem eigenen, wenn auch kleinformatigen Skandal, der nächtlichen Randale im Central Park, spielte auch eine Sängerin, die schöne Erminia Ligotti, die Hauptrolle (siehe Teil A).

Wir haben zu wenig Informationen, um über diesen Bereich Aussagen zu Tomarkins Frauenbild zu machen, und können nur festhalten, dass wir viel über seine Mutter und wenig über seine Ehefrau wissen, aber auch dass die soziale Umgebung seiner amerikanischen Geldgeber die Bedeutung der Kontakte zu Künstlerinnen sehr betonte. Dieses Vorbild spiegelt sich in den Kongressen der Tomarkin-Foundation, die sich jeweils auch mit einem künstlerischen Programm ankündigten. Allerdings ist der auf dem Programm von 1934 erscheinende Arturo Toscanini der Kategorie der nicht realisierbaren Zukunftspläne zuzuschreiben, denn selbst in der erfolgreichsten Phase der Stiftung war Tomarkins Handlungsspielraum weit geringer. 1934 in Meran war schließlich Maestro P. Mascagni im Programm, 1933 traf man sich in St. Moritz mit der jungen Sängerin Maria Rota und für den Kongress von 1931 war die Pianistin Laura della Seta, wohl die Tochter des teilnehmenden Dr. Eschilo della Seta aus Rom, engagiert worden.

Das Engagement einer sechzehn Jahre alten Künstlerin – auch sie in der Phase der Projektion auf eine erfolgreiche Zukunft – kontrastiert die Realität mit den Bildern auf dem Dachboden des Tessiner Familiensitzes. Die Fotos und Bilder zeigen möglicherweise, was Tomarkin gerne realisiert hätte. Etwa ein Engagement der Starsopranistin Elisabeth Rethberg, die bereits eine bekannte Diva an der Metropolitan Opera war, als Tomarkin nach New York kam, und deren Auftritt deutlich außerhalb von Tomarkins Möglichkeiten lag. Dass diese Künstlerinnen mit ihrer Kunst der Verwandlung noch weit mehr bedeuteten als eine unbeholfene Kopie seiner amerikanischen Geldgeber und Träume nach esoterischer Überhöhung bedienten, zeigt wohl auch ein sorgsam ausgeschnittener Zeitungsartikel aus dem Jahr 1921 und ein Bild von Sent M'ahesa[508]. Diese angeblich ägyptische Tänzerin mit dem bürgerlichen Namen Elsa von Carlberg trieb Journalisten zu ungeahnten Stilblüten: »Die Wüste umglutet sie, Pyramiden recken sich in strengen Linien empor, Könige und Oberpriester schreiten mit erhabener Geberde und leidenschaftlicher Inbrunst vorüber, indische Götter lösen sich tanzend aus ihrer Starrheit, Bajaderen malen in zuckender Leidenschaft mir ihren Körpern fantastische Träume, Wüste und Steppe werden im Beduinen und Indianertanze lebendig«.[509]

Kehren wir zu jener Gesellschaft zurück, welche sich auf dem Deck der Ozeanriesen tummelte. Tomarkin gelang es zwar nicht, in Locarno eine eigene Klinik zu errichten – aber die Kongresse der Tomarkin-Foundation wurden weitergeführt. 1933 traf man sich in St. Moritz, 1934 in Meran, 1935 in Brüssel und 1937 in Algier. Die Weltwirtschaftskrise, welche für die meisten derartigen Veranstaltungen das Ende bedeutete und sogar einen Ivar Kreuger zur Pistole greifen ließ, hatte unseren Helden nicht ganz aus dem Gleis geworfen. Er brauchte aber seine ganz Flexibilität, um zumindest die Fortbildungswochen noch bis 1938 über die Runden zu bringen, wenn auch in etwas anderer Form. Der Ausbruch des Weltkriegs brachte das definitive Ende der opulenten Kongresse. Mitte der 1940er-Jahre traf sich Tomarkin zwar wieder mit Campbell, aber in anderer Funktion; Hague und Hand aber waren bereits gestorben. Der Tod hatte der Party ein Ende gesetzt.

8 1935 – Überleben im Zwielicht der Zweideutigkeiten

Hague und Hand hatten soziale Rollenmuster geliefert, sie zeigten, wie man den erfolgreichen Aufstieg sichtbar macht, aber auch dass wichtige Menschen ohne entsprechenden familiären Hintergrund eine eigene Bühne brauchen, um Erfolg auch als gesellschaftliches Ereignis darstellen zu können. Hague und Hand bestätigten, dass dazu enge Beziehungen zu Kunst und Künstlerinnen hilfreich waren. Sie mögen Tomarkin vielleicht auch bedeutet haben, dass es jenseits des Geldes und des schönen Scheins auch noch metaphysische Sicherheiten brauchte. Hand suchte Ethik und Ewigkeit in einer Freimaurerloge. Die Begräbnisfeierlichkeiten für Hague fanden in der Church of Transfiguration statt, einer bis zum heutigen Tag von Bühnenkünstlern bevorzugten Kirche in New York, die seit dem späten 19. Jahrhundert die Grenzen zwischen anglikanischer und katholischer Kirche überbrückte.[510] Das Bedürfnis nach einer religiösen Heimat, das sich bei Tomarkin in einer Annäherung an die katholische Kirche ausdrückte, war auch bei seinen amerikanischen Vorbildern zu fassen.

Die Amerikaner präsentierten unterschiedliche, von Tomarkin aufgegriffene Rollenmuster – aber keines, das Tomarkin als Unternehmer genutzt hätte. Im Gegensatz zu Hochstapler Ferdinand Demara versuchte sich Tomarkin nicht als Schiffsdoktor und hatte mit der Tankerflotte seiner Geldgeber geschäftlich nichts zu tun. Sein Betätigungsfeld blieb die unternehmerische Schnittstelle zur Medizin, allerdings unter Einschluss von substanziellen Änderungen. Im Folgenden sei dargestellt, wie sich das Angebot akzeptabler Rollen allmählich verschob, wie Tomarkin darauf reagierte und warum das Publikum unserem Helden die Bühne nicht entzog, als er etwas aus heutiger Sicht Ungeheuerliches aufführte: Faschist zu sein und gleichzeitig jüdische Emigranten retten zu wollen.

Es gibt in dieser Zeit genügend Beispiele von Menschen, die unvereinbare ideologische und politische Grenzen überschritten. Benito Mussolini selbst war zuerst ein sozialistisches Parteimitglied. Allerdings gibt es kaum Beispiele, bei denen Menschen so zeitnah und praktisch gleichzeitig auf weit entfernten Bühnen tanzten und in dem kurzen Zeitraum der politisch aufs Äußerste gespannten Jahre 1933–1935 höchst unterschiedliche Entwicklungsstränge bündelten. Blicken wir also nochmals zurück und versuchen die einzelnen Stränge zu sortieren.

In einer ersten Phase konzentrierte sich Tomarkins Selbstdarstellung auf die Rolle des Medikamentenherstellers. Diese Phase trat mit seinem Rückzug aus der operativen Leitung des Unternehmens LABAR – des »Laboratorio Antimicrobum di Biochimica Applicata Roma« – und der Tessiner »Laboratori Biochimici S. A.« 1933/34 in den Hintergrund.

Gleichzeitig änderte sich aber auch allmählich die von Tomarkin zelebrierte Form der trittbrettfahrenden Selbstdarstellung. Bislang hatte sich Tomarkin an diesen Kongressen mit inhaltlichen Statements zurückgehalten und sich darauf beschränkt, als Organisator der Kongresse in den Papieren der jeweils vortragenden Forscher zu erscheinen und mit vielen Fotos seine Präsenz zu dokumentieren. Die Erwähnung der Tomarkin-Foundation fand auf diese Weise durchaus in Zusammenhängen und in wissenschaftlichen Publikationen statt, die Forscher ernst nehmen konnten. Doch in den 1930er-Jahren geriet dieses Modell zusehends unter Druck. Zum einen gab es für Tomarkins wichtigste Tätigkeit in dieser Zeit keine Berufsbezeichnung, da Networking, Coaching, Head Hunting als berufliches Profil nicht existierte. Zum anderen begannen sich die zusehends instrumentalisierten Wissenschaftler sorgfältiger abzugrenzen. Im anbrechenden Medien- und Propagandazeitalter waren Wissenschaftler weltweit zu Celebrities geworden. Einstein und Joliot-Curie hatten längst die Grenzen der wissenschaftlichen Netzwerke durchbrochen und waren Medienstars. Im März 1921 wurde für Albert Einstein sogar eine der berühmten »ticker-tape parade« gegeben – er wurde in New York City ehrenvoll mit Lochstreifen-Konfettis berieselt.

Das Beispiel von Einstein zeigt aber auch, dass sich die Wissenschaftler zunehmend gegenüber Vereinnahmungen und einer Instrumentalisierung abgrenzten oder zumindest sorgfältiger abklärten, wofür denn ihr Name gebraucht werden sollte. Einstein setzte sich 1932 gegen Tomarkin zur Wehr, als er von dessen Schulden bei der Klavierlehrerin in Bümpliz erfuhr (siehe Teil B). Zu Beginn des Jahres 1933 teilten die Einsteins mit, dass sie 1932 auch anderweitig zu persönlichen Abgrenzungen gezwungen gewesen waren. Sie ließen nämlich die Presse wissen, dass sie 1932 in Kalifornien eine Pianistin eingeladen hatten, die sich als Tochter des Komponisten Moritz Moszkowsky (1854–1925) ausgegeben hatte und Geld für die Eröffnung einer Musikschule suchte. Die »New York Times« druckte auch deren Gegendarstellung ab,[511] in der zumindest klar wurde, dass höchstens von einer sehr indirekten Verwandtschaft die Rede sein konnte. Die Frau, die einen spanischen Adelstitel führte, erklärte sich mit komplizierten Verwandtschaftsbeziehungen und nannte als ultimativen Beweis eine Fotografie aus dem Jahr 1925, die sie mit Einstein in Paris zeigte. Offenbar war die Ableitung von sozialen Beziehungen aus der Existenz einer Fotografie gängige Praxis, in diesem Fall noch angereichert mit einer kosmopolitischen Verschleierungstaktik: Die Mutter sei eine von Streuben und damit verwandt mit einem Weggefährten Washingtons, überdies eine Künstlerin, die Moszkowsky an der Budapester Oper kennengelernt habe … Die Möglichkeitsform war offenbar eine von vielen oft angewandte Kunst, und die Einsteins waren nicht die Einzigen, die nun sorgfältiger nachzufragen begannen.[512]

Sollte das Geschäft mit der interdisziplinären Vermittlung von Medizin, Chemie und Kultur weitergehen, brauchte Tomarkin außerhalb seiner amerikanischen Geldgeber einem zunehmend misstrauisch gewordenen Fachpublikum gegenüber zitierbare wissenschaftliche Verbindungen. Erschwerend kam dazu, dass sich diese nicht mehr in die Geschichte eines vielversprechenden Jungforschers einbauen ließen, schließlich ging Tomarkin unterdessen auf die Vierzig zu. Eine kurzfristige und pragmatische Lösung bestand darin, dass sich Tomarkin zusehends auf Toten- und Gedenkfeiern spezialisierte. Dabei handelte es sich um mediengerechte Unternehmen, die ein breites Publikum ansprachen und weniger gefährlich waren als die Instrumentalisierung lebender Größen. Tomarkin kündigte 1932 eine Robert-Koch-Stunde an[513], vor allem aber brillierte er 1935 mit einer medienwirksamen Feier der Curies in Brüssel, die es bis zur Erwähnung in der »New York Times« brachte.[514] An der Feier hing ein ganzes Paket von zusätzlichen Aktivitäten: ein Kongress in Brüssel und im schicken Ferienort Spa sowie eine Exkursion nach Italien, aufgezogen als Wissenschaftstourismus mit Besuch italienischer Universitäten. Der Brüsseler Kongress fand vor allem zu einem nahezu idealen Zeitpunkt statt. Belgien suchte wirtschaftlichen Wiederaufstieg über die diesem Land wohlbekannten Vorteile einer Weltausstellung, die sehr gezielt mit Wissenschaftskongressen vollgepackt war. Da die Weltausstellung einen zumindest semioffiziellen, von der Tomarkin-Foundation auch umgehend zitierten Anstrich hatte[515], gewannen die Aktivitäten in Brüssel zusätzliche Aufmerksamkeit. Gleichzeitig waren die vormals ideologisch strikten Grenzen zwischen der Sowjetunion und dem Westen aufgeweicht, der sowjetische Beitritt in den Völkerbund 1934 zeigte Wirkung: Im August, mithin kurz vor Tomarkins Kongress in Brüssel, fand in Leningrad, international viel beachtet, der erste internationale Physiologenkongress statt.[516] Wie gut war es da, mit berühmten russischen Namen wie Lina Stern, Moskau, aufwarten zu können. Neben den Russen waren am Kongress aber auch die italienischen Vertreter deutlich präsent, die Tour nach Italien als Public-Relations-Event geplant und Wissenschaftler beteiligt, die, wie der Physiologe Carlo Foa, bereits auf den Fotos von Tomarkins Mailänder Kongress erschienen waren (siehe Teil B).

Der Kongress von 1935 bot zwar das für Tomarkins Veranstaltung übliche Sammelsurium verschiedenster Themen an – allerdings war es auch hier unserem pfiffigen Helden gelungen, ein zentrales Thema aufzugreifen, das für 1935 in etwa das gleiche politische Potenzial hatte wie die Bekämpfung der Lungenentzündung nach dem verheerenden Wirken der Spanischen Grippe: der Krebs. Auch in diesem Fall handelte es sich um ein Thema, das seit Längerem die Öffentlichkeit beschäftigte und dessen Bedeutung Tomarkin nicht entgangen war. Aber erst jetzt und erst in dieser Konstellation von öffentlichkeitswirksamer Weltausstellung sowie sowjetischer und italienischer Legitimationsbedürftigkeit entfaltete sich eine Situation, die Tomarkin wiederum an die Oberfläche der Respektabilität und Beachtung spülte. Auf den unterschiedlichen, von der Wissenschaftsgemeinde und der breiten politischen Öffentlichkeit betrachteten Bühnen spielte sich also keineswegs ein Drama des Abstiegs ab. Tomarkins faschistischer Fauxpas in Rom interessierte offenbar so wenig, dass Tomarkin einen belgischen Orden erhalten hätte, wäre da nicht eine indignierte Schweizer Regierung eingeschritten (siehe Teil B). 1935 gab es zwar mehrfach Nachfragen und Zweifel, die Schweizerische Medizinische Woche fand ohne Tomarkin statt, aber die Informationen waren so gegensätzlich, dass vernünftige Entscheidungen unmöglich erschienen. Was sollte man denn von einem halten, den die strammen Schweizer Faschisten in Rom ausgeschlossen hatten und der ganz offensichtlich nun auch von der Gesellschaft der Schweizer Mediziner geschnitten wurde, die es bevorzugte, lieber mit den deutschen Kollegen als mit dem Beinahe-Faschisten zu kooperieren? Und was, bitte, sollte man einem vorwerfen, der den Duce bewunderte, wenn Mussolini doch 1937 die Ehrendoktorwürde der Universität Lausanne erhielt und daher ganz offensichtlich angesichts der braunen Gefahr in Deutschland mehr als respektabel erschien? Aus dieser Sicht machte Tomarkin eher den Eindruck, als gehöre er zu einer politisch akzeptablen Rechten – zumindest bis zu dem Zeitpunkt, als er einen Neustart seiner Karriere in Paris versuchte. Die hier adressierte Gesellschaft war links, der Volksfrontregierung zugewandt und jüdisch.

Der Eindruck unklarer politischer Zuordnung bestätigte sich bereits im Vorfeld des Brüsseler Kongresses. Tomarkin hatte sich nämlich im November 1934 an eine sehr vornehme, sehr diskrete Gesellschaft in Oxford gewandt, die »Society for the Protection of Science and Learning« (SPSL). Diese Organisation war 1933 als »Academic Assistance Council« gegründet worden. Unter der Leitung eines hochkarätigen Gremiums, dem der Bischof von Canterbury ebenso angehörte wie die Präsidenten der »Royal Society« und der »Royal Academy«, verhalf diese britische Stiftung verfolgten Akademikern mit der Vermittlung von Stipendien zu neuen Positionen. Ursprünglich auf NS-Deutschland ausgerichtet, hatte die SPSL alsbald Wissenschaftler auf der Flucht aus verschiedensten Ländern zu betreuen. Wie ein 1937 veröffentlichter Bericht zeigte, organsierte sie dabei keineswegs nur Plätze in England und den Vereinigten Staaten, der Bericht lobte ausdrücklich die Türkei und Palästina für die Bereitschaft, neue Stellen für verfolgte Wissenschaftler zu schaffen.[517] Tomarkin wandte sich im Herbst 1934 an die Stiftung und ersuchte um Unterstützung für den Brüsseler Kongress. Dafür versprach er, neben etablierten Medizinern fünfzehn von der SPSL betreute Mediziner einzuladen. Diese sollten die Möglichkeit erhalten, innerhalb der Tomarkin-Foundation neue Kontakte zu knüpfen und auf diesem Weg eine Stelle zu erhalten. Die Oxforder Gesellschaft begann mit den üblichen Recherchen und endeten im hier beschriebenen Dilemma: Es gab zu viele unterschiedliche Bühnen, auf denen Tomarkin auftrat, es gab Bedenken, ohne dass allerdings die eng vernetzten Oxforder mit Sicherheit sagen mochten, dass man sich lieber nicht auf den umtriebigen Leander Tomarkin einlassen sollte. Die gut unterrichtete Stiftung scheiterte schon an Leanders komplizierter Biografie, sie hielt ihn für einen Russen und stellte zumindest fest, dass Leander kein Wissenschaftler sei.[518]

Im November 1934 traf sich dennoch Henry H. Dale mit Tomarkin. Sir Henry, Direktor der Physiologie und Biochemie am »National Institute for Medical Research« in London und 1937 mit dem Nobelpreis für Physiologie ausgezeichnet[519], zeigte sich überfordert. Auch Sir Henry zweifelte an Tomarkins Seriosität, aber immerhin habe Tomarkin amerikanisches Kapital anwerben und für internationale Kongresse mit wichtigen Teilnehmern einsetzen können. Nach den zukünftigen Plänen befragt, erklärte Tomarkin, in Brüssel ein Medical Postgraduate Centre aufbauen zu wollen, war also offenbar daran, die in der Schweiz gescheiterten Pläne in Belgien wiederaufzugreifen. Sir Henry war durchaus beeindruckt: »He is apparently assured of the cooperation of the leading men in the Medical School of the Université Libre of Brussels; and I see no reason why his scheme should not be successful, if he can get the money.«[520] Dale empfahl daher, zumindest mit Tomarkin in Kontakt zu bleiben, und schickte ihn zu Redcliffe N. Salaman, den Schatzmeister der Organisation. Offenbar war Sir Henry davon ausgegangen, dass Tomarkin Unterstützung für das in Brüssel zu gründende Institut wollte – und musste sich bei Salaman schließlich entschuldigen, weil Tomarkin bloß Reisegeld für jene erbat, die zu seinem Kongress in Brüssel reisen sollten. Für einmal also hatte Tomarkin die Lage falsch eingeschätzt und war mit einem zu geringen Anliegen aufgetreten. Die Lage blieb unklar. Sir Henry hielt ihn zwar für ehrlich, aber etwas aufgeblasen: ob und wie viel amerikanisches Geld noch übrig war, konnte nicht geklärt werden. Der ebenfalls befragte Major Greenwood, Professor für Epidemiologie in London, empfahl, eher auf Distanz zu gehen. Dennoch zog sich die Korrespondenz hin. Die Stiftung lehnte zwar eine direkte Unterstützung von Tomarkins Brüsseler Kongress ab, wollte sich aber zukünftige Kontakte nicht verbauen: Man habe nichts dagegen, wenn jene, die von der SPLS Unterstützung erhielten, dieses Geld für eine Reise zum Brüsseler Kongress nutzten, und versprach eine Liste von einschlägigen Stipendiaten.[521] Zumindest einen der vertriebenen Wissenschaftler versuchte die Gesellschaft über Tomarkin in Mailand zu platzieren, den Gynäkologen Alfred Loeser. Allerdings gibt es keine Hinweise, dass Tomarkin seine italienischen Verbindungen dazu nutzen wollte und konnte.

9 Im Windschatten von Angst und Schrecken: Mit der Krebsbekämpfung an den Tisch des belgischen Botschafters und in den Fokus nationalsozialistischer Verfolgung

Welche Krankheiten die Gesellschaft besonders beachtet, ist eine »gesellschaftliche Konstruktion« und nicht ein mit Todesraten quantifizierbares Leiden. War es erst die Tuberkulose, so folgte dann der Krebs, und heute ist es AIDS. Auch heute sind Celebrities an einer AIDS-Gala anzutreffen.

Am 6. Oktober 1937 berichtete »Le Figaro«, dass der belgische Botschafter in Paris den Kongress der Chemiker und Physiker, gemeint ist wohl der Kongress des »Institut Physico-Chimie-Biologique«, zum Anlass genommen hatte, einige Wissenschaftler an seine Tafel zu bitten. In den Gesellschaftsnachrichten wohlvermerkt, saß neben Jean Perrin, Nobelpreisträger für Physik, und Frédéric Joliot-Curie, mit seiner Frau Nobelpreisträger für Chemie des Jahres 1935, auch Leandro Tomarkin als Generalsekretär des Kongresses. Tomarkin war offensichtlich wieder ganz oben angelangt. Wiederum war die Szenerie imposant, das Bühnenbild allerdings etwas unheimlich. Der Kongress fand im Rahmen der

Weltausstellung von Paris statt, diesmal eine Veranstaltung mit kaum mehr zu überbietender Monumentalität und sogar architektonisch greifbarer politischer Spannungen: Pablo Picasso protestierte mit »Guernica«, einem über drei auf sieben Meter großen Gemälde, gegen den Angriff der deutschen Legion Condor im spanischen Bürgerkrieg. Der Pavillon des Deutschen Reiches, vom NS-Architekten Albert Speer entworfen, stand dem Monumentalbau des faschistischen Italiens und der Sowjetunion gegenüber. Auch die Wissenschaften hatten aufgerüstet. Nach den Olympischen Spielen des Vorjahres in Berlin sollten nun die französische Zivilisation mit Wissenschaftskongressen und Ausstellungen gefeiert werden. Zu diesem Zweck hatte Jean Perrin das nicht minder monumentale »Palais de la Découverte« eröffnet und zur Ausstellung über »Arts et Techniques dans la Vie moderne« eingeladen. Mit Perrin hatte Tomarkin wieder einen älteren, hochkarätigen Gelehrten gefunden, der ihn, wie einst Marchiafava, förderte und wohl auch gewähren ließ. Nach dem Wissenschaftskongress ging es denn auch weiter, Tomarkin blieb eine für seine Verhältnisse lange Zeit zwischen 1937 und 1940 in Paris und beteiligte sich an einem weiteren Großunternehmen, der Krebsbekämpfung.

Halten wir inne. Bislang haben wir jeweils die Frage gestellt, welche Bühne bespielt wurde, welches Publikum adressiert wurde, wie sich die Schauspieler durch die Darstellung ihrer Rollen verwandelten. Wir stellen fest, dass Tomarkin eine ganze Bühnenlandschaft bediente und zuweilen in Szenerien trat, die sich zumindest auf den ersten Blick ausschlossen. Es ist also angebracht, darüber nachzudenken, was das Ganze zusammenhielt, was verhinderte, dass Tomarkin beim Sprung von der einen zur anderen Bühne in den Orchestergraben fiel und nicht wieder auftauchte. Befremdlicher, als dass sich Tomarkin irgendwie durch sein berufliches Leben hangelte, ist nämlich die Tatsache, dass dies auch gelang. Was also hält diese Konstruktion zusammen? Was unterscheidet Tomarkins Weg von den vielen gescheiterten Karrieren, die in der gleichen Zeit entweder in der Emigration oder in der Einsamkeit einer auf öffentliche Fürsorge angewiesenen lokalen Isolation endete? Solche tragischen Beispiele gab es in Tomarkins Umfeld mehr als genug. In Locarno hatte der umtriebige Tomarkin Baron von der Heydt auf dem Monte Verità besucht. Unten am See hatte zu dieser Zeit eben die russische Aristokratin Antoinette de Saint Léger die Brissago-Inseln verloren und starb verarmt im Altersheim.

Anders gefragt: Was hielt die Tomarkin'schen Aktivitäten so weit zusammen, dass sich daraus immer noch eine Karriere ableiten ließ? Die Antwort liegt wohl in Tomarkins feinem Gespür für jene Trends begründet, die Gesellschaft und Wissenschaft auf einer internationalen Ebene zusammenbrachten. Nach dem Ersten Weltkrieg waren es die Infektionskrankheiten – in den 1930er-Jahren der Krebs.

Die Krebsforschung begann bereits vor dem Ersten Weltkrieg, wurde durch die Militärmedizin als vordringliches Problem anerkannt und führte in der Nachkriegszeit zur Bildung unterschiedlicher nationaler Ligen gegen den Krebs. Diese bündelten verschiedene sozialpolitische Anliegen, verbanden aber vor allem gesellschaftliche Befürwortung von präventiven medizinischen Maßnahmen mit der Forschung. Diese wiederum war interdisziplinär ausgerichtet, Naturwissenschaft und Medizin kooperierten, da in dieser Zeit die Strahlentherapie mit Radium einsetzte. Die Ligen gegen den Krebs hatten vorerst ein nationales Profil. Erst in den 1930er-Jahren sollte sich daraus eine internationale Bewegung entwickeln. Der Kampf gegen den Krebs erreichte in dieser Zeit eine weit über die medizinische Bedeutung der Krankheit hinausgehende politische und gesellschaftliche Aussagekraft und schien nachgerade eine katastrophale Gegenwart auf den Punkt zu bringen: Von Krebsgeschwüren konnte alles und jeder befallen sein, egal ob Mensch, Tier, Pflanze oder die Gesellschaft allgemein, deren Bekämpfung musste daher ein universelles Anliegen darstellen.[522] Krebsbekämpfung vereinigte also ein ganzes Bündel von zeitgenössischen Hoffnungen auf naturwissenschaftliche Erlösung, hier konzentrierte sich auch die Angst vor einer unberechenbaren Zeit. In der internationalen Bewegung zur Krebsbekämpfung engagierten sich insbesondere französische Wissenschaftler, die 1938 die Krebsbekämpfung mit dem vierzigjährigen Jubiläum zur Entdeckung des Radiums durch das Ehepaar Curie verbanden. Das Resultat dieses propagandistischen Konzeptes war die »Semaine internationale contre le Cancer«, eine schreckliche Kampagne mit drastischen Bildern, in denen ungeheure Krebstiere die Menschen bedrohten (siehe Teil A).

Solche Kampagnen gingen von der Voraussetzung aus, dass allein Angst und Schrecken Menschen zu präventiven Maßnahmen veranlassten.[523] Tomarkin passte gut in dieses düstere Szenario – bereits für den Mailänder Kongress hatte er sich auf Postkarten mit düster besorgtem Blick drucken lassen – das Szenario des Retters passte, das neue Thema war vielversprechend.

Krebs war ein in der damaligen Gesellschaft sehr präsentes Thema, schien aber für selbsterklärte Tablettenköche nicht geeignet – Krebstherapien bedingten biochemisches Hightech und Zugang zu einem äußerst seltenen und sehr, sehr teuren Rohstoff: Radium. Der Situation von 1920 nicht unähnlich, kam Tomarkin allerdings eine naturwissenschaftliche Debatte entgegen, welche an grenzüberschreitende Vorstellungen anknüpfte und dabei Tomarkins bisheriges Feld, die Infektionskrankheiten, einbezog. Die Krebsforschung begann sich in den späten 1920er-Jahren für ein Konzept zu interessieren, das davon ausging, dass sich gewisse Krankheiten gegenseitig ausschließen, also Krebs und Tuberkulose selten gemeinsam auftreten. Einer der Wissenschaftler, der in diesem Bereich tätig war und später als Mitherausgeber der »Annalen« der Tomarkin-Foundation aufgeführt wurde, war der Bakteriologe Wolfgang Weichardt. Dieser in Erlangen tätige Professor züchtete auf Nährlösungen Diphtheriebazillen, die er anschließend gereinigtem Tuberkulin aussetzte, um festzustellen, dass in diesem Milieu Diphtherie nicht gut gedieh. Das gleiche Prinzip ließ sich auch an ganzen Organen ausprobieren. Ein »ermüdetes«, also schwaches Herz begann wieder besser zu schlagen, wenn es mit einem Tuberkulinextrakt übergossen worden war.

Weichardt war Bakteriologe – sein Interesse beschränkte sich auf den Versuch, Heilung über die Verwendung von zwei unterschiedlichen Krankheitserregern zu suchen. Die Herstellung der dazu nötigen Ingredienzen interessierte ihn dagegen nicht. Wie er freimütig in der diese Versuche darstellenden Publikation erklärte, war die eigene Herstellung eines Extraktes aus Tuberkelbakterien viel zu teuer. Deshalb habe er auf ein billigeres Präparat zurückgegriffen, auf »ein von L. Tomarkin gereinigtes abiuretes Tuberkulinpräparat«, für das sich Weichardt in einer Anmerkung bei »Herrn Kollegen Tomarkin« bestens bedankte.[524]

Die technische Herstellung solcher Extrakte bewegt sich auf einem vergleichbaren Niveau wie all die anderen Aktivitäten von Tomarkins Firma »Laboratorio Antimicrobum di Biochimica Applicata Roma LABAR« – Extraktionen waren auch mit einer bescheidenen Infrastruktur machbar und fanden zusehends Abnehmer. Um welches Präparat es sich dabei handelte, lässt sich in den Ausführungen von Weichardt nicht feststellen – dass sein Ansatz vielversprechend war, dagegen schon: Während Weichardt mit diesem Verfahren noch Diphtheriebakterien bekämpfte, berichtete 1931 ein Wissenschaftler am Kongress der italienischen Krebsliga (Italian Anti-Cancer League), dass sich dieses Prinzip zumindest im Tierversuch für die Krebsforschung nutzen ließe.[525] Die experimentelle Krebsforschung war also offensichtlich in ein Stadium getreten, bei dem Tomarkin mit seinem LABAR – wie immer am Rande – von einer Anschlussfähigkeit ausgehen konnte. Die Neuausrichtung brachte allerdings technische Veränderungen mit sich. Zum einen ließ sich selbst ein bescheidener Beitrag zur Krebsforschung in diesem Stadium nicht ohne Tierversuche bewerkstelligen und die besorgten Tierschützer dürften nicht ganz grundlos gegen die Tomarkin-Foundation Stellung bezogen haben (siehe Teil A). Zum anderen brachte diese Krankheit einer eher naturwissenschaftlich denn medizinisch ausgerichteten Stiftung noch ein ganz anderes Thema nahe, nämlich die in der Öffentlichkeit propagierte Verwendung von Radium. Die durchaus richtige Feststellung, dass Tomarkin nun im Kreis der Krebsbekämpfung zu finden war und dabei nicht nur Kampagnen organisierte, sondern auch unternehmerische Interessen verfolgte, schürte die Gerüchte der nationalsozialistischen DKZ. Diese interessierte sich zum einen für das politische Potenzial der Krebsbekämpfung – ganz gewiss aber für das zu solchen Zwecken benötigte Radium. Tomarkins feines Gespür für Trends bekam in den 1930er-Jahren einen gefährlichen Anstrich. Die Jagd nach dem Radium bestätigte sich nach der deutschen Besetzung von Paris, als die Besatzer das Laboratorium der Curies auf den Kopf stellte.

10 Der Zweite Weltkrieg: Reise ohne Wiederkehr

Tomarkin beschloss zu Beginn des Zweiten Weltkrieges, sich dem Flüchtlingsstrom anzuschließen, und emigrierte mit seiner Familie 1940 in die USA zu einem Zeitpunkt, als Emigranten aus Europa an amerikanischen Universitäten willkommen waren – doch diesmal waren die Belege bisheriger Tätigkeiten strenger.

Kaum in den USA angekommen, meldete sich Tomarkin 1942 als Freiwilliger bei der Armee. Die Registrierungskarte war ungewöhnlich sorgfältig ausgefüllt und liest sich nachgerade als Bestätigung, dass Tomarkin sehr wohl klar war, dass gewisse Grenzüberschreitungen empfindliche Sanktionen nach sich ziehen konnten. Ganz entgegen den Fällen jener Hochstapler, die in der psychiatrischen Literatur zitiert werden, scheint unser Held sehr wohl über Risiken reflektiert zu haben – wenigstens allmählich und mit zunehmendem Maß an Ehrlichkeit: Das Ganze begann mit der Eintragung des Namens Leandro William Tomarkin. Die schwungvoll angegebene feine Adresse 410 Central Park West war allerdings durchgestrichen worden und im Kleinformat – man könnte schon fast sagen kleinlaut – durch eine weniger pompöse Anschrift ersetzt worden: 132-11 Beach Channel Drive, Rockaway Park, eine Straße im Stadtteil Queens – weit weg von Campbells Privatadresse an der feinen Park Avenue, auch nicht in der Nähe der nun als Arbeitsort angegebenen Adresse am Central Park. Die Selbstdarstellung endete hier in der leeren Zeile der nicht ausgefüllten Berufsbezeichnung. Etwas Glanz ließ sich nunmehr durch die Angabe derjenigen Person erreichen, die nach den Angaben der amerikanischen Armee allzeit wissen sollte, wo der künftige Soldat anzutreffen war – hier war Ira A. Campbell eingetragen, einer der noch lebenden amerikanischen Geldgeber, von dem wir allerdings nicht wissen, ob ihm bekannt war, was Tomarkin mit seinem Namen anstellte. Ansonsten aber herrschte Leere – auf der Registration Card findet sich kein Doktortitel, keine pompöse Adresse, kein Beruf, dafür eine sehr präzise Altersangabe: 46 Jahre und 6 Monate.[526]

Wir befinden uns also im Sommer 1942 und schließen aus dieser Meldung bei der Armee, dass Tomarkin die Konsequenzen aus einer allgemeinen Ablehnung kosmopolitischer Zusammenkünfte gezogen hatte und nun zumindest theoretisch gewillt war, das Leben des Kosmopoliten mit dem eines Soldaten zu vertauschen, der für die eine Flagge zu sterben bereit war.

Doch gehen wir zurück. Wir treffen unseren Helden nochmals in Frankreich unter ganz passablen Rahmenbedingungen in der Nähe der Großen und

Wichtigen, in Tuchfühlung mit Jean Perrin und dem Ehepaar Joliot-Curie. Im Februar 1940 wohnte Tomarkin immer noch in Paris und versuchte, das französische Konzept weltweiter Krebsbekämpfungskampagnen und der Gründung von gesellschaftlich anschlussfähigen Wissenschaftsinstituten nach Amerika zu tragen. Wiederum wurden die Geistesgrößen der damaligen Welt angeschrieben, so auch der Physiker und Nobelpreisträger Niels Bohr. Tomarkin wollte einen großen naturwissenschaftlichen Kongress in New York organisieren, diesen dann verstetigen und fortan als Generalsekretär betreuen. Die Übertragung der unschwer als Jean Perrins Modell erkennbaren Idee auf die USA machte Sinn: In New York war die 1939 eröffnete Weltausstellung um ein Jahr verlängert worden, weil das erste Jahr zu wenig Geld eingebracht hatte.[527] Die »New York Times« hatte bereits moniert, dass die Weltausstellung mit dem Motto »The World of Tomorrow« bislang zu wenig Wissenschaft einbezogen habe. Tomarkin ging also mit den französischen Plänen an jene Orte zurück, die er aus den 1920er-Jahren kannte, etwa die Columbia University. Dennoch klappte der Neustart nicht so recht. Gleichzeitig verschärfte sich die politische Lage. Es wäre naheliegend, mit dem Einmarsch der deutschen Truppen in Paris im Juni 1940 eine europäische und mit dem japanischen Angriff auf Pearl Harbor am 7. Dezember 1941 eine amerikanische Zäsur zu setzen. Demnach würde unser Held kurz vor der deutschen Besetzung erst aus Paris und anschließend aus Frankreich flüchten, um sich dann in den USA seiner jüdischen Wurzeln bewusst zu werden und schließlich hier zur Verteidigung demokratischer Werte überzugehen. In der Tat macht diese Darstellung Sinn, wenn wir von Tomarkins Neigung ausgehen, im Rollenspiel seine jeweiligen Vorbilder zu kopieren. Von Jean Perrin wissen wir, dass er 1940 nach New York emigrierte und sich am Aufbau einer französischen Exiluniversität, der Ecole libre in New York, beteiligte.

Es spricht allerdings einiges für die Annahme, dass Tomarkin nicht erst durch den Krieg vertrieben wurde, sondern vielmehr bereits in den 1930er-Jahren in Frankreich nicht mehr länger als umtriebiger Netzwerker über die Runden kam. Dass die zunehmende Verbindung von Personenkontrolle und Fremdenfeindlichkeit Grenzgänge aller Art zu einem hochgradig riskanten Unternehmen machte, wird ihm nicht entgangen sein – dazu lebte Leander Tomarkin schon zu lange auf dem hohen Seil.

In den 1930er-Jahren wurde der Fremde zu einer sorgsam beobachteten, ausgeschlossenen oder zumindest zur ständigen Legitimation gezwungenen Lebensform. In Frankreich verdichtete sich die verheerende Verbindung von Antisemitismus, ökonomischem Druck und politischen Ängsten zu einem wahrlich monströsen Regelwerk von Verordnungen, den Décrets vom 12. November 1938. Zeitungen erklärten seitenweise die komplizierten Regelungen, die, sehr kurzfristig in Kraft gesetzt, mehr Geld in die Staatskasse bringen, dem Gewerbe auf die Beine helfen, vor allem aber auf vielfältige Weise Verteilungskämpfe lösen sollten, indem alles Negative auf eine neue Kategorie projiziert und dazu die Figur des Fremden, des »étranger«, erfunden wurde. Im Regelwerk des französischen Staates war »l'étranger« einerseits zu einer eigenständigen Kategorie geworden und zum anderen zu einem dynamischen und fließenden Zustand, der jederzeit von jenen, die nicht zu dieser Kategorie gehörten, umdefiniert werden konnte.

So zwangen strengere Bestimmungen über Wohnsitz und Niederlassung zur Offenlegung des Herumreisens, soziale Verhaltensnormen, deren Inhalt und Bedeutung unklar waren, konnten jederzeit Personen in einen gefährlichen Erklärungsnotstand bringen. Selbst bereits naturalisierte französische Bürger konnten wieder zu staatenlosen Fremden gemacht werden, wenn sie der französischen Staatsbürgerschaft »unwürdig« waren. Auch wenn wir annehmen, dass Tomarkin weder die französische Staatsbürgerschaft anstrebte noch sich mit einer Französin zu verheiraten gedachte, so dürfte selbst für ihn das unübersichtliche Gestrüpp von Bestimmungen und der deutlich antisemitische Kontext Schwierigkeiten verursacht haben. Im Bemühen, die »richtige« nationale Identität immer engmaschiger nachweisen zu müssen, sahen die Dekrete für Unternehmer eine spezielle Identitätskarte vor, deren protektionistische Zielsetzung wiederum durch moralische und andere willkürliche Maßnahmen abgesichert wurde.[528] Als im Frühling 1939 noch die Reste der Internationalen Brigaden über die Pyrenäen nach Frankreich flüchteten und schließlich mit dem Beginn des Zweiten Weltkrieges noch mehr Menschen zur Flucht gezwungen wurden, spielten sich in Frankreich in Internierungslagern fürchterliche Szenen ab. Noch bevor die deutsche Armee erschien und Vichy-Frankreich die antisemitischen Gesetze und Maßnahmen gegenüber Fremden nochmals verschärfte, war Frankreich für Grenzgänger aller Art zu einem gefährlichen Land geworden.[529]

Mit dem Kriegsbeginn führten Staaten weltweit den neuen Status des »enemy alien«, des feindlichen Ausländers, ein, unter dem beispielsweise auch Stefan Zweig zu leiden hatte. So wurden neben den USA auch in England Deutsche und ehemalige Österreicher zu Beginn des Krieges interniert. Auch wenn solche Maßnahmen schließlich zumindest teilweise aufgegeben wurden, sie heizten eine Loyalitätsdebatte mit der offensichtlich absurden Annahme an, dass jene, die vor dem Regime ihrer nationalen Herkunftsländer flohen, in der neuen Heimat für exakt dieses Herkunftsland spionieren würden. Nicht weniger schwierig wurde die Lage für bereits seit längerer Zeit ansässige »Fremde«, selbst für solche, die bereits eine neue Staatsbürgerschaft erhalten hatten. Erst seit kürzerer Zeit schenken Historiker und Historikerinnen deren schwierigen Lebensumständen Beachtung – immer noch wird allerdings nur am Rande auf die Konsequenzen der vielen neuen Bestimmungen im Alltagsleben eingegangen. Die Vorstellung des »enemy alien« etablierte nämlich nicht nur neue Grenzen im Innern eines Landes, sie führte auch dazu, dass diese willkürlich definierte Gruppe der »enemy aliens« zu Beginn des Jahres 1942 in den USA sogar Eingriffe in ihr Alltagsleben zu gewärtigen hatten: Neben Waffen mussten sie auch ihre Radios und Kameras abliefern …[530]

Nun, Tomarkin gehörte mit seinem Schweizer Pass nicht zur Kategorie des »feindlichen Ausländers« – sein Beispiel zeigt aber zweierlei: Erstens hatte er mit seiner Verhaftung 1927 in New York bereits Bekanntschaft mit einer Gesetzesübertretung gemacht, die nur von einem Fremden begangen werden konnte. Zweitens – und das ist die unschöne Seite seiner Geschichte – demonstriert Tomarkins Fall, wie wenig diese restriktiven Bestimmungen mit dem Krieg an sich zu tun hatten. Vielmehr hatte die Weltwirtschaftskrise vorgesorgt – in Frankreich greifbar an den Verordnungen des Jahres 1938, in den USA an der zunehmend strengeren Auslegung der Visabestimmungen. 1930 wurden die amerikanischen Konsuln angewiesen, jenen Passus des Einwanderungsgesetzes von 1917 strikt anzuwenden, der besagte, dass der Einwanderungswillige selbst oder seine Verwandten oder Freunde über genügend Mittel verfügen mussten, um nicht der öffentlichen Hand zur Last zu fallen.[531] Noch vor dem amerikanischen Kriegseintritt am 1. Juli 1941 wurde die Gewährung eines amerikanischen Visums nicht mehr allein Sache einer zivilen Behörde, nämlich der Konsulardienste, die dem Außenministerium unterstellt waren. Nun bestimmten bei der Visumsvergabe auch FBI und militärischer Geheimdienst mit – keine gute Ausgangslage für einen, den bereits die Nationalsozialisten ausspioniert hatten, der behauptete die Joilot-Curies zu kennen und über den es ein Dossier bei der schweizerischen Bundespolizei gab … Da die Behörden immer neue Entscheidungsgrundlagen erfanden, dürfte es auch wenig geholfen haben, dass Tomarkins Staatsbürgerschaft nicht unter die Kategorie des feindlichen Ausländers fiel. Die Verwaltung interessierte sich nämlich auch für eine mögliche Erpressbarkeit, und die wiederum war gegeben, wenn der Fremde persönliche Beziehungen und Verwandte aufwies, die nach wie vor den Achsenmächten zugehörten oder in besetzten Gebieten lebten. Tomarkins enge verwandtschaftliche Beziehungen zu Italien und seine beruflichen Kontakte zu Frankreich und Belgien fielen aus dieser Sicht erschwerend ins Gewicht. Die amerikanische Verwaltung zog in solchen Fällen breite Erkundigungen ein, insbesondere auch über jene, welche als Bekannte angegeben wurden – auch dies keine gute Ausgangslage für einen, der gerne mit großen Namen und dünnen Beziehungsfäden arbeitete. Selbst dann, wenn Visa erteilt worden waren, hatten Grenzgänger fortan ein schweres Leben, denn seit dem 14. November 1941 mussten im Land ansässige Fremde eine Ausreisebewilligung vorlegen, wenn sie die USA auch nur temporär verlassen wollten.[532]

Halten wir fest: Tomarkins Rückkehr in die USA erwies sich als schwierige Angelegenheit. Sein größtes Problem waren wohl zum einen die wilden Gerüchte um seine Person, vor allem aber seine finanzielle Schwäche. Ein drittes Problem lag aber auf der entgegengesetzten Seite, nämlich in Tomarkins besonderen Stärken. Bislang waren seine Verbindungen zu europäischen Wissenschaftlern und amerikanischen Geldgebern, Medizinern und Naturwissenschaftlern, Politikern und Unternehmern eine Besonderheit. Das Unternehmen »Tomarkin-Foundation« funktionierte, weil ein Bedürfnis nach grenzüberschreitenden Kontakten vorhanden war. Unter den vielen Emigranten wurde Networking nun eine der wenigen Möglichkeiten, um im neuen Land zumindest eine gewisse Bedeutung zu erringen. Der amerikanische Soziologe Maurice R. Davie erzählte in einem 1947 erschienenen Bericht, wie Fremde Expertenwissen anboten, das wiederum für die amerikanische Seite so bedeutend war, dass der gefährliche Status des Fremden dem Informationsangebot gegenüber in den Hintergrund trat. Dabei handelte es sich keineswegs nur um sensibles Wissen, das von Geheimdienst und Militär abgegriffen worden wäre und zur Entwicklung der Atombombe führte. Vielmehr gibt es einen zivilen Bereich, in dem das Angebot der Emigranten erst später in Regierungsorganisationen umgewandelt wurde. Der Ökonom Dr. Fausto R. Pitigliani, seit 1939 an der New York University, erstellte eine Liste von »Alien Specialized Personnel« mit mehr als zweitausend Namen von Personen aus Medizin, Sozialwissenschaften und Unternehmen, die über Industrie und Gesellschaft der Feindesländer Bescheid wussten. Carl Joachim Friedrich, bereits in den zwanziger Jahren Professor of Government in Harvard, beschäftigte seine Studenten in Harvard mit der Erstellung einer Übersicht über »foreign experts« für die Jahre 1942 und 1943, der österreichische Industrielle F. P. Hellin bediente die amerikanische Verwaltung mit einer Liste von emigrierten Unternehmern. In diesen Netzwerken war kein Vermittler mit fragwürdiger wissenschaftlicher und unternehmerischer Legitimation nötig. Bezeichnenderweise verzichtete Tomarkin in dieser Zeit darauf, seinen Doktortitel zu führen – ob er gewusst hatte, dass der amerikanische »National Refugee Service« Ärzte und medizinische Forschung speziell erfasste, wissen wir nicht. Aber er wird geahnt haben, dass es in diesem Moment keine gute Idee war, einen Dr. med. vorzutäuschen.

Tomarkins Handlungsspielraum war also während des Krieges schmaler und schmaler geworden. Versuche, sich in die Netzwerke der Emigranten einzubringen, knüpften an Blutspendeaktionen an. Dies war wie immer eine gute Entscheidung, denn das Spenden von Blut galt als kriegsrelevante Unterstützungsaktion, die Aktion konnte als solche bei den zahlreichen Befragungen der Emigranten angegeben werden und verband die unübersichtlich zahlreichen Emigrantenorganisationen.[533] Aber Tomarkins Vorstellungen als Flüchtling mit jüdischem Hintergrund führte nicht zum gewünschten Neustart eines grenzübergreifenden Lebens – die Rolle des Grenzgängers zwischen Amerika und Europa war ausgespielt, die Passage über den Atlantik eine Reise ohne Wiederkehr, die Meldung bei der amerikanischen Armee hätte, wäre sie denn erfolgreich gewesen, bei einer Rückkehr in die Schweiz Gefängnis bedeutet.

11 Beruf ohne Eigenschaften: der Erfinder

Vom genialischen, epochalen Erfinder, den Tomarkin zu Beginn seiner Karriere darstellte, wollte das amerikanische Publikum nichts mehr wissen. Erschwerend kam dazu, dass Europa durch den Zweiten Weltkrieg vom wissenschaftlichen und kulturellen Zentrum zum Kontinent der Diktatoren und Menschenrechtsverletzungen geworden war. Auch ein Keynes, vorher gefeiert, erschien nun als Bettler an der Währungskonferenz im US-amerikanischen Bretton Woods. Von den vielen Rollen, die Tomarkin nach dem Ersten Weltkrieg zu spielen begonnen hatte, blieb nach dem Zweiten Weltkrieg nur noch eine übrig – die Rolle des Erfinders eher unspektakulärer Neuerungen für den Alltag.

Am 23. Oktober 1919 hatte Leander sein erstes Patent eingereicht, ein Zugregulator an Feuerungsanlagen.[534] Fortan begleiteten und dokumentierten Patente Tomarkins Leben mit einer Konstanz, die wir sonst in seinem Leben vermissen. Die Patente zeichnen die Spuren seiner unterschiedlichen Unternehmen nach, zeigen Geschäftspartner auf, belegen aber auch, dass Leander eine zumindest transatlantische Karte im Kopf hatte. Zu seiner Zeit gab es keine Möglichkeiten, Patente in ganz Europa oder sogar global sichern zu lassen. Wer Vorteil von seiner Erfindung ziehen wollte, musste selbst dafür sorgen, dass diese in verschiedenen Ländern geschützt war. Unser Held war in dieser Hinsicht konsequent und zielstrebig. Patente unter seinem Namen gibt es in der Schweiz, in Italien, in Frankreich, dem Vereinigten Königreich und in den Vereinigten Staaten, und so sehr unser dynamischer Grenzgänger das Räderwerk der staatlichen Patentämter bediente, so unmöglich lässt sich der Tomarkin'sche Erfindergeist einer bestimmten Richtung, einer Produktpalette oder einem industriellen Sektor zuweisen. Tomarkin ließ Medikamente und Metalllegierungen, Spielzeug und Zementmischungen patentieren – der Glaube an den individuellen Erfindergeist spricht aus jeder Zeile dieser seltsamen Texte, die gleichzeitig die bedeutendsten schriftlichen Äußerungen darstellen, die wir von Tomarkin haben. Selbst wenn wir seine langen Briefe einbeziehen, so kamen diese doch nie an die 75 Seiten heran, welche ein 1959 in Rom eingereichtes Patent zu einer Metalllegierung erfasste.[535]

Patente sahen jeweils zwei Rollen vor, diejenige des Erfinders und diejenige des Anmelders, beides musste nicht, konnte aber identisch sein, wobei Anmelder auch Firmen sein konnten. Wir erfahren also über die Patentschriften, welche Firmennamen wir mit Tomarkin verbinden können. Da überdies Wohnort und Adressen genannt werden, erlauben uns die Patente, die verschlungenen Wege des Herrn L. T. zurückzuverfolgen. Doch wenden wir uns zuerst dem Profil der Rolle zu – was ist ein Erfinder? Zum Ersten ein Beruf ganz ohne Qualifikationsnachweise, allein der unsichtbaren Hand des Marktes ausgeliefert. Medizin führte früher oder später zu Nachfragen nach Diplomen, Doktorurkunde, staatlicher Zulassung. Die Welt der Kleinunternehmer blieb dagegen unübersichtlich und unkontrollierbar, und der Typus des Unternehmers bot breite Möglichkeiten der Selbstdarstellung. Alois Schumpeter, ein Zeitgenosse von Tomarkin, hatte bereits vor dem Ersten Weltkrieg den Typus des schöpferischen Unternehmers beschrieben. Auch in den jüngsten Debatten fasziniert die Ambivalenz des Unternehmers, der zwei sehr unterschiedliche Qualitäten verbindet: Als fantasiebegabter, nonkonformistischer »Realträumer« (Götz Werner) ist der ideale Unternehmer fähig, die Bedürfnisse der Zukunft zu imaginieren. Als Manager in Nadelstreifen garantiert er eine solide Finanzierung und ein stabiles Management. Diese ambivalente Vorstellung des Unternehmers macht Tomarkins gesellschaftliche Glaubwürdigkeit nachvollziehbar und gibt eine mögliche Antwort auf die Frage, warum denn eigentlich ein selbst ernannter Erfinder ohne entsprechende Ausbildung immer wieder Fuß zu fassen vermochte: In Zeiten, die schon vor der Weltwirtschaftskrise von 1929 wirtschaftlich äußerst schwierig waren, verlor die Unterscheidung zwischen risikoreichen Ideen und Hochstapelei zuweilen ihre Bedeutung.

Tomarkin vermochte offenbar Hoffnungen durch ein vielversprechendes Potenzial zu wecken, obwohl seine Erfolge als Geschäftsmann begrenzt waren: Seine diversen, vor dem Zweiten Weltkrieg gegründeten Firmen wurden allesamt übernommen oder aufgelöst. Die Tomarkin-Foundation kam mehr schlecht als recht über kurze Zeit mit Stiftungsgeldern aus – gespendet von amerikanischen Geldgebern, die selbst von Tomarkins Tätigkeiten weit entfernt waren und selber wohl nicht abschätzen konnten, was der umtriebige Weltenbummler mit seiner Stiftung vorhatte.

In Tomarkins Biografie war die Rolle des Erfinders letztendlich von längerer Dauer und wohl auch erfolgreicher als diejenige des Netzwerkers auf der Bühne der internationalen Öffentlichkeit. Das hat zum einen mit Tomarkins Sprunghaftigkeit zu tun, mit seiner mangelnden Verlässlichkeit und Unberechenbarkeit. Zum anderen wies die historische Entwicklung dem Status des Erfinders erstaunlicherweise einen verlässlichen Platz zu – gerade jenen, die letztlich nicht die großen Erfindungen tätigten, sondern eher nach der Art der Putzerfische von den Nebenprodukten der großen Träume und Hoffnungen einer Gesellschaft lebten. Das den kontinuierlichen Meldungen an europäische und amerikanische

Patentämter zu entnehmende Selbstverständnis als Erfinder mag tatsächlich in wirtschaftlich schwierigen Zeiten wider allen Erwartungen die Rolle der Vision einer aus eigener Kraft erreichbaren glücklichen Zukunft eingenommen haben. Dass es sich dabei um keinen nur auf Tomarkin zu beziehenden Einzelfall handelt, kam erst in der jüngsten Vergangenheit wieder zur Sprache:

In der zweiten Hälfte des 20. Jahrhunderts begannen Staaten allenthalben »Tage der Erfinder« einzurichten. In den USA wird auf Beschluss des Kongresses seit 1983 ein »National Inventors' Day« gefeiert; das Datum, der 11. Februar, ist gleichzeitig der Geburtstag von Thomas Edison.[536] Seit 2008 wird ein internationaler »Inventors' Day« zelebriert, und in der Folge entstanden weitere nationale Feiertage, die nun zusehends auch den kleinen Erfindungen gewidmet sind und statt des großen Genius Menschen feiern, die neue Ideen umzusetzen versuchten und dabei keineswegs sehr erfolgreich waren. Mit der von privater Seite vorgeschlagenen Ikone der deutschsprachigen Erfinder hätte sich Tomarkin wohl besonders gut verstanden: Der Tag der Erfinder wurde zu Ehren von Hedy Lamarr auf den 9. November festgelegt.

Hedy Lamarr (1913–2000) erfand das Frequenzsprungverfahren, das die alliierten Torpedos sicher ins Ziel bringen sollte. Das Patent wurde allerdings erst in den 1960er-Jahren verwendet, als die Erfinderin nichts mehr davon hatte und längst als eine der Hollywood-Ikonen den Zenit ihrer Bedeutung als Schauspielerin überschritten hatte. Die zum Katholizismus übergetretene Jüdin wurde mit einem mehr als abenteuerlichen Lebenswandel berühmt, war unzählige Male verheiratet und mimte als dunkle Schöne Rollen jenseits enger moralischer Grenzen, diente aber vor allem als Beispiel dafür, dass der Erfinder letztlich genau das nicht brauchte, was Tomarkin eben nicht vorzuweisen hatte: ein Fachgebiet, eine nachweisbare Ausbildung und einschlägige Kompetenzen und Erfahrungen. Stattdessen folgte Tomarkin dem Mythos der Eingebung, der Idee der Erfindung, die in der zeitgenössischen Soziologie bezeichnenderweise definiert wurde als ein Status, der dem Menschen die Kontrolle der jeweiligen Umwelt ermöglichte.[537] Dieses Element des richtigen Augenblicks prägte Tomarkins Leben. Ob nun die Lungenentzündung zu besiegen oder die Industriediamanten zu erfinden waren – immer handelte es sich um Projekte, um die ein erbitterter Konkurrenzkampf bereits im Gange war und bei denen die Geschwindigkeit der Gewinnung von Resultaten über Erfolg und Misserfolg entschied. Tomarkin führte seine bereits in den 1920er-Jahren begonnene Tätigkeit als Erfinder weiter und baute sie aus. Die in Europa wie in den Vereinigten Staaten angemeldeten Patente geben nicht nur Hinweise auf Tomarkins jeweilige Tätigkeit, sie informieren auch über Adressen und mögliche Kooperationen – und sie stellen Texte dar, die der bislang kaum publizierende Tomarkin zumindest mit verfasst haben dürfte. Patente sind eine ebenso hilfreiche wie schwierige Informationsquelle.

Sie enthalten Hinweise auf den Erfinder – der nicht mit dem Antragsteller identisch zu sein braucht – und auf mögliche Verbindungen zu interessierten Firmen. Bis zum heutigen Tag gibt es kein »internationales« Patent, und erst nach dem Tod von Tomarkin wurde es aufgrund eines 1970 geschlossenen internationalen Vertrages grundsätzlich möglich, eine Patentanmeldung für alle Vertragsstaaten gültig zu machen. Dennoch begannen die Bemühungen um einen internationalen Patentschutz bereits im späten 19. Jahrhundert, als die Vorläuferorganisation der World Intellectual Property Organization (WIPO) gegründet wurde. Heute ermöglichen Online-Recherchen über die Website der europäischen Patentorganisation und über die Website des amerikanischen Patent Office, auch ältere Patente zu lokalisieren – allerdings ist diese Form der Recherche bei Weitem nicht vollständig. Wir können also nicht mit Sicherheit sagen, welche Patente Tomarkin eingereicht hat. Wir stellen aber fest, dass er darauf bedacht war, seine Erfindungen international zu verbreiten, und damit beträchtliche Kosten in Kauf nahm. Patente finden sich in Deutschland und der Schweiz, in Belgien, Italien, Frankreich, den USA und in Kanada (siehe Teil B).

12 Biochemische Firmen und Patente im medizinischen Bereich

1930 waren die Laboratori Biochimici gegründet worden, die fortan regelmäßig Patente einreichten.[538] So 1932 in Großbritannien, als die damals noch in Locarno stationierte Firma eine chemische Verbindung patentierte, die sich nach eigener Darstellung zur Bekämpfung der Pneumokokkeninfekte einsetzen ließ.[539] Das Patent machte seinen Weg von der Schweiz nach Deutschland und England und sollte schließlich 1935 auch in den USA in Kraft treten. Ein ebenfalls auf Ethylhydrocuprein basierendes Patent war 1931 in den USA eingereicht worden, diesmal aber unter dem Namen von Leander Tomarkin, der als Erfinder aufgeführt wurde.

Der zentrale Bestandteil dieser Patente, Ethylhydrocuprein, hatte seit dem Ersten Weltkrieg den Ruf, zwar lebensgefährliche Bakterien zu töten, gleichzeitig aber selber für den Menschen höchst gefährlich zu sein. Die Patente gehörten also zu der großen Suche nach bakteriziden Stoffen, die als eine der grundlegenden Fragestellungen der Biochemie dieser Zeit gelten kann. In dem Jahr, in dem die Patente in Kraft traten, gelang tatsächlich ein Durchbruch, der allerdings weit weg von Tomarkin und der von ihm mitbegründeten Firma passierte.

1935 entdeckte ein deutscher Chemiker, dass ein Farbstoff aus der Gruppe der Sulfonamide Bakterien eliminieren konnte. Diese an sich höchstens Spezialisten interessierende Angelegenheit erfuhr 1936 die ungeteilte Aufmerksamkeit des amerikanischen Publikums. Der Sohn des amerikanischen Präsidenten Franklin

Delano Roosevelt (1882–1945) war an einer lebensgefährlichen Streptokokkeninfektion erkrankt und konnte durch ein auf dieser Entdeckung basierendes, aber erst im Tierversuch getestetes Medikament gerettet werden.[540] Was sich wie die amerikanische Erfolgsversion von Tomarkins vergeblichem Versuch der Rettung des Papstes anhört, wird unserem Helden wohl klargemacht haben, dass sich diese Art von Erfolg nicht mit einem Hinterzimmerlaboratorium erreichen ließ. Die entscheidende Entdeckung machte der Professor für Bakteriologie, Gerard Domag, der in den Laboratorien der IG Farben forschte, nachdem der deutsche Pharmariese sich entschlossen hatte, eine bakteriologische Forschungsabteilung zu eröffnen. Die spektakuläre Rettung des Präsidentensohnes führte aber auch dazu, dass amerikanische Zeitungen ihrer Leserschaft deutlich zu machen versuchten, wie denn derartige Forschung überhaupt funktionierte. Moleküle erschienen in dieser Darstellung als eine Art Ziegelsteine, die immer neu kombiniert werden konnten.[541] Diese Form des kreativen Kombinierens dürfte in etwa Tomarkins Vorstellungen chemischer Forschung entsprochen haben – dazu brauchte es in der Tat keine großen Laboratorien, sondern eben Glück und Fantasie, und zumindest Zweiteres hatte unser Held in Fülle zu bieten. Firmen übernahmen nach dieser Logik eher den Vertrieb denn die Entwicklungsarbeit. Die auf der Basis von Ethylhydrocuprein basierenden Patente blieben denn auch folgenlos – das von Tomarkin eingereichte Patent sollte erst 1975 wieder zitiert werden.

1936, also zu einem Zeitpunkt, in dem Leander bereits nicht mehr in der Geschäftsführung saß, ging die Tessiner Firma in ihrer Patentierungspraxis zu einer anderen Strategie über und ließ in Deutschland ein Schlafmittel patentieren. Ein ähnliches Präparat wurde 1939 auch in der Schweiz eingereicht. Nach der Zusammenlegung der Laboratori Biochimici mir der Firma Pola fabbrica di prodotti chimici S. A. wurde offenbar die Produktion von Schlafmitteln weitergeführt – weitere Patente mit entsprechenden chemischen Verbindungen wurden in England 1939 veröffentlicht,[542] ein weiteres 1938 unter dem Namen der Pola fabricca und von Dr. Paul Rosengart in der Schweiz eingereicht (siehe Teil B).

Obwohl es sich um ein anderes Produkt als die bislang verfolgte Bekämpfung von Infektionen handelte, sind gewisse Gemeinsamkeiten augenfällig. Barbitursäuren versprachen zu diesem Zeitpunkt in der Tat in Europa und in den USA interessante Absatzmärkte. Auch hier ging es nicht darum, eine völlig neue Entdeckung zu machen, sondern auf einen bereits losgefahrenen Zug aufzuspringen. Schlaf- und Beruhigungsmittel auf der Basis von Barbitursäuren hatten nach dem Ersten Weltkrieg den Gebrauch des Morphiums abgelöst. Die neuen Mittel galten als effizient, aber harmlos, bis Ende der 1920er-Jahre in der amerikanischen Presse zunehmend kritische Stimmen zu vernehmen waren, die forderten, Barbitursäuren besser zu kontrollieren.

Das neue Patent der Tessiner Firma erschien im gleichen Jahr, in dem der amerikanische Senat ein Gesetz verabschiedete, das für Barbitursäuren die Rezeptpflicht einführte. Das Patent versprach dabei eine durchaus vielversprechende Neuerung, denn die hier vorgeschlagene Zusammensetzung wirkte in kleineren Dosen und schien weniger gefährlich zu sein. Angesichts der öffentlichen Debatte ist es denn auch nicht verwunderlich, dass dieses Patent in der »New York Times« Erwähnung fand.[543] Doch dann verschwand die Firma aus den Registern der europäischen und amerikanischen Patentämter.

Mit dem definitiven Umzug in die USA erfand sich Tomarkin auch als Erfinder neu.

13 Ein Grenzgänger erfindet Undurchlässiges und Wohltäter sind eigentlich Spekulanten

Erfinder und Geldgeber verfolgen unterschiedliche Ziele. Die einen wollen berühmt und reich werden, die anderen Steuern sparen und Private Equity mit Einsätzen hier und dort machen.

Der Neuanfang wird nicht leicht gewesen sein. Nach dem Ende des Zweiten Weltkrieges mehrten sich die Patente, die Tomarkin einreichte. Diesmal trat sogar seine Frau Wanda in Erscheinung, und zwar mit einem Patent zum Falten eines Kopftuches, das, betrachtet man die nachfolgenden Patente, in der Tat immer wieder zitiert wurde und nicht ganz so erfolglos gewesen sein muss, wie dies den Anschein hat. Unser Held spezialisierte sich in der unmittelbaren Nachkriegszeit auf Bereiche, die einem breiten Publikum angesichts des nahenden Kalten Krieges durchaus einleuchten mussten: Aus dem grenzüberschreitenden Weltenbummler war einer geworden, der nun selbst undurchdringliche Grenzen schaffen wollte (siehe Teil A).

Die neue Idee kreiste um wasserundurchlässige Farben und Zemente. Zu diesem Zweck war die Firma »International Aquella Products Inc.« mit Sitz in New York gegründet worden. Die Firma wies einige wohlbekannte Besonderheiten auf: Der Firmensitz hatte eine pompöse Adresse an der 6th Avenue in New York, nicht weit vom Rockefeller Center entfernt. Sie war allerdings weit moderner und größer konzipiert als alle bisherigen Unternehmen und basierte auf dem Kauf einer bereits im Farben- und Trocknungsgeschäft tätigen New Yorker Firma, der »Modern Waterproofing Paint Company«. Der Aquella nachgeschalten war eine Verteilerfirma, die »Prima Products, Inc.«. Doch trotz des modernen Konzepts eines breiten Netzwerks von Firmen waren die Firmengründer und -verantwortlichen eine wohlbekannte Gruppe: Als Firmenpräsident ließ sich Ira A. Campbell eintragen, seine Frau Zella übernahm das Amt des Schatzmeisters, das Familienunternehmen wurde durch den Vizepräsidenten Lucian J. Clarke ergänzt, Campbells Schwager. Erstaunlich aber, dass nach all den zumindest zweifelhaften Versuchen, in der Medikamentenherstellung Fuß zu fassen, Leandro in Campbells Familienunternehmen als Vizepräsident auftauchte. Die Frage ist, warum nach all den Misserfolgen und den deutlichen Worten der AMA das Konzept nochmals funktionierte und Tomarkin den gleichen Personen als annehmbarer Geschäftsmann erschien, die es ja eigentlich besser wissen mussten (siehe Teil A und B).

Versuchen wir also, den Dingen auf den Grund zu gehen, und beschäftigen wir uns zuerst mit der Frage, weshalb Campbells Interesse an neuen Investitionen höher war als seine auf Erfahrungen beruhende Furcht vor Verlusten. Eine mögliche Antwort findet sich in einem Gerichtsfall, der 1965 zur Verhandlung kam. Ira und Zella Campbell waren zu diesem Zeitpunkt bereits verstorben, ihr Vermögen wurde unter anderen von Schwager Lucian J. Clarke verwaltet. Die Vermögensverwalter fochten 1965 erfolglos beim Appellationsgericht eine Entscheidung des Steuergerichts an. Diese Instanz hatte eine Klage zurückgewiesen, welche den Entscheid der Steuerbehörden auf Buß- und Rückzahlungen für die Steuerjahre 1950 und 1951 aufheben wollte. Campbell hatte aufgrund der 1939 erlassenen Steuergesetzgebung für diese beiden Jahre Verluste »from worthless debts« geltend gemacht, wobei es sich dabei nicht um seine Anwaltskanzlei handelte, sondern um das Resultat von »several side ventures«. Bei diesen Verlusten ging es nun tatsächlich um die Frage der Einschätzung dieser Nebenaktivitäten – handelte es sich um Aktionen, die mit seiner Anwaltskanzlei verbunden waren, oder schlicht um »sale or exchange of capital assets«, also reine Spekulationen, für die gewiss keine Steuererleichterungen eingefordert werden durften? Die Argumente zeigen das ganze Dilemma solcher Investitionen, sie erklären, warum die Tomarkins gegenüber den Campbells keine schlechten Karten hatten, weil sich, etwas überspitzt ausgedrückt, Gier mit Unwissenheit verband.

Die Verhandlung machte nämlich deutlich, dass Campbell offenbar neben Tomarkin noch einige andere solcher Aktivitäten verfolgte und diese als Mittel zur Steuerreduktion nutzte. In diesem Arrangement ging es demnach wohl nicht oder jedenfalls nicht nur um persönliche Kontakte oder gar Freundschaften, sondern schlicht um eventuelle Gewinne in Bereichen, von denen Campbell nicht die geringste Ahnung hatte, denn »he had no particular expertise in any of these fields«. Campbells Anwälte erklärten zwar, dass er einige wenige Verwaltungsaufgaben übernommen, aber auch keine wirklichen Vorteile aus diesen diversen und im Übrigen eher sporadisch unternommenen Aktivitäten gezogen habe – eine zumindest hinsichtlich der von Tomarkin geführten Unternehmen sicherlich richtige Aussage. Allerdings dürfte sich das dem alleinigen Ziel des finanziellen Gewinns (oder zumindest der Steuerreduktion) getätigte Investment angesichts der nicht minder großen Ahnungslosigkeit des Erfinders besonders verheerend ausgewirkt haben: »[I]n most cases, his contributions were solely financial and were extended to finance ideas or products initiated by others.«[544]

Die Klage der Nachlassverwalter wurde auch von der Appellationsinstanz abgeschmettert. Das hat gewiss mit den rechtlichen Interpretationen der Steuergesetzgebung zu tun – spiegelte aber nicht minder den schwierigen Übergang von der Krisen- und Kriegswirtschaft in die Nachkriegsökonomie. In der Öffentlichkeit hatte die feine Unterscheidung zwischen einer sozial akzeptierten Rolle des Investors und desjenigen eines gierigen Spekulanten und Kriegsgewinnlers an Bedeutung zugenommen. Dieser Hintergrund dürfte nicht nur die Aufmerksamkeit der Steuerbehörden auf Campbells Steuererklärungen gelenkt haben, sondern gab den Aktivitäten von Tomarkin auch einen anderen Kontext.

Gehen wir also ins Jahr der Firmengründung zurück und fragen diesmal, welche Interessen Tomarkin an dieser Sache hatte und wieso er an der Rolle des Erfinders festhielt, wenn doch unterdessen Jahrzehnte des Misserfolgs vergangen waren.

Eine erste Antwort liegt in der Veränderung des Rollenprofils. Tomarkin hatte sich nach dem Zweiten Weltkrieg neu erfunden. Als Erstes gab sich der neue Tomarkin ein eher nationales denn ein internationales Profil. Internationalität beschränkte sich darauf, dass die neue Firma Aquella eine internationale Spur durch die europäischen Patentämter zu ziehen begann: Das am 26. November 1948 von der Firma in den USA angemeldete Patent tauchte 1952 in England[545] und im gleichen Jahr in Frankreich auf,[546] eine »water repellant composition« wurde überdies 1952 eingereicht, diesmal nicht unter dem Namen der Firma, sondern mit Tomarkin als Erfinder.[547] Die Eingabe- und Publikationsdaten der Patente zeigen, dass die amerikanische Wettbewerbskommission dem Produkt keineswegs den Garaus gemacht hatte, wenigstens nicht kurzfristig. Von einem umtriebigen Kongressveranstalter war allerdings nicht mehr übrig geblieben als die dürren Texte, die von ortsansässigen Firmen bei den Patentämtern einiger europäischer Länder eingereicht wurden.

Ein zweiter Grund lag im Produkt selbst. Beim neu lancierten Produkt – einer Farbe auf Silikonbasis – ließen sich positive Kriegserinnerungen abrufen. Auch wenn die Idee, mit der Maginotlinie zu werben, mehr als seltsam erscheint, so galt Silikon in der amerikanischen Öffentlichkeit als ein der Kriegsproduktion entsprungenes Wunder, dem jegliches Maß an siegessicherem Patriotismus nahe war: Wie Howard W. Blakeslee in einem enthusiastischen Artikel in der »Washington Post« verkündete, wären Hitler im Russlandfeldzug die Waffen mit Silikon nicht eingefroren – im Mai 1945 sicher der passende Kontrast zum fröhlichen Versprechen, dank Silikon fortan mit dem Radio schwimmen gehen zu können.[548]

Silikon war demnach einmal mehr ein bereits vielversprechend lanciertes Produkt und von ähnlicher politischer Korrektheit wie die Rolle des Bakterienjägers, die Tomarkin 1927 davor bewahrt hatte, als Fremder mit Pistole in Schwierigkeiten zu geraten – und Gründe, seine Rolle patriotisch, amerikanisch und national zu spielen, gab es in der Zeit des frenetischen Kommunistenjägers McCarthy viele. Wir wissen nicht, ob letztlich Tomarkins Rückzug vom turbulenten New York ins ruhige Rockland County nicht nur mit Platzbedarf, sondern damit zusammenhing, dass er die amerikanische Staatsbürgerschaft erst 1956 erhielt[549] und aus diesem Grund allzu zahlreiche Reisen tunlichst vermied.

14 Die Wiederentdeckung des Erfinders in der virtuellen Welt der Kunststoffe

Nach dem Ende des Krieges konzentrierte sich unser Held ganz auf die Vereinigten Staaten – offenbar war eine Rückkehr nach Europa nicht beabsichtigt. Wir treffen ihn 1947 an Bord eines Flugzeuges. Er flog nach einem Besuch mit einem 1943 ausgestellten Schweizer Pass nach New York zurück und benutzte dabei die Berufsangabe »Doctor«.[550]

In der Tat zog Tomarkin in den letzten fünfzehn Jahren seines Lebens seine unterschiedlichen Lebensentwürfe wie lange Fäden hinter sich her – ob daraus Texte und Argumente wurden, entschied das jeweilige Umfeld. Ein Teil dieser Fäden spiegelt sich in den unterschiedlichen Berufsbezeichnungen, die unser Held im Moment der Grenzüberschreitung seinem Publikum vorzeigte: 1924 war er als Doktor und Forscher über den Atlantik gefahren, 1928 erfand er sich den Beruf des »executive«[551] und 1940, zehn Jahre nach dem »company president«, war aus ihm ein »secretary«[552] geworden. 1947 nannte er sich »doctor«, bis das kurze und erfolglose Zwischenspiel, nun doch wieder in die Medizin einzusteigen, scheiterte, Tomarkin zur Figur des Erfinders zurückkehrte und sich in den 1950er-Jahren bis zu seinem Tod nun als promovierter Biophysiker darstellen ließ.

Wiederaufnahmen, Neuinterpretationen und Weiterführungen prägten auch sein Leben als Erfinder. Die Bereiche, in denen Tomarkin Erfindungen tätigte, sind letztendlich übersichtlich, ihre soziale Bedeutung dagegen äußerst vielfältig und seine Selbstdarstellung als Erfinder dem sozialen Wandel dieses »Berufes« angepasst. Der Übernahme dieser Rolle täte man nämlich unrecht, wollte man sie als letzte noch verbliebene Möglichkeit verstehen. Vielmehr erhielt diese Rolle zu Beginn der 1960er-Jahre eine neue Bedeutung – und zwar durchaus in dem Sinne, in dem sie von Tomarkin auch gespielt wurde: als Feld für Tüftler, kreative Geister und Personen, die eher außerhalb etablierter Firmen tätig waren. Die Hochkonjunktur und die steigenden Entwicklungskosten erhöhten das Prestige dieser Erfinder. 1961 wurde in den USA eine »National Patent Development Corporation« gegründet. Mit Beteiligung einiger großer Firmen durchsuchte dieses Unternehmen die in den USA eingereichten Patente nach kommerzieller Verwertbarkeit. Diese Patente wurden demnach den Erfindern von Firmen abgekauft und umgesetzt. In der Hochkonjunktur der beginnenden 1960er-Jahre profitierten also erfinderische Einzelpersonen nochmals, der Gang zum Patentamt machte Sinn, auch wenn sich daraus kurzfristig keine Vorteile ziehen ließen.

Das gleiche Rezept von Wiederaufnahme und zeitgemäßer Erneuerung prägte auch das letztlich übersichtliche Feld, in dem Tomarkin als Erfinder tätig war. Mit der angeblich wasserundurchlässigen Farbe hatte Tomarkin die Kunststoffe entdeckt. Doch Silikon war nur einer der neuen Stoffe. Nicht zuletzt als Folge des Mangels an Kautschuk während des Krieges boomte seit den 1940er-Jahren die Entwicklung von Kunststoffen aller Art, von Acryl, Nylon, Neopren. Kunststoffe gehörten im Zeitpunkt von Tomarkins Erfindungen wiederum zu einem Bereich, der das Alltagsleben nachhaltig prägte und deren Verwendung sichtbar in Erscheinung trat. Wasserdichte Farbe konnte jeder Hausbesitzer gebrauchen, die Weiterführung dieses Patentes führte zur Entwicklung von Winterpneus, in der mobilen Welt der Vereinigten Staaten ein Gebrauchsgegenstand. Kunststoffe bekleideten und möblierten eine neue Welt, warfen Kategorien von Echtheit und seltenem Vorkommen über den Haufen, hatten die Zartheit und Transparenz von Damenstrümpfen und die Festigkeit von Autoreifen.

Wenn es für unseren Helden einen Moment gab, als Erfinder glücklich zu werden, dann in diesen späten 1950er- und frühen 1960er-Jahren. Zu diesem Zeitpunkt versprach eine Erfindung das zu sein, was die Soziologie bereits in den 1920er-Jahren darunter verstanden hatte: »a process by which man has arisen above the dominance of his crude physical environment and has reached a position of control.«[553] Beeinflussung und Kontrolle des Alltagslebens erklären denn auch die Faszination, die sich in einer Erfindung ausdrückt, die auf den ersten Blick eher seltsam anmutet: die Erfindung von Kegeln aus Kunststoff zur Betreibung von Kegelbahnen.[554]

Wie Andrew Hurley[555] überzeugend darlegt, waren Kegelbahnen Orte sozialer Transformation, Bühnen der Selbstdarstellung der amerikanischen Konsumgesellschaft. Aus den einst schmuddeligen Kellern, die vornehmlich von Arbeitern und Immigranten aus Deutschland und Italien besucht wurden, entwickelten sich moderne, familientaugliche Freizeitparks, Orte, an denen soziale Veränderungen und Modernisierung sichtbar, hörbar und greifbar wurden: Die schlecht bezahlte, harte und gefährliche Arbeit der Pinboys wurde nach dem Zweiten Weltkrieg durch eine Automatik übernommen, welche Kegel wieder aufstellte und Kugeln zu den Spielern zurückrollte. Die Bahnen wurden leiser gemacht, leichtere Kugeln für Frauen hergestellt und die Kegelbahnen vierundzwanzig Stunden geöffnet. Aus miefigen Kellern waren nun opulent ausgestattete Freizeitanlagen geworden, die, wie Hurley ausführt, den edlen und sozial abgeschlossenen Country Clubs nicht nachstanden und das weiße Amerika der glücklichen Kleinfamilien und des mittelständischen Einkommens feierten.[556]

Tomarkin meldete zwar seine Erfindung etwas spät an, als der größte Boom bereits vorbei war, aber in diesem Patent tauchte unser Held nur als Erfinder auf, Anmelder war die »American Machine Foundry Compagny«, die bedeutendste Herstellerin von Kegelbahnautomaten in dieser Zeit. Die eventuell sogar als Auftrag ausgegebene Erfindung dürfte sich in diesem Fall eher gelohnt als in zusätzliche finanzielle Schwierigkeiten geführt haben. Obwohl wir keinen Beleg dafür haben, dass Tomarkin selbst zum Kegeln ging, passt die hier vorgestellte Bühne gut zu einem, der sich nun weniger auf Öltanker und als Gast ins Burden House träumte, sondern am Aufstieg eines eher konservativen, weißen Mittelstandes teilhaben wollte – auch dafür war Kegeln die perfekte Freizeitbeschäftigung, gegen die weder die Kirche noch die Pfadfinderorganisationen etwas einzuwenden hatten.

War Tomarkin in der künstlichen Welt der Kunststoffe zum virtuellen Kleinbürger geworden? Fast wäre man geneigt, solches anzunehmen, zumal seine übrigen Erfindungen ins Bild passen: die Kleiderreinigungsgeräte, die Vorschläge rutschfester Materialien, die für Autoreifen und Schuhsohlen zu gebrauchen waren, die phosphorhaltigen Mischungen, die Spielzeuge und Verkehrssignale beleuchteten. Doch in der Mitte der 1950er-Jahre erfand sich Tomarkin nochmals neu.

15 Diabolische Szenen in den Rauchschwaden der Biophysik

Ein letztes Mal Neuerfindung seiner selbst, und diesmal der große Coup: das teuerste Material der Welt, eine Verneigung vor dem Nachkriegsideal der amerikanischen Gesellschaft in den Eisenhower-Jahren – noch edler, noch reicher werden, und schnell. Wieder entsprach er dem Geschmack des Publikums. Anlass zur Neuerfindung war diesmal ein Misserfolg. Tomarkin trat im Windschatten der mächtigen »General Electric Company« auf und erklärte, als Erster künstliche Diamanten produziert zu haben. Da diese aber ganz klein geraten seien, habe er darauf verzichtet, an die Öffentlichkeit zu treten (siehe Teil A).

Die Geschichte war wunderbar inszeniert und ermöglichte Tomarkin, sich dem amerikanischen Publikum nochmals in der Rolle des Wissenschaftlers vorzustellen. Dr. Tomarkin wurde in der Presse als Biophysiker dargestellt, der 1940 als Generalsekretär eines internationalen Kongresses der Physiker, Chemiker und Biologen an der Columbia University ins Land gekommen war. Wie wir unterdessen wissen, war diese Aussage bloss für ein kurzes Zeitfenster richtig, galt aber bereits in dem Moment nicht mehr, als Tomarkin sich auf der »Manhattan« einschiffte, um in die USA zu reisen. Für das Publikum der 1950er-Jahre blieb seine lange amerikanische Vorgeschichte ebenso im Dunkeln wie seine diversen Versuche, als Unternehmer Fuß zu fassen. Auf faszinierende Weise passten aber die einzelnen Versatzstücke bisheriger Inszenierungen gut auf die neue Bühne – die leichten Veränderungen und Anpassungen machten aber auch deutlich, wie anders die Welt in den 1950er-Jahren geworden war: Diesmal ging es nicht um den Sieg über todbringende Bakterien, sondern um Biophysik und eine direkte, industrielle Wertschöpfung aus der Natur, ganz ohne komplizierten Zwischenhandel mit Tabletten. Die wissenschaftliche Zuordnung passte perfekt, die renommierte Yale University hatte zu Beginn des Jahres 1955 verkündet, ein neues Department für Biophysik zu eröffnen, die als zukunftsträchtiges Wissenschaftsgebiet erkannt wurde.[557]

Die Struktur der Inszenierung hatte große Ähnlichkeit mit Tomarkins Auftritt in den 1950er-Jahren – der diesmal beteiligte Jungforscher Mario Vilella glich dem jungen Tomarkin, und die beiden bedienten die Presse mit allem, was sich an News gut verkaufen ließ. Sie stellten sich als geniale Einzelgänger dar, vergaßen nicht darauf hinzuweisen, dass die zur besseren Geheimhaltung gemietete Scheune speziell bewacht wurde und das geistige Eigentum notfalls mit Waffengewalt geschützt werden sollte. Die Geschichte verkaufte sich in der Tat gut. In der »New York Times« kümmerte sich der renommierte Wissenschaftsjournalist Waldemar Kaempffert um die beiden.

Eine noch etwas ausgeschmücktere Variante fand ihren Weg ins Magazin »Popular Science«. Hier erschien das Paar im gelungenen Kontrast als »graying haired Swiss-born biophysisist« und »stocky, black-haired, intense young man«. Der Leser und die Leserin durften dem magischen Moment der Diamantenherstellung folgen und sich eine »eerie, almost diabolic, scene« vorstellen, als die rauchende Kammer geöffnet wurde und Diamanten in Staubkorngröße zum Vorschein kamen.[558] Tomarkin kümmerte sich offensichtlich nicht darum, dass er 1924 schon einmal im gleichen Magazin in einer anderen Rolle erschienen war.[559] Die weit engmaschigeren staatlichen Kontrollen und vielleicht der Ärger mit einer doch nicht so ganz wasserfesten Farbe hatten aber deutliche Spuren hinterlassen. Unser Held veranstaltete zwar vor Journalisten in seiner Scheune eine hochdramatische Demonstration, gestand aber dann, dass die ganze Sache auch ohne diabolische Rauchschwaden zu haben war – normalerweise werde einfach abgewartet, bis das Ganze genügend abgekühlt sei …[560] Ehrlichkeit war diesmal auch bei den wiederum opulenten Fotos angesagt. Eines zeigt in der Scheune ei-

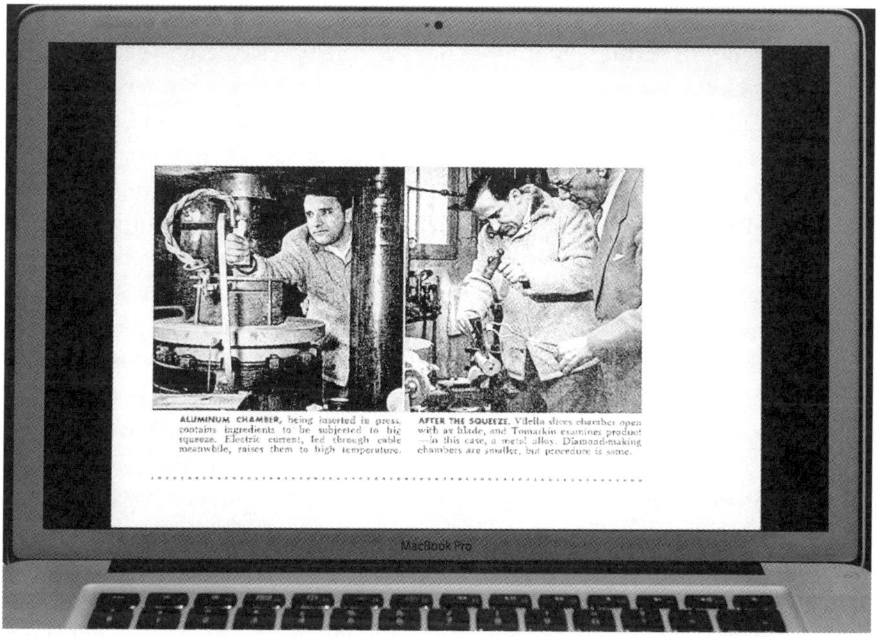

Foto 51: Im amerikanischen Monatsmagazin »Popular Science« wurden im Mai 1955 die beiden Erfinder Leander Tomarkin und Mario Vilella vorgestellt, wie sie »künstliche Diamanten« herstellten. Dank der Online-Präsentation der Zeitschrift kann man Tomarkin bequem am Bildschirm ganz rechts oben mit einer Zange in der Hand betrachten (Online-»Popular Science«, Mai 1955; Foto Manu Friederich, Bern).

nen hammerbewehrten Vilella, daneben Tomarkin in Anzug und Krawatte, eine Zange in der Hand, die, wäre da tatsächlich ein Diamant, einen monströs großen Stein gefasst hätte. Der Bildkommentar erklärt und dekonstruiert das gestellte Bild: Die Zange hielt demnach keineswegs einen Diamanten, sondern ein Stück Metall, und auch die abgebildete Druckkammer wäre nicht für Diamanten in Gebrauch.

Auch Lesern und Leserinnen von populärwissenschaftlichen Zeitschriften wurde klargemacht, dass die Produktion künstlicher Diamanten schlicht zu aufwendig und zu teuer war.[561] Aber die Geschichte und der Moment, in dem sie erzählt wurde, passte und sie verlieh einer Tomarkin'schen Firmengründung Sinn. Die im März 1952 gegründete »Vitron Research Corporation« erschien in der Presse als eine zum Zweck der Diamantenherstellung gegründete Firma – dem war allerdings nicht so. Eine unverdächtige Quelle, das »Certificate of Incorporation«, zeigt, dass die Firma nach der Selbsterklärung ihrer Inhaber für unspezifische Zwecke gegründet worden war, nämlich »to engage in all branches of the chemical, physical and physico-chemical industry«.[562] Bei näherer Betrachtung erweist sie sich auch nicht ganz so finanzstark, wie die Zeitungsberichte glauben machten, sondern verfügte bloß über das vergleichsweise bescheidene Kapital von 20 000 Dollar, aufgeteilt in 200 000 Anteilscheine.[563] Als Firmendirektoren waren neben Tomarkin zwei Personen angeführt, die wiederum mit dem Thema selbst nicht allzu viel zu tun hatten, letztendlich aber zeigten, dass grenzübergreifende Netzwerke in den 1950er-Jahren ein verstecktes Eigenleben führten, auch wenn dem Publikum nur die eine, die nationale Seite präsentiert wurde.

Zum einen erwähnte das Certificate neben Tomarkin Ralph H. Brodsky als Firmendirektor. Er erschien 1948 mit der angeführten Adresse im »Journal of Dental Research«[564] als Mitglied der New Yorker Sektion dieser Vereinigung, war also Zahnarzt. Seine Publikationen weisen ihn zum einen als Wissenschaftler und Klinikdirektor des New Yorker Sea View Hospital aus.[565] Brodsky publizierte in den 1930er-Jahren verschiedentlich internationale Kongressbeiträge und war während des Zweiten Weltkrieges Sekretär der »Pan American Odontological Association«.[566] Gut möglich, dass Tomarkin ihn während seiner Versuche, in panamerikanischen Organisationen unterzukommen, kennengelernt hatte. Der Zahnarzt tauchte überdies verschiedentlich in den Datenbanken der Patentämter auf, etwa 1966 mit der Erfindung eines »X-Ray Film Illuminators«.[567] Der zweite Direktor spendete Glamour und zeigt, dass die Verbindungen zur italienischen Gemeinschaft in Amerika nicht abgebrochen waren. Count Dino Dona della Rose ist schwierig zu eruieren, wir können sagen, dass er einer berühmten, alten venezianischen Adelsfamilie angehörte und zum Zeitpunkt seiner Unterschrift unter die Papiere der Vitron Inc. an einer teuren Adresse in Larchmont, New York, zu Hause war.[568] Der italienische Graf hatte allerdings keine Aktien – im Gegensatz zu Tomarkin und Brodsky, die allerdings auch nur gerade jeweils eine besaßen. Mit von der Partie und ebenfalls Besitzer einer Aktie war Philip G. Hilbert, ein New Yorker Anwalt. Der Firmensitz befand sich diesmal auch nicht im teuren Manhattan, sondern auf der Windom Farm in Spring Valley, dem Wohnsitz von Tomarkin. Von einem Rechtsstreit zwischen Vitron und Tomarkin können wir ableiten, dass die Firma 1960 immer noch existierte.

Vitron Inc. war demnach keine große und bedeutende Firma, aber Tomarkins Aktion zur Herstellung künstlicher Diamanten erlaubte es ihm, sich als forschender Erfinder und Unternehmer in Erinnerung zu rufen. Er erschien in Zeitungsartikeln unterschiedlichster Verbreitung nachgerade als Beleg dafür, dass dem pfiffigen Erfinder die Welt offensteht – und dass die mächtige General Electric keineswegs die Verlagerung der Erfindungen in firmeneigene Forschungsabteilungen und damit das Ende des Tellerwäschermythos bedeutete. Tomarkin hatte also allen Grund, weiterhin an der Vorstellung des genialen Erfinders festzuhalten. Dies tat er bis zuletzt. Das letzte seiner Patente wurde am 14. März 1967, dem Tag seines Todes, veröffentlicht.

Zeit seines Lebens hatte sich Leander Tomarkin immer wieder auf verschiedensten Bühnen kundenorientiert inszeniert. Seit seiner Jugend suchte er nach der Inklusion, der Einbettung in ein Publikum, das ihn wertschätzen sollte. Gelang ihm das im Tode, mit der Einbettung in den Friedhof eines weltumspannenden Ordens? Der Friedhof von Arlington war ihm verwehrt, aber bot Goshen wenigstens Gewähr, dem Publikum über die übliche Zeitdauer hinaus möglichst lang erhalten zu bleiben?

Tomarkin hatte seinen letzten Auftritt sorgfältig geplant und als letzte Ruhestätte einen Ort ausgewählt, der auf den ersten Blick zu theatralischen Momenten wenig geeignet erschien. Goshen, Pennsylvania ist ein eher verschlafenes Nest, einer der Orte, deren eher altertümliche Struktur um Kirche(n), Tankstelle und staatlicher Verwaltung vorzugsweise im Herbst als »New England charm« zelebriert wurde und die im Sommer die Liebhaber von Pferde- und Trabrennen anzogen. Goshen zeichnete allerdings zweierlei aus: Es war zwischen 1924 – Tomarkins erster Reise in die USA – und seinem Todesjahr 1967 fromm und international. Ein 1940 erschienener Reiseführer über New York zeigt, dass Goshen Ausflugsziel des nahen New Yorks war.[569] Der Name weist auf die Bibelfestigkeit der Siedler, die einen besonders fruchtbaren Boden antrafen und daher dem Ort den Namen Goshen gaben, in der Bibel der Ort, wo Milch und Honig fließt.

International wurde das biblische Land nach dem Ersten Weltkrieg, als der Salesianerorden 1925 in Goshen eine Knabenschule eröffnete und dazu eine in ein Erholungsheim für Armeeangehörige übergegangene örtliche Besitzung kaufte. Die Salesianer ließen zusätzlich zum Herrenhaus eine Schule bauen. Dabei handelte es sich um ein wuchtiges neugotisches Gebäude, das in einem großzügigen Park steht. Zum Areal gehört seit 1938 auch ein Friedhof, der für die Mönche des Salesianerordens gedacht war, die an dieser Schule unterrichteten. Die Schule wurde 1985 geschlossen und das Areal 1989 verkauft, der Deal allerdings vor Gericht storniert, schließlich auch noch die bislang für die Salesianer gültige Steuerbefreiung aufgehoben, sodass die Besitzung an die öffentliche Hand überging.[570]

Die Gebäude standen lange leer, bis die Gemeinde zumindest Teile der Liegenschaft 2006 als öffentlichen Park wiedereröffnete. Wie bei verlassenen Gebäuden nicht unüblich, rankten sich allerlei seltsame Geschichten um das zusehends verfallende Gebäude. Gerüchte besagten, dass es spuke, andere behaupteten, dass die Schule geschlossen werden musste, nachdem ein Schüler unter nicht zur Genüge geklärten Umständen zu Tode gekommen war. Was mit dem großen Areal zu tun sei, beschäftigt die Stadt bis zur jüngsten Gegenwart.[571]

Die Geschichte vom religiös überhöhten, spukenden Friedhof passt zu unserem Helden – aber sie hat nicht das Geringste mit den Kriterien zu tun, aufgrund derer Tomarkin den Ort seines Grabes ausgewählt hatte. Zu Tomarkins Zeiten war der Salesianerorden vielmehr einer der mächtigen transnationalen Ausläufer der katholischen Kirche. Von den Salesianern geführte Schulen gab es in Italien und Europa, besonders aber in Nord- und Lateinamerika, aber auch in China. Der Orden verfolgte ein sozialpolitisches Programm, das auch den Armen Bildung versprach und betont sozial gemischte Schulen führte. Die Salesianer beschränkten sich allerdings nicht auf die Mission und auch nicht auf die Aufgabe, italienischen Migranten eine geistige Heimat zu geben. Sie waren in der Hierarchie Roms gut positioniert, dem Orden oblag die Leitung des »Osservatore Romano«, der Presse des Vatikans.[572] In New York bediente der Salesianerklerus das Bedürfnis nach opulent zur Schau gestellter Spiritualität. Tomarkin dürfte den in New York tätigen Salesianerpriester John Focacci gekannt haben, Neffe des schwerreichen Bankiers Louis F. Fugazy, dessen Begräbnis 1930 einmal mehr zum salesianischen Massenevent wurde.[573] Die Salesianer passten daher gleich mehrfach zu Tomarkins unterschiedlichen Rollen. Sie vermittelten die Verbindung zu Tomarkins angeheirateter Wahlheimat Italien und zur italienischen Gemeinschaft in den USA, sie betrieben das Geschäft des Fundraisings, das auch Tomarkin ein Leben lang beschäftigte, sie sicherten ihm letztendlich auch eine angemessene letzte Bühne – und diese Frage ist in ihrer Relevanz nicht zu unterschätzen.

Tomarkin lebte in einer Zeit, in der zwei Weltkriege dafür sorgten, dass Millionen von Angehörigen die Gräber ihrer Söhne weit weg von der Heimat wussten und die Erinnerungspolitik zur Errichtung von Gedenkstätten in die hintersten Winkel der Provinz führte. Auch auf dem kleinen Friedhof von Goshen erinnerten Denkmäler an die Gefallenen der Weltkriege daran, dass die allseits vernetzte Welt nicht einmal die Toten verschonte.

Die Frage der letzten Ruhestätte hatte neben dieser zeitgenössischen Prägung allerdings für unseren Helden noch eine zusätzliche Bedeutung. Tomarkin hatte sein Leben als Grenzgänger geführt, als Kosmopolit und umtriebiger Internationalist. Bis zum Zweiten Weltkrieg waren Grenzüberschreitungen für Waren und Personen, ja sogar für Viren, Bakterien und Ideen im Zunehmen begriffen. Tote waren davon ausgeschlossen. Leichen konnten nur ausnahmsweise über nationale Grenzen transportiert werden – wer starb, blieb in einer archaischen, für dieses hektische Zeitalter befremdlichen Weise für immer an den Ort seines Todes gebunden – zumindest dann, wenn er nicht zu den linksliberalen Anhängern der Kremation gehörte, und davon war unser Held weit entfernt. Mit dem Friedhof der Salesianer in Goshen hatte sich Tomarkin einen Ort ausgesucht, der zumindest für seine an große Totenfeiern und Mahnmale gewohnte Generation

Foto 1: Das Grab des Kosmopoliten »Dr. Leandro W. Tomarkin, born 1895, died 1967« auf dem Friedhof des Salesianerordens in Goshen, USA (Foto: Ann Roche, Goshen Public Library & Historical Society).

eine besondere Botschaft bereithielt. Zwischen den deutlich bescheideneren, in den Boden eingelassenen Grabplatten der jeweils in ihrem Status bezeichneten Kleriker nahm sich Tomarkins Grabstein theatralisch und monumental aus. Zumindest hier hatte unser Held erreicht, unangefochten fremd zu sein und zu seinem eigenen Status das letzte Wort zu haben: Der Erde wurde er übergeben als »Dr. Leandro W. Tomarkin born 1895, died 1967«.

Wer war L. T.?

Wer also war L. T. aus der Sicht der von ihm umgarnten und gepflegten Öffentlichkeit? Tomarkin hatte stets Publikum und verstand dieses mit zeitgemäßen Erwartungen zu bedienen. Tomarkin und sein Publikum gingen dabei eine enge Bindung ein, und letztlich ist Tomarkins Biografie nicht ohne dieses Publikum zu erklären. Allerdings gilt für Historiker und Historikerinnen auch die umgekehrte Schlussfolgerung: Tomarkin mag als Individuum für die Weltgeschichte bedeutungslos sein – seine Wandlungsfähigkeit und die erfolgreich absolvierte Gratwanderung zwischen Genie und Hochstapler sagen vieles über die gesellschaftlichen Rahmenbedingungen aus, über die Verschiebung von Grenzen, die

Veränderung von Erwartungen und somit über die jeweiligen Lebensbedingungen, von denen zwar weit mehr Leute betroffen waren, die wir aber erst über die vielfältigen Aktionen eines Leandro Tomarkin wahrnehmen können.

Schlusswort: Die Umkreisung der Wahrheit

Gemeinhin gibt es eine Diskrepanz in der Bewertung von Biografien zwischen den Laien und den Historikerinnen. Bei Nichthistorikern sind idealtypische Erzählungen mit Anekdoten und Ausschmückungen beliebt, die eine Zeit erklären und als gutes oder böses Heldenepos einen Schauer der Wonne oder des Grauens über den Rücken jagen. Der Wunsch, sich in eine andere Person zu versetzen, um so mehr als ein Leben leben zu können, dürfte ein Antrieb sein. Oder ist es eine Art Herrschsucht, wie die kanadische Schriftstellerin Margaret Atwood argwöhnt? Auf die Frage: »Woher kommt der Hunger nach solchen Geschichten?«, urteilt sie: »Vielleicht ist es eher eine Art Herrschsucht. Vielleicht wollen wir nur über das Leben verfügen können, egal wer es gelebt hat. Fotos sind dabei eine echte Hilfe. Die Abgebildeten haben keine Wahl mehr.«[574] Viele Leser und Leserinnen sehnen sich nach einem Vorbild auf der Suche nach Lebenssinn, ganz nach Albert Einsteins Erziehungsmotto: »Es gibt keine andere vernünftige Erziehung, als Vorbild sein, wenn's nicht anders geht, ein abschreckendes.«

Sicher fördert eine ganze Reihe weniger edler Motive das Interesse an Biografien, die impertinente Neugierde, die schiere Freude an der Indiskretion. Dieses Bündel an unterschiedlichen Interessen entspricht einem nicht weniger farbigen Strauß an Motiven, Aspekte des eigenen Lebens öffentlich zu machen. Längst hat dabei die Vielfalt der Informationsmöglichkeiten eine trennscharfe Unterscheidung zwischen Biografie und Autobiografie hinfällig gemacht. Produzenten von Selbstzeugnissen haben die Möglichkeit, die Interpretation ihrer Biografie selbst in die Hand zu nehmen und mediale Spuren zu legen. Allerdings ist die versuchte Selbstdarstellung permanent in Gefahr, von sogenannten Ego-Dokumenten überführt zu werden, Dokumenten, die auch ganz entgegen den Absichten des Betroffenen der Öffentlichkeit zugänglich sind, wie beispielsweise Informationen zum Wohnsitz oder die Veröffentlichung von Konkursanmeldungen.

Angesichts dieser Vielfalt von Informationen und den unterschiedlichen Absichten von Informationsproduzenten braucht wohl nicht weiter begründet zu werden, weshalb die Auswahl der jeweiligen Informationen von zentraler Bedeutung ist. Hier setzt die wissenschaftliche Beschäftigung mit einer Biografie an. Das Erkenntnisinteresse der Historikerinnen und Historiker mag auf den ersten Blick den Laien enttäuschen. Nein, wir interessieren uns nicht dafür, wie Leandro Tomarkin »wirklich« war. Und nein, für uns ist nicht das Außergewöhnliche zentral. Für uns bleibt eine Biografie letztlich immer eine Möglichkeit, mehr über gesellschaftliche Spielregeln zu erfahren. Leandro Tormarkins Leben schrammte konstant an den gesellschaftlichen Grenzen entlang – über Sanktionen und Reaktionen, aber auch über unerwartete Handlungsspielräume gewinnen wir Einsichten darüber, wie sich Gesellschaften verändern und welche Wahlmöglichkeiten sie jenen gewähren, die das willkürlich definierte Mittelmaß verlassen.

Alle wissen, dass das reale Leben weder mit dem gefühlten noch mit dem beschriebenen Leben identisch ist und dass es niemals rekonstruiert werden kann. Weder Tomarkins Sein noch sein Schein werden in einer Biografie wiederhergestellt. Wieso dann aber doch eine Biografie? Eine Biografie ist ein leserfreundliches Mittel, Zeitphänomene nicht trocken zu beschreiben, sondern mit ihren Auswirkungen hautnah aufscheinen zu lassen. So besehen ist es vielleicht nicht ganz unnütz, wenn jeden Tag »irgend ein Schwachkopf die Biografie eines Schwachkopfs« schreibt, wie Hercule Poirot in Agatha Christies »Ball spielendem Hund« schimpft.

Wieso aber die Biografie eines Unberühmten? Da die Biografie einer Berühmtheit den Faktor Außergewöhnlichkeit voraussetzt, sind in einer Studie über einen aus seiner Zeit Herausragenden zeitbedingte Phänomene schlechter fassbar als in einem Bericht zu einem Mann wie Leander Tomarkin.

War nun dieser Tomarkin eine rein individuelle, einmalige Persönlichkeit, die sich jedem Vergleich entzieht? Oder war er ein exemplarisches, nur in seiner Zeit mögliches Beispiel? Kann man einen zeitübergreifenden Typus ausmachen? War er etwa schlicht ein Hochstapler, ein hedonistischer Goldgräbertyp oder einfach schizophren? Diese Typisierung ist insofern sinnvoll, weil sie über das Einzelschicksal hinausweist und den Blick auf die gesellschaftliche Umgebung freimacht. Wie verändern sich im Laufe der Zeit die Möglichkeiten und Freiräume für ein Individuum? Wir überprüfen dabei gesellschaftliche Maßstäbe, Normen, Mentalitäten, Sanktionen. Dank einer Typisierung ist der Transfer über die Zeiten hinweg in die Gegenwart zu leisten. Muster lassen sich erkennen, die für ein globales 21. Jahrhundert von einiger Bedeutung sind.

Ein zentrales Ergebnis unserer Untersuchung besteht in der Feststellung, dass Tomarkin uns die Möglichkeiten und Gefahren einer globalen Biografie vorstellt. Er schritt über manche – nationale, berufliche, religiöse, gesellschaftliche – Grenzen hinweg. Seine Biografie bedarf eines weiten Blickes und wissenschaftlicher Kreativität, denn eine typische, alltagstaugliche, nicht auf die Glitzerwelt des Jetsets beschränkte »globale Biografie« gab es bislang nicht. Zwar können wir derzeit ein wachsendes Interesse an sozialwissenschaftlichen Studien zu Kosmopoliten und zur Gruppe der ständig im Ausland lebenden »expatriates« feststellen. Doch beschreiben diese selten eine Alltagsgeschichte und noch weniger die vielfältigen Spannungen, die wir am Beispiel von Tomarkin aufzeigen können. Wir stellen daher ein globales Subjekt dar, folgen seinen Reisen und haben einige nur auf den ersten Blick ungewöhnliche Annahmen getroffen: Wir gehen davon aus, dass Reisende nicht immer ankommen wollen, dass Flugzeug, Schiff und Zug nicht nur Transportmittel, sondern auch (Wohn-)Räume darstellen, die vorgezeigt und dokumentiert werden. Wir lassen nicht nur die Reisenden, sondern auch die Zurückgebliebenen zu Wort kommen, und wir erwägen jeweils zwei gegensätzliche

Möglichkeiten: Das globale Subjekt mag selbstbestimmt Grenzen überwinden und aus sozialen Zwängen ausbrechen – oder aber sich der Verantwortung entziehen und der eigenen Beschränktheit ausweichen. Wir ziehen den Vergleich zur Gegenwart: Vieles, was in der Zwischenkriegszeit auffallend außergewöhnlich war, würde heute nicht mehr auffallen, und vieles, was Tomarkin noch halbwegs ungestraft tun konnte, würde heute sehr viel schneller zu Sanktionen führen, denn globale Kontrollmechanismen haben unterdessen zugenommen. Stets stellt sich also die Frage neu, wie die gesellschaftlichen Voraussetzungen beschaffen sein müssen, um die Existenz eines Tomarkin zu ermöglichen. Dank dieser Informationen werden wir besser verstehen, welche Rahmenbedingungen ein globales Subjekt im 21. Jahrhundert antrifft – und wo heute die Grenze zwischen einem kreativen Kosmopoliten und einem Hochstapler zu ziehen ist.

Abgesehen davon, dass wir mit dem Leben Tomarkins als dem Leben eines globalen Subjekts etwas über die Vergangenheit und in ihrer Spiegelung einiges über unsere Gegenwart erfahren können, gibt es einen erkenntnistheoretischen Grund, warum sich die Geschichtsschreibung mit Tomarkin beschäftigen sollte: Die Biografie eines L. T., der so gekonnt Maske um Maske trug und Kulissen schob, dabei ständig unterwegs war und sich mit einem Sprung über mancherlei Grenzen Nachfragen und Verpflichtungen entzog, fällt auch durch das Raster historischer Recherchen.

Im Vergleich zu einer Biografie mit beständiger lokaler und nationaler Zuordnung zwingt die Geschichte Tomarkins dazu, die Methoden der Geschichtswissenschaft kritisch zu überdenken und zu erweitern. Globale Biografien verlangen eine bislang ungewohnte Quellenvielfalt, die über schriftliche Dokumente hinausgeht und mit der Befragung von Nachfahren anthropologische Verfahren einbezieht. Dabei waren die vielfachen Grenzüberschreitungen Tomarkins zugleich hinderlich und förderlich. Einerseits war die Informationssuche in einigen Ländern und Fachbereichen sehr schwierig, andererseits hinterließ L. T. gerade bei – nationalen, sozialen, religiösen oder politischen – Grenzübertritten nachhaltige Spuren.

So suchten wir uns zusätzlich zu den gedruckten und archivalischen Quellen auf verschiedenste Materialien zu stützen und einem Detektiv gleich ganz verschiedene Hilfen anzunehmen. Wir stützten uns auf Fotos, auf mündliche Erinnerungen, auf Meinungen von Familienmitgliedern, Zeitgenossen und Mitarbeitern, auf Bewertungen spezifischer Fachleute, auf international vertiefte Internetrecherchen, auf gezielte Nachforschungen einer Detektei, auf eigene Erlebnisreisen mit assoziativen Eindrücken, auf literarische Malereien. Mit diesen Wechseln des Blickwinkels suchten wir in unserer globalen Biografie »Inszeniertes Leben« eine uneinheitliche, nicht allzu festgefahrene und ideologiekritische Dimension zu eröffnen. Wenn die »Wahrheit« über einen historischen Gegenstand nicht als Ende aller Widersprüche und die »Objektivität« als unerreichbar begriffen wird, so kann mit einer stetig wechselnden Perspektive eine Umkreisung der »Wahrheit« versucht werden. Eine solche Annäherung an irgendeinen Gegenstand, an eine Meinung, an eine Statistik, an eine Empfindung, an einen Glaubenssatz, an eine Person oder an ein Ding scheint uns eine vernünftige Möglichkeit, Geschichte zu schreiben, vornehmlich wenn die Betrachtungsweise stets kommentiert und immer wieder zweifelnd hinterfragt wird.

Die Befragung verschiedener Sichtweisen, Wahrnehmungen und Interpretationen, die in diesem Buch zu widersprüchlichen oder gar diametral entgegengesetzten Aussagen geführt hat, betrachten wir als ideologiekritisch und deshalb wissenschaftswürdig. Kurz: Wir waren bemüht, dem Traum einer »biographie totale« näherzukommen. Wer also lieber eine eindeutig »wahre« Aussage zu einem historischen »Fakt« haben möchte, die mit einseitigen Quellen, eingeschränkter Fragestellung oder einbahnigem Tunnelblick leicht zu erreichen ist, sollte gleich zum religiösen oder parteipolitischen Katechismus greifen.

Wir meinen nicht, dass andere Werke nicht auch mit großem Forschungsaufwand den umkreisenden Blick auf ihren Hauptgegenstand geboten haben. Wissenschaftliche und literarische Bücher, Zeitungen und Filme lassen hin und wieder – wenn auch viel zu selten – eine »Wahrheit« von verschiedenen Betroffenen erzählen. Es geht darüber hinaus in der historischen Dimension jedoch darum, aufzuzeigen, welche Wahrheiten bei welcher Quellenbetrachtung – und damit bei welcher gewollten oder unbewussten Manipulationsvariante – aufscheinen. Zudem geht es darum, die damalige und heutige Sichtweise einzubeziehen: Mit damaligen Augen sah man anders als mit heutigen. Man wertete anders, fühlte anders, urteilte anders. »Wahrheiten« wechseln nicht nur horizontal unter den Blicken verschiedenster Betroffener, »Wahrheiten« verändern sich auch vertikal: Heute sieht und wertet man anders als damals. Wir haben uns zusätzlich zur Vielfalt konsultierter Materialien auch bemüht, einen Blick in die Werkstatt der Geschichtsschreibung zu bieten. Wer dieses Buch liest, sollte Konsequenz und Resultate der verschiedenen, aus bestimmten Quellen resultierenden Sichtweisen beobachten können.

Globale Biografien verlangen schwierige und folgenreiche Entscheidungen. Die dabei offengelegten Schwierigkeiten zeigen die praktische Umsetzung eines wissenschaftlichen Grundprinzips, nämlich desjenigen, dass den Aussagen von Quellen prinzipiell zu misstrauen ist und dass die eigenen Thesen stets widerlegt und nicht bestätigt werden sollten. Oder mehr noch, dass Thesen zu suchen sind, die einem nicht einfach bejahend oder verneinend bequem untergeschoben werden.

Unter diesem Vorbehalt haben wir in vier Teilen aufgezeigt, wie sich die Wahrheiten über ein Thema verändern, ja widersprechen. Die Biografie eines

Leander Tomarkin wird entzaubert, Leander Tomarkin ist weder ein nachahmenswertes gutes noch ein abschreckendes Vorbild. Wir sehen hier kein gutes oder schlechtes Leben, wir finden keine »Wahrheit«, sondern ein Kaleidoskop von vielfach abhängigen Wahrheiten.

* * *

Die Forschungen und Erkundungsreisen, die Archivrecherchen und Interviews, die Online-Abfragen und das Konzept wurden von Professor Madeleine Herren und Dr. Franziska Rogger gemeinsam geleistet. Formuliert wurde Teil D von Madeleine Herren, Vor- und Schlusswort von beiden Autorinnen und die Teile A–C von Franziska Rogger.

Anhang

Ein Wort zu den Quellen

Es sieht einfach aus, die Quellensorten auseinanderzuhalten, um zwischen Tomarkins offiziellem und vordergründigem Gedeihen und seinem inoffiziellen, hintergründigen Leben zu unterscheiden: Zum einen gibt es die öffentlichen und ohne Weiteres einsehbaren Quellen, zum anderen die verborgeneren Archivschätze und schließlich die versteckten, nur mit besonderem Aufwand auffindbaren, schwer zugänglichen Informationen. Zum einen also das vervielfältigte Gedruckte wie Lexika, Fachliteratur, Zeitungen. Zum andern die vielfach nur handschriftlichen oder gar hingesudelten Berichte und Notizen, Akten und Dossiers in den Archiven des In- und Auslands. Und zum Dritten die mündlichen Berichte Verwandter, Bekannter und ihre schriftlichen, bildlichen oder gegenständlichen Erinnerungen auf staubigen Dachböden. Doch die Grenzziehung ist so eindeutig nicht.

Lexika, Fachliteratur, Zeitungen gehören zu den leicht zu knackenden, öffentlichen Quellen, die ohne Erlaubnis des Datenschutzbeauftragten und ohne Privatbeziehungen eingesehen werden können – man findet leicht zu den erwarteten Terminen die erwarteten Kommentare und Berichte. Bei aller Leichtigkeit im Zugriff: Flächendeckende Durchsichten der Zeitungen und Bücher »all over der world« immerhin sind undenkbar. Hinweise aus schwer Zugänglichem – wie Sammlungen von Zeitungsauschnitten in privaten Dachböden oder öffentlichen Amtsarchiven sowie mündlich hingestreute Vermutungen nun einmal sind – können überraschend neue Einsichten aufblitzen lassen, aufgrund derer die öffentlich zugänglichen Zeitungs- oder Buchmaterialien wiederum leicht nutzbar gemacht werden können. Etliche Zeitungsberichte und öffentlich verfügbare Dokumente haben wir nur gefunden, weil wir Hinweise aus archivalischen und familiären Personaldossiers bekommen hatten. Umgekehrt konnten wir manch gedruckte Broschüre nur noch im Privatbesitz versteckt wiederfinden.

Seit das entmaterialisierte Zeitalter mit seinen Cybernets und Networks angebrochen ist, verwischt sich die Grenze zwischen leicht und schwer zu Findendem gar bis zur Gegensätzlichkeit. Da kann es ungemein schwer sein, ein Buch, eine Zeitung in die Hände zu bekommen, welche in einer fernen Bibliothek ruhen und als nicht ausleihbar deklariert sind. Hingegen ist es kinderleicht, einen hingesudelten privaten Fetzen frei Haus auf den Bildschirm zu bekommen, da er von irgendjemandem gescannt und ins Netz gestellt wurde. Es gibt heute eine neue Willkürlichkeit, zwischen Wichtigem und Unbedeutendem zu unterscheiden: Was im Netz aufscheint, ist überhaupt erst vorhanden, was nicht, existiert gar nicht. Das ist entscheidend – nicht, ob eine Notiz für die Öffentlichkeit, für das archivalische Versteck oder die private Intimsphäre vorgesehen war.

Im Laufe unserer jahrelangen Arbeit an diesem Buch erschienen immer mehr Akten und Berichte im Netz, wurden zu leicht Findbarem. Täglich werden Informationen aus einst unauffindbaren Kammern zum öffentlichen Allgemeingut. Die Unterscheidung zwischen Tomarkins offiziellem und vordergründigem Gedeihen und seinem inoffiziellen, hintergründigen Leben kann nicht wirklich anhand öffentlich zugänglicher, leicht nutzbarer Quellen einerseits und schwer auffindbarer Informationen andererseits gemacht werden. Es geht also darum, Tomarkins intendierte und öffentliche Fährtenlegung von seinen unbeabsichtigten Spuren zu sondern. Die Offenlegung der Informationsbeschaffung ist ein wichtiges Anliegen dieses Buches. Sie soll einem Fachpublikum zeigen, was eine »multiarchival research« in den Zeiten des Internets bedeutet, wie Historiker als Jäger und Sammler von Informationen auf der Strecke bleiben, wenn sie nicht die Grundsätze des neuen Kommunikationszeitalters einbeziehen. Sie richtet sich aber nicht minder an ein breites Publikum und soll deutlich machen, dass Informationsflut und Informationsmangel paradoxerweise eine Gemeinsamkeit haben: Beide führen zu schwerwiegenden Fehlschlüssen. Auch wenn Wikileaks Millionen von »geheimen« Dokumenten über die Server spült, so handelt es sich noch immer nur um einen Typus von Informationen und damit um eine der Wahrheiten. Andere Informationstypen müssen gesucht und – was noch schwieriger ist – fehlende Informationstypen erkannt werden.

Abkürzungen allgemein

AR	Appenzell-Außerrhoden
BE	Bern
BR	Bundesrat, schweiz. Exekutive
CEMUBAC	Centre d'Etudes Médicales au Congo
CVP	Christliche Volkspartei
DKZ	nationalsozialistische Deutsche Kongress-Zentrale
ED	Erziehungsdirektion Kt. Bern
EMD	Eidg. Militärdepartement
EPD	Eidg. Politisches Departement
ETH	Eidg. Techn. Hochschule Zürich, vormals Polytechnikum
FDP	Freisinnig-demokratische Partei
GdR	Gemeinderat
GE	Genf

GR	Großrat, Großer Rat, Legislative
GS	Generalsekretär
LT	Leander Tomarkin
MIT	Massachusetts Institute of Technology
NY	New York
PA	Privatarchiv
PD	Privatdozent
PNF	Partito Nazionale Fascista
RRB	Regierungsratsbeschluss Kt. Bern
SPSL	Society for the Protection of Science and Learning
SSII	Schweizerisches Serum- und Impfinstitut in Bern
TF	Tomarkin-Foundation
TG	Thurgau
TI	Ticino (Tessin)
UD	Unterrichtsdirektion Kt. Bern
UICC	Unio internationalis contra cancrum, Int. Union Against Cancer, Union Int. contre le Cancer, Int. Krebsliga
VR	Verwaltungsrat
VSF	Vereinigung Schweizer Faschisten
ZG	Zug
ZH	Zürich

Abkürzungen für Archive, Zeitungen und Literatur

Acta	Acta der Tomarkin-Foundation, Acta 2ème 1931 und Acta 3ème 1931
Acta 1938	Acta UICC, Nr. IV = Spezialnummer zum Kongress in Paris von 1938 [gedruckt 1939]
Acta UICC	Acta der Unio internationalis contra cancrum, UICC, Nr. I–V ff., 1936–1940 ff
AMA	American Medical Association, Historical Health Fraud and Alternative Medicine Collection
Ancestry.co.uk	http://www.ancestry.co.uk
Banca Intesa	Archivio Storico di Banca Intesa, Banca Commerciale Italiana (ASI-BCI), Milano
Bancroft	The Bancroft Library, University of California – Berkeley USA, Dr. Ernest Lawrence
Burgdorf	Archiv der Hochschule für Technik und Architektur Burgdorf
CH-BAR	Bundesarchiv, Schweizerisches in Bern [Die Signaturen wer-

	den zurzeit geändert. Deshalb hat es in dieser Arbeit z. T. neue, z. T. noch nicht angepasste Signaturen.]
Columbia Arch	Columbia University Archives – Columbiana Library by Jean Ashton, New York
CSHL	Cold Spring Harbor Laboratory Archives, Carnegie Institution of Washington
Einstein Arch	Courtesy of the Albert Einstein Archives, The Jewish National & University Library, The Hebrew University of Jerusalem, Israel
Ellis Island	http://www.ellisisland.org
FMH	Archiv der FMH, Verbindung der Schweizer Ärztinnen und Ärzte
Fontainebleau	Centre des archives contemporaines, Fontainebleau, France
HBLS	Historisch-Biographisches Lexikon der Schweiz
HLS	Historisches Lexikon der Schweiz
IMG Bern	Institut für Medizingeschichte Bern
JAMA	The Journal of the American Medical Association, Chicago, Illinois
JHMI	The Alan Mason Chesney Medical Archives – The Johns Hopkins Medical Institutions, Baltimore, USA
KantonsB Aarau	Wedekind-Archiv
NAS	National Academies Archives, Washington DC
NET	Nachlass Tomarkin bei Eliane und Wladimiro Tomarkin in Intragna, TI
NGT	Nachlass Tomarkin bei Gertrud Tomarkin (†) in Worb, BE
Niels Bohr Arch	Niels Bohr Library & Archives at the American Center for Physics, Maryland
NLM	The National Library of Medicine, Bethesda Maryland
NTI	Nachlass Tomarkin bei Maddalena und Afra Tomarkin in Intragna, TI
NYT Arch	New York Times Archive
NYU Arch	University Archives New York
NZZ	Neue Zürcher Zeitung, Archiv
Pauling Papers	Ava Helen and Linus Pauling Papers, Oregon State University, Oregon, USA
Rabi-Papers	The Papers of Isidor I. Rabi, Library of Congress, Manuscript Division
Rockefeller Arch	Rockefeller Archive Center, Foundation Archives, New York
Russian Acad	Russian Academy of Sciences: www.ras.ru
SAeZ	Schweiz. Ärztezeitung

SHAB	Schweiz. Handelsamtsblatt
SMJ	Schweizerisches Medizinisches Jahrbuch
SMW	Schweizerische Medizinische Wochenschrift
SNB	Schweizer. Nationalbibliothek in Bern
SRI	Schweizer Radio-Illustrierte
SozArch	Schweizerisches Sozialarchiv in Zürich
StA Basel	Staatsarchiv Basel-Stadt
StA Bern	Staatsarchiv Bern
StA Tessin	Archivio di Stato in Bellinzona. Tessin, Fondo diversi, Fondazione Tomarkin
StA Zürich	Staatsarchiv Zürich
StadtA Bern	Stadtarchiv Bern
StadtA Locarno	Archivio comunale di Locarno/Archivio della Città Locarno
StadtA Zürich	Stadtarchiv Zürich
StadtB Dortmund	Stadt-und Landesbibliothek Dortmund, Handschriftenabteilung
StadtB München	Stadtbibliothek München, Monacensia
Stanford	Hoover Institution on War, Revolution and Peace, Hoover Archives Stanford, California
SZH	Schweizerische Zeitschrift für Hygiene
UA Bern	Universitätsarchiv Bern
UA Freiburg	Universitätsarchiv Freiburg i. Br., Deutschland
UA Genf	Universitätsarchiv Genf
UA Heidelberg	Universitätsarchiv Heidelberg
UA Zürich	Universitätsarchiv Zürich
UB Basel	Universitätsbibliothek Basel
UB Bern	Universitätsbibliothek Bern
ZB Zürich	Zentralbibliothek Zürich
ZStA Affoltern	Zivilstandsamt Affoltern am Albis ZH
ZStA Gränichen	Zivilstandsamt Gränichen AG
ZStA Wettswil	Zivilstandsamt Wettswil ZH
ZStA Zürich	Zivilstandsamt Zürich

Auf die Literatur wird in den Anmerkungen hingewiesen. Nicht einzeln aufgeführt sind manche Online-Kurzangaben (Lebensdaten, Berufsstationen) aus den Matrikeln von Zürich und Bern, aus HLS-Artikeln, Wikipedia-Mtt., Google-Suchresultaten und Lexika.

Dank

Wir danken vor allem den Mitgliedern der Familien Tomarkin und Tumarkin, die uns sehr unterstützt haben, und allen, die uns in irgendeiner Weise behilflich waren. Namentlich zu erwähnen sind zudem alphabetisch:

Austermühl, Elke, Forschungsstelle Frank Wedekind in Darmstadt
Bankowski, Monika, ZB Zürich
Barras, Nicolas, StA Bern
Baumeler, Ernst, NZZ Zürich
Blum, Sonja, Rektoratskanzlei ETH
Bolliger, Silvia, UA Zürich
Boschung, Urs, IMG Bern
Buchmann, Verena, StA Zürich
Burkhalter, Pia, IMG Bern
Carroll, Laura, AMA
Caviezel-Rüegg, Zita, Bern
Clark, Clare, CSHL
Cohen, Tirza, Jerusalem
Eckmann, Jean-Pierre, Genf
Flückiger, Erika, FMH
Fünfschilling, Peter C., Novartis Basel
Goldblum, Janice, NAS
Gottarelli, Alberto, Banca Intesa
Greenberg, Stephen, NLM
Handschin, Lukas, Wädenswil
Härri, Marianne, StadtA Zürich
Helfenstein, Ulrich (†), Matrikeln ZH
Huber, Rodolfo, Stadt Locarno
Huber, Ursula, Böhlau Verlag Wien Köln Weimar
Kälin, Urs, SozArch
Kappeler, Beat, Hinterkappelen
Leidinger, Christiane, Berlin
Lemieux, Jessica, Bancroft
Maienfisch, Edith, Burgdorf
Manz, Volker, Lektor, Kenzingen
Merz, Ursula, NZZ Libro, Zürich
Müller, Verena E., Zürich
Petersen, Chris, Pauling Papers
Pétillat, Christine, Fontainebleau

Ritzmann, Iris, MHI Zürich
Schmid-Heimes, Niklaus, Riehen
Shorb, Gerard, JHMI
de Simone & Partners, Intellectual Property Attorneys, Rom
Stammbach, Urs, Zürich
Steinmann, Martin, UB Basel
Stucki, Heinzpeter, UA Zürich
Tikhonov, Natalia, Genf
Torrione-Vouilloz, Dominique, UA Genf
Ulrich, Anita, SozArch
Wenger, Josette, UA Genf
Wichers, Hermann, StA Basel
Wilk, Jocelyn, Columbia Arch
Wolff, Barbara, Einstein Archives, Jerusalem
Zahoransky, Alexander, UA Freiburg
Zwicky, Margrit, StadtA Bern

Dankbar sind wir nicht zuletzt den Mitabeitern und Mitarbeiterinnen aller benutzter Archive, Zivilstandsämter und Bibliotheken.

Wir danken auch allen Rechte-Inhabern für die Abdruckgenehmigungen. Leider konnten trotz unserer Bemühungen nicht restlos alle ermittelt werden. Wir bitten Berechtigte, sich gegebenenfalls beim Verlag zu melden.

Anmerkungen

1 Fehler und Lücken der Wahrnehmung und der Erinnerung beeinträchtigen die mündliche Überlieferung schwer. Trotz dieser Defizite gibt es keinen Ersatz für die Oral-History-Methode. »Denn nur das Mündliche ist fähig zu zeigen, was die Schrift verbirgt.« Philippe Joutard gemäß »Lebensgeschichtliche Interviews und Geschichte«, Oral-History-Kongress in Rio de Janeiro, NZZ 29.7.1998 (Florian Blumer). Perks, Robert and Alistair, Thomson (Hrsg.), The Oral History Reader, London, New York 1998. Die Schwächen der schriftlichen Überlieferung sind – abgesehen von eigentlichen Fälschungen und Fehlern – u. a. Beschönigungen, Geheimhaltungen, Anpassungen an genormte Formulierungen.

2 Pascal Mercier meint in seinem »Nachtzug nach Lissabon«, dass wir nicht unser Leben leben, sondern die Vorstellung von unserm Leben: »Ich bin es ja, der das Bild vom eigenen Leben, wie es sich erfüllen sollte, entwirft.« Mercier, Pascal, Nachtzug nach Lissabon, CD 3, Abschnitt 12. Peter Bichsel fragt: »Habe ich [meine Biografie] überhaupt gelebt oder hat meine Biografie mich gelebt?« Bichsel, Peter, in: Das Magazin, No. 10, Zürich, 13.3.–19.3.2010. Und Friedrich Dürrenmatt beschreibt die Kluft zwischen uns und der Wirklichkeit und wie die Fiktion für Wahrheit gehalten wird: Friedrich Dürrenmatt im Gespräch mit Hardy Ruoss über den Roman »Justiz«, DRS 2, Reflexe, 30.10.1985.

3 Es sieht einfach aus, die Quellensorten auseinanderzuhalten, um zwischen Tomarkins offiziellem

und vordergründigem Gedeihen sowie seinem inoffiziellen, hintergründigen Leben zu unterscheiden, ist es aber nicht. Siehe dazu die Einleitung zum Anhang.

4 Benedikt XV., Giacomo della Chiesa, war Papst von 1914 bis 1922. Aufgrund seines engagierten Auftretens gegen den Ersten Weltkrieg wurde er »Friedenspapst« genannt.
Zum Ableben von Papst Benedikt XV. und Tomarkins Rolle:
1922-01-21 »The New York Times« mit Bild.
1922-01-24 »Il tempo«, Rom: »Colui chè voleva salvare il Papa. Le buone intenzioni di un chimico svizzero.«
Vor 1922-02-03 »Leipziger Neueste Nachrichten«. Bericht des römischen Korrespondenten.
1922-02-03 »National-Zeitung«, Basel: N. K. »Warum ist der Papst gestorben?« Bezieht sich auf die »Leipziger Neuesten Nachrichten« und ihren römischen Korrespondenten. »... uneigennütziger Wohltäter der Menschheit ... fünffache Dosis ... Wundermann mit dem Antimicrobum ...«
1922-05-02 »Le Radical«, Marseille fragte: »La mort du Pâpe Benoit XV – aurait-elle pu être évitée?« Verweis auf den römischen Korrespondenten der »Leipziger Neuesten Nachrichten«.

5 Zeitungsberichte zu Tomarkins »Antimicrobum« in chronologischer Reihenfolge:
1923-08-15 »Rivista Ospedaliera«, Rom, 13. Jg., Bd. 13, Nr. 15, S. 375–382: Tomarkin Leandro, »Contributo alla chemioterapia delle affezioni polmonari (Osservazioni cliniche eseguite coll' ›Antimicrobum Tomarkin‹)«.
1923-11-12 Pressekonferenz, Bericht in: »La Sera«: »Una scoperta scientifica per la cura della polmonite«. Betr. Chance erhalten: vgl. Bridgeport Telegram, 1924-01-12.
Marchiafava Ettore, 1847–1935, war Leibarzt dreier Päpste und der »casa reale Savoia«, ital. Senator und Professor der Anatomie und Pathologie bzw. Hygiene an der Universität »La Sapienza« in Rom. Er erforschte intensiv die Malaria, Anämie usw. Nach seiner Emeritierung 1921/22 organisierte er einen ersten internationalen Malaria-Kongress 1925 in Rom.

6 Zeitungs- und Zeitschriftenberichte in chronologischer Reihenfolge 1923–1926:
Vor 1923-11-16 »New York Tribune«: Interview von Agnes MacKenzie mit Tomarkin.
1923-11-12 »The Reno Evening Gazette«, Nevada, titelte: »Lung Disease Remedy Found« »... by a young Swiss, Dr. Leandro Tomarkin«.
1923-11-13 »New York Times« schrieb: »Pneumonia Remedy Discovered by a Swiss. Serum Is Hailed by Marchiafava, Noted Italian Doctor – Called Antimicrobum«, »... by a young Swiss, Dr. Leandro Tomarkin«. Korrespondenz aus Paris.
1923-11-16 »Het Centrum«, Utrecht: »EN 'T WAS TOCH GOED«.
1923-11-16 »La Sera«, Mailand: »Una grande conquista scientifica. La polmonite vinta – Anche la tubercolosi? (Intervista col dott. Tomarkin)«.
1923-11-26 »Time. The Weekly News-Magazine«: »Medicine. Antimicrobum«, »... reduced the mortality rate from 35 % to 2 %«.
1923-12-01 »Neue Zürcher Zeitung« (zit. röm. Korresp. Nenni von »La Sera«).
1923-12-01 »The Chronicle-Telegram«, Elyria Ohio. Mit Bild von Tomarkin und Marchiafava.
1923-12-01 »Mansfield News«, Ohio. Mit Bild von Tomarkin und Marchiafava.
1923-12-22 »Nieuwe Rotterdamsche Courant«: »Antimicrobum van Dr. Leonarde Tomarkin«. Beruft sich auf die »Chicago Tribune« und die »Rivista Ospedaliera« vom 15.8.1923.
1924-01-09 »Los Angeles Times«: »Life's Perils«, »... wonderful work in treating pneumonia«, »Lebensversicherungen/Life insurance ... are interested«.
1924-01-12 »Bridgeport Telegram«, Connecticut. »Rome Physician Describes Cure For Pneumonia By New Method«. Zitiert aus dem Interview von Agnes R. MacKenzie aus der »New York Tribune«. »The busiest man in Rome ...«, »250 000 complete cures ... a ponderous business ... not only for the rich«. Kaufangebote »... all over the world«.

1924-01-07 »Gazette de Lausanne«: »La Quatrième Suisse … A Rome«. Zum Neujahrsempfang des Schweizer Gesandten in Rom, Georges Wagnière.
1924-02 »Popular Science«, Monatszeitschrift.
1924-02-02 »Indian Evening Gazette«, Indiana, Pennsylvania: »New Specific for Pneumonia Found«.
1924-06-26 »Schweizer Illustrierte Zeitung«, eigentl. »Schweizer Jllustrierte Zeitung«, Zofingen: »Ein neues Heilmittel gegen Lungenentzündung«. Mit Foto: »Der wissenschaftliche Forscher Léandre Tomarkin in seinem Laboratorium«.
1926-05-02 »The Washington Post«: »New Pneumonia Serum«, »… the head of medical research for the Italian royal house«.
1926-05-12 »Stevens Point Daily Journal«, Wisconsin: Bild von Tomarkin.
1926-08-06 »The Chronicle-Telegram«, Elyria Ohio: »Humanitarian«, mit Bild von Tomarkin. »… working for the poor people … philanthropic foundation …«

7 1926-05-02 »The Washington Post« berichtete vom Auftritt vor der »Academy of Medicine«.

8 1923-08-15 »Rivista Ospedaliera«: Tomarkin, Leandro, »Contributo alla chemioterapia delle affezioni polmonari …«. Siehe oben.
1923-12-15 »The Lancet«, London, S. 1310–11: Anonym, »Tomarkin's Antimicrobum«.
1924-01-01 »Giornale di Medicina militare«, Veröffentlichung des italienischen Kriegsministeriums, 72. Jg., 1.1.1924, S. 190–203: Tomarkin Leandro, »24 casi di polmonite curati coll' ›Antimicrobum Tomarkin‹ nell'Ospedale militare principale di Roma«.
1924 Squillacioti, Raffaele und Nicola Gasparrini, »Su alcuni casi di polmonite curati con l'antimicrobum Tomarkin«, Mailand, 14 Seiten.

9 1926-05-02 »The Washington Post« wies darauf hin, dass Tomarkin zum »head of medical research for the Italian royal house« gemacht worden sei, weil ihm bzw. seinem Antimicrobum die Rettung des Grafen Emanuele Filiberto zu verdanken sei.
Vittorio Emanuele III. (1869–1947), König von Italien 1900–1946, Kaiser von Äthiopien 1936–1941 und König von Albanien 1939–1943. Verh. mit Elena del Montenegro (1873–1952).
Cousin Emanuele Filiberto di Savoia, 2. Graf von Aosta. Kommandierte im Ersten Weltkrieg die 3. Armee, die »Armata invitta«. Palästina-Forscher. 1926 von Mussolini zum »Marschall von Italien« ernannt. Der Graf erkrankte mehrmals an Lungenentzündung (siehe Teil D).
Auch Vittorio Emanuele III. selbst und Kronprinz Umberto II. (1904–1983) erkrankten Ende Februar 1924 an einer Grippe. »The New York Times« vom 24.2.1924 teilte nicht mit, ob sie mit »Antimicrobum« behandelt wurden.

10 1924-06-14 »Freistudentische Zeitschrift«, offiz. Organ der Freistudentenschaft Bern und des Verbandes Ehemaliger Freistudenten der Universität Bern.
1924-01-07 »Gazette de Lausanne«: siehe oben.
Georges Wagnière, Minister, Schweizer Gesandter in Rom 1918–1935.

11 http://www.ellisislandrecords.org/search/matchMore.asp?FNM=LEANDRO&LNM=TOMARKIN&PLNM=TOMARKIN&CGD=M&kind=exact&offset=0&dwpdone=1
ancestry.co.uk, New York Passenger Lists: Leandro W. Tomarkin, Arrival Date: 7.6.1924, Port of Departure: Genoa, Italy, Port of Arrival: New York, Ship Name: Duilio.
Dampfer Duilio: http://en.wikipedia.org/wiki/SS_Duilio und http://www.theshipslist.com/ships/descriptions/ShipsD.html

12 Burden, James Abercrombie, Präsident der »Burden Iron Company« und der »Hudson River Ore and Iron Company«. Seine Frau Florence Sloane (1871–1932) war mütterlicherseits mit den Nachfahren des amerikanischen »Schiffs- und Eisenbahnkönigs« Cornelius Vanderbilt, eines der erfolgreichsten und reichsten Unternehmer der USA, verwandt. Das Herrschaftshaus an der 7 East 91st Street war von Florence' Vater William 1901 gebaut worden.

13 1927-03-13 »New York Times«, Seite E 18: New Incorporations/Neugründungen vom 12.3.1927 (insgesamt 160 Neugründungen mit einem Gesamtkapital von 2 176 600 US-Dollar). Company and Business: Tomarkin-Foundation – Chemistry Research. Einbezahltes Grundkapital 1000 Dollar. Filed by/Eingereicht von Kirlin, Woolsey, Campbell, Hickox & Keating [Anwaltkanzlei], 27 W[illia]m. St[reet]. Gründer R. D. Stefel, A. H. Frisch, L. Rubenstein.
Zur vierköpfigen »Board of Directors« mit Campbell, Hand, Hague und Dollar stieß im 4. bzw. 5. Kurs der TF, 1932/33, ein A. O. Gillen bzw. Martin J. Gillen, New York, dazu.

14 Campbell, Ira Alexander, 1876–1963:
1931-03-20 »Schweizerische Ärztezeitung für Standesfragen«, 12. Jg., Nr. 12, Bern.
1963-03-11 »Ironwood Daily Globe«, Michigan: Vor seinem Eintritt hieß die Anwaltskanzlei Kirlin, Woolsey & Hickox. Die Kanzlei wechselte ihren Namen je nach den Beteiligten.
»Who's who in America«, Chicago, London 1926, S. 408: Ira Alexander Campbell (geb. 10.1.1878) wohnte in 417 Park Av. und hatte sein Büro in der 27 William St. New York.
»Who's who in United States Politics and American Political Almanac«, New York 1952: »Mrs. Ira A.« Campbell war Präsidentin des Republ. Klubs an der 3 West 51st. Street NY.
Zella Fay Campbell war die Tochter von F. E. Fay und Laura Hamilton Fay: http://freepages.genealogy.rootsweb.ancestry.com/~fayfamily/perrin.html
http://vlex.com/vid/ira-cameron-lucian-zella-fay-36710874 [Estate of Ira A. Campbell, Deceased, ... and Estate of Zella Fay Campbell, Deceased].
Vgl.: http://www.lib.washington.edu/specialcoll/findaids/docs/papersrecords/BallingerRichardA0015.xml (Richard A. Ballinger Papers 1879–1929).

15 Dollar, Robert Stanley, 1880–1958, hatte nicht Vaters scharfen Geschäftsverstand geerbt und erlaubte sich grobe Schnitzer. Groß ins Passagiergeschäft einsteigend, orderte R. Stanley Dollar 1931, mitten in der Depression, zwei moderne Turboelectric-Liners. Beinahe bankrott, wurde seine »Dollar Line« schließlich durch ein staatliches Impulsprogramm zugunsten eines groß angelegten Schiffsbaus gerettet, das den Schiffseignern unter die Arme griff, um so den Bedarf der US-Marine decken zu können. Unter dem Motto »Ships for Victory« sollte dies im Zweiten Weltkrieg auch nötig werden. Die Schiffe wurden im Leasing-Verfahren an US-Reedereien ausgeliehen. Im Gegenzug sollten sie bei Bedarf von der US-Marine angeheuert werden können – was dann im Zweiten Weltkrieg auch praktiziert wurde. Stanley Dollar durfte die »American President Lines« bzw. »United States Lines«, in die auch seine Dollar Line überführt worden war und die ab 1934 unter der Kontrolle der »International Mercantile Marine Company« stand, präsidieren.
Tomán De La Pedraja, René, A Historical Dictionary of the U.S. Merchant Marine and Shipping Industry: Since the Introduction of Steam, Greenwood Press, Westport, Conn. u. a. 1994, S. 176 ff (googlebooks).
1932-06-13 »Time Magazine«: Stanley Dollar; http://www.time.com/time/magazine/article/0,9171,743827,00.html#ixzz14JJ9ArYW

16 Hand, Robert F., 1884–1942:
1940-03-19 »The Coshocton Tribune«, Ohio.
1947-09-21 »New York Times«: Mable Clair Speth Hand, 1902–1947.
1942-03-06 »New York Times«: Nachruf mit Foto Hands.
1940-03-19 »New York Times«: Circumnavigator Hand und Campbell.
Das »American Merchant Marine Institute« war vorher die »American Steamship Owners Association«. Vgl. Langenscheidt Routledge: Fachwörterbuch Wirtschaft, Handel und Finanzen, online.

17 Hague, Robert L., 1880–1939:
1924-09-21 »Atlanta Constitution«: »Hague may lose Standard Oil job as party result«.

Zu den nach Hague benannten Schiffen vgl. Online-Abfragen. Bild: http://www.armed-guard.com/lsip379.jpg

Zu Hagues Frauen Bobe Edith und Mary Lewis: 1931-09-28 »Time Magazine«: »Married. Mary Sybil Lewis, Arkansas-born Metropolitan opera singer and cinema star; and Robert L. Hague, vice president of Standard Shipping Co., onetime Shepherd of the Lambs Club; secretly; in Manhattan. The bride was once married to Basso Michael Franz Bohnen of the Metropolitan, the groom to Mme Edith Bobe, dressmaker.«

1924-09-21 »New York Times« (Bobe/Hold-up).

1933-07-02 »New York Times«.

1939-03-09 »New York Times«.

1942-01-01 »New York Times« († Mary Lewis 7.1.1900–31.12.1941).

Zu Hagues Freundin Antonie Strassmann: W[olfgang] Paul Strassmann, Die Strassmanns. Schicksale einer deutsch-jüdischen Familie über zwei Jahrhunderte [The Strassmanns: science, politics, and migration in turbulent times, 1793–1993], Frankfurt, New York 2006. Foto Nr. 46 zeigt schwerlich Robert L. Hague.

18 Rockefeller, John Davison Sr., 1839–1937, Mitbegründer einer Erdölraffinerie, aus der 1870 die »Standard Oil Company« hervorging

Rockefeller, William, 1841–1922, Geschäftspartner seines Bruders John D. Rockefeller Sr. beim Aufbau des »Standard Oil«-Imperiums.

Rockefeller, John Davison Jr., 1874–1960, sowohl Symbolfigur für die Ausbeutung der Bergwerksarbeiter wie auch reicher Philanthrop. Unterstützte den Bau des Rockefeller Centers, wurde einer der größten Grundstücksbesitzer in New York City. Großaktionär der Chase National Bank, Mitbegründer des Rockefeller Institute for Medical Research und 1913 der Rockefeller-Stiftung. Schenkte der UNO das millionenschwere Grundstück für die Errichtung ihres Hauptsitzes in New York City. Verh. mit Abigail »Abby« Greene Aldrich, 1874–1948.

Rockefeller, John Davison Jr., wohnte gemäß »Who's who in America«, Chicago, London 1926, S. 1635, in der 10 W. 54th St. und hatte sein Büro am 26 Broadway, New York.

19 Zur Pistolengeschichte:

1927-02-06 »New York Times«.

1927-02-24 »New York Times«.

Zu Ligotti, Erminia:

1922-10-08 »New York Tribune«: Ligotti (Brooklyn Opera Company) singt Arien von Puccinis »Madame Butterfly«.

1927-02-11 »New York Times«: Ligotti singt in sechs Sprachen, lyrischer Sopran, am 10.2.1927 das 3. Konzert in der »Town Hall«.

1931-06-14 »New York Times«: Ligotti als Partygast in Washington. Bericht über Farewell Dinner.

Vgl. Online-Abfrage, z. B. Opera in Philadelphia/Performance Chronology 1900–1924. Compiled by frank hamilton©2009, http://FrankHamilton.org.: Ligotti singt am 11.11.1922 (Philadelphia, Metropolitan Opera House) und am 3.11.1924 (Philadelphia, Academy of Music) die Desdemona.

Zu Ligottis Personalien siehe Teil B.

20 1930-11-29 JAMA, S. 1690, Queries and Minor Notes: »American Bio-Chemical Laboratories«: Gründung der »American Bio-Chemical Laboratories«, Verteilerfirma der Tomarkin-Foundation, am 9.4.1928.

1930-09-07 »Schlesische Ärztezeitung«: »Tomarkin-Foundation inc[orporated] Newyork« (Inc.: als Kapitalgesellschaft eingetragenes Unternehmen).

1930-08-30 »Offizielles Fremdenblatt«, Locarno: Tomarkin-Foundation.
Zur Adresse »27 Cleveland Place«: »Freistudentische Zeitschrift«, 1929 Dez., 1930 Nov., 1931 Nov. und »Schweizerisches medizinisches Jahrbuch«, 1932, S. 61 und 1933, S. 63: »Verzeichnis der im Ausland tätigen Schweizer Ärzte«: Tomarkin, Dr. Leander, 27 Cleveland Place.
Ab 1934 ist Leander im »Verzeichnis der im Ausland tätigen Ärzte MIT EIDG: DIPLOM« nicht mehr aufgeführt.
Europa-Trip: ancestry.co.uk, New York Passenger Lists, Leandro W. Tomarkin, Arrival Date: 21.10.1928, Port of Departure: Cherbourg France, Port of Arrival: New York, Ship Name: Belgenland.

21 Fachpresse 1925–1932 in chronologischer Reihenfolge:
1925-10-31 »Zeitschrift für Immunitätsforschung und experimentelle Therapie«, 45. Bd., Heft 1, Jena, S. 27–42: Schloss Wilhelm, »Experimentelle Prüfung des Antimikrobum Tomarkin. (Aus dem Institut für allg. und exper. Pathologie der Universität in Wien)«. Eing. 25.8.1925.
1926-12-03 »Klinische Wochenschrift«, 5. Jg. Nr. 49, S. 150/2321: Hinweis auf Schloss W[ilhelm], »Experimentelle Prüfung des Antimikrobum Tomarkin« in der »Zeitschrift für Immunitätsforschung« (siehe oben) von Braun.
1927 Tomarkin, Leandro, The Problem of Immunity. With the consideration of a new Biological Treatment in Tubercular Toxemia, Tomarkin-Foundation, New York, Sd. aus: »Bulletin of experimental therapy and tuberculosis research«, Bd. 1, Nr. 1, 32 Seiten (= Paper read before the Association of Italian Physicians of America at the New York Academy of Medicine, 12.4.1926).
1928 [Tomarkin, Leandro, Hrsg.] Catalysan Tomarkin. Therapeutic adjunct in the Treatment of Pulmonary Tuberculosis. Further Clinical Excerpts, Tomarkin-Foundation Incorporated, New York, Cleveland Place.
1929 Weichardt, Wolfgang, »Über die Untersuchung von Filtraten aus Tuberkelbazillenausgangsmaterial (Aus der bakteriologischen Untersuchungsanstalt, Erlangen)«, mit vier Kurven, in: Zeitschrift für Tuberkulose, 53. Bd., Leipzig 1929, S. 8–11.
1930-09-13 »Schweizerische Medizinische Wochenschrift«, Basel, Nr. 37, S. 861–863, Original-Arbeiten. Weichardt erklärte Tomarkins Verfahren.
1931 Weichardt, Wolfgang, »Über unspezifisch-therapeutische Beeinflussungen durch chemisch definierbare Heilmittel«, Eing. 7.2.1931, mit Abbildungen, in: Zeitschrift für Immunitätsforschung und experimentelle Therapie, 70. Band, Heft 1/2, Jena 23.3.1931, S. 438–444.
1932 Gottdenker, F. zu Catalysan/Catalsan, in: Tubercle, 1932, 14, S. 97–109.

22 1930-07-22 Gründung der »Laboratori Biochimici S. A.«, Aktiengesellschaft, deren Namen auch in Franz. und Englisch im schweiz. Handelsregister eingetragen ist. Statuten vom 14. Juli 1930. Der Verwaltungsrat bestand in dieser Zeit aus drei Personen: Leanders Bruder Percy Tomarkin, cand. jur. Mario Zanolini und Leander. Im Handelsregister ist L. T. als »dottore in medicina, da Zurigo, in New York« verzeichnet. Schweiz. Handelsamtsblatt 18.8.1930 (Leandro) und 1.9.1930, S. 1800 (Röder). Zu den Laboratori Biochimici siehe Teil D.

23 Zur Konstituierung der Tomarkin-Foundation in Locarno vom 21. Juni 1930:
1930-06-21 »Die Südschweiz«, 10. Jg., Nr. 50, Titelseite: Sa: 10.30 Zeremonie der effektiven Gründung. 10.45 Zanolini verliest Gründungsakte, dann Einweihungsadresse L. Tomarkin. 12.15 arch. Projektschau. 13.00 Essen im Park-Hotel.
1930-06-22 »Libera Stampa«: L'inaugurazione, 100 000 Fr. für »istituzione scientifica e umanitaria«. Pionier Campbell. Offeriertes Bankett.
1930-06-23 »Il Cittadino«: L'inaugurazione, »Importante istituto di fama mondiale«, »Benemerito«.
1930-06-23 »Neue Zürcher Zeitung«: Gründungsfeier. Förderung durch kantonale Behörden.

1930-06-24 »Corriere del Ticino«, S. 1–2. Rede Alfredo Vellas, Präs. der Tessiner Ärzte. Architekturwettbewerb. Da Vinci, Galilei und Tommaso Rima. »Egregio Presidente«.
1930-06-24 »Gazette de Lausanne«, S. 2.
1930-06-24 »Journal de Genève«, S. 4: Ira A. Campbell »précurseur et fondateur ... apporté ... encouragement«.
1930-06-24 »Gazzetta di Locarno«, Dopo la costituzione.
1930-06-24 »Il Dovere«, La Fondazione Tomarkin.
1930-06-25 »Il Cittadino«, S. 2–3: »Echi della costituzione«. Rede Alfredo Vellas.
1930-06-25 »Gazzetta Ticinese«: Rede Alfredo Vellas.
1930-07-04 »Medizinische Klinik«, Berlin, 26. Jg., H. 27: »unspezifisch-therapeutische Beeinflussung«.
1930-07-11 »Münchener Medizinische Wochenschrift«, S. 1219.
1930-08-30 »Offizielles Fremdenblatt«, Locarno, Nr. 27, S. 3–4.
1930-09-07 »Schlesische Ärztezeitung«, Breslau, Nr. 25, S. 598. Bes. Tuberkulose, Annalen, finanz. Beihilfen.
1930-09-13 »Schweizerische Medizinische Wochenschrift«, Basel, Nr. 37, S. 861–863: »Vorlesung anlässlich der Gründung des Europäischen Zweiges der Tomarkin-Foundation in Locarno am 21. Juni 1930, von Dr. med. Wolfgang Weichardt, Universitätsprofessor.«
1930-09-19 »Corriere del Ticino«, S. 2: »Un centro accademico nel Ticino«.
1930-09-22 »National Zeitung«, Basel: Wissenschaftliche Nachrichten.
Wolfgang Weichardt besuchte die Gründungsversammlung, wird in den Listen des 1., 2. und 4. der Tomarkin'schen Fortbildungskurse geführt, danach nicht mehr.
Zu Rima, Tommaso, 1775–1843, Tessiner Chefchirurg in Rom, Mailand, Venedig usw.: HLS.
Zur »Società Elettrica Locarnese«: »Nel XXV anno della Società Elettrica Locarnese in Locarno (1904–1929)«, Locarno 1929. Die Società Elettrica hatte den Palazzo, den die Banca Svizzera Americana 1915 verkaufen wollte, schließlich für günstige 280 000 Franken erworben.

24 Systematische Sammlung des Rechts, SR 818.102: http://www.admin.ch/ch/d/sr/8/818.102.de.pdf
1930-06-26 »Il Cittadino«: Hinweis.

25 Zur Rolle von Weichardt siehe Teil D.

26 Sobernheim, G., »Aus den Erinnerungen eines Neunzigjährigen. Meine Berner Jahre II«, in: Der kleine Bund, 19.10.1956.

27 Der Artikel im HBLS, VII, S. 17, ist von Celestino Trezzini, Dr. jur., Priester und Fribourger Professor, verfasst, der alle den Kanton Tessin betreffenden Artikel schrieb.
Vgl. de Gruyter, World biographical information system [elektronische Daten], WBIS Online Impressum [München], De Gruyter, 2004.

28 Newspaper Oswego Palladium, Monday April 19,1976, UEACQN. NY.
http://www.fultonhistory.com/Fulton.html

29 Zur »Villa Italia« im Locarner Stadtteil Saleggi:
1930-10-20 »Il Cittadino«, Giornale di Locarno quotidiano liberale popolare.
1930-10-16 »Luzerner Tagblatt« (eingest.).
1930-08-30 »Offizielles Fremdenblatt«, Locarno, Nr. 27, S. 3–4.
1930-10-22 »Basler Nachrichten«, zit. »Il Cittadino«: Erwerb der Villa Italia.
1930-10-22 »Thurgauer Zeitung«, zit. »Il Cittadino«: Erwerb der Villa Italia.
1930-10-22 »St. Galler Tagblatt«, zit. »Il Cittadino«: Erwerb der Villa Italia.
1930-10-22 »Solothurner Tagblatt«, zit. »Il Cittadino«: Erwerb der Villa Italia.
1930-10-22 »Solothurner Zeitung«: Erwerb der Villa Italia.

1930-10-23 »Neues Winterthurer Tagblatt«, zit. »Il Cittadino«: Erwerb der Villa Italia
1930-10-23 »Der Bund«, Bern, zit. »Il Cittadino«: Erwerb der Villa Italia.

30 1930-06-24 »Corriere del Ticino«, 6.1930. Die Aula war für 150 Personen gedacht. Sieger des Architektur-Wettbewerbes wurde ein Projekt namens »Igea«.
1930-07-11 »Münchener Medizinische Wochenschrift«, S. 121.

31 Führer von Locarno und Umgebung 1921, S. 14.
1930-06-22 »Libera stampa«: rinomanza.
Acta 3ème, S. 135: Prof. L. M. Pautrier, Strasbourg.
1930-06-22 »Libera Stampa«: L'inaugurazione. »Si tratta di una istituzione scientifica e umanitaria che il nostro paese ha la fortuna di ospitare e che accrescerà la rinomanza di Locarno nel mondo«, meinte das Organ del partito socialista.
1930-06-23 »Neue Zürcher Zeitung«.
1930-06-24 »Corriere del Ticino«.

32 ancestry.co.uk, New York Passenger Lists, Leandro und Wanda Tomarkin, Arrival Date: 1.8.1930, Port of Departure: Southampton England, Port of Arrival: New York, Ship Name: Berengaria; ancestry.co.uk, New York Passenger Lists, Leandra [sic] Tomarkin, Arrival Date: 20.7.1931, Port of Departure: Cherbourg France, Port of Arrival: New York, Ship Name: Leviathan.

33 Nach dem Ersten Weltkrieg gewannen sowohl der internationale Kongresstourismus wie auch die vielen, die Nähe des Völkerbundes suchenden internationalen Organisationen an Bedeutung. Tomarkin hatte also mit der Leitung internationaler Kongresse und mit der Gründung einer internationalen Tomarkin-Foundation geschickt in einem politisch bedeutenden Feld Position bezogen. Vgl. dazu: Herren, Madeleine, Internationale Organisationen seit 1865, Darmstadt 2009.

34 Zum 1. Fortbildungskurs der Tomarkin-Foundation 25.9.1930–14.10.1930 in Locarno: »ACTA 1ère«, nicht gedruckt.
Ein ill. Rückblick auf den 1. und 2. Kurs befindet sich in der »ACTA 3ème«, S. 132–144: [Programm]: I. Cours de perfectionnement pour Médecins, Locarno. 29. Sept. – 14. Oct. 1930, in: StA Bellinzona, Scatola Nr. 1242 (Nr. intern 4350).
18 internationale Gelehrte als Vortragende, 80 Ärzte als Zuhörer. Star: Prof. Ferdinand Sauerbruch.
Lokalitäten: Palazzo der Società Elettrica und Parkhotel.
7 Vorträge publiziert in den »Annalen I = Annalen der Tomarkin-Foundation. Organ für experimentell-therapeutische Forschung und angewandte Medizin«, hrsg. von Tomarkin-Foundation New York, europ. Sitz Locarno Schweiz, 1. Jg., Bd. 1, Heft 1, Locarno April 1931 [Biblioteca cantonale Lugano; UB Basel]. Mit Vorträgen von Asher, Bertarelli, Neumann, Silberstein, Sobernheim, Weichardt, Bürgi.
4 Vorträge des 1. Kurses sind in den »Annalen II«, 1932, abgedruckt: Asher, Bieling, Galli-Valerio und von den Velden.
1930-08-28 »Die Südschweiz«, Locarno: Vorschau.
1930-08-29 »Vaterland«, Luzern: Vorschau.
1930-09-07 »Schlesische Ärztezeitung«, Breslau: Programm.
1930-09-08 »Rheinisches Ärzteblatt«, Barmen: Vorschau.
1930-09-19 »Neue Zürcher Zeitung«, Bekannte Persönlichkeiten, Bedeutung für Locarno.
1930-09-19 »Corriere del Ticino«: »Un centro accademico nel Ticino«, »I più eminenti uomini«.
1930-09-20 »Schweizerische Medizinische Wochenschrift«, Basel, Nr. 38, S. 908.
1930-09-22 »National Zeitung«, Basel: »Bedeutendste ärztliche Koryphäen«. Öffentlicher Lichtbildervortrag über Malariasanatorien von Prof. C[G]osio, Rom. Sauerbruch.
1930-09-29 »Neue Zürcher Zeitung«: Beste wissenschaftliche Namen versch. Nationen.

1930-09-30 »Gazette de Lausanne«, S. 3.
1930-10-03 »Neue Zürcher Zeitung«: Vorträge im Palazzo Società Elettrica.
1930-10-03 »Deutsche Medizinische Wochenschrift«, 50. Jg., Heft 40: Vorschau.
1930-10-10 »Neue Zürcher Zeitung«: zwei Vorträge Sauerbruch; Besuch Agra.
1930-10-14 »Il Cittadino«: Der 1. Fortbildungskurs schloss mit einem »Thè d'onore« im »Hotel du Parc«.
1930-10-15 »Il Cittadino«: »La Chiusura«. »Più grande cordialità – più ammirevole spirito di amicizia – felicissimo spunte di entusiasmo per Locarno«.
1930-10-16 »Luzerner Tagblatt«: 17 der berühmtesten Universitäts-Professoren europ. Großstädte. Schluss im Parkhotel.
1930-10-18 »Die Südschweiz«, Locarno: »Thee« im Parkhotel. Sauerbruch habe am meisten interessiert, sprach u. a. über geeignete Ernährung ohne Fleisch. Uralte Weisheit.
1930-10-22 »Die Südschweiz«, Locarno: Bericht zur »Locarno-Pax-Union«: »Stand die Tagung der Tomarkin-Stiftung (Newyork) vornehmlich im Zeichen der alten Schulmedizin, so stand diese im Zeichen der Reformheillehre der Neuzeit.«
1930-10-24 »Der Bund«, Bern: Täglich lesen sechs der besten Professoren Europas. 50 000 Einladungen verschickt.
1930-10-24 »Express«, Biel: gleicher Text wie im »Bund«.
1930-10-25 »Neues Winterthurer Tagblatt«: gleicher Text wie im »Bund«.
1930-10-27 »Limmattaler Tagblatt«, Altstetten; gleicher Text wie im »Bund«.
1930-10-18 »Die Südschweiz«, Locarno: zu Sauerbruchs Vortrag.
1930-10-25 »Sie und Er«, Zofingen, S. 1061: Foto Sauerbruchs von E. Steinemann, Locarno.
Sauerbruch, Ferdinand 1875–1951, Prof. Chirurgie Marburg, Zürich, München, Berlin. S. verurteilte zwar einzelne Maßnahmen des NS-Regimes, entschied sich aber gegen die Emigration und ließ sich von den Nationalsozialisten auszeichnen. Er erhielt nie den Nobelpreis.
1930-10-18 »Die Südschweiz«, Locarno: zu Sauerbruchs Vortrag.
Gosio, Bartolomeo,1863–1944, Dir. des Wiss. Labors des Öff. Gesundheitsdiensts in Rom, Malaria-Spezialist. Entdeckte im Schimmelpilz ein Stoffwechselprodukt mit antibiotischen Eigenschaften und stellte es rein dar. Diese Mycophenolsäure war das erste, gut charakterisierte Antibiotikum der Geschichte.

35 1931-05-02 JAMA, S. 1484: »Meaningless pseudoscientific terms«.
1931-05-16 JAMA, S. 1712. »Complete success«. Das JAMA wies auf Tomarkins 2. Kurs, der im April stattfand, erst am 16.5.1931 – also viel zu spät – hin.

36 Zum 2. Fortbildungskurs der Tomarkin-Foundation 14.4.1931–24.4.1931 in Locarno:
ACTA [du] 2ème Cours internat. de perfectionnement pour médecins, Locarno, 14–18 avril 1931 [organisé par la] Tomarkin-Foundation, New-York, Siège européen: Locarno 1931, 61 Seiten [SNB].
Ein ill. Rückblick auf den 1. und 2. Kurs findet sich auch in der »ACTA 3ème«, S. 132–144.
[Programm] »II. Internationaler Medizinischer Fortbildungskurs Locarno. 14. bis 28. April 1931. Tomarkin-Foundation Inc. New York. Europäischer Sitz Locarno« [PA Gertrud Tomarkin; § StA Bellinzona Sc Nr. 1242 (4350)].
28 internationale Gelehrte als Vortragende, 163 Kursteilnehmer. Star: BR Giuseppe Motta.
2 Vorträge des 2. Kurses sind in den »Annalen II«, 1932, abgedruckt: Calmette und de Quervain [UB Basel].
1930-10-20 »Il Cittadino«: Vorschau.
1931-02-07 »Dovere«, Bellinzona.
1931-02-07 »Gazetta Ticinese«, Lugano.

1931-02-19 »Gazetta Ticinese«, Lugano.
1931-02-21 »The Lancet«, London, S. 424.
1931-03-20 »Schweizerische Ärztezeitung für Standesfragen« SAeZ, 12. Jg., Nr. 12, Bern, S. 134 und 138–139. Bericht von André Guisan: »esprit de Locarno«. Auch Nachdruck in Acta 3ème, S. 141.
1931-04-14 »Neue Zürcher Zeitung«: zit. Rede Mottas.
1931-04-15 »Neue Zürcher Zeitung«: Motta werde am 15. abends vom internat. Fortbildungskurs zurückkehren.
1931-04-15 »Journal de Genève«, S. 3.
1931-04-16 »Gazette de Lausanne«, S. 3.
1931-04-17 »Neue Zürcher Zeitung«: Bankett.
1931-04-30 »Journal de Genève«, S. 3 (»Nouvelles des Cantons« und »Confédération«): 34 Professoren vor 173 Ärzten aus 9 Ländern (gemäß Acta 2ème: 28 Professoren vor 163 Ärzten aus 8 europ. Ländern und einem Hawaiianer).
1931-05-02 Orvosi Hetilap, ungarische Ärztezeitung, Interview mit Prof. von Korànyi, Budapest: Nachdruck in Acta 3ème, S. 133–134: freundschaftliches Zusammengehen, keine Trennung zwischen Entente und Zentralmächten.
1931-05-28 »Journal de Genève«, S. 4: »Pour et contre l'Université tessinoise«.
1931-05-20 »Neue Zürcher Zeitung«: Schlussbericht; instruktive Vorträge, von »aktuellem Interesse« und »hoher praktischer Bedeutung«; »Reihe von Feierlichkeiten«.
1931-06-10 »La Presse Médicale«: Bericht Prof. L. M. Pautrier, Strasbourg. Nachdruck in Acta 3ème, S. 134 ff.
1931-06-26 »Münchner Medizinische Wochenschrift«, Nachdruck in Acta 3ème, S. 140. PD T. Gordonoff bestes Einvernehmen: Ansichtskarte: Geheimrat Neufeld vom Robert-Koch-Institut Arm in Arm mit Prof. Calmette vom Pasteur-Institut.
1931-07-06 »Rheinisches Ärzteblatt« und 20.7.1931. Nachdruck in Acta 3ème, S. 142. Sanitätsrat Dr. R. Laspeyres.
1931-08-01 »Die Medizinische Welt«, Nachdruck in Acta 3ème, S. 139–140. Dr. F. Cohn: außerordentlich hohes Niveau der Veranstaltung.
1931-09-19 »Paris Médical«: Bericht Prof. Cl. Regaud, Paris. Nachdruck in Acta 3ème, S. 136–139.
1932-02-06 »Schweizerische Medizinische Wochenschrift«, Basel, Nr. 6, S. 152: Rückblick und zur Acta 2ème.
Rede Mottas auch in: L'Educatore della Svizzera Italiana, 73. Jg., Nr. 4, Lugano, April 1931, S. 97–98: Fondazione Tomarkin e Università della Svizzera Italiana. Discorso.
Zu »Seele dieser Gemeinde von Gelehrten«: Acta 2ème, Prof. C. Levaditi, Paris 14.4.1931.

37 Gemäß »Schweizer Radio-Illustrierte« vom 31. Oktober 1931 übertrug das Radio im Oktober fünf wissenschaftliche Vorträge. Unklar ist, welche Vorträge gemeint sind. Gemäß Programm der »Schweizer Radio-Illustrierten« SRI (8. Jg., Nr. 42, 16.10.1931) sprach nur Prof. Calmette:
1931-04-20, 11 Uhr, Radio Zürich, Basel, Bern und Radio Sottens: Prof. Calmette, Paris, über Schutzimpfung gegen Tuberkulose.
1931-04-21, 16 Uhr, Radio Zürich, Basel, Bern und Radio Sottens: Prof. Calmette, Paris, über tuberkulöse Giftstoffe (ebenso das Radioprogramm in der NZZ vom 20. und 21.4.1931).
Gemäß Acta 2ème waren es drei Vorträge. Es sprachen Prof. Calmette, Paris (20.4.1931, 11 Uhr), Prof. Blumenthal, Berlin (21.4.1931, 11 Uhr) und Prof. Uhlenhuth, Freiburg i. Br. (21.4.1931, 16 Uhr).
Zur Zeit der zweiten Tomarkin'schen Fortbildungswoche referierte Dr. Albert Jung, Basel, am

21. April 1931 über die »Bedeutung der Vitamine« und wurde in der SRI abgebildet (8. Jg., Nr. 16, 17.4.1931, S. 394). Und im welschen Radio war am 23. April 1931 von 19.30 bis 22 Uhr eine Sendung über Lungen- und Knochentuberkulose zu hören.
Einweihung der drei Landessender: am 23.1.1931 Sender Sottens: 25 kW Leistung; am 11.6.1931 Sender Beromünster; 60 kW Leistung; am 28.10.1933 Sender Monte Ceneri: 15 kW Leistung. »Ente autonomo per la radiodiffusione nella Svizzera italiana« stand am Anfang. Lokalsender waren in Zürich, Bern und Basel bzw. Genf und Lausanne.
Vgl.: http://www.ortsmuseum-kuesnacht.ch/index.php/doku/technik-dienstleistung/radio/1911-1930

38 Zum 3. Fortbildungskurs der Tomarkin-Foundation 11.10.1931–26.10.1931 in Locarno:
ACTA [du] 3ème Cours international de perfectionnement pour médecins, Locarno, 11–26 octobre 1931, [organisé par la] Tomarkin-Foundation, New York, Siège européen: Locarno 1931, 150 Seiten [SNB]; S. 132–144: Ill. Rückblick auf den 1. und 2. Kurs. (Zitat aus Acta 3ème, S. 5: »Wesentlichstes und Bedeutsamstes auf medizinisch-biologischem Gebiet«. Zitat aus Acta 3ème, S. 11, 14, 15: Einstein und Ehrenpräsidium.)
[Programm] »III. Internationaler medizinischer Fortbildungskurs Locarno. 11. bis 26. Oktober 1931. Tomarkin-Foundation Inc. New York. Europäischer Sitz Locarno« [PA Gertrud Tomarkin].
[Programma] »III. Corso internazionale di Perfezionamento Medico Locarno. 11.–26. Ottobre 1931. Fondazione Tomarkin New York. Sede Europea Locarno« [Biblioteca cantonale Lugano].
114 Kursteilnehmer aus 12 europ. Ländern (und 1 Amerikaner), welche die 62 Vorträge der 35 Gelehrten aus 6 europ. Ländern besuchten. Die Eidg. vertrat Dr. Robert Käslin (1871–1934), Bundeskanzler von 1925–1934: http://www.admin.ch/ch/d/bk/rundgang/kanzler/kaeslin.html
11 Vorträge des 3. Kurses sind in den »Annalen II«, 1932, abgedruckt: Alexander, Besredka, Doerr, Fichera, Friedemann, Korányi, Mansfeld, Neuberg, Otto, Sachs, Sobernheim.
1931-06-27 »Schweizerische Medizinische Wochenschrift«, Basel, Nr. 26, S. 632: Vorschau.
1931-07-07 »Neue Zürcher Zeitung«: Vorschau.
1931-09-18 »Neue Zürcher Zeitung«: Vorschau.
1931-09-26 »Schweizerische Medizinische Wochenschrift«, Basel, Nr. 39, S. 960: Vorschau.
1931-10-03 »Schweizerische Medizinische Wochenschrift«, Basel, Nr. 40, S. 984: Vorschau.
1931-10-09 »Schweizerische Ärztezeitung für Standesfragen« SAeZ, 12. Jg. Nr. 41, S. 602–604.
1931-10-09 »Neue Zürcher Zeitung«: Gelehrte eingetroffen.
1931-10-14 »Neue Zürcher Zeitung«: Käslin, Ehrlich, Asher.
1931-10-16 »Neue Zürcher Zeitung«: Anfang.
1931-10-21 »Neue Zürcher Zeitung«: Vorträge Rollier, Rusca, Rabinowitsch, Carpi, Bertarelli usw.
1931-10-25 »Der Bund«: 30 Professoren. und über 1000 Ärzte.
1931-10-26 »Il popolo d'Italia«, Mussolinis 1914 gegr. Zeitung. Übersetzung auf Englisch in Acta 3ème, S. 113: Telegramme; S. 115: Bewunderung für Mussolinis »genius and iron will«.
1931-10-27 »Neue Zürcher Zeitung«: Ein Ehrentag der Tomarkin-Stiftung. Nachdruck in Acta III, 1931, S. 109 und Übersetzungen auf Ital., S. 112, und auf Engl., S. 113.
1931-10-07 »Journal de Genève«, S. 8: Hinweis.
1931-10-17 »Schweizer Radio-Illustrierte«, Titelseite mit Bild von Robert Koch: »Robert Koch schaffte durch die Entdeckung des Tuberkelbazillus die feste Grundlage, auf der man die Bekämpfungsmaßnahmen gegen den schleichenden Tod aufbauen konnte. (Zu den Übertragungen des Landessenders vom Ärztekongress der ›Tomarkin-Foundation‹ in Locarno.)«
1931 »Zeitschrift für Krebsforschung«, Berlin 1931, S. 418: kleine Mitteilung.
1931 »Journal de la Pharmacie centrale de France«, Jg. 72, S. 256.

1932-05-09 »Neue Zürcher Zeitung«: zur Hrsg. der Acta 2ème.
1932-08-20 »Schweizerische Medizinische Wochenschrift«, Basel, Nr. 34, S. 784: Rückblick und zur Hrsg. der Acta 3ème.
Vgl. »Annalen der Tomarkin-Foundation«, hrsg. von der Tomarkin-Foundation New York. Europ. Sitz: Locarno Schweiz, 2. Jg., Heft 1/2, Leipzig, Oktober 1932: Abdruck der Vorträge [UB Basel].
Zu den Fotos in der Acta 3ème: insg. 49 Bilder.
Alle 35 Redner außer sieben (Cavaillon, Frey, Leriche, Pradervand, Rabinowitsch-Kempner, Staehelin und Blumenthal [erscheint aber auf einem Gruppenfoto]) entspricht 28 Bildern. Campbell, Hand, Hague, Seta und Radio entspricht 5 Bildern. Gruppenbilder sind es 7, dazu 9 Bilder von Tessiner Landschaften oder Ausflugszielen.
Zum Radioprogramm:
Radioprogramm gemäß NZZ und SRI
1931-10-19, 11 Uhr, Radio Beromünster: Prof. Rabinowitsch (Tuberkel-Bazillus): NZZ (gemäß SRI: 11 Uhr keine Sendung).
1931-10-19, 14 Uhr, Radio Sottens: Prof. Cavaillon (Venerische Krankheiten): SRI, NZZ.
1931-10-20, 11 Uhr, Radio Beromünster: Prof. Sobernheim (Rasse): SRI, NZZ.
1931-10-21, 15 Uhr, Radio Beromünster: Prof. Hauser (Tuberkulose in Armee): SRI, NZZ.
1931-10-23, 11 Uhr, Radio Beromünster: Prof. Madsen (SRI; gemäß Acta 3ème, S. 100, sprach Prof. Asher für Prof. Madsen). Th. Madsen, Prof. Kopenhagen, Hygiene-Komitee des Völkerbunds (SAeZ 9.10.1931, S. 603).
1931-10-24, 11 Uhr, Radio Sottens: Prof. Bernard, Paris (Tuberkulose): SRI, NZZ.
Am 21.10.1931 sprach gemäß Acta 3ème, S. 83 (mit Bild) auch L. W. Tomarkin. Das Bild »Tomarkin am Mikrofon« wurde in der SRI vom 31.10.1931, S. 21 abgedruckt.
Zu Laura della Seta: Sie war wohl die Tochter des teilnehmenden Arztes Dr. Eschilo della Seta aus Rom.
Zu Hedwig Ehrlich-Pinkus, 1864–1948, Witwe von Paul Ehrlich, Nobelpreisträger 1908, vgl. »New York Times«, 22.12.1948.
Zu Gustav Bucky: Er nahm auch am 5. Kurs im August 1933 als Vortragender teil. Noch im gleichen Jahr 1933 legte Bucky seine Ämter in Deutschland nieder und kehrte zurück nach New York. Auch Einstein emigrierte 1933 in die USA.
Zu Gaetano Fichera, 1880–1935, siehe »Unio internationalis contra cancrum, Acta«, Vol. I, 1936.

39 Zitate:
Acta 2ème, o. S.: vielgeschäftig.
Acta 3ème, S. 133: Prof. Korànyi.
Acta 3ème, S. 140: Prof. Gordonoff: »Beinahe des Guten zuviel«, Pomp.
Acta 3ème, S. 144, Sanitätsrat Dr. R. Laspeyres Bonn: nicht ganz befriedigt.
1931-10-27 »Neue Zürcher Zeitung«, Nachdruck in Acta 3ème, S. 109: ungemein betriebstüchtig.
1932-09-12 »Corriere della Sera«: »diffusamente« – »la voce di amore« und »parlare al cuore degli uomini di buona volontà«.
1931-10-14 »Neue Zürcher Zeitung«: Asher: hoher kultureller Wert der Ferienkurse.
1931-10-21 »Neue Zürcher Zeitung«: bedeutsames wissenschaftliches Ereignis.
1931-09-19 »Paris Médical«: Bericht Prof. Cl. Regaud, Paris; Nachdruck in Acta 3ème, S. 136–139: »… dans le magnifique Tessin deux semaines consacrées à un travail utile, mélangé de plaisir de rare qualité«.
1931-05-20 »Neue Zürcher Zeitung«: »Festlichkeiten zu absolvieren«.
1931-03-20 »Schweizerische Ärztezeitung für Standesfragen« SAeZ, S. 134: André Guisan spricht vom »esprit de Locarno«. Auch Nachdruck in Acta 3ème, S. 141.

40 Beim Besuch des italienischen Kinderheimes »Umberto di Savoia« hatte Prof. Carlo Foà, Physiologe am Athenäum Mailand, die TF eingeladen, im kommenden Jahr einen Tag dem Athenäum Mailand zu widmen (Acta 3ème, S. 129). Wichtige Schülerinnen und Schüler von Koch (Rabinowitsch) und Forlanini nahmen am 3. Kurs teil. Rabinowitsch erinnerte bei ihrem Vortrag an den 24. März 1882 und die Entdeckung durch Robert Koch.

Quellen und Literatur:

1932-06-11 »Schweizerische Medizinische Wochenschrift«, Basel, Nr. 24, S. 572: Vorschau.

1932-06-19 »Gazette de Lausanne«, S. 3: Vorschau.

1932-07-02 »Klinische Wochenschrift«, Berlin, 11. Jg., Nr. 27, S. 1168: Vorschau.

1932-07-15 »Neue Zürcher Zeitung«: Ausflug des 4ème cours nach Locarno.

1932-09-12 »Corriere della sera«, Milano: »Saluto augurale del Governo fascista«; »Il prof. Tomarkin, che anche con la sua perfetta dizione italiana dimostra quanto ami e comprenda l'Italia, invia un caldo ringraziamento ›all'onniveggente allsehenden Capo del Governo italiano‹ che, compreso dello spirito e dei fini della Fondazione, ha reso possibile questo quarto corso«; »nuovo soffio di vita«.

1932-09-14 »The Times«: Eröffnet von »Signor Arrigo Solmi, Under-Secretary for National Education, who represented the government«. LT möchte eine Gesellschaft, in der medizinisch interessierte Ärzte, Wissenschaftler, Studenten überall auf der Welt »friendly cooperation and support« finden.

1932-09-15 »L'Italia Sanitaria«, Roma: Fünfseitige, reich bebilderte Reportage über den »IV corso internazionale di alta coltura medica della Fondazione Tomarkin – Locarno«.

1932-09-01 »Gazette de Lausanne«, S. 2: »Les plus illustres médecins de« 27 Nationen.

1932-09-24 »Gazette de Lausanne«, S. 4: UdSSR, UNO, 30 Uniprofessoren, »au-dessus de toute barrière nationale et politique«.

1932 »Revue anthropologique«, Paris, 42. Jg., S. 300: Sauerbruch, Lina Stern.

1932-08-20 »Schweizerische Medizinische Wochenschrift«, Basel, Nr. 34, S. 784: Vorschau.

1932-09-11 »Schweizerische Medizinische Wochenschrift«, Basel, Nr. 38, S. 872: Vorschau.

1932-12 JAMA, S. 2277: In Commemoration of Forlanini and Koch. Broadcast to numerous stations.

1932 »Zeitschrift für Krebsforschung«, Berlin 1932, S. 626: Krebsproblem.

Vgl. Bing, Robert, Die multiple Sklerose einst und jetzt. Vorträge, gehalten an der Kgl. Universität Mailand (4. internat. Med. Fortbildungskurs der Tomarkin-Foundation) am 13. und 14. Sept. 1932. SA aus der Schweiz. Med. Wochenschrift. Jg. 62, Basel 1932: »... welcher Sachkenntnis und welcher Sicherheit des Urteils sie den Programmen einen im besten Sinne des Wortes aktuellen Charakter aufzuprägen wissen«.

Zur Radioübertragung: In der SRI wurde am Mittwoch, den 14. September 1932 angekündigt: Mailand, 20.15 Uhr: Ärztlicher Vortrag. Das Radio brachte damals einen ganzen Vortragszyklus: »Die großen wissenschaftlichen Entdeckungen vor 100 Jahren«, von Dr. Rudolf Lämmel (Sender Beromünster). Am 15. August 1938, 19.20 Uhr, sprach F. [Alexander] L. von Muralt über Lungentuberkulose. Zu Lämmel u. a.: http://www.martinnaef.ch/downloads/rudolf_laemmel.htm

Zu Stern, Lina, 1878–1968: Stern nahm vom 4. bis 7. Tomarkin-Kurs teil und trat als Rednerin oder Tagungspräsidentin auf. Sie wirkte in den Annalen II 1932 mit. Sie wird zitiert in: Résumés des Conférences tenues pendant le VIIe Cours International de Haute Culture Médicale de la Fondation Tomarkin inc. ..., Brüssel 1935, S. 5–6 (= Numéro spécial von »Le Scalpel«, Journal Belge des Sciences Médicales, Oktober 1935, in: UB Basel).

41 1934-02-20 »Journal de Genève«, S. 8.

1934-02-21 »Journal de Genève«, S. 2.

1934-02-26 »Gazette de Lausanne«, S. 2 (zit. »Bund«).
1934-02-27 »Journal de Genève«, S. 3 (zit. »Bund«) und S. 8 (zit. NZZ).
1934-02-27 »Gazette de Lausanne«, S. 2 (zit. NZZ).
1934-03-15 »Journal de Genève«, S. 1.
1935-01-21 »Gazette de Lausanne«, S. 4.

42 Acta 3ème: Zum Geleit, S. 5 und Inaugurationsrede von Tomarkin (dtsch.), 11.10.1931, S. 15.

43 Zum 5. Fortbildungskurs der Tomarkin-Foundation 13.8.1933–27.8.1933 in St. Moritz:
»St. Moritz. V. Corso internazionale di alta Coltura medica della Fondazione Tomarkin. Locarno. St. Moritz dal 13 al 27 Agosto 1933. Fondazione Tomarkin Locarno 1933« [PA Gertrud Tomarkin].
»St. Moritz. Horaire des Conférences au Vème cours international de haute culture medicale de la fondation Tomarkin Locarno. 13–27-Aôut 1933« [PA Gertrud Tomarkin].
1933-01-10 »Het Vaderland«, 's-Gravenhage: Hinweis.
1933-01-21 »Schweizerische Medizinische Wochenschrift«, Basel, Nr. 3, S. 80: Vorschau.
1933-04-01 »The Lancet«, London, S. 729: Hinweis.
1933-04-29 »Schweizerische Medizinische Wochenschrift«, Basel, Nr. 17, S. 420: Vorschau.
1933-07-03 »Neue Zürcher Zeitung«: Hinweis.
1933-07-08 »Schweizerische Medizinische Wochenschrift«, Basel, Nr. 27, S. 680: Vorschau.
1933-08-11 »Neue Zürcher Zeitung«: »Die Schweizerische Sanitätsdirektoren-Konferenz findet dieses Jahr am 14. und 15. August in St. Moritz statt, bei Anlass des Int. Medizinischen Fortbildungskurses der Tomarkin-Foundation«.
1933-08-11 »Engadin Express & Alpine Post«: Vorschau, Programm; »verdienstvollen Tomarkin-Stiftung«, »Universität in nuce«, »Weltmitwirkung«.
1933-08-14 »Neue Zürcher Zeitung«: Gemäß Programm gelungen, bekannte medizinische Forscher aus Belgien, Deutschland, Frankreich, Italien, Österreich, Russland und der Schweiz zu verpflichten.
1933-08-25 »Engadin Express & Alpine Post«, S. 2–4: Ausflüge ins Unterengadin und nach Maloja; Luzius; Jünger Tomarkins; ausgezeichneter Veranstalter, Maître.
1933-08-28 »Journal de Genève«, S. 6: 10 Länder vertreten.
1933-07-28 »Gazette de Lausanne«, 6: 43 Professoren aus Europa und Übersee.
1934 Association Française pour »L'Avancement des Sciences«, Compte rendu de la 58e Session, Rabat 1934, Paris 1934, S. 203: Vortrag Prof. Dustin.

44 Zu den Konzerten, deren Erlös einer wohltätigen Einrichtung versprochen war:
IIIème: Laura Della Seta.
Vème: Maria Rota.
VIème: Arturo Toscanini: kam nicht zustande.
VIème: Maestro Pietro Mascagni.

45 Zum 6. Fortbildungskurs der Tomarkin-Foundation 9.9.1934–22.9.1934 in Meran:
[Programma] »Merano. VI. Corso internazionale di alta Coltura medica della Fondazione Tomarkin, Roma. Sotto l'Alto Patronato di S. A. R. il Principe Filiberto di Genova Duca di Pistoia. Dal 9 al 22 Settembre 1934. Fondazione Tomarkin (Roma). Firenze 1934« [Österreich, Landesbibliothek].
Der Kongress war zuerst für den 5. bis 18. August 1934 in St. Moritz geplant:
1934 Januar »Revue Médicale Française«, 15. Jg., Nr. 1, S. 424: 2 concerts dirigé par le maître Toscanini en faveur FT.
1934-06-02 »The British Medical Journal«, S. 1014: post-graduate course in St. Moritz.
Quellen und Literatur:

1934-08-26 »Le Concours Médical«, Paris, Jg. 56, Nr. 34, S. 2368: Hinweis.
1934-08-16 »Het Vaderland«, 's-Gravenhage: Filiberto, 20 Uniprofessoren aus 12 Ländern, 50 Doktoren.
1934-08-29 »Het Vaderland«, 's-Gravenhage.
Aus USA: Lichtwitz, Leopold aus New York; Park, William aus New York; Castellani, Aldo aus New Orleans. Aus USSR: Sbarsky, B.S. aus Moskau; Stern, Lina aus Moskau.

46 Zum 7. Fortbildungskurs der Tomarkin-Foundation 12.9.1935–2.10.1935 in Brüssel und Spa: »Programme scientifique du VII. Cours International de Haute Culture Médicale de la Fondation Tomarkin Inc. organisé sous les auspices de l'Université Libre de Bruxelles pendant l'Exposition Universelle. Bruxelles 12–19 septembre 1935. Spa 20 septembre–2 octobre 1935. Tomarkin-Foundation Inc. New York 1935« [PA Gertrud Tomarkin].
[ACTA]: »Résumés des Conférences tenues pendant le VIIe Cours International de Haute Culture Médicale de la Fondation Tomarkin inc. ...organisé sous les auspices de l'Université Libre de Bruxelles du 12 au 19 septembre 1935 à la Faculté de Médecine de l'Université de Bruxelles et du 20 septembre au 2 octobre 1935 à Spa«, Brüssel 1935 [National Library of Medicine in Bethesda, Maryland, the world's largest medical library: keine Ausleihe. Gefunden dank Mtt. Pia Burkhalter IMG Bern, als Numéro spécial von »Le Scalpel. Journal Belge des Sciences Médicales«, Oktober 1935, in UB Basel].
1935-06 »Spa médical et historique. Publication périodique publiée sous le patronage et avec la collaboration du Corps médical de Spa«, Spa, Juni 1935.
1935-06-08 »The Lancet«, London, S. 1359: Forthcoming Congresses, Hinweis.
1935-08-11 »Le Concours Médical«, Paris, Jg. 57, Nr. 32, S. 2326: Hinweis.
1935-08-24 »The Lancet«, London, S. 458: Zusammenarbeit mit der »International Union Against Cancer« beim Brüsseler Teil; Ehrung von Pierre und Marie Curie; Spa; Besuch italienischer Universitäten.
1935 August »L'Association Médicale«, Paris, 38. Jg., Nr. 8, S. 430–431: Programm.
1935 August »The Canadian Medical Association Journal«: Hinweis.
1935-09-11 »La Vanguardia«, Barcelona: Hinweis auf Vortrag von Vicente Carulla-Riera, Barcelona.
1935-09-15 »New York Times«: Hinweis, Delegierte aus zehn Ländern.
Zur Brüsseler Weltausstellung von April bis November 1935 im Heysel-Park: 20 Mill. Besucher. Der belgische Architekt Joseph Van Neck schuf das Art Deco Palais, Victor Bourgeois den Grand Palace. Le Corbusier, Paul Delvaux und René Magritte waren beteiligt.

47 Zum nicht zustande gekommenen (8.) Fortbildungskurs der Tomarkin-Foundation 7.9.1936–21.9.1936 in Athen:
VIII. »Cours international de Haute Culture médicale et Visite Archéologique de la Grèce«.
Keine »ACTA«, geplant war ein 450 bis 500-seitiges »compte rendu«.
Gemäß der »Schweizerischen Medizinischen Wochenschrift«, Basel, Nr. 37 vom 12.9.1936, S. 904, musste z. B. auch die X. Int. Tuberkulose-Konferenz, die vom 7.–10.9. in Lissabon geplant war, »mit Rücksicht auf die gegenwärtige politische Lage in Spanien« abgesagt werden.
Quellen und Literatur:
1936 Januar »Revue Médicale Française«, 17. Jg., Nr. 1, S. 574–576: Programm.
1936-06-27 Die »Klinische Wochenschrift«, Berlin, München, 15. Jg., Nr. 26, S. 952 nannte Brüssel als 1936er-Tagungsort, was vermutlich ein Missverständnis ist. Der Kongress wurde von Brüssel aus organisiert. Verfügung des Reichsärzteführers Dr. Wagner vom 6. Juni 1936.
1936-07-19 »Le Concours Médical«, Paris, Jg. 58, Nr. 29, S. 2208: Programm.
1936-08-30 »Le Concours Médical«, Paris, Jg. 58, Nr. 35, S. 2502: Absage: »Les cours de haute

culture médicale, organisés par la Fondation Tomarkin, qui devaient se donner à Athènes du 7 au 21 septembre 1936, n'auront pas lieu.«
1936.09.17 »Neue Zürcher Zeitung«: Reichspropagandaminister Goebbels.
1936.09.22 »Neue Zürcher Zeitung«: Goebbels trat am Sonntagabend ein (= 20. Sept 1936).
Zur Situation der deutschen Wissenschaftler in großer wirtschaftlicher Bedrängung: Acta 3ème, S. 15.

48 Zum 8. Fortbildungskurs der Tomarkin-Foundation am 25.3.1937 in Algier; keine eindeutige Bestätigung in den Zeitungen, dass der Kurs zustande kam.
Siehe Teil B. Keine »ACTA« bekannt.
1937-01-23 »The Lancet«, London, S. 243: VIII. Congrès international de haute culture médicale in Alger 25.3.–6.4.1937; sechs Fachsektionen; Ehrungen für sieben Wissenschaftler: Ronald Ross (Nobelpreis 1902), Camillo Golgi (Nobelpreis 1906), Charles Louis Alphonse Laveran (Nobelpreis 1907) und die für den Nobelpreis nominierten Battista Grassi, Angelo Celli, Patrick Manson und Ettore Marchiafava.
1937-02-27 »The British Medical Journal«, S. 456, 459: Geplant seien eine Commemoration für die Pioniere der Malaria-Forschung, Ausflüge, Empfänge und Unterhaltung, Radioübertragungen. Geehrt sollte wohl der schottische Parasitologe und Tropenmediziner Sir Patrick Manson (1844–1922) werden. Und dessen Schwiegersohn, Sir Philip Heinrich Manson-Bahr, ebenfalls Tropenmediziner, sollte teilnehmen. Die Reiseorganisation war in der Hand der Messrs. Cook, Wagons-lits, weitere Informationen waren vom Kongress-Sekretär M. Tomarkin, Institut Alfred Fournier, 25, Boulevard Saint-Jacques zu erhalten.
Zum Pariser Pasteur-Institut: Es beschickte Tomarkins Fortbildungswochen stets: Professoren Besredka 1., 3., 4. und 7. Kurs, Calmette 2. Kurs, Levaditi, 1., 2., 4., 5., 6. und 7. Kurs usw.

49 Lebenserinnerungen der St. Gallener Ärztin Frida Imboden-Kaiser, Aus Lebenserfahrung und Erinnerung, St. Gallen 1958, S. 57.

50 Sobernheim, Georg, »Aus den Erinnerungen eines Neunzigjährigen. Meine Berner Jahre II«, in: Der kleine Bund, 19.10.1956.

51 Zur 9. Tomarkin'schen Veranstaltung = Réunion internationale de Physique-Chimie-Biologie im »Palais de la Découverte«, Paris, Oktober 1937, siehe Teil B.
Zur 10. Tomarkin'schen Veranstaltung = Erste Internationale Krebswoche in Paris 23.–30.11.1938:
»ACTA Unio internationalis contra cancrum«, Bd. IV, Numéro spécial 1–2, 1939.
»Numéro spécial consacré à la Semaine internationale contre le cancer et à la Réunion internationale pour la commémoration de la découverte du radium, des électrons, des rayons X et des ondes hertziennes ..., sous la dir. de L. W. Tomarkin 23–30 novembre 1938«, Paris 1939 [Bibliothèque de Genève; HBZürich, Medizinbibl. Careum] [Die Reihe »Acta« der »Unio internationalis contra cancrum« erschien ab 1936 (Red. Maisin) und ist nicht mit den Tomarkin'schen »Acta« zu verwechseln].
1938-11-19 »The Lancet«, London, S. 1192: Programm; 36 Länder; Ehrung Curie; Radioaktivität.
Maisin J[oseph] H[enri], L'Union Internationale Contre le Cancer. De sa fondation à nos jours, Genf 1966, S. 27–29: L'œuvre de deux hommes. Tomarkin war secrétaire général par intérim de l'Union.
Zur Krebswoche in der Schweiz:
1938-08-08 »Neue Zürcher Zeitung«: Im Rahmen der Int. Krebswoche in Paris werde auch die Schweiz, Vereinigung für Krebsbekämpfung/Jentzer eine Feier für drei Tage ausrichten.
1938-11-26 »Schweizerische Medizinische Wochenschrift«, Basel, Nr. 48, S. 1308: Ligue Nationale Suisse Contre le Cancer, BR Dr. Baumann, Jentzer; Programm für Bern 2.–04.12.1938;

Renseignements: Secrétaire général L. W. Tomarkin, 18 rue Soufflot, Paris 5e.
1938-12-06 »Neue Zürcher Zeitung«: Vortrag Curie mit einigen Lichtbildern.
1938-12-07 »Neue Zürcher Zeitung«: Foto von Eve Curie anlässlich ihres Vortrages in Bern.
1938-12-07 »Schweizer Illustrierte Zeitung«, Zofingen, und 30.11.1938: Foto mit Eve Curie, Jentzer.
1938-12-02 »Der Bund«, Bern: Sonderseite.
1938-12-03 »Schäublis illustrierte Zeitung für die Schweizer Familie«, S. 177: Foto mit Eve Curie, Jentzer und Dessauer.
1938-12-10 »Das Blatt für alle«, S. 9: Foto mit Eve Curie.
1938-12-10 »Ringiers Unterhaltungs-Blätter«, S. 1681: Foto mit Eve Curie.
Zu Marconi: Es gab Marconi Radio-Apparate, nach dem Namen des Pioniers Marchese G. Marconi (Inserate z. B. in der SRI 1932).
Zu Jean Perrin:
1938-11-12 »Le Fiagro« meldet den Tod von Jean Perrins Frau, Henriette Perrin-Duportal.

52 Angaben gemäß Enquête der UICC von 1936, in: Unio internationalis contra cancrum, Acta, Vol. II, 1937 (HB Zürich, Medizinbibl. Careum).

53 1938-11-30 »Schweizer Illustrierte Zeitung«: mit Jentzer.
1938-12-07 »Schweizer Illustrierte Zeitung«: Titelseite.
1938-12-03 »Schweizer Familie«, S. 177: mit Jentzer und Dessauer.
Auch »Das Blatt für alle« und »Ringiers Unterhaltungs-Blätter« zeigten ein Bild der Curie, allein oder zusammen mit Professor Alcide Jentzer, dem Chef der Schweizer Krebsliga. Vgl. die Bebilderungen in den »Acta 1938«.

54 Die Acta hatten 647 Seiten und eine zwischen Seite 16 und 17 eingeschobene »Table de Matière III–VIII«.
Unterteilung:
1. Teil, S. 1–422: Semaine internationale contre le cancer.
2. Teil, S. 423–647: Manifestations qui se sont déroulées de par le monde.
Gedruckt in Paris, 31.7.1939.
Der Band druckte die Einleitungs-, Begleit- und Vorworte zu den einzelnen Segmenten ab. Er veröffentlichte die Grußworte, Ansprachen und guten Wünsche, die an der festlichen Eröffnungsfeier, an den Ehrenempfängen, Gedenkfeiern und an der Pilgerfahrt zu Curies Grab präsentiert wurden. Telegramme, Adressen und Würdigungen nicht anwesender Gäste waren ebenso abgedruckt wie Auszüge aus Radiosendungen und aus unzähligen Presseartikeln. Sie publizierte Mitteilungen, Reden und Diskussionen zu den fachlichen Konferenzen und wissenschaftlichen Themen. Die in den »Acta« publizierten Erinnerungen boten jeweils eine Zusammenfassung – ein Résumé, Resumen, Riassunto und Summary – der physikalischen, biologischen und technischen Vorträge, die mit Formeln, Grafiken und Bildern einzelne Aspekte der Strahlen- und der Radiumprobleme behandelten. Sie zeigten Übersichten, Erklärungen und Programme zur speziellen Ausstellung im »Palais« und zu den Veranstaltungen der weltweiten Begleitwochen.

55 Gemäß Liste der »Acta 1938«, S. 7, nahmen folgende 39 Länder teil: Afghanistan, Ägypten, Albanien, Argentinien, Australien, Belgien, Brasilien, Bulgarien, Chile, Estland, Frankreich, Griechenland, Guatemala, Haiti, Holland, Italien, Japan, Jugoslawien, Kanada, Kuba, Lettland, Litauen, Luxemburg, Mexiko, Monaco, Norwegen, Palästina, Paraguay, die Philippinen, Polen, Portugal, Rumänien, Schweiz, Tschechoslowakei, Türkei, UdSSR, Uruguay, USA, Venezuela.
Auffallende Nichtgenannte sind in dieser Liste: Großbritannien, Spanien, Dänemark, Ungarn, Schweden und natürlich Deutschland. Immerhin waren als Redner Leute der Universitäten London, Kopenhagen und Barcelona engagiert. »Acta«, S. 35–36. Auch ein Redner aus dem Irak war

da, S. 363. 31 Länder sind auch als Teilnehmende der nationalen Wochen vermerkt. Schweden ist dabei, nicht aber die neun Länder Albanien, Brasilien, Haiti, Norwegen, Palästina, Paraguay, Uruguay, USA und Venezuela.
[Auf der Titelseite der Numéro spécial der »Unio internationalis contra cancrum«, Vol. IV, 1939, Nr. 1–2, sind 50 Unio-Länder verzeichnet.]

56 1946-04-30 »The Daily Register«, Harrisburg Ill.: »You Have Read About It In Reader's Digest. Now – for the first time in Harrisburg you can get this wonder surface coating.
Aquella – WATERPROOFS AND DAMPPROOFS – Interior and Exterior – Porous Masonry Surfaces«.
Patentdatenbanken: z. B. www.freepatentsonline.com, ep.espacenet.com oder http://www.swissreg.ch

57 Zu Wanda Tomarkins Patent »Scarf«: 24.12.1949 Patentgesuch, 17.6.1952 Patentierung, siehe http://ip.com/patent/US2600814

58 Zu Tomarkins Patent »Garment rejuvenating apparatus«: 2.5.1950 Patentgesuch, 7.4.1953 Patentierung, siehe http://ip.com/patent/US2634033
1963 ließ Tomarkin ein selbst erfundenes Verfahren zur Patentierung anmelden, das Geräte, wie etwa ein Hämmerchen, bei Bewegung Funken sprühen ließ.

59 Krätz Otto, »Der ›steinige‹ Weg zu literarischem Ruhm: Marcel Proust und die Diamantensynthese des Professors Moissan«, in: Angewandte Chemie, 2001, 113, Nr. 24, S. 4739–4745.

60 »Vitron Research Corp.«: NYS Department of State, 14.3.1952, Domestic Business Corporation, Dr. Leandro W. Tomarkin, Hungry Hollow Rd., Windom Farm, Spring Valley, New York. Capital Stock 20 000.
Firma von Tomarkin und Vilella. Ziel: Herstellen von Diamanten. Kapital: 15 000.
Zu Tomarkins Patent »Apparatus for temperature pressure testing materials«, 24.9.1951 Patentgesuch, 23.11.1954 Patentierung, siehe http://ip.com/patent/US2694922
Am 30.6.1959 reichte Mario Vilella in England ein Patent ein für eine Methode und einen »apparatus of making such compositions under conditions of controlles temperature and pressure«: Patent/UK/1963/Vilella.

61 Ausgabe 2/2003: Fünfzigstes Jubiläum der ersten erfolgreichen Diamantsynthese Industrial Diamond, in: Review IDR, GB-Harrow, Nr. 2, 2003, siehe http://www.idr-online.com/german/pages/archive/2003_2/01_Art/Art01_02_03.htm

62 1955-02-17 »New York Times«: »Synthetic Diamond made 3 years ago«.
1955-05-17 »New York Times«: »2 Scientists make Diamonds in Barn«.
1955-05-22 »New York Times«: Science in Review.
1955-02-20 »New York Times«: Diamonds From the Laboratory General Electric, vgl. 16.2.1955, 27.2.1955. Involviert waren die »Prism-Lite Diamond Company« mit Präsident Wallace W. Harwood und die »Diamond Manufacturers and Importers Association of America« mit dem gleichen Präsidenten Harwood, der auch Geldgeber war.

63 1955-04-06 NZZ: »Künstliche Diamanten«.
1955-07-06 NZZ: »Diamanten von Menschenhand«, Inserat der »Novelectric«, der Schweizer Vertretung von »General Electric«.

64 Zu Tomarkins Patent »synthetic bowling pins«: 12.11.1959 Patentgesuch, 08.09.1964 Patentierung, siehe http://ip.com/patent/US3147974
Zur »American Machine and Foundry Company«, New Jersey, Firma zur Verwertung verschiedenster Lizenzen: NYT 25.2.1961, 22.4.1964, 7.11.1961.

65 Zu Tomarkins Patent »Sparking composition«: 30.10.1963 Patentgesuch, 14.2.1967 Patentierung, siehe http://ip.com/patent/US3304256; vgl. SciFinder Scholar.

66 Zu Tomarkins Patent »Sparking device«: 27.6.1963 Patentgesuch, 14.3.1967 Patentierung, siehe http://ip.com/patent/US3308572

67 Zu Tomarkins Patent »Tractive compositions«: 18.2.1963 Patentgesuch, 24.12.1963 Patentierung, siehe http://ip.com/patent/US3115178
Am 5. Juli 1960 wurde das Patent für diese rutschfeste Masse mit Silikon in der CH eingereicht (Nr. 432826). Priorität hatten die USA vom 12.2.60. Am 11.12.1960 wurde das Patent in Italien eingereicht: »Composto Elastomerico per rendere maggiormente trattivi i copertoni delle ruote di autovehicoli«.

68 1963-12-28 »New York Times«, Saturday, Section: Business & Finance, S. 27.

69 1941-12-12 »Aufbau«, jüdische Exilzeitschrift, s. Exilpresse digital. http://deposit.ddb.de/online/exil/exil.htm.
1942-03-13 »Aufbau«: »Appeal for the Physicians' Day to be held on Monday, March 23, 1942«.
1942-01-11 »New York Times«: »Legion of Alien Volunteer Blood Donors for the American red Cross«.

70 Blutspendeaktionen und -aufrufe wurden vom amerikanischen Roten Kreuz in Zusammenarbeit mit Armee mit viel Medieneinsatz organisiert.
1942-01-11 »New York Times«: »Aliens meet here as blood Donors«.
Zur Organisation der Blutspendeaktionen vgl. http://images.google.com/imgres?imgurl=history.amedd.army.mil/booksdocs/wwii/blood/ch20fig168.jpg&imgrefurl=http://history.amedd.army.mil/booksdocs/wwii/blood/default.htm&h=429&w=450&sz=45&tbnid=GHNuGum1uSYJ:&tbnh=118&tbnw=123&prev=/images%3Fq%3DUnited%2BNations%2Bhistory%26start%3D20%26hl%3Den%26lr%3D%26ie%3DUTF-8%26sa%3DN

71 Die No. 3 665 159 des Fremdenregisters, Tomarkin, Leandro, William, wohnhaft in Hungry, Hollow Road, Spring Valley, wurde mit der No. 7 608 740 am 30. Januar 1956 in New York City eingebürgert.
Naturalization Leandro William Tomarkin 30.1.1956, ancestry.co.uk, Index to Petitions for Naturalization filed in New York City.
Naturalization Record for WANDA TOMARKIN, SWITZERLAND, 25.11.1952: http://userdb.rootsweb.com/naturalization/cgi-bin/naturalization.cgi?id=22115&database=US%20Naturalization%20Records&return_to=http://userdb.rootsweb.com/naturalization/&submitter_id=

72 1967-03-16 »New York Times«: »TOMARKIN – Leandro W., Dr, on March 14, 1967, at his residence on Hungry Hollow Rd., Spring Valley, N. Y., beloved husband of Wanda, devoted father of Robert of N. Y. C., Mrs. Florence Marec, of Somerville, N. J., Mrs. Marcelle Lynch of Monsey, N. Y., Miss Gloria Tomarkin of Spring Valley, Miss Patricia Tomarkin, of Spring Valley and Rolando of Berne, Switzerland. Also survived by 9 grandchildren and 2 great-grandchildren, Funeral Mass 10 A. M., Saturday, March 18, 1967, St. Joseph's R. C. Church, Spring Valley, N. Y. Friends may call at Wanamaker & Carlough Funeral Home, Route 59, Suffern, N. Y., Thursday, 7–9 P. M., & Friday 2–5 and 7–9 P. M. in lieu of flowers, please make donations to Father Bosio, Salesians of Don Bosco, Goshen, N. Y.«

73 ZStA Wettswil; StA Zürich; StadtA Bern E 2.2.1.8.131; Mtt. Maddalena, Afra bzw. Dr. med. Wladimiro Tomarkin (Polyarthritis).

74 NTI; Segmüller, P[ater] Fridolin, O. S. B., Das Päpstliche Kollegium Papio in Ascona, Freiburg 1930, ill.

75 1916-03-24 Eli an Percy: »Als Grossvater wird er vielleicht noch in die Quinta anlangen, wenn er nicht vorher in der Sexta verhungert.« NTI.
Vgl. Schiessbüchlein von Tomarkin Leander, Fest[ungs]. Art[illerie]. K[om]p[anie]. II/10. Milit. Vorunterricht Sektion Sulgenbach, 1912.

76 Leander war für zwei Semester, vom 14. April 1914 bis 27. März 1915, am Technikum Burgdorf [Mtt. Stefan Leutwyler, Burgdorf, 15.1.2003].

77 Chemiestudenten an Dekan Weese, 28.10.1915, StAB BB III b 1305.
Ernst Dür aus Burgdorf z. B., geb. 12.12.1888, der nach zwei Jahren Technikum Burgdorf die Diplomprüfung bestand, immatrikulierte sich 1907 mit Erfolg an der Uni Bern und promovierte hier 1911. StAB BB III b 1301.

78 1915-02-25 an Percy stud, med. Bellevue Weissenbühl; Kan. L. Tomarkin, Festungsartillerie. Rekrutenschule Ia, IV Batterie, V (oder II.) Lug. Monte Ceneri, Feldpost. Fest. Art. Komp. 10, NTI; CH-BAR E 21 1000/131, Archiv-Nr. 11713, 1919–1922, Tomarkin L.

79 NTI; 1930-07-22 Gründung der »Laboratori Biochimici S. A.« im Handelsregister: »dottore in medicina, da Zurigo, in New York«.

80 NTI; Eli Tomarkin, Institut zur Erforschung der Infektionskrankheiten Bern, 24.3.1916, an Percy in Intragna.

81 Wir suchten in den Akten der Uni und der ETH im Staatsarchiv Zürich, im Universitätsarchiv Zürich, im Medizinhistorischen Institut Zürich, auf dem Dekanat der medizinischen Fakultät Zürich, im ETH-Archiv, im Rektorat der ETH, im schweiz. Bundesarchiv zu Bern.
Mtt. UA Zürich; Rektoratskanzlei ETH Zürich.

82 Verzeichnis der Auskultanten der Uni Bern 1910–1930, in: StAB BB III b 1189: 1914/15 WS Leander, 1916 SS William [sic], 1916/17 Leander.

83 NTI: Blatt mit gedr. Briefkopf »Dr. L. Tomarkin« und Text zu Glicenstein, ca. 1920; 1927-02-06 »New York Times«; Mtt. R. Brodt, Assistante, Secrétariat de S. A. R. la Princesse Marie Gabrielle de Savoie vom 11.5.2004; »Schweizerisches medizinisches Jahrbuch«, 1931, 1932, S. 61 und 1933, S. 63: »Verzeichnis der im Ausland tätigen Schweizer Ärzte«: Tomarkin, Dr. Leander, 27 Cleveland Place. Ab 1934 ist Leander im »Verzeichnis der im Ausland tätigen Ärzte *mit eidg. Diplom*« nicht mehr aufgeführt. Die Aufnahme ins Verzeichnis erfolgte offenbar mittels Selbstdeklaration. Das Jahrbuch bat um Adressen: »Angaben neuer Adressen von im Ausland tätigen Schweizer Ärzten an den Verlag erbeten«, 1930, S. 138.

84 AMA Box 846, Folder 06: 1928-01-26 Personal File; AMA Box 846, Folder 06: 1930-11-15 W. A. Puckner, Secretary, Council on Pharmacy and Chemistry, an Prof. A. J. Clark, Pharmacological Laboratory University of Edinburgh, Teviot Place Edinburgh, Scotland betr. Anfrage vom 3.11.1930.

85 »Freistudentische Zeitschrift«; NGT.

86 Patentamt in Bern: Patentgesuch eingereicht am 23.10.1919, Patent am 1.10.1920 veröffentlicht.

87 NTI: Leander Tomarkin in Zürich, 29 11(?).1915, an »geliebten Bruder« (ital.).

88 NTI; gemäß Mtt. von Gertrud Tomarkin war Amalie Sekretärin bei Scherrers, die Arztinstrumente herstellten.

89 NTI, auch im Folgenden, wenn nichts anderes angemerkt ist.

90 NTI: Eli Tomarkin, Institut zur Erforschung der Infektionskrankheiten in Bern, Friedbühlstr. 22, s. d., an Percy.

91 Zu Richner (auch Rychner), Amalie, Tochter der Bertha, geb. 17.4.1893, verh. 11.3.1916, gesch. Febr. 1925, gest. 1971. Logisgeber: Mutter, Hofweg 11, »Hotel Tivoli« (29.10.1922), Bernastr. 4 (8.8.1924), dann versch. Adr., 1950 »Waldorf Sonnenhof«; Beruf: »ohne«, 1950 »Büro- und Hausangestellte«.
StadtA Bern E 2.2.1.1.125 (Nr. 58)/Einwohnerregister Schweizer – Einzelpersonen XXV; StadtA Bern E 2.2.1.8.133/Depositenkontrolle; StadtA Bern, Niederlassungs- und Aufenthaltsbewilligung Schweizer anderer Kantone, No. I 668/SFU; Mtt. ZStA Gränichen; SStA Wettswil, E III 116.38 (gemäß Mtt. ZStA Zürich).

Mtt. Gertrud Tomarkin-Salm, Worb; Mtt. Maddalena Tomarkin-Favre, Intragna.
Zu Richner, Bertha, Tochter des Jakob und der Bertha Hoffmann, von Gränichen AG, Juli 1878. Die Schwestern Richner betreiben erst das »Restaurant zum Falken« (1909–1911), dann das »Tivoli« (1911–1924/5, Besitzerin 1923/24). 1924 Abmeldung nach Hilterfingen/Thun.
StadtA Bern E 2.2.1.1.017 (S. 54)/Einwohnerregister Schweizer – Familien II; Adressbuch Stadt Bern 1909/10-1925.
Zu Tomarkin, Rolando, geb. 17.12.1915, verh. 19.6.1937 mit Gertrud Salm (23.12.1915–27.12.2009), Mechaniker, EMD.
StA Zürich: Familienregister Hedingen E III 116.38; StadtA Bern, Niederlassungs- und Aufenthaltsbewilligung Schweizer anderer Kantone, No I, 29113/SI 34 und No. 43351/SI 37 und No. 8067/ERS.

92 Postkarte: F. Will, Zürich, bestätigt Jeannette Tomarkin am 17.4.1916, dass ihr Sohn den Vertrag für Faulensee unterzeichnet habe. NTI.

93 Blätter und Korr. im SozArch: NN 1102 Internationale Jugendkorrespondenz; NN 1072 Jugend-Internationale. Gautschi, Willi, S. 118–122: zur Konferenz der bolschewistischen Auslandsgruppen vom 27.2.bis 4.3.1915; zur sozialistischen Frauenkonferenz vom 26.–28.3.1915; zur Sozialistischen Jugendkonferenz vom 5.–7.4.1915. An Pfingsten 1915 folgt der 1. Schweiz. Jugendtag in Zürich.

94 673 von 1 942 Studierenden waren Ausländerinnen und Ausländer. Danach sanken die Zahlen drastisch: Progin, Marianne und Werner Seitz, Das Frauenstudium an der Universität Bern, Bern 1980.

95 Insgesamt verbrachte Lenin sechseinhalb Jahre in der Schweiz. 1903–1905 und 1908 hielt er sich in Genf auf, 1914–1915 in Bern. Lenin kam in der Nacht vom 4. auf den 5. September 1914 nach Bern. 1916–1917 lebte er in Zürich. Hier versuchte Lenin, die sozialdemokratische Partei zu spalten, um eine Bewegung zu gründen, die auch in der Schweiz die proletarische Revolution herbeiführen würde. HLS/Bernard Degen.

96 Schklowsky, Gregor/Schklowskij, Grigorij Lasarewitsch aus Gouv. Minsk, 2.2.1875–4.11.1937, verh. m. Dwoscha Gorelik. Vertrauensmann und Geldbeschaffer Lenins.
Nach der 1. Russischen Revolution 1905/07 Verbannung nach Sibirien. 1909–1917 Emigration in Bern. Stud. phil. Bern ab SS 1898 (mit Lücken), 1915 Dr. phil, Bern (bei Prof. Tschirch über Muskatblüte). Wohnte in Bern: Zähringerstr. 53, Buchenweg 24, Niesenweg 3, Freiestr. 28, Gesellschaftsstr. 41, Neufeldstr. 5a, Mühlemattstr. 20, Cäcilienstr. 55, Falkenweg 9. Am 10.11.1918 aus der Schweiz ausgewiesen. Nach 1918 verschiedene Posten in Lenins Russland, u. a. 1922–1924 Generalkonsul in Hamburg. 1936 Verbannung, 1937 Tod durch Erschießen, 1937 Verhaftung und Tod Dwoschas.
Mtt. Monika Bankowski; Haas, Leonhard, Lenin – Unbekannte Briefe 1912–1914, Zürich 1967, S. 89–90.

97 Sinowjew, Gregor, eigtl. Radomyslskij, Owsej-Gerschen Aaronowitsch aus Elisabethgrad, 20/24.9.1883–1936, verh. m. Sina/Slata (geb. 1881 von Witebsk), Vater von Sohn Stepan (geb. 1908). Stud. phil. I und jur. in Bern 1903–1905/06 und 23.3.1915–7.4.1917 (v. Universität beurlaubt). Arbeite als Chemiker und Journalist. Wohnte in Bern: Hochfeldweg 3, Zähringerstr. 40, Neufeldstr. 27d, Freiestr. 15, Neufeldstr. 27, Fabrikstr. 33. HLS/Heinrich Riggenbach.

98 Bagotzky, Serge/Bagockij, Sergej Justinovic, 11.8.1879–1953, aus Opotschka, verh. m. (I.) Nathalie Freudenson, verh. m. (II.) 1914 – Sept. 1917 Regina Eduardowna Szapakowska Birenbaum, Dr. med., Österreich. Bagotzky kam im Januar 1915 in die Schweiz, wo er in Zürich und Wil als Arzt arbeitete. 1937 wurde er nach Russland zurückbeordert. CH-BAR J. 1 Nr. 60, Nachlass Bagotzky (auch CH-BAR E 21 1000/131, Archiv-Nrn. 05223, 05499 und 08597); Who was who

in the USSR, hrsg. v. Heinrich E. Schultz et. al., Metuchen NJ, 1972, S. 42–43; Haas, Leonhard, Lenin – Unbekannte Briefe 1912–1914, Zürich 1967, S. 85–86; Gehrig-Straube, Christine, Beziehungslose Zeiten, Zürich 1997, S. 49, 64, 189; Studer, Brigitte, Un parti sous influence. Le parti communiste suisse, une section du Komintern 1931 à 1939, Lausanne 1994, S. 747, 799; Huber, Peter, Stalins Schatten in die Schweiz, 1994, S. 411 f; HLS/Halina Florkowska-Francic.

99 Platten, Fritz, 8.7.1883–22.4.1942, von Tablat, pflegte von 1916 an Kontakte mit Lenin, organisierte im April 1917 die Rückreise Lenins bis zur russischen Grenze. Reiste 1917–1924 mind. siebenmal nach Russland. Im Januar 1918 rettete er in Petrograd Lenin bei einem Attentat das Leben. 1942 in einem russischen Arbeitslager erschossen. HLS/Markus Bürgi.

100 Münzenberg, Willi, Erfurt 14.8.1889 – Juni 1940. 1910 Zürich: Hausbursche in Apotheke, 1912 Red. »Die Freie Jugend«, 1915 »Jugendinternationale«, 1918 Ausweisung aus der Schweiz, 1920/21 Vorsitzender der Jugendinternationale der Komintern. Internationale Arbeiterhilfe. 1924–1933 Reichstagsabgeordneter in Berlin. Filmproduktions- und -verleihfirmen, div. publiz. Unternehmungen: sog. »Münzenberg-Konzern«. 1933 Emigration nach Paris, 1934 Vortragsreisen in den USA, Moskaureisen. 1939 Ausschluss aus der KPD. 1940 Selbstmord auf Flucht.
Gross, Babette, Willi Münzenberg. Eine politische Biographie, Stuttgart 1967; Uka, Walter und Diethart Kerbs, Willi Münzenberg, Berlin 1988; McMeekin, Sean, The red millionaire. A political biography of Willi Münzenberg, New Haven 2003; HLS/Hermann Wichers.
Münzenberg, Willi, Die dritte Front. Autobiographische Aufzeichnungen, Berlin 1931, S. 151–153, 194.

101 CH-BAR E 21 1000/131, Archiv-Nrn. 10533 und 10534 Allgemein Bolschewiki – Nov. 1918 – Febr. 1919:
Schweiz. Bundesanwaltschaft vom 10.2.1919: Liste des bolchévists suivants.
In Bern: Bauer, Hans, étud. Russe bolchéviste; Feivel, Chais; Galpin, David; Gerzowitsch, Mendel; Goldblatt, Rosa; Hollbant, Chaia; Kunz, Fritz (Tagwacht-Journ.); Müller, Ulrich, Schweizerhof, agent bolchévist Allemand; Silbermann, Gersil, Zähringerstr., étudiant en Chimie, Juif Hongrais.
Relation journalière avec la mission des soviets; Slavogordski, Vassili; Stollar [?], A., Volkshaus Bern.
Tomarkin, Leander, près de Spiez, usine de gaz; Tomarkin, Persil, frère, Breitenrainplatz, étud. Médecin, relation avec la mission des soviets instr. de Russie.
Silbermann, Hugo/Gerschon, geb. 11.10.1892 in Eperjes (Ungarn, dann Tschechoslowakei), besuchte versch. Rabbinatsschulen in Ungarn, Österreich und Deutschland, kam 1913 nach Zürich. Stud. phil. II 1915/16 Bern, Diss. Bern 1921 zum Hydroxyl. Curriculum in Diss.; Matrikelbuch online Bern; StadtA Bern.

102 CH-BAR E 21 1000/131, Archiv-Nrn. 11713 und 11714, Tomarkin, L. und P.: Armeestab Nachrichtensektion, Mtt. S an Polizeikommando Bern Februar 1919. Zu Plattens Russland-Projekten siehe Schneider, Barbara, Schweizer Auswanderer in der Sowjetunion, Schaffhausen 1985.

103 CH-BAR E 21 1000/131, Archiv-Nr. 9559: Die Bundespolizei bzw. Bundesanwaltschaft eröffnet am 1. März 1919 unter dem Stichwort »Bolschewismus« eine eigene Akte für den Chemiker im Labor des städt. Gaswerkes, den in Bern und Rom bzw. Faulensee wohnenden »Tomarkin, Leander-William«.
CH-BAR E 21 1000/131, Archiv-Nr. 11713: Berichte Frei, Rüedi, Wüthrich und polizeiinterne vom 24.2.1919, 28.2.1919, 12.3.1919, 13.3.1919.
Adressbuch Bern 1915–1919, Vertretung d. Auslandes in der Schweiz, Russland, Schwanengasse 4, Kanzlei geöffnet 10 ½ – 12 ½.
StadtA Bern E 2.2.1.8.131: 1.4.1920 logierte Chemiker Tomarkin im Gaswerk, Sandrainstr. 17.

104 »Tagwacht« 11.4.1919, Beilage, und 14.4.1919. Der Redner war Dr. Huber Rorschach. Robert Grimm hatte als Präsident des Oltener Aktionskomitees 1918 den Aufruf zum Landesstreik verfasst und den Vorsitz der Streikleitung übernommen. Die deswegen von einem Militärgericht über ihn verhängte sechsmonatige Gefängnisstrafe nutzte er zur Niederschrift seiner »Geschichte der Schweiz in ihren Klassenkämpfen«. HLS/Peter Stettler. Fritz Platten spielte eine führende Rolle beim Landesstreik in Zürich und wurde in Abwesenheit verurteilt.

105 CH-BAR E 21 1000/131, Archiv-Nr. 11713, Tomarkin, L.: Das Kantonspolizeikorps machte am 12.4.1919 der Bundesanwaltschaft Meldung über die Sitzung vom Donnerstag, 10.4.1919. Vgl. CH-BAR E 21 1000/131, Archiv-Nr. 9559.

106 CH-BAR E 21 1000/131, Archiv-Nrn. 10495–10515. Akten Bagotzky: Mtt. 10.8.1919; 1919-08-11 »Der Bund«.
Giuseppe Motta war damals Chef des Finanz- und Zolldepartements (1912–1919), danach Chef des Polit. Dep. (1920–1940); Bundespräsident der Schweiz 1915, 1920, 1927,1932, 1937. HLS/Mauro Cerutti und http://www.admin.ch/br

107 Adressbuch Bern, z. B. 1923, zu Hausbesitz.
CH-BAR E 21 1000/131, Archiv-Nrn. 10495–10515. Akten Bagotzky:
1919-08-19 Es sei nicht richtig, dass B. das Haus gekauft habe.
Bagotzky wohnte vom 18. Juni 1919 bis September 1919 (auch Januar 1920) mit seiner Familie (Frau und zwei Kindern), zwei Schwägerinnen und einer Dienstmagd im Chalet des Gottfried Wolf in Faulensee b. Spiez.
1919-10-05 Habe Hotel Simplon gemietet.
1920-09-24 Man habe Bagotzky kommen lassen, der wie immer in Begleitung seiner Gemahlin erschien und ihm auch gesagt, er dürfe sich nicht mit Politik befassen und den noch in Berlin weilenden Bratmann nicht treffen. Bratmann sei immer noch ausgewiesen und habe nichts mit dem Roten Kreuz zu tun. Der Schreiber vermutet, Bagotzky habe mit Bratmann auch Handelsfragen besprochen, um hernach als halber Handelsdelegierter zurückzukommen oder irgendwelche neuen Offerten zu unterbreiten. Habe Bagotzky gewarnt, dass der Schluss gezogen werden könne, er sei nicht nur Vertreter des Roten Kreuzes.
SozArch Ar. 136.40.3: 10.8.1924, Bagotzky an Max Tobler. Briefkopf.

108 CH-BAR E 21 1000/131 Archiv-Nrn. 10495–10515; CH-BAR E 21 1000/131, Archiv-Nr. 9559; CH-BAR E 21 1000/131, Archiv-Nr. 11713.
Der eidgenössische Untersuchungsrichter beschaffte sich den Rapport von Korporal Rüedi und ersuchte am 12. August Detektiv Frei, dem Tomarkin etwas nachzugehen und in Erfahrung zu bringen, welches seine außerberufliche Tätigkeit sei, d. h., ob und auf welche Weise sich seine politischen Ideen auswirkten und welches seine hauptsächlichsten Beziehungen seien.
Am 13. August 1919 geht die Meldung von der Bundespolizei/Bundesanwaltschaft an den Polizei-Kommandanten Bern, dass Tomarkin mit Dr. Bagotzky in Faulensee ein Haus bewohne.

109 NTI: 2.8.1917, Mama in Hünibach an Percy: Gegenwärtig habe er nur vier Internierte.
Es gab genaue Regeln, wie sich die Internierten zu verhalten hatten: es gab Selbstzahlende und Nichtselbstzahlende: siehe StadtA Bern.
CH-BAR E 21 1000/131, Archiv-Nr. 9559, Akte Tomarkin: Die Wirtschaft in Faulensee gehörte einem Eisenhändler Will in Zürich.
Zum »Bolschewistennest« in Faulensee vgl. Bürgisser, Thomas: »Ein ›Bolschewistennest‹ auf dem Bödeli?«, in: Unbekanntes Berner Oberland. Von Kleinem und Feinem, hrsg. v. Kulturkommission der Volkswirtschaftskammer Berner Oberland, Thun 2006, S. 131–137.

110 Pawel Iwanowitsch Birjukow, 3./15.11.1860–10.10.1931, bekannt durch seine bedeutende Tolstoj-Biografie (4 Bde., 1922–1923). Er war ein enger Anhänger der Lehren Tolstojs und war in

dessen Hilfskomitees gegen die Hungerkatastrophen tätig. 1899–1904 und 1906–1920(?) lebte er in der Schweiz (Genf, Onex), wo er die Zeitschrift »Freier Gedanke« herausgab. Lenin soll zu den Gästen seines Hauses gehört haben. 1920 kehrte er nach Russland zurück, reiste wegen der Krankheit seiner Tochter aber wieder in die Schweiz. Mtt. Monika Bankowski.

111 CH-BAR E 21 1000/131 10495–10515: 40 000 Franken standen z. B. bei den Gebrüdern Baumann offen, die das Interlakner Hotel an Bagotzky vermietet hatten. Korporal Bratschi an Berner Polizeikommando, 5.10.1919.

112 Es ist unklar, welcher Amsterdamer Kongress gemeint sein könnte. 25. Februar 1920. Die Original-Mtt. des »Attaché militaire de la France« vom 24.2.1920 wurde »vernichtet«, siehe CH-BAR E 21 1000/131, Archiv-Nr. 9559, Akte Tomarkin.

113 CH-BAR E 21 1000/131, Archiv-Nr. 9559: Bericht vom Polizei-Kommando Bern, 28. April 1920; CH-BAR E 21 1000/131, Archiv-Nr. 11713: Bericht von Det. Frei, 22.10.1919.

114 CH-BAR E 21 1000/131, Archiv-Nr. 9559, Rohr am 8.8.1919. Hans Rohr, Präsident des Kriminalgerichts Aarau, war Untersuchungsrichter für die deutsche und italienische Schweiz (für die franz. Schweiz war es Louis Bornand). Staatskalender 1919, Kammern des Bundesgerichts für 1919, 1920: Untersuchungsrichter.
CH-BAR E 21 1000/131, Archiv-Nr. 11713: Rapport Hostetter gend., an Commandant de la police cantonale, 3.8.1922.
CH-BAR E2001C#1000/1534#100*, Dossier Fondation Tomarkin 1922–1936: Schweiz. Bundesanwaltschaft an EPD, 4.8.1922.

115 NTI: Zürich, 29.11.1915, ital., LT an den »geliebten Bruder«.

116 NTI: Passbild Prof. Dr. Paul Vonwiller, Moskau.
Vonwiller, Paul,1885–1962, PD Zürich für Anatomie 1921, 1931–1939 in Moskau. Huber, Peter, Stalins Schatten. Mumenthaler. Im Paradies der Gelehrten, Zürich 1996.

117 CH-BAR E 21 1000/131 10495–10515: Bagotzky an das EPD, 7.9.1932 und 12.9.1932: Bagotzky verlangt und erhält Visum, um am 15.9.1932 nach Mailand zu den internat. Ärztekursen der Tomarkin-Foundation zu gehen. NTI: Bagotzky-Artikel und Bücher, z. B.: Bagotzky, Serge, »Les Méthodes et la Pratique de la Protection de la Maternité et de l'Enfance dans l'Union des Républiques Soviétiques«, in: La Protection de la Maternité et de l'Enfance dans l'Union des Républiques Soviétiques, Edition de la Société russe de la Croix-Rouge, 1925.

118 Gautschi, Willi, Lenin als Emigrant in der Schweiz, Zürich, Köln 1973, S. 268.

119 Popolo e Liberta, 18.2.1921, 8.3.1921. NTI: Schreiben aus dem Kanton Tessin, Staatskanzlei in Bellinzona, Februar 1921: Besagt, dass Percy auf der Liste der Sozialisten sei.

120 CH-BAR E 21 1000/131, Archiv-Nr. 9559, Akte Tomarkin: Auskunft des Eidg. Dep. für Auswärtiges bzw. des Polizeikommandos Bern vom 3./4.8.1922: Tomarkin habe etwa vor einem Jahr Bern verlassen.
StadtA Bern E 2.2.1.1. 124 (Nr. 2): Gemäß Einwohnerregister Schweizer – Einzelpersonen S XXIV, 1920–1921, verließ er Bern am 20.4.1920, um nach Ascona zu gehen.

121 NTI: Herrn Dr. Tomarkin, Intragna, 27.9.1919, Absender: Dr. Eckmann, Waldheimstraße, Bern. Eckmann, Aaron, »Erinnerungen an Lenin«, in: Kleiner Bund, Bern, 2.10.1993. Curriculum in: StA Bern BB III b, 1304: Eckmann, Aron aus Dolginowo Russland (heute Litauen), 10.12.1886–1980; im Revolutionsjahr 1906–07 von den Eltern ins Ausland geschickt. Stud. Bern, Dr. phil. Bern 1914. Biochemiker im SSII; verh. m. Kischinewsky, Brucha/Bertha, 27.4.1885–27.9.1971, Augenärztin. »Der Bund« 30.9.1971. Mtt: Dominique Torrione-Vouilloz, UA Genf, Urs Stammbach und Jean-Pierre Eckmann. Curriculum in: StAB BB III b, 1304.

122 SciFinder: 1917 Vaccination erfunden von Eli Tomarkin und Suarez.

123 NTI: 25.4.1918 ff, Arbeits- und Gesellschafts-Vertrag zwischen P. Tomarkin med. und Kom-

manditengesellschaft betr. die zu gründende chemische Fabrik. Involviert nebst den Gebr. Tomarkin: J. Alfred Dürr (Dr. Jakob Alfred Dürr, Schriftsteller, Erikaweg 9, Bern ?) und [Alex] Kunz & Cie., Bern (Kunz, Alexander, Berchtoldstr. 47, Kommis oder Kunz & Cie Herm. Agenturen, Effingerstr. 9) oder Kunz & Cie Eisenhandlung, Neuengase 37?.

124 Zur Firma »L. Tomarkin & Co« und ihren Umwandlungen: 1920-06-03 SHAB, S. 1038; 1920-07-29 SHAB, S. 1472; 1920-11-25 SHAB, S. 2234; 1921-05-06 SHAB, S. 920; 1920-08-10 »Foglio officiale del cantone Ticino«. Lombardi Zeffirino, 19.4.1884 geb., von Berzona TI: http://www.sccbellinzona.ch/storia_scc/index.php?2_doce

125 NTI: Couvert vom 4.8.1920, Stempel Hotel Bristol Bern, an Herrn Dr. Tomarkin in Intragna mit Absender Dr. Eckmann, Waldheimstraße 16. NTI, Mtt. Gertrud Tomarkin.

126 Boéchat, Jean Joseph bzw. Giovann von Miécourt BE: Er studierte wohl als Joseph (geb. 15.11.1883) von 1903 bis 1907 in Bern (Online-Matrikel Bern). Gemäß Medizinalkalender von 1920 arbeitete er als Jean Jos. in Zürich 7, dann als »Médecin-psychologue« (Briefkopf) oder »medico chirurgo« B[G]iov[anni] in Ascona.
NTI: Briefe Boéchats an Tomarkin vom 8.8.1920, 9.8.1920, 13.8.1920, 24.8.1920. Vgl. Brief v. Eckmann 18.8.1920.

127 NTI: Brief Boéchat an Tomarkin vom 15.4.192?.

128 Bachrach, Paul, deutsch-jüdischer Seidenhändler, verh. m. Elvira Bachmann. Die Familie hatte während des Ersten Weltkriegs Belgien verlassen müssen, ihr Besitz war beschlagnahmt worden. Tochter Charlotte (20.4.1901–7.12.1986) war als Tänzerin Charlotte Bara bekannt.

129 NTI: Eli 26.6.1920, 2.7.1920 an Percy.

130 Imboden, Melik, Unterwegs auf der Axenstrasse 1911–1939. Fotografien von Michael Aschwanden, Bern 2003.

131 NTI: Boéchat [Jean, Médecin-psychologue] in Ponte Brolla an Tomarkin, 2.9.1920: Von seinem Bruder verlange Lombardi eine schriftliche Bestätigung, dass das Automobil ihm, Lombardi, gehöre, und zwar sofort.

132 NTI: 2.9.1920, Copia ital. an Leandro.
NTI: 8.10.1920, Josef Hättenschwiller an Leander Tomarkin bei Familie Blitzenstein in Zürich 6, dass Herr Kugler noch 80 Franken möchte, jedoch von ihm nicht instruiert worden sei und deshalb nicht schicken werde: »Auf mein Schreiben bin ich ohne Nachrichten geblieben. In der Beilage übermache ich Ihnen, schreibende Gebrüder, vom 17.9.1920, das irrtümlicherweise bei mir zurückblieb, Empfangsbestätigung der Gebrüder Bianchetti über die von meinem Büro gesandten Franken 900,–«.

133 NTI: Zürich 29.9.1920, Herr Hättenschwiler, Rechtsanwalt Zürich (dieses Mal nur mit einem »L« geschrieben): »Gemäß seinerzeitigen Vereinbarung mit Ihrem Klienten Herrn Tomarkin in Intragna war abgemacht worden, dass mir derselbe bei Zuführung eines Käufers für sein Motorrad eine Provision von 100 Franken verabfolge. Dies ist nun in Form von Herrn Glättli Zürich geschehen. Ich habe jedoch erst 20 Franken akonto erhalten, weshalb eine Restanz (?) von 80 Franken noch verbleiben, dessen Regulierung ich heute verlange. Hochachtend Josef Kugler, B. A. Lehmann und Co. Automobiles, Zürich 4.«
Zürcher Adressbuch: Glättlis hat es viele.
Zürcher Adressbuch: Automobile, Garage Leemann & Co., 3 Birmenssdorferstr. 55; Büro 4, Schöntalgasse 31.

134 NTI: Schreiben Sept. bis Dez. 1920, mit chargé express, Schuldscheinen: zwischen Percy, Lombardi, den Gebrüdern Bianchetti, Bachrach, »Kreditreform«, »Vindobona und vom Advokaturbüro Dr. Julius [Josef] Hättenschwil[l]er, Rechtsanwalt, Bahnhofstrasse 98, Zürich.

135 NTI: Ad. Rosenfeld, Bern, an Percy Tomarkin, Bellinona, 25.6.1926.

136 NTI: Signorina F. Baccalà, Posta Intragna, 21.9.1921; Absender: Amalia Tomarkin-Richner, Hotel Tivoli Bern; NGT Amalie Tomarkin-Richner an ihre Mutter Bertha Richner Intragna, den 2. Dezember 1920.

137 NTI: 11.9.1920: Vormund; NGT und Mtt. Gertrud Tomarkin: Nachweis vom 28.5.1948 über Rolandos Taufe: Collegio S. Giuseppe, Istituto de Mérode Roma, Piazza di Spagna, Direzione: Tomarkin, Rolando Teobaldo Lucio Giuseppe, »nato a Zurigo il 24.10.1915« (sic!) wurde getauft in der Chiesa des hiesigen Collegio am 5.7.1927; Pate: Monsignore Lucio Lecciti.

138 NGT: Amalie an Mutter Bertha: »Leider aber ist die Valuta für [die] Schweiz sehr nieder 1 Lire nur 28 Cts, [es] lohnt sich nicht in einem andern Land zu wohnen; doch [ich] glaube der Geld-Kurs wird bald steigen, da die Arbeiter bald genug gestreikt haben, denn der Kurs wendet sich immer nach [der] Politik.« Zu den drei Filialen: gemäß Briefkopf waren die Polverifici in Roma (Via Cavour), Bagni (Tivoli) und Pietracuta (S. Leo), und es gab eine Adresse auch an der Via Cavour 261.

139 NTI: Kuverts vom 20.9.1920 Advokat Hättenschwil[l]er an Herrn Leander Tomarkin bei Familie Glicenstein, Zürich 6, Rousseaustr. 59; 29.10.1920. Absender: Emanuele Clitzenstein, Tenuta, Gottifredi, Presso Polverificio Stacchini, Bocca Leone in Roma; Briefkopf: Giovanni Stacchini, Roma, Via Cavour N 346; Ernesto Stacchini, Roma, Via Cavour 325 bzw. 346 [Fabrik]; gemäß Briefkopf gab es auch eine Niederlassung an der Via Cavour 261; Zürcher Adressbuch: 1920 findet sich ein Glicenstein, Heinrich, Bildhauer, 6 Winterthurerstr. 162.

140 Glicenstein, Enoch/Enrico/Henryk/Heinrich, 24.5.1870–30.12.1942. Aus Polen, Bildhauer in Rom, New York, verh. m. Helena Hirszenberg. Glicenstein lebte mit seiner Familie 1918–1920 in der Schweiz, 1928–1935 mit dem Sohn Emanuele in New York und Chicago, 1935–1942 mit seiner Frau Helena und Tochter Beatrice in New York. Vater von Emanuele Romano, 1897–1984, Kunstmaler, Illustrator, Lehrer in New York.
Perles, Rosalie, »Henryk Glicenstein«, in: Ost und West. Ill. Monatsschrift für Modernes Judentum, Heft 3, März 1903, S. 177–194; http://ratnermuseum.com/israelbiblemuseum/eglicenstein.htm

141 NTI: 2.10.1920 Eli Tomarkin, Institut zur Erforschung der Infektionskrankheiten in Bern, Friedbühlstr. 22, an Percy; Leandro an Percy 1920: »Caro Percy, der Vater hat geschrieben heute, dass er Dir ein Zeugnis vom Gaswerk geschickt hat und dass du es mir geschickt hättest.«

142 NTI: s. d., ital., Emanuele Clitzenstein an Percy: »Leander hat schon das Laboratorium beim Stacchini eingerichtet und bittet Dich sehr, ihm die Bücher zu schicken, die für seine pharma und chem. Produktvorbereitung braucht, denn sie sind ihm von grösster Notwendigkeit wie z. B. die helvetische und germanische/deutsche Pharmacopoea [Pharmacopoea Helvetica und Pharmacopoea Germaniae]. Schick ihm sofort, dass sie schnell ankommen«; 19.12.20, ital., Leander in Bocca Leon an Percy.
Romano, Emanuel, geb. Emanuel Glicenstein (1897–1984), ging 1927 in die USA, wo er 1932 Bürger wurde. Er malte seine Schwester Beatrice mehrfach.

143 NTI: 2.10.1920: Eli Tomarkin an Percy.

144 NTI: Schreiben der Municipalità von Intragna mit schönem Briefkopf: Percy Tomarkin, Medico Condotto, gehe nach Italien in Berufsbelangen. Zu dieser Zeit war Percy allerdings relativ schwer krank, denn er war bis zum 20.12.1920 im Spital. Brief vom 12.4.1921 an Herrn Silbermann, Berlin: »Bitte versuch noch meine Sachen zu verkaufen«; Silbermann bestand sein Doktor-Examen schließlich am 22. Juli 1921. Eli Tomarkin an Percy, 2.10.1920: Grüße von Silbermann. Er werde sich in diesen Tage entscheiden. Leandro in Rom an Percy am 21.9.1921.

145 NTI: Leander in Bocca Leon an Percy, 19.12.1920.

146 Die »Schweizer Radio-Illustrierte« berichtete Jahre später über zufällige Erfinder, nannte zusätzlich den Franziskanermönch Berchtold und sein Schießpulver, Evangelista Torricellis Barometer, Hans Christian Oersted und seinen Elektromagnetismus sowie die spätere Erfindung des Vitamin C durch Tadeus Reichstein (1933). »Schweizer Radio-Illustrierte«, 24.–30.7.1938, Nr. 29, S. 19.

147 Die Affäre dauerte etwa zehn Monate: Beatrice besuchte Leander in Italien am 8.10.1920; Leandros siebenseitiger Brief an Percy s. d.; Leanders »Zusammenbruch« am 5.8.1921; Eli an Percy, 7.8.1921.

148 Leander an carissima Mama, s. d. (mit Kuvert vom 22.8.1921?): Erschöpft, vor der Grenze, vor der Campagna. Mit Briefkopf »L. Tomarkin«, »Dr.« ist abgerissen.

149 NTI: Eli an Percy, 7.8.1921; Telegramm an Dott. Tomarkin, Bacteriologisches Institut Berna 10.8.1921; 19.8.1921 Leander in Rom, Via Margutta 54, an Mutter.

150 NTI: Leander an innigliebe Mama, s. d. [Nov. 1921?].

151 NTI: Leander in Pietracuta Romagna vor der Grenze an Mama, s. d.; Leander an Percy.

152 Leander in Rom, an Mama, 19.8.1921; Mama in Cavigliano an Percy, 23.8.1921: »Teile dir mit, ... das Leander krank ist, befindet sich in Klinik in Rom. Muss sehr bitten, Geld zu schicken, da Leander unfähig zum Arbeiten. Seine Adresse: Via Margutta 54 Roma«. Silbermann an Percy, 25.8.1921.

153 Leandro an Percy, vor 6./7.9.1921, ital.; Brief Emanuele Clitzenstein, Via Margutta 54, an Percy: E. C. erzählt, er gehe bald nach Paris und dass ihm Percy irgendwelche Aquarelle schicken solle. Leandro sei sehr beschäftigt. Er selbst habe noch nicht sehr viel gearbeitet und suche einen neuen Weg. Leander an carissima Mama, s. d. vor 23.8.1921: erschöpft vor der Campagna. Leander wohnte in Rom auch an der Via San Basilio Nr. 8, bei Suore Svizzere Roma, durchgestrichen: neue Adresse L. Tomarkin Polverifici Stacchini, Via Cavour 346, Roma. Andere Adresse: Presso Famiglia Chermes, Piazza Cenci 7, Roma.

154 Leander in Rom, Via Margutta 54, an Mama, 19.8.1921; Leandro an Percy 21.9.1921; Leandro an Percy, vor 6./7.9.1921: Er mache techn. industr. Arbeit über Argent. colloidale in Kombination mit Acetyl-Atoxyl mithilfe von Suffosalizylsamesesametilentetramin (Neohescal), verlangt nach wissenschaftl. Literatur.

155 NTI: Briefe Leander an Mama, s. d., Okt., Nov. 1921.

156 NTI: Jeannette in Cavigliano bei Locarno an Percy, Bergstraße Wabern-Bern, 18.1.1922; Bitte den Bi4.2.1922. Vgl. Leander an Mama, 19.8.1921; Amalia an Signorina F. Baccalà, 21.9.1921: »cara povera amica«; Mtt. Gertrud Tomarkin.
Die Schreiben Jeannette Tomarkins wurden der besseren Verständlichkeit wegen mit einigen Abstrichen wiedergegeben.

157 NTI: Mama Jeannette in Cavigliano bei Locarno an Percy, 18.1.1922, 29.1.1922, 5./7.2.1922 Chargé, 8.2.1922, 14.2.1922, 17.2.1922, 20.2.1922.

158 1922-01-21 »New York Times«; Leander in Villini Castel Gandolfo, Roma an Percy, s. d.

159 NTI: Leander an Percy, 21.9.1921; Leandro in Roma an Percy 8.2.1923, ital.: Schicke sofort Bücher aus Deinem Examen, Traktat über Bakteriologie und den Brief in der Revue; Notizzettel s. d.

160 NTI: Leander in Villini Castel Gandolfo, Roma an Percy, 3.5.1922; Jeannette Tomarkin, Castel Gandolfo, Villini Roma an Percy Intragna 15./18.8.1922.

161 NTI: Mama in Roma an Percy 7.2.1923; Leandro, Casella postale 174, Roma, commerciale di Antimicrobum in der Clinica di Patologia medica dell Università di Napoli, 18.2.1923; Jeannette Tomarkin, Casella Postale 174, Roma an Percy, 19.2.1923.

162 Die Fresken wurden von Ercole Perillo während der Pontifikats von Pius X. (1566–1572) ausgeführt. Vgl. http://www.flickr.com/photos/hen-magonza/4631586594/

163 NTI: Leander an Percy, 30.3.1923–21.9.1923.
Tomarkin, Leandro, »Contributo alla chemioterapia delle affezioni polmonari. Antimicrobum«, in: Rivista Ospedaliera, Band 13, Nr. 15, S. 375–382.

164 NTI: Brief Werner Scheidegger aus Sumatra, Niederländisch-Indien, vom 6.1.1924: »Lieber Percy, vor einigen Tagen habe ich durch eine hiesigen Zeitungen erfahren, dass du der glückliche Entdecker des Antimikrobin bist. Ich gratuliere dir von Herzen. …« Dr. Eisenbuch [?] an Percy: »Wie geht es ihnen? Leandro scheint doch vorwärts zu machen. Wann werden wir berühmte Männer werden?«

165 NTI: L. Tomarkin in Roma an Percy, 24.10.1922.
NGT: Brief-Aufdruck 1924, Kuvert 5.5.1926 mit Stempel »Roma Quirinale« al Sig. Dott. Tomarkin Bellinzona. Rückseite Wappen Casa di S. M. Il Re, Servizio sanitario.
Im »Journal de Genève« erschienen erst ab 1930 Artikel, und zwar zur Foundation.

166 Schweizer Gesandtschaft in Rom an BR Motta, 12.12.1923: CH-BAR E2001C#1000/1534#100*, Dossier Fondation Tomarkin 1922–1936.

167 Légation de Suisse en Italie an Département Politique fédéral, EPD, 15.8.1922: CH-BAR E2001C#1000/1534#100*, Dossier Fondation Tomarkin 1922–1936.

168 NTI: Vollmacht: Unterzeichneter bevollmächtigt seinen Bruder Percy Tomarkin, Bezirksarzt in Intragna, zu Vertretung in Sachen Ehescheidung gegen seine Frau Amalie Tomarkin, geb. Richner, geb. 17.4.1893; Leander, 11.9.1920. Schreiben Leanders an Percy: 3.9.1922, 19.9.1922; Schreiben des Advokaturbüreaus 29.8.1922, Express-Einschreiben, und 20.9.1922.

169 NTI: Jeannette Tomarkin, 45, via castelfidardo, Roma, an Percy in Intragna, 2./4.9.1924 (Kuvert mit Antimicrobum-Klebern und gedrucktem Absender: Via Luisa di Savoia 12): Der Prozess finde am Freitagmorgen 8 Uhr, den 26.9.1924 statt. Er solle Leander vertreten; »wenn es nötig, komm auch ich mit Maria als Zeugen«.Jeannette Tomarkin, Via Aurelio Saffi 66, Monteverde, Roma, an Percy, s. d.

170 NTI: Advokaturbüro Hürbin, Spitalgasse 28, Bern, an Percy, 12.3.1925: »Ihr Bruder Leander schuldet mir für Geschäftsbesorgung lt. Rechnung vom 12.3.1925 noch 501,40 …« Und 10.8.1926: »Ihr Bruder Leander schuldet mir für Geschäftsbesorgung lt. Rechnung vom 12.3.1925 noch 501,40 … beantwortet die Mahnungen mit Stillschweigen. Bevor ich mich an einen Anwalt in Amerika wende, gestatte ich mir die Anfrage, ob er für die Deckung besorgt sein könne … Ich würde es bedauern, wenn Herr Leander Thomarkin, für den ich mich in seinem Scheidungsprozesse sehr verwendet habe, mich zu weitern Schritten nötigen würde.«

171 Siehe oben Anm. zu Richner, Amalie.

172 NGT: Jeannette Tomarkin, via Castelfidardo 45, Roma, an Percy 5.10.1925; Jeanette Tomarkin, via labico 19, Torpignattara, Roma 39, 6./8.4.1926.
Rolando in Treviglio an carissima nonna, 1.7.1923 und 8.9.1925.
Candido Valentini aus Treviglio an Nonna Tomarkin, 8.9.1925 (Briefkopf: Bild und Schrift: »Istituto Salesiano Treviglio. Scuole elementari. Cinnasiali. Tecniche. Regie«).
Salesianerschule Sant Àmbrogio an der Via Copernico 9, gleich bei der stazione centrale, besteht noch heute; siehe http://www.salesiani.it/salesianimilano/home.htm, auch Centro Salesiano Don Bosco Treviglio: http://www.axia.it/salesiani/

173 Maria bei J. Tomarkin, Via Castelfidardo, Rom, an Eufemia Baccalà, Intragna, 22./24.3.1924; Mtt. Maddalena Tomarkin-Favre, Intragna, 1.5.2004.

174 NTI: Maria Baccalà aus Rom an Percy in Intragna, 14.12.1923. S. M. Elena Regina d'Italia unterstützte die medizinische Fotschung, namentlich den Kampf gegen den Krebs.

175 NTI: Ministero della Casa die S. M. il Re, Divisione III, si premette al Signor Dott. Tomar-

kin Percy di accedere nel R. Palazzo del Quirinale per l'anno 1924 Roma, li 14 gennaio 1924. Zugangskarte zum königlichen Palast 14.1.1924; Kuvert aus Intragna an Dr. Percy Tomarkin, Clinica, Via Toscana 13, Roma, 21.1.1924. Vgl. Jeannette, Casa di Salute, 13 Via Toscana, Roma, 2.1.1924.

176 NTI: Prof. Mazzolini im Auftrag der Königin Elena an Percy Tomarkin, Rom, 3. Mai 1926 (ital., von Afra Tomarkin übersetzt): »... Da wir nicht wissen wo er [Leander] sich im Moment aufhält, wende ich mich an Sie, um Ihrem Bruder mitzuteilen, dass wir seine Sachen in einem Magazin aufbewaren, bis er sie abholt. Mit vorzüglicher Hochachtung.«

177 1924-05-30 »Il Giornale d'Italia«. Unter den Freunden und Bewunderern waren auch S. E. Wagnière, Eschilo della Seta, Ernesto Stacchini, Ottone Schanzer. Marchiafava grüßte mit Brief.

178 NTI: Leandro in New York, City Hotel Biltmore, an Percy in Intragna, 17.6.1924, ital.

179 NTI: Leandro an Percy, 29.8.1920; Eli aus dem Institut zur Erforschung der Infektionskrankheiten in Bern, 28.9.1926; Leander an seine Mutter, ca. August 1926.

180 Mtt. NYU Arch; Mtt. Columbia Arch; Mtt. NLM.

181 1927-02-06 »New York Times«: Er [LT] sei vor drei Jahren hierher gekommen, um seine Forschungen am Bellevue Spital weiterzuführen. Roland Schmid: www.cornell-programm.tum.de/erfahrungsberichte/roland-schmid.htm; Heinz Scholz: http://www.textatelier.com/index.php?id=996&blognr=2037; Cutolo, Salvatore R., Das Haus der 1000 Ärzte, Bern 1957.

182 1926-03-12 »Paper read before the Association of Italian Physicians of America at the New York Academy of medicine, Mar. 12, 1926«: siehe Tomarkin, Leandro, »The problem of Immunity, with the consideration of a new biological treatment in tubercular toxemia«, in: Bulletin of experimental therapy and tuberculosis research, New York, Tomarkin-Foundation, Band 1, Nr. 1, 1927 (es geht um »Catalysan«), in NLM.
Der Graf von Aosta (geb. 13.1.1869) litt wiederholt an Lungenentzündung, und er starb – Tomarkin hin oder her – am 4.7.1931 auch daran. In den Zeitungsberichten dazu wird Tomarkin nicht genannt: vgl. »New York Times« vom 8.12.1923, 10.12.1923, 13.12.1923, 18.12.1923, 9.1.1926, 19.11.1926, 30.6.1931, 5.7.1931; »Neue Zürcher Zeitung« vom 9.12.1923, 13.12.1923.

183 1926-05-02 »New York Times«; 1926-05-02 »Washington Post«.

184 NTI: Daguerre Studio Chicago, 30.5.1927. Diese Verwandten konnten wir nicht eindeutig identifizieren. Möglicherweise entstammten sie der mütterlichen Seite, der Familie Althausen.

185 NTI: Foto Erminia Ligotti, in: Soprano, Personal Representative, Anthony Bagarozy, Aeolian Hall, New York. Gemäß ancestry.co.uk, 1930 United States Federal Census bestand die Familie aus Vater Ferdinand Ligotti (49 Jahre alt), Mutter Eleanor (52), Erminia (27), Victor (25), Tillie (25), Albert (3), Raymond und Ida (22). Vgl. ancestry.co.uk, New York Passenger Lists, Erminia Ligotti, Arrival Date: 11.5.1933 und 22.5.1933, Port of Departure: Genoa, Italy, Port of Arrival: New York, Ship Name: Rex und Conte Di Savoia.

186 CH-BAR E2001C#1000/1534#100*, Dossier Fondation Tomarkin 1922–1936.

187 NTI: 1926-05-03[?], Dr. F. Lukin, Riga, an Eli Tomarkin: »Herr College ... Neue Sendung für welche ich 500 Franken bezahlte ... Material anderer Art. Überall heftige unangenehme Reaktionen auch bei mir selber ... Rom schickte nochmals Material für 600. ... Auch dieses Römer Material war nicht gut ...«

188 NTI: L. Tomarkin aus New York, Tomarkin-Foundation Incorporates, 27 Cleveland Place an Lafayette & Spring Sts., 1.6.1928; Campbell aus Hotel des Indes, Telegraphic address Rey Hague, 5.7. [1928], ital.

189 Ira A. Campbell hatte 1934 eine längere Unterredung mit dem Schweizerischen Generalkonsul in New York. Das Konsulat berichtete am 17.4.1934 Eli Tomarkin davon. CH-BAR E2001C#1000/1534#100*, Dossier Fondation Tomarkin 1922–1936.

190 Foglio officiale del cantone Ticino, 6.9.1929: Titolare della ditta individuale Spaeth Margherita in Sementina è Margherita Spaeth, fu Federico, di Amburgo, domiciliata in Sementina.

191 NTI: Statuten vom 4.3.1933 der am 22.6.1930 gegr. Gesellschaft der Freunde der Tomarkin-Stiftung Ascona.
Zu den American Bio Chemical Laboratories Inc der Delaware Corporation, org. 9.4.1928, siehe AMA Box 846, Folder 06: 1932-09-29 (Copy) R. G. Dun & Co. Rv. American Bio Chemical Laboratories Inc. Distributors Medicinal Products, New York City, N. Y., 235 Fourth Avenue, Room 1011: Ira A. Campbell, Pres, Cond 318 1, 29.09.1932: History betr. Delaware Corporation.

192 StA Tessin, Sc. Nr. 1242 (4350); NTI: Statuten vom 4.3.1933 der am 22.6.1930 gegr. Gesellschaft der Freunde der Tomarkin-Stiftung Ascona.

193 1999-08-11 »Neue Zürcher Zeitung«, S. 36, rib.: Ein Geschenk zum Hundertsten: Hans Röder und sein Schiele-Selbstporträt.

194 »Profili: Luigia e Camilla Gilardi«, in: La Rivista, mensile illustrato del Locarnese e valli, No.2, Feb. 2005, S. 16–19. Interview 16.5.2005, Briefe von Luigia und/oder Camilla Gilardi 22.4.2005, 20.5.2005, 6.3.2006. Luigia Gilardi 1910–2.9.2005, Camilla geb. 1913.

195 Als sie da war, also 1931–1936, wurde »Catalysan« nicht mehr hergestellt, sie hörte aber noch davon.

196 Frl. Zehr habe bei Tomarkin gearbeitet. Sie sei sehr tüchtig gewesen und habe sogar sonntags gearbeitet.

197 NTI: Karte des Istituto di Terapia Sperimentale della Fondazione Tomarkin Locarno; StadtA Locarno, Fondazione Tomarkin; Tomarkin, Dr. Elias, Vorsteher der Vaccine-Abt. am Inst. für Infektionskrankheiten/Prof. Dr. med. Wabern stand 1930 das letzte Mal im Berner Adressbuch.

198 1930-10-18 »Die Südschweiz«, Locarno; 1930-10-30 »Ostschweizer Tagblatt«, Rorschach, zit. den »Vivisektions-Gegner«.

199 NTI; Den Deutschlandaufenthalt Mai–Juni 1931 vermerkt LT auf Visitenkarten.
Lufthansa: Der erste planmäßige Flug der deutschen »Luft Hansa« fand am 6.4.1926 statt. Der Fokker-Grulich Hochdecker flog zwischen 1926 und 1933 auf der Route Berlin–Stuttgart–Zürich. Vgl.Lufthansa, Chronik: http://konzern.lufthansa.com/de/html/ueber_uns/geschichte/chronik/index.html

200 Vgl. Colazione in Grand Hotel Palace Locarno, in: StA Tessin Sc. Nr. 1242 (4350).
1931-10-28 »Schweizer Illustrierte«, Nr. 44, S. 1677; Felden, Dietmar: Ein Leben für die Arktis. Die Nordpolarexpeditionen von Rudolf Samoilowitsch, Leipig 1986.
http://www.aari.nw.ru/index_en.html
http://www.stel.ru/stalin/Stalin_1932.htm
http://www.jewishgen.org/Belarus/rje_s.htm
http://www.bsz-bw.de/multimedia/mmarchiv/dra_cd_2_1997_inhalt.html (Stimme S.).

201 Zu János Hans Kalmár vgl. Künstler Lexikon der Schweiz XX. Jahrhundert, Frauenfeld 1958–1961.

202 1930-09-22 »National Zeitung«, Basel. Hinweis auf den »Corriere del Ticino« vom 19.9.1930, S. 2: »Als Ende Juni das Tomarkininstitut in Locarno gegründet wurde, fehlte es nicht an Skeptikern, die in der ganzen Veranstaltung nichts anderes sehen wollten, als eine Reklame für die von Dr. Tomarkin entdeckten Heilmittel. Nun zeigt das Programm der vom 29. September bis 14. Oktober stattfindenden Kurse, dass, wenn es sich um Reklame handeln sollte, die Form jener amerikanischen Reklame gewählt wurde, die sich in den Dienst einer höheren Idee stellt.«

203 »Schweizer Illustrierte Zeitung« vom 14.10.1931, Nr. 42, und vom 21.10.1931, Nr. 43.

204 Rockefeller Arch, Record Group 2, Series 200, 1932, Box 65, Folder 534: 1932-07-27, Copy,

Institut Pasteur, 25 Rue Dutot, Paris XVe: [Calmette] möchte Infos zur Tomarkin-Foundation, vgl. 1932-07-28 Paris, George K. Strode an Dr. A. Calmette, Institut Pasteur, 25 Rue Dutot, Paris XVe.

AMA Box 846, Folder 06: 1931-02-20 Briefkopf: Istituto di Parassitologia Medica, Regia Universita di Roma, Viale Regina Margherita 316 (Policlinico Umberto I), Roma, Dr. Penjo an AMA Chigago [sic!]: Bitte um Infos zur Tomarkin-Foundation.

1931-08-28 H. B. van Wesep, Chief Information Service an den Director Tomarkin-Foundation Inc., 235 Fourth Avenue, New York City.

Zu Calmette: In den Annalen von 1931 wird er als Mitwirkender aufgeführt, in den Annalen von 1932 ist sein Vortrag vom 23.4.1931 anl. des 2. Kurses in Locarno abgedruckt. Am 3. Kurs im Herbst 1931 war er nicht dabei. In der Acta IIIème ist sein Bild S. 142 nur im Rückblick eingeschoben. Zu den Radiovorträgen siehe Teil A.

205 AMA Box 846, Folder 06: 1930-11-03 Pharmacological Laboratory, University of Edinburgh, Teviot Place, A. J. Clark, Professor of Materia Medica an das Propaganda Department, American Medical Association, 535 N. Dearborn Street, Chicago Ill.

AMA Box 846, Folder 06: 1930-07-10 Messrs. Coates and Cooper, 41 Great Tower Street, London E.C.3, Attention to Mr. Cooper, Antwort auf Anfrage vom 26.6.1930 betr. American Bio-Chemical Laboratories Inc., Antimicrobum und Disulphamin.

206 Rockefeller Arch, Record Group 2, Series 200, 1931, Box 50, Folder 407: 1931-09-18 Tomarkin-Foundation Incorporated, Locarno Switzerland, 27 William Street, New York, President Ira A. Campbell an die Rockefeller Foundation, 61 Broadway, New York NY.

207 AMA Box 846, Folder 06: 1930-06-26 Coates & Cooper, Medical and Pharmaceutical Products, 41 Great Tower Street, London E.C.3 an Dr. A. Cramp, American Medical Association, 535 North Dearborn Street, Chicago, USA betr. »Disulphamin«.

Vgl. AMA Box 846, Folder 06: 1933-01-11 Theodore R. Ford, M. D., 19 Prospect Street Summit, New Jersey an American Medical Association, 535 North Dearborn St., Chicago, Bureau of Investigation, betr. Disulphamin und AMA Box 846, Folder 06: 1933-01-13 AMA Bureau of Investigation an Dr. Theodore R. Ford, M. D., 19 Prospect Street Summit, New Jersey, Antwort auf Anfrage vom 11.1.1933.

208 1930-11-29 JAMA, S. 1690, Queries and minor notes.

209 Systematische Sammlung des Rechts, SR 818.102: http://www.admin.ch/ch/d/sr/8/818.102.de.pdf

1930-06-26 »Il Cittadino«.

210 1923-08-15 »Rivista Ospedaliera«, Roma.

211 NTI: 21.9.1923, ital., Leander an Percy.

212 Der schweizerische Generalkonsul orientierte Dr. E. Tomarkin, Via del Sole 25, Locarno-Muralto, am 17.4.1934 von der Unterredung mit Ira A. Campbell. Kopie an EPD: CH-BAR E2001C#1000/1534#100*, Dossier Fondation Tomarkin 1922–1936.

213 SHAB 1.2.1934. Mtt. 11.1.1934: »in sostituzione di Leandro Tomarkin che rimano tuttavia membro del consiglio d'amministrazione«. Ragionenbuch 1932, S. 986 (Locarno); Ragionenbuch 1934 (Melano) und SHAB 1.2.1934, 1935, S. 1027; Ragionenbuch 1937; »Pola Fabbrica di Prodotti Chimici S. A.«, in: Ragionenbuch 1938. Noch 1952 im Ragionenbuch mit Hans Röder, Zürich.

214 CH-BAR E2001C#1000/1534#100*, Dossier Fondation Tomarkin 1922–1936.

215 Vgl. dazu auch die Aussage: »Wir glauben zu wissen, dass er sich nun mit der Fondation überworfen hat.« 1938-05-19 Motta an Stucki, in: CH-BAR E 2001 (D) 1000/131, Archiv-Nr. 111. Internat. Ver. zur Bekämpfung der Krebskrankheiten in Paris. Das Programm von Meran für

den 6. Kurs vom 9.–22.9.1934 führt Campbell & Co nicht mehr auf. Als Sitz der TF wird Roma angegeben.
Sitz-Verschiebung nach Rom: »Revue Médicale Française«, Januar 1934, 15. Jg., Nr. 1, S. 424; »The British Medical Journal« vom 2.6.1934, S. 1014.

216 Beispiele: Prof. William Henry Welch, Briefe Tomarkins vom 3.7.1931, 3.8 1931, 18.6.1932, in: JHMI, Box 110, JHH 51, F 7, Bldg. 30.
Sekretär Mario Vecchi an Tomarkin in Locarno: Geehrter Herr, Seine Excellenz Senator Conti, der einige Tage von Mailand abwesend war, hat mich gebeten, Ihnen den Eingang Ihres geschätzten Briefes vom 27.2. zu bestätigen und Ihnen sein Bedauern mitzuteilen, an der Versammlung in Locarno vom 4. dieses Jahres nicht teilnehmen zu können. Danke für Einladung …: Banca Intesa, Copialettere Senatore Ettore Conti, (CpBC), volume 5, fogli 222 e 230-31.
Bagotzky: CH-BAR E 21 1000/131, Archiv-Nrn. 10495–10515, Akten Bagotzky.
Federazione degli Interessi della Regione Locarnese vom 16.12.1930, in: StadtA Locarno, Fondazione Tomarkin; Professoren wurden direkt eingeladen, Leçons für die FT zu halten. Vgl. Rapport Annuel 1933–1934, Académie de Lyon/Gallica.
Arnold Sommerfeld an L. W. Tomarkin, 25.10.1938, in: Archiv München DM (Archiv NL 89, 025, Mappe von AS), siehe http://www.lrz-muenchen.de/~Sommerfeld/PersDat/02728.html

217 StadtA Locarno, Fondazione Tomarkin: 1931-12-12 Federazione degli Interessi della Regione Locarnese; 1931-11-27 Sitzung mit umliegenden Gemeinden betr. FT; StadtA Locarno, Risoluzioni Municipali Locarno, Nr. 543, 1931.

218 Es gab 13 Konsulate Italiens in der Schweiz neben der Gesandtschaft in Bern. Conte L. G. Asinari Sigray di San Marzano z. B. war »vice-consul pour le district de Locarno et le Valle Maggia«. Vgl. die Namensliste, angefertigt anhand des eidg. Staatskalenders 1931 und 1932.

219 Von den Annalen wurden nur zwei Nummern veröffentlicht: Heft 1, Bd. 1, 1. Jg., 1931 und Heft 1/2, 2. Jg., 1932. In die erste Nummer der Annalen waren 33 Professoren involviert, allerdings nur sieben als Autoren mit Wiedergaben ihrer am 1. Kurs gehaltenen Vorträge. In der zweiten Nummer der Annalen waren mit 69 mehr als doppelt so viele Professoren angezeigt, ganze 17 amteten tatsächlich als Textelieferanten. Auch von den in der ersten Nummer angezeigten Dozenten-Namen, deren Arbeiten angeblich in Vorbereitung zum Annalen-Druck waren, erschienen in der zweiten Nummer bloss sieben. Immerhin konnten zehn andere Beiträge publiziert werden. Alle 17 Arbeiten waren Wiedergaben von Vorträgen, die im 1. bis 3. Tomarkin-Kurs gehalten wurden (vier aus dem 1., zwei aus dem 2. und elf aus dem 3. Kurs). Die restlichen der 69 aufgeführten Namen zieren die Liste der Mitwirkenden und des Redaktionellen Komitees. Dank ihnen konnte hier der Kreis der teilnehmenden Nationen mindestens optisch erweitert werden: so sind W. Park und S. Wynne aus New York aufgeführt, Lina Stern aus Moskau, M. Eigner aus Wilna/Russland, C. Heymans und J. Maisin aus Belgien, Fr. Kogoj aus Zagreb, A. von Koranyi aus Budapest, Th. Madsen aus Kopenhagen, G. Mansfeld und N. Temesvary aus Ungarn.

220 Von der Berner Universität: Asher, Bürgi, W. Frey, Guggisberg, de Quervain, Siegrist, Sobernheim, Tschirch. Dazu der Oberfeldarzt Oberst K. Hauser und Gordonoff (Josef Jadassohn war 1904–1917 in Bern o. Prof., dann in Breslau.) Wenn man von den Kinder- und Psychiatrieärzten (Stoos, Glanzmann, von Speyr, Klaesi) absehen will, deren Fächer an Tomarkins Kongressen nicht gefragt waren, so fehlten neun Medizin-Ordinarien. Rechnet man die Professoren weg, die kurz vor der Emeritierung standen (Lüscher und Zimmermann) und übersieht man diejenigen, die 1932 noch nicht mit ihrer Ordinariatskarriere begonnen hatten (Bluntschli, Goldmann, Matti und von Muralt), so fehlten eigentlich nur drei Männer: der Schachmeister und Derma-

tologe Oskar Nägeli (o. Prof. 1931–1941), der Pharmakologe Paul Casparis (o. Prof. 1932–1955) und der Pathologe Carl Wegelin (o. Prof. 1913–1946). Abgesehen von Asher, der am 4. Kurs, und Bürgi, der am 5. Kurs teilnahm, beschickten die Berner nach dem Herbst 1931, also nach dem 3. Kongress, schon keine Tomarkin'schen Events mehr.
Aus Basel reisten drei Dozenten zu den Tomarkin'schen Kursen: der Neurologe Robert Bing, der Hygieniker Robert Doerr und der Physiologe Alfred Gigon, mit Eugen Bircher zusammen in den 1930er-Jahren Redakteur der »Schweizerischen Medizinischen Wochenschrift«. Einmal war der Tuberkuloseforscher Rudolf Staehelin zugegen.
Die Universität Zürich war nur einmal durch den Radiologen Hans R. Schinz vertreten.
Von der Universität Lausanne kamen der Bakteriologe Bruno Galli-Valerio und der Kliniker Louis Michaud.
Schweizer Teilnehmer, die nicht an einer Universität lehrten, waren der Zürcher Arzt Walter Müller, der Chef de service d'Hygiène de la ville und Sportmediziner PD F. M. Messerli aus Lausanne (Alibi-Schweizer von 1935), Otto Stiner, Adjunkt im schweizerischen Gesundheitsamt in Bern, der seine Dissertation am Institut zur Erforschung der Infektions-Krankheiten geschrieben hatte, O. Bernhard aus St. Moritz, Percy Tomarkin (Leanders Bruder) aus Bellinzona, Auguste Rollier von Leysin und der bekannte Naturheilkundler M. O. Bircher-Benner. Bei den Tessiner Fortbildungswochen waren der Locarner Arzt Franchino Rusca und Hans Alexander, Direktor des Sanatoriums Agra, engagiert.
Natürlich waren 1938 in die schweiz. Krebswoche einige universitäre Mediziner (u. a. Askanazy aus Genf, Guggisberg, de Quervain und Wegelin aus Bern sowie die med. Dekane der Universitäten) involviert, ebenso Mitglieder der schweiz. Antikrebsliga (Jentzer, Jung, Fauconnet, von Meyenburg, Rosselet, Schinz).

221 Für den ganzen Abschnitt: Codiroli, Pierre, L'Ombra del Duce, Milano 1988, und Archivio comunale di Locarno. Generalkonsul für das Tessin in Lugano war Silvio Cameroni.

222 Für den ganzen Abschnitt: StadtA Locarno: Protokolle: Verhandlungen zu Plänen und finanziellen Zuschüssen Ende 1931 zwischen der Tomarkin-Foundation Incorporated New York, USA, European Branch Locarno (directors: Campbell, Dollar, Hague, Hand, Tomarkin, Board of Trustees: Canevascini, Cattori, Mazza) und den Gemeindevertretern, den Tourismusvertretern, den lokalen Ärztevertretern (Relazione des Circolo Medico di Locarno) im Punkt Nützlichkeit und Möglichkeit der praktischen Realisierung des Instituts.

223 StadtA Locarno: Fondazione Tomarkin, Locarno soll bis zum 20.3.1932 eine erste Quote von ⅓ bzw. 2 333,30 Fr. bei der Schweizer Bankgesellschaft in Locarno aufs »conto corrent« einzahlen. Der Termin verstrich ohne Bezahlung.

224 1930-04-11 Bundesrat Motta an »dottor L. Tomarkin«, in: CH-BAR J1.1* Archiv-Nr. 28, Nachlass Motta Giuseppe (1871–1940), Kopierbuch Nr. 26, S. 58.

225 FMH Protokoll des Zentralvorstandes vom 12./13.12.1931. Vorsitz: Hector Maillart, Genf. Anw.: A. Airoldi, Lugano, Eugen Bircher, Aarau, Hans Trüeb, Zürich, Rudolf Garraux, Langenthal, August Käppeli, Sursee, Ernst Ruppanner, Samaden. [Und Lotz, Albert, Basel?] Lotz weist darauf hin, dass Tomarkin Prof. Robert Dörr eingeladen habe, der sei »dort« gewesen (nicht näher spezifiziert ob in New York oder Locarno). Robert Doerr (1871–1952), der in den 1930er-Jahren das Institut für Hygiene und Mikrobiologie in Basel leitete und als einer der bedeutendsten Virologen galt, erhielt 1933 den Marcel-Benoist-Preis.
1941-10 »Journal of Molecular Medicine«, Vol. 20, Nr. 43. Doerr trat am Mailänder Kongress im Herbst 1932 bei Tomarkin auf.

226 StAB BB 05. 10.5, Protokolle der Med. Fak. Bern, 20.1.1932, S. 155.

227 Albert Einstein Archives Jerusalem 48-595: Tomarkin an Einstein, 12.9.1931.

228 Zum ganzen Briefwechsel Einstein/Schmid 22.3.1932–11.6.1932: Albert Einstein Archives Jerusalem 52 060, 52 061, 52 062, 52 064, 52 065, 52 066, 52 068, 52 069 und 52 071.
Zu Rosa Schmid: Mtt. Niklaus Schmid-Heimes.

229 Der Vermittler war der mit Einstein befreundete Leidener Mathematikprofessor Paul Ehrenfest. Ehrenfest, Paul, 18.1.1880, Wien, bis 25.9.1933. Mathematikprofessor in St. Petersburg, ab 1912 in Leiden.
Zu Kallós: http://www.ciaweb.org/history/kallos.shtml
Zu Blaschko: Er war Assistent von Otto Meyerhof in Heidelberg, vgl. Mtt. Meyerhof-Papers http://www.archives.upenn.edu/info/Meyerhof.html; keine Korrespondenz zum Vorfall vorhanden.

230 1933-10-28 JAMA, S. 1402.

231 Zum ganzen Briefwechsel Albert Einstein Archives Jerusalem 50-627: 1933-04-27 Kallos und Blaschko an Einstein; 50-628: 1933-05-20 Kallós an Einstein; 50-629: 1933-06-11 Kallos an Einstein (via Ehrenfest, aus Davos-Dorf, Pension Edelweiss, z. Zt. Mitarbeiter am schweiz. Forschungsinst. f. Hochgebirgsphysiologie und TBC); 10-248: 1933-04-30 Ehrenfest an Einstein; 10-250: 1933-05-02 Einstein an Ehrenfest; 10-254 1933-05-22 Ehrenfest an Einstein; 10-260: 1933-06-26 Einstein an Ehrenfest.

232 Mtt. Gertrud Tomarkin. Unsicher ist die Datierung des Erlebnisses. 1933 war der am 17. Dezember 1915 geborene Rolando bald 18 Jahre alt und kein »Kind« mehr. Es handelte sich vermutlich um eine frühere Demonstration.

233 Masch. Reden von Leander und Percy Tomarkin am Cannobio-Ausflug, in: StA Tessin sc. Nr. 1242 (4350).

234 1931-10-26 »Il popolo d'Italia«, Mussolinis 1914 gegr. Zeitung; Übersetzung auf Englisch in Acta 3ème, S. 113 ff, Telegramme: Bewunderung für Mussolinis »genius and iron will«, S. 115.
Acta 3ème, S. 120: giovinezza, bellezza.
1931-10-27 »Neue Zürcher Zeitung«: Ein Ehrentag der Tomarkin-Stiftung. Nachdruck in Acta III, 1931, S. 109 und Übersetzungen auf Ital., S. 112, und auf Engl., S. 113.
1932-09-12 »Corriere della Sera«.
Der Berner Physiologe Professor Leon Asher versuchte im Namen der schweizerischen Delegation, dem Ganzen die Spitze zu brechen, indem er gezielt die Bedeutung Italiens in der Geschichte der Medizin betonte und auf die hohen Schulen von Padua und Salerno verwies.

235 1925-02-18 »The Washington Post« zur Verbindung Marchiafava-Mussolini: »Rome. Feb. 17 … Senator Marchiafava, who is a well known physician, also visited Signor Mussolini, not professionally but as a friend.«

236 HLS; Gilg, Peter und Erich Gruner, »Nationale Erneuerungsbewegungen in der Schweiz 1925–1940«, in: Vierteljahrshefte für Zeitgeschichte, 14. Jg., Heft 1, Januar 1966, S. 13 (beseelend).
1934-02-04 »Der Bund«.
1931-12-15 »Der Eidgenosse«.
Zu »Der Schweizer Fascist«. Organ der schweizer. fascistischen Bewegung: Eidgenössische Wochenzeitung für berufsständischen Aufbau, für Stärkung staatlicher Autorität u. persönlicher Verantwortung, zur Förderung nationaler Volksgemeinschaft. Erschien Nr. 1–106, 12.10.1933–23.1.1936. Fonjallaz' Schweizerische Faschistische Bewegung (1933–1936) blieb eine kleine Gruppierung.
Zu »Der Eidgenosse«: Kampfblatt der National-sozialistischen Eidgenossen, hrsg. v. Theodor Fischer. Erschien 15.12.1931–15.09.1934.
Zitat vom »deutschen Wesen« urspr. von Emanuel Geibel (1815–1884).

237 Codiroli, Pierre, L'Ombra del Duce, Mailand 1988, S. 147–148; HLS zu 600 000.

238 Archivio storico e diplomatico del Ministero degli affari esteri di Roma (Farnesina), Svizzera 1934, Busta 5, Fasc. 14, Rapporti culturali: zit. nach Codiroli, Pierre, L'Ombra del Duce, Mailand 1988, S. 147, Anm. 84: »Ecco cosa diceva al duce: ›Ritengo ehe la mia persona e l'opera mia non siano del tutto ignote all E. V. e pertanto ardisco rivolgermi … per esporre la mia situazione attuale convinto come sono di poter ancora rendere all'Italia fascista dei servigi degni di considerazione come ho la coscienza di averne resi, partecipando alla fondazione dei Fasci Italiani negli Stati Uniti d'America …‹«.

239 Codiroli, Pierre, L'Ombra del Duce, Mailand 1988, S. 148; Foglio ufficiale del Cantone in data 26 settembre 1933.

240 1935-01-15 »Libera Stampa«, Giornale del Partito Socialista, Lugano: »Come il fascismo svizzero si vende agli stranieri«: Abdruck des handschriftlichen Briefs Leandro Tomarkins vom 23.02.1934. Die liberale »Gazette de Lausanne«, die den Duce wegen seines Sieges über die italienischen Kommunisten bewunderte, wies im Gegenzug Tage später dezidiert auch auf die linke Gefahr hin. Die verdächtigen »organisations dévouées à Moscou« würden permanent einen Komplott gegen unsere nationalen Institiutionen schmieden und sollten beachtet werden.

241 Tomarkin nannte Hodel und Gusperti: »Obwohl Hodel Vertreter der NZZ ist, ist er kein Gegner unserer Bewegung. Auch er ist ein persönlicher Freund Mussolinis.« Er müsse doch bitten, Hodel nicht mehr als Lügner zu bezeichnen. Auch Gusberti sei »100 % einer der Unsern, aber er kann nicht in die Bewegung eintreten jetzt angesichts seiner Stellung als Vertreter der SBB. … Er ist eine wertvolle Person!!!«

Arthur Fonjallaz gründete 1933 in Rom die Schweizerische Faschistische Bewegung. HLS.

Nino Rezzonico gründete die Tessiner Faschistische Bewegung, die er mit Alberto Rossi leitete. HLS.

Der Schweizer Fascio in Mailand wurde durch den Industriellen und ehem. Präsidenten der Schweiz. Handelskammer in Italien, Otto Bühler, ins Leben gerufen. HLS.

Zum NZZ-Korrespondent Robert Hodel und zum Schweizer Papierindustriellen Otto Bühler in Mailand siehe Glur, Stefan, Vom besten Pferd im Stall zur »persona non grata«: Paul Ruegger als Schweizer Gesandter in Rom 1936–1942, Bern 2005.

242 1934-01-10 »Neue Zürcher Zeitung«: »Die fascistischen Strömungen im Kanton Tessin«.

1934-01-18 »Neue Zürcher Zeitung«: zum schweiz. Fascio in Mailand.

1934-02-13 »Neue Zürcher Zeitung«: zum Fonjallaz-Fascismus.

1934-02-04 »Der Bund«: »Wird Rom einen schweizerischen Fascio bekommen?«

1934-02-09 »Der Bund«: nicht im Einklang mit schweiz. Demokratie.

1934-02-11 »Der Bund«: schamlos und gefährlich. Die Berner Zeitung »Der Bund« warnte z. B., dass auch im liberalsten Staat »das Recht den Bedürfnissen folgen« müsse: »Diese Selbstverteidigung ist gegen alle zu rüsten, welche unsere Freiheiten missbrauchen wollen, um die Freiheit zu erwürgen, und das ist der militante Marxismus so gut wie jenes verdächtige Fröntlertum, das der Eidgenossenschaft die Mittel zum Selbstschutz verweigert.«

1934-02-15 »Schweizer Fascist«: Rom, Florenz, Mailand.

1934-02-19 »Corriere della sera«: Tomarkin sei Chef.

1934-02-20 »La Suisse«, zit. »Corriere della sera«: Tomarkin sei Chef. Auch: CH-BAR E 21 1000/131, Archiv-Nr. 9559, Akte Tomarkin.

1934-02-20 »Journal de Genève«: Tomarkin sei Chef.

1934-02-21 »Journal de Genève«: Tomarkin sei Chef.

1934-02-22 »Schweizer Fascist«: Tomarkin sei Chef.

1934-02-24 »Der Bund«: Abrechnung mit Tomarkin. Auch: CH-BAR E 21 1000/131, Archiv-Nr. 9559, Akte Tomarkin.

1934-02-24 »Schweizer Fascist«.
1934-02-26 »Neue Zürcher Zeitung«: Tomarkin als »Generalkonsul«.
1934-02-26 »Neue Zürcher Zeitung«, zit. »Messagero«: Piero Scanziani referiere über die Schweiz und die Universalität des Faschismus in Tomarkins Gruppe; erneuerungsbesessener Wirrkopf.
1934-02-26 »Gazette de Lausanne«, S. 2, zit. »Bund«.
1934-02-27 »Gazette de Lausanne«, S. 4, zit. »NZZ«: M. Wagnière, ministre de suisse, habe bei den italienischen Autoritäten interveniert. Auch: CH-BAR E 21 1000/131, Archiv-Nr. 9559, Akte Tomarkin.
1934-02-27 »Journal de Genève«, S. 3, zit. »Der Bund«.
1934-02-27 »Journal de Genève«, S. 8, zit. »NZZ«.
1934-03-08 »Schweizer Fascist«: NZZ berichtete von Verwechslung des VSF-Konsuls und des eidg. Konsuls. Man habe halt zum VSF-Konsul mehr Vertrauen als zum eidg. Konsul.
1934-03-15 »Journal de Genève«, S. 1: Artikel zu Tomarkins Bewegung.
1934-04-05 »Schweizer Fascist«: Tomarkin gehöre nicht mehr zur Vereinigung SF. Auch: CH-BAR E 21 1000/131, Archiv-Nr. 9559, Akte Tomarkin.
1935-01-15 »La Libera Stampa«: moskauhörige Gruppen.
1935-01-21 »Gazette de Lausanne«, S. 4, zit. »La Libera Stampa«. Gemäß HLS: Bewunderung des Duce, weil man die Niederlage des Kommunismus in Italien auf ihn zurückführte. Diesen Standpunkt vertrat namentlich die von Georges Rigassi geleitete liberale »Gazette de Lausanne«. Zu Georges Wagnière 1924 vgl. oben; 1924-01-07 »Gazette de Lausanne« und 1924-05-30 »Il Giornale d'Italia«.

243 1934-03-15 »Journal de Genève«. Diese Veranstaltung habe am Sitz des »Comitati d'azione per la universalità di Roma« des Piero Scanziani stattgefunden. Scanziani sei die rechte Hand Tomarkins. Er war ab 1927 Journalist für die »Gazzetta Ticinese«, 1929–1934 Sekretär der schweiz.-faschist. Zelle (fascio) in Rom, 1934–1935 u. a. Herausgeber der Wochenzeitung »Il Fascista Svizzero« und des Nachfolgeorgans »A Noi!« in Lugano sowie 1938–1945 Verantwortlicher des ital. Dienstes der Schweiz. Depeschenagentur in Bern. HLS.

244 Vgl. Le Ministre de Suisse à Rome, G. Wagnière, au Chef du Département politique, G. Motta, Rome, 9.3.1934 und 12.3.1934, in: Diplomatische Dokumente der Schweiz, online: http://www.amtsdruckschriften.bar.admin.ch: 1934, Bd. 11, Heft 17, S. 59–61, Italien/E 2001 (C) 4/103 und 1934, Bd. 11, Heft 19, S. 62–64, Italien/E 2001 (C) 4/103. Vgl. Conseil fédéral, Procès-verbal de la séance du 2 mars 1934: Groupes fascistes suisses en Italie, in: Diplomatische Dokumente der Schweiz, online: http://www.amtsdruckschriften.bar.admin.ch: 1934, Bd. 11, Heft 19, S. 52–53, Italien/E 1004 1/345. Vgl. Personenregister vom 21.12.1936: Tomarkin, Alexandre [sic!] (Fondateur d'un groupe fasciste suisse à Rome), in: Diplomatische Dokumente der Schweiz, online: http://www.amtsdruckschriften.bar.admin.ch: 1936, Bd. 11, Heft J, S. 1008, Übrige/Vili. INDEX.

245 StadtA Locarno, Fondazione Tomarkin: 1934-09-20 Briefkopf: Merano azienda autonoma di cura, Il Commissario Prefettizio di Merano an Comune di Locarno.
StadtA Locarno, Risoluzioni Municipali Locarno Nr. 672, 1934.

246 Adolf Friedländer, Hermann Strauss und August Laqueur waren bereits am 5. Kurs in St. Moritz 1933 dabei.
Adolf Friedländer selber verlegte seinen Wohnsitz in die Freiburger Gegend, wo er bis 1937 eine Privatpraxis betrieb, um sich dann wegen seiner jüdischen Abstammung nach Bad Aussee/Österreich zurückzuziehen. Dort verstarb er am 19.1.1949. http://www.klinik-hohe-mark.com/fileadmin/user_upload/PDF/Aktuelles/2009/Fuehrungsplan.pdf

Hermann Strauss vom »Jewish Hospital in Berlin« wurde am 30. Juli 1942 mit einem »Alters-Transport« nach Theresienstadt gebracht. http://leobaeck.oxfordjournals.org/content/38/1/157; http://www.ghetto-theresienstadt.info/pages/d/dokumentarfilm.htm

August und Ilse Laqueur-Netto emigrierten 1935 wie Tochter Marianne und später Sohn Kurt in die Türkei. http://de.wikipedia.org/wiki/Marianne_Laqueur

Carl Neuberg wurde 1934 zwangspensioniert. Er emigrierte 1938 nach Palästina, 1940 nach New York, wo er mit fast 65 Jahren eine Professur an der New Yorker Universität erhielt. http://www.dradio.de/dkultur/sendungen/zeitreisen/788801/

Siegfried Thannhauser gelang die Emigration nach Boston, USA. http://de.wikipedia.org/wiki/Siegfried_Thannhauser; Eckart, W. U. et al., Die Universität Heidelberg im Nationalsozialismus, Berlin 2006; Nissen, Rudolf, Fünfzig Jahre erlebter Chirurgie, Stuttgart, New York 1978, S. 349–351.

Am 12. März 1933 wurde Hermann Zondek wegen seiner jüdischen Abstammung als einer der Ersten von den Nationalsozialisten aus der Stellung geworfen. Über Zürich floh er nach England und emigrierte 1934 nach Palästina. http://de.wikipedia.org/wiki/Hermann_Zondek

Leopold Lichtwitz emigrierte wegen seiner jüdischen Herkunft 1933 in die USA. http://de.wikipedia.org/wiki/Leopold_Lichtwitz

Von der deutschen Universität in Prag war Rudolf Schmidt anwesend: Vgl. die Darstellung aus nationalsozialistischer Sicht von 1939: Die medizinische Fakultät sei personell besonders schwach besetzt. Es komme dies u. a. daher, dass hier im Zuge der Reinigungsaktion allein 58 Juden entfernt worden seien. Von 20 etatmäßigen Ordinariaten seien nur sechs besetzt, darunter ein Ordinariat durch einen jüdisch versippten Professor. Folgende Ordinarien lehrten an der Fakultät: … Rudolf Schmidt, o. Prof. (ist bereits pensioniert und suppliert die I. medizinische Klinik). http://tobias-lib.uni-tuebingen.de/volltexte/2001/217/pdf/gift002_komplett.pdf

Zu Ferdinand Blumenthal: siehe unten.

Auch Witebsky gehörte zu den Besuchern der Tomarkin'schen Kurse, die ihre Stelle verloren. Witebsky ging 1934 via Schweiz in die USA. Eckart, W. U. et al., Die Universität Heidelberg im Nationalsozialismus, Berlin 2006.

Ein Blick auf die Liste früherer Teilnehmer der Tomarkin-Kurse zeigt den Aderlass weiterer Gelehrter aus politischen Gründen: Ulrich Friedemann, Infektiologe in Berlin, war 1933 nach London bzw. Boston emigriert. Fred Neufeld, kommissarischer Leiter des Berliner Koch-Instituts, wurde 1933 degradiert. 1934 wurde Carl Neuberg entlassen, er reiste via Jerusalem nach New York. Nobelpreisträger Otto Meyerhof wurde 1935 in Heidelberg die Lehrbefugnis entzogen. Felix Klopstock floh 1936 nach Großbritannien. Hans Sachs verließ Heidelberg 1938. Und nach dem Anschluss Österreichs wurden Hans Horst Meyer und Ernst Peter Pick, der sich dann in die USA absetzte, drangsaliert. Friedrich Silberstein wurde nach dem Anschluss aus Wien vertrieben usw.

247 CH-BAR E2001C 1000/1534 2336* Internationale Medizinische Woche in Montreux 1935, in Luzern 1936. CH-BAR E3300A 1000/761 649* Medizinische Woche in Montreux 1935.

Die I. Internationale Medizinische Woche in der Schweiz fand vom 9.–14.9.1935 in Montreux statt, die II. 1936 in Luzern, die III. 1937 in Interlaken – unter dem Patronat des Bundesrates! Auf dem I. Kongress referierten Sir Henry Dale, London, Walther Straub, München, Léon Brunschwig, Paris, Paul Karrer, Zürich, G. Sanrelli, Rom, A. Lemierre, Paris, Fritz de Quervain, Bern, Pierre Nobécourt, Paris, Dr. Rudolf Garraux, Präs. der Verbindung der Schweizer Ärzte, Henri Hartmann, Paris, Emil Bürgi, Bern, Pierre-Marie Besse, Genf.

1935-09-14 »Schweizerische Medizinische Wochenschrift«, Basel, Nr. 37, S. 916, 904 (I. Int. Med. Woche in der Schweiz, Montreux). Vorträge und Garraux' Ansprache abgedruckt in SMW 14.9.1935, 21.9.1935 und 28.9.1935.

1936-09-12 »Schweizerische Medizinische Wochenschrift«, Basel, Nr. 37, S. 904 (2. Int. Med. Woche in der Schweiz, Luzern).
Herren, Madeleine und Sacha Zala, Netzwerk Aussenpolitik, Zürich 2002, S. 187.

248 CH-BAR, E 2001 (C), 1000/1534, Archiv-Nr. 128.
Brief vom Stellvertreter des Führers, Stab Hochschulkommission, Prof. Wirz an Minister Dinichert, München, 3.9.1935.
Brief von EPD an die Schweizerische Gesandtschaft, Berlin, Bern, 30.8.1935.
Brief von der Schweizerischen Gesandtschaft in Deutschland, P. Dinichert an EPD, Berlin, 7.9.1935.

249 Nebst den jüdischen Wissenschaftlern Ferdinand Blumenthal, Hermann Strauss und Adolf Friedländer waren vorgesehen: der Heidelberger Pathologe Otto Teutschländer, Arthur Weber aus Bad Nauheim, Paul Happel und Max Hochrein (Egon Rosenberg kam mit Boris Pregel); Happels Frau war die Psychiaterin Clara geb. Pincus. http://books.google.ch/books?id=xP2DEzCDBjkC&pg=PA178&lpg=PA178&dq=Happel+Hamburg-Barmbek&source=bl&ots=VlUqbzPZNV&sig=8BSq56YmXd7ZFI_UlItWomkVSM0&hl=de&ei=wKjKTO-aJJHysgbPye2oAQ&sa=X&oi=book_result&ct=result&resnum=1&ved=0CBkQ6AEwAA#v=onepage&q=Happel%20Hamburg-Barmbek&f=false; http://userpage.fu-berlin.de/~elehmus/HTML/rec00327c1.html
Zu Max Hochrein siehe: http://de.wikipedia.org/wiki/Max_Hochrein
Im Übrigen vertrat Max Cohn vom Mount Sinai Hospital Chicago die USA.
Egon Rosenberg, Berlin, ist nicht exakt zu identifizieren.

250 Im Vorwort wird Dr. S. Levaditi, de l'Institut Pasteur, Paris, zitiert in: »Résumés des Conférences tenues pendant le VIIe Cours International de Haute Culture Médicale de la Fondation Tomarkin inc. … organisé sous les auspices de l'Université Libre de Bruxelles du 12 au 19 septembre 1935 à la Faculté de Médecine de l'Université de Bruxelles et du 20 septembre au 2 octobre 1935 à Spa«, Brüssel 1935, S. 5 (= Numéro spécial von »Le Scalpel. Journal Belge des Sciences Médicales«, Oktober 1935, in UB Basel).

251 Zu erwähnen ist, dass das Pariser Pasteur-Institut mit den Professoren Besredka (1., 3., 4. und 7. Kurs), Calmette (2. Kurs) und Levaditi (1., 2., 4., 6. und 7. Kurs) stets gut an Tomarkins Kursen vertreten war, ebenso die Belgier, v. a. mit Prof. A. P. Dustin (1., 2., 3., 5., 6., 7. und 8. Kurs). Vereinzelt war auch die Crew der »Union internationale contre le Cancer« schon in früheren Jahren an den Fortbildungswochen dabei gewesen: Maisin besuchte den 4. und nun den 7. Kurs, Regaud den 2., den 3. und nun den 7. Kurs.

252 Vietnam war am 7. Kurs durch das Saigoner Pasteur-Institut vertreten, das 1891 von Albert Calmette als Zweigstelle des Instituts Louis Pasteur gegründet worden war. 1909 hatte Calmette eine weitere Niederlassung in Algier aufgebaut. Mit Belgisch-Kongo verbandelt waren Boris Pregel, A. N. Duren, G. Trolli, (V. Prati,) J. Schwetz.

253 Vgl. das »Oral History Transcript« des Dr. Boris Pregel, im Niels Bohr Archiv: http://www.aip.org/history/ohilist/4833.html

254 http://www.ldh-toulon.net/spip.php?article1391

255 CH-BAR E 21 1000/131, Archiv-Nr. 9559, Akte Tomarkin: 1935-09-07
CH-BAR E 2001 (D) 1000/1551, Archiv-Nr. 111. Internat. Ver. zur Bekämpfung der Krebskrankheiten in Paris: 1937-03-18, 1937-04-10, 1937-04-24 Schreiben zw. Légation de Suisse en France, Paris und Internat. Krebsliga Paris, Justin Godart.
CH-BAR E2001C#1000/1534#100*, Dossier Fondation Tomarkin 1922–1936: Briefe der Ärzteschaft und der Legationen und des EPD. Percy machte Eingaben zugunsten seines Bruders.

256 Art. 12 der alten Verfassung von 1874 zählte eine Menge Schweizer auf, die »von auswärtigen

Regierungen weder Pensionen oder Gehalte noch Titel, Geschenke oder Orden annehmen« durften, darunter auch »Offiziere, Unteroffiziere und Soldaten«.
CH-BAR E2001C#1000/1534#100*, Dossier Fondation Tomarkin 1922–1936.

257 Die »Unio internationalis contra cancrum UICC« wurde 1933 durch eine Motion von Dr. Jacques Bandaline am internat. Krebskongress in Madrid ins Leben gerufen.
1. internat. Kongress in Madrid, 30.10.1933 (Präs. L. Cardenal, Spanien).
2. internat. Kongress in Brüssel, 20.–26.9.1936 (ohne Tomarkin, schweiz. Vertreter war der Genfer Prof. Max Askanazy. Resolution vom 26.9.1936 wurde im April 1937 via Légation de Suisse en France [Ministre Al. Dunant] dem Auswärtigen Amt in Bern zugestellt).
3. internat. Kongress in Atlantic City, NJ, USA, 11.–16.9.1939 (erst in New York vorgesehen; Präs. Francis Carter Wood, USA, schweiz. Vertreter war Askanazy; 6.9.1939 Roosevelt ließ Kongress grüßen, Godart sandte Grüße).
Präsidenten der UICC waren 1935–1953 Justin Godart (Frankreich) und 1953–1958 J. H. Maisin (Belgien).
Die »Acta« der »Unio internationalis contra cancrum« waren sechssprachig: fr., dtsch., engl., sp., ital., russ., und sind in der HBZürich, Medizinbibl. Careum vorhanden.
Vgl.: CH-BAR E 2001 (D) 1000/1551, Archiv-Nr. 111. Internat. Ver. zur Bekämpfung der Krebskrankheiten in Paris.
Maisin, J. H., L'Union Internationale Contre le Cancer, Genf 1966.
»Schweiz. Medizinische Wochenschrift«, 1934, S. 344.
»Schweiz. Medizinische Wochenschrift«, 1936, S. 84.
Nach dem Tode von Jacques Bandaline, »Directeur du Bureau Permanent de l'Union Internationale contre le Cancer«, wurde ein Generalsekretär und Directeur du Bureau Permanent gesucht. Acta UICC III, 1938, S. 87.

258 CH-BAR E 2001 (D) 1000/1551, Archiv-Nr. 111. Internat. Ver. zur Bekämpfung der Krebskrankheiten in Paris:
1937-12-21 Eidgenössisches Gesundheitsamt teilt dem Auswärtigen Amt mit, dass die schweizerische Krebsliga die Nominierung Leander Tomarkins als Direktor des permanenten Bureaus der Internationalen Krebsliga schlecht aufgenommen habe. Auch das Eidg. Gesundheitsamt unterstütze die Nominierung nicht. Verweist auf Schreiben von Prof. Jentzer, Präsident der Schweizer Krebsliga, und ein Schreiben von Prof. Schinz. Die Angelegenheit sei delikat, die Wahl Tomarkins scheine nur noch eine Formsache zu sein. Es gibt keine Hinweise darauf, dass Tomarkin schon beim Kongress der »Réunion« zum »Vingt-cinquième anniversaire de la Société de chimie-physique« vom 16. Oktober 1933 dabei war. Die Vorträge dieses Kongresses wurden in vielen Teilen einzeln gedruckt.

259 »Réunion internationale de Physique-Chimie-Biologie. Congrès du Palais de la Découverte. Paris, Octobre 1937. I Physique Générale«, in: Actualités scientifiques et industrielles, No. 718, Paris 1938. Einladung Tomarkins zum 1937er-Kongress in Paris an Prof. Wladimir Vernadsky, Mitglied der Akademie in Leningrad UdSSR, 8.9.1937.
Direktor des »Institut de Biologie physiquo-chimique« bzw. »Institut Physico-Chimie-Biologique« in Paris war 1938–1940 Otto Meyerhof (Nobelpreis 1922), dem man 1935 in Heidelberg die Lehrbefugnis entzogen hatte. Er ging Ende 1940 in die USA.

260 »Réunion internationale de Physique-Chimie-Biologie. Congrès du Palais de la Découverte. Paris, Octobre 1937. I Physique Générale«, in: Actualités scientifiques er industrielles, No. 718, Paris 1938.

261 CH-BAR E 2001 (D) 1000/1551, Archiv-Nr. 111. Internat. Ver. zur Bekämpfung der Krebskrankheiten in Paris.

1938-01-07 Letter of recommandation from Prof. Rondoni who wants Leander in the cancer union, andere Briefe dieser Art von G. Roussy, Paris, J. Maisin, Belgien, A. Saenz, Uruguay, Prof. H. Chiari, Österreich, F. Pentimalli, Italien, W. Cramer, England, Jentzer, Offiz. Del. der Schweiz. Krebsliga, Prof. Askanazy, Genf, Mataro Nagayo, Japan, Stanca, Rumänien, S. Peller, Palästina, Francis Carter Wood, USA, E. de Balogh, Ungarn.

262 CH-BAR E 2001 (D) 1000/1551, Archiv-Nr. 111: 1938-03-21: Leander bezeichnet sich als Secrétaire général par interim. Acta UICC, III, 1938, Titelblatt und S. 87.

263 CH-BAR E 2001 (D) 1000/1551, Archiv-Nr. 111: 1938-03-03: Man werde die Legation in Paris von dieser Affäre unterrichten, gegenüber Godart keine Demarche machen. Was gesagt sein müsse, sei von Prof. Jentzer (Präsident der Schweizer Krebsliga) gesagt worden. Das genüge für den Moment (Auswärtiges Dep. an Gesundheitsamt).

264 CH-BAR E 2001 (D) 1000/131, Archiv-Nr. 111.
1938-03-07, Gesundheitsamt (Ch. Fauconnet) an Prof. Jentzer.
1938-03-24, Auswärt. Amt an Légation de Suisse en France (Minister Stucki).
1938-03-30, Légation de Suisse en France (Minister Stucki) an Auswärt. Amt.
1938-05-14, Stucki an Mottas polit. Dep.
CH-BAR E3300B 1000/763 389* Commémoration de la découverte du Radium, Paris 1938: 1938-09-04 Affaire Tomarkin.
Korr. zw. Jentzer, Mottas polit. Dep., Vice-Dir. Ch. Fauconnet vom Eidg. Gesundheitsamt, Prof. H. v. Meyenburg, dem Stv. von Jentzer in den UICC: 1938-03-31, 1938-04-12, 1938-04-14, 1938-05-24 und 1938-08-16.
Bonna Pierre, lic. jur. Legationsrat im polit. Dep. Vgl. Nekrolog der Basler Nachrichten, 17.12.1945. Begnadeter Diplomat, jahrelang Verfasser von Richtlinien über das Verhalten gegenüber Sowjetdiplomaten. 1935–1944 Chef der Abt. für Auswärtiges. Vgl. Gehrig-Straube, Christine, Beziehungslose Zeiten, Zürich 1997, S. 128–129.

265 Zum Kongress in Algier: CH-BAR E3300B 1000/763 304* Alger, VIII congrès de haute culture médicale (1937). Vor 1937-03-08 Tomarkin an Motta, betr. Einladung zum 8. Kongress in Algier, 31.3. bis 6. bzw. 13.4.1937. BR solle einen Delegierten bestimmen, der »médical de la Suisse« repräsentiere. 1937-03-08 Département politique fédéral fragt Motta, was entschieden sei. Mahnen zur Vorsicht wegen der »déplorables incursions dans le domaine politique«.
CH-BAR E 2001 (D) 1000/1551, Archiv-Nr. 111: 1938-05-19 Motta an Stucki.

266 CH-BAR E 2001 (D) 1000/1551, Archiv-Nr. 111:
1938-04-12 Prof. H. v. Meyenburg an Gesundheitsamt (Ch. Fauconnet).
1938-04-12 Prof. H. v. Meyenburg an Gesundheitsamt (Ch. Fauconnet).
1938-04-29 Sudel.

267 CH-BAR E 2001 (D) 1000/1551, Archiv-Nr. 111:
1938-05-24 Meyenburg an Fauconnet: Bericht über die Sitzung vom 20. und 21.5.1938.
1938-08-20 Godart an Minister Stucki.
1938-08-24 Prof. A. Jentzer, Président de la Ligue nationale suisse contre le cancer, a Justin Godart Sénateur, Ancien Ministre, Président de l'union internationale contre le cancer, concerne Affaire L. W. Tomarkin.
Zu Sluys siehe Unio internationalis contra cancrum, Acta, Vol. V, 1940.

268 Hoover Institution Archives, Bestand Germany, DKZ, 316, auch für die folg. Abschnitte.

269 Hoover Institution Archives, Bestand Germany, DKZ, 316.

270 Hoover Institution Archives, Bestand Germany, DKZ, 316, 1938-11-29:
»Prof. Dr. H. Kaufmann, Münster i. W. den 29. November 1938
An die Deutsche Kongress-Zentrale, Berlin W 35, Ludendorffstr. 60.

Vertraulich
Betrifft: Ihr Schreiben v. 26.11.38, Zeichen: Dr. Th/Br.
Unter Bezugsnahme auf Ihr Schreiben vom 26.11.38 teile ich Ihnen mit, dass ich in Kürze als Präsident der Internationalen Kommission zum Studium der Fettstoffe ein Rundschreiben an die Vorsitzenden der Länder-Delegationen versende, in dem neue Analysenmethoden erörtert werden. In dem Begleitschreiben könnte ich etwa folgende Bemerkung einflechten.« Nach Kaufmanns Text führte der Autor des Schreibens aus, dass nur diejenigen angeschrieben werden sollten, »bei denen man eine gewisse Übereinstimmung mit deutschen Ansichten vermuten darf«. Dabei handelte es sich um Prof. Fachini, Mailand; Prof. Voerman, den Haag; Ing. Vizern, Marseille; Dr. Sturm, Zürich; Dr. Delvaux, Louvain; Dipl. Ing. Erlandsen, Oslo; Dr. Robertdhaw, London; Dr. Shephard, London. Ausdrücklich ausgespart wurden neben dem amerikanischen Vertreter der Prager Professor Vesely.

271 Hoover Institution Archives, Bestand Germany, DKZ 316: Aktennotiz Berlin, den 21.11.38. Vorgang: Ferngespräch ORR, Herr Dr. Thomalla unterrichtete Herrn Ministerialdirigent Hasenöhrl über die geplante Aktion der deutschen Kongress-Zentrale in Sachen Tomarkin: Anregung von Briefen deutscher Professoren an ausländische Prominente; Ministerialdirigent Hasenöhrl begrüßt diese Aktion und erklärt sein Einverständnis für Abt. VII. ... Heil Hitler!

272 CH-BAR E 2001 (D) 1000/1551, Archiv-Nr. 111: 1938-08-22 Tomarkin an Motta. Zur Landesaustellung vgl. NZZ vom 15.5.1938.

273 Sommerfeld schlug Léon Brillouin als Ersatz vor. Arnold Sommerfeld an Léon Brillouin, 25.10.1938. Arnold Sommerfeld an L. W. Tomarkin, 25. Oktober 1938, in: Archiv München DM (Archiv NL 89, 025, Mappe von AS), unter: http://www.lrz-muenchen.de/~Sommerfeld/PersDat/02728.html

274 Blumenthal, geb. 1870 in Berlin, gest. 1941 (Ort unbekannt), hatte am 1.–4. und am 6.–7. Fortbildungskurs teilgenommen. http://classic.unister.de/Unister/ausgabe_stichwort25438_0.html
Paul T. Uhlenhuth, 1870–1957 (gest. in Freiburg i. Br.), hatte am 1., 2. und 5. Fortbildungskurs teilgenommen. http://de.wikipedia.org/wiki/Paul_Uhlenhuth

275 Max Borst vertrat Deutschland an den Kongressen der Krebs-Union 1934, 1938 und 1939. http://de.wikipedia.org/wiki/Max_Borst#Leben
Borst ist auch in der Acta V der »Unio internationalis contra cancrum« von 1940 als einer der »Redacteur en chef« und als einer der Ehren-Vizepräsidenten aufgeführt. Da die Acta VI der Krebsliga erst 1948 erschien, kann die weitere Zugehörigkeit hier nicht überprüft werden.
Maisins Beschreibung von Borst ist seltsam. Er beschrieb seine imposante Erscheinung, die solide klassische Kultur eines deutschen Pathologen, seine Kenntnisse und sein Prestige und meinte: »Hélas, il disparut trop tôt, lui aussi.« Falls sein Tod gemeint ist – Borst starb immerhin 77-jährig. Maisin, J. H., L'Union Internationale Contre le Cancer, Genf 1966, S. 72.

276 »Unio internationalis contra cancrum, Acta«, Vol. IV, 1939 umfasste 647 Seiten, dann bis Seite 894 »Recueil des communications présentées aux Journées internationales de Cancérologie tenues à Liège du 24 au 28 Juin 1939«. Es war die Nr. IV der Acta-Reihe der UICC, die 1936 begonnen wurde.

277 La Fondation médicale Franco-américaine du Mont Valérien: dite »Fondation Maréchal FOCH«. http://www.fondation-foch.org/ und http://www.hopital-foch.org/L-histoire-de-l-hopital.html

278 Koryphäen der wissenschaftlichen Radiologie: Regaud, de Broglie, Langevin. Claude Regaud war nicht nur Professor am Institut Pasteur, sondern auch Direktor des Radiumlabors am universitären Radium-Institut Paris und schon vor dem Pariser Kongress Gastredner bei Tomarkins Kursen. Paul Langevins große Verdienste um die französische Physik waren in den Hintergrund geraten,

als um 1910 seine persönliche Verbindung mit der Nobelpreisträgerin Marie Curie als »Langevin-Affäre« in der Öffentlichkeit bekannt wurde. Langevins Schüler und Nachfolger auf dem Physiklehrstuhl am Collège de France, der Experimentalphysiker Maurice de Broglie, stand ein wenig im Schatten seines Bruders Louis-Victor de Broglie, der Physik-Nobelpreisträger wurde. Mit Perrin zusammen bildeten sie das vierblättrige Präsidentenkleeblatt des Comité scientifique.

279 »Acta 1938«: Bild Königin Wilhelmina der Niederlande (S. 488); König Boris III. von Bulgarien: »Ma sincère admiration« (S. 444); König Gustav V. von Schweden (S. 572); König Farouk I. von Ägypten (S. 458); König Vittorio Emanuele von Italien: »alla Settimana Internazionale contro il cancro« (S. 492); Großherzogin Charlotte von Luxemburg (S. 524); Präsident Lazaro Cardenas von Mexiko: »con un profunda simpatica por un labor humanitaria« (S. 526); Präsident Jorge Ubigo von Guatemala: »Pura la revista ›Acta‹« (S. 484; gleiches Bild auch in der »Schweizer Illustrierten«, 1938, S. 1527); Präsident Konstantin Paets von Estland (S. 474); Präsident Karlis Ulmanis von Lettland (S. 512); Präsident Ignacy Moscicki von Polen (S. 560); Generalgouverneur Tjarda van Starkenborgh Staciouwer von Niederländisch-Indien (S. 489). Nicht ins Bild gesetzt wurden König Haakon VII. von Norwegen und Königin – eigentlich Königinmutter – Maria von Jugoslawien. Hingegen gab es in der Acta zusätzlich Bilder von Ministern, die ihr Land vertraten.

280 1938-11-07 »Le Figaro«: Film mit Perrin; 1938-09-04: Briefmarke; 1938-11-12 Tod von Henriette Perrin-Duportal. Seltsamerweise hielt sich »Le Figaro« zurück. Die Pariser Zeitung veröffentlichte praktisch nichts über den internationalen Kongress, der in ihrer Stadt stattfand.

281 »Acta 1938«, S. 27, 120–121. In den »Résumés des Conférences tenues pendant le VIIe Cours International de Haute Culture Médicale de la Fondation Tomarkin inc. ...«, Brüssel 1935 (= Numéro spécial von »Le Scalpel. Journal Belge des Sciences Médicales«, Oktober 1935) gab es nebst einem Dutzend schwarz-weißer Reklame sogar vierfarbige Inserate.

282 Fontainebleau, cote 19900512 art. 27, fonds du Palais de la Découverte:

1938-09-09 A. Léveillé, Secrétaire général du »Palais de la Découverte«, an Tomarkin, 18 rue Soufflot, Paris V; Projekt.

1938-10-11 B. Pregel, 21 bis, rue du Paradis, Paris 10 an L. W. Tomarkin, »Union Internat. contre le Cancer«, 18 rue Soufflot, Paris: Maße der Apparate.

1938-10-12 L. W. Tomarkin, Secrétaire Général de la »Semaine internationale contre le cancer« an A. Léveillé, Secrétaire Général du »Palais de la Découverte«, Avenue Victor Emmanuel III, Paris: Philips, Union Minière.

1938-10-14 Boris Pregel, Agent général de »l'Union Minière du Haut Katanga«, Dép. Radium Bruxelles an A. Léveillé: l'appareil de Télécuriethérapie.

1938-10-22 Tomarkin an A. Léveillé.

1938-11-24 A. Léveillé an Tomarkin: Film über Krebs.

1939-08-30 André Rosenwald von der General Electric an A. Léveillé: keine Zahlung.

283 CH-BAR E 2001 (D) 1000/1551, Archiv-Nr. 111: 1938-03-31 Motta an Gesundheitsamt: Soll die Schweiz das Patronat angesichts der Tomarkin-Sache für die 1ère Semaine Internationale du Cancer in Paris und die Union internationale übernehmen?

1938-05-12 Eidg. Gesundheitsamt Bern an Polit. Dep. Bern: Schweiz könne evtl. 23.–30.11.1938 eine Woche gegen den Krebs organisieren. Nicht sicher, ob BR Patronat übernehme. Der Fall Tomarkin verkompliziere die Situation.

1938-05-24 Meyenburg an Fauconnet: Gibt Bericht über die Sitzung vom 20. und 21.5.1938: Was das Patronat angehe, so neige er zum Abwarten.

1938-08-18 Gesundheitsamt an Polit. Dep.: Betr. Übernahme des Patronates. Angelegenheit habe sich verzögert, auch wegen der Affaire Tomarkin.

1938-09-28 BR: CH sei Mitglied der Krebsliga, zahle 1 000 fr. Franc.
CH-BAR E3300B 1000/763 389* Commémoration de la découverte du Radium, Paris 1938: 1938-10-25 Auszug aus dem Protokoll der Sitzung des Schweiz. BR, zur Delegation Jentzer, de Quervain.
Gemäß »Acta 1938« waren offizielle Delegierte aus der Schweiz: (Dr. Dhers vom Bureau Internat. du Travail in Genève;) Prof. Adrien Jaquerod, NE; Prof. Guido Miescher, ZH; Prof. Jentzer, Ligue nat. contre le Cancer; Prof de Quervain, BE; Prof. R. T. Gilbert, GE; Albert Perrier, VD; Alfred Rosselet, VD; Hans R. Schinz, ZH. Die Universität Bern soll keinen aktiven, sondern den eben emeritierten Chirurgen Fritz de Quervain geschickt haben (Grußadresse »Acta 1938«, S. 58). Mit der ETH Zürich fehlte auf jeden Fall ausgerechnet die Hochschule, die in der Physik am meisten Gewicht hatte und mit Basel die älteste Schweizer Universität war.

284 1938-12-10 »Das Blatt für alle«, S. 9: Foto mit Eve Curie: »Jahrestagung«.
CH-BAR E3300B 1000/763 389* Commémoration de la découverte du Radium, Paris 1938: 1938-10-03 Jentzer an BR Etter betr. Schweizer Krebswoche 2.–4.12.1938; ebenda 1938-10-08.

285 Fontainebleau, cote 19900512 art. 27, fonds du Palais de la Découverte.

286 CH-BAR E 2001 (D) 1000/1551, Archiv-Nr. 111: Perrin an Godart.

287 Newspaper Oswego Palladium, Monday April 19,1976, UEACQN, NY. http://www.fultonhistory.com/Fulton.html

288 Tomarkin spricht von elf organisierten Veranstaltungen. Möglicherweise zählt er zu den zehn zustande gekommenen auch die zwei geplanten Kurse vom 5.–18.8.1934 in St. Moritz oder den Kurs vom 7.–21.9.1936 in Athen mit. Oder er zählt die Organisation der Feier zur Konstituierung der Tomarkin-Foundation in Locarno vom 21. Juni 1930 mit oder einen uns unbekannten Kongress.

289 An der Via di San Sebastianello; http://www.sangiuseppedemerode.it/
»Il Collegio San Giuseppe – Istituto De Merode, sito in Piazza di Spagna, Roma, è una Scuola Cattolica diretta dai Fratelli delle Scuole Cristiane, congregazione di religiosi fondata nel 1680 da s. Jean Baptiste de La Salle«.

290 Mtt. Gertrud Tomarkin; NGT.

291 NTI.

292 Mit seiner Erfindung bewarb sich Rolando 1957 erfolglos für den renommierten Marcel-Benoist-Preis: CH-BAR Dossier E9510.10#1987/32#517*.

293 StA Tessin, Archivio di Stato Bellinzona, Fondo diversi, Fondazione Tomarkin, Sc. Nr. 1242 (4350).

294 Zivilstandsamt Gemeinde Affoltern am Albis.

295 http://search.ancestry.com/search/default.aspx: Wanda Tomarkin, 11. Mai 1906 bis Sept. 1975; ancestry.co.uk, New York Passenger Lists, Wanda Tomarkin, geb. 1906 in Teramo, der Hauptstadt der gleichnamigen italienischen Provinz Teramo in der Region Abruzzen. Als »Friend's Name« gab sie auf der Passagierliste 1940 »Leon« an. Mtt. tel. Marcelle Lynch-Tomarkin/Nina Tumarkin, 16.6.2002 und 19.2.2003.

296 Zur Drucklegung und Herausgabe siehe: »Acta 1938«, S. 647: L'Imprimerie CHAIX, 11 boulevard Saint-Michel, Paris V., 31.7.1939.

297 Zum 3. internationalen Kongress in Atlantic City siehe »Unio internationalis contra cancrum, Acta«, Vol. V, 1940 (HB Zürich, Medizinbibl. Careum).
CH-BAR E3300B 1000/763 389* Commémoration de la découverte du Radium, Paris 1938: Einladung von Félix Sluys für den 3. Kongress vom 11.–16.9.1939.

298 Pauling Papers: Memorandum L. W. Tomarkin, Dep. of Chemistry, Columbia University New York zum »Second International Congress of Pure & Applied Science New York – September 1940«, mit großer Namensliste.

299 Bancroft: 1939-12-16 Paris, 18 rue Soufflot, L. W. Tomarkin, ancien secrétaire général de la réunion internationale de physique chimie et biologie, Congrès du Palais de la Découverte, an Prof. E. O. Lawrence, University of California, Berkeley Cal. Aktiv partipiziert hätten die Nobelpreisträger Frédéric und Irène Joliot-Curie, Chemie 1935; Raman Venkata, Physik 1930; William Bragg, Physik 1915; Otto Warburg, Medizin 1931; Irving Langmuir, Chemie 1932; Manne Siegbahn, Physik 1924; Niels Bohr, Physik 1922. Das sind allerdings erst acht Preisträger.

300 Bancroft: Briefkopf Collège de France, Laboratoire de Chimie Nucléaire, Place Marcelin – Berthelot PARIS (V) F. Joliot an Mr. le Prof. E. O. Lawrence, University of California, Berkeley.

»J. Perrin« in French, on Ministere de l'Education Nationale letterhead, Paris, January 17, 1940; to »Monsieur le Directeur« (letter introducing L. W. Tomarkin, with references to his accomplishments and qualifications), with a typed envelope addressed to R. H. McCarroll, Director Research Department, Ford Motor Company, Dearborn, MI. http://www.isbn.pl/A-Jean-Perrin/ (PERRIN, Jean. – Typed Letter Signed USA Price: USD 150).

301 Bancroft: 1940-01-31 Ernest O. Lawrence an Perrin.
1940-02-01 Lawrence an Tomarkin.
1940-02-02 Tomarkin an Lawrence.

302 Rockefeller Arch, Record Group 2, Series 200, 1940, Box 194, Folder 1379: 1940-01-08 Paris, L. W. Tomarkin, Ancien Secrétaire Général de la Réunion Internationale de Physique, Chimie et Biologie, Congrès du Palais de la Découverte, an M le Professeur Niel Bohr, Prix Nobel, Universitetets Institut for Teoretisk, F. Blegdamsvej 15, Copenhague.

303 Rockefeller Arch, Record Group 2, Series 200, 1940, Box 194, Folder 1379: 1940-04-01, Briefkopf: The Rockefeller Foundation, Paris Office, 20 rue de la Baume. D. P. O'Brien betr. L. W. Tomarkin, agent for the 2nd Congress of Pure and Applied Sciences, to be held in New York: »Die einliegende Kopie eines Briefes von L. W. Tomarkin an Niels Bohr übergab mir Bohr bei meinem Besuch in Copenhagen … Das zur Erinnerung.«

304 ancestry.co.uk, New York Passenger Lists, Leandro Tomarkin, Arrival Date: 18.3.1940, Port of Departure: Genoa, Italy, Port of Arrival: New York, Ship Name: Manhattan (Marcelle Lynch-Tomarkin und ihre Schwester Patty irren, das Dampfschiff hieß nicht »Vulcano«). ancestry.co.uk, New York Passenger Lists, Wanda Tomarkin, Arrival Date: 10.6.1940, Port of Departure: Genoa, Italy, Port of Arrival: New York, Ship Name: Manhattan.

1955-05-17 »New York Times«: Dr. Leandro Tomarkin, 59 Jahre alt, kam 1940 aus Paris, um einen Wissenschaftskongress in der Columbia University zu organisieren.

305 CSHL:

1940-04-01 Columbia University in the City of New York, Department of chemistry: George B. Pegram, Harold C. Urey, Enrico Fermi, Edmund W. Sinnott an Prof. A. F. Blakeslee, Dir. Dep. Of Genetics.

1940-04-02 L. W. Tomarkin an Prof. A. F. Blakeslee, Dir. Dep. Of Genetics.

Bancroft: 1940-04-09 Columbia University in the city of New York, Dep. of Chemistry, an Prof. E. O. Lawrence Berkeley.

1940-04-09 Tomarkin an Lawrence. Auf den Listen, die Tomarkin mitbrachte, standen unter anderem auch die Schweizer Namen Ruzicka, Leopold und Reichstein, Tadeus.

306 CSHL: 1940-04-09 Prof. Albert F. Blakeslee, Dir. Dep. Of Genetics, an Dr. George B. Pegram.

307 CSHL:

1940-05-15 L. W. Tomarkin an Prof. Albert F. Blakeslee, Dir. Dep. Of Genetics.

1940-05-21 Prof. Albert F. Blakeslee an L. W. Tomarkin.

Unterlagen erhielt auch Prof. Isidor Isaac Rabi, US-Physiker, Columbia University, 1940 MIT, der sich an der Entwicklung von Radar und Atombomben beteiligte; vgl. Rabi-Papers, Columbia University File, 1924–1987, n. d., Box 20.

308 NAS: Central Policy Files, 1940–1945, Files List Part 2, International Congresses, Pure & Applied Science, 2nd 1940.
1940-05-08 Albert L. Barrows, Dr., Executive Secretary der (Briefkopf) National Research Council, Washington D. C., an Dr. Vannevar Bush, Carnegie Institution of Washington, 16th and P. Streets N. W., Washington D. C.
1940-05-13 Dr. L. J. Henderson, Harvard University, Fatigue Laboratory Morgan Hall, an Albert L. Barrows.
1940-05-16 Albert L. Barrows an Dr. L. J. Henderson, Fatigue Laboratory, Soldiers Field Boston MA.
1940-05-23 Albert L. Barrows an Dr. Ross G. Harrison, Osborn Zoological Laboratory, Yale University, New Haven, Connecticut.

309 Nämlich Argentinien, Brasilien, Chile, Costa Rica, El Salvador, Kanada, Kolumbien, Kuba, Nicaragua, Guatemala, Haiti, Honduras, Panama, Paraguay, Peru, die Philippinen, USA, Uruguay, Venezuela.
Bancroft: 1940.11.11. The Pan-American Union Against Cancer, 410 Central Park West, New York, L. W. Tomarkin, Former Secretary General of the International Union Against Cancer, an Lawrence Berkely.

310 Rockefeller Arch, RG 12-1, Box 34, Robert Lambert Diary 1940–1941, pages 137 und 138 3, Oktober 1941: Tagebucheintrag Robert Lambert. Susan Wood, Committe of the American Society for the Control of Cancer, erkundigt sich nach LT. Grund: »appointment as executive secretary of the Pan-American Society for the Control of Cancer« führte dazu, dass sich die amerikanische Gesellschaft nicht mit der panamerikanischen zusammenschloss. Robert Lambert Diary, Friday, October 3, 1941, p. 137 f.
Vgl. Rockefeller Arch, Record Group 2, Series 200, 1941, Box 215, Folder 1500.

311 Mtt. Prof. Mag. pharm. Dr. Otto Nowotny, Wien, 14.5.2004.
Die erste Freigabe von Devisen für Arzneimittelbeschaffung aus der Schweiz erfolgte nachweisbar erst im Sommer 1946, und zwar durch Beschluss der österreichischen Bundesregierung.

312 AMA Box 846, Folder 06: 1946-08-09 The American Cancer Society, 350 Fifth Avenue, New York 1, N. Y., Charles S. Cameron, M. D. Assistant, Medical and Scientific Director an American Medical Association, 535 N. Dearborn Street, Chicago, Illinois. Return to Dr. Fishbein Aug. 12 1946 with Notation. Mit internem Bericht B. O. Halling an Dr. Fishbein, mit Literatur-Referenzen (Morris Fishbein, M. D., war Hrsg. des JAMA).

313 AMA Box 846, Folder 06: 1946-08-13 Halling an Dr. Charles S. Cameron, American Cancer Society, 350 Fifth Avenue, New York 1, N. Y., Antwort auf Anfrage vom 9.8.1946.

314 NGT: Testament vom 19.7.1966.

315 1945-12-15 »Forbes«, New York.
1946-Jan. »Reader's Digest«: Steel Kurt, »Water, stay Away from My Wall«, Auszug aus »Forbes«: »Maginot Line, symbol of colossal failure … blessing to American householders«.
1946-04-30 »The Daily Register«, Harrisburg Ill.
Schooley, James F., National Institute of Standards and Technology (U. S.) Responding to national needs : the National Bureau of Standards becomes the National Institute of Standards and Technology, 1969–1993. NIST SP-955. Washington, D. C. [2000], S. 74–79.
Der franz. Unternehmer war René Hagenauer. Als Hagenauers Fabrik von den Nazis zerbomt worden war, kam er mit der geheimen Formel für Aquella nach den USA (»Reader's Digest«).
Bei »Aquella« waren mehrere Firmen involviert:

»Modern Waterproofing Paint Company« (hier saßen die Ehepaare Tomarkin und Campbell sowie Zella Clarke)
»Prima Products Inc. New York« (Präsident. Milton F. Schreyer, Manufaktur-Nachfolge)
»Aquella« (Ira A. Campbell Präsident, Vizepräsidenten: L. J. Clarke, L. W.Tomarkin, treasurer: Zella F. Campbell)
Die Klage erfolgte kurz nachdem eine Firma »International Aquella Products Inc.« ein Patent über eine wasserresistente Zementmischung eingereicht hatte (3.12.1948, »New York Times«, und 4.12.1948, Times Arch). Es ist unklar, ob dieses Patent in den USA bewilligt wurde, wohl aber wurden in GB und Frankreich am 30.7.1952 resp. am 11.2.1952 Patente ausgestellt.
International Aquella Products Inc., New York, US reichte am 25.11.1945 in Italien das Patentgesuch »Perfezionamento nei materiali cementizi come cemento malta calvestruzzo e simili« ein (Patenterteilung 10.1.1951).
Zu Tomarkins Patent »Water repellant composition«, Patent US2711967:
2. August 1952 Patentgesuch – 28. Juni 1955 Patentierung
Erfinder: Leandro W. Tomarkin, Spring Valley NY
Bevollmächtigter Patent-Bewerber: Leandro W. Tomarkin
http://ip.com/patent/ US2711967
Vgl. SciFinder Scholar
Zur Klage der FTC: 1948-12-04 »New York Times«. Von der Klage betroffen waren auch L. J. Clarke und Milton P. Schreyer als Präsident der Prima Products.

316 www.altexcoatings.co.nz/vdb/document/401und http://www.altexcoatings.co.nz/

317 http://reagan2020.us/biography/ronald_reagan.asp; http://www.diamondsourceva.com/Education/ArtificialDiamonds/man-made-diamonds.asp

318 CH-BAR E2001E#1970/217#703* Dossier Tomarkin, Leandro, Dr., New York.

319 Paul Scherrer, 3.2.1890–25.9.1969. Beteiligt am Forschungszentrum CERN bei Genf, Präsident der Studienkommission für Atomenergie SKA und der Schweizerischen Kommission für Atomwissenschaften.

320 Vor 1951 wohnte Leandro Tomarkin 10952 Monsey, Rockland NY, und Wanda wohnte Residence 10977, Spring Valley Rockland NY (SSN 071 - 20 - 6252 und SSN 125-22-6293, Ancestry.com); 1958-08-22 Monsey und 1961-10-31 PO Box 212 Monsey NY, USA (NGT).

321 Elis Vater hieß Jossel Aronowitz, was bedeutet, dass sein Großvater Aron geheißen haben muss, da der zweite Vorname nach russischer Tradition stets den Vaternamen bezeichnet. Annas Vater hieß Paul Moses, der Großvater Moses Girscha, der Urgroßvater Hirsch Lasar. Maria/Emily sei die Tochter von Samuel Gregor, der ein Neffe von Paul Moses Tumarkin sei. Maria/Emily wäre demnach die Tochter von Anna Tumarkins Cousin. Nina Tumarkin, unsere Auskunftsperson, ist die Tochter von Paul Alexander Tumarkin, Enkelin von Alexander Moses, dem Neffen von Professorin Anna Tumarkin.
Mtt. Patricia Tomarkin Hibbard und Nina Tumarkin 30.4.2002; Mtt. Lioudmila Khmialnitzkaya/Monika Bankowski.

322 Mtt. Nina Tumarkin, 14.5.2002.
Alexandra Pregel, 15.12.1907, Finnland, bis 28.6.1984, New York; Tochter des Nikolai Dmitrievich Avksentiev und der Maria Samoilovna Tumarkina, 1882–1976. http://www.bnphoto.org/pregel/home.htm und http://www.bnphoto.org/pregel/Bio.htm
Maria, Tochter des Samuel, hatte in Bern offenbar unter dem Namen Emilie studiert und 1905 in Philosophie promoviert.
Zu Boris Pregel, 24.1.1893–1976: U.S. World War II Draft Registration Cards, 1942 record for Boris Pregel; ancestry.co.uk, Index to Petitions for Naturalization filed in New York City, Naturalization 6.7.1950.

323 Malone Dorothy, geb. 30.1.1925 in Chicago, USA, verh. 1971–1974 m. Charles Huston Bell, hotel executive. Ab 1964 spielte sie vier Jahre lang in der Seifenoper Peyton Place die Constance MacKenzie.

324 Newspaper Oswego Palladium, Monday April 19,1976, UEACQN. NY. http://www.fultonhistory.com/Fulton.html

325 1982-09-17 »New York Times«: Deaths. New York Times Arch.

326 1966-07-19 »New York Times«: Wetterbericht.
Testament vom 19.7.1966: 1967-04-04 Schwartz, Kobb, Freilich & Scheinert, Attorneys at law, P. O. Box 296, 7 SO Madison Ave, Spring Valley, N. Y. 10977, an Mr. Rolando Tomarkin, 21 Ostring, Bern, Switzerland (umgeleitet an die Tochter von Rolando in Bern).

327 Mtt. Afra Tomarkin 2007; Mtt. Gertrud: 14.3.1967 Leander died at his home in Spring Valley, N. Y.; Mtt. Patricia Tomarkin Hibbard/Nina Tumarkin, 22.4.2001.

328 Mtt. Maddalena Tomarkin-Favre; Mtt. Gertrud Tomarkin; Mtt. tel. Marcelle Lynch-Tomarkin, 19.2.2003; Mtt. tel. Patricia Tomarkin Hibbard/Nina Tumarkin, 22.4.2001.

329 Friedhof mit Bild von Tomarkins Grabstein: http://www.unquiettomb.com (Salesian school). Vgl. zu Goshen, Penn.: http://www.city-data.com/city/West-Goshen-Pennsylvania.html (sehr hoher Anteil an deutschen Vorfahren).

330 NTI: Auf der gedruckten Vorderseite der Thora steht, dass es sich um die Thora in einer aschkenasischen Version handelt, gedruckt in Wien (ohne Jahresangabe). Bei der Banknote handelt es sich um eine 1 000-Rubel-Note von 1919, ausgegeben in Rostow am Don. Es war eine Art Notgeld nach der Revolution, war aber nicht so viel wert, wie die Zahl 1 000 vermuten lässt. Mtt. Monika Bankowski.

331 PA Afra Tomarkin. Der Briefkopf lautet: »J. Tomarkin Commissions-Geschäft. Königsberg i. Pr./ Danzig den … 189«. Offenbar gab es in Danzig eine Filiale. Der Brief, der freundschaftlich-liebenswürdige Floskeln enthält, ist in hebräisch geschrieben. Übersetzung Tirza Cohen, Jerusalem.

332 Königsberg/Kaliningrad liegt 54° 42' N, 20° 30' O, Witebsk liegt 55° 11' N, 30° 10' O.

333 UA Freiburg i. Br., 9.2.2006: »Eli Tomarkin (Matrikel: Elias) aus Königsberg – Altersangabe: 23 Jahre, Konfession: mosaisch – war im Wintersemester 1984/1985 an der Medizinischen Fakultät der Universität Freiburg immatrikuliert. Sein Vater Josef Tomarkin war damals Kaufmann in Königsberg. Eli Tomarkin besuchte zuvor die Universität in Königsberg (Matrikelbuch A 66/7). Weitere Archivalien, z. B. Studien- und Sittenzeugnisse (in B 37, A 44) o. Ä., ließen sich im Universitätsarchiv Freiburg leider nicht ermitteln.«

334 Ministerium der Justiz, des Kultus und Unterrichts. An den Senat der Universität Freiburg. Die Ausweisung von Ausländern betr. Nachricht hievon dem engeren Senat der Universität Heidelberg zur gleichen Behandlung der Anmeldungen von Ausländern. Karlsruhe, 21.1.1885, in: UA Heidelberg.

335 »Tomarkin, Elias, Preussen (Königsberg), O. 85, med. Amerbachstr. 10«, in: Personalverzeichnis der Universität Basel für das SS 1885. Immatrikulation 17.4.1885, »rite abiit« am 23.10.1885. UB Basel; StA Basel.

336 In den Zürcher Matrikeln ist Königsberg/Preußen als Heimat angegeben, als Geburtsdaten 1851 und 1861, in Basel wurde er als ein am 23.9.1860 geborener Russe eingeschrieben. Er wohnte in der Amerbachstraße 10 und verreiste laut Bericht von Landjäger Regenass vom 20.11.1886 »vor 1 Jahr nach Zürich«: Aufenthaltsbewilligung 19.2.1885, StA Basel.

337 Stadtarchiv und Baugeschichtliches Archiv: Riesbach Seefeldstrasse Nrn. 1,5,7 und 9. Photo Stadtarchiv Zürich 452/2. März 1938.

338 Tomarkin, Elias, Lieberkühn'sche Krypten, Jena 1893. Brief 2.4.1891, Donald Wedekind an Frank Wedekind.

339 Schweiz. Eidg. – Kt. Zürich: Familienschein für Elias Tomarkin, Wettsweil a. A[lbis], 5.6.1898, in: PA Afra Tomarkin; StA Zürich: Familienregister Hedingen E III 116.38, Jeannette Althausen [auch Althauser geschr.], 15.1.1868–18.7.1933, aus Sohsli/Gouv. Wilna, war die Tochter von Pinkus Althausen. Elias Tomarkin, geb. 7.8.1960, aus Witebsk, war der Sohn von Jossel/Josef Tomarkin und Sara, geb. Sörkin.
Während im 19. Jahrhundert das Prinzip des Jus Sanguinis in vielen Teilen Europas eingeführt wurde, behielten das vereinigte Königreich und dessen Kolonien das Prinzip des Jus Soli bei.

340 PA Afra Tomarkin.

341 StA Zürich: Bewilligung des Schweizerischen Bundesrates nach Einsicht eines Gesuches vom 28.2.1896, erteilt an Elia Tomarkin (Tamarkin geschrieben!), Bern 9.7.1896; Antrag an den Regierungsrat des Kantons Zürich, 16.5.1898, und Bewilligung 17.5.1898. Aufgenommen wurde Tomarkin, »z. Zt. Assistent am bakteriologischen Laboratorium der Universität in Bern«, mit »seiner Ehefrau und *einem* minderjährigen Kind«. Er hatte innerhalb Monatsfrist 590 S-Franken zu bezahlen. Der Bürgerverband der Gemeinde Wettsweil nahm Tomarkin am 26.4.1898 vorbehältlich der kant. und der eidg. Bewilligung als Bürger auf (NTI). Wettswil im Bezirk Affoltern war damals eine Gemeinde mit 340 Einwohnern, siehe Ritter, Carl, Ritters geographisch-statistisches Lexikon über die Erdteile, Länder, Meere, 2 Bde., Leipzig 1895.

342 PA Afra Tomarkin: Kaufbrief per 6000 SFr. für Herrn Dr. med. Elias Tomarkin-Althausen, in Zollikon, vom 31.10.1896, Grundbuchprotokoll Berg H[?], S. 91, gefertigt v. Notariat Horgen. Der Hausteil Nr. 517 a lag auf dem »hintern Klausen« in der »Wacht Horgenberg« und ging bis zur »Weingass«.
StA Zürich B XI Horgen 145, S. 91–93.
Blei, Franz, Erzählung eines Lebens, Wien 2004. S. 179.

343 1884 ist Elias Tomarkin in Freiburg i. Br., ab 19.2.1885 in Basel (Aufenthaltsbewilligung), ab ca. Nov. 1885 in Zürich, 1890 wieder in Zürich (seit Febr. 1891 offiz. Aufenthalt), 1893 evtl. in Jena (Publikation der »Lieberkühn'sche Krypten«), 1893 London (Ehe, Geburt Percy gemäß Familienschein), 1894 in Witebsk (24.2.1894 Passerneuerung), 1895 Königsberg (11.1.1895 Passübersetzung), 1895 in Zürich, Ende 1895 in Zollikon/Zürich, Ende 1896 in Bern.
Gemäß StadtA Zürich meldete sich Tomarkin am 20.2.1891 in Riesbach/Zürich an, wohnte bei einer Frau Meier-Näf in der Florastr. 50 (1893 wurde Riesbach in Zürich eingemeindet).
Gemäß gedr. »Verzeichnis der Studierenden der Universität Zürich 1885–1896« wohnte Tomarkin meist in Riesbach: 1885/1886 in der Seefeldstr. 11, 1886/87 in der Florastr. 52, 1887–1890 in der Dahliastr. 11, 1890 in der Florastr. 50, 1890/91 in der Fennergasse 50, 1891–1895 in der Florastr. 50, 1895/96 in der Feldeggstr. 138 und 1896 in der Dufourstr. 138.

344 Brief Eli an Julius Hart, in: StadtB Dortmund, Nachlass Julius Hart 923. Nr. 2038: Brief Tomarkins vom 14.02.1897.

345 Anmeldung in Bern am 25.9.1897 als Tamarkin, Elias von Driss/R., geb. 1861, stud. med., wohnhaft in der Neubrückstr. 47 bei Herrn Wilhelm Spiess, gew. Lehrer. StadtA Bern, Anmeldungskontrolle Schweizer und Fremde XXVIII/E 2.2.1.4./310, Nr. 71.
Neue Anmeldung in Bern am 10.5.1900 mit richtigem Namen und Geburtsdatum, nun eingebürgert als Bürger von Wettswil, Zürich und als Arzt, Ass. am bakteriol. Labor, in: StadtA Bern, Schriften-Kontrolle für Kantonsfremde Aufenthalter XIII/E 2.2.1.1./113, Nr. 25.

346 »Eine neue Zeit wird kommen … Menschenliebe, Weltbürgertum, Allgemeinheit, Gleichheit, Unabhängigkeit … Freiheit!« Mackay, John Henry, Sturm: Gedichte. Zürich 1888.

347 Hauptmann, Gerhart, Sämtliche Werke VII, Autobiographisches, Frankfurt a. M. 1962, S. 1071; Hauptmann, Gerhart, Das Abenteuer meiner Jugend, Berlin, Weimar 1980, S. 636; Hauptmann,

Gerhart, Notiz-Kalender 1889–1891, hrsg. v. Martin Machatzke, Frankfurt a. M., Berlin, Wien 1982, S. 282: Eintrag vom 9.11.1890 (Äußerung von August Bebel).

348 Vgl. die online abrufbaren Lebensläufe und Angaben zu Ploetz, Alfred, 22.8.1860–20.3.1940; Ploetz-Rüdin, Pauline, 1866–1942; Rüdin, Ernst, 19.4.1874–22.10.1952; Simon, Ferdinand, 5.8.1862–4.1.1912 (vgl. Herrmann, Ursula, »Ferdinand Simon (1862–1912), Arzt und Bakteriologe in Zürich ...«, in: Zürcher Taschenbuch 1996, Zürich 1995, S. 221–270, v. a. S. 221, 222, 232, 234, 236, 242, 244, 254, 265); Bebel, Frieda, 16.1.1869–28.6.1948; Bebel, August, 22.2.1840–13.8.1913; Winterhalter, Elisabeth, 17.12.1856–13.2.1952; Hauptmann, Carl, 11.5.1858–4.2.1921; Hauptmann, Gerhart, 15.11.1862–6.6.1946.

349 Verw. Zitate: Hauptmann, Gerhart, Sämtliche Werke VII, Autobiographisches, Frankfurt a. M. 1962, S. 1058: »Ich habe die Entwicklung dieser drei Persönlichkeiten [Agnes Bluhm, Pauline Rüdin und Tomarkin] durch mein langes Leben verfolgen können.«
Hauptmann; Gerhart, Notiz-Kalender 1889–1891, hrsg. v. Martin Machatzke, Frankfurt a. M., Berlin, Wien 1982, S. 387, 204.
Die Hauptmann-Brüder waren finanziell unabhängig, da sie zusammen mit einem dritten Bruder mit drei der wohlhabenden Töchter des Dresdener Wollgroßhändlers Thienemann verheiratet waren. Seinen Bruder Carl zu besuchen, war Gerhart Hauptmann 1888 nach Zürich gekommen. Obwohl Hauptmann 1888 nur wenige Monate in Zürich blieb, war diese Zeit für seine Entwicklung wichtig.

350 Arbeiten von Mackay über die »namenlose Liebe« sollten später als unsittlich verboten, die individual-anarchistischen und sozialkritischen Werke des »Freiheitsuchers« Mackay recht populär werden. Zu Mackay vgl. Solneman, K. H. Z. und Kurt Helmut Zube, Der Bahnbrecher John Henry Mackay. Sein Leben und sein Werk, Freiburg i. Br. 1979.

351 Vgl. die online abrufbaren Lebensläufe und Angaben zu Wedekind, Friedrich Wilhelm, 1816–1888; Wedekind, Frank, 24.7.1864–9.3.1918; Wedekind, Donald, 4.11.1871–5.6.1908; Henckell, Gustav, 21.6.1859–18.1.1942; Henckell, Karl, 17.4.1864–30.7.1929.

352 Zum Verhältnis von Tomarkin und Frank Wedekind:
StadtB München, Monacensia, Nachlass Frank Wedekind.
KantonsB Aarau, Wedekind-Archiv, B, Mappe 6, Autographen, v. a.: ePkmU, Neumünster/Zürich, 31.12.1888, an »Lieber Herr Wedekind!« in Schloss Lenzburg: »Gerhart Hauptmann lässt Sie aus Hamburg grüßen. ... Ihr ergebener E. Tomarkin«, und ebenda, eBmU, Pension Bellevue Bern [wo Wedekind mit Gattin abgestiegen war], Sonntag 7.4.[1912], an »Mein lieber Frank ... Eur alter Eli«.
Wedekind, Frank, Die Tagebücher. Ein erotisches Leben, Frankfurt a. M., Mainz 1986, v. a. S. 141: Eintrag vom 5.9.1889. Vgl. »Was würde Thomar an dieser Stelle für Schätze gegraben haben!«, S. 36 (1889) und »[Ich] schreibe an Thomar«, S. 222 (1892).

353 Zum Verhältnis von Tomarkin und Donald Wedekind: Donald verbrachte »angenehme« Nachmittage (z. B. Okt. 1913, als Eli in München war) mit Thomar, der sich über Literatur ausließ. Vgl. Mühsam, Erich, Unpolitische Erinnerungen: »Der interessanteste Galan der leichten Muse in unserem Kreise war wohl Donald Wedekind. Ich verkehrte viel mit ihm, noch ehe ich seinen älteren Bruder Frank kennenlernte. Manche Nacht habe ich mit ihm in recht verschiedenartiger Gesellschaft durchbummelt ...«, http://gutenberg.spiegel.de/muehsam/unpoliti/chap07.htm
Donald Wedekind setzte seinem Dandy-Leben durch Selbstmord ein Ende.

354 Donald Wedekind an Bruder Frank, 12.12.1893.

355 Blei, Franz, Erzählung eines Lebens, Wien 2004, S. 179. Ausgespart wurde: »Schauspieler hätten nach ihm die Maske des Schigolch aus dem Stücke Wedekinds nehmen können. Aber auch den Helden in Hamsuns ›Mysterien‹ könnte man sich so aussehend vorstellen.«

356 Wedekind, Frank, Die Tagebücher. Ein erotisches Leben, Frankfurt a. M., Mainz 1986, S. 141. Tomarkin ging Wedekind Ende 1890 um ein Darlehen von mind. 120 Franken an. StadtB München, Nachlass Frank Wedekind. Wedekind besuchte den alten Freund beispielsweise an Ostern 1912 in Bern. Notiz Elias Tomarkins auf einem Papier der Pension Bellevue, Bern, 6 a Effingerstraße, Sonntag, 7.4.[1912] zu Handen des hier mit Frau logierenden Wedekinds. Tomarkin wollte Wedekind am Montag mit Dr. Rothermundt aus dem Institut bekannt machen. KantonsB Aarau, Wedekind-Archiv, B, Mappe 6, Autographen, eBmU, Bern, 7.4.[1912].

357 StA Zürich, B XI Horgen 145, S. 511: Tomarkin verkauft Horgener Hausteil an Gustav Henckell 12.5.1910, und S. 513: Henckell verkauft Hausteil in zwei Stücken am 4.7.1910.

358 StadtB Dortmund, Nachlass Julius Hart 923, Nr. 2038: Brief Tomarkins vom 14.02.1897. Die Antwort Harts ist verschollen.
Möglicherweise waren einige von Tomarkins Entscheidungen durch seine Freunde direkt beeinflusst. Ferdinand Simon erhielt am 15.3.1896 das Bürgerrecht der Schweizer Gemeinde Veltheim, Tomarkin zwei Jahre später (24.4.1898) von Wettswil. Tomarkin kaufte am 31.10.1896 ein Haus in Horgen. Zur gleichen Zeit erwarb August Bebel ein Grundstück in Küsnacht. Herrmann, Ursula, »Ferdinand Simon (1862–1912), Arzt und Bakteriologe in Zürich …«, in: Zürcher Taschenbuch 1996, Zürich 1995, S. 221–270, hier S. 257.

359 Gottfried Kellers vierbändiger Entwicklungsroman »Der grüne Heinrich« erschien 1853–1855. Das Heinrich-Thema war en vogue. Vgl. Gerhart Hauptmanns und Ricarda Huchs »Armer Heinrich«.
Das Buch ist noch heute in der KB St. Gallen Vadiana, VQA 6315, heute aber nach unserer Mtt. unter dem Namen Tomarkin. In der SNB ist der Band noch unter Thoma, Ernst zu finden.

360 Adolf Hinrichsen, 15.1.1859 bis ca.1920, Zeitungs- und Verlagsgründer, organisierte das Deutsche Schriftsteller-Album. Auch Direktor der »Frauen-Erwerbszentrale«, Inhaber einer Damen-Pension in Berlin. Handschriftl. Anmerkungen (vom Bibliothekar?) zu »Elias Tomarkin«: »später Bakteriologe in Bern, Freund Karl Henckells, Joh. Henri Mackays, Frank Wedekinds, Vater von Leander T. (Tomarkin-Foundation Lugano sel. Angedenkens)«.

361 NZZ, Sonntag, 19.4.1914, Titelseite. Marti, Fritz, 26.4.1866–8.8.1914, Lehrer, Schriftsteller, ab 1899 Feuilleton-Redaktor der NZZ.

362 StAZürich, UU 24 a.3. Neumann studierte ab WS 1888 und WS 1893/94 bis WS 1894/95 erst Phil., dann Med. Frau Anna Neumann, Hochmannstraße in Görlitz, war die Elternvertreterin. Clara genoss Privatunterricht und bei der 2. Immatrikulation eine Zürcher Matura. Aus den Tagebüchern Frank Wedekinds ist zu entnehmen, dass einschlägige Literatur gelesen wurde: Helene Lange über das Frauenstudium (S. 47), »Die Zukunft der Frau« von Meta von Salis-Marschlins (S. 87), »Die Gleichstellung der Geschlechter« von Irma v. Troll Borostani (S. 91).
Bleis Frau Maria Lehmann war die Schwester von Carl Lehmann, dem zweiten Gatten von Hope Bridges Adams Lehmann, 17.12.1855–10.10.1916; Adams Lehmann gilt als erste Gynäkologin Münchens. Maria Blei-Lehmann stud. in Zürich, prom. in Philadelphia als Zahnärztin.

363 Hauptmann, Gerhart, Notiz-Kalender 1889–1891, hrsg. v. Martin Machatzke, Frankfurt a. M., Berlin, Wien 1982, S. 495.

364 Das ovale Bild kam aus Emma Rhyners (22.4.1869–11.11.1962) Besitz zu Dora Handschin-Letsch, die mit Rhyner befreundet war. Heute ist es im Besitz von Lukas Handschin, Wädenswil. Auf der Rückseite dieses ovalen Fotos sind folgende Namen aufgeführt: 1. Molly Herbig, 2. Clara Neumann, 3. Ricarda Huch, 4. Emma Rhyner, 5. Gertrud (richtig Anna) Eysoldt, 6. Elisabeth von Rosenzweig (angeblich Tochter von Friedrich III.) und 7. Agnes Bluhm. Falls die Namenschreiberin die Reihenfolge richtig beibehalten hat, sind dies die porträtierten Studentinnen von rechts nach links. Das Bild wurde bereits von Christiane Leidinger (Keine Tochter aus

gutem Hause; Johanna Elberskirchen [1864–1943], Konstanz 2008, S. 41) und Anne Gabrisch (In den Abgrund werf ich meine Seele, Zürich 2000, S. 51) publiziert. Die Identifizierung der Abgebildeten ist nicht unbestritten. Anne Gabrisch sah in der Frau in der Mitte Salome Neunreiter. Dass es sich doch um Emma Rhyner handelt, dafür spricht, dass Rhyner wohl ihrer Freundin kaum ein Bild überlassen hätte, auf dem sie nicht selbst abgebildet war, und dass sie einen falschen Namen auf der Rückseite des Bildes wohl korrigiert hätte, falls es sich bei den Schriftzügen nicht sogar um Rhyners eigene Schrift handelt. Auch passt Ricarda Huchs Bemerkung in »Frühling in der Schweiz« bestens, die von Rhyner schrieb, dass sie »etwas überaus Drolliges und Naives« an sich gehabt habe.

Herbig, Molly, 1863–30.11.1928, Dr. med. Zürich, Schülerin von Prof. Hugo Ribbert, verh. mit dem Basler Arzt Moritz Bessermann.

Huch, Ricarda, 18.7.1864–17.11.1947, Dr. phil. Zürich, Schriftstellerin.

Rhyner, Emma, 22.4.1869–11.11.1962, Ärztin in Basel.

Eysoldt, Anna, Dez. 1868–19.3.1913, Stud. med. ZH und BE, verh. m. u. gesch. v. dem Berner Stadtratspräsidenten Ernst Aebi (1856–1922), Schwester der Schauspielerin Gertrud Eysoldt, 30.11.1870–6.1.1955, Bekannte von Frieda Bebel.

Von Rosenzweig, Elisabeth, angeblich eine natürliche Tochter von Kaiser Friedrich III. (1831–1888).

Bluhm, Agnes, 9.1.1862–12.11.1943, Gynäkologin Berlin, befreundet mit Alfred Ploetz, Rassenhygienikerin.

365 Ricarda, Huch, Frühling in der Schweiz, Leipzig 1948, S. 42.

366 Blei, Franz, Erzählung eines Lebens, Wien 2004, S. 179.

367 Tagblatt der Stadt Zürich, No. 106, 7.5.1895, S. 7. Clara Neumanns Leiche wurde in ihre Heimat übergeführt.

368 Wedekind hat »Schwigerling« (»Der Liebestrank«) 1895 an Otto Eisenschitz geschickt und bat ihn am 24.10.1895 brieflich, das Stück an die Zürcher Adresse Tomarkins zurückzusenden, da er sich selbst zu dieser Zeit auf Vortragsreisen befand. Mtt. Dr. Elke Austermühl, 30.3.2006, Editions- und Forschungsstelle Frank Wedekind, c/o Hochschule Darmstadt.

369 Frida Strindberg brachte den gemeinsamen Sohn Friedrich am 18.8.1897 zur Welt; Vinçon. Hartmut, Frank Wedekind, Sammlung Metzler 230, Stuttgart 1987. Wedekind hatte zahlreiche Freundinnen, wie er in seinem erotischen Tagebuch offen propagierte. Mackay lebte die »griechische«, die »namenlose Liebe« mit Jünglingen, Gerhart Hauptmann nahm sich 1893 seine spätere zweite Frau, Margarete Marschalk, als Geliebte und träumte von einem Leben mit mehreren Frauen.

370 StadtB München, Monacensia, Nachlass Frank Wedekind, eBmU, Tomarkin an Frank Wedekind, Bern, 27.8.1913. StadtB Dortmund, Nachlass Julius Hart 923. Nr. 2038: Brief Tomarkins vom 14.2.1897. Heinrich Büchler, Abwart des path. anatom. Institutes Bern, schickte Eli am 31.12.1904 Neujahrsgrüße.

371 Tagblatt des Großen Rats, 29.11.1890: Interpellation Alfred Scherz, beantwortet von RR Edmund von Steiger. Alfred Scherz, 1847–29.9.1904, Mitbegründer des Volksvereins, fortschrittlicher Freisinniger. 1888–1898 freisinniger Gemeinderat und Polizeidirektor der Stadt Bern, 1898–1904 Chef der eidg. Polizeiabteilung, 1886–1898 Berner Großrat.

Edmund von Steiger von Bern, 19.8.1836–26.2.1908: vgl. HLS.

372 Am 4. Mai 1913 sollte das Schweizer Volk mit 60 Prozent einer Verfassungsänderung zustimmen, die dem Bund die Befugnis gab, sich an der Bekämpfung »menschlicher und tierischer Krankheiten« zu beteiligen. Vgl. »Der Bund«, 4.5.1913.

373 Es handelte sich um die Firma Häfliger, Vogt & Co. in Bern (Friedrich Häfliger, 1834–1911,

und Albert Vogt, 1858–1935) und das Institut Vaccinal Suisse von Charles Haccius (1844–1933).

374 Statuten des SSIB vom 2.11.1898; RRB Bern 972 vom 23.3.1898; J. Friedrich Häfliger, 1834–1911, Inhaber des Bakterio-therapeutischen Instituts Häfliger & Cie. in Bern, war kaufmännischer Direktor des SSIB 1898–1910 (Nachfolger: Paul Cardinaux bis 1947). Charles Haccius, 1844–1933, Gründer des Instituts Vaccinal Suisse in Lancy-Genf, war 1. Vize-Präsident des VR SSII; Albert Vogt, 1858–1935, war 1898–1935 1. Präsident des VR SSII (Nachfolger: Prof. Emil Bürgi bis 1947, dann Carl Moser bis 1952, dann Paul Cardinaux bis 1956). Ernest Tavel, 1858–1912, war 1898–1906 wissenschaftl. Leiter des SSII (Nachfolger: Prof. Wilhelm Kolle bis 1917, dann Prof. Georg Sobernheim bis 1936, dann Prof. Curt Hallauer).
Zum SSII: SNB V Bern 6158; StAB BBB III b 577 und 587; umfangreiche Lit. zum SSII in SNB, IMG Bern, UBB (Jubiläums-, Festschriften usw.); Feller, Richard, Die Universität Bern 1834–1934, Bern, Leipzig 1935; Karamehmedovic, Osman, Ernst Tavel 1858–1912, Bern u. a. 1973; Kolle, W[ilhelm], »Das Institut für Hygiene und Bakteriologie der Universität Bern«, in: Klinisches Jahrbuch, Jena 1911.

375 Die Namen des Universitätsinstituts an der Friedbühlstraße wechselten ebenso wie die Hausnummern (Nr. 22, 51):
1896 Bakteriologisches Institut, Leiter Prof. Ernest von Tavel
1900–1906 Institut zur Erforschung der Infektionskrankheiten, Leiter Prof. Ernest von Tavel
1906–1917 Hygienisch-Bakteriologisches Institut, Leiter Prof. Wilhelm Kolle
1918–1936 Institut für Hygiene und Bakteriologie, Leiter Prof. Georg Sobernheim
Heute heißt es Institut für Infektionskrankheiten (ifik). Der neue Anbau wurde mit einer Festschrift am 27.8.2010 eröffnet. Das Bakteriologische Institut war vom Architekten Alfred Hodler 1895 erbaut worden. Zur Renovation: unipress intern, Dez. 2000. Zu »Berna Biotech«: Online-Geschäftsbericht. Der Geschäftssitz der AG ist seit Mitte der 1950er-Jahre an der Rehhagstraße in Bümpliz.

376 RRB 3213 vom 27.7.1904.

377 1912-04-20 »Berner Tagblatt«; Univerwalter Jenni an die UD, 1.4.1911, Berner Handelsbank, April 1917, in: StAB BB III b 587. Die Arbeiten des 2. Assistenten brächten wenigstens 16 000 Franken im Jahr. Der Bund subventionierte das Institut, da die schweizweiten Untersuchungen für Spitäler usw. gratis waren. »Bericht über die Thätigkeit des Bacteriologischen Instituts der Universität Bern 1897/98«, in: StAB BB III b 577.

378 Tomarkin hatte die befristete 2. Assistentenstelle zu 1 200 Franken im Jahr vom Oktober 1903 an, vom Februar 1904 und Juli 1906 an kommissarisch, eine provisorische Assistentenstelle vom 1.10.1909–31.3.1910; schließlich wurde er ab 1913 bis 1931 jährlich bestätigt. RRB Bern.

379 Das SSII hatte vier Abteilungen: die Serum-Abteilung, die Vaccine-Abteilung, die Pest-/Pasteur'sche Abteilung (eröffnet am 15.10.1900) und die Untersuchungsabteilung, der Eli Tomarkin vorstand. Vgl. Das Schweizerische Serum- & Impfinstitut, Bern o. J. [nach 1900].

380 Max Rothermundt, Oscar Hartoch, Jsaak und Sarah Abelin-Rosenblatt waren Russen. Wilhelm Kolle, Walter Schürmann, Adolf Döll-Ronca, Friedrich Krumbein waren Deutsche.
Zu Krumbein, Arzt und technischer Direktor des SSII, siehe http://de.wikipedia.org/wiki/Duell_Vering-Salomon
Zu Otto Heller siehe http://lingner-archiv.jimdo.com/lingner-biographie/s%C3%A4chs-serumwerk/
Auf dem Bild ist Otto Heller nicht eindeutig zu identifizieren. Ein von Ulf-Norbert Funke, Dresden, freundlicherweise zur Verfügung gestelltes Vergleichsfoto zeigt Heller im Dresdener Seruminstitut leider nur von der Seite und lässt keine exakte Schlussfolgerung zu.

381 Kolle vor 10.12.1906, in: StAB BB III b 577, Nadeschda Michailowna Serebrennikoff führte die Untersuchungen zu ihrer Doktorarbeit »unter spezieller Leitung von Herrn Tomarkin aus«. Wilhelm Kolle 13.5.1909, in: StAB BB III b Nr. 1299. Kolle, Wilhelm, Das Institut für Hygiene und Bakteriologie, Bern 1911. Mtt. Maddalena Tomarkin.

382 Vgl. die Akten im StAB BB III b 577 (Pasteurinstitut); der deutsche Institutsleiter Prof. Wilhelm Kolle wie auch der 1. Assistent (und Leiter der Pasteurabteilung) PD Dr. Walter Schürmann aus Lüdenscheid, Deutschland, sowie dessen Nachfolger PD Dr. Oskar Hartoch aus St. Petersburg und der 2. Assistent, der deutsche Dr. Fritz Schiff, standen in ihrer Armee. Vgl. StAB BB III b 505.§0.

383 Die Kurse wurden offiziell von Prof. Bürgi, »tatsächlich« von Eli Tomarkin geleitet. Vortrag der UD 13.4.1916, Bürgi an UD, 15.3.1915, in: StAB BB III b 577.

384 Dekan Wegelin gab zu bedenken, dass Herr Dr. Tomarkin »mit Rücksicht auf seine besonderen Leistungen während der Kriegsjahre … eine besondere Vergütung zukomme.Dekan Prof. Wegelin an die UD, 10.12.1918, in: StAB BB III b 577; Tomarkin an die UD, 18.12.1914, und Vortrag der UD, 24.6.1915, in: StAB BB III b 577; Sohn Percy wurden 1916 die universitären Gebühren gestundet, Protokoll der Phil. Fakultät 29.11.1916.

385 Gemäß Dr. med. Wladimir Tomarkin. Mtt. Afra Tomarkin 2007; Wohnung in »Casa Padari«, Ascona bei Locarno.

386 NTI: 23.11.1915, Mama in Zürich an Percy.

387 NTI: 2.8.1914, Mama in Wangs bei Sargans an Percy.

388 NTI: s. d., ca. 1914 oder auch später [Eli an Jeannette].

389 NTI: 19.8.1911, Mama in Walzenhausen, Naturheilanstalt, an Leander Tomarkin bei Herrn Brass, Villa Niederrhein, Losone bei Ascona. Der Brief kam zurück: »Abgereist«, siehe Rückseite, ital.
Stempel: Rheineck 19.8.1911, Losone 21.8.1911, Losone 22.8.1911, Walzenhausen 23.8.1911. »Wegen Betrügereien durchgebrannt« (in deutscher Schrift!) unter der Adresse von Jeannette.

390 NTI: Briefe Jeannette Tomarkin an Percy, 9.8.1914–1.6.1915, Wangs-Pizol, Erlach, Zürich.

391 NTI: Briefe Jeannette Tomarkin an Percy, 13.6.1915–13.7.1915; »Privatpension ›Altersruh‹ Am Wallensee Weesen (Schweiz). Familie Berndt, Besitzer, Elektr. Licht, Zentralheizung, Bad, Ärztl. Aufsicht«.

392 NTI: Briefe Jeannette Tomarkin an Percy, Zürich, 21.10.1915, 2.11.1915, 1.2.1916, 18.4.1916.

393 NTI: 12.1.1916 [Mittwoch], Mama in Zürich an Percy.

394 NTI: 18.4.1916, 26.4.1916, 28.4.1916, Mama in Zürich an Percy; 8.5.1916, Amalia in Faulensee an werter Schwager Percy; 8.5.1916 Mama in Faulensee an Percy.

395 NTI: Brief Leandro an Percy, s. d.

396 NTI: Mama in Faulensee an Percy, 8.5.1916, 4.1.1917; Mama in Bremgarten an Percy, 26.3.1917.

397 NTI: 22.6.1917, 28.6.1917, Mama in Hünibach an Percy in Gurtenbühl Wabern (bei Eli).

398 NTI: 16.8.1919, Lebens-, Invaliditäts- und Krankenversicherung Zürich, Nr. 68105, Agentur Bellinzona
Von Percy, geb. 6.4.1893, medico condotto
Betreibt keinen Sport, fährt kein Auto, aber ein Velo
Im Todesfall 20 000 Franken
Begünstigte ist seine Mutter
Prämie 86.45 Franken
16.8.1919, Laufzeit 10 Jahre, unterschrieben in Intragna, 4.8.1919.

399 NTI: Il consilio di stato della republica e cantone del Ticino, 28.4.1931: Percy Tomarkin ist

medico cantonale für die Periode vom 1.7.1931 bis 30.6.1935. Vgl. Giulietti, Ivo, »Il medico cantonale: dalla sua istituzione ai giorni nostri 1924–2008«, in: Taverne: Storia Medica Ticinese, 2009.

400 Percy war vom 23.10.1913 bis 15.12.1924, als ihm das Zeugnis zurückgegeben wurde, an der Universität Bern immatrikuliert. Siehe Online-Matrikel Universität Bern. Gemäß Kartei des »Verbands ehemaliger Freistudenten der Universität Bern« studierte er vom Herbst 1913 bis 1919.
NTI: Eli bat am 9.3.1916 beispielsweise den in Zürich tätigen deutschen Anatomieprofessor und Sauerbruch-Schüler Walther Felix, seinem im 6. Semester studierenden Sohn das Labor samt Hilfsmitteln gelegentlich zur Verfügung stellen zu wollen, nachdem es Percy offenbar misslungen war, in Bern eine Assistenzstelle zu ergattern: Jeannette, s. d., s. l. an Percy [Jan./Febr. 1916].

401 NTI: Jeannette in Zürich an Percy, 24.4.1916, 27.4.1916, 28.4.1916.

402 NTI: Mama in Faulensee an Percy, 1.9.1916, 13.9.1916.

403 NTI: Mama in Faulensee an Percy, 3.10.1916.

404 NTI: Jeannette an Percy, Bremgarten und Hünibach, 30.3.1917, 8.4.1917, 17.5.1917, 3.6.1917, 10.6.1917.

405 NTI: Frl. Josephine Fuchs, Chalet am Spiegel, Bern, bei Herrn Dr. Tomarkin. Silbermann an Percy, 29.3.1930.

406 Einige Beispiele: NTI: Mileta, Eug. Branovacky, stud. med., Bern, pumpt Percy um 300 Franken an, 29.3.1920. Levin in Berlin: »Schicken Sie mir 50 Frs. Als Express ... Silbermann ist auch auf dem Hund, musste ihm pumpen. Ebenso dem Cousin über 1000 Mal«, 3./5.1.1922, Eilboten. Lötscher aus Thun, Ermitage, 15.11.1922. S. Stampfer Org. Zionista Trieste Via del Monte: »kannst Du mir ... 100 frs zukommen lassen? ... 12 Tagen in Triest ... keine Papiere, wenig Geld. Warum antwortest Du nicht Du Lausbub? ... bin furchtbar böse.« Auch konnte sich ein Kommilitone wegen der nicht zurückgezahlten 100 Franken nicht zum Examen anmelden: Rosenbaum an Tomarkin, August 1916: »... meine Lage spitzt sich zur Krisis zu! ich muss 50–60 Fr. haben oder ich gehe bankrott.«

407 NTI: 18.5.1923 und 25.5.1923, Einschreiben. Mensch, Jakob Salomon promovierte 1922 über Kaffee in Bern.

408 NTI: s. d., Notar Gottlieb Dreier, Erlach.

409 NTI: 1.9.1913 und folg. Jahre: Ul. Nanussis, Lugano, an Percy, Friedbühlstr. 22. Erich und Nettie Katzenstein wohnten in Ascona, bevor sie 1927 nach Zürich zogen.

410 NTI: 21.2.1916, José Berce, Konservatorium Zürich 8, Innere Mühlebachstraße 38: In höflicher Beantwortung Ihres Schreibens, teile ich Ihnen mit, dass Sie jederzeit eintreten können.

411 NTI: 2.9.1920, Boéchat [Jean, Médecin-psychologue] an Tomarkin: »Ich denke an den dritten Akt Deines Dramas und schaue auf deine letzten Wochen, auf diese letzten Tage ...«
»Die Schweiz«, April 1920, S. 208–210.

412 Flemwell, George Jackson, 29.5.1865, Mitcham, bis 5.3.1928, Lugano. Mit Dank für die Mtt. Zita Caviezel-Rüegg, Bern.

413 NTI: 27./31.5.1920, Express, Walter Roshardt, Augustinergasse 20, Zürich, an Percy in Intragna, überschrieben mit »Bergstrasse Wabern-Bern«: »Telegraphiere bitte an Max Gubler, Maler, Langstrasse 31, Zürich 4., wann er kommen kann.« Roshardt, Walter, 1897–1966, Kunstmaler; Gubler, Max, 26.5.1898–29.7.1973, Kunstmaler; vgl. Werder, Kurt (Hrsg.), Ernst Gubler – Max Gubler. Briefwechsel, 2. Bde., Zürich 2006; Kamber, Peter, Geschichte zweier Leben – Wladimir Rosenbaum, Aline Valangin, Zürich 1990, S. 71.

414 NTI: Mama in Zürich an Percy, 20.10.1915, 27.10.1915, 25.8.1917.

NTI: P[aul] Müller-Frey, Buchhandlung & Antiquariat, Falkenplatz 24, Bern, an Percy, 17.5.1916.

NTI: Percy?, Bern, an Dr. Eisenbuch (verm. der u. a. in Lauterbrunnen praktiziernde russisch-polnische Arzt Dr. med. Jsaak Eisenbuch), in Pension Mecklenburg, Passauerstr. 10, Berlin, 19.5.22, Express, betr. Epstein in Moskau Pretschistenka, Obuchow pereulok, Haus 10, Wohnung 8/Herrn Prof. Schitkow (Schitkow = verm. Boris Michajlowitsch Schitkow, 1872–1943, Zoologe und Geograf).

Epstein, Jekaterina Lwowna »Keila«, 25.7.1884–?, von Janowitsch, Russland, Stud. med., Bern seit 18.11.1913. Epstein war in der jüdischen Gemeinde Bern als »notleidend« bekannt. StAB, Archiv der jüd. Gmd. V JGB 19.

415 NTI: 2.1.1917, Armeesanitätsanstalt für Internierte, Luzern. Percy wohnte offiziell bei seinem Vater Eli, Bergstraße 649b, Gurtenbühl, Wabern.

Franziska Zimmermann, geb. 1.10.1890, wohnte wohl in der »Villa Schöneck«, Weggis (vgl. Brief an Percy 5./7.7.1917).

416 NTI: Vereinbarung, ca. Sept. 1919.

417 NTI: Vereinbarung, ca. Sept. 1919; 27.9.1919 und 1./2.10.1919, Advokaturbüro an Percy, medico condotto, Intragna.

418 NTI: 3./8.1.1920, Advokaturbüro P. Guggisberg in Bern an Percy am 3./8.1.1920, betr. Finanzierung.

NTI: 16.9.1920, zwei Briefe von Zünd und Co. Advokatur- und Geschäftsbüro, Luzern: Herr Josef Hurter in Weggis beauftragt uns mit dem Einzug von rückständigen Darlehenszinsen von 600,– Franken und Frau Witwe Zimmermann in Weggis beauftragt uns mit dem Einzug von rückständigen Darlehenszinsen von 75,– Franken – geht an Percy.

419 NTI: Mama in Hünibach an Percy, 30.6.1917, 2.7.1917, 30.6.1917 Chargé (= Samstag), 24.7.1917 und 5./7.7.1917.

420 NTI: Mama in Faulensee an Percy am Kantonsspital, 28.8.1917 und 19.10.1917; Mama in Faulensee an Percy. 24.10.1917 und 25. 10.1917.

421 NTI: 11.1.1918 und 20.1.1918, Mama in Faulensee an Percy.

422 NTI: Käte [Wohlfahrt] in Zürich. Dahliastr. 9/I (schönes sonniges Heim bei lieber österr. Familie im Seefeld) an Percy, 29.1.1920, 10.3.1920.

Wohlfahrt, Käte, geb. 1.4.1896, Eschenau, Österreich, Dr. rer. pol. Zürich, gest. 6.9.1990 in Zürich als verwitwete Frau Künzler.

423 NTI: 12./15.10.1919 R, Käte [Wohlfahrt] b. Wydler, Storchengasse 8, Zürich, an Percy Tomarkin, medico condotto, Intragna.

424 Der Werkstudent Rosenbaum studierte in Bern mit Unterbrechungen 1915–1919, Percy 1913–1924. Gemäß StadtA Bern war Rosenbaum vom 9.6.1916 bis 16.9.1918 in Bern. Kamber, Peter, Geschichte zweier Leben – Wladimir Rosenbaum, Aline Valangin, Zürich 2000, S. 28–29.

425 Kamber, Peter, Geschichte zweier Leben – Wladimir Rosenbaum, Aline Valangin, Zürich 2000, S. 28–29.

426 NTI: Postkarte mit Bild vom Gasthaus zum Löwen, Lothenbach am Zugersee, 5.11.1917, Poststempel Zug, Rosenbaum und Frau an cand. med. P. Tomarkin, Bergstraße, Bern: »Grüsse von der Hochzeitsreise – Sonst sind wir gesund. W. Rosenbaum und Frau«.

Am 3.11.1917 heirateten Aline Ducommun und Wladimir Rosenbaum in Zürich. »Wir machten unsere Hochzeitsreise nach Zug, gingen zu Fuss bis (Lücke) und zurück« (Kamber, S. 60).

427 NTI: W. Rosenbaum an Percy, ca. Mai 1916. Briefkopf: Département Politique de la Confédération suisse. Rosenbaum war jur. Sekretär am pol. Dep. »Lantschen« geschr. für lutschen.

428 NTI: 23.1.1918, Aline Ducommun, Zürich an Percy, cand. med., Bergstraße, Wabern bei Bern. Vgl. Alines Briefe an Percy vom 27.9.1917, 8.10.1917, 10.10.1917, 23.1.1918.

429 NTI: 3.5.1924, Aline an Percy, Kuvertdruck: W. Rosenbaum-Duvommun, Rechtsanwalt, Zürich 1 – Stadelhoferstr. 26.

430 NTI: 11.9.1920, Vollmacht: »Unterzeichneter bevollmächtigt seinen Bruder Percy Tomarkin Bezirksarzt in Intragna zu Vertretung in Sachen Ehescheidung gegen seine Frau Amalie Tomarkin geb. Richner geb. 17.4.1893. Leander«.

431 NTI: 15.4.1921, Eli an Percy. Percy war bis zum 20.12.1920 sehr krank und im Spital.

432 NTI: 25.8.1921, Silbermann an Percy.

433 Percy stand der Sinn allerdings lieber nach dem Leben eines russischen Barons, und aus Schabernack kritzelte er auf die Rückseite in Handschrift: »Baron P. Tomarkin. Poste restante, Odessa, Russie«.

434 NTI: 21.1.1920, 21.2. 1920, Eli, Friedbühlstr. 22, an Percy.
NTI: 27./29.4.1924, Prof. Sobernheim, Obere Dufourstr. 48, Bern, an »Lieber Tomarkin! Vor 8 Tagen machten wir die schöne Fahrt ins Maggiatal«. Dankt überschwänglich für die schönen Ferien und will im Herbst wieder kommen. Sobernheim schickt Bildchen, Gruppenaufnahmen mit Familie Ramser, dankt Frl. Caracalla und Tomarkins für Essen und Gastlichkeit in Intragna.

435 NTI: 3.9.1918, Percy Tomarkin, med., bei Herrn Dr. Reichen in Frutigen.
NTI: 2.1.1917, Armeesanitätsanstalt für Internierte, Luzern. Kriegsgefangeneninternierung in der Schweiz. Bescheinigung: Der Hilfsdienstpflichtige Cand. Med. Tomarkin Percy, Zürich 1893, steht seit dem 2. Januar 1917 im Dienste der Armeesanitäranstalt für Internierte. Er ist bis auf Ende April verpflichtet. Kommando Luzern.
NTI: Deutsches Konsulat, Lugano, 13.11.1920, an Herrn Dr. Tomarkin, Intragna: Im deutschen Haus in Agra sei die Stelle eines jüngeren Assistenzarztes zu besetzen, und Herr Geheimrat Dr. Kölle fragt ihn, ob er Interesse hätte.
NTI: 29.11.1916, Tomarkin habe sich zu spät gemeldet und keine Ausweise beigelegt. Es werde zwar dem Gesuch entsprochen, der Dekan solle ihm aber Vorhaltungen machen. Protokollbuch der Med. Fak. der Uni Bern.

436 Schweizerische Eidgenossenschaft, Diplom für Percy Tomarkin aus Wetzwil (nämlich dass er sich nun Arzt nennen darf), Bern, den 16. Juni 1922; NTI: 6.3.1917, Zutrittsbewilligung zur Eidg. Medizinalprüfung an Percy Tomarkin.

437 NTI: 25./23.6.1922, Jeannette Tomarkin, Castel Gandolfo 20, Villini, Roma, an Dott. Percy Tomarkin.

438 NTI: 2.1.1924, Jeannette, Casa di Salute, 13 Via Toscana, 13 Roma, an Percy.
NTI: 14./16.12.1923 [14. = Freitag], Jeannette Tomarkin, Casella postale 174, Roma, an Percy, Intragna:
»Tut weh, dass percy von Rom fort ist.«
Urkunde mit Stempel, der besagt, dass Percy auch die Arzterlaubnis in Italien hat, von der Legation von Italien am 29.12.1923 von Minister Bodigotti unterzeichnet, Legazione Italiana in Berna, Stempel vom Ministerium, Stempel von Rom am 12.1.1925; die Urkunde wurde aus dem Deutschen ins Italienische übersetzt von Avvocato Professore Rodolfo Arbib in Rom.

439 NTI: 2.1.1924, Jeannette, Casa di Salute, 13 Via Toscana, 13 Roma, an Percy.

440 NTI: 2./4.9.1924, Jeannette Tomarkin, 45 Via Castelfidardo, Roma (mit Antimicrobum-Klebern und gedrucktem Absender: Via Luisa di Savoia 12), an Percy in Intragna:
»Was deine Dr.-Arbeit anbelangt, wird Dr. Polany den Dr. Massida es übergeben zu machen. Gestern sprach ich mit Dr. Porzzi (via Luisa di Savoia 12). Er wolle, kurz bevor P nach Pavia

zum Examen gehe, ihn den dortigen Professoren vorstellen. Dr. Polany wird dir deiner Sache wegen näheres schreiben.«

Eli bekam den Doktortitel am 12.12.1924 in Pavia: Giulietti Ivo, »Il medico cantonale: dalla sua istituzione ai giorni nostri 1924–2008«, in: Taverne: Storia Medica Ticinese, 2009, S. 77.

441 NTI: 25./23.6.1922, Jeannette Tomarkin, Castel Gandolfo 20, Villini, Roma, an Dott. Percy, Intragna.

442 NTI: 15.12.1922, 2./5.1.1923, Jeannette an Percy (Absender mit der Hand Jeannettes geschrieben: L. J. [Leander, Jeannette] Tomarkin, Casella Postale 174, Roma.

NTI: 11./14./16.5.1923, 23.6.1923, Jeannette Tomarkin, Casella postale 174, Roma, an Percy, Intragna.

NTI: 18./20.10.1923, Jeannette, Clinica Cevio, Vallemaggia, an L. Tomarkin, Casella Postale 174, Roma, mit Antimicrobum-Kleber: »Meine inniglieben guten Kinder, Percy u. Leander.«

NTI: 12./13.11.1923, Mama in Cevio, CH, an Percy in Intragna.

443 NTI: 14./16.12.1923, Jeannette Tomarkin, Casella Postale 174, Roma, an Percy, Intragna.

NTI: 20.12.1923, 2.1.1924, Mama, Casa di Salute, Via Toscana 13, Roma, an Percy.

444 NTI: 2./4.9.1924, Jeannette Tomarkin, 45 Via Castelfidardo, Roma, an Percy in Intragna.

445 NTI: 9.12.1925, Jeannette Tomarkin, 45 Via Castelfidardo, Roma, an Percy, Palazzo del Governo Bellinzona; Telegramm Leandro Tomarkin, 52 West 68 Street, New York City, an Ambasciata Svizzera, Roma, 4.6.1925, betr. Jeannette Tomarkin, Via Labico 19.

446 NTI: 29./30.3.1926, ital., Ottone Schanzer, Via XX Settembre 40/5 bei Vespa, Roma, an illustre Sig. Prof. Dr. Percy Tomarkin, medico cantonale, Bellinzona, Palazzo del Governo.

NTI: 7.4.1926, Dott. Ottone Schanzer, Direttore-Capo della Divisione del Commercio Estero nel. R. Ministero dell'economia nazionale, Direzione generale del commercio e della politica economica, Roma, an caro Percy.

447 NTI: 27.5.1926, Äbtissin des Klosters in Roma an Dott. Percy Tomarkin.

448 NTI: 28.7.1926, Jeanette Tomarkin, Via Labico 19, Suore di S. Camillo a Torpignattara, Roma, an Eufemia, Intragna.

NTI: 14.8.1926, ital., Légation de Suisse en Italie in Roma an Percy Dott. Med. Medico cantonale Bellinzona. Das gleiche Schreiben ging an Prof. Elia Tomarkin in Bern.

449 NTI: 14./8.8.1926, ital., Jeannette Tomarkin, Suore di S. Camillo a Torpignattara, Via Labico 19, fragt nach Leandro, New York, 52 West 68 Street, New York City.

450 Mtt. Maddalena Tomarkin-Favre, Intragna.

451 NTI: 1923 nach dem 1.2., ital., Leandro an Percy in Intragna, umgeleitet nach Wabern: »... das beste ist es, wenn du nach Ägypten gehst und wende dich noch heute an die Schweizer Botschaft in Kairo.«

NTI: 16.12.1925, Arztstelle in Bolivien sei nicht mehr frei.

452 NTI: 12.1.1926, Dr. Tomarkin, Bellinzona, an Palästina-Amt, Berlin.

NTI: 19.1.1926, Palästina-Amt, Berlin, an Dr. Tomarkin, Bellinzona: Weiterleitung an Zion. Exekutive in London, W. C. I. Great Russell Street 77 und Zion. Org. in Jerusalem, P. O. B. 92 [beigefügt: Juli/August 1920], Zionistische Broschüre »Alt-Neuland«, hrsg. vom Keren Hajessod (Jüd. Palästinawerk) e. V. Berlin.

NTI: s. d., Aline an Tomarkin:

»Lieber Tomarkin

Hier die Adresse der Auskunftstelle in Jerusalem. Schreib englisch, sonst deutsch. Sag, dass Du Dich für eine Stelle auf einer Kolonie interessierst. Ferner was Du kannst. Als Referenz gib Dr. Ostersetzer in Zürich an. Dann sagte mir Katzenstein, Du wollest schon im Oktober reisen. Er solle später gehen, im Oktober sei der große Regen in Palästina.

Wir haben hier einen grässlichen Sommer. Es regnet beständig und man friert ohne elektr. Ofen nicht auszudenken. Wenn wir nur im August in Ascona warm haben. Aline
Wenn Du durch die Hadassah keine Stelle bekommst, so kann ich evtl Möglichkeit verschaffen, in einer Kolonie zu leben. Das können wir alles im Sommer besprechen.«
NTI: 10.2.1926, Palästina-Amt an Herr Tomarkin: »Die Zionistische Exekutive kann sich an niemanden mit einem Vorschlag, wie Sie ihn in Ihrem Brief unterbreiten, wenden, da sich in Palästina ein zentrales Laboratorium für bakt. und chem. Untersuchungen im Rothschild-Krankenhaus in Jerusalem (Hadassa) befindet ... die dortige Universität im Begriff ist, ein ähnliches Institut im Zusammenhang mit ihrem Mikrobiologischen Institut einzurichten.« Er könne an Ort und Stelle die Möglichkeiten der Durchführung seiner Pläne prüfen.
Vgl. NTI: 15./18.7.1920, Express, S. Stampfer, Org. Zionista, Trieste, Via del Monte 7, an Dr. P. Tomarkin.
Vgl. nach 2.11.1917, Plakat Palästina Jüdisch, von Dr. Brunschwig unterschrieben.
Vgl. s. d., Hadassah Medical Organisation Jerusalem: Zettel.

453 Nachlass Wladimiro und Eliane Tomarkin, 18.2.1926, A. Einstein an Tomarkin: Er habe beide Briefe erhalten, freue sich über das Interesse.
NTI: 21.1.1926, Hebrew University of Jerusalem, Board of Governors, 77 Great Russell Street, London, an Dr. Tomarkin, Bellinzona: Im Rahmen der neu gegründeten Universität werde ein groß angelegtes Institut für Mokrobiologie und tropische Medizin aufgebaut; um Doppelarbeit zu vermeiden, solle er dem Vorsitzenden des Kuratoriums, Prof. Dr. A. Einstein, Berlin, seinen Plan senden; gez. Leo Kohn.
NTI: ca. Jan. 1926, Sudelschrift: Hochgeehrter Herr Prof.: Leandro teile ihm mit, dass ein großangelegtes Institut im Entstehen begriffen sei. Einstein schreiben. Er reise nach Palästina, geplant im Februar.

454 »Je ne sais trop comment«, Schweiz. Ärztegesellschaft (Dr. Villemier) gegenüber der Belg. Ärztegesellschaft, 14.3.1933, in: CH-BAR E2001C#1000/1534#100*, Dossier Fondation Tomarkin 1922–1936.

455 Giulietti, Ivo, »Il medico cantonale: dalla sua istituzione ai giorni nostri 1924–2008«, in: Taverne: Storia Medica Ticinese, 2009.
NTI: Il consilio di stato della republica e cantone del Ticino, 28.4.1931: Percy Tomarkin ist medico cantonale für die Periode vom 1.7.1931 bis 30.6.1935.
NTI: Confederazione Svizzera, consilio di stato della republica en cantone del Ticino, Bellinzona, 29.4.1927: Percy Tomarkin nella caricat di medico cantonale per il periode 1.7.1927–30.6.1931.
NTI: Informations-Verein »Vindobona« 22.9.1921: seit 15 Bezirksarzt des Centivalli-Bezirks.
ZStA Affoltern am Albis: Heirat 14.9.1924.
Baccalà, Francesco, 1860–20.7.1929, war 1920–1929 Bürgermeister (Sindaco) von Intragna und Friedensrichter.
Wladimiro wurde auch Arzt, verh. m. Colette, zwei Töchter Eliane und Veronika. Francesco wurde Architekt, verh. m. Maddalena, zwei Töchter Afra und Natascha.

456 Giulietti Ivo, »Il medico cantonale: dalla sua istituzione ai giorni nostri 1924–2008«, in: Taverne: Storia Medica Ticinese, 2009.
NTI: 22.9.1921, Informations-Verein »Vindobona«, Vorläufige Auskunft, P. Tomarkin, Bezirksarzt Intragna: »Dr. Tomarkin gilt als tüchtiger Arzt, allgemein beliebt, ganz schöne Praxis zu schaffen verstanden. Er besitzt Ersparnisse, von einem Vermögen kann nicht gesprochen werden. Sein Vater ist PD an der Uni Bern. Auch nicht bemittelt. Seinen Verpflichtungen ist Dr. Tomarkin nach gekommen, gilt als vertrauenswert.«

457 Come ci preserviamo dalla Tubercolosi? Consigli dati dalla Lega Antitubercolare Svizzera/Trad. dal tedesco a cura del Dr [Percy] Tomarkin, Bellinzona 1926; Tomarkin, P[ercy], Intorno al problema del pane, Bellinzona 1935; Tomarkin, P[ercy], Il clima meridionale e le sue indicazioni mediche, Sd. SMJ 1932; Tomarkin [Percy], Orientierung über die Tuberkulose-Bekämpfung im Kt. Tessin, s. l. s. d. [1930], Sd. SZH, 1930.

458 Mtt. Maddalena Tomarkin-Favre, Intragna, und Mtt. Eliane Tomarkin. In der umfangreichen Lasker-Literatur ist Tomarkin nicht erwähnt, was nichts zu sagen hat. Berührungspunkte gab es einige. Else Lasker-Schüler kannte den jungen Maler Max Gubler. Lasker-Schüler war im Tessin, als hier ihr todkranker Sohn Paul (gest. 14.12.1927) vom April 1926 bis Anfang 1927 behandelt wurde. 1923 war sie kurz im Tessin, etliche Male war sie in Zürich (1923, 1925). 1933 lebte sie bei den Bachrachs, mit denen die Tomarkins Geschäftsbeziehungen unterhielten. Elvira Bachrach war eine Freundin Else Lasker-Schülers aus ihrer Schulzeit in Elberfeld. 1934 ist sie in der Schweiz, im Sommer 1935 wieder in Ascona. Sie kann im Teatro ihrer Freundin Charlotte Bara Lesungen veranstalten, ist ansonsten bettelarm. Möglich, dass ihr Percy in dieser bitteren Lage Geld zugesteckt hat. Im September 1936 kehrt Lasker-Schüler nach Zürich zurück, Percy zieht 1937 nach Zürich um. 1938 ist Lasker-Schüler in Zürich, danach fährt sie nach Palästina, wo sie 1945 stirbt.

459 ancestry.co.uk, Überseeische Auswanderungen aus der Schweiz, Percy Tomarkin, Departure Date: Okt. 1932, Port of Departure: Genua, Port of Arrival: Jaffa (= Auswanderungsamt und Auswanderungsbüro, Überseeische Auswanderungen aus der Schweiz), 1910–1953, siehe CH-BAR E 21 1000/13175 – 2, Band 49. Percy Tomarkin, geboren 93 aus Wetzwil, auf vorgewiesenes Eidgenössisches Diplom vom 16.6.1922 die gesetzliche Berechtigung zur Ausübung der ärztlichen Praxis im Kanton Zürich erhalten. Zürich, den 23.11.1937. 1949: Tomarkin und Spaeth zogen ins neu erbaute Mehrfamilienhaus Seefeld 187. Sein Nachfolger als Tessiner Kantonsarzt wurde 16.3.1937 Franco Fraschina.

460 Acta 2ème, 1931, ohne Seitenzahlen.

461 RRB 4207 vom 23.10.1931: Rücktritt auf den 31.10.1931.
Eli Tomarkin hatte zuvor seine Berner Adressen häufig gewechselt: Von der Neubrückstr. 47 (1897–1900) zur Beaulieustr. 84 (10.4.1901), zur Ringstr. 3 (4.7.1904), zur Thunstr. 38 (4.11.1908), nach Köniz (17.6.1911), zum Morillonweg 43 (1915), ins Gurtenbühl (1919–1930); StadtA Bern, Schriften-Kontrolle für Kantonsfremde Aufenthalter XIII/E 2.2.1.1./113 und Adressbücher.

462 Mtt. Afra Tomarkin, 2007.

463 Mtt. Maddalena Tomarkin.

464 Jedenfalls war Leander August/September 1947 in Europa: ancestry.co.uk, New York Passenger Lists, Leandro Tomarkin, Arrival Date: 4.9.1947, Port of Departure: Rome, Italy, Port of Arrival: New York, Airline: Trans Caribbean Air Cargo Lines.

465 1947-10-30 »Il Dovere«, S. 6, Todesanzeige: »Intragna 27. ottobre 1947: Annuncio la perdita di mio padre Eli Tomarkin Dr. med., Avvenuta il 22 c. m. nel suo 88. anno di vita. I funerali furono celebrati il 24 c. m. a Zurigo, la tumulazione segui il 25. c. m. ad Orselina. A nome die parenti in Svizzera e U. S. A. Percy Tomarkin.«

466 NTI: 15.9.1948: Skizzen, Pläne zum Grabmal.

467 1973-12-14 »Il Dovere«, Todesanzeige, Zurigo-Intragna. Die Anzeige für Vater und Großvater Percy Tomarkin ist unterschrieben von seiner Frau Eufemia Tomarkin, seinem Sohn Wladimiro mit Colette und den Kindern Eliane und Veronika, seinem Sohn Francesco mit Madelaine und den Kindern Afra und Natascha, von Tante Maria Baccalà und »allen Verwandten im Vaterland und im Ausland«.

Sein Tod wird im März 1974 auch im »Freistudent« angezeigt: »In memoriam Tomarkin, Percy, Arzt, Seefeldstr. 187, 8008 Zürich«. Zum Tode Percys in Berlingen: Maddalena Tomarkin »mi ha confermato che Tomarkyn Percy è morto a Berlingen nel Cantone Turgovia (casa per anziani) e non a Sciaffusa«: Mtt. Ivo Giulietti, 8.5.2007.

468 Baccalà, Gaetano, 1889–1945; Baccalà, Maria, 1893–14.1.1979; Tomarkin-Baccalà, Eufemia, 2.11.1891–27.12.1982; Tomarkin, Eli, 7.8.1860–22.10.1947; Tomarkin, Leander, 3.12.1895–14.3.1967; Tomarkin, Percy, 6.4.1893–10.12.1973.

469 Beispiele aus der Zeitungs- und Filmwelt: Brendel, Alfred, »Naiver Wunderglaube. Der Fall der britischen Pianistin Joyce Hatto«, in: NZZ, 31.12.2009. Bachmann, Anita, »Er betrog alle, vom Chefanwalt bis zum Taxichauffeur«, in: Der Bund, 19.12.2009, S. 30. »Der falsche ›Dr. Adler‹«, in: Berner Zeitung, 5./6.12.2009, S. 6–7. »Lügen, aber richtig – Die falsche Astronautin aus der Schweiz …«, in: NZZ am Sonntag, 29.8.2010. Adolph, Alexander, »Die Hochstapler«, Arthaus Collection Dokumentarfilm 10, DVD, s. l., s. d. »Catch Me If You Can« von Steven Spielberg, mit Leonardo Wilhelm DiCaprio, basierend auf Begebenheiten im Leben des Frank W. Abagnale (* 1948) und einem Roman von Stan Redding, 2002.

470 Polt-Heinzl, Evelyne, »Die Tatsachen der Lüge. Über die Wiederkehr des Hochstaplers in Zeiten der wirtschaftlichen Krise und der gesellschaftlichen Deregulierung«, in: NZZ, 31.12.2009, S. 56.

471 Ford, Charles W., Lies! Lies!! Lies!!!, Washington 1996.

472 Ebd., S. 147.

473 Als Beispiel s. Abraham, K., »The history of an impostor in the light of psychoanalytic knowledge«, in: Psychoanal. Q. 4, 1935, S. 570–587.

474 Siehe »Fondation Tomarkin«, in: Revue médicale française, 1934, S. 424.

475 1927-02-06 »New York Times«.

476 NTI: Roma, 14.12.1923, ital., Maria an [Femia?].

477 NTI.

478 Ford, Charles W., Lies! Lies!! Lies!!!, Washington 1996, S. 148f.

479 Partnoy, Frank, The Match Kind. The Financial Genius behind a Century of Wall Street Scandals, New York 2009; Marcus, Alfred, Kreuger & Toll. Un Essai d'Empire économique, Neuchatel 1932.

480 Fishman, Steve, »Knastbesuch bei Bernie Madoff«, in: Das Magazin 29, 2010, S. 21.

481 Stichweh, Rudolf, Der Fremde. Studien zu Soziologie und Sozialgeschichte, Frankfurt a. M. 2010.

482 »The mighty fallen«, in: Los Angeles Times, 9.8.1923.

483 Roger Jordan, The World's Merchant Fleets 1939, London 2006, S. 421.

484 Revue médicale française, 15. Jg., Nr. 1, Januar 1934, S. 424.

485 Stichweh, Rudolf, Der Fremde. Studien zu Soziologie und Sozialgeschichte, Frankfurt a. M. 2010.

486 Zu Performanz und Performativität siehe Martschukat, J. (Hrsg.), Geschichtswissenschaft und ›performative turn‹. Ritual, Inszenierung und Performanz vom Mittelalter bis zur Neuzeit, Köln 2003.

487 NTI: Tomarkin bei der Überfahrt: Piroscafo [Dampfschiff] »Duilio«, »An meinen lb. Vater von Leander. Atlantischer Ozean 5. Juni 1924«.

488 Bild unter: http://www.aukevisser.nl/german/id22.htm, resp. http://www.aukevisser.nl/german/id189.htm; http://s65.photobucket.com/albums/h228/Visseraa/esso/?action=view&current=RLHague.jpg

489 Jordan, Roger: The World's Merchant Fleets 1939, London 2006, S. 233.

490 Gerhard, Paul, Visual History. Ein Studienbuch, Göttingen 2006.

491 Schrön, Johanna, »Ein ›großes, lebendiges Lehrbuch der Hygiene‹ – Die Internationale Hygiene-Ausstellung in Dresden 1911«, in: Kretschmann, Carsten (Hrsg.), Wissenspopularisierung. Konzepte der Wissensverbreitung im Wandel, Berlin 2003, S. 309–322. Die Ausstellung besuchten über fünf Millionen. Der Reklameaufwand war unglaublich, am Plakatwettbewerb wurden über 530 Arbeiten eingereicht. Karl August Lingner, Gründer des Sächsischen Serumwerks und Instituts für Bakteriotherapie in Dresden, soll die Idee für das weltbekannte Auge am Sternenhimmel gehabt haben. Sein Institut war eng mit dem Schweizer Serum- und Impfinstitut verflochten, wo Eli Tomarkin arbeitete. SSII-Leute fuhren zur Ausstellung nach Dresden.

492 NTI: Die abgebildete Postkarte war an Leandros Vater gerichtet, eine zweite Postkarte der gleichen Ausstellung mit unleserlicher Unterschrift an Frl. Josephine Fuchs, Chalet am Spiegel, Bern. In dieser Postkarte wird gebeten, Leander Grüße auszurichten.

493 Zur Fotosammlung siehe Library of Congress, http://www.loc.gov/pictures/item/2005682517/

494 1924-05-30 »Il Giornale d'Italia«: Il Dottor Tomarkin Parte per l'America. Unter den Freunden und Bewunderern war auch Ernesto Stacchini. Siehe Teil B.

495 Ellis Island, siehe http://www.ellisisland.org/

496 1938-04-17 »New York Times«, S. 74: Burden Furniture to be dispersed. Auction to Take Place at east 91st St. Home Wednesday and Thursday.

497 1936-01-14 »New York Times«, S. 43: Hague Heads Lifeboat Group.

498 1931-09-19 »Chicago Daily Tribune«, S. 7: Secret Wedding of Mary Lewis to Oil Man. Singer on Honeymoon with Robert Hague.

499 1924-11-09 »The Atlanta Constitution«, S. F6: To Make Women Stopp Wearing Fortunes in Jewels. In diesem Bericht wird Bobe mit einem glitzernden Weihnachtsbaum verglichen.

500 1924-09-21 »The Atlanta Constitution«, S. 9: Hague May Loose Standard Oil Job as party Result.

501 1947-09-21 »New York Times«, S. 60: Mable Clair Speth Hand (1902–1947), Mitglied der Pilot International, war Mrs. Robert F. Hand.

502 1939-03-09 »New York Times«, S. 21: R. L. Hague, Head of Oil Fleet, Dies.

503 1942-01-01 »New York Times«, S. 25: Mary Lewis, ex-Star in Opera, Dead. Siehe http://www.operatoday.com/content/2009/01/who_was_mary_le.php

504 Hoover, Herbert, The Memoirs of Herbert Hoover, the Cabinet and the Presidency, New York 1952, S. 247.

505 Fifteenth Census of the United States: 1930, Population Schedule, Manhattan Borough.

506 1935-06-23 »New York Times«, S. S8: Dollar will Pilot ›Mystery‹ speed Boat.

507 List or Manifest of Alien Passengers for the United States, SS Berengaria, 26.7.1930.

508 Toepfer, Karl, Empire of Ecstacy, Berkely 1997.

509 2921-12-11 »National-Zeitung«.

510 http://www.littlechurch.org/history.html

511 1933-05-13 »New York Times«, S. 14: Duping of Einstein is denied by woman.

512 Einstein wurde auch anderweitig bedrängt. Die jüdische Schauspielerin und Sängerin Grete Markstein etwa behauptete, Albert Einsteins Tochter Lieserl zu sein. Dass Albert Einstein im Jahr 1932 achtzig Mark an Markstein überwiesen hatte, wurde als möglicher Beweis für ihre Behauptung gehandelt.

513 Einstein Archiv, LT an Einstein, 23.4.1932. Die Celebration en honneur de Robert Koch et de Carlo Forlanini findet in Italien am 23.9. und in Deutschland am 28.9. statt; siehe das Programm. Auf dem Kongress war u. a.: Franco Guiseppe Rossi, Fiduciario de Sindacato Fascista Giornalisti Milano.

514 1935-09-15 »New York Times«.
515 1935-04-28 »Le Concours Médical«, S. 1284: entsprechende Ankündigung.
516 1935-05-19 »The Washington Post«, ST 13: 200 U. S. Scientists Will Go to Russia.
517 Vergleiche Teil B. Auf dem Meraner Kongress 1934 waren u. a. August Laqueur und Carl Neuberg anwesend. Laquer ging schließlich in die Türkei, Carl Neuberg nach Palästina.
518 Handschriftl. Notiz Bodleian Library, Society for the Protection of Science and Learning papers, Tomarkin-Foundation (MS. S.P.S.L. 167/ 3)
519 http://nobelprize.org/nobel_prizes/medicine/laureates/1936/dale-bio.html
520 Sir Henry H. Dale an Generalsekretär SPSL, Adams, 26.11.1934, Bodleian Library, Society for the Protection of Science and Learning papers, Tomarkin-Foundation (MS. S.P.S.L. 167/ 3).
521 AAC an Tomarkin, 12.12.1934, Bodleian Library, Society for the Protection of Science and Learning papers, Tomarkin-Foundation (MS. S.P.S.L. 167/ 3).
522 Pinell, Patrice, The Fight against Cancer. France 1890–1940, London, New York 2002, S. 196.
523 Dies war auch in den amerikanischen Krebskampagnen der Fall. 1927 – Tomarkin war in dieser Zeit in New York – titelte die »New York Times«: Fear Used to Spur Cancer Campaign, 8.12.1927.
524 Weichardt, Wolfgang, in: Zeitschrift für Tuberkulose, 53/1929, S. 10.
525 1931-01-06 »New York Times«: Arnaldo Cortesi Says Tuberculosis Conquers Cancer.
526 U. S. World War II Draft Registration Cards, 1942 record for Leandro William Tomarkin.
527 LT an N. Bohr, Paris, 8.1.1940, Rockefeller Foundation Archives, RG 2, Series 200 1940, Box 194, Folder 1379. NB: LT ist noch in Paris, Adresse seltsam: Congrès de la palais de la Découverte, ohne Straße, ohne Stadt. Das Bohr-Archiv hat keine Dokumente von LT. Die Idee, Weltausstellung zu nutzen, ist ambivalent. Im Januar 1940 erscheint ein großer Artikel in der »New York Times«, der sich über die Vernachlässigung der Wissenschaft in dieser Weltausstellung beklagt (WA1940.pdf).
528 Zur langatmigen Erklärung der Dekrete vgl. »Le Figaro«, Les Décrets-Lois, 15.11.1938, S. 5.
529 Marrus, Michael R. und Robert O. Paxton, Vichy France and the Jews. New York 1981, S. 67 ff.
530 Als Beispiel siehe »1890 cameras surrendered by alien enemies«, in: Chicago Daily Tribune, 25.1.1942, S. 11.
531 Davie; Maurice R., Refugees in America: Report of the Committee for the Study of Recent Immigration from Europe, New York 1947, S. 17.
532 Ebd., S. 20.
533 Ebd. Zu Tomarkins Blutspende-Rally vgl. Teil A.
534 Eidg. Amt für Geistiges Eigentum, Patentschrift Nr. 86718.
535 Ministero dell'Industria e del commercio, 11115/59.
536 Ronald Reagan, Proclamation 5013, National Inventors' Day, 1983.
537 Bernard, L. L., »Invention and Social Progress«, in: The American Journal of Sociology, Vol. 29/1, 1923, S. 1.
538 Unter anderem Patente an Barbitursäuren und Ethylhydrocupreinen (1933, 1939, siehe SciFinder Scholar). Tomarkins Mittel gegen Pneumokokken wurde 1935 patentiert: SciFinder Scholar.
539 New therapeutically valuable compound of ethylhydrocupreine and process for its manufacture. Erfinder: –, Anmelder: LAB BIOCHIMICI S A.; ECLA: C07D453/04; IPC: C07D453/04; C07D453/00, Veröffentlichungsdatum 1933-12-21.
540 Kaempfert, Waldemar, »The Week in Science: New Control for Infections«, in: The New York Times, 20.12.1936, S. XX4.
541 Ebd.: »After all, molecules can be rearranged like bricks and still retain their more valuable properties.«

542 GB 498545 (A).

543 »Chemists patent new sleep potion«, in: New York Times, 19.2.1939, S. 39.

544 Estate of Ira A. Campbell, deceased, Donal Cameron and Lucian J. Clarke, executors, and estate of Zella Campbell, deceased, Lucian J. Clarke, administrator, C.t.a., petitioners, v. Commissioner of Internal revenue, respondent, United States Court of Appeals Second Circuit, 343 F. 2d 462.

545 Improvement in cementitious materials and methods of preparing them, GB656544.

546 Matières cimentaires, FR1000276.

547 Veröffentlicht unter US2711967.

548 Blakeslee, Howard W., »New Chemical Made from Sand Can Be Put to ›Miracle‹ Uses«, in: The Washington Post, 6.5.1945, S. B5.

549 Ancestry.com. Index to Petitions for Naturalization filed in New York City, 1792–1989 [database on-line]. Provo, UT, USA: Ancestry.com Operations, Inc., 2007.
Original data: Soundex Index to Petitions for Naturalization filed in Federal, State, and Local Courts located in New York City, 1792–1989. New York, NY, USA: National Archives and Records Administration, Northeast Region.

550 Air Passenger Manifest, Trans-Caribbean Air Cargo Lines, 243.

551 List or Manifest of Alien Passengers, SS Belgenland, Cherbourg–New York, 13.10.1928.

552 List or Manifest of Alien Passengers, SS Manhattan, Genua–New York, 9.3.1940.

553 Bernard, L. L., »Invention and Social Progress«, in: The American Journal of Sociology, Vol. 29/1, 1923, S. 1.

554 Synthetic bowling pins, angemeldet 1959, Veröffentlichung US 3147974.

555 Hurley, Andrew, Diners, Bowling Alleys, and Trailer Parks: Chasing the American Dream in the Postwar Consumer Culture, New York 2001.

556 Ebd., S. 157.

557 »Biophysics Grant Awarded to Yale«, in: The New York Times, 11.1.1955, S. 27.

558 Yahraes, Herbert, »Diamonds are where you make them«, in: Popular Science, May 1955, S. 109 ff.

559 Popular Science, Februar 1924, S. 29.

560 Yahraes, Herbert, »Diamonds are where you make them«, in: Popular Science, May 1955, S. 270.

561 Science Digest, Bd. 38, 1955, S. 30.

562 NYS Department of State, Division of Corporation, Certificate of Incorporation.

563 NYS Department of State, Division of Corporation, Certificate of Incorporation.

564 Journal of Dental Research, 1948, Suppl. December 1948, S. 784, als section member S. 791.

565 http://archpedi.ama-assn.org/cgi/content/summary/62/6/1183

566 Brodsky, Ralph Howard, Dentistry and the Good Neighbor Policy, Pan American Sanitary Bureau, 1945, S. 1101–1103.

567 United States Patent Office 3,478,453.

568 Dino Dona della Rose taucht in den Erinnerungen von Gertrud Tomarkin auf, ohne dass sie nähere Angaben zum ihm machen konnte.

569 New York: A Guide to the Empire State, Contributors: New York State Writers' Program, Oxford 1940.

570 Murphy, Kathy F., A Brief History of The Salesian Property, Village of Goshen, Orange County of Planning, www.orangecountygov.com/planning http://www.orangecountygov.com/documentView.asp?docID=1429

571 Die Auseinandersetzung lässt sich auf der Website von Orange County verfolgen; siehe http://www.orangecountygov.com/content/search.aspx?search=Salesian

572 Matelski, Marilyn J., Vatican Radio: Propagation by the Airwaves, Westport, CT 1995, S. 51.

573 »Thousands mourn at Fugazy Funeral«, in: New York Times, 10.8.1930, S. 23. Zu den Geschichten um den Friedhof und »The future and past to the infamous Salesian School« siehe http://my.highschooljournalism.org/ny/goshen/ghs/article.cfm?eid=3487&aid=49199

574 Atwood, Margaret: »Lebensgeschichten«, in: Das Zelt, CD, Hoffmann und Campe, 2007 (gespr. von Charlotte Schwab): »Woher kommt der Hunger nach solchen Geschichten? Wenn es überhaupt Hunger ist.«

Namenliste

Ein Wort zu den zitierten Persönlichkeiten:
Da der größte Teil der hier zitierten Namen, denen wir jeweils die Vornamen beigestellt haben, bequem online nachgeschlagen werden kann, verzichten wir auf die Angabe von Lebensdaten und kurzen Lebensläufen. Hin und wieder geben wir in den Anmerkungen einen besonderen Hinweis oder stellen weniger bekannte Namen kurz vor.

Schklowsky, Dwoscha, geb. Gorelik, verh. mit Gregor Schklowsky, S. 65
Schklowsky, Gregor, Dr. phil. nat., Bern, Vertrauter Lenins, S. 65, 74
Schklowsky, Maria, Tochter von Gregor Schklowsky, S. 65
Schletti, Peter, Scheidungsanwalt, Bern, S. 97
Schmid, Rosa, Klavierlehrerin, Bern-Bümpliz, S. 131–133
Schumpeter, Alois, Ökonom, S. 276
Schürmann, Walter, PD Bakteriologie, Bern, Mitarbeiter SSII, S. 201
Sent, M'ahesa, eigentl. Elsa von Carlberg, Tänzerin, S. 261
Siegrist, August, Prof. Augenheilkunde, Bern, S. 130
Sigray, Gabrio di San Marzano, Conte, Vizekonsul Italiens für Locarno und Valle Maggia, S. 32
Silbermann, Hugo, Dr. phil. nat., Bern, Chemiker, S. 67, 74, 84, 88, 92, 212, 222, 223
Silberstein, Friedrich, Prof. Pathologie, Wien, dann vertrieben, S. 33
Simon, Ferdinand »Seo«, Arzt und Bakteriologe, Zürich, verh. mit Frieda Bebel, S. 189, 195
Simon, Frieda, geb. Bebel, einzige Tochter von August Bebel, Frau von Ferdinand Simon, S. 189, 195
Sinnott, Edmond W., Prof. Chemie Columbia University NY, S. 164
Sinowjew, Gregor, Chemiker, Propagandist, sowjet. Politiker, S. 65, 66
Sinowjew, Slata, geb. Apfelbaum, verh. mit Gregor Sinowjew, S. 65
Sinowjew, Stepan, Sohn von Gregor Sinowjew, S. 65
Skłodowska, siehe Curie, Marie und Dłuska, Bronislawa
Skłodowsky, Wladyslaw, Cousin von Marie Curie, S. 46
Sloane, Florence, verh.Burden: siehe Burden, James
Sloane, William, Vater von Florence Burden-Sloane, S. 307
Sluys, Félix, Dr., »Secrétaire général« der UICC, Belgien, S. 151, 162
Smith, Pete, Regisseur, S. 47
Sobernheim, Georg, Prof. Bakteriologie, Bern, Wissensch. Dir. SSII, S. 26, 41, 130, 198, 223
Sommerfeld, Arnold, Prof. theoretische Physik, München, S. 154
Spaeth, Margherita/Margrit, Lebensgefährtin von Percy Tomarkin, S. 107, 229, 232
Speer, Albert, NS-Architekt, S. 267
Stacchini, Ernesto, Betreiber einer ital. Pulverfabrik, S. 82–84, 86, 89, 254, 255
Stacchini, Giovanni, Betreiber einer ital. Pulverfabrik, S. 82–84, 86, 89, 94, 254, 255
Stämpfli, Frau, Tschugg, Gläubigerin, S. 212
Starace, Achille, Sektetär der PNF, S. 140
Stark, Johannes, Nobelpreis Physik 1919, S. 157
Stern, Lina, Prof. Physiologie, Genf, Moskau, S. 37, 41, 264
Stiner, Otto, Dr. med., Schweiz. Gesundheitsamt Bern, S. 38
Stocker, Luise, Pensionswirtin, Zürich, S. 204, 205
Strasser, Hans, Prof. Anatomie, Bern, S. 209
Strassmann, Antonie, Schauspielerin, Freundin von Robert Hague, S. 309
Strauss, Hermann, Prof. Pathologie, Berlin, dann Theresienstadt, S. 144, 146
Stresemann, Gustav, Friedensnobelpreis 1926, S. 30
Stucki, Walter, Minister, Schweizer Gesandtschaft Paris, S. 150, 151

Tamarkin, siehe Tomarkin
Tavel, Ernest, Prof. Bakteriologie, Bern, techn. Direktor SSII, S. 200
Thannhauser, Siegfried, Prof. Internistik, Heidelberg, dann Boston/USA, S. 144, 155
Thoma, Ernst, Pseudonym für Eli Tomarkin, S. 188, 194